《今注本二十四史》編委會
二十四史研究資料集刊

史記考證文獻彙編

四川出版集團
巴蜀書社
人民出版社

本書出版得到國家古籍整理出版專項經費資助

第四册目録

廿二史攷異·史記……一
三史拾遺·史記……六一
惜抱軒筆記·史記……七九
史記志疑……八七

廿二史攷異·史記

〔清〕錢大昕

清乾隆四十五年刻本

予弱冠時好讀乙部書通籍以後尤專斯業自史漢訖金元作者廿有二家反覆校勘雖寒暑疾疢未嘗少輟偶有所得寫於别紙丁亥歲乞假歸里稍編次之歲有增益卷帙滋多戊戌設教鍾山講肄之暇復加討論間與前人闇合者削而去之或得於同學啟示亦必標其姓名郭象何法盛之事葢深恥之也夫史之難讀久矣司馬温公撰資治通鑑成惟王勝之借一讀它人讀未盡一紙已欠伸思睡矣況廿二家之書文字煩多義例紛糾輿地則今昔異名僑置殊所職官則沿革迭代冗要逐時欲其條理貫串瞭如指掌良非易事以予儜劣敢云有得但涉獵既久啟悟遂多著之鉛槧賢於博弈云爾且夫史非一家之書實千載之書祛其疑乃能堅其信指其瑕益以見其美拾遺規過匪爲齮齕前人實以開導後學而世之攷古者拾班范之一言擿沈蕭之數簡兼有竹素爛脱豕虎傳譌易斗分作升分更子琳爲惠琳乃出校書之陋本非作者之咎而皆文致小疵目爲大創馳騁筆墨夸曜凡庸予所不能效也更有空疏措大輒以褒貶自任強作聰明妄生疻痏不叶年代不揆時勢强人以所難行責人以所難受陳義甚高居心過刻予尤不敢效也桑榆景迫學殖無成惟有實事求是護惜古人之苦心可與海内共白自知槃燭之光必多罅漏所冀有道君子理而董之庚子五月廿有二日嘉定錢大昕序

廿二史攷異總一百卷

史記五卷
漢書四卷
後漢書三卷
續漢書二卷
三國志三卷
晉書五卷
宋書二卷
南齊書一卷
梁書一卷
陳書一卷
魏書三卷
北齊書一卷
周書一卷
隋書二卷
南史三卷
北史三卷
唐書十六卷

舊唐書四卷
五代史六卷
宋史十六卷
遼史一卷
金史二卷
元史十五卷

及門參訂姓氏

益都李文藻南澗　濰縣郭守璞
歷城朱攸遠亭　諸城王紱疆
平度戴如煌秋鶴　聊城任銳錫
黃平李臺南有　歸安沈咸熙熙人
昌平陳本敬仲思　高陽韓龍震東賓
濟寧趙維翰　宛平孫維龍勛堂
湘潭石鴻翥石泉　清泉丁甡
寧鄉周杜熾　清泉丁正心
仁和陸飛起潛　餘姚邵晉涵二雲
錢唐潘庭筠蘭垞　仁和翟均廉春阯
仁和鮑錕紫庭　山陰孫鑑南湖
秀水吳春瀠圓林　山陰吳尊盤殷六
嘉善孫銀槎竹井　錢唐伏養正一鷗
嘉善孫銘彝山尊　錢唐韓朝衡開雲
蒙自尹壯圖楚珍　大興黃符綵見滄
元和莊承籛少彭　鉅野姚學甲牛塘
雒山李芸經耕五　芮城李騰蛟鼎比
永城丁僩　永城呂雯
光山徐森　正陽葉棫林伯寧

陽湖孫星衍淵如　海鹽張燕昌芑堂
上元董教增觀橋　上元黃鎔又軍
汾陽曹錫齡受之　江寧端木煜星垣
汾陽曹祝齡申之　江浦韓廷秀紹眞
上元談泰階平　上元程國鐘元音
上元鮑垣文后　上元顧椿年莊林
上元張師式　句容李德言
江寧焦以厚載之　上元余号秋農
江寧嚴觀子進　婺源吳山南后湖
宣城孫源潮達甫　婺源吳國南二爲
上元陶渙悅怡亭　上元王汝翰西林
上元顧淞　桐城章維極
嘉善錢清履慶貞　鎮洋楊雲璈鈞再
鎮洋楊雲煜宿占　太倉李錫恭蓉塘
鎮洋王洲步瀛　錢塘何元錫夢華
元和陳鴻檜亭　吳縣潘世恩槐堂
吳縣潘世璜黼堂　海鹽吳東發侃叔
震澤費士璣玉衡　吳縣袁廷檮綬階
元和李銳尚之　元和戈宙襄小蓮
吳縣鈕樹玉匪石　同邑李賡芸書田

長洲吳嘉泰東屏　同邑張彥曾蜚文
同懷弟　大昭晦之
姪　塘學淵
坫獻之
男　東壁星伯
東塾學仲
胞姪東垣旣勤
繹以成
侗同人
壻同邑瞿中溶鏡濤
靑浦許蔭堂倬升

參訂姓氏　二
參訂姓氏　三

史記一　　廿二史攷異卷一

錢大昕學

卷首題宋中郎外兵曹參軍裴駰集解　按索隱稱外兵參軍後序稱外兵郎互有不同攷隋書經籍志史記八十卷宋南中郎外兵參軍裴駰撰又宋書南史本傳俱云南中郎參軍葢龍駒爲南中郎府之外兵參軍宋齊之世四中郎將皆以皇子爲之得開府置官屬外兵其一曹也南中郎者所仕府之名外兵者所署曹之名參軍則其職也中郎之上當有南字索隱後序稱外兵郎則誤甚矣

五帝本紀

幼而徇齊　索隱云大戴禮作叡齊一本作慧齊　今大戴禮作[illegible]葢慧之省

其色郁郁其德嶷嶷　索隱云大戴禮郁作神嶷作俟　今大戴禮亦作郁郁嶷嶷與小司馬所見本不同葢後人據史記轉改

東至于蟠木　予謂蟠木者扶木也呂覽爲欲篇西至流沙東至扶木又求人篇禹東至榑木之地說文榑桑神木日所出也榑與扶通扶木即扶桑古音扶如酺聲轉爲蟠也漢書天文志晷爲扶鄭氏云扶當爲蟠

便程東作　程秩聲相近詩秩秩大猷說文作𢧤𢧤程从呈聲𢧤从戜戜亦从呈聲故程𢧤俱與秩通也說文引書作平豑

便程南譌　索隱正義本皆作爲字

試不可用而已　尚書云試可乃已古人語急以不可爲可也古經簡質得史公而義益明

嗟四嶽　尚書嗟爲咨咨嗟聲相近

舜飭下二女於嬀汭　索隱云二女長曰娥皇次曰女英系本作女瑩大戴禮作女匽　瑩匽皆英之轉

歸至于祖禰廟　說文无禰字禰者爾也考於七廟爲最近故稱爾後人因加示旁尚書作藝祖馬融云藝禰也葢用史公說藝禰音亦相近

徧告以言　古音敷如布徧布聲相近奏告亦聲之轉也奏屬齒音告屬牙音均爲出聲故亦得相轉

堯二女不敢以貴驕事舜親戚　正義云親戚謂父瞽叟後母弟象妹顆首等也　古人稱父母爲親戚大戴記曾子疾病篇親戚既沒雖欲孝誰爲孝孟子盡心篇人莫大焉亾親戚君臣上下楚世家楚人皆憐之如悲親戚猶言如喪考妣也孟嘗君列傳使使存問獻遺其親戚亦謂其父母也正義兼弟妹言之非史公之旨

誰能馴予工　馴與順同易坤初象傳馴致其道至堅冰
也其文言曰履霜堅冰至葢言順也可證順卽馴字尚
書疇若予工若訓順故史公以馴代若
教稺子注尚書作胄子孔安國曰稺胄聲相近　按稺胄
聲相近乃裴氏說非孔安國注也曰下當有脫文
朕畏忌讒說殄行　尚書云朕堲
讒說殄行孔傳訓堲爲疾疾齊聲相近故又作齊也僞
讀如平秩南僞之僞南僞見漢書王莽傳僞卽爲字行爲聲相近
惟時相天事　按釋詁亮相皆訓導故變亮言相正義訓
相爲視失之

息愼洊鄭玄曰息愼或謂肅愼　息肅聲相近
顧弟弗深攷注徐廣曰弟但也　弟但聲相近俗書弟但
字作苐次弟字作第皆不合六書之旨
夏本紀
鯀之父曰帝顓頊　索隱據漢書律厤志顓頊五代而生
鯀證鯀非黃帝之子予攷山海經黃帝生駱明駱明生
白馬白馬是爲鯀鯀生禹山經所云黃帝當是顓頊之
譌朕亦无五世
亹亹穆穆　司馬相如封禪文旼旼穆穆君子之能旼旼
卽亹亹也古音亹如門与旼相近旼卽旻字

濟河維沇州　沇州本以沇水得名尚書作兖州由隸變
立水爲横水在上又誤三爲六耳
汶嶓既蓺正義云括地志云岷山在岷州溢洛南一里
洛當作樂唐書地理志岷州溢樂縣有岷山
益讓帝禹之子啟　史公書於漢諱皆回避如恆山作常
山微子啟作微子開盈數作滿數是也亦有不盡然者
周本紀邦内甸服邦外侯服封禪書五岳皆在天子之
邦犯高帝諱殷本紀盈鉅橋之粟樂書盈而不持則傾
晉世家萬盈數也以從盈數春申君列傳盈滿海内犯

惠帝諱天官書壬癸恆山以北恆山之北氣下黑上青
封禪書北岳恆山也至琅邪過恆山田齊世家以爲非
恆人張儀傳獻恆山之尾五城犯文帝諱夏本紀益讓
帝禹之子啟禹子啟賢諸侯皆去益而朝啟啟遂卽天
子位是爲夏后帝啟殷本紀帝乙長子曰微子啟啟母
賤不得嗣孝文本紀夏啟以光燕世家禹薦益已而以
啟人爲吏及老而以啟爲不足任乎天下啟與交黨攻
益奪之犯景帝諱此非史之駁文後人以意改易耳若
呂后諱雉而殷本紀封禪書不避雉字或史公本文如
此葢呂氏傾危社稷史臣未必爲避諱也宋史禮志紹興二年禮部太常寺言漢法邦之字曰國盈之字曰滿止是讀曰國曰滿本字見於經傳者未嘗改易司馬遷作史記曰先

王之制邦內甸服邦外侯服又曰盈而不持則傾於邦字盈字亦不改易此說未然

注張敖地理記曰濟南平壽縣其地卽古斟尋國　濟南當作北海張敖未詳何代人

斟氏戈氏　索隱本作斟戈氏卽斟灌也戈灌聲相近上氏字衍

殷本紀

予其大理女注尚書理字作賚　理賚聲相近詩釐爾圭瓚鄭康成引作賚釐理義亦通也

至于泰卷陶索隱云鄒誕生卷作餉又作泂則卷當爲坰卷坰聲相近泰与大古文通

大最樂戲于沙邱注徐廣曰最一作聚　最當作冣說文冣積也音与聚同功臣表注孔子文生最說文以最爲積聚字此最字亦冣字之譌

紂走入登鹿臺注徐廣曰鹿一作廩　廩鹿聲相近

周本紀

子公叔祖類立索隱云系本云太公組紺諸盩　盩當作盩音戾盩類聲相近也盭綠色紺青赤色与綠相似故又云組紺

兩造具備注徐廣曰造一作遭　兩遭猶言兩曹說文曹獄之兩曹也

孔子卒　案周秦二本紀魯燕陳衞晉諸世家皆書孔子卒而吳齊蔡宋楚世家則不書夫孔子魯人也其卒宜書于魯世家孔子有東周之志孔子卒而周不復興矣以其卒之繫于周則書于周本紀亦宜也若秦若衞若陳若晉与燕于孔子何與而亦書孔子之卒也或曰孔子之卒史遷爲天下惜之故不獨于魯書若然則十二國宜皆書何爲而有書有不書也且孔子之先宋人也齊楚与蔡孔子嘗至其國焉視秦晉燕之從未一至者有閒矣何爲乎宜書而反不書也

周太史儋見秦獻公曰始周与秦國合而別別五百載復合合十七歲而霸王者出焉　案此語周本紀載之秦本紀載之封禪書老子列傳又載之盖重出者四矣秦本紀作七十七歲老子列傳作七十歲皆傳寫之譌索隱正義于周本紀封禪書皆有注可證

子赧王延立索隱云尚書中侯以赧爲然鄭玄云然讀曰赧王邵按古音人扇反今音奴板反　說文赧从赤𠬝聲𠬝柔皮也讀如輾故古讀赧爲人扇切

王赧時東西周分治　赧非王名當云赧王

韓徵甲与粟于東周　戰國策以爲西周

秦本紀

我不殺戎王則不敢入邑　據此則周未東遷之日戎已僭王號如徐偃王楚句亶王鄂王越章王之類也其後有亳王義渠王獂王皆戎種

以女弟繆嬴爲豐王妻　豐王未詳閩本作幽王幽豐字形相近肰幽王妻申后非繆嬴

臣常游困于齊而乞食銍人注徐廣曰銍一作銍正義云銍地名在沛縣　予謂沛非齊地

庶長改迎靈公之子獻公于河西而立之殺出子及其母沈之淵旁　呂氏春秋當賞篇秦小主夫人用奄變羣賢不說自匿公子連亾在魏聞之欲入從鄭所之塞右主然守塞弗入曰臣有義不兩主公子勉去矣公子連去入翟從焉氏塞菌改入之夫人聞之大駭令吏興卒中道因變曰非擊寇也迎主君也公子連因与卒俱來至雍圍夫人夫人自殺公子連立是爲獻公不韋言秦事必可信小主者即出子菌改者庶長改也呂氏言獻公名連而索隱云名師隰未知所本

與齊威楚宣魏惠燕悼韓哀趙成侯竝　據六國表秦孝公元年當齊威十八年楚宣九年魏惠十年燕文公元年韓壯侯十年世家作懿公趙成侯十四年此云燕悼韓哀誤也正義讀竝爲白浪反屬下淮泗之閒爲句亦非

與晉戰鴈門索隱云紀年云与魏戰岸門此云鴈門恐聲誤也秦與韓魏戰不當遠至鴈門　按岸鴈聲相近故岸門亦作鴈門非謂代之鴈門也

榑里疾攻魏焦降之　榑里疾即樗里子也說文樗作榑

庶長疾攻趙虜趙將軍莊　樗里子傳虜趙將軍莊豹

攻韓南郡取之　六國表作南陽按戰國之際韓魏皆有南陽魏之南陽即河內之修武左氏傳晉於是始啓南陽是也韓之南陽即秦漢南陽郡也但秦昭王三十五年已置南陽郡而此又云攻韓取之亦似可疑若江陵之南郡則楚地非韓地也

秦始皇本紀

嫪毒封爲長信侯索隱云按漢書嫪氏出邯鄲王劭云賈侍中說秦始皇母予郎字与嫪毒淫坐誅故世人罵淫曰嫪毒也　案賈侍中說以下出許叔重說文其所引漢書則班氏无此文當是漢書注也南越傳嬰齊取邯鄲摎氏女索隱云摎音紀虬反摎姓出邯鄲此嫪字正義亦音紀虬反蓋摎嫪古文通用今人讀嫪爲郎到切非也

九年正義云穆帝永和八年石勒爲慕容俊所滅　俊与儁同是歲儁滅冄閔非石勒也

梁傳至天正二年侯景破梁至廣陵　案侯景廢簡文帝而立豫章王棟改元天正是年景即篡位明年景死而傳國璽入于齊則天正无二年也此云天正二年葢據北齊紀載之文削侯景之年亦不用承聖號也

搏心揖志索隱云搏古專字左傳云如琴瑟之專壹　搏當作嫥說文嫥壹也俗本搏作摶尤誤揖古輯字書輯五瑞史記亦作揖

北過大夏正義云杜預云大夏太原晉陽縣按在今并州　予謂正義說非也始皇立石誇耀致之遠豈近取晉陽之地乎周書王會解正北空同大夏大宛傳張騫從月氏至大夏即其地也

別黑白而定一尊　李斯傳別作辨古書辨与別通周禮小宰聽稱責以傅別故書作傅辨

異取以爲高　李斯傳作異趣

雖萬世世不軼毀正義云軼徒結反　軼与迭同古書軼迭二字多通用左氏傳彼徒我車懼其侵軼我也釋文軼直結反讀如迭成十三年迭我殽地亦侵軼之義封禪書軼興軼衰漢書作迭興迭衰

飯土塯啜土形　李斯傳塯作匭形作鉶古文簋与匭同讀若九音軌音相近太史公自序形作刑塯亦作簋徐廣注云一作溜說文无塯字則此文當爲溜也

子嬰爲秦王四十六日　李斯傳子嬰立三月

項羽本紀

項梁使沛公及項羽別攻城陽　城陽當作成陽縣名屬濟陰郡非齊之城陽國也

誰爲大王爲此計者　此時沛公未爲漢王葢臣下尊之之稱項羽亦未自王故沛公呼爲將軍而范增項莊已稱爲君王樊噲張良亦稱爲大王史亦屢書項王皆據當時相尊之詞

烏江亭長檥船待　檥當從鄒氏本作樣樣与漾同

高祖本紀

秦泗川監平注文穎曰泗川今沛郡也　案曹參世家樊噲周昌傳俱作泗水漢書地理志沛郡秦泗水郡而本紀亦作泗川

別攻城陽屠之　城當作成即下文所謂至成陽与杠里者也

至成陽與杠里索隱云成陽縣名在濟陰韋昭云在潁川非也　按成陽漢書作陽城故韋昭以潁川之陽城當之當從史記作成陽爲是

高祖已擊布軍會甀注按漢書音義會音儈保邑名甀音

直僞反索隱云漢書甀作缶音保非也　案漢志沛郡蘄縣有𨛏鄉高祖破黥布師古音𨛏爲直恚反即此會甀也隸書垂似缶故漢書高紀譌爲缶字孟康讀會爲儈保之儈非讀甀爲保小顔未達孟義妄有訾謷小司馬又承顔之謬而不察尔

呂后本紀

得定陶戚姬注如淳曰姬音怡衆妾之總稱也索隱云如淳音非也姬周之姓天子之宗女貴于它姓故遂以姬爲婦人美號　予謂姬从𦣝聲姬妾字讀如怡乃是正音六朝人稱妾母爲姨字易而音不殊与姬姓讀如基者有別如淳去古未遠當有所受小顔小司馬輩亂非

之誤矣

寧蚤自財　財与裁同悔不早自引決也漢書高五王傳財作賊小顔訓爲害義亦通

更名梁曰呂呂曰濟川　案呂后二年割齊之濟南郡爲呂王奉邑及呂產徙王梁地改呂國曰濟川以王孝惠之子則濟川即濟南也諸呂既誅先徙濟川王于梁乃告齊王令罷兵蓋仍以濟南還齊矣

孝文本紀

古者殷周有國治安皆千餘歲　案殷周有天下皆不及千歲云千餘歲者并稷卨受封之年計之漢書作且千歲

子某最長　案高帝紀書文帝名景帝紀書武帝名此稱某例亦不一

孝景本紀

二年封故相國蕭何孫係爲武陵侯　表作武陽其名嘉非係也

三年立楚元王子平陸侯劉禮爲楚王正義云應劭云平陸西河縣　案東平國有東平陸縣此劉禮所封邑也水經注据陳留風俗傳以尉氏之陵樹鄉故平陸縣指爲劉禮所封者失之若應劭韋昭輩以爲西河之平陸

則謬甚矣

五年五月丁卯封長公主子蟜爲隆慮侯　案年表中元五年五月丁丑隆慮侯蟜元年徐廣据本紀以證表之非予攷功臣表隆慮侯周通以中元元年有罪國除則蟜之封隆慮必在中元年以後紀書于前五年者非矣漢書年表景帝中五年隆慮侯融以長公主子矦二十九年坐母喪未除服姦自殺館陶公主卒于元鼎元年距孝景中五年正二十九歲又足證史記之表是而紀非也融与蟜字形相涉而譌

六年封趙丞相嘉爲江陵侯　表作江陽

中元年封故御史大夫周苛孫平爲繩侯　据表是年封周成孫應乃苛之曾孫也平則嗣應爲侯者徐廣云平一作應近之

中六年城陽共王薨正義云城陽今濮州雷澤縣古成陽也　按城陽國治莒漢志謂文帝二年別爲國者是也濮州之成陽漢時屬濟陰郡乃梁地非齊地且成城字異正義說非是

孝武本紀　張晏云此紀褚先生補作予謂少孫補史皆取史公所闕意雖淺近詞无雷同未有移甲以當乙者

也或魏晉以後少孫補篇亦亾鄉里妄人取此已足其數爾秦始皇本紀末有漢明帝十七年十月云云平津侯傳末有太皇太后詔大司徒大司空云云司馬相如傳贊有揚雄以爲靡麗之賦勸百風一云云皆魏晉以後人竄入

有司與太史公祠官寬舒等議　按封禪書兩稱太史公与祠官寬舒連文而不著名爲其父諱也是年郊雍爲元鼎四年其明年冬至郊拜泰一皆談爲太史公時事談以元封元年卒卒後遷始繼之漢志稱談名得其實矣以太史公爲太史令則據後官制追改之

與王不相中得　得字衍

不虞不驁　古文虞与吴通漢碑亦有不虞不揚之文今封禪書作不吴乃後人据毛詩私改

黃帝得寶鼎宛侯　封禪書作宛朐宛朐葢地名濟陰郡宛句縣是也漢志作冕侯冕即宛之譌侯句音相近

錢大昕學

三代世表

抱之山中注抱音普茅反　抱讀爲拋說文無拋字徐氏新附有之从尢从力于義無取葢卽抱之譌

十二諸侯年表

人事浹　浹與帀同

庚申共和元年　史公以漢武太初元年歲在焉逢攝提格據此上推共和之元不値庚申且漢人言太歲百四十四年而超一辰不皆依六十之序故史公作表有年歲而無干支此表庚申甲子甲戌之類葢徐廣注非史記本文

周襄王十四年叔帶復歸于周　本紀在十二年

魯孝公稱元年伯御立爲君稱爲諸公子十一年周宣王誅伯御立其弟稱是爲孝公　案魯世家伯御卽位十一年周宣王伐魯殺其君伯御立稱是爲孝公二十七年孝公卒漢書律曆志伯御卽位十一年孝公卽位二十七年與世家合表乃以伯御之元年卽爲孝公之元年故孝公有三十八年失其實矣

魯莊公三十二年莊公弟叔牙鴆死子般季友奔陳　子般上下皆當有脫文

齊靈公二十七年晉圍臨淄晏嬰大破之　按齊世家靈公走入臨菑晏嬰止靈公靈公弗從此文當有脫誤

晉厲公壽曼　春秋晉弑其君州蒲卽厲公也蒲乃滿之譌曼滿聲相近古書酬酢字或作醻是壽與州通

衛文公二十三年重耳從齊過無禮　世家在十六年

衛殤公狄　世家作秋秋狄皆猋之譌漢書古今人表作猋春秋作剽剽猋音相近

衛君起元年石傳逐起出索隱云傳音圃或作專音敷左傳作石圃圃傳音相近傳葢傅之譌專亦當爲專

六國表　十二諸侯年表始于共和共和以前則三代世表紀之終于周敬王四十三年孔子卒後二年故序云自共和訖孔子　其時惟陳曹先亾耳史公以六國表繼之晉衛附于魏鄭附于韓魯蔡附于楚宋附于齊各述其後事以續前表文簡而法密矣三家分晉魏得晉之故都故魏人自稱晉國孟子書梁惠王周霄皆云晉國而韓趙則否史公以晉附魏葢以此

湯起于亳注徐廣曰京兆杜縣有亳亭　按殷本紀湯始居亳皇甫謐曰梁國穀熟爲南亳湯所都也書立政有三亳說者以爲湯始居南亳在宋州穀熟縣西南後徙

西亳卽河南偃師縣而景亳湯所盟地則宋州北五十里大蒙城是也三亳非一地要非京兆之亳亭明矣秦本紀寧公二年遣兵伐蕩社三年與亳戰亳王奔戎遂滅蕩社徐廣云蕩一作湯社一作杜皇甫謐以爲亳王號湯西夷之國又云周桓王時自有亳王號湯非殷也封禪書于杜亳有三杜主之祠亦指此蓋京兆之亳乃戎王號湯者之邑而徐廣以爲殷湯所起其不然乎然此篇稱作事者必于東南收功實者常於西北乃述禹興西羌周始豐鎬而及於湯之起亳則史公固以關中之亳爲湯之亳矣

魏獻子韓宣子趙簡子　表始于周元王元年卽晉定公三十六年也魏獻子舒以魯定公元年卒韓宣子起之卒當更在其前安得此時尚存乎三家分晉唯趙氏最强世次分明故于表首著簡子四十二年而魏韓闕之蓋魏自文侯韓自武子以後年數乃可表也後人妄益獻子宣子字於魏韓下失史公之旨矣春秋傳魏舒之後有魏曼多世家作魏侈侈謚襄子見世本此與趙簡子同時者當是魏侈也春秋傳韓起之後有韓不信謚簡子而世家言宣子之後有貞子簡子莊子未審當是何人

魏文侯二十五年太子罃生　罃爲子擊之子不當云太子

齊威王六年晉伐到鱄陵索隱云劉氏鱄音屬沈反　沈當爲沇之譌鱄陵世家作博陵

趙成侯六年敗魏涿澤　魏齊世家竝作濁澤古文濁涿通五帝本紀涿鹿或作濁鹿

秦昭王二年桑君爲亂誅　按秦本紀庶長壯與大臣諸侯公子爲逆皆誅桑與壯音相近穰侯傳誅季君之亂亦指桑君也

魏安釐王十一年秦拔我廩邱注徐廣曰或作邢邱　按秦本紀亦作邢邱當以邢爲是

秦楚之際月表

楚項　別項于楚者義帝雖項氏所立羽不爲義帝用也且項梁與沛公起兵皆在陳涉未敗之前其後權奉義帝不得竟係于楚

漢　表列漢于趙齊之下燕魏韓之上趙齊强也趙先于齊者據起之先後也

秦二世元年　自是年七月以後諸侯以起兵之月爲始以次數之項梁十三月籍十七月趙歇二十六月田市十九月沛公二十九月韓廣三十月魏豹十八月韓成

二十一月皆計月不計年也義帝元年以後諸侯以始封之月爲一月數至十二月卽稱二年一月如韓王信之三年一月卽楚四年十月英布之二年一月卽漢五年七月而漢王獨稱正月者別于諸侯也趙歇田市韓廣魏豹韓成皆稱王已久則仍前之月數之而不計其年歇終四十八月市終二十四月廣終三十七月豹終三十八月成終二十七月前後義例已爲不倫臨江王共敖與十八王同時封獨不稱二年一月仍稱十三月敖終于三十一月敖子驩終于十六月又何說也

漢興以來諸侯年表

漢獨有三河東郡潁川南陽自江陵以西至蜀北自雲中至隴西與內史凡十五郡　十五郡謂河東河南河內東郡潁川南陽南郡郡江陵漢中巴郡蜀郡隴西北地上郡雲中幷內史也五原郡元朔二年始置故不數

怵邪臣計索隱云怵音誓怵訓習　怵當作忕傳寫之譌

故齊分爲七趙分爲六梁分爲五淮南分三　案此表凡二十六格高祖始封同姓九國幷齊趙梁淮南析置十七國益以長沙當爲二十七格今檢表齊之下爲六格趙之下爲五格梁之下止三格以濟陰附于淮陽之後梁與淮陽地本相接也楚之下爲二格魯泗水本楚地衡山淮南所分亦楚故地也廬江亦淮南所分乃列于趙之下與清河爲一格似失其倫矣

高帝四年初王武王英布元年　武王二字衍布已誅矣安得有謚

高后元年初置呂國　按呂國以齊之濟南郡置當在齊之下與濟南爲一行今列于梁之下誤也

孝文前元年分爲河間都洛城　洛城當爲樂城監本作洛陽尤誤

十五年分爲膠西都宛注徐廣曰樂安有宛縣　宛上當有高字

孝景前元年初置臨江都江都　當作都江陵

四年初王元年是爲孝武帝　是爲孝武帝五字後人所增入也攷孝文封代王表直書其名而云高祖子此亦當書名而云景帝子

中二年初置清河都濟陽　濟陽當作清陽漢書地理志清河郡清陽縣注云王都是其證也

孝武建元元年　孝武二字亦後人所增

元鼎三年初置泗水都郯　按漢志泗水國領三縣淩也泗陽也于也郯爲東海郡治不當割爲泗水國都

高祖功臣侯年表

百年之間見侯五正義云謂平陽侯曹宗曲周侯酈終根陽河毛氏本南監本竝作楊阿侯齊王本監本作卞仁戴侯祕蒙王本監本作秋家誤穀陵侯馮王本監本作韓誤偃也　按史公作表終于太初平陽曲周陽河戴四侯之免皆在太初以後故尚在見侯之數也江鄒侯靳石以改封不與五人之列然曲周侯終根其時已改封繆陽河侯仁其時亦改封埤山矣是太初之世不止見侯五也陽河侯據漢表乃其石之後齊其謚非姓也正義稱齊仁似誤

太初元年盡後元二年十八　按惠景間侯者年表建元以來侯者年表末一格只云太初已後不計年數此表亦當如此蓋史公紀事止于天漢不及見孝武之崩也此後人所增改

陽陵索隱云陽陵屬馮翊　案馮翊之陽陵景帝陵也漢制陵縣屬太常元帝始分屬三輔不以封諸侯平陵侯蘇建平陵侯范明友封國在南陽武當縣非昭帝所葬之平陵漢志陽陵故弋陽景帝更名則高帝時尚無陽陵之名楚漢春秋作陰陵近之

廣嚴索隱云晉書地道記廣縣在東莞嚴謚也下又云壯班馬二史竝誤　按嚴字衍文小司馬以嚴爲謚卽下文所云壯侯也壯當爲莊班氏避諱作嚴非有誤也後人又誤會班史增嚴于廣字之下亦非史公之誤漢志齊郡有廣縣

酈侯呂台孝惠七年有罪　按漢書外戚侯表無呂台有罪罷免之文

胡陵侯呂祿　漢表作漢陽

留　言上張旗志秦王恐降　志古文識字旗志者旗幟也說文無幟字徐氏新附有之幟取表識之義亦當作識史漢多古字故爲志耳張蒼列傳沛公以周昌爲職志徐廣云主旗幟之屬叔孫通傳張旗志徐廣云一作幟

鄭　高后二年懿侯同元年同祿弟文帝元年同有罪封何小子延　按漢書蕭何傳子祿嗣薨亾子高后乃封何夫人同爲鄭侯小子延爲筑陽侯孝文二年罷同更封延爲鄭侯漢表以同爲祿母史記以同爲祿弟既已乖迕且同以罪除何由更得謚懿此必史記之誤也

筑陽　文帝元年侯延元年　按此表延立十九年以文帝後三年薨子遺立一年以文帝後四年薨則立四年以景帝元年有罪免皆封筑陽若據漢表及傳則延封筑陽乃在高后時文帝元年更封鄭二年薨當云三年子遺嗣一年遺弟則紹封二十年皆封鄭漢表則封武陽其不同如此蕭公爲漢元功史家敘其世系尚不免傳聞異詞紀載之難信自昔然矣

曲周索隱云縣名屬廣平　按漢志曲周縣武帝建元四年置蓋景帝之世酈寄以罪免國除爲鄉至孝武復置爲縣也

臨汝　侯賢行賕一本作財罪國除　漢表賢坐子傷人首匿免與此異

建平　周昌始封汾陰其子開方改封建平孫左車又改封安陽也漢表失建平二字

成索隱云縣名屬涿郡　按水經注淄水又逕郕北春秋齊師圍郕郕人伐齊飲馬于斯水也漢高帝封董渫爲侯國成郕古字通左氏傳本作成

蓼　以執盾前元年從起碭　按蓼侯孔藂費侯陳賀陽夏侯陳豨棘蒲侯陳武都昌侯朱軫河陽侯陳涓芒侯昭漢表作耏跖棘邱侯襄阿陵侯郭亭厭次侯元頃菌侯張平皆以前元年從轂陵侯馮谿汾陽侯靳彊以前二年從汁防侯雍齒以前三年從所稱前元年二年三年者高帝自稱沛公之年也入關王漢以後始稱漢元年漢初王侯受封皆自稱元年亦用此例

費　定會稽浙江湖陽　湖陽漢表作湖陵

陽都索隱云漢志闕晉書地道記屬琅邪　按漢志城陽國有陽都縣後漢省城陽入琅邪小司馬云漢志闕者非也

拜爲將軍忠臣侯　忠臣非官號史惟見此一人

汁邡　功比平定侯　按平定侯齊受孝惠元年始封雍齒以高祖六年封不應轉準其例當有誤文或是平侯沛嘉之譌

棘蒲索隱云漢志闕　按趙世家敬侯六年伐魏取棘蒲正義云今趙州平棘縣古棘蒲邑也今攷陳武以高帝六年封棘蒲侯而七年又封林摯爲平棘侯則平棘非即棘蒲或其地相去不遠棘蒲國除之後省入平棘爾

都昌索隱云漢志闕　按北海郡有都昌縣水經注以爲朱軫所封

武彊索隱云漢志闕　按曹相國世家還攻武彊因至滎陽臣瓚云武彊城在陽武水經注以爲莊不識所封也

貰齊侯呂注徐廣曰呂一作台　漢表作合傳胡害合與台字形相似也索隱單行本呂下有博國二字博近傳國近害未審誰是

海陽索隱云海陽亦南越縣地理志闕　按班志遼西郡有海陽縣水經注以爲搖毋餘所封

曲城索隱云漢志闕表在涿郡　按漢志曲成縣屬東萊即此曲城也其後改封夜侯夜即掖亦屬東萊小司馬

云漢志闕者非也又王子矦表有曲成矦萬歲中山靖王之子表在涿郡此又一曲成小司馬誤合為一

蟲逢　漢書作蟲達

任矦　矦字衍

昌武索隱云漢志闕　按漢志膠東國有昌武縣

矦單甯　漢表作單究

宣曲索隱云漢志闕　按貨殖傳有宣曲任氏小司馬據上林賦西馳宣曲以為當在京輔也

絳陽索隱云漢志闕　按水經注澮水篇云新田又謂之絳卽絳陽也蓋在絳澮之陽漢高帝封華無害為矦國

東茅索隱云漢志闕一作柔　按琅邪郡有柔縣

臺索隱云臨淄郡有臺鄉縣　按兩漢無臨淄郡當是齊郡也又濟南郡有臺縣

樂成索隱云漢志闕　按漢志河閒國有樂成縣

蒯成索隱云漢志闕晉書地道記屬北地　按晉書地理志蒯成屬始平不屬北地也高帝功臣矦百四十七人班史皆不言其食邑所在獨于蒯成云在長沙必有所據諸解紛紛皆無當也

復陽索隱云縣名屬南陽　按清河郡亦有復陽縣水經注以為陳胥所封

朝陽索隱云縣名屬南陽　按濟南郡亦有朝陽縣或稱東朝陽水經注以為華寄封國也

柏至　以駢憐從索隱云姚氏憐鄰聲相近　按姚氏名察有漢書訓纂三十卷

許溫索隱云漢表作許盎　溫盎聲相近

武原索隱云漢志闕　按漢志楚國有武原縣

槀索隱云漢志槀縣屬山陽　按槀當為槖字之譌

彭索隱云漢表屬東海郡　按東海郡無彭縣武帝時劉屈氂封澎矦晉灼云東海縣然漢志東海亦無澎縣

甯索隱云漢表甯陽屬濟南郡　按武帝封魯共王子恢為甯陽矦國隸濟南郡卽漢志泰山郡之甯陽也甯甯古字雖通然以後證前亦出意揣予謂春秋傳晉陽處父聘于衛反過甯杜云甯晉邑汲郡修武縣也當是魏遷所封邑

襄平索隱云縣名屬臨淮　按水經注以遼東之襄平為紀通封國

龍索隱云廬江有龍舒縣蓋其地也　按水經注汶水又西南逕龍鄉故城春秋成公二年齊矦圍龍者也漢高帝封陳署為矦國

陸梁　索隱本作陸量

義陽注徐廣曰一作義陽索隱云義陽縣在汝南　按武陵郡有義陵縣吳程以長沙柱國封矦當是武陵之義陵非汝南之義陽且漢有兩義陽一在南陽平氏一在東海厚邱皆不屬汝南疑小司馬誤也

吳程　漢表作吳郢古文程與郢通孟子文王卒于畢郢郢卽程邑

禾成索隱云漢志闕　按水經注濁漳水篇云斯洨水又東南逕和城北漢高帝封郎中公孫耳爲矦國

汲矦索隱云漢表作伋　矦字衍汲葢波之譌水經注淇水又東北逕波縣故城北漢高帝封公上不害爲矦國

江鄒矦后坐爲太常行太僕事治嗇夫可年益縱年國除　按漢表坐爲太常行幸離宮道橋苦惡太僕敬聲繫以謁聞赦免與此異

衍索隱云漢志闕　按蘇秦說魏襄王云北有河外卷衍酸棗則衍亦河南郡地

平州索隱云漢志闕晉書地道記屬巴郡　按漢志西河郡有平周縣而路博德傳稱西河平州人疑州與周通也又春秋傳會于平州杜預云在泰山牟縣西元封三年封朝鮮降將唊爲平州矦表在梁父葢卽春秋之平州也平州雖有三名漢初封國當以梁父者近是

博陽索隱云縣名屬彭城　按彭城卽楚國漢志楚國有傅陽縣古偪陽國此博陽必傅陽之譌也且同時有博陽矦陳濞不應同名小司馬注史記時尙未誤後來轉刻譌爲博爾

戚索隱云漢志闕晉地道記屬東海　按班志東海郡明有戚縣鄭氏音憂戚小司馬乃云志闕何其謬也水經注今頓邱衞國縣西戚亭漢高帝封李必爲矦國此則春秋之戚非東海之戚也酈說近之

桃索隱云縣名屬信都　按水經注濁漳水篇云衡漳又東北逕桃縣故城北漢高祖封劉襄爲矦國此信都之桃也又濟水篇云濮渠逕桃城南卽戰國策所謂酸棗桃虛也漢高帝封劉襄爲矦國此東郡之桃也

高梁索隱云漢志闕　按水經注汾水過高梁邑西故高梁之墟也春秋秦穆公納公子重耳于晉害懷公于此漢高帝封酈介于斯邑

紀信　此矦國注家皆闕其地疑本封紀矦而衍信字爾或云信匡兩字譌

甘泉索隱云案志甘泉闕疑甘泉是甘水　按甘水縣漢志亦闕小司馬說未審所據予謂雍之甘泉其名舊矣王競封邑疑卽此漢表作景合目錄爲一字

菌注徐廣曰一作鹵　按代郡有鹵城縣

惠景閒矦者年表

扶柳索隱云縣名屬信都　按水經注以琅邪之扶縣爲呂平矦國葢酈氏所見本異

平定索隱云漢志闕或鄉名　按漢志西河郡有平定縣

上邳　按水經注泗水篇云㶟水又西逕仲虺城北晉太康地記曰奚仲遷于邳仲虺居之史記楚元王子郢封上邳矦有下故此爲上矣

樂平索隱云漢志闕　按漢宣帝封霍山爲樂平矦表在東郡

山都索隱云漢志闕　按漢志南陽郡有山都縣水經注云本南陽之赤鄉漢高后封王恬爲矦國

呂成矦呂忿　按水經注淯水篇云紫谿又逕宛西呂城東史記呂尚先祖受封于呂徐廣音義曰呂在宛縣高后四年封昆弟子呂怨爲呂城矦疑卽此也今本怨作忿或傳寫之誤

樂昌矦張受　按後漢書張酺傳云張放子壽封細陽之池陽鄉葢本析細陽[illegible]爲樂昌國也細陽本隸汝南宣帝封王武爲樂昌矦漢表在汝南郎壽故封也樂昌矦國元始初尚存不審地理志何以闕之列傳作張壽壽受音相似

祝茲索隱云漢書作琅邪　按高后四年封松茲矦徐厲漢表作祝茲而史記文帝紀周亞夫世家亦有祝茲矦徐厲名說者疑徐厲已封祝茲則此呂榮所封當依漢書作琅邪然徧檢各本漢表祝茲矦呂瑩無有作琅邪者則單文孤證未可信也及讀漢書王子矦表祝茲矦延年下注琅邪字乃悟索隱本云漢表在琅邪後人傳寫譌爲書作二字爾今攷定當以廬江之松茲爲徐厲國琅邪之祝茲爲呂榮國也

清郭　清讀若靖卽戰國策之靖郭也王氏本作清都監本作清源皆誤

周陽索隱云縣名屬上郡　按上郡有陽周縣無周陽小司馬本葢作陽周故援志以實之耳正義引括地志云周陽故城在絳州聞喜縣東二十九里（見文帝紀）此卽水經所云周陽邑葢河東郡地也予謂駟鈞以齊王舅父得矦卽裂齊地而封之趙兼以淮南舅父得矦其封邑亦當在淮南境內且兼得罪失矦未幾卽以淮南王子賜爲周陽矦同時矦者阜陵東城皆淮南故地則此周陽亦宜在淮楚之閒不特非上郡之陽周恐亦非河東之周陽矣

管索隱云管古國今爲縣屬滎陽　按地理志濟南郡有菅縣字从艸當是龍軍所封非河南之管城也

斥邱索隱云縣在魏郡　漢表作氏邱史記本或作爪邱小司馬以魏郡之斥邱當之予謂斥邱矦唐厲高帝所封傳三世至元鼎初尚無恙不應更封它人

平昌索隱云縣名屬平原　按漢志琅邪平原二郡皆有平昌縣水經注以琅邪之平昌爲劉印所封

白石索隱云縣名屬金城　案金城郡昭帝始置且距齊地絕遠不應文帝時以封齊悼惠王子也

安陽　小司馬本作安陵故云縣名屬馮翊恐別有安陵今刊本刪此五字　按馮翊之安陵惠帝所葬不應建爲矦國故小司馬疑其別有一安陵不知其爲安陽之譌也漢志汝南郡有安陽縣水經注以爲劉勃所封也

陽周　淮南傳作周陽而諸矦年表及此表並作陽周誤也漢表亦作陽周其誤與此同

犂索隱云縣名屬東郡　犂與黎同

弓高索隱云漢表在營陵　按漢志河閒國有弓高縣水經注以爲韓穨當所封也營陵縣屬北海郡疑漢表誤或河閒別有營陵鄉

右孝文時二十九汲古閣本作二十八誤　今數之止二十八蓋脫陽邱矦劉安一人據索隱單行本陽邱當在陽虛之後蓋傳寫失之漢表不數章武南皮二矦故云二十七人

建陵　按東海郡有建陵縣水經注以爲衞綰所封

江陽索隱云縣名在東海　按漢志東海無江陽縣惟犍爲郡有江陽水經注以爲蘇嘉所封也

山陽　按漢志河内郡有山陽縣

周陽索隱云縣名屬上郡　按水經涑水又西過周陽邑南酈元以爲田勝封國也上郡有陽周無周陽

建元以來矦者年表

符離索隱云縣名屬沛郡　漢表作邳離邳離在朱虛小司馬以沛之符離當之其說雖本于水經注要不如漢表之足據

壯索隱云表在東平　漢表作杜注云重平蓋東平之譌

龍亢以校尉樛世樂擊南越死事子矦　南越傳作樛樂無世字漢書同　樛當从手旁

成安索隱云表在郊志在陳畱　郊當作郟字之譌也漢志陳畱潁川並有成安縣潁川之成安蓋分郟縣置郎延年封國也水經注汝水篇既以潁川之成安爲韓延年封邑而汳水篇又以陳畱之成安爲延年所封蓋攷之未審矣

將梁索隱云表志闕　按王子矦者表中山靖王子朝平以元朔二年封將梁矦元鼎五年坐酎金國除此楊僕以元鼎六年封蓋郿朝平故邑本中山地而改隷涿郡也

下酈　按水經注湍水東南流逕南酈縣故城東史記所謂下酈也漢武帝封左將黃同為矦國

涉都索隱云表在南陽　水經注云案郡國志筑陽縣有涉都鄉

秺　秺當作庇說文庇从广秺聲濟陰有庇縣

子宏代立　據漢表嗣日磾者子賞非宏也

商利矦王山　漢表作王山壽

爰戚　今帝復立子為廣陵王　按廣陵王霸以厲王子紹封在元帝初元二年褚先生所稱今帝謂元帝也而張蒼列傳稱孝元帝將相名臣年表續至成帝鴻嘉元年厤書亦數至成帝建始四年較將相表先九年是少孫補綴前後亦非一時

建元已來王子矦者年表

宜春索隱云表志闕　按漢志汝南豫章皆有宜春縣此長沙王子封邑當在豫章水經注亦曰豫章之宜春為劉成國也

廣戚索隱云表志闕　按漢志沛郡有廣戚縣

盱台索隱云表志闕　按漢志臨淮有盱眙縣即盱台

睢陵　漢表作淮陵景十三王傳作淮陽漢志淮陵睢陵二縣並屬臨淮郡水經注以睢陵為江都易王子楚所封

劇索隱云表志闕　按漢志菑川國有劇縣

平望索隱云表志闕　按水經注平望亭在平壽縣故城西北八十里漢武帝封菑川懿王子劉賞為矦國

益都索隱云表志皆闕　按青州益都縣曹魏所置疑即漢之矦國地

尉文索隱云表在南郡　按趙世家孝成王以尉文封廉頗為信平君是尉文為趙地漢表云南郡恐誤

東城索隱云志屬九江　此矦趙敬肅王子恐非九江之東城

房光　漢表作旁光古音房如旁

阿武索隱云表志皆闕　按漢志涿郡有阿武縣

蓋胥索隱云漢志在太山表在魏郡　按泰山郡有蓋縣無蓋胥縣此矦為河閒獻王之子當從漢表屬魏郡不當屬泰山

平索隱云志屬河南　此矦為濟北所分其封國未必在

河南
臯狼索隱云表在臨淮　按漢志西河郡有臯狼縣代與
西河接壤當是西河之臯狼也
千章索隱云表在平原　按漢志西河郡有千章縣
有利索隱云表志闕　按水經注沭水篇云武陽溝水東
出倉山山上有故城即古有利城矣漢武帝封城陽共
王子劉釘爲侯國
南城索隱云表志闕　按東海郡有南成縣即南城也後
漢改屬泰山郡
廣陵常侯劉表　漢表常作虒晉灼音斯索隱本亦是虒
字
千鍾侯劉搖　漢表作重侯擔師古音丁甘反予謂搖古
字作擔故譌爲擔漢志渤海郡有千童縣水經注曰爲
河閒獻王子封國也
定敬侯劉越　索隱本敬作敫注中敷字皆敫之譌漢表
作敷侯五字索隱本無之
栭索隱云表志闕　按漢志勃海郡有栭縣水經注曰爲
齊孝王子陽封國也地理風俗記云高城縣東北五十
里有栭亭見水經注淇水篇
樊輿索隱云表志闕　按漢志涿郡有樊輿縣

夫夷　按漢志零陵郡有夫夷縣水經注以爲長沙定王
子義所封也
舂陵索隱云志屬南陽　按劉買封邑本在泠道縣舂陵
鄉元帝時徙南陽蔡陽縣白水鄉表所書者徙封之邑
也
雩殷　漢表作虖葭志作雩叚此殷蓋叚字之譌
父城索隱云志在遼西表在東海　按漢表作文成故小
司馬以遼西之文成當之然此侯爲城陽頃王之子當
從漢表在東海必不遠至遼西也
涓索隱云表作清在東海按清水在南陽有清陽縣疑表
非也　按涓侯不疑乃城陽頃王之子其封國與東海
相近故別屬東海不得遠引南陽之清水爲證也
襄陵索隱云表在鉅鹿志屬河東　漢表作襄隄小司馬
引河東之襄陵亦迂遠
漢興以來將相名臣年表
孝惠二年何薨　按蕭曹皆相國而何書薨參書卒陳平
灌嬰皆丞相而平書薨嬰書卒此後丞相無書薨者褚
先生所續惟蔡義黃霸韋玄成三人書薨餘皆書卒太
僕滕公非將相而亦書卒
孝景元年置司徒官　漢初無司徒司空之官此必太尉

之譌表於三年已書置太尉官此重出又舛誤
四年御史大夫蚡　漢表蚡作介又是年封皇子徹爲膠
東王表失書葢轉寫脫之
六年御史大夫陽陵侯岑邁　漢表不載
後二年御史大夫岑邁卒　按自孝景六年至此十有一
年中閒有劉舍衞綰直不疑相繼爲御史大夫何以又
有岑邁厠其閒此班史所以疑而闕之
征和二年劉屈氂爲丞相封彭城侯　城字衍漢表彭作
澎
黃龍元年樂陵侯史子長爲大司馬車騎將軍　子長史
高字也表當書名而誤書字
河平三年太僕平安侯王章爲右將軍　此王舜之子漢
志千乘郡有平安侯國卽舜所封也恩澤侯表外戚傳
俱作安平誤

史記三　　　　廿二史攷異三

錢大昕學

禮書　張晏謂禮書樂書遷沒之後亾今二篇俱有今上
卽位之文似非盡褚先生所補
社至于諸侯函及士大夫索隱云含謂包容鄒誕生音陷
徒濫反意義亦通今案大戴禮作導及士大夫導亦通
也今此爲陷者當以導與蹈同後足字失止唯有口存
故使解者得以穿鑿而用也　予謂函及者覃及也說
文马嘾也讀若含函从马得聲亦與嘾同義古文導與
禫同士喪禮中月而禫古文禫作導說文棪讀若三年
導服之導亦謂禫服也導與禫通則亦與覃嘾通而陷
又與嘾同音是文異而實不異小司馬疑陷爲蹈之譌
由不知古音之變易也蹈从舀陷从臽臽舀形聲俱別

樂書

高祖過沛詩三侯之章索隱云侯語辭也兮亦語辭沛詩
有三兮故云三侯也　侯兮聲相近
其聲噍以殺　索隱本作焦
志微焦衰之音作　古文殺與衰通易神武不殺虞仲翔
本作衰
石聲硜　硜以立別　樂記硜作磬別作辨按說文硜卽磬

之古文釋名磬罄也聲堅罄罄然論語子擊磬于衞荷
蕢言鄙哉硜硜乎硜硜猶罄罄謂磬聲也鐘磬皆以聲
得名鄭康成注樂記謂磬當爲罄蓋誤以磬爲器名不
知磬卽硜也辨別聲義皆同古人徑徑通用

律書

聞聲效勝負　效見也

晉用咎犯正義云狐偃也咎季也又云胥臣也　案古文
舅爲咎見士昏禮注狐偃晉文公之舅故稱咎犯禮記亦作
舅犯也正義以爲二人未詳所據咎季卽胥臣左傳謂
之臼季

不周風居西北主殺生　按八卦之位乾居西北故八風
始於西北易坤之上六龍戰于野謂十月之卦也說卦
傳戰乎乾乾西北之卦陰陽相薄故云主殺生與易義
同五行家以亥爲天門遁甲乾主開門史公所謂辟生
氣而東之也

牛者冒也　牛牙音之收聲冒脣音之收聲聲不類而轉
相訓者同位故也古人以反側与輾轉對顚沛与造次
對元首与股肱對反側顚沛讀如貝同爲出聲元首同爲
收聲則亦爲雙聲矣徵諸經典如多訓祇鈞訓等蔽訓
斷邇訓鄉振訓救曹訓羣憑訓大戾訓𢠸貫訓中槃訓
大移訓單皆以諧聲取義牛之訓冒亦此例也

東至于建星　唐一行日度議謂甄曜度及魯曆南方有
狼弧无東井鬼北方有建星无南斗此書述二十八舍
亦吕建星易南斗狼弧易東井輿鬼然則史公所用殆
魯曆與

條風居東北主出萬物　東北者艮方也萬物之所成終
而所成始故主出萬物於遁甲爲生門

箕者言萬物根棋　棋讀如荄易箕子之明夷趙賓以爲
箕子者萬物方荄兹也其義蓋本於史公徐廣云棋一
作横横蓋核字之譌核亦有該音

清明風居東南維主風　東南者巽方也故主風

涼風居西南維主地　西南者坤方也故主地於遁甲爲
死門故云萬物就死氣也

北至于罰　罰与伐同此敘二十八舍有罰无觜觿

北至于畱索隱云畱卽卯也毛傳亦以畱爲卯　卯卽昴
字詩爲參与昴毛云昴畱也孔疏引元命包云昴之爲
言畱也言物成就繫畱也昴畱既爲一物畱从丣則昴
亦當从丣而讀如栁矣丣古文酉仲秋建酉之月此文
以畱屬八月益徵昴當从丣不从卯也今本說文昴从
卯蓋傳寫之譌然徐仙民讀昴如茅陸氏釋文亦音卯

廣韻亦收入上聲巧部則此音之譌久矣
戌者言萬物盡滅　說文戌滅也五行火死于戌陽氣至
戌而盡故戌从火戌
太蔟長七寸七分二（七分當作十分）角　角當作商晉書律曆志
云司馬遷言五音相生以宮生角角生商商生徵徵生
羽羽生宮求其理用罔見通途依晉志次之林鐘爲角
南呂爲徵姑洗爲羽則太蔟必爲商可知也
生鐘分子一分　謂黃鐘長九寸其數八十一爲十二律
之本
丑三分二　謂林鐘長六寸其數五十四于黃鐘本數中
得三分之二也下倣此
寅九分八　謂太蔟長八寸其數七十二得黃鐘本數九
分之八
卯二十七分十六　謂南呂長五寸三分寸之一也以分
子爲實前兩位分母爲法實如法得寸分之數後仿此
辰八十一分六十四　謂姑洗長七寸九分寸之一也其
數六十四
巳二百四十三分一百二十八　謂應鐘長四寸二十七
分寸之二十也其數爲十二又三分之二更分以九分
爲寸故云長四寸二分三分二自此以下俱有零分
午七百二十九分五百一十二　謂蕤賓長六寸八十一
分寸之二十六也其數五十六又九分之八故云長五
寸六分三分二（今本作一誤）其實不止三分之二史約其大
率耳
未二千一百八十七分一千二十四　謂大呂四寸二百
四十三分寸之五十二倍之則爲八寸二百四十三分
寸之一百四也（鄭康成注周禮大呂夾鐘中呂皆用倍律蕤賓下生得正律若上生則得倍）
律其數七十五又二十七分之二十三（此用倍律之數乘之）故云
長七寸五分三分二（今本作一誤）亦尚有餘分也
申六千五百六十一分四千九十六　謂夷則長五寸七
百二十九分寸之四百五十一也其數五十又八十一
分之四十六故云長五寸（今本下有四分二字誤）三分二其實不
足三分之二舉其大數也
酉一萬九千六百八十三分八千一百九十二　謂夾鐘
長三寸二千一百八十七分寸之一千六百三十一倍
之則爲七寸二千一百八十七分寸之一千七十五也
其數六十七又二百四十三分之一百三故云長六寸
七（今本作一誤）分三分一亦尚有餘分
戌五萬九千四十九分三萬二千七百六十八　謂無射

長四寸六千五百六十一分寸之六千五百廿四也其數四十四又七百二十九分之六百九十二故云長四寸四分三分二尙有餘分

亥十七萬七千一百四十七分六萬五千五百三十六

謂仲呂長三寸一萬九千六百八十三分寸之六千四白八十七倍之爲六寸一萬九千六百八十三分寸之一萬二千九百七十四也其數五十九又二千一百八十七分之二千三十九故云長五寸九分三分二亦尙有餘分也若以十二律配十二月則陽律居本月陰律居其對月如林鍾丑而杜未月南呂卯而杜酉月是也大呂以下必用倍律者以律配月丑月之律不可短于寅律卯月之律不可短于長律巳月之律不可短于午律故必倍其數而後長短適如其次也而倍律之數則惟蕤賓重上生始得之蕤賓之下生者正律之寸分也重上生者倍律之寸分也史公言十二律分寸取倍數言生鐘分取正數各有所當不可偏廢也

上九商八羽七角六宮五徵九索隱云此文似數錯未暇研覈也　予族子唐以太玄淮南天文訓證明史公之義其說確不可易今錄之左方太玄云甲巳之數九乙庚八丙辛七丁壬六戊癸五淮南云戊子黃鍾之宮也庚子無射之商也壬子夷則之角也甲子中呂之徵也丙子夾鍾之羽也葢古法六十律旋相爲宮黃鍾爲宮起戊子則林鍾爲徵配巳丑太族爲商配庚寅南呂爲羽配辛卯姑洗爲角配壬辰次應鍾爲宮配癸巳蕤賓爲徵配甲午大呂爲商配乙未夷則爲羽配丙申夾鍾爲角配丁酉次無射爲宮配戊戌中呂爲徵配巳亥黃鍾爲商配庚子故云庚子無射之商林鍾爲羽配辛丑太族爲角配壬寅次南呂爲宮配癸卯姑洗爲徵配甲辰應鍾爲商配乙巳蕤賓爲羽配丙午大呂爲角配丁未次夷則爲宮配戊申夾鍾爲徵配巳酉無射爲商配庚戌中呂爲羽配辛亥黃鍾爲角配壬子故云壬子夷則之角次林鍾爲宮配癸丑太族爲徵配甲寅南呂爲商配乙卯姑洗爲羽配丙辰應鍾爲角配丁巳次蕤賓爲宮配戊午大呂爲徵配巳未夷則爲商配庚申夾鍾爲羽配辛酉無射爲角配壬戌次中呂爲宮配癸亥黃鍾爲徵配甲子故云甲子中呂之徵林鍾爲商配乙丑太族爲羽配丙寅南呂爲角配丁卯次姑洗爲宮配戊辰應鍾爲徵配巳巳蕤賓爲商配庚午大呂爲羽配辛未夷則爲角配壬申次夾鍾爲宮配癸酉無射爲徵配甲戌中呂爲商配乙亥黃鍾爲羽配丙子故云丙子夾鍾之羽林鍾爲角配丁丑次太族爲宮配

戊寅南呂爲徵配巳卯姑洗爲商配庚辰應鍾爲羽配辛巳蕤賓爲角配壬午次大呂爲宮配癸未夷則爲徵配甲申夾鍾爲商配乙酉無射爲羽配丙戌中呂爲角配丁亥而六十律終矣戊癸爲宮聲故宮之數五甲巳爲徵聲故徵之數九乙庚爲商聲故商之數八丙辛爲羽聲故羽之數七丁壬爲角聲故角之數六也

置一而九三之以爲法　此下當云十一三之以爲實轉寫脫之

曆書

明者孟也幽者幼也　明孟聲相近古讀明如芒而孟亦与芒通戰國魏有芒卯它書作孟卯又与黽通後漢書趙岐作黽子章句（今本作要子字相涉而譌）卽孟子也毛公詁詩正爲長冥爲幼而鄭康成箋之以正爲晝冥爲夜然則晝爲長夜爲幼与大戴太史公之義正同

歸邪于終注邪音餘　邪餘聲相近

注陳術云徵士巴郡落下閎　陳術蜀人誤益部耆舊雜記

其更以七年爲太初元年年名焉逢攝提格　索隱云爾雅歲在甲曰焉逢寅曰攝提格則此甲寅之年十一月甲子朔旦冬至也此篇末亦云寅名攝提格　則是甲寅不疑也又據二年名單閼三年名執徐等年次分明而漢志以爲其年在丙子當是班固用三統与太初曆不同故与太史公說有異　按索隱之說非也漢志云迺以前曆上元泰初四千六百一十七歲至于元封七年復得閼逢攝提格之歲中冬十一月甲子朔旦冬至日月在建星太歲在子然則班史何嘗不云閼逢攝提格之歲与太史公說曷嘗有異乎古法歲陰与太歲不同太歲与歲星常相應歲星自丑右行太歲自子左行歲在星紀則太歲必在子在玄枵則太歲必在丑歲星百四十有四年而超一辰卽太歲亦超一辰矣太初之元歲在星紀故漢志以爲太歲在子而當時詔書以爲年名閼逢攝提格者乃指歲陰所在非太歲所在也歲陰亦謂之太陰又曰青龍亦左行周十二辰而常在太歲之前二辰如太歲在子則太陰在寅太歲在丑則太陰在卯也淮南天文訓太陰在寅歲名曰攝提格太陰在卯歲名曰單閼太陰在辰歲名曰執徐太陰在巳歲名曰大荒落太陰在午歲名曰敦牂太陰在未歲名曰協洽太陰在申歲名曰涒灘太陰在酉歲名曰作鄂太陰在戌歲名曰閹茂太陰在亥歲名曰大淵獻太陰在子歲名曰困敦太陰在丑歲名曰赤奮若蓋古人以太陰紀

歲攝提格以下十二名皆謂太陰所在淮南子言太陰元始建于甲寅故以焉逢攝提格之歲爲曆元而太初三統推上元日月五星皆起于星紀故太歲起丙子史記曆術甲子篇云甲寅年者以太陰所在紀歲名班史云歲名困敦乃眞太歲所在也東漢以降術家鮮知太陰太歲之別又不知太歲超辰之義而古書多難通矣

太初元年歲名焉逢攝提格月名畢聚日得甲子夜半朔旦冬至索隱云聚音娵謂月值畢及娵訾也畢月雄也聚月雌也　按爾雅月在甲曰畢正月爲陬十一月爲辜此冬至之月建子月也月陽在甲當云畢辜而云畢

聚者聚与陬古文通用天正之月亦可云陬也索隱謂月值娵訾則是建寅之月非冬至矣

徙維敦牂天漢元年　此篇載歲陽名焉逢爲甲端蒙爲乙游兆爲丙强梧爲丁徒維爲戊祝犂爲己商橫爲庚昭陽爲辛橫艾爲壬尙章爲癸皆与尔疋異焉与閼端与旃游与柔梧与圉音本相近戊已以下則音義全別且多違反葢漢儒傳授各異尔徐廣注單閼一作亶安游兆一作游桃亦音相近也

天官書

中宮天極星　此中宮天極星及東宮蒼龍南宮朱鳥西宮咸池北宮玄武五宮字皆當作官按下文云紫宮房心權衡咸池虛危此天之五官坐位也可證史公本文皆作官矣索隱于中宮下引春秋元命包官之爲言宣也（古文取音義相協展轉互訓以宣訓官音相近也流俗本亦譌作宮由于不知古音）下文紫宮下乃引元命包宮之言中也又可證小司馬元本中宮作中官矣小司馬解天官云天文有五官官者星官也星座有尊卑若人之官曹列位故曰天官

司其出所守　司古伺字

北宮玄武虛危　北方七宿不及東壁葢傳寫失之

以攝提格歲歲陰左行在寅歲星右轉居丑　歲陰者太

陰也淮南天文訓天神之貴者莫貴于青龍或曰天一或曰太陰太陰所居不可背而可鄉又云太陰所建蟄蟲首穴而處鵲巢鄉而爲戶太陰在寅寅爲建卯爲除辰爲滿巳爲平午爲定未爲執申爲破酉爲危戌爲成亥爲收子爲開丑爲閉此太陰与太歲之别也

古法太歲与歲星相應歲星居丑則太歲當在子而稱攝提格歲者史公以太陰紀歲不以太歲紀歲与淮南天文訓同也貨殖傳太陰在卯穰明歲衰惡至午旱明歲美至酉穰明歲衰惡至子大旱明歲美有水此亦以太陰紀歲之證

正月与斗牽牛晨出東方　淮南天文訓太陰在寅歲名曰攝提格其雄爲歲星舍斗牽牛以十一月与之晨出東方此云正月者史公据石氏星經較淮南書每後兩月

以二月与婺女虛危晨出　淮南作十二月

以三月居与營室東壁晨出　淮南作正月居字衍

以四月与奎婁胃昴晨出　淮南作二月胃昴二字衍漢志淮南書俱无胃昴字

以五月与胃昴畢晨出　淮南作三月

以六月与觜觿參晨出　淮南作四月

曰長列　漢志列作烈

以七月与東井輿鬼晨出　淮南作五月

曰大音　漢志作天晉

以八月与柳七星張晨出　淮南作六月

曰爲長王　漢志作長壬

以九月与翼軫晨出　淮南作七月

以十月与角亢晨出　淮南作八月

曰大章索隱云天文志作大星　漢志作天皇

以十一月与氐房心晨出　淮南作九月

曰天泉　漢志泉作宗

以十二月与尾箕晨出　淮南作十月

熒惑爲勃亂　勃卽悖字

歲行十二度百十二分度之五　按填星率二十八日而行一度歲三百六十五日當行十三度餘一日四分日之一當云二十八分度之一又小分四之一通其率爲百十二分度之五也十二度當作十三度

若水金在南曰牝牡　水當作木

仲春春分夕出郊奎婁胃東五舍爲齊仲夏夏至夕出郊東井輿鬼柳東七舍爲楚仲秋秋分夕出郊角亢氐房東四舍爲漢仲冬冬至晨出郊東方与尾箕斗牽牛俱西爲中國　按四郊字皆效字之譌淮南天文訓辰星正四時常以二月春分効奎婁以五月夏至効東井輿鬼以十一月冬至効斗牽牛高誘云効見也予謂効見聲相近說文无効字當爲效

月食始日五月者六六月者五五月復六六月者一而五月者凡五百一十三月而復始索隱云依此文計惟有一百二十一月与元數甚爲懸校旣无太初曆術不可得而推定今以漢志三統曆法計則五月者七六月者一又五月者一六月者五五月者一凡一百三十五月而復始耳或術家各異或傳寫錯謬故此不同无以明

知也　按本文傳寫固有錯謬小司馬所引三統法亦誤也今攷三統四分術竝以五月二十三分之二十而一食依次推之則五月者一六月者六又五月者一六月者七又五月者一六月者七凡百三十五月而復始也校書之家罕通步算傳寫譌脱莫能是正自昔然矣

去地可六丈大注徐廣曰大一作六　大當作六六字連下句讀六賊星名也

水澹澤竭地長見象　漢志云水澹地長澤竭見象蓋以長象爲韻与上下文同例澹古贍字水澹与澤竭意亦相對此傎倒兩字蓋傳寫之譌

城郭門閭閨臬枯槀　枯槀當作槀枯枯与閭韻也閨臬漢志作潤息于義爲長

斗秉兼之　秉卽柄字

封禪書

蚩尤在東平陸監鄉　索隱云監音闞皇覽云蚩尤冢在東平郡壽張縣闞鄉城内　古文監与闞通左傳闞止史記作監止

文帝出長安門　安字衍下文云長門五帝可證也漢志亦作長門

一元曰建二元以長星曰光三元以郊得一角獸曰狩云

按元光之後尚有元朔則元狩乃四元非三元班史改以爲今无三元字蓋得之矣言建元元光而不言元朔者建以斗建爲名光以長星爲名皆取天象若元朔紀年應劭解朔爲蘇取品物蘇息之義不主天瑞故不及之耳説者謂建元元光之名亦此時追命之恐未然也武帝紀建下多元字光上狩上亦有元字此又後人妄增

與王不相中　武帝紀中字下有得字蓋後人妄增小司馬引三蒼訓中爲得可證本文无得字也

日月北斗登龍　登与升同

河渠書

禹抑鴻水索隱云抑者遏也漢書溝洫志作堙堙抑皆塞也　按堙抑遏聲皆相轉

西門豹引漳水溉鄴以富魏之河內　按漢志史起言鄴田惡漳水在其旁而西門豹不知用是不智也乃以起爲鄴令遂引漳水溉鄴民歌之史記以引漳水溉鄴爲西門豹事誤

江河之決皆天事未易以人力爲彊塞塞之未必應天此老成謀國之言當時惡蚡者謂蚡奉邑在河北故沮塞河之役其實非公論也建元三年閩越舉兵圍東甌

東甌使人告急蚡云越人相攻擊固其常又數反覆不足煩中國徃救事見東越傳　此語与汲黯相似蚡雖進由外戚負貴好權此兩事殊足稱也儒林列傳武安侯田蚡爲丞相絀黃老刑名百家之言延文學儒者數百人

拜湯子卬爲漢中守　當云漢中太守脫太字

其後莊熊羆言　漢志作嚴熊无羆字

皓皓旰旰兮閭殫爲河　漢志閭作慮慮閭以音同借用遼東無慮縣以醫無閭山得名是也此閭字亦借爲憂慮之慮裴駰解爲州閭非是

延道弛兮離常流注徐廣曰延一作正　按漢書亦作正正道弛者失其正道也古文正與征通封禪書正伯僑揚雄賦作征僑征或作延與延字形相似因譌爲延爾小司馬作延長解似曲

平準書

于是募民能輸及轉粟于邊者拜爵爵得至大庶長　按文帝用鼂錯之言令民入粟拜爵此賣爵非賣官也爵自公士至公乘凡八等雖有爵猶不得復除與編戶无異自五大夫至大庶長十等爵雖高初无職事非有治民之責也官有定員而爵无定員故云爵者上之所擅出於口而无窮蓋假以虛名未嘗列于仕籍錯雖言利猶不妨吏道矣孝武用兵府庫益虛乃有入羊爲郎之例其後置武功爵爵至官首者得試補吏先除雖云買爵亦得入仕蓋祖鼂錯之意而失之者也

彭吳賈滅朝鮮置滄海之郡　案漢書武帝紀元朔元年東夷薉君南閭等口二十八萬人降爲蒼海郡三年春罷蒼海郡至元封三年滅朝鮮相距二十年不得并爲一事且滅朝鮮者爲荀彘楊僕亦无彭吳賈其人也漢書食貨志但云彭吳穿穢貊朝鮮置滄海郡較之史記爲確予又疑滅當爲濊字之譌濊與薉穢同賈讀爲商賈之賈謂彭吳與濊朝鮮貿易因得通道置郡也小司馬謂彭吳始開其道而滅之非是

河決觀注徐廣曰觀縣名也　是時河決瓠子東注鉅野不及觀也漢書觀作灌屬下句當從之

而姦或盜摩錢裏取鎔注徐廣曰音容呂靜曰冶器法謂之鎔　按徐說非也鎔當作鋊說文鋊銅屑也讀若浴漢志姦或盜摩錢質而取鋊臣瓚以爲摩錢漫面以取其屑更以鑄錢西京黃圖敘云民摩錢取屑是也

民多買復及五大夫徵發之士益鮮　鼂錯言爵至五大夫以上迺復卒一人武帝置武功爵千夫如五大夫故五大夫與千夫皆不在徵召之限

不欲者出馬　吏多坐法廢免買爵者多不願除吏故又使出馬

異時算軺車賈人緡錢皆有差　異時謂漢初也上文言高祖初平天下令賈人不得乘車重租稅以困辱之蓋謂此

築令居索隱云令音零姚氏音連　連令聲相近

初置張掖酒泉郡注徐廣曰元鼎六年　按漢書武帝紀元鼎六年分武威酒泉地置張掖敦煌郡而酒泉置郡乃在元狩二年徐氏誤

史記四　　　　　　　　廿二史攷異四

錢大昕學

吳太伯世家

楚共王伐吳至衡山注杜預曰吳興烏程縣南也　按烏程吳之南境楚兵不能深入至此今當塗縣北有横山卽春秋之衡山也

美哉渢渢乎索隱云渢音馮又音泛　說文无渢字葢卽汎之異文

將舍于宿注左傳曰將宿于戚索隱云太史公以舍字替宿遂以宿字替戚戚是邑名今宜讀宿爲戚　按衞世家封孫文子林父于宿宿卽戚也古音戚如蹙蹙与縮通少牢禮縮執俎注古文縮爲蹙是也宿本有蹙音小司馬讀爲戚是未達于古音

懼猶不足而又可以畔乎索隱云春秋左氏傳曰而又何樂此畔字宜讀曰樂　予謂畔讀如心廣體胖之胖胖与般同皆有樂義

齊太公世家

文王伐崇密須犬夷　犬夷卽昆夷

子丁公呂伋立　說文丁作玎

遂獵沛邱　左傳沛作貝沛亦有貝音楚世家朝射東莒

夕發浿邱郎此貝邱也

與丙戎之父獵　左氏作邴歜戎蜀聲相近

使庸職驂乘索隱云左氏作閻職此言庸職庸非姓蓋謂受雇職之妻史意不同字亦異耳　按庸閻聲相近書毋若火始炎炎漢書作庸庸小司馬不職古音妄以庸爲受雇甚可笑也

茀星將出　茀即孛字

入月齊秉意茲　此下有脫文

闞止有寵焉索隱云左氏監作闞　田齊世家作監止此史公本文也此篇作闞乃後人妄改

魯周公世家

戴璧秉圭　戴即載字尙書戴爲植鄭康成云植古置字載置聲相近

異母同穎索隱云尙書母作畝此爲母義亦竝通　古文畝爲晦母即晦之省

作餽禾　書序餽爲歸歸有餽音論語詠而歸歸孔子豚齊人歸女樂皆讀[illegible]

王亦未敢訓周公索[illegible]尙書作誚此作訓字誤耳　予謂誚从肖古書或[illegible]小轉寫譌爲川爾

匑匑如畏然注徐廣曰[illegible]匑謹敬皃音窮窮一本作夔夔夔窮聲相近

治民震懼　尙書震爲祗震祗聲相近

乃有亮闇　尙書有爲或或有聲相近鄭康成云或之言有也論語注

敬復之注徐廣曰一作振　尙書敬爲祗祗振聲相近

煬公築茅闕門六年卒　漢書律曆志煬公即位六十年此脫十字

子屯立是爲康公索隱云屯音竹倫反　漢志屯作毛字形相涉而譌

子買立是爲文公索隱云系本作湣公　漢志作緡公春秋時已有文公湣又与閔同疑漢志是也

燕召公世家

子今王喜立　今王蓋當時人所稱猶紀年稱魏襄王爲今王也史公雜采戰國書未及刊正

管蔡世家

次日冉季載　左傳作聃季亦音乃甘切

而舉胡以爲魯卿士　小司馬据尙書蔡仲无仕魯之文又謂伯禽居魯乃在七年致政之後疑史公无所據予謂周公封魯在武王未沒以前公既留相王室必遣人往治之則當伯禽未之魯而使蔡仲以卿士治其國何

渠不可乎書云周公以爲卿士既非王朝之卿卽是仕
魯之證矣
衞使史鰌言康叔之功德　據左氏傳乃祝鮀非史鰌也
兩人同字子魚因而傳譌
乃令賊利殺昭侯　按左氏傳殺昭侯者公孫彌也
子莊公夕姑立索隱云夕音亦卽射姑也　予謂夕者夜
也功臣侯表趙將夜漢書作將夕夜又與射通春秋狐
射姑出奔狄公羊作夜姑
陳杞世家
空籍五歲矣　按籍字索隱有二解當以借義爲長字宜

从艸不从竹
題公生謀娶公　注徐廣曰謀一作謨索隱云娶子臾反
謀謨聲相近說文有娶无娵娵娶本一字故讀娶爲子
臾切
衞康叔世家
衞君黔牟立八年　按年表黔牟立十年乃出奔
惠公立三年出亡亡八年復入与前通年凡十一年矣
按年表惠公復入與前爲十四年此誤
衞石曼尃逐其君起索隱云左傳作石圃此尃音圃穀梁
作曼姑尃或音姑諸本多无曼字　按尃當作尃尃与

圃音相近石曼姑圍戚在魯哀公三年與此石尃必非
一人諸本无曼字者是也左氏公羊經文皆作曼姑索
隱專指穀梁亦未肰
宋微子世家
滅阮阮國懼禍至　下阮字衍阮或作阢周本紀作耆
今殷其典喪注典國典也索隱云尚書典作淪篆字變易
其義亦殊　予謂典讀如殄典喪者殄喪也攷工記輈
欲頎典鄭司農讀典爲殄燕禮寡君有不腆之酒注古
文腆爲殄是典腆與殄通
我其發出往注鄭玄曰我其起作出往　詩昊天曰明及

爾出王毛氏傳王往也
天篤下菑亡殷國　尙書篤爲毒大宛傳其東南有身毒
國卽天竺也竺古篤字小司馬亦讀毒爲篤
常倫所斁注徐廣曰一作釋　釋當作殬說文引書彝倫
攸殬殬敗也
曰涕曰霧注徐廣曰一作曰洟曰被　夷有弟音故荑讀
如稊涕亦或爲洟也霧說文作霚被乃叕字之譌尚書
涕爲驛霧爲蒙又蒙在驛上與此文異
卜五占之用二衍貣　鄭氏以卜五占之用爲句二衍貣
爲句上句言卜下句言筮

三十年惠公卒子哀公立　按年表三十一年惠公薨次年卽爲戴公元年少哀公一世

乃公子子魚敎滑公也　據左氏傳乃公子御說之詞

昭公弟鮑革注徐廣曰一无革字　按左氏无革字下文亦有單稱公子鮑者則革爲衍文明矣周禮攻皮之工有鮑氏鮑或作鞄从革　此字葢讀如鞄革之鞄後人溷入正文

晉世家

使宦者履鞮　前云勃鞮後云履鞮史駮文或曰本讀鞮爲履鞮字後人溷入正文轉去勃存履耳

狄伐咎如索隱云咎音高鄒誕本作囷如　囷咎聲相近

犂二十五年　犂遲也猶言待也

且言何以易之索隱云言人之出言不可輕易之也　謂其言不可移易小司馬讀易爲去聲非也

餧人示眯明也索隱云卽左傳之提彌明　按古文祁祇字作示說文祇地祇提出萬物者也是示與提義相通矣鄒大夫高渠彌史記亦作眯

魏文子請老辟郤克　當作范武子

其侍者豎陽穀　左氏作穀陽豎

東至膠南至沂　左氏膠爲濰

楚世家

三日彭祖注虞翻曰名翦　大戴禮帝系篇作籛

季連生附沮附沮生穴熊　帝系篇季連產什祖氏什祖氏產內熊

賓之南海　賓讀曰擯

王怒射殺子反　據左氏共王賜子反死非親射殺也

謂初王比曰　比无謚故以初王目之

棄疾使船人從江上走呼　左傳云周走而呼古文周帀之周作匊或省爲舟故史公譌爲船人之說非其實也詩舟人之子鄭康成云舟當作周　攷工記作舟以行水

注故書舟作周周舟二文恒相亂也

卒自娶秦女生熊珍　春秋珍作軫伍子胥傳亦作軫

蜀伐楚取茲方正義云古今地名云荆州松滋縣古鳩茲地卽茲方是也　按左氏傳楚子重伐吳克鳩茲杜預云鳩茲杜丹陽蕪湖縣東今皋夷也鳩皋聲相近茲夷音相近與茲方非一地

鄒費郯邳者羅鷺也　孟子書有鄒穆公費惠公此文云泗上十二諸侯則戰國之世小諸侯存者尚多也

秦王趙政立　秦王政之立五國世家皆書而韓世家獨闕此篇稱趙政又与他世家異

虜楚王負芻滅楚名爲楚郡云注孫檢曰秦虜楚王負芻滅去楚名以楚地爲秦郡　按秦始皇父名楚故始皇本紀稱楚爲荆滅楚之後未嘗置楚郡也孫氏謂滅去楚名蓋得其實楚郡之楚當是衍文或者謂三十六郡之外有楚郡者妄也

越王句踐世家

後二十餘世至于允常　按少康至桀十一傳殷湯至紂三十傳周自武王至敬王又二十五傳而越之世乃止二十餘理所必无也正義引輿地志云越侯傳國三十餘葉歷殷至周敬王較爲近之

敗之夫椒索隱云椒本又作湫　湫椒聲相近伍子胥傳作夫椒楚大夫椒舉漢書作湫舉

越以服爲臣　以與已同

與大夫柘稽索隱云國語作諸稽郢　諸柘聲相近

齊與吳疥⿸疒徙也索隱云疥⿸疒徙音介尠　徙鮮聲相近故⿸疒徙爲癬之異文

正義云黄帝之元執長破巳霸王之氣見于地戸　按術家以亥爲天門巳爲地戸建在亥則破在巳執在辰矣巳爲楚分而吳越在中國之東南正當巳位故云地戸之位非吳則越春秋時能病楚者吳能病吳者越以其當地戸也

鄭世家

友初封于鄭索隱云系本云桓公居棫林徙拾　鄭氏詩譜宣王封母弟友于宗周畿内咸林之地今京兆鄭縣是其地也棫林咸林疑是一地

祝瞻射王中肩索隱云左氏作祝聃　瞻當作聸說文聸垂耳也与聃音義相近左氏云中肩此云中臂傳聞異辭

殺其大夫單伯索隱云依左傳作檀伯此文誤爲單伯者因魯莊公十四年厲公自櫟侵鄭事與單伯會齊師伐宋相連故知誤耳　予謂單亶古文通用曆書單閼一作亶安淮南泰族訓啓子治亶父即單父也詩下民卒癉沈重本作⿸疒亶則檀單亦自可通非因左傳而誤

鄦公惡鄭于楚　說文鄦太嶽之後甫侯所封讀若許

聲公五年鄭相子產卒子產者鄭成公少子也　按子產者子國之子穆公之孫而世家以爲成公子一誤也子產卒于定公時而世家云聲公五年二誤也至循吏傳稱鄭昭君之時太宮子期言之君以子產爲相則尤无稽之談也

趙世家

吾有所見子晰也　索隱云吾前夢所見者知其名曰子晰
也　詳文義謂吾有所見子甚晰蓋記憶前夢之詞非
其人名子晰也
襄子立四年知伯与韓趙魏盡分其范中行故地晉出公
怒告齊魯欲以伐四卿四卿恐遂共攻出公出公奔齊
道死知伯乃立昭公曾孫驕是爲晉懿公　按六國表
襄子四年與知伯分范中行地是歲爲晉哀公忌之三
年出公盡十八年别无出奔之文及攷晉世家則云出
公十七年知伯與韓趙魏共分范中行地以爲邑出公
怒告齊魯欲以伐四卿四卿恐遂反攻出公出公奔齊
道死故知伯乃立昭公曾孫驕爲晉君是爲哀公哀公
大父雍晉昭公少子也生忌忌善知伯早死乃立忌子
驕爲君以趙世家證之出公十七年簡子卒而襄子代
立則與知伯分地之事不當在襄子四年矣凡諸侯
稱出者失國之詞出公怒四卿之分地而見逐于四卿
則分地必在出公之末年或者分地在十七年而奔齊
道死則在明年故表得有十八年耳繼出公而立者據
晉世家爲哀公驕據趙世家爲懿公驕據表爲哀公忌
世家以忌爲驕之父表則有忌无驕而正義引表云出
公錯十八年哀公忌二年懿公驕十七年今檢表自哀

公元年距幽公柳元年凡十有九歲疑今本脱去晉懿
公驕元年六字狀与世家總不合
成侯十六年与韓魏分晉封晉君以端氏　按三家分晉
在敬侯十一年晉之滅已十有八年矣或其君猶存故
封以一城使臣于趙也
武靈王二十五年惠后卒　此惠后即吳娃也惠后未死
之前子何已立爲太子矣後文云吳娃死卽追敘此事
非死于傳位之後也孝成二年惠文后卒此是惠文王
之后長安君之母戰國策所謂趙太后也索隱以此惠
后爲前太子章之母以惠文后爲吳娃翻疑史記娃死
之誤可謂弗思甚也
反高平根柔于魏正義云根柔未詳　根柔戰國策作温
枳皆河内地名
反陘分先兪于趙注徐廣曰一作王公　王公疑三公之
譌常山郡元氏縣有三公山
左師觸龍言願見太后　戰國策作觸讋合龍言爲一字
老婦恃輦而行　東廣微言太后纔三十有奇者以惠文
王吳娃之子嗣位時尙幼約在十歲以内享國三十三
年而卒其后之年不過在四十内外也古者夫歿稱未
亾人太后自稱老婦不必計年之多寡索隱以吳娃當

之不知娃之前㕥史有明文也

孝成王十五年以尉文封相國廉頗爲信平君　索隱云尉文蓋地名或曰尉文官名謂以尉文所食之地封廉頗也　按漢書王子侯表趙敬肅王子有尉文節侯丙是尉文爲趙地審矣或說非也正義云尉文蓋蔚州地

魏世家

魏絳卒謚爲昭子　注徐廣曰世本曰莊子索隱云系本錯也（系本即世本避唐文皇諱）　按左氏傳亦作莊子則世本不誤昭莊聲相近

武堵爲秦所敗　年表作武都據表則武都二字當屬上句城武都是一事爲秦所敗又一事

田敬仲完世家

殺高昭子晏孺子奔魯　晏孺子乃晏圉之誤也使孺子果奔魯安得遷之駘而殺之當從齊世家爲是

伐薾取毋邱　索隱云毋音貫古國名今作毋者字殘闕爾　予謂毋古貫字与毋音義俱別史記多古字故以毋爲貫非字之缺也

田臣思曰　索隱云戰國策作田期思蓋即田忌也　臣當作臣音怡与期音相近

孔子世家

孔子生魯昌平鄉陬邑　說文郰魯下邑孔子之鄉从邑不从自左氏傳亦作郰杜預云郰邑魯縣東南莝城是也

郰人輓父母　檀弓輓作曼曼輓聲相近

趨詳之節　詳与翔同

乃因史記作春秋據魯親周故殷運之三代　正義云殷中也又中運夏殷周之事也　按正義訓殷爲中非也春秋宣十六年成周宣榭火公羊傳外災不書此何以書新周也何休云孔子以春秋當新王上黜杞下新周而故宋繫宣榭於成周使若國文黜而新之從爲王者後記災也又莊二十七年杞伯來朝何休云杞夏后不稱公者春秋黜杞新周而故宋以春秋當新王也漢儒說春秋者謂孔子制春秋之義以俟後聖王者存二代之後周監于夏殷繼周者當黜杞而存周以備三統故云據魯親周故殷運之三代據魯謂以春秋當新王也親周故殷謂新周故宋也當以殷字絕句

子襄嘗爲孝惠皇帝博士遷爲長沙太守　漢書孔光傳作長沙太傅惠帝時長沙爲王國不得有太守漢書云太傅是也

子襄生忠　按上云鮒弟子襄此云子襄生忠是子襄爲

鮒弟矣漢書孔光傳鮒弟子襄襄生忠則襄爲鮒弟之子矣孔光爲孔子十四世孫鮒襄各爲一世乃合十四之數此文蓋衍一子字

陳涉世家

陽城人也索隱云韋昭云陽城屬潁川地理志屬汝南不同者按郡縣之名隨代分割陽城舊屬汝南史遷云今爲汝陰（句疑有譌）後又分隸潁川韋昭據以爲說故其不同他皆放此　按漢書地理志潁川汝南皆有陽城縣而汝南之陽城則爲侯國宗室劉德所封傳三世至王莽敗而國除故後漢志有潁川之陽城无汝南之陽城非本隸汝南而後分隸潁川也小司馬讀史不子細如此何怪後人

外戚世家

武帝初即位　史公書稱孝武曰今上曰今天子曰天子无稱謚者而此篇及賈生李將軍萬石君主父偃衛將軍驃騎汲鄭酷吏列傳皆有武帝即位之文此後人追改酷吏傳敘甯成周陽由皆稱武帝其下敘趙禹則云今上時蓋追改又有不盡耳

楚元王世家

嫂詳爲羹盡櫟釜索隱云漢書作轑音勞　櫟轑聲相近

削東海郡　漢初諸侯王國大率兼數郡之地郡之屬王國者郡名似元未嘗廢齊悼惠王獻城陽郡以爲魯元公主湯沐邑呂后割齊之濟南郡封呂台琅邪郡封劉澤吳王濞封有四郡五十餘城景帝時削吳之豫章郡會稽郡削楚之東海郡趙之河閒郡皆郡之屬於國者也趙相周昌奏常山二十五城亾其二十城請誅守尉則諸侯王國之郡亦有守也

齊悼惠王世家

獻城陽郡正義云括地志濮州雷澤縣本漢城陽縣後爲郡也　此城陽國非雷澤之成陽辨見景帝紀

孝文帝盡封齊悼惠王子罷軍等七人皆爲列侯（漢書高五王傳同）　按漢書王子侯表管共侯罷軍氏邱共侯甯國營平侯信都楊邱共侯安楊虛侯將閭扐侯辟光安都侯志平昌侯卬武成侯賢白石侯雄渠皆悼惠王子以文帝四年五月甲寅同日封此云七人蓋十人之譌

以白石侯索隱云縣名屬金城正義云白石古城在德州安德縣北二十里　按金城郡昭帝所置此白石當是齊地非金城之白石也正義近之

曹相國世家

平陽侯曹參者　按蕭何曹參皆以相國終故目錄皆云

相國与陳丞相平張丞相蒼一例也而篇首一云蕭相國何一云平陽侯曹參參不稱相國而稱侯又与絳侯周勃同㸃勃雖丞相以列侯終不可以例參也平津侯亦以丞相終而目錄不稱丞相与蕭曹諸人異矣其篇首則云丞相公孫弘若以蕭相國書法例之當云公孫丞相弘不當繫姓于官之下此皆史公義例之疏也

柱天侯反于衍氏　小司馬本作天柱侯故引廬江灊縣之天柱以實之

周勃世家

轉擊項籍攻曲逆最　漢書作曲遇逆字誤

梁孝王世家

梁餘尚有十城　漢書云削梁王五縣梁餘尚有八城此云削梁八城餘尚有十城未詳誰是或據漢志梁國統八縣以爲當從漢書予以爲未㸃葢志所述者平帝元始之郡縣而梁平王削地乃在武帝元朔中相去百廿餘年即以漢書本傳攷之則王立嗣位之後削地千戸及五百戸者數矣又削五縣而餘尚有八縣益知餘八城之說未可信也

地入于漢爲郡　按漢志无濟川郡亦不言濟川國所在予嘗讀水經注引應劭說濟川今陳留濟陽縣是也乃知陳留郡即濟川故地志稱陳留郡武帝元狩元年置不言故屬梁國者史之闕也濟川國除在武帝建元三年其時當爲濟川郡至元狩初移治陳留乃改爲陳留郡爾（呂后時已有濟川國乃齊之濟南郡非梁地說見呂后紀）

三王世家

御史臣光守尚書令　索隱云奏㸃有尚書令官位而史闕其名耳　按索隱說非也光以御史守尚書令非別有一尚書令而失其名也下文云太子少傅臣安行宗正事云太僕臣賀行御史大夫事皆与此一例

續蕭文終之後于鄼　索隱云蕭何初封沛之鄼音贊後其子續封南陽之鄼音嵯也　按說文䣜沛國縣从邑虘聲与南陽之鄼形聲俱別漢志俱作鄼字而南陽之鄼孟康音讚沛之鄼應劭音嵯（當作嵯音嵯如嵯）或古師古云此縣本爲䣜中古以來借鄼字爲之讀皆爲䣜而莽呼爲贊治則此縣亦有贊音予謂沛郡之鄼亦有贊音乃由後來借鄼爲䣜之故非本音也班孟堅十八侯銘云文昌四友漢有蕭何序功弟一受封爲鄼是蕭何初封在沛之鄼當讀才何切明矣小司馬謂何初封沛後嗣改封南陽最爲有據特贊嵯二音正相違反今永城縣東有鄼陽集土人讀如嵯即何所封也

一子爲朝陽侯正義云括地志朝陽故城在鄧州穰縣南八十里　按漢書王子侯表朝陽荒侯聖下注濟南字而地理志濟南郡朝陽縣本是侯國則此朝陽非南陽之朝陽也濟南之朝陽後漢稱東朝陽

史記五　　廿二史攷異五

錢大昕學

伯夷列傳

太史公曰余登箕山索隱云葢楊惲東方朔見其文稱余而加太史公曰也　子長書每篇稱太史公皆自稱其官非他人所加亦非尊其父也賈生馮唐傳文亦有稱余而不加太史公者

暴戾恣睢索隱云鄒誕生睢音千餘反劉氏音休季反　按睢睢二字形聲皆別從劉音字當从目從鄒音字當从且小司馬兼存二音而不辯正何也李斯傳有天下而不恣睢索隱止有呼季反一音

眾庶馮生索隱云鄒誕生作每生每者冒也冒卽貪之義每冒聲相近貪生之義較馮爲長

老莊申韓列傳　自序稱老子韓非列傳不及莊申二子

周守藏室之史也索隱云張蒼傳老子爲柱下史　按蒼傳但云秦時爲御史主柱下方書未嘗及老子一本作張湯傳尤誤

注服具勝賁　具勝疑卽巨勝也

亢桑子之屬　亢桑卽庚桑也亢音剛与庚聲相近

又非吾敢橫失能盡之難也　失古軼字

則以爲鬻權索隱云韓子粥權作賣重　賣當作賫說文賫衒也讀若育从貝从𡭴與賣字从出从買者不同賫鬻音義一也

汎濫博文則多而从之　韓子作米鹽博辨天官書淩雜米鹽正義云米鹽細碎也

胡兄弟之國也　鄭姬姓胡歸姓本婚姻之國而云兄弟者禮經舅弟與兄弟有別己之舅弟與從父舅弟從祖舅弟族舅弟皆同姓之親也若兄弟則兼異姓言之喪服傳小功以下爲兄弟而姑之子舅之子亦稱外內兄弟曾子問篇昏禮既納幣有吉日而壻之父母死已葬

壻之伯父致命女氏曰某之子有父母之喪不得嗣爲兄弟正義云壻於妻之父母有緦服故得謂之爲兄弟也

鄭人襲胡取之　按春秋昭公時歸姓之胡國尙存或滅而復立或自有兩胡國也

夫龍之爲蟲也　大戴禮易本命篇有鱗之蟲三百六十而蛟龍爲之長

皆原于道德之意而老子深遠矣　按申韓之學皆自謂本於老子而實失老氏之旨史公自序述其父說道德與名法各爲一家而於此贊又明辨之言其似同而實異也說者譏韓非不當與老子同傳蓋未諭史公微旨

孫子吳起列傳

後十五年　五當作三

伍子胥列傳

費無忌爲少傅索隱云左氏作費無極　忌極聲相近

遂滅鄒魯之君以歸　魯當作虜音之譌也左氏傳邾子又無道吳子使太宰子餘討之囚諸樓臺鄒即邾也當云虜其君轉寫或誤尔一本滅作威

縣吳東門之上正義云東門鱔門謂鱔門也今名葑門葑鱔聲相近古音有重脣無輕脣故讀鱔如鱔

仲尼弟子列傳

靈公太子蕢聵　衞世家作蒯聵說文頁部顡字云頭蔽顡也蔽正字蒯俗字蕢通用字

乃下石乞壺黶　左氏壺作盂盂壺聲相近

爲武城宰正義云括地志云卄兖州即南城也輿地志云南武城縣稱武城邑今刊本譌作武邑城子游爲宰者也　按武城即曾子所居之南武城索隱云當時魯更有北武城故言南也亦謂之南城續漢書郡國志南城縣有東陽城春秋哀八年傳吳師伐武城克之又云吳師克東陽而進東陽在南城則南城即武城矣

子夏居西河教授正義云竭泉山一名隱泉山在汾州堰城縣北四十里　按汾州無堰城縣蓋隰城之譌隋書地理志隰城縣有隱泉山此竭泉當作謁泉謁隱聲相近也

正義云九二甲寅木爲世立五景行水爲應　立當作六景行當作景子（景卽丙字）此注譌舛難讀今以意推衍之外卦艮土內卦乾金外象生內象也子水爲世寅木爲應應生世也內乾爲父外艮爲子純陽之卦內象本艮一陽變乾三陽外象艮一陽凡五陽爻故主五丈夫子丙艮一陽不見故一子短命

商君列傳

注周室歸藉索隱云藉音胙字合作胙誤爲藉耳　予謂藉胙聲相近

蘇秦列傳

秦兵不敢闚函谷關十五年　說者以此語爲從人夸誕之詞狀張儀說楚王云秦所以不出兵函谷十五年以攻齊趙者陰謀有吞天下之心其說趙王亦云大王收率天下以賓秦秦兵不敢出函谷關十五年則當時果有其事矣蘇秦從約之成在趙肅侯十八年又十五歲則趙武靈王之九年也是歲張儀始以連衡說魏此十五歲之中秦惟出兵攻魏開一擊韓不聞及他國並五國擊秦之師不勝（在趙武靈王八年）而後張儀得以說役之則合從不爲無功矣謂蘇秦去趙而從約皆解亦未盡然

夫齊者固寡人之深讎　按燕王噲之時齊與燕未有深讎也蘇代此說必在昭王時故稱齊湣王爲長主且有南面舉宋之語（湣王卽位三十八年而滅宋其年必已長矣故有長主之稱）若移此段問答于昭王召蘇代復善遇之之下則詞有倫次矣

我下軹道南陽　道非地名蓋謂下軹之後取道南陽耳徐廣以霸陵之軹道當之固誤小司馬謂道爲衍字亦非也

張儀列傳

卒起兵伐蜀十月取之　按秦本紀及年表伐蜀乃惠王後九年事此傳敘于惠王十年以前則誤以爲前九年矣

樗里子甘茂列傳

秦惠王二十五年　按年表在惠王後十二年此云二十五者幷前十三年數之

助魏章攻楚　魏章卽秦本紀之庶長章也

白起王翦列傳

後七年白起攻楚拔鄢鄧五城　按年表在昭王二十八

年其拔趙光狼城卽在前一年此云後七年與表異
趙孝成王與平陽君平原君計之索隱云平陽君未詳何
人　平陽君趙豹也見趙世家
孟子荀卿列傳
退而與萬章之徒索隱云孟子有萬章公明高等蓋並軻
之門人也　按公明高非孟氏弟子廣韻以離婁爲孟
子門人其誤亦類此
始也濫耳索隱云濫卽濫觴是江原之初始故此文義以
濫爲初也　按小司馬說非也詳上下文義似謂衍之
說始雖泛濫而要歸于仁義節儉耳司馬相如傳云相

如雖多虛濫說然其要歸引之節儉詣意正相類
懼然顧化　懼卽瞿字
平原君虞卿列傳
公等錄錄索隱云說文云錄錄隨從之貌也　按說文本
作娽云隨從也故王邵以錄爲借字
與魏齊閒行卒去趙困於梁　王懋竑曰范雎以秦昭王
之四十一年爲相魏齊卽以是年奔趙匿平原君所四
十二年誘執平原君魏齊與虞卿亡走魏後五年秦破
趙長平則昭王之四十七年而周赧王之五十五年也
雎傳所敍甚詳及攷虞卿傳卿爲趙計事皆在長平後
與雎傳不合故古史攷疑魏齊死後虞卿復歸相趙然
如所云則史窮愁著書之言亦無當矣通鑑敍誘執平
原君事于赧王之五十六年則與卿傳合然秦以五十
六年正月罷兵其歲九月又攻邯鄲此數月之中秦未
必能誘致平原君而平原君亦未必敢往與古史所云
未知孰是
春申君列傳
黃濟陽嬰城正義云嬰城未詳　按下文又云許鄢陵嬰
城皆謂嬰城自守不敢戰也正義誤以爲地名故云未
詳黃卽陳留之外黃

沒利於前　沒與昧同趙世家昧死以聞戰國策作沒死
范雎蔡澤列傳　按秦本紀六國表不見二人名
至今閉關十五年不敢闚兵於山東者　范雎說秦在昭
王卅六年是時秦用白起破趙魏及楚者屢矣而穰侯
方出兵攻綱壽安有閉關十五年之事
昭王乃遺趙王書曰王之弟在秦　是歲昭王四十二年
卽趙孝成王之元年也平原君爲惠文王之弟於孝成
爲叔父惠文已歿不當更稱弟
號爲綱成君　水經注濕水篇云于延水又東逕罔城南
按史記蔡澤燕人也謝病歸相秦号綱成君疑卽澤所

邑也世名武岡城燕

廉頗藺相如列傳

趙惠文王十六年廉頗爲趙將伐齊大破之取晉陽　按
六國表惠文十五年取齊昔陽即樂毅破齊之歲也此
傳與世家皆作十六年疑誤表與世家皆作昔陽而此
作晉陽索隱又作陽晉

秦破趙殺將扈輒于武遂城　趙世家作武城武遂在燕
趙之交秦兵未得至其地恐因上有武遂方城之文誤
衍遂字耳

田單列傳

得之太史嬓之家　世家嬓作敫
號曰安平君　史不敘其後事攷趙世家孝成王元年齊
安平君田單將趙師而攻燕中陽拔之二年田單爲相
即齊王建之元年也豈襄王既没單遂去齊而入趙乎

魯仲連鄒陽列傳

今齊湣王已益弱　此時距齊湣王之死已二十餘年矣
文云今齊湣王似其人尚存
齊湣王將之魯　據世家則之魯之鄒兩事俱在失國之
後

齊田單攻聊城歲餘注徐廣曰案年表田單攻聊城在長
平後十餘年也　按六國表無田單攻聊城事惟燕武
成王七年書田單拔中陽乃在長平前五年又非聊城
或疑徐廣之説今細繹徐氏文義特以仲連遺書有栗
腹事推檢時代當在長平後十餘年以正史公云二十
餘年之誤非謂年表有田單事也仲連遺書之燕將必
非與樂毅同時蓋其事在燕王喜之世別有以偏師下
齊城懼讒不敢歸者不用仲連之言以至身死城屠史
公所書較之戰國策爲得其實矣吳師道謂田單相趙
之後必不復返齊亦恐未然孟嘗君相秦而歸復爲齊
相此其證也

屈原賈生列傳

爲楚懷王左徒　黃歇由左徒爲令尹則左徒亦楚之貴
臣矣
不獲世之滋垢　滋與茲同説文茲黑也春秋傳何故使
我水茲
大破楚師于丹淅　淅當作淅楚世家作丹陽
殺其將唐昧正義云昧莫葛反　呂氏春秋作唐蔑漢書古今人表同　古文昧蔑通
章畫職墨兮索隱云楚詞職作志　職與識通周官識方
氏漢華嶽碑作識方是也志即識之古文覲[illegible]

伯樂既歿兮驥將焉程兮　程讀如秩與匹爲韻書平秩東作史記作便程

方正倒植　植與置同論語植其杖而芸漢石經作置

瞞九州而相君兮索隱云漢書作歷九州　瞞當讀如离离歷聲相近

單閼之歲兮注徐廣曰文帝六年歲在丁卯　按漢書律曆志高帝元年歲名敦牂太初元年歲名困敦以是推之單閼之歲當是文帝七年徐氏不知古有超辰之法故云六年也

化變而嬗　文選嬗作蟺蓋从韋昭本訓而爲如蟺爲蟬也

大專槃物兮索隱云漢書曰大鈞播物此專讀曰鈞槃猶轉也　專與鈞聲相轉舌齒異音而均爲出聲此假借之例也槃讀爲般補完切般播聲相近

摑如囚拘索隱云說文云摑大木柵也　按說文無摑字索隱殆誤也漢書作僒而蘇林音欺全反郤與圓音相近

好惡積意注李奇曰所好所惡積之萬億也　意當作意說文意滿也一曰十萬曰意

細故慸葪兮　葪不成字當作薊薊芥聲相近故漢書作芥

呂不韋列傳

子楚夫人趙豪家女也　蓋不韋資助之遂爲邯鄲豪家

刺客列傳

曹沫者魯人也索隱云沫音亡葛反左氏穀梁茲作曹劌肰則沫宜音劌　按說文沫从末讀莫葛切與亡葛同沫从未讀荒內切本是兩字小司馬溷而爲一非也劌字宜讀如鸞聲噦噦之噦呼惠切乃與沫音相近

與韓相俠累有郤索隱云俠音古挾反　俠累合爲傀音

將用爲夫人麤糲之費　正義本作大人注中夫人字皆大人之譌下文家丈人召使前索隱引韋昭說古者尊父嫗爲丈人又引漢書宣元六王傳古詩丈人故言遲證之則小司馬所見漢書與今本異也

李斯列傳

衛君殺其父而衛國載其德孔子著之不爲不孝　春秋衛石曼姑帥師圍戚公羊以爲伯討孟子書稱衛君輒爲孝公故趙高爲此言肰蒯聵未嘗仇于輒輒亦無德可載也

司城子罕相宋身行刑罰以威行之朞年遂劫其君　韓子二柄篇云子罕謂宋君曰夫慶賞賜予者民之所喜

也君自行之殺戮刑罰者民之所惡也臣請行之于是宋君失刑而子罕用之故宋君見刧又人主篇云宋君失其爪牙于子罕簡公失其爪牙于田常高誘注呂覽亦云子罕殺宋昭公攷宋世家不載子罕事據左氏傳司城子罕乃宋之良臣仕平公朝初未刧君也但樂氏世爲司城或子罕之後更有專政刧君者事在春秋以後故戰國漢初人多言之鄒陽傳宋聽子罕之計而囚墨翟漢書作子冉亦此子罕也

與宦者韓談　太史公父名談如李談趙談之屬皆改稱同同談亦取聲相近此韓談獨不改何也滑稽傳云談言微中司馬相如傳因斯以談皆不避談字

蒙恬列傳

秦穆公殺三良而死罪百里奚而非其罪也故立號曰繆　據此則秦繆公之謚當讀如謬所謂名與實爽曰繆也蒙恬秦人其言必有所自

張耳陳餘列傳

范陽人蒯通　此范陽注家不詳所在師古以涿郡之范陽實之因謂通本燕人後游于齊此不攷地理而妄爲之說也方武臣等自白馬渡河纔下十城安能遠涉燕地且范陽既降之後趙地不戰而下者三十餘城然後乃至邯鄲武臣乃自立爲趙王然後命韓廣畧燕地豈容未得邯鄲之前已抵涿郡乎然則蒯生所居之范陽當屬何地曰淮陰侯傳稱齊人蒯通又稱爲齊辯士則范陽必齊地矣漢志東郡有范縣此卽齊之西境孟子自范之齊謂此地也趙世家云矗姓將大敗周人于范魁之西小司馬謂范魁趙地然則此范陽蓋在齊趙之界本齊地而亦可屬趙也

淮陰侯列傳

走入城皋　城當作成下同

信遂追北至城陽正義云城陽雷澤縣是在濮州東南九十一里　此城陽是齊地非濮州之成陽

鍾離昧家在伊廬注徐廣曰東海朐縣有伊盧鄉　按續漢書郡國志作伊盧注引史記亦作盧字廬盧古多通用今江西廬陵縣土人讀如盧音

狡兔死良狗亨　小司馬本狡作郊與吳越春秋同

陳豨拜爲鉅鹿守　此時鉅鹿屬趙國豨蓋以趙相國兼鉅鹿守也漢初王國所領之郡亦置守

韓王信盧綰列傳

陳豨者宛朐人也索隱云地理志屬濟陰　按地理志作冤句濟陰本梁地故史公稱爲梁人

高祖七年冬韓王信反入匈奴上至平城還迺封豨爲列
矦　按功臣矦表高祖六年正月豨之元年也又云已
破臧荼封豨爲陽夏矦則豨之矦在平城前矣
樊酈滕灌列傳
漢王賜噲爵爲列矦號臨武矦正義云桂陽臨武縣也
按戰國之際趙有臨武君未必遠取桂陽之臨武也
以將軍從擊荼戰龍脫索隱云其地闕　按趙世家孝成
王十九年以龍兌汾門臨樂与燕龍脫卽龍兌也脫亦
有兌音
劉敬叔孫通列傳
欲遣長公主呂后日夜泣　案張敖尚魯元公主在高帝
困平城之前彼傳云高祖從平城過趙趙王朝夕上食
有子壻禮可證也婁敬進說乃在平城以後詎有奪趙
王后以妻單于之理乎此事未可信
季布欒布列傳
爲氣任俠注俠甹也索隱云甹音普名反其義難喻　按
說文甹俠也三輔謂輕財者爲甹
袁盎鼂錯列傳
袁盎騎竝車擥轡上曰將軍怯邪　盎時爲中郎將文帝
稱爲將軍後爲吳相歸說丞相申屠嘉嘉曰鄙野人乃
不知將軍幸教灌夫嘗爲中郎將史亦稱灌將軍此中
郎將稱將軍之證也予又攷漢時稱人爲將軍特尊重
之稱不必實指其官如灌夫稱田蚡爲將軍蚡乃丞相
也程不識李廣以衛尉而稱將軍衛尉本典兵之官
死十餘日吳楚七國果反　錯父死才十餘日而錯衣朝
衣如故則錯初未行一日之喪也刑名之學其弊乃至
于此翟方進喪後母三十六日而起視事猶爲彼善于
此也
噤口不敢復言也　漢書噤作拑拑噤聲相近皆羣母
時鄧公免起家爲九卿　漢書公卿表无鄧公名
張釋之馮唐列傳
堵陽人也正義云應劭曰哀帝改爲順陽水東南入蔡括
地志云順陽故城在鄧州穰縣西三十里楚之郇邑也
及蘇秦傳云楚北有郇陽竝謂此也　按堵陽与順陽
非一地兩漢志皆有堵陽縣屬南陽郡哀帝改順陽爲
博山以封孔光不聞又改堵陽爲順陽也應劭謂順陽
在順水之陽此云水東南入蔡者當謂順水也蘇秦傳
注引括地志順陽故城在鄧州穰縣西百四十里与此
注亦小異古書未聞以順陽爲堵陽者正義之說蓋出
于水經注此酈氏誤爾水經注淯水篇堵陽地理志曰縣有堵水漢哀帝改爲順陽

後漢書朱祐傳注堵陽故城在今唐州方城縣方城今
裕州也豈得与順陽溷而爲一乎
陵遲而至于二世　漢書作陵夷平準書選舉陵遲漢志
亦作夷司馬相如傳陵夷衰微漢書作遲古文夷與遲
通詩周道倭遲韓詩作郁夷淮南原道訓馮夷大丙之
御高誘云夷或作遲婁壽碑徲徲衡門即栖遲也說文
遲或作迡从尸尸古文夷字
從行至霸陵居北臨厠注李奇曰霸陵北頭厠近霸水如
淳曰居高臨垂邊曰厠也蘇林曰厠邊側也索隱云劉
氏厠音初吏反包愷音側義亦兩通　予謂厠卽側字
側旁从人隸變爲丁与廁圊字从广者不同劉伯莊音
初吏反小司馬以爲義可兩通葢廁厠兩字唐以前已
相溷矣

萬石張叔列傳

慶方爲丞相諸子孫爲吏更至二千石者十三人　按褚
先生敘田仁刺舉三河河東太守石丞相子孫也石氏
九人爲二千石方盛貴仁數上書言之其後三河太守
皆下吏誅死此在慶已沒之後

田叔列傳

谷口蜀劃道近山　劃道者棧道也

扁鵲倉公列傳

秦策于是出　趙世家作秦讖讖策聲相近
嬴姓將大敗周人于范魁之西正義云賈逵云月阜曰魁
月蓋川之譌趙世家正義引賈逵說不誤　郭景純注爾雅云瀵原
在汾陰者人壅其流以爲陂種稻呼其本出處爲瀵魁
乃漢書王子侯表有劇魁侯葛魁侯皆取川阜爲名
案杭毒熨索隱云杭音玩謂按摩而玩弄身體使調也
杭當作抗从手从元轉寫譌爲杭耳
太倉公者齊太倉長　孝文紀作太倉令意之名无所避
而文紀稱淳于公又稱太倉公目錄亦稱倉公而不名
葢當時有此稱史公因而書之

吳王濞列傳

趙王有罪削其河閒郡　索隱云案漢書作常山郡　今攷
文帝二年取趙之河閒郡封趙王遂弟辟彊爲王傳子
福无後國除入于漢則河閒之屬漢乃封文帝時非以
罪削也楚元王世家亦云削趙王常山之郡此傳誤

魏其武安侯列傳

父世觀津人索隱云言其累葉在觀津故云父世也　予
謂世者嬰父之名
程李俱東西宮衛尉注漢書音義曰李廣爲東宮程不識

爲西宮　按不識爲長樂衛尉長樂宮太后所居在未央之東故云東朝是程東宮李西宮也樗里子葬渭南章臺之東長樂宮在其東未央宮在其西此東西宮之證

韓長孺列傳

御史大夫韓安國者　安國以御史大夫病免復起爲他官以卒篇首仍書御史大夫亦變例

梁城安人也　正義云括地志云成安屬潁川郡陳留郡又有城安縣亦屬梁未知孰是也　按城安之城當作成漢志陳留潁川二郡皆有成安縣而陳留爲梁故地潁川爲韓故地史稱梁成安則爲陳留之成安無疑穎川之成安本鄭縣地武帝封韓千秋子延年爲侯國

禔取辱耳　注徐廣曰禔一作祇　按漢書亦作祇易坎不盈祇既平京房本作禔說文亦同蓋禔祇古通用也古書是与氏同

衛將軍驃騎列傳

將軍公孫賀　公孫賀李蔡皆官至丞相而以將軍目之蓋漢人以將軍爲重且諸人皆從衛霍立功其在相位初无表見故但稱將軍而已

以浮沮將軍出五原　按匈奴傳賀將萬五千騎出九原二千餘里至浮苴井而還浮苴卽浮沮蓋以地名趙破奴爲匈河浚稽將軍李廣利爲貳師將軍亦其類也

七爲將軍　七當作五

平津侯主父列傳

齊菑川國薛縣人也　漢志薛縣屬魯國不屬齊与菑川說者引儒林傳稱平津爲薛人既云薛人則上言齊菑川者誤耳予攷本傳元光元年有詔徵文學菑川國復推上弘弘謝國人國人固推之則平津爲菑川人无疑菑川本齊之故地故汲黯詰弘云齊人多詐而无情實史言菑川又言齊者當時通俗之稱扁鵲言臣齊勃海秦越人也言勃海又言齊与此一例非史之誤漢書无齊字班氏所刪　漢志菑川國祇有三縣无薛縣肰高五王傳青州刺史奏菑川王終古禽獸行請逮捕有詔削四縣安知薛縣不在所削之內乎且漢志所載郡國領縣若干皆元成以後之制王國大者僅十餘縣小者三四縣如蠡吾故屬河閒良鄉安次文安故屬燕陘城故屬趙之類頗有列傳畧見一二未可據志以駁傳也

地固澤鹹鹵　漢書无鹹字疑衍

是時趙人徐樂　漢書樂燕郡無終人

又使尉佗屠睢　漢書无佗字疑衍

南越尉佗列傳
取邯鄲樛氏女　樛當作摎从手旁
立明王長男越妻子術陽侯建德爲王注徐廣曰元鼎四
年以南越王兄越封高昌侯　按徐說非也功臣表術
陽侯建德以南越王兄越高昌侯封是高昌乃南越私
號及降漢之後始受術陽之封耳史舉其後封號書之
東越列傳
世俗號爲東甌王　封禪書越人勇之言東甌王敬鬼壽
至百六十歲卽東海王搖也
天子問太尉田蚡　按建元二年蚡已罷太尉矣此時蓋
以列侯奉朝請武帝猶以前官稱之
不戰而耘注徐廣曰耘義當取耘除或言耘音于粉反此
楚人聲重耳　惠棟曰此抎字之譌漢書作殞抎与隕
通左氏成二年傳隕子辱矣說文引作抎抎古字隕今
字徐氏耘除之義失之
朝鮮列傳
朝鮮相路人相韓陰　漢書作韓陶
降相路人之子最　案降字當連上爲句長降右渠子名
也功臣表作長㳙㳙姑落切与降聲相近小顏注漢書
謂相路人前已降漢而死于道故謂之降相此妄之甚
也下文長爲幾侯長下亦當有降字
陰爲萩苴侯索隱云萩音秋　漢書本傳作秋苴而功臣
表作荻苴師古音狄史記表亦作荻索隱音狄未知孰是
最以父死頗有功爲溫陽侯　溫陽當從表作涅陽漢書
亦作涅陽
司馬相如列傳
瑊玏元厲　說文玪塾石之次玉者卽此瑊玏也
諸蔗猼且　漢書作巴且卽巴蕉也巴与猼且与蕉聲皆
相近
則生葴䔷苞荔　漢書䔷作析文選作菥析斯聲相近釋
艸云菥蓂大薺說文作析
兕象野犀窮奇獌狿　漢書无此八字闕文選獌狿卽上文
蟃蜒窮奇象犀則上林賦有之當是後人妄增
儵眒淒浰　漢書淒作倩淒倩聲相近
衯衯裶裶　裶卽裴字說文衯裴皆長衣皃
罔瑇瑁　瑇瑁字重出
何爲无用應哉　漢書用作以以用聲相近
洶涌澎濆　漢書作彭湃澎与彭濆与湃聲皆相近
澎濞沆瀣　漢書澎作滂滂澎聲相近
葴橙若蓀　漢書橙作持持橙聲相近韋昭曰持音懲小

顔破㕘爲㕘非

巖穾洞房索隱云穾音一弔反　文選穾作㝔漢書字譌

爲穾小顔謂若竈突狀非也

華氾㮽櫨　漢書氾作楓㮽作枰皆聲相近

畱落胥餘　漢書作胥邪邪餘聲相近郭景純不詳畱爲

何物按釋木劉劉杙注劉子生山中實如棃卽此畱也

連卷累佹　漢書累作欐欐累聲相近

紛容蕭蔘　鄭司農注攷工記引作紛容掔參漢書容作

溶蕭作蒳

旖旎從風　說文无旖旎字漢書作猗柅當從之張揖訓

爲阿那亦取聲相近

被幽文　漢書幽作斑斑幽聲相近

蓺殪仆注徐廣曰射準的曰蓺　說文臬射準的也周禮

匠人建國水地以縣置槷以縣鄭康成謂槷古文臬假

借字亦借用埶字春秋傳陳之藝極注藝準也

巴俞宋蔡淮南于遮　巴俞當作嗙喻說文引司馬相如

說淮南宋蔡歌舞嗙喻正据此賦蓋以宋蔡嗙喻与淮

南于遮對文也許叔重生于漢時所見本當不誤嗙巴

聲相近故或作巴俞郭景純以巴渝舞當之非是

眇閻易以戍削　漢書戍作恤閻易猶姚易也出史篇

媥姺徶㣯　漢書作便姍嫳屑便姍与媥姺聲相近說文

无徶㣯字當從漢書

變正朔　漢書變作革聲相近

用興法誅其渠帥　晉書刑法志魏文侯時李悝著法經

六篇蕭何又益興廄戶三篇

貿遯絕而不齊兮　此下五句漢書无之

㢀征北僑　北當作伯

衍曼流爛壇以陸離　漢書壇作㾓說文亶多穀也詩嘽

嘽駱馬說文引作㾓㾓亶多聲相近故壇或爲㾓

嬐侵潯而高縱兮　漢書嬐作傑傑嬐聲相近嬐讀如檢

徐音孅非也說文尋字㣺从彡隸變与水相亂

涉豐隆之滂沛　漢書沛作濞濞沛聲相近

視眩眠而无見兮　漢書眠作泯眩眠卽瞑眩也泯眠聲

相近

湛恩濛涌　漢書作厖洪古音厖如濛

終都攸卒注漢書音義曰都於卒終也　都於釋詁文

首惡湮沒　漢書湮作鬱鬱湮聲相近

獲周餘珍收龜于岐　漢書无珍字

盇號以況榮　盇讀如盇文穎訓爲合合號猶言合符也

小顔以爲語辭似迂

或謂日天爲質闇　漢書闇下有元字屬下讀
君乎君乎　漢書乎作兮兮乎聲相近
淮南衡山列傳
宗正臣逸廷尉臣賀備盜賊中尉臣福　漢書公卿表无
此三人名
先要成皋之口正義云成皋城在河南滬水縣東南二里
滬水蓋汜水之譌
日夜從容王　從容漢書作縱臾臾讀曰勇縱臾謂奬勸
也臾容聲相近鬼臾區亦作鬼容區
日夜從容勸之　從容漢書作將養師古讀將爲奬將養
亦縱臾之轉也從當讀子容切
汲鄭列傳
其餽遺人不過算器食注徐廣曰算竹器　算与匴同士
冠禮爵弁皮弁緇布冠各一匴注匴竹器名古文匴爲
篹說文匴渌米籔也
儒林列傳
于趙自董仲舒　仲舒廣川人而稱趙者廣川故趙地也
公孫丞相菑川人而云齊人朱買臣會稽人而云楚士
亦此類
太皇竇太后　當云竇太皇太后

及徐氏弟子公戶滿意　公羊傳有公扈子公戶疑卽公
扈也
酷吏列傳
乃拜都爲濟南太守　據漢表都自濟南太守遷中尉在
景帝前七年而郡守更名太守乃在景帝中二年則其
時不得稱太守也太守衍
與汲黯俱爲忮司馬安之文惡俱在二千石列同車未嘗
敢均茵伏索隱云言二人与由同載一車上不敢与之
均茵軾謂下之也　予謂小司馬說非也司馬安以黯
姑姊子同時仕宦由重黯而輕安或時与安俱出不得
已与安同車然亦恥与均茵伏所謂忮也當以与汲黯
俱爲句爲忮二字屬下句文義方安班史脫去与俱兩
字注家因謂黯安二人皆畏由不敢与均失之遠矣漢
書伏作馮古人讀伏如匐与馮聲相近王吉傳馮式撙
銜師戰國策之伏軾撙銜也碧落文亦以凭當伏字
劾鼠掠治傳爰書注蘇林曰傳謂傳囚也　予謂傳蓋傳
字之譌傳讀曰附謂附于爰書
家兩子夾河爲守　夾河謂河內河南也褚先生敘田仁
刺舉三河是時河南河內太守皆御史大夫杜父兄子
弟即此所云夾河爲守者也

大宛列傳

奄蔡正義云漢書解詁云奄蔡卽闔蘇也　蔡有桼音經典多以蔡代桼字与蘇聲相近

而樓蘭姑師小國耳注徐廣曰卽車師　車姑聲相近

烏孫侖頭　侖頭漢書作侖臺臺頭聲相近

游俠列傳

田仲王公劇孟　王公卽王孟

藏命作姦索隱云案謂亾命也　予謂命者名也藏命猶言匿名

與人飲使之嚼注徐廣曰音子妙反盡酒也　嚼与釂同說文釂飲盡酒也續漢書五行志釂復釂者京都飲酒相强之詞也

東道趙他羽公子索隱云舊解以趙他羽公子爲二人今案此姓趙名他羽字公子也　予以上下文證之則舊解爲是春秋傳鄭穆公之後有羽氏

佞幸列傳

仁寵最過庸不乃甚篤　予謂不乃者不能也乃能聲相近言周仁寵過于常人猶不能甚篤以見景帝之无寵臣也

滑稽列傳

威王八年楚大發兵加齊　按世家及表是年齊楚无交兵事此傳之言多不足信

其後百餘年楚有優孟　優孟事楚莊王在淳于髡前二百餘年此傳云在髡後百餘年乃踳駮之甚者而小司馬未及舉正何也

銅歷爲棺索隱云歷卽釜鬲也　歷卽鬲字說文鬲或作㽁

日者列傳

獵纓正襟危坐索隱云獵攬也　獵攬聲相近

比周賓正　賓讀曰擯六國表諸夏賓之張儀傳大王收率天下以賓秦皆擯棄之義

天人家曰小吉太一家曰大吉　天人家不見于蓺文志或云當作天一　蓺文志五行三十一家有天一六卷泰一二十九卷

龜策列傳　張晏謂龜策傳有錄无書褚先生言臣從來長安中求龜策列傳不能得肰此篇有今上卽位之文其詞非褚先生所能作

宋元王二年　宋世家有元公而无元王宋之稱王自偃始此元王或卽王偃之譌王偃雖戰勝攻取尋卽亾滅槩而不德非靈龜所能祐也

規矩爲輔副以權衡　按魏相奏事言東方之神執規司
春南方之神執衡司夏西方之神執矩司秋北方之神
執權司冬此云規矩權衡指四方而言幷四維爲八卦
此遁甲式今人所云奇門也
視其吉凶介蟲先見　此冬至後壬子日庚子時也子爲夜半
宿杜牽牛冬至候也甲子爲旬首杜巽宮杜門爲使時加子子爲
玄武其占爲介蟲
桀有諛臣名曰趙梁　桀臣趙梁紂臣左彊本紀皆无之
貨殖列傳
積著之理務完物　著古貯字說文宁訓辨積物是積貯
本字而宁与著通詩俟我於著乎而卽當宁之宁此又
通爲積宁之宁
白圭曰吾治生產猶伊尹呂尚之謀孫吳用兵商鞅行法
案白圭當魏文侯時而商鞅佐秦孝公孝公卽位距
魏文侯薨已二十五年矣不得如史所言
江南卑溼丈夫早夭　賈生傳言長生卑溼是也
豫章出黃金長沙出連錫　卽上文所謂江南出金錫連
也篇中江南皆謂豫章長沙南楚之地非今之江南
果隋蠃蛤正義云隋今爲搖音同上古少字也果搖猶搖
疊包裹也　案說文无隋字蓋卽隋之省文索隱讀爲
徒火切者是也漢書作蓏音与隋相近正義妄引果搖
方言輒詆班氏可謂詭之甚也
以故呰窳　說文作呰从兩冂与呰苛字不同
封者食租稅歲率戶二百千戶之君則二十萬　按漢書
富平侯張安世國在陳留別邑在魏郡租入歲千餘萬
子延壽嗣上書讓減戶邑徙封平原幷一國戶口如故
而租稅減半然則漢時戶口租稅固有多寡之殊史公
云歲率戶二百者舉其大畧耳又匡衡封僮之安樂鄉
鄉本田提封三千一百頃南以閩陌爲界初元元年郡
圖誤以閩佰爲平陵陌多四百頃以是推之列侯封戶
雖有定數要以封界之廣狹定租入之多寡故有戶口
同而租稅異者
醯醬千坻索隱云坻音閑江反　坻當作瓨說文瓨似罌
長頸受七升讀若洪
木器髤者千枚　髤當作髹說文髹桼也
馬蹄躈千注躈苦弔反馬八髎　按說文无躈字徐解爲
馬八髎八髎卽尻骨則躈乃竅之異文漢書躈作噭故
小顏訓爲口
寍爵毋刁　古音爵与醮近服虔左傳解誼云爵者醮也
所以醮盡其材也見隱元年正義此以刁爵合韻亦讀爵如醮

酒削薄技也　予謂俞讀若瀹說文瀹所以擬水也引漢律及其門首酒瀹即郅氏之酒削

太史公自序　自史公有自序一篇而班孟堅司馬彪亦稱叙傳華嶠稱譜叙見三國志注沈約魏收李延壽之徒各爲叙傳承祚先世仕蜀不顯蔚宗与漢年代隔越故不立此篇蕭子顯齊豫章王嶷之子其傳贊云烈考云我王与它篇異但傳中竟不列已名則又矯枉過直矣姚思廉陳書于父傳末畧述已修史事而不稱叙傳亦不及入唐以後事于體例最爲得之唐宋以來設立官局史非一人一家之書故无叙傳之名矣

談爲太史公　按太史公是官名遷父子世居其職衛弘漢人其言可信而後人多疑之予謂位在丞相上者謂殿中班位在丞相之右非職任尊于丞相也虞喜謂朝會坐位猶居公上葢得之矣子長自言天下遺文古事靡不畢集太史公与漢儀注云天下計書先上太史公者正合史記一書惟自序前半稱太史公及封禪書爾稱太史公指其父餘皆遷自稱之詞小司馬小顏以爲尊其父者非矣

有省不省耳　按爾雅省善也有省不省猶言有善有不善

禨祠陰陽之術大祥注徐廣曰一作詳索隱云漢書作大詳今此作祥于義爲疎　予謂古書祥詳通用易視履考祥釋文云本亦作詳書呂刑告尔祥刑後漢書劉愷傳注引作詳刑鄭康成注詳審察之也君奭其終出于不祥漢石經本祥爲詳小司馬譏祥義爲疎是未識古文也

實不中其聲者謂之窾注徐廣曰音款空也　漢書窾作款款空聲相近莊子導大窾向秀讀窾爲空

尼困鄱薛彭城　漢書鄱作蕃

卒三歲而遷爲太史令　令當作公正義文可證

孔子卒後至于今五百歲　按孔子卒于魯哀公十六年至漢武帝太初元年凡三百七十五歲云五百歲誤矣上文云自獲麟以來四百有餘歲其實尚不盈四百歲也

上大夫壺遂索隱云遂爲詹事秩二千石故位上大夫也　按十二諸侯年表稱上大夫董仲舒封禪書叙新垣平云于是貴平上大夫萬石君傳以上大夫祿歸老于家佞幸傳鄧通官至上大夫韓嫣官至上大夫似漢時本有上大夫之官又封禪書拜公孫卿爲中大夫

虞舜不台索隱云台音怡　五帝本紀舜讓於德不懌徐廣云今文尚書作不怡台古怡字

閒不容翲忽　翲當爲蔈淮南天文訓秋分蔈定蔈定而禾孰故十二蔈而當一粟高誘云蔈古文作秒也小司馬訓翲爲輕失之

栗姬偩貴　偩与負同恃也武安侯傳贊武安負貴而好權与此同義下文述梁孝王云偩愛矜功亦同

維仲之省　省訓善言仲雖以罪奪王爵而高帝猶善之故又封其子也莫頡侯亦兄子以其母不善故不得王

爲太史公書　案子長述先人之業作書繼春秋之後成一家言故曰太史公書以官名之者承父志也以虞卿呂不韋著書之例言之當云太史公春秋不稱春秋者謙也班史蓺文志太史公百三十篇馮商所續太史公七篇俱入春秋家而班叔皮亦稱爲太史公書益子長未嘗名其書曰史記也桓譚云遷著書成以示東方朔朔皆署曰太史公署之者名其書也或者不察以公爲朔尊遷之稱失之遠矣周本紀云太史伯陽讀史記陳杞世家云孔子讀史記儒林列傳云孔子因史記作春秋十二諸侯年表云孔子西觀周室論史記舊聞又云左邱明因孔子史記具論其語成左氏春秋老子列傳云史記周太史儋見秦獻公云云天官書云余觀史記攷行事此篇云史記放絕又云紬史記石室金匱之書皆指前代之史而言班史五行志所引史記亦非太史公書楊惲傳惲始讀外祖太史公記初不云史記又攷漢書宣元六王傳東平王宇上疏求太史公書大將軍王鳳言太史公書有戰國縱横權譎之謀揚雄傳太史公記六國歷楚漢訖麟止不与聖人同叙傳東平思王以叔父求太史公諸子書大將軍白不許後漢書竇融傳乃賜融以外屬圖及太史公五宗外戚世家魏其侯列傳范升傳難者以太史公多引左氏升又上太史公違戾五經謬孔子言及左氏春秋不可錄三十一事陳元傳博士范升等議奏左氏春秋不可立及太史公違戾凡四十五事楊終傳受詔刪太史公書爲十餘萬言皆不云史記史記之名疑出魏晉以後非子長著書之意也（後漢書班彪傳有司馬遷著史記之語此范蔚宗增益非東觀舊文）

正義序

開元二十四年八月殺青斯竟　案守節撰正義成于開元廿四年小司馬索隱前後序則不著撰述之年而唐書蓺文志注貞云開元潤州別駕是兩人生于同時而其書不相稱引司馬長于駮辯張長于地理要皆龍門功臣難以偏廢守節官諸王侍讀右清道率府長史唐志失書小司馬序自題國子博士弘文館學士而唐志

云潤州别駕殆終于别駕者與正義索隱兩書唐時皆單行不附于正史今索隱尚有汲古閣所刊單行之本正義舊本失傳卷帙次弟无可攷矣

論字例

美下爲大㒵下爲衣　按說文美从羊从大漢隸或有誤从火者此文大字必火之譌也㒵字說文所无易㒵多盇㒵唐石經作裒褎之爲㒵亦隸體之變此字宜杜衣部而守節訶爲譌字何耶

三史拾遺·史記

［清］錢大昕

清嘉慶十二年李賡芸稻香吟館刻本

三史拾遺

長沙龍氏家塾重刊

三史拾遺卷一

錢大昕學

史記

五帝本紀

依鬼神以剬義　正義云剬古制字　說文制从刀未聲依字當作㓝隸變爲制或譌爲剬剬與耑旁相亂矣唐人不諳六書輒以爲古如顏籀以芃爲古悅字不知爲荒之譌以㤅爲古莎字不知爲𢿃之譌以餢爲古饐字不知爲饐之譌也

居郁夷曰暘谷　索隱云史記舊本作湯谷今並依尚書字　太史公多識古文所引諸經與今本多異者皆出先秦古書後人校改漸失其眞即湯谷一條推之知舊本爲小司馬輩所更易者諒不少矣（殷本紀簡狄舊本作易亦古文）

鳥獸字微　注尚書微作尾字說文云尾交接也　說文無此文注有誤　段氏玉裁曰此仍用孔傳耳文字衍

似㳘漫天　即書象㳘滔天也孔傳訓滔爲漫與史記合韓退之詩唯解漫天作雪飛蓋出於此

於是以益爲朕虞　漢書百官公卿表益作朕虞地理志爲舜朕虞與此文同蓋官名有朕字非單名虞也王莽改水衡都尉曰予虞亦放此

夏本紀
厥田斥鹵　上文已有海濱廣潟句斥與潟文異義同不當重出禹貢漢志皆無之此後人妄增也史記引禹貢厥皆作其此獨作厥亦其一證
其草惟夭其木惟喬　段氏玉裁曰兗州云草繇木條無其惟二字獨揚州有之蓋後人所增也漢書地理志兗揚二州皆無厥惟字
齒革羽毛注孔安國曰象牙犀皮鳥羽旄牛尾也正義曰函南夷常貢旄牛尾爲旌旗之飾書詩通謂之旄　段氏玉裁曰荆州羽旄齒革字正作旄此作毛淺人所改也
雲夢土爲治索隱曰雲土夢本二澤名韋昭曰雲土今爲縣今案地理志江夏有雲杜縣是其地　今索隱單行本大書雲土夢三字蓋小司馬本土在夢上（湻熙耿秉刊本正土在夢上）
包匭菁茅注鄭玄曰匭纏結也　案尚書疏吳都賦注引鄭注纏結上有猶字
浮於江沱涔於漢　今禹貢無下於字陸氏釋文云本或作潛于漢非孔穎達正義云本或潛下有于誤耳據此二文則古本禹貢本有于字於江沱潛爲句於漢又爲

句陸氏以潛于漢爲句故云非耳此亦段氏所說
浮於雒達於河　史公引禹貢皆改達爲通兗州云通於河青州云通於濟徐州云通於河揚州云通淮泗獨豫州云達於河此轉寫之誤
終南敦物索隱曰地理志云太一山古文以爲終南山（耿本無此山字）蕐山古文以爲敦物皆在扶風武功縣東　漢志本作垂山此云蕐山者誤也然下文至於太蕐索隱亦云太蕐郎敦物則眞以蕐山爲敦物矣水經蕐山爲西嶽在恆農蕐陰縣西南酈注云古文之惇物山也小司馬似本此然華山在恆農不在扶風詎可牽合爲一水經亦別有敦物山酈氏偶未檢照耳
注徐廣曰從禹至桀十七君十四世駰案汲冢紀年曰有王與無王用歲四百七十一年矣　殷本紀注引汲冢紀年曰湯滅夏以至於受二十九王用歲四百九十六年也以今本紀年攷之此二條皆在附注中相傳附注出沈約之手而梁書約傳不載其事隋經籍唐藝文志俱不言沈約有附注則流傳之說不足據也裴氏生於休文之前其注史記已引此文則注非休文所作益明白矣晉書束皙傳稱竹書之異云益干天位啟殺之史通引竹書云益爲后啟所誅（見疑古雜說等篇）　而今竹書云夏

攷二年費侯伯益出就國六年伯益薨然則今本竹書出於宋以後人僞託信矣

周本紀

龍亡而漦在櫝而去之　去藏也俗作弆

子靈王泄心立　梁氏玉繩曰案晉語作大心周語韋注亦作大心疑此泄字誤大昕謂泄心卽世心也禮記雜記下泄柳之母死唐石經作世柳岳氏刊本亦作世春秋三傳世與大多相通如欒大心作世心與此可互證夏本紀帝泄左傳疏引世紀作世菩泄从世聲亦可讀如世

秦破韓魏扑師武注戰國策曰秦敗魏將犀武於伊闕　師犀聲相近

秦本紀

惠文君四年齊魏爲王十三年四月魏君爲王韓亦爲王　案六國表惠文四年卽魏襄王元年齊宣王九年也表與世家俱書齊魏會徐州諸侯相王至十三年魏君爲王則魏世家無之表亦但書於秦不書於魏此可疑也韓世家宣惠王十一年君號爲王表則在十年當惠文王後二年較世家先一歲然與此紀十三年之文總不合此又可疑也

昭王四十四年攻韓南郡取之　南郡六國表作南陽攷江陵之南郡楚地非韓地當以南陽爲是但昭王十六年拔韓宛城又魏冉封穰侯皆南陽郡地是南陽屬秦已久至昭王三十九年置南陽郡何以四十四年攻韓又取南陽蓋戰國時大郡或領十數城非一時所能盡拔秦雖置南陽尙未全有其地至是始悉取之如上黨亦韓郡桓惠王十年郡守馮亭以郡降趙十四年爲秦所拔矣而二十六年又云秦拔我上黨亦其類也

始皇帝五十一年而崩　五當爲立秦王政二十六年始稱皇帝至三十七年而崩計爲帝十一年耳耿本已誤

秦始皇本紀

蒙驁王齮麃公等爲將軍索隱云麃公蓋麃邑公史失其姓名　麃者其人之姓史失其名耳漢有郡太守麃次公樂安相麃季公見孔廟禮器碑

將軍壁死正義云言成蟜自殺于壁壘之內　壁者將軍之名蓋別是一人與上文成蟜初不相蒙注家牽合爲一故愈不能了

卒屯畱蒲鶮反戮其屍注徐廣曰鶮一作鶴屯畱蒲鶮皆地名壁于此地時士卒死者皆戮其屍　蒲鶮當是人姓名爲將軍部下卒壁死而鶮反故加以戮屍之刑舊

注牽合上文不足取
今襲號而金石刻辭不稱正義云尺證反　正義音非也
稱當讀如字不稱二字連下始皇帝讀爲一句謂諸金
石刻但稱皇帝不稱始皇帝則與後嗣所刻無别非所
以尊始皇功德也總釋上下文義自了

項羽本紀

項羽自立爲西楚霸王王九郡都彭城　貨殖傳自淮北
沛陳汝南南郡此西楚也彭城以東東海吳廣陵此東
楚也衡山九江江南豫章長沙此南楚也據彼文似彭
城是東楚非西楚羽既都彭城而東有吳會稽諸郡乃

以西楚爲號者羽兼有梁楚地梁在楚西言西楚則梁
地亦兼其中矣又據彼傳三楚之分大率以淮爲界淮
北爲西楚淮南爲南楚唯東楚跨淮南北吳廣陵在淮
之南東海在淮之北彭城亦在淮北而介乎東西之間
故彭城以西可稱西楚彭城以東可稱東楚也
大司馬怒渡兵汜水注如淳曰汜音祀左傳曰鄙在鄭地
汜　案如音與今土人音正同其所引左傳則誤也僖
廿四年傳王出適鄭處于汜杜注鄭南汜也在襄城縣
南此即所謂鄙在鄭地汜者續漢志襄城有汜城劉昭
注亦以爲周襄王所處其字从巳音凡不當牽爲一地

高祖本紀

索隱云貞時打得班固泗水亭長古碑文其字分明作温
字云母温氏貞與賈膺復徐彦伯魏奉古等執對反覆
沈歎　膺復當作膺福先天二年爲右散騎常侍昭文
館學士以預太平公主逆謀誅見唐書公主傳今河内縣有大
雲寺碑即膺福書也徐彦伯卒於開元二年見唐書本
傳案司馬貞張守節二人新舊唐書皆無傳守節正義
序稱開元二十四年八月殺青斯竟而小司馬兩序不
載譔述年月以此注驗之其與賈徐諸公談議當在中
睿之世計其年輩似在張守節之前也補史記序自題

國子博士弘文館學士唐制弘文館皆以宅官兼領五
品以上爲學士六品以下曰直學士國子博士係正五
品上故得學士之稱神龍以後避孝敬皇帝諱或稱昭
文或稱修文開元七年仍爲弘文小司馬充學士蓋在
開元七年以後也唐書劉知幾傳開元初詔議孝經鄭
氏學非康成注當以古文爲正易無子夏傳老子書無
河上公注請存王弼學宰相宋璟等不然其論奏與諸
儒質辨博士司馬貞等阿意共黜其言請二家兼行唯
子夏易傳請罷詔可又攷唐書藝文志稱貞開元潤州
別駕蓋由文館出爲別駕遂蹭蹬以終也

常從王媪武負貰酒　索隱云說文云貰貸也臨淮有貰陽縣漢書功臣表貰陽侯劉纏而此紀作射陽則貰亦射也　今漢書功臣表亦作射陽師古云字或作貰者後人改也據小司馬說則漢表元是貰陽師古改爲射耳臨淮有貰陽縣句亦引說文今世所行說文無此語疑後人以地理志無此縣而芟之耳

別將司馬尼　耿本尼作𡰥曹參世家同案漢書小顏注云𡰥古夷字則耿本是也

立子恆以爲代王　高帝紀於孝惠不書名文帝紀於景帝不書名乃文帝名再見於高祖紀一見於呂后紀此

必後人所加景帝紀四年立皇子徹爲膠東王七年立膠東王爲皇太子名徹亦後人所加諸侯年表高祖十一年復置代二月丙子初王元年十八爲文帝（文帝紀子某最長請建以爲太子此史公避諱之例高祖紀當先書立子某爲代王其後云次代王已立爲孝文帝不必更舉名也）孝景前四年四月乙巳初王元年四立爲太子俱不書名（此據耿本也它本初王下有恆字元年有高祖子與諸王無別蓋後人妄增惟淳熙本不誤然諸紀亦皆與今本同）

孝景本紀

二年秋熒惑逆行守北辰月出北辰間　月五星出入黃道間必無失行而守北辰之理予意辰當爲戌之譌漢書天文志東井西曲星曰戌北北河南南河火守南北河兵起又云元封中星孛于河戌占曰南戌爲越門北戌爲胡門（今本戌作戊誤）蓋北戌與黃道相近故熒惑得守之而月行亦或出入其間也

十二諸侯年表

及如荀卿孟子公孫固韓非之徒　索隱云宋有公孫固無所述此蓋齊人韓固傳詩者也　梁氏玉繩曰傳詩者韓嬰轅固不得嫁名於公孫固攷漢藝文志儒家有公孫固一篇十八章齊閔王失國問之因爲陳古今成敗也

六國表

秦始皇二十八年爲阿房宮　耿本房作旁二世元年就阿房宮同

高祖功臣侯年表

陽都侯丁復　拜爲將軍忠臣侯　忠臣非官號古書忠與中通韓增幼爲忠臣謂中朝親近之臣也此忠臣義亦同酷吏傳景帝謂郅都忠臣欲釋之竇太后曰臨江王獨非忠臣乎亦是此義

衍侯翟盱　梁氏玉繩曰水經注卷七云封邱縣南燕之延鄉也其在春秋爲長邱漢高帝封翟盱又藝文類聚

引陳留風俗傳云高祖與項氏戰厄于延鄉有翟母免其難故以延鄉爲封邸以封翟母此侯翟盱必翟母之子也

惠景間侯者年表

楊虛　恭侯劉將廬元年　盧氏文弨曰恭侯乃楊邱侯劉安之謚將廬則齊孝王也下文將廬爲齊王下有有罪國除四字此亦陽邱恭侯子偃事誤綴於此大昕案索隱單行本楊虛之下本有楊邱侯劉平一人（漢表作安）轉寫脫漏錯入此格文又不完耳

曆書

日得甲子正義云滿九百三十八分成一日　史記甲子篇推天正朔以九百四十分爲一日乾鑿度四分術同此云九百三十八者誤也

正北　謂太初元年天正冬至加時在子

十二　謂是歲十二個月無閏

無大餘　謂是年天正甲子朔

無小餘　謂合朔加時在夜半

無大餘　謂冬至與朔同日

無小餘　謂冬至加時亦在夜半

焉逢攝提格太初元年　是年天正至朔皆無大小餘故爲元首自正北以下六事皆屬此年故再題歲名以識之

十二　此下五事皆屬次年刊本以此二字係於太初元年之下誤也元首冬至加時正北則次年冬至在正東又一年在正南又一年在正西又一年復在正北矣而史皆不言者非至朔同日之歲故也唯始元二年正西地節四年正南初元二年正東以章首至朔同日故書

大餘五十四　謂次年天正十一月戊午朔

小餘三百四十八　謂合朔在卯正後

大餘五　謂次年天正冬至己巳日

小餘八　謂冬至加時在卯正

閏十三　此謂太初三年當有閏月并十二經月爲十三也當別爲一行刊本係於二年之下則似太初二年已有閏矣後凡書十二書閏十三者皆誤係於前一年

正西　謂始元二年冬至與朔同日加時在酉也刊本誤係於始元元年之下

正南　謂地節四年冬至與朔同日加時在午也刊本誤係於三年之下

正東　謂初元二年冬至與朔同日加時在卯也刊本誤係於初元元年之下

旃蒙大荒落四年　自太初元年至此凡七十六歲古術家以十九歲爲一章七十六歲爲一蔀太初冬至日得甲子所謂甲子蔀也至是歲而一蔀終其明年入癸卯蔀加時亦在正北至朔皆無小餘惟大餘同爲三十九耳

右曆書大餘者日也小餘者月也　案本書自太初元年至建始四年每年再舉大餘小餘之數前之大餘小餘推天正經朔所用後之大餘小餘推冬至所用也十干十二支相配以紀日六十而周不滿六十謂之大餘故云大餘者日也然而中節朔晦不皆當夜半子時於是

分一日爲若干分謂之日法不滿法謂之小餘以課加時之早晚推正朔以九百四十爲日法故小餘有多至九百卅一者推冬至則以卅二爲日法故小餘多者不過廿四兩小餘雖有多寡之殊要爲加時而設則其理不異依文當云小餘者時也今本作月乃傳寫之誤小司馬謂十二月餘此三百四十八數故云小餘者月然天正之小餘謂生於月可也冬至之小餘謂出於月可乎蓋唐本已譌小司馬不能是正亂曲傅會不知其終不能合也

天官書

旁有兩星曰衿索隱云衿音其炎反　漢志亦作衿或據小司馬引元命包鉤鈐兩星語輒改爲鈐非也

尾爲九子曰君臣斥絕不和　王孝廉曰尾主後宮君臣疑羣妃之譌廣芸謹案孝廉不知何名

西宮咸池曰天五潢五潢五帝車舍　淮南天文訓斗杓爲小歲正月建寅月從左行十二辰咸池爲大歲二月建卯月從右行四仲終而復始蓋斗爲帝車有運轉之象咸池以五車爲匡衛亦有迎行之象故古人指其所建以定四時古書言咸池者皆兼五潢五車三柱言之故史公以咸池爲五帝車舍春秋元命包云咸池主五

設其星五者各有所職然則五車卽咸池也後人析爲數名僅以三小星當咸池而淮南太史公書遂不能通矣史公以紫宮房心權衡咸池虛危爲天之五官坐位豈專指三小星而言哉洪景伯謂咸池每歲自卯逆行四仲經星隨璇璣之運不可離其次周流四仲當是其神爾洪亦未解五車隨天轉運昏旦易方各有所指故也參爲白虎在西南未申之隅不當西方正位故史漢不以表西方諸宿或疑西宮下當有白虎字非也漢儒說易以兌爲虎虞仲翔斥爲俗儒獨以坤爲虎蓋依天象而言

曰西方秋司兵月行及天矢　司兵以下七字疑衍以木火土水四星例之可見

楚唐昧正義云莫曷反　屈原傳諸侯共擊楚大破之殺其將唐昧正義音莫葛反卽其人也漢書古今人表續漢書天文志竝作唐蔑古書蔑與昧通昧當爲眛之譌春秋公及邾儀父盟于蔑晉先蔑奔秦公穀皆作眛說文眛目不明也蔑勞目亡精也蔑字从苜苜讀如末後人不通六書改爲昧爽之昧失其舊矣

封禪書

上卑耳之山集解韋昭曰卑耳卽齊語所謂辟耳　卑辟聲相近

南伐至召陵登熊耳山以望江漢索隱云順陽益陽二縣東北有熊耳山東西各一峯如熊耳狀因以爲名齊桓公太史公竝登之或云恆農熊耳非也　益陽屬長沙國與順陽相去甚遠當有舛譌檢漢志小顏注亦云熊耳山在順陽北益陽縣東未知其審水經注均水發源恆農郡之盧氏縣熊耳山山南卽修陽葛陽二縣界也縣卽析之北鄉故言出析縣北也魏收地形志析州修陽郡領修陽葢陽二縣則此注益陽乃葢陽之誤耳葢葛聲相近故酈注作葛陽

岳山注徐廣曰武功縣有大壺山又有岳山　梁氏玉繩曰岳乃垂字之誤以形近致譌耳地理志右扶風武功縣太一山古文以爲終南垂山古文以爲敦物徐所見史記本是垂山今本誤作岳幷注中太壹亦誤爲大壺矣

吳岳注徐廣曰在汧索隱云徐說非也案地理志汧有垂山無岳山　漢志汧縣有吳山卽此吳岳故徐以爲在汧若垂山自在武功不在汧小司馬之讀漢書亦太不子細矣

秦巫祠杜主巫保族纍之屬　族纍葢族疫之訛說文瘯小腫也一曰族絫絫與纍同六畜病曰瘯蠡亦卽族絫之轉聲

若人冠絻然　絻與冕同

平準書

更令民鑄錢索隱云顧氏案古今注云秦錢半兩徑寸二分重十二銖　小司馬於此篇屢引顧氏說唐書藝文志有顧允漢書古今集義二十卷　侗謹案隋經籍志有顧烜錢譜一卷崇文總目有顧協泉譜一卷協字正禮吳人梁書南史皆有傳索隱於平準書屢引顧氏說竝論錢布之制當是烜協兩家譜文

凡直三十餘萬金索隱云大顏云一金萬錢也　案唐書藝文志有顏游秦漢書決疑十二卷游秦爲師古叔父故稱大顏以別之史稱師古注漢書多資取其義而欲例及注初不見游秦之名蓋師古竊爲諸父撰述攘爲己有較之郭象注莊罪又甚焉賴小司馬索隱稍一引用之（計櫂書鄒陽李廣貨殖傳索隱亦引大顏說）

吳太伯世家

大而婉　索隱單行本作大而寬注云寬宜讀爲婉今本作婉乃後人依左氏傳輒改耳

燕召公世家

惠公多寵姬公欲去諸大夫而立寵姬宋大夫共誅姬宋

索隱曰宋其名或作宗　梁氏玉繩曰三姬字必臣之誤卽年表所稱幸臣也寵姬何可爲大夫立寵姬又何必去諸大夫且妾之稱姬非當時語大晰謂依或本作宗亦通

衞康叔世家

子聲公訓立索隱云訓亦作馴系本作聖公馳　廣韻引風俗通云聖者聲也是聖卽聲矣周禮地官土訓鄭司農讀爲馴五帝紀五品不訓後漢書鄧禹周舉傳皆作不馴訓馴古通用字馳蓋馴之譌

宋微子世家

王眚惟歲　眚書作省案春秋肆大眚公羊作省

遂以局役潛公于蒙澤　徐幹中論法象篇宋敏碎首於棋局蓋用此事敏當作愍與閔通

晉世家

呂省郤芮　呂省卽呂甥甥省聲相通

秦軍河上將入王　入王者納王也

荀欒　說文無欒字左傳晉大夫輔欒說文引作趯此荀欒名从木旁史公多識古文而今本左傳乃杜元凱所定荀欒之名當從史記爲正今趙世家作欒則後人據左傳妄改猶幸改之不盡耳

楚世家

欲殺其弟惲　惲成王名春秋左氏作頵公穀作髡鄭世家釐公亦名惲而左氏作髡頑公穀作髡原（穀梁釋文髡或作頵）蓋頵髡古通用而惲亦以音近假借也說文頵頭頵也未詳其義而別有顒字云無髮也正與髡義同是頵顒亦相通矣

趙世家

左師觸龍言願見太后　梁氏玉繩曰此與古今人表皆作觸龍而戰國策作讋故說苑敬慎篇言桀臣有觸龍

荀子臣道議兵篇言紂臣有曹觸龍韓詩外傳亦云曹觸龍之於紂漢高祖功臣表有臨轅侯戚觸龍惠景功臣表有山都侯王觸龍古人多以觸龍名者則趙左師不當作讋矣

孔子世家

魯襄公二十二年而孔子生索隱曰公羊傳襄公二十一年十有一月庚子孔子生今以爲二十二年蓋以周正十一月屬明年故誤也後序孔子卒云七十二歲每少一歲也　案左氏傳於哀十六年書孔子卒而不書生年公羊云二十一年十一月庚子生穀梁云二十年十

月庚子生史記則云二十二年而無月日攷賈逵注左傳於襄二十一年云此年仲尼生又昭二十四年服虔注引賈逵說云仲尼時年三十五是漢儒皆以孔子生在襄廿一年也是年經書十月庚辰朔則十一月無庚子日予以三統術推之襄公廿一年十月己卯朔庚子月廿二日也是爲宣尼生之日年從公羊月從穀梁與賈服說亦合自是年己酉至哀十六年壬戌實年七十有四

孔子年七十三以魯哀公十六年四月己丑卒索隱云若孔子以魯襄二十一年生至哀十六年爲七十三若襄二十二年生則孔子年七十二經傳生年不定使夫子壽數不明　按自襄廿二年至哀十六年恰是七十有三歲小司馬何於此致疑乎據前注每少一歲之文則索隱本實是七十二故於此疑而不決然謂襄廿一年至哀十六年爲七十三襄廿二年至哀十六年爲七十二則皆少一算豈泥於周正十一月屬明年之見邪

陳涉世家

柱國曰秦未亡而誅趙王將相家屬此生一秦也不如因而立之　此語又見張耳陳餘傳彼云相國房君此云柱國其實一人耳兩篇詞意相同者凡二百餘言班孟

堅亦因而未删

陳勝葬碭謚曰隱王　此謚當是呂臣等所上史家便文終言之耳

曹參世家

擊魏王於曲陽追至武垣注徐廣曰河東有垣縣　梁氏玉繩曰曲陽乃陽曲之誤太原陽曲縣也陽曲抵垣不甚遠是以追及之武字衍

陳丞相世家

賜金二十溢　溢古鎰字說文無鎰

孫子吳起列傳

君不若引兵疾走大梁　案魏世家此事在魏惠王十八年而魏之徙都大梁乃在惠王卅一年則其時大梁未爲魏都也下文齊使田忌將而往直走大梁誤與此同通鑑於此二條皆改爲魏都不云大梁蓋覺其語不相應也

齊軍既已過而西矣　閻百詩謂此句不可解過而西當云過而東傳寫之譌蓋因上文已云直走大梁而馬陵御在大梁之東遂意揣以爲有誤爾大昕謂齊軍揚言直走大梁非眞抵大梁也及龐涓棄韓而歸孫臏軍始過齊竟西入魏竟故減竈以誤之若先已抵大梁而退

則入魏地不止三日毋庸施減竈之計矣先下直走大梁之令使彼速歸以疲之繼則減竈以示怯使彼驕而不設備此孫臏所以致勝而史公敘事委曲詳盡粗心人固未能解也

商君傳

一救荆國之禍　索隱云十二諸侯年表穆公二十八年會晉伐楚朝周此云救荆未聞　秦穆公之時楚未有禍秦亦無救楚事趙良所云救荆禍者卽指城濮之役也是時楚方圍宋宋人告急於晉晉先軫使宋舍我而賂齊秦則亦告急于秦矣城濮之役秦助晉破楚以紓宋禍此百里奚相秦實事其云救荆禍者謂宋有荆禍而秦救之非謂荆國有禍也

蘇秦傳

夫衡人日夜務以秦權恐愒諸侯　愒當作猲或作喝下文恫疑虛喝索隱云本亦作猲與此義同漢書王子侯表葛魁侯戚坐縛家吏恐猲受賕棄市平城侯禮坐恐猲取雞以令買償免緐陽侯顯坐恐猲國民取財物免恐猲猶今人言恐嚇

塞鄳阨　正義云申州羅山縣本漢鄳縣申州有平淸關蓋古鄳縣之阨塞　平淸關卽今平靖關春秋傳之冥阨

也黽阨之名由來久矣漢置鄳縣當因黽阨得名正義以鄳阨爲古鄳縣之阨塞非是

王翦傳

李信攻平與蒙恬攻寢大破荆軍信又攻鄢郢破之　鄢郢楚之舊都秦昭王時白起拔鄢及郢以郢爲南郡楚王徙都陳其後又自陳徙壽春安得更有鄢郢之地乎此鄢郢蓋卽陳地楚旣都陳仍稱陳爲郢猶晉遷新田之後卽稱新田爲絳耳

廉頗藺相如傳

趙奢曰胥後令邯鄲　索隱云邯鄲二字當爲欲戰　小司

馬改邯鄲爲欲戰屬下句讀文義雖通終是臆斷胡三省以胥爲一句後令邯鄲爲一句謂敢諫者死邯鄲之令耳今郎進軍近鬬與矣不當用邯鄲之令以殺之故曰後令邯鄲也大昕謂胥後令邯鄲五字當作一句讀邯鄲趙王所都言當待趙王之令耳趙奢出令時已去邯鄲卅里矣豈得云邯鄲之令耶胡說亦未確

屈原列傳

不獲世之玆垢　滋與玆同說文玆黑也春秋傳曰何故使吾水玆

受物之汶汶者乎索隱云汶汶音門門猶昏暗不明也　案古音輕脣字皆讀重脣今粵東人讀文如門其楚騷之遺乎

張丞相蒼傳

匡君爲御史大夫歲餘韋丞相死匡君代爲丞相　下文云匡君居之未滿歲與此云歲餘不合攷漢表建昭二年八月匡衡爲御史大夫三年六月丞相玄成薨七月衡爲丞相是衡在御史大夫任實未滿歲此云歲餘者誤也

諸爲大夫而丞相次也其心冀幸丞相物故也　自張蒼而後丞相不由御史大夫者竇嬰田蚡許澤以列侯昌以太常趙周以太子太傅公孫賀以太僕劉屈氂以涿郡太守田千秋以大鴻臚韋賢以長信少府王商以右將軍張禹以光祿大夫僅十一人耳嚴青翟翟方進孔光雖由佗官拜相然皆前御史大夫也御史大夫皆由見任九卿及前九卿拜惟卜式以齊相延廣以膠東太守王慶以濟南太守暴勝之以光祿大夫丙吉以太子太傅尹忠以光祿大夫此六人者史不言嘗歷九卿

張釋之馮唐列傳

一人犯蹕當罰金　此漢律文也二人以上則罪當加等漢書作此人於義爲短

吳王濞列傳

吳太子師傅皆楚人輕悍　吳太子之師傅當是吳人而史稱楚人者戰國時吳越地皆幷於楚漢初承項羽之後吳會稽皆項羽故地故上文云上患吳會稽輕悍此亦云楚人輕悍也朱買臣吳人而史稱楚士與此傳同

歲時存問茂材　案漢初本稱秀才東京避光武諱乃稱茂才史記賈生傳知其秀才儒林傳有秀才異等輒以名聞此當時本稱也此傳茂才字蓋後人依班史妄改

將軍欒布擊齊　案七國起兵齊未嘗同反而史稱擊齊者濟南菑川膠東膠西皆故齊地言齊可以該四國非

三史拾遺　一

謂擊齊王也功臣表亦云布以將軍擊齊有功葢據當時文簡之詞

魏其武安侯列傳

韓御史良久　上言韓御史大夫此言御史省文也

李將軍列傳

令長史封書與廣之莫府曰急詣部如書　如書猶言如律令也儒林傳請著功令宅如律令漢書朱博傳博口占檄文末云如律令

南越尉佗列傳

秦時已并天下略定揚越置桂林南海象郡以謫徙民與越雜處十三歲注徐廣曰秦并天下至二世元年十三年并天下八歲乃平越至二世元年六年耳　案秦始皇紀收南海三郡在卅三年距初并天下凡八歲故徐氏引以爲說耳據此傳十三歲之文則始皇廿六年平楚之後卽已置郡從民實其地矣竊意秦初置南海三郡特因其君長使治之其後使尉屠睢略取其地黜其君長自置官吏則在卅三年耳徐氏所說於當時情事恐未盡

出桂陽下匯水注案地理志桂陽有匯水通四會或作淮　淮當作滙說文滙水出桂陽縣盧聚山滙浦關从水

匪聲

東越列傳

令諸校屯豫章梅嶺　索隱曰今豫章三十里有梅嶺在供崖山　供崖當爲洪崖之譌

淮南衡山列傳

以令名男子若振女徐廣曰西京賦振子萬童騶案辟綜曰振子童男女　案文選西京賦及注皆作侲子說文無侲字唯娠字下一曰官婢女隸謂之娠字林侲養馬者見盧頡十七頁侲字字林始有之當從史記作振爲是

汲黯列傳

濮陽假宏始事葢侯信信任宏宏亦再至九卿索隱云案漢書作段宏　漢書公卿表未見段宏名惟元朔五年有中尉殷容殷字近段容字近宏或卽其人乎

國除爲九江郡注徐廣曰又爲六安國以陳縣爲都　陳縣爲淮陽國都六安不得有其地此必傳寫之譌又據漢志六安國乃衡山故地此注云云當在衡山王傳末國除爲衡山郡之下

酷吏傳

惡能勝其任而愉快乎　漢書愉作媮小顏云媮苟且也說文愉薄也媮巧黠也意本相近愉快謂媮爲一時之

三史拾遺一

之陶爲朱公正義曰括地志云即陶山在齊州平陽縣東三十五里陶山之陽也　齊州無平陽縣陽當爲陵之譌

正義論例

又一字三四音者同聲異喚一處共發恐難辨別故略舉四十二字　今案張所舉者畜從數傳卒辟施間射夏復重適汜樂覆恐惡降解幾過率屈上王長籍培勝難使相沈任船造妻費止卅九字

汜音祀水在成皋又音凡邑名在襄城又孚劒反爲水在定陶高帝即位處又音夷楚人呼土爲汜橋　案音祀者當从已音凡與孚劒反則當从巳兩字形聲俱別張氏以爲同字異音誤也其讀如夷者本是圯字借用水旁之汜耳

集解序

正義云史記五十二萬六千五百言序二千四百一十三年事漢書八十一萬言敘二百二十五年事　案晉書張輔傳嘗論班固司馬遷云遷敘三千年事唯五十萬言班固敘三百年事乃八十萬言煩省不同張守節之言蓋出於此然張輔所舉年數但約舉之詞守節直謂史記起黃帝訖漢武天漢四年合二千四百一十三年

其說一見于論例再見于此注然史記年表始自共和自共和庚申至天漢四年甲申可攷者僅七百四十五年耳共和以上年數史公所未論次後人何以鑿鑿言之乎今姑據裴氏集解所引諸說敘次之黃帝在位百年顓頊七十八年帝嚳七十年皆皇甫謐說　堯九十八年舜三十九年皆本紀文　夏四百七十一年殷四百九十六年皆汲冢紀年說　周八百六十七年皇甫謐說　周亡至漢元鼎戊辰一百四十四年徐廣說　自元鼎至天漢四年又十六年是爲二千三百七十九年較正義少三十四算劉恕通鑑外紀黃帝元年起丁亥在位一百年少昊八十四年顓頊七十八年帝嚳七十年帝摯九年堯一百年舜五十年夏四百卌二年殷六百廿九年周八百六十七年依此算至天漢甲申凡二千五百七十八年較正義多一百六十五算

附宋本跋二篇

右太史公史記采錄先秦古書及秦漢間事其文雅奧簡古至有難句者讀之當紬繹再四玩味深思方見其義趣不然則直以爲淡薄無味如魏文侯之聽古樂意欲坐睡耳是以讀之者殊鮮解詁訓釋世有其人第皆疎略未能詳盡惟唐小司馬氏用新意撰索隱所得爲

多至有不可解者引援開釋明白每恨其書單行於披閱殊未便比得蜀本併與其本書集而刊之良愜意意欲垂模與南方學者共未暇也竭來桐川踰年郡事頗暇一日與友人沈伯永語及前代史則以爲先秦古書以來未有若太史公之奇傑班孟堅已不逮而況其餘乎因授筍中書劉所刊小字者偶隨來遂令中字書刊之用功凡七十晝越肇始四月望迄六月終告成伯永請予序予謂太史公書安敢序嘗書歲月識目錄後可也然其間有删削是正者不可不書舊注謂十篇有錄無書後褚少孫追補之其文猥妄不經蕪穢至不可讀

每翻閱至此輒敗人意不知何人遽續而傳之凡少孫所書者今皆删門之然其間亦有可喜如日者傳則大類莊周書意其□本書之殘缺者少孫因以附益今則以注字別之或可見其遺意又如伯夷孟子張蒼倉公總其貨殖自序之類蓋其一篇之文接連回複不可斷絕安可段節起題以碎亂其文今皆連書以歸其元或謂太史公取尚書語輒更定以爲非是予謂不然書雖經孔子所定然其文皆史官所記故唐虞三代之書語皆不類則非一人之作可知矣一代之事必有一代之史安可必其同哉太史公邁往之氣度越前古意欲自成一家之言故取書所載訓釋其義而定以今言若悉如書之語則曰不類故特裁正而不辭蓋更易舊史官之書非遽變孔氏之書也尚何議予乎時讀史記所見如是故併書之淳熙丙申立秋日廣漢張杅謹書

淳熙丙申郡守張介仲刊太史公書於郡齋凡褚少孫所續悉削去尊正史也學者謂非全書慊不滿意且病其訛舛越二年趙山甫守郡取所削別刊爲一帙示不敢專而覩者復以卷第不相入覽究非便置而弗印殆成棄物信乎流俗染人之深奪而正之如是其難然星之於月其不侔亦昭昭矣屏之使不得竝孰若附之其

旁則小大較然不其愈乎別以所續從其卷第而附入之兩存其版俾學者自擇焉其訛謬重脫因爲是正凡一千九百九字以辛丑仲秋望日辛丑淳熙八年也畢工澄江耿秉直之謹書

惜抱軒筆記·史記

[清]姚鼐

清同治五年省心閣刻惜抱軒全集本

史記

太史公載象往入舜宮鼓琴事與孟子微異恐是眞舜典語而孟子與史公所聞於孔安國各解之不同以理論之似史記是蓋舜先爲匿空藏身其中瞽瞍象實土所不能及待瞍象去而舜出入宮當在象後矣

太史公係後人尊稱之辭漢官儀乃云其官本名太史公此談說也漢書臣瓚注引茂陵書司馬談以太史丞爲令又孔北海告高密縣曰昔太史公廷尉吳公謁者僕射鄧公皆漢之名臣世嘉其高皆悉稱公然則公者仁德之正號不必三事大夫也據此則凡史記內以太史公稱談者皆子長所加以稱子長者皆後人所益又何疑焉若文選載報任安書首云太史公牛馬走公字乃令字之誤耳稱太史令猶後人之列銜稱牛馬走猶後人稱僕稱弟之類

夏本紀左準繩右規矩載四時以開九州通九道竊疑四時四方之時也蓋指南之法禹時已有其時道路不通非以候時日定方嚮不能行也

禹爲姒姓其後分封用國爲姓故有有夏氏有扈氏按啓滅有扈而封以同姓如所云滅唐而封太叔者

湯誥以禹皋稷三公咸有功於民故后有所立所以爲諸侯法以蚩尤與其大夫作亂百姓帝乃不予所以爲諸侯戒是蚩尤亦諸侯也三朝記云庶人之貪者此豈眞孔子言哉

余謂盤庚遷河北殷墟與太史公異說而史記殷本紀末封紂子武庚祿父以續殷祀命修行盤庚之政殷賢君多矣獨行盤庚之政者正以其始遷居殷故也正義引竹書紀年自盤庚徙殷至紂之滅七百七十三年更

不徙都紂時稍大其邑按竹書年數字有誤而更不徙都之說不謬堯舜紂皆名也後世以堯舜爲美稱以紂爲惡稱耳史記天下謂之紂此語似誤

周本紀毛叔鄭奉明水衛康叔封布茲衛字蓋衍文後晉唐叔得嘉穀晉字亦然召公奭贊采師尚父牽牲尹佚筴祝曰殷之末孫季紂殄廢先王明德侮蔑神祇不祀昏暴商邑百姓其章顯聞於天皇上帝於是武王再拜稽首曰此日字是尹佚讀筴膺更大命革殷安天明命武王又再拜稽首此處敘事與霍光傳讀奏於皇太后前中夾以太后語相類

武王徵九牧之君登豳之阜以望商邑此豳不知所在商邑則河南之亳偃師也此即下文南望三塗北望嶽鄙之事

麋鹿在牧蜚鴻滿野今逸周書作夷羊在牧然竊意以史記爲是此即孟子所謂沛澤多而禽獸至

其登名氏三百六十夫不顯亦不賓滅以至今言殷有賢三百六十既不顯用亦不賓禮滅字屬下讀蔑棄之意言棄之以至今裴駰讀屬上句誤也

秦本紀裴駰注引漢書曰商君爲法於秦戰斬一首賜爵一級欲爲官者五十石其爵名亦爲公士云云今漢書百官表中脫欲爲官者句又按韓非子斬一首者爵一級欲爲官者爲五十石之官斬二首者爵二級欲爲官者爲百石之官然則裴注千字十之誤也

史記漢興以來諸侯年表封伯禽康叔於魯衛各四百里太公於齊兼五侯地按太史公此語必有所本其說最的當侯百里兼五侯者方二百五十里耳小於魯衛也此語非本左傳班固時已不得太史公書所原出誤以謂即本左氏五侯九伯汝實征之之說遂改云太史公於齊亦兼五侯九伯之地不知征之者言所統有此侯伯十四國得以方伯之命征其軍賦耳非兼有其地也由班氏之誤而後之說左氏者亦誤

史記平準書言漢伐匈奴捕斬首虜之士受賜黃金二十餘萬斤此言應賜者有是數而大農實無以予之故詔曰留蹛無所食乃置武功爵以賞戰士戰士得此爵得買與民其直錢十七萬則當一級劉貢父以萬字爲衍非是武功爵十七級漢時黃金一斤當錢萬第一級值十七金二級以上遞加所直合軍中應得以功受爵之人計其直多於應受賜金之數矣故云級十七萬凡直三十餘萬金一金一斤也足以抵戰士之賞矣然功少爵卑者可買若功大爵尊亦不得矣蓋爵尊其人必少而國家亦可以官之不至留蹛故云爵得至樂卿樂卿第八級此言買者不得至九級也買爵者補官先除又或以贖禁錮免

罪故入尙樂買以恐帝紀韍之賜爵一級貴於萬錢而已而此爵級十七萬則大貴於彼蓋武功爵優於常爵又以此抵戰士之眞高舉之其賣者亦何必眞得一級十七萬錢哉及至後以民買爵者多徵發十辦於是除千夫五大夫爲吏而令伐越上林作昆明池不欲者出馬則是受買爵之害者又多矣此皆欺詐其民之術爲國若此良可悲哉故其後大將軍驃騎又出擊胡得首虜者嘗賞賜五千萬金而買爵戰士頗不得祿蓋雖有武功爵而民不欲買之矣

平準書各以其物自占率緡錢二十而一算云云按此

虛爲史識解者皆不甚明瞭說文錯業也賈人占錯錯是本字史漢言緡乃借字耳是時商賈以幣之變多積貨逐利所藏者非錢幣乃貨也故令以其物自占自占者有物若干値錢若干自言於官也直二千則一算然則緡者猶今商賈之言貨本以錢準之耳而手力所作者無本錢則以其所作直四千乃一算其匿不自占占不悉者沒入緡錢其實物而非錢故後言得民財物以億計奴僕以千萬數及田宅此皆非錢特以錢計耳而李裴及顏監率以錢貫解緡若人家有藏鏹者皆出算則漢固未嘗有是事矣惟贊曰商賈居積及伎巧之家罪桑農所生出謂之緡此解同許慎之說爲得之矣若吳孫皓以會稽太守車浚湘東太守張詠不出算緡就所在斬之此是以太守兼爲商賈事而怙勢不出算錢故斬亦非如李裴等之說至元世祖時盧世榮所爲立市易司計商人物貨四十分取一正漢時算緡法也

柯維騏論平準書後太史公曰農工商交易之路通至何足怪焉四百餘字謂是平準書之發端非其後贊其說極爲的當無可疑者惟云其文止於烹宏羊天乃雨爲敘事未竟而遷死不得成就則非是太史公此書以平準爲題敘至此年置平準則事究矣載卜式之言以

論平準之失義亦盡矣無可復益以爲長語矣此書止於元封元年封禪書止於天漢三年較平準適十年以報任安書少卿抱不測之罪語推之是征和二年太史公尙在見任安之及禍又過封禪書十年矣豈因其死而有未竟哉太史公本文謂至是可以止耳若太初二年籍吏民補車騎馬太始二年鑄麟趾褭蹏之類此在漢書食貨志似當續入乃爲前後相備而班氏於元封元年之下遂入昭帝事則爲疏漏甚耳

周公居東即伐殷事故史記唐叔得嘉穀戲王以歸周公於兵所周公受禾東土此居東之證

衞世家貞伯卒子頃侯立頃侯厚賂周夷王夷王命衞為侯太史公以康伯及考伯以下五世皆稱伯至頃侯稱侯故疑衞本伯爵不知周初字謚之法其稱伯者以字為謚非爵也王曰孟侯衞自康叔為侯矣豈待夷王時哉又云釐侯卒太子共伯餘立為君共伯弟和以其賂賂士襲攻共伯共伯自殺和為衞侯是為武公按柏舟詩髧彼兩髦者子事父母之禮也明共伯死於釐侯之前安得有立為君之事武公衞之賢君而太史公采雜家之說誣以篡弒可謂考之至疏矣

趙良說商君言百里奚相秦五年而東伐鄭此鄭是漢中之南鄭抑或即京兆尹之鄭所謂宣王弟鄭桓公邑也秦昭公十年已縣北鄭矣意其側猶有戎居猶藍田之居驪戎也秦穆公并國三十茲必其一秦得此則通於關東其勢益大故獨舉為百里之功若謂伐桓公子孫之新鄭其事在晉秦圍前或有或無固不可考然即有之只是尋常伐國亦何足夸述耶

史記魏文侯十七年伐秦至鄭而還築雒陰合陽表作洛陽誤此雒乃入渭之雒分枝津入西河者非河南之雒

余作郡縣考論郡本不統縣三晉既立之後郡乃統縣

矣然楚懷王時秦取漢中地漢中在秦之制一郡耳而屈原傳以謂亡其六郡蓋楚是時猶依春秋時舊制郡小不過一縣地耳故漢中使為六郡此足見七國制各不同處三晉郡自統縣楚自不也

蔡澤傳曷鼻巨肩魋顏蹙齃說文魋為神獸杜回切頷出頞也直追切此借魋為頯字當讀直追切又頞鼻莖也烏割切或作齃

傳易者楚人馯臂子弓傳江東人矯子庸疵按江東是楚郡名甘茂傳范蜎言楚南塞厲門而郡江東迨至秦猶為郡名烏江亭長云江東雖小地方千里意項羽時猶為郡名至漢高乃名之曰鄣郡乎

貨殖傳太陰在卯襲正義云歲後二辰為太陰漢書注張晏言太陰在歲後三辰蓋晏說猶張守節說也連本辰計之耳以其說推之漢書歷志武帝元封七年十一月甲子朔冬至日月在建星建星斗也是時日月如合璧五星如連珠然則歲星固在斗牽牛分矣其辰丑也丑合子歲星所合為太歲所居故志曰太歲在子子後二辰寅也太陰當在寅故是歲曰闕逢攝提格此以歲太陰名之也太陰之所以名太陰似本以歲星所去之辰名之太陰居於不用之地其前兩辰以居太歲乃為

太陰之用其必前兩辰者殆亦避歲星也於是歲星若旋太陰太歲左旋歲星與太陰每遇丑寅申未則互易歲星與太歲每遇子丑午未則互易故翼奉傳云今年太陰見於甲戌考其年太歲在甲戌太陰當在子言太陰所建非太陰自居也太陰不用其用在太歲故曰建也孫淵如解太歲即可稱太陰似非是

孟子章句引史記白圭能薄飲食忍嗜欲云云或謂貨殖傳云當魏文侯時李克務盡地力而白圭樂觀時變圭爲魏文侯時人不得下與孟子相及疑此別一白圭竊謂貨殖傳當魏文侯時五字專屬李克說言舊有此

務盡地力之道而已而其後白圭乃別用一術非謂圭亦文侯時人也故載圭言吾治生產若孫吳用兵商鞅行法若文侯時人亦安取稱述後進如吳起商鞅者乎故知集注之非誤也

史記志疑

[清]梁玉繩

清光緒十三年廣雅書局刊本

史記志疑三十六卷

光緒十三年秋九月
廣雅書局刻

太史公修史記以繼春秋其述作依乎經其議論兼乎子班氏父子因其例而損益之遂爲史家之宗後人因踵事之密而議草創之疏此固不足以爲史公病或又以謗書短之不知史公著述意主尊漢近黜暴秦遠承三代于諸表微見其指秦雖并天下無德以延其祚不過與楚項等表不稱秦漢之際而稱秦楚之際不以漢承秦也史家以不虛美不隱惡爲良美惡不揜各從其實何名爲謗且使遷而誠謗則光武賢主賈鄭名儒何不聞議廢其書故知王允褊心元非通論但去聖浸遠百家集出博采兼收未免雜而不醇又一人之身更涉仕宦整齊畫一力有未暇此又不必曲爲之諱也自少孫補綴正文漸淆厥後元后之詔揚雄班固之語代有竄入或又易今上爲孝武彌失本眞今所傳裴張司馬三家文字不無互異轉寫鋟刻譌踳滋多校讐之家迄無善本私心病之久矣仁和梁君曜北生于名門擩染家學下帷鍵戶默而湛思乃于是書專精畢力據經傳以駮乖違參班荀以究同異凡文字之傳譌注解之傅會一一析而辯之從事幾二十年爲書三十六卷名曰志疑謙也河間之實事求是北海之釋廢箴肓兼而有之其在斯乎至于斟酌羣言不沒人善臣瓚注史廣掇李應如蘇范甯解經兼取江徐泰邵分之未足爲珍合之乃成其美洵足爲龍門之功臣襲集解索隱正義而四之者矣丁未歲冬十月嘉定錢大昕序

余自少好太史公書綴學之暇常所鑽仰然百三十篇中紕漏疏略觸處滋疑加以非才刪續使金鍮罔別鏡璞不完良可閔歎解家匡謬甄疵豈無裨益第文繁事博舛漏尚多因思策勵駑蹇澄廓波源采裴張司馬之舊言搜今昔名儒之高論兼下愚管聊比取芻作史記志疑三十六卷凡五易稾乃成在宋劉氏撰兩漢刊誤翼贊顏注吳斗南復著刊誤補遺深慚鄙淺何敢繼組前修祇以勤苦研席星厤一終享帝徒矜惜助莫棄則劉其瑕而縫其闕實有望于後之爲斗南者乾隆四十八年龍集癸卯初月九日仁和梁曜北玉繩自序　史記刻本甚衆頗有異同世盛行明吳興淩稚隆評林所謂湖本也故據以爲說○凡引注疏正史與漢以前書皆不出姓名　本朝先哲稱里及氏並時師友稱爵里

五帝本紀第一　史記一　志疑卷一
案此古本篇題例也以下倣此各本惟明震澤王鏊所刻史記與古合其餘皆分行倒書而湖本首行書史記評林卷之一九非
夏本紀第二　卷二
殷本紀第三
周本紀第四　卷三
秦本紀第五　卷四
始皇本紀第六　卷五
項羽本紀第七　卷六
高祖本紀第八
呂后本紀第九　卷七
孝文本紀第十
孝景本紀第十一
今上本紀第十二　卷八
三代世表第一
十二諸侯年表第二　卷九
六國年表第三
秦楚之際月表第四　卷十
漢諸侯王年表第五
高祖功臣侯者年表第六　卷十一
惠景閒侯者年表第七　卷十二

建元以來侯者年表第八　卷十三
王子侯者年表第九　卷十四
漢興以來將相名臣年表第十
禮書第一　卷十五
樂書第二
律書第三
厤書第四
天官書第五
封禪書第六　卷十六
河渠書第七
平準書第八

吳太伯世家第一　卷十七
齊太公世家第二
魯周公世家第三　卷十八
燕召公世家第四　卷十九
管蔡世家第五
陳杞世家第六
衛康叔世家第七　卷二十
宋微子世家第八
晉世家第九　卷二十一
楚世家第十　卷二十二
越句踐世家第十一

鄭世家第十二　卷二十三
趙世家第十三
魏世家第十四　卷二十四
韓世家第十五
田完世家第十六
孔子世家第十七　卷二十五
陳涉世家第十八　卷二十六
外戚世家第十九
楚元王世家第二十
荆燕王世家第二十一
齊悼惠王世家第二十二
蕭相國世家第二十三
曹相國世家第二十四
畱侯世家第二十五
陳丞相世家第二十六
絳侯世家第二十七
梁孝王世家第二十八
五宗世家第二十九
三王世家第三十
伯夷列傳第一　卷二十七
管晏列傳第二
老子韓非列傳第三

司馬穰苴列傳第四
孫子吳起列傳第五
伍子胥列傳第六
仲尼弟子列傳第七　卷二十八
商君列傳第八　卷二十九
蘇秦列傳第九
張儀列傳第十
樗里甘茂列傳第十一
穰侯列傳第十二
白起王翦列傳第十三
孟子荀卿列傳第十四

孟嘗君列傳第十五　卷三十
平原君虞卿列傳第十六
魏公子列傳第十七
春申君列傳第十八
范雎蔡澤列傳第十九
樂毅列傳第二十
廉頗藺相如列傳第二十一
田單列傳第二十二
魯仲連列傳第二十三
屈原賈誼列傳第二十四　卷三十一
呂不韋列傳第二十五

刺客列傳第二十六
李斯列傳第二十七
蒙恬列傳第二十八
張耳陳餘列傳第二十九　卷三十二
魏豹彭越列傳第三十
黥布列傳第三十一
淮陰侯列傳第三十二
韓信盧綰列傳第三十三
田儋列傳第三十四
樊酈滕灌列傳第三十五
張丞相列傳第三十六

酈生陸賈列傳第三十七
傅靳蒯成列傳第三十八
劉敬叔孫通列傳第三十九
季布欒布列傳第四十　卷三十三
袁盎鼂錯列傳第四十一
張釋之馮唐列傳第四十二
萬石張叔列傳第四十三
田叔列傳第四十四
扁鵲倉公列傳第四十五
吳王濞列傳第四十六
魏其武安列傳第四十七

韓長孺列傳第四十八
李將軍列傳第四十九
匈奴列傳第五十
衞將軍驃騎列傳第五十一　卷三十四
平津侯主父列傳第五十二
南越列傳第五十三
閩越列傳第五十四
朝鮮列傳第五十五
西南夷列傳第五十六
司馬相如列傳第五十七
淮南衡山列傳第五十八

循吏列傳第五十九　卷三十五
汲鄭列傳第六十
儒林列傳第六十一
酷吏列傳第六十二
大宛列傳第六十三
游俠列傳第六十四
佞幸列傳第六十五
滑稽列傳第六十六
日者列傳第六十七
龜策列傳第六十八
貨殖列傳第六十九

太史公自序傳第七十　卷三十六

案古書目錄多置于末太史公自序傳卽史記之目錄也此篇目必後人所條列非作者自定然傳刻各有不同或于篇目之閒加刪字句或于篇目之下增設姓名甚且變元目而別爲標題幷續篇而混相參廁尋義驗文固當以自序傳爲主但序傳亦不免後人損益漢書司馬遷傳所載復多殊異余詳悉校讎傳還其舊閒有不合者仍于序傳中辨之弗敢妄易又尚書堯典疏謂篇卽卷是也但史公本書不以卷數漢藝文志稱太史公百三十篇可證隋志始以一篇爲一卷今竝刪焉

本紀十二
表十
書八
世家三十
列傳七十　凡百三十篇

案總目在篇目之後舊本如是與自序傳及司馬遷傳合各本多謬刻總目于前而踳駁雜出有作帝紀年表者秦紀項紀未嘗爲帝世表月表不盡以年也有作卷十二卷十之類者則是第十二卷第十卷也卽作十二卷十卷亦非葢史記無卷數安得犁一篇爲一卷稱百三十卷邪凡百三十篇湖本作以上共一百三十篇俚甚

史記志疑目　廣雅書局栞

史記志疑卷一

仁和梁玉繩撰

五帝本紀第一

黃帝者

案孔子刪書肇于唐虞繫易起于包炎史公作史每祖述仲尼則本紀稱首不從尚書之昉二帝卽從易辭之敘五帝庶爲允當而乃以黃帝顓頊嚳堯舜爲五何邪于是謂其略三皇者有之謂其遺羲農者有之謂其缺少昊者有之夫略三皇可也缺少昊可也而遺羲農不可也蓋先儒舉三皇之名不一或以天皇地皇泰皇（卽人皇）爲三或以羲農黃帝爲三或以女媧或燧人或祝融或共工合羲農爲三或以盤古至燧人統爲三皇或以羲農黃帝爲天皇地皇人皇而宋羅泌路史前紀復有初三皇中三皇凡斯衆說半歸誣誕總以年代悠遐莫由詳定自應削而不記故曰略三皇可也少昊顓嚳三君僅持其世未有制作觀顓嚳兩紀皆稱頌語非有行事可攷則少昊類是矣余方議史公之以顓嚳入五帝更何論少昊且繫辭孔氏之言而不及少昊顓嚳尚奚譏史之無少昊哉故曰缺少昊可也若羲農實與黃帝堯舜爲五帝安得遺之繫辭而外如左傳國語禮記月令漢書律厤志均號羲農爲帝（封禪書泰帝卽伏羲）故足表先秦未嘗以羲農黃帝爲三皇而實與黃帝堯舜爲五帝有疑繫辭統皇與帝言之者殊未確後漢書張衡傳衡表奏司馬遷所敘不合事請專據繫辭并錄

羲農潛夫論五德志依易繫記伏羲以來共求厥眞宋胡宏皇王大紀從之誠卓識也畫卦名官教耕嘗藥卽此四端德業夐絕非少昊顓嚳之能幾矣問史據大戴禮孔子家語五帝德篇是亦從孔氏之言豈俱謬歟曰家語乃魏王肅僞造以難鄭康成非古家語其所載孔子荅宰我五帝德襲大戴禮而大戴禮是漢儒采集非出孔氏烏足盡憑不然家語五帝篇又載孔子荅季康子以羲農黃帝少昊顓頊爲五與荅宰我迥異盍有孔子告人歧頭別論史公更何所見而舍此取彼乎蓋五帝之名先儒所舉亦不一或以少昊顓嚳同堯舜爲五或同農黃爲五或同黃帝堯舜六帝爲五或同羲農黃帝堯舜八帝爲五或同黃帝堯爲五而舜共三王爲四代紛紜乖刺其失均爾問後代氏姓無不出黃帝是以首宗之又明柯維騏史記攷要謂黃帝鼎成升天本方士說太史公紀之封禪書見武帝之惑此云崩且葬所以祛後世之疑因知黃帝一紀專爲漢武好神仙寫照豈亦非歟曰否帝王之上世不能悉詳斷以姓氏盡出黃帝未敢爲信余有辨在下文至若史之首黃帝不過誤仍大戴禮將謂大戴禮爲漢武寫照邪書黃帝葬橋山而不書顓嚳葬頓丘堯葬成陽史偶不書非關意義使以書葬橋山爲喚醒求仙之惑則舜紀書葬零陵當作何解唐司馬貞補史記云史宜上自開闢下迄當代不合全闕殊不知三皇之事若存若亡五帝之事若覺若夢況皇帝以前之荒邈乎列子楊朱篇曰太古滅矣孰誌

之哉楚辭屈平天問曰邃古之初誰傳道之小司馬補三皇本紀雖不補亦可也

姓公孫名曰軒轅

案公孫非姓也黃帝乃少典國君之後故稱公孫軒轅是其號漢律厤志黃帝始垂衣裳有軒冕之服故天下號軒轅氏司馬貞史記索隱引皇甫謐帝王世紀言黃帝居軒轅之丘因以爲名殊妄蓋茲丘緣黃帝得名耳然則黃帝何姓曰姓姬國語晉胥臣云黃帝以姬水成葢炎帝之所賜也黃帝何名曰不可攷已路史後紀載帝名字皆讖緯雜說不足信爾

軒轅之時神農氏世衰諸侯相侵伐暴虐百姓而神農氏弗能征于是軒轅乃習用干戈以征不享諸侯咸來賓從而蚩尤最爲暴莫能伐炎帝欲侵陵諸侯諸侯咸歸軒轅軒轅乃脩德振兵治五氣蓺五種撫萬民度四方教熊羆貔貅貙虎以與炎帝戰于阪泉之野三戰然後得其志蚩尤作亂不用帝命于是黃帝乃徵師諸侯與蚩尤戰于涿鹿之野遂禽殺蚩尤而諸侯咸尊軒轅爲天子

案唐劉知幾史通敘事篇謂五帝本紀無所取非妄誂也卽如此段由前言之帝室衰而藩國暴由後言之共主虐而列辟離半幅之內遽相牴牾同茲炎帝而或僅守府或輒燿兵同茲黃帝而忽則翼君忽又犯上頓成矛盾莫識所從炎帝其榆罔乎易下繫疏引世紀八世爲榆罔雖典籍無徵未必若桀紂安得侵陵羣后而制之軒轅固聖帝也何至日尋干戈習用軍旅孔

子繫易稱黃帝堯舜垂衣裳而天下治倘依史所載則征伐而得天下當自黃帝始矣攷逸周書嘗麥解赤帝命蚩尤宇少昊以臨四方蚩尤攻逐帝于涿鹿黃帝乃執蚩尤殺之左傳僖廿五年黃帝戰阪泉之兆亦指蚩尤然則阪泉之戰卽涿鹿之戰是軒轅勤王之師而非有兩事故逸周書史記解稱蚩尤曰阪泉氏斯爲確證始緣炎帝世衰諸侯不享軒轅征之而來賓爲炎帝征也旣因蚩尤謀逆炎帝蒙塵軒轅徵師以誅之爲炎帝誅也而天與人歸尊爲天子烏知非炎帝讓德遜位哉葢紀中兩炎帝字俱蚩尤之誤路史後紀云蚩尤姜姓炎帝之裔逐帝自立僭號炎帝當是因此致誤其初三戰于阪泉而後勝之猶作亂不用命繼戰于涿鹿而乃殺之耳或問國語胥臣言炎帝黃帝異德用師相濟大戴禮孔子言黃帝與赤帝戰二書乃史公所本故論云春秋國語發明五帝德及帝繫姓此類是也如子所說豈皆不足據歟曰國語多舛未可全憑大戴禮更雜不免僞託而所謂炎帝赤帝者疑卽指蚩尤宋羅苹路史後紀注曾引大戴禮諸書辨之

蚩尤作亂不用帝命于是黃帝乃徵師諸侯與蚩尤戰于涿鹿之野遂禽殺蚩尤

附案宋李昉太平御覽卷九引史記曰蚩尤氏能徵風召雨與黃帝爭強帝滅之于冀路史後紀注云史記言尤能徵召風雨今本史記無之豈事見他書誤以爲史記歟抑史文舊有經後人妄刪也後漢書楊終傳終受詔刪太史公書爲十餘萬言是以漢人

書中引史記往往爲今本所無疑皆楊終刪之但唐宋以來諸書多引史記其閒雖不免裁易譌舛而參校異同每有出于今本之外者（詳自序傳）得毋楊終既刪之後轉相傳寫復被妄人改削乎前賢均未論及故執不知問凡他書引史與今本異者爲附案

登九山

附案封禪書及漢郊祀志路史俱作凡山（唐徐堅初學記卷九引史作桓山疑譌）宋裴駰史記集解引徐廣曰九一作凡卽指封禪書爲說而不知凡乃古丸字也凡字中从一唐張守節史記正義殊欠分明集解徐說及索隱正義所載別本有義勝本文者有字相通借者有字異義同者有字義乖譌者茲但舉義勝之條餘偶及焉莁爲附案又史注與他書謬解甚多不能徧摘閒有所辨亦以附案別之（史注所引人名皆不著代）

登雞頭

附案御覽四十四及七十九卷兩引史記此文皆有山字則雞頭下今本缺山也

萬國和而鬼神山川封禪與爲多焉獲寶鼎迎日推筴

案上言黃帝習用干戈以師爲衞乃戰國時談兵者所附會而史公書之此言封禪山川獲寶鼎神策乃秦漢方士語具載封禪書中葢以蚩其妄而紀獨信之豈得謂擇言尤雅者著于篇乎

力牧

附案晉陶潛四八目作力墨當是古字通借而路史後紀及國名紀作刀牧音彫以世紀千鈞異力驅羊牧民之夢爲妄恐不可信凡他書之異者爲附案

黃帝二十五子其得姓者十四人

案國語胥臣言得姓者十四人爲十二姓二人同姓己二人同姓姬故也而其敘已姬二姓之子兩舉青陽明是國語誤文（以青陽爲姬姓者非）史公仍而不改故索隱述舊解云破四爲三言得姓十三人耳但青陽夷鼓二己姓（路史作夷彭以鼓爲非）加以酉祁滕葴任荀（路史作苟以荀爲非）僖姞儇依十姓纔得十二餘皆與黃帝同姓姬豈惟二人則路史後紀言別姓者十二餘循姬姓亘是

嫘祖爲黃帝正妃生二子其後皆有天下其一曰玄囂是爲青陽青陽降居江水其二曰昌意降居若水

案路史言嫘祖生昌意玄囂則昌意乃玄囂之兄未知孰是至青陽固別一子國語謂帝妃方雷氏所生（大戴禮帝繫謂嫘祖所生吳韋昭國語注以方雷卽嫘祖之姓恐非）則玄囂青陽實是二人史公合而一之亦猶漢志幷昌意蒼林爲一人史注皇甫謐認夷鼓蒼林爲一人也帝繫曰黃帝產青陽及昌意青陽降居泜水（卽江水）昌意降居若水大戴禮葢以玄囂爲青陽史仍其誤當衍是爲青陽青陽六字耳或問先儒皆以少昊帝爲黃帝子而少昊卽青陽詎不然歟曰否此皇甫謐之徒妄論也而其誤實自潛夫論五德志來史不紀少昊固屬脫漏然史之失在以玄囂

青陽爲一人未嘗以玄囂靑陽爲少昊帝摯也攷逸周書嘗麥解云赤帝命蚩尤宇少昊以臨四方又云黃帝執蚩尤殺之于中冀命少昊清司馬鳥師以正五帝之官漢志引攷德云少昊曰清黃帝之子清陽其子孫名摯立爲金德天下號金天氏國語云少昊氏之衰九黎亂德顓頊受之魏曹植陳思王集少昊贊云祖自軒轅青陽之裔則少昊摯乃青陽之胄而少昊疑是當時顯職青陽繼蚩尤居之故與司馬對稱至摯有天下仍其舊號柰何以帝少昊爲黃帝之親子哉路史以青陽爲少昊之父亦非晉郭璞山海經海內經注引世本云纍祖產青陽與帝繫同誤

昌意娶蜀山氏女曰昌僕

案大戴禮作昌濮路史作嫫蓋古字通用然路史昌作景注引搜神記及世紀竝作景僕豈昌字誤耶

帝顓頊高陽者黃帝之孫而昌意之子也

案史之難信未有如帝王統系者也其所作五帝夏殷周等紀及世表楚世家多取大戴禮世本諸書然大戴禮漢儒采錄不皆可據世本出于周末復經秦殘滅之餘烏足盡憑夫馬班以漢人作漢史尚不識高帝先代但記其爲豐公太公而已矧欲明二千年以前之譜牒耶乃襲譌仍舛謂顓頊爲黃帝之孫嚳爲黃帝之曾孫舜爲黃帝九世孫堯禹契稷竝爲黃帝元孫是黃帝者五帝三王之大祖也此與兵法神仙醫術家託附軒轅何異今依其說稽之黃帝之崩傳次子昌意之子顓頊顓頊之崩傳伯父玄囂之孫嚳嚳崩傳第四妃之子摯及第三妃之子堯堯崩下傳族玄孫舜舜崩上傳四世祖禹未免紛乖試思黃帝何以不傳儲嫡玄囂顓頊何以不傳冢嗣窮蟬嚳稱聖帝稷契堯又四子中之長且聖哲明聰如嚳盍有不傳元妃所生之稷反越班而立下妃所生不善之摯摯死而以次當立者莫如稷乃稷不得立并次妃所生之契亦不得立而堯爲天子何哉然猶可諉曰唐侯德盛也稷契爲堯兄則知稷契者宜莫如堯吾以爲不待疇咨而早登庸矣乃以欽明文思之聖弟在位七十載久不能用必俟舜始舉之有是理乎堯既倦勤則陟位之命固宜非稷卽契胡當日巽四岳禪重華而兩聖兄獨弗之及得毋親疏倒置耶且玄囂昌意黃帝之二子玄囂三傳生堯昌意七傳生

舜豈玄囂之後俱長年而昌意之後多不永堯與禹爲同高祖兄弟堯既近舍稷契則應禪于禹無假乎詢訪決者而反遙援不相屬之舜已有可議況舜爲堯族玄孫安得當身接禪卽云相及自其一家安得謂其以天下予人大聖如舜又在戚屬堯盍不聞而必由岳牧咸薦歷試乃用其初爲父母所惡屢瀕于死則堯安得稱欽明文思九族既睦二女釐降是以族曾孫娶曾祖姑不更瀆倫亂序乎顓頊至舜歷年甚久而鯀禹遂仕盡四朝何如此其壽堯舜在位幾百五十年然後傳禹何禹之生又如此其晚舜傳位于四世祖亦一家人何乃與堯之傳舜竝號予賢契十三傳爲湯稷十三傳爲王季則湯與王季爲兄弟矣而禹契稷三聖共事堯舜禹十

七傳至桀湯三十傳至紂二代凡千餘年而稷至武王纔十六傳歷盡夏商之世武王竟以十四世祖伐十四世孫其謬信之此牽于國語之說也簡狄爲帝妃豈有帝妃而浴于川者稷爲嚳元子豈有帝子而見弃者凡此皆不足依據余旁搜典籍廣覽先儒之論然後知五帝三王之世次多有遺錯而顓頊舜禹均不祖黃帝曷以斷之古者一代之興必建立氏號其後嗣卽因而不改禮祭法疏引春秋命厤序云黃帝傳十世少昊傳八世顓頊傳二十世帝嚳傳十世并紀其年宋劉恕通鑑外紀據之雖緯書未盡可憑而此條足補史缺以濟諸說之窮然則黃帝有天下閱三千餘年而後顓頊興是顓頊之上世莫攷史有疏脫矣山海經海內經言顓頊是昌意子韓流所生路史後紀言韓流是乾荒之

誤以顓頊爲黃帝曾孫嚳子數始僞言顓頊佐黃帝益妄顓頊有天下閱三百餘年而後嚳興是嚳之上世莫攷史有疏脫矣嚳子言嚳佐顓頊妄嚳有天下閱四百年及摯而衰堯始興是堯之上世莫攷矣路史餘論載呂梁碑云舜祖幕幕生窮蟬窮蟬生敬康敬康生喬牛喬牛生瞽叟瞽叟生舜其序世次無句望一代而窮蟬實非顓頊子是史于舜之上世有差繆矣漢志引帝系云顓頊五世而生鯀則鯀亦非顓頊子是史于禹之上世有紕漏矣墨子尙賢中篇言伯鯀帝之元子山海經言黃帝生駱明駱明生鯀路史後紀本海內朝鮮記言高陽子駱明生鯀皆岐說難據索隱引譙周古史攷云契必非嚳子其父微不著名棄帝嚳之冑其父亦不著鄭康成箋生民詩云姜嫄當堯之時爲高辛氏世妃注周禮大司樂云姜嫄無所妃是以特立廟祭之賈

孔謂嚳後世子孫之妃又引曹魏時博士張融曰稷契年稚于堯堯不與嚳並處帝位則稷契焉得爲嚳子若使嚳爲稷契父帝嚳聖夫姜嫄正妃詩何故但歎其母不美其父則知堯與稷契非兄弟嚳非堯稷契之父摯母娵訾堯母陳豐契母簡狄稷母姜嫄皆非嚳妃而史于契稷之上世有誣戻矣至吾謂顓頊舜禹不祖黃帝者路史後紀據國語呂梁碑以爲舜之系出虞幕非出黃帝夫國語史伯與四代之祖稱虞幕與禹契棄並列居先更徵左傳昭八年史趙曰自幕至瞽瞍無違命舜之祖幕決無可疑而左傳又云陳顓頊之族國語又云幕能帥顓頊者則幕之祖顓頊尤審是不止舜不祖黃帝并顓頊亦不祖黃帝旣顓頊不祖黃帝而鯀爲顓頊五

世孫禹亦不當祖黃帝葢幕國于虞故爲虞氏特幕之上世略而莫攷未知幕爲顓頊之子歟抑非顓頊之子歟窮蟬旣爲幕子未知窮蟬之去顓頊中隔幾世而顓頊之祖父與顓頊之子孫俱未知誰何往牒敗亡莫從勘檢已賈逵韋昭認幕爲舜之後虞思漢志謂顓頊是蒼林昌意之子俱非由是觀之堯契稷出帝嚳同祖黃帝爲一族舜禹出顓頊爲一族此二族者輩行之尊卑莫問年歲之遠近無稽祇認爲遙遙華冑焉爾若依史謂皆出黃帝將何異王莽之以舜出于嚳堯出于顓頊乎王莽傳莽曰王氏虞帝之後出自帝嚳劉氏堯之後出自顓頊妄極矣卽或謂黃帝顓頊亦一族固已異姓別宗懸曠疏絕譬若魯之與宋秦之與趙也魯未嘗不娶宋子趙未嘗不娶秦嬴而尙奚疑于嬪虞之二女哉蜀秦宓辨五帝

非一族譙周嘗從諮訪見三國志則古史攷本于宓說而濟南馬氏驌作繹史更暢厥旨余頗宗其說他如禘郊祖宗之制禮有明文受其位必承其祀報本繼統兩不相違斯又古今之通義也先儒論帝王之世系人人異端無所折衷而史于紀表世家簡略牴牾故綜其梗槩而著之于此（潛夫論五德志謂嚳爲伏羲後堯爲神農後舜爲黃帝後禹爲少昊後湯爲顓頊後皆不同祖其說又別未知所本）

依鬼神以制義

附案正義謂制古制字則它本作制字者非也然古制字作制若制音端與剸同則制乃制之譌矣凡湖本有傳寫舛誤及句讀錯者爲附案它本概不及焉

帝嚳娶陳鋒氏女

附案漢律厤志人表及路史等書皆作陳豐此及大戴禮作鋒豈古假借用字歟疑是誤文故正義曰鋒又作豐今本大戴禮譌作陳隆詩生民疏引帝系篇作陳鋒可證凡傳寫譌錯而非史文元誤者爲附案

帝摯立不善崩

案少昊帝名摯此嚳之胄亦名摯蓋族遠不嫌同名也（周書嘗麥解以青陽名質即帝少昊非也質摯通用字）路史後紀卷十注謂世紀本衛宏云唐侯德盛摯微弱而致禪焉皇王大紀謂襲位未久而殂通鑑外紀謂荒淫無度而廢之諸說各異疑莫能明據人表在上中則不得如後世所言

能明馴德

附案漢書儒林傳言史公從孔安國問古文尚書故史記載堯典禹貢洪範微子金縢諸篇多古文說則是爲壁中眞古文而非史公之不循經典自任胸懷矣然字句之間每與今所傳迥異何歟蓋古字多通借又漢儒各習其師不能盡同許慎生于東漢和安閒從賈逵受古學而其所撰說文解字引經甚別亦以雜舉衆家之本也宋洪适隸釋所錄諸碑俱後漢人其引經亦殊況當西漢之世乎因知史公之于尚書兼用今古文復旁搜各本薈萃成一家言索隱所謂博采經記而爲此史不必皆依尚書是也而古人引用舊籍不拘定本文則增損竄易誠所不免且今之尚書自東晉元帝時汝南梅賾奏上古文遂至眞僞雜廁非安國之舊（書傳亦晉人所作託諸孔氏者）又字體數更迨唐天寶時詔學士衛包改從俗書不但科斗古文廢絕即兩漢以來之隸書亦多浸失安得無譌此經文所由異也茲不具論惟舉史之誤者辨之宋馬端臨文獻通攷稱宋倪思撰遷史刪改古書異辭十二卷惜佚不見或謂史于諸經但書其事目足矣不必全寫其文蓋經典昭垂不待表出史通譏漢地理志載禹貢政是此意況仍不能盡錄乎然因史所載後人得以校其異同且逸書亦有賴史而後人始得見者則于經大有補焉凡非史誤而有所辨者爲附案

居郁夷曰暘谷

附案唐陸德明經典釋文引史作禺銕堯典疏引夏侯勝等

書作嵎鐵依今文也不知何以改作郁攸嵎夷乃東表之地漢地理志膠東國有郁秩縣王莽改膠東為郁秩疑後人因此易之非陸氏所見本而不知嵎夷不在郁秩也其地詳德清胡氏渭禹貢錐指卷四葢古史記本多不同郁聲近隅今西北音猶然故轉為郁卽如暘谷索隱謂史舊本作湯谷正義謂陽或作暘則本又作陽谷同是唐人而所見本各異亦是音近通借可以知隅之為郁矣故正義音郁為隅此紀舊既作嵎銕而夏紀仍作嵎夷未嘗作嵎銕索隱云今文尚書及帝命驗竝作嵎鐵在遼西古夷字也鐵字葢所傳之別說文土部作堣夷

便程南譌

附案索隱云為依字讀以集解讀譌訓化為非則當作為字也而今史記作譌葢傳寫之誤宋王應麟困學紀聞二引作為字正義音于偽反

堯曰誰可順此事放齊曰嗣子丹朱開明堯曰吁凶頑不用堯又曰誰可者

金王若虛滹南集史記辨惑曰堯典疇咨若時登庸疇咨若予采帝所謂若時若予采者其義雖不甚明要之是兩事而本紀于後節但云堯又曰誰可者卻只是申前事也（凡直錄舊說者無案字）

九歲功用不成

附案本作九載明程一枝史詮云載作歲非也觀正義詳釋

子帝予立

附案春秋內外傳竹書世表皆作杼是也而此作予字當是省文然索隱本引紀作宁引表作予（今本世表亦有作予者）復引世本作佇墨子作儒篇作仔恐俱因形聲相近而譌耳

子帝槐立

附案左傳昭廿九年疏引世紀作芬竹書及索隱引世本同而史則作槐葢有二名故路史後紀云槐一曰芬也人表分芬槐為二人固誤竹書注外紀路史又謂或名芬發名祖武名魁皆不可信

子帝芒立

附案索隱于紀云音荒于表云作一荒竹書亦云帝芒或曰帝荒疑荒字非左傳疏引世紀作芒也而路史作芒如一名和亦不可信

子帝泄立

附案左傳疏引世紀作世葢傳寫脫水旁路史作洩可證也外紀或作宗非

子帝不降立帝不降崩弟帝扃立

案索隱引世本作帝降與史記竹書異葢脫去不字他若外紀路史所載不降與扃之名甚眾或為偽撰或為字譌俱未可信又竹書謂三代之世內禪惟不降實有聖德故不降五十九年遜位于扃至扃十年始陟與史不同莫知誰是

子帝廑立

方每謀于二女乖妄之甚幾失其本故皇王大紀斥史記爲齊東野語明楊愼丹鉛錄比之茅山闘法豈非誤信沿飾之詞而未加深攷耶

舜讓于德不懌

附案不懌自序作不台蓋怡省作台而懌卽怡也徐廣謂今文作不怡可證然古文作不嗣而嗣與怡音義迥殊不應通用東吳惠氏棟九經古義曰古怡字省作台古嗣字省作司高宗肜日王司敬民史作王嗣呂大臨攷古圖晉姜鼎云余惟司朕先姑或古司台字相似因亂之也

五玉

附案下有五器句自包矦贄在內疑玉字譌也宋史繩祖學齋佔畢曰徐子儀試宏詞舜五樂頌是班志郊祀舜脩五禮五樂余謂書云五玉玉字當爲樂蓋已有五瑞卽玉也故注列五樂之目于下

于是舜歸而言于帝請流共工于幽陵以變北狄放驩兜于崇山以變南蠻遷三苗于三危以變西戎殛鯀于羽山以變東夷

案罪四凶見于尚書迹于孟子至大戴禮五帝德始有變四夷之說豈眞孔氏語哉舍經文而從別記史公之好異也乃又謂舜巡狩歸而言于堯以罪之蓋與夏紀同誤流放遷殛不同一時特尚書總紀于舜攝位巡狩之後見天下咸服帝堯以起下如喪考妣耳有謂天下服舜者非陸德明莊子釋文云堯六十年放驩兜六十四年流共工六十六年竄三苗元金履祥通鑑前編謂四罪皆棄七十載舜登庸後事以六字爲七之譌非也陸氏必有案據吾然其言而鯀獨未及攷竹書紀年云堯六十一年命崇伯鯀治河六十九年黜崇伯鯀政合九載績用弗成之文其事出堯不出舜故國語太子晉曰有崇伯鯀堯用殛之左傳子產曰堯殛鯀羽山漢書鮑宣曰堯放四罪而天下服後書樊儵曰唐堯大聖尚優游四凶之獄使天下咸知然後殛罰竝以放四罪爲堯惟萬章從戰國流俗之言稱此事屬舜蓋與左傳僖三十三年胥臣言舜殛鯀興禹同誤史公謬仍之荀子議兵篇云堯伐驩兜舜伐有苗禹伐共工此又岐論也後儒解經未曾參檢而復以舜所去之四不才子幷爲一科不亦舛乎若以放四罪之事非出于堯則堯豈能稽誅至舜攝位日耶至呂氏春秋行論篇韓子外儲說右上晉張華博物志俱謂鯀共工三苗因諍堯讓舜得罪則誣妄甚矣

堯立七十年得舜二十年而老令舜攝行天子之政薦之于天

堯辟位凡二十八年而崩

案書言堯七十載得舜又言二十八載堯崩史與經合竹書謂百年陟非也故論衡氣壽篇云堯七十載得舜舜徵二十歲在位堯退而老八歲而終至殂落九十八歲未在位之時必已成人今計數百有餘矣而集解引世紀云堯以甲申生甲辰卽位甲午徵舜甲寅舜代行天子事辛巳崩年百十八在位九十八年思以求合于史記則堯于五十一載得舜七十一載攝位矣豈不妄哉列子仲尼篇謂堯治天下五十年禪舜漢律厤志謂堯在位七十載

九家唐韓愈昌黎集論佛骨表從之亦未深攷耳蓋堯之年無徵僞孔傳謂堯十六爲天子世紀謂二十爲天子不知何據若依孔傳是百十六歲（書傳十六誤十七）世紀增二歲疑莫能明至史以堯爲辟位未免岐誤舜之爲帝孟子辨之甚詳史公取入紀中如下文三年喪畢然後踐位是也辟位之言不幾矛盾兩傳歟史通疑古篇引汲冢瑣語曰舜放堯于平陽正義引竹書云昔堯德衰舜囚堯復偃塞丹朱使不得與父相見又引括地志云囚堯城在濮州鄄城縣東北偃朱城在縣西北卽其所以誣聖人者至莽丕之不若而皆自戰國時來

舜曰天也

案孟子自言舜爲天子是天也史誤以爲舜之言

名曰重華

附案史公本五帝德以放勳重華文命爲名此所謂名者號也因尚書篇首有此二字後世遂以爲號非名字之名也孔穎達有云人有號謚之名是巳以號爲名者如史記名曰軒轅名曰重華名曰文命之類以謚爲名者如孟子名之曰幽厲之類皆得謂之名故孟子之稱放勳楚辭之稱重華大戴禮五帝德帝繫稱文命俱後世號之焉爾宋鄭樵通志氏族略云唐虞夏商雖有國號天子世世稱名至周而後諱名用謚諒哉斯語乃又有以堯舜禹是謚非名者妄也謚起于周檀弓有死謚周道之文逸周書有謚法解一篇殷以前寍有謚乎白虎通謚章謂謚出黃帝論衡道虛篇以黃帝爲謚引謚法靜民則法曰黃殊誕且卽以謚法解攷之亦無黃堯舜禹之謚葢後之好事者追附續撰不足依憑猶謂湯爲謚桀紂爲謚也而三代以降從未聞有謚黃堯舜禹湯及桀紂者若以爲謚則尚書帝曰格汝舜格汝禹四岳曰虞舜伯禹豈生而稱謚邪戰國魏策宋人有學者名其母曰吾所賢者無過堯舜堯舜名亦名之一證路史發揮有堯舜禹非謚辨可參觀之總緣未明乎名與號之一說無怪其言無準的全違故實矣索隱譏史公以放動重華文命爲名未必爲得小司馬未攷耳

橋牛父曰句望句望父曰敬康

案呂梁碑敘舜上世無句望一代甚是葢史仍大戴禮之誤

也句望卽句芒乃少昊之子重安得指爲敬康之子橋牛之父邪

自從窮蟬以至帝舜皆微爲庶人

案自幕有虞國遞傳至舜猶然諸侯耕漁陶販乃其初不得于親之故若伯奇重耳矣左傳稱自幕至瞽瞍無違命書之師錫號爲虞舜二女之降亦名嬪虞孟子述象呼舜都君（索隱引世紀以都君爲舜字非也路史發揮以爲都鄙之君亦非）何言微爲庶人此與陳世家竝誤所謂匹夫而有天下者亦以其家庭多難廁身側陋不齊匹夫泥古之天子常不若後世之尊觀武丁祖甲可見也宋魏了翁古今攷本左傳疏又謂自瞽瞍失國不足據

兄弟孝慈

案此句與上下文義不相接頁疑是衍文

舜耕歷山歷山之人皆讓畔漁雷澤雷澤上人皆讓居陶河濱河濱器皆不苦窳一年而所居成聚二年成邑三年成都

案耕稼陶漁乃舜微時事在堯妻舜前上文已載之矣則讓畔讓居以及成聚成都宜并入上文何又重見于釐降後耶疑當移舜耕歷山至苦窳三十一字置上文舜冀州之人也下而衍上文舜耕歷山漁雷澤陶河濱十字再移一年至成都十五字置上文就時于負夏之下蓋史文之複出錯見者也

瞽叟尚復欲殺之使舜上塗廩　後瞽叟又使舜穿井

案焚廩揜井之事有無未可知疑戰國人妄造也即果有之亦非在妻二女之後新序雜事第一篇以耕稼陶漁及井廩事在未爲天子時論衡吉驗篇謂事在舜未逢堯時蓋近之矣不然四岳薦舜何以言格乂伯益贊禹何以稱允若乎此萬章隨俗之誤孟子未及辨而史公相承不察爾宋司馬光史剡程子遺書宋洪邁容齋三筆及古史大紀路史發揮通鑑前編俱糾其謬獨太原閻氏若璩著尚書古文疏證與四書釋地又續力主孟子史記以爲萬章斷非傳聞馬遷斷非無據實係瞽象頑傲舜既娶之後猶欲殺之而分其室甚且以父母使舜完廩七十九字爲古舜典之文豈非妄排衆論好逞胸懷者乎

爲匿空旁出

案史通暗惑鑒識兩篇譏史公此言鄙俚不雅甚于褚生直以舜爲左慈劉根所譏良是至列女傳及正義引通史謂焚坑不死實二女教之（梁沈約紀年注及宋書符瑞志亦云）則尤妄也

象乃止舜宮居鼓其琴舜往見之

案象居宮鼓琴二女何以自安且是時舜在何處而反往見象耶譌之中又譌焉明何孟春餘冬敘錄云萬章所言事猶近理

舜曰然爾其庶矣

附案此改治臣庶語以爲爾庶于義亦通蓋事屬子虛故所傳異詞也

世得其利謂之八愷

案左傳無得利語且時未舉用何利之有以下文世謂之八元例覲疑得其利三字當衍

乃流四凶族

案堯之放四罪共驩苗鯀也事出尚書舜之流四凶族不才子也事出左傳太史克語事既各出時亦相懸史公分載堯舜兩紀未嘗謂四罪即四凶族後儒罔察見人數之同遂并八愷爲一案豈非賈服杜孔之謬哉仁和杭太史世駿史記疏證引吳廷華云驩兜薦共工于堯者紀稱混沌掩義隱賊好行凶慝帝臣雖不善未必至于斯極（左傳文十八年疏曰四凶才實中品雖行有不善未爲大惡故能仕于聖世致位大官吳說本此）鯀則四岳薦之堯試之績在太原將不可教訓不可話言者能如是乎以窮奇爲共工蓋毀

信惡忠崇飾惡言與虞書象恭相似然攷左傳共工氏有子曰句龍杜注共工在太皥後神農前夫少昊因黃帝之後則共工非少昊之裔安得便以爲窮奇也書言有苗昏迷不恭侮慢自賢亦與貪食冒賄不符（三苗是國名舜所伐之三苗與堯所罪者非一人此條有誤）斯辨甚覈若强而合之得毋雜代兔死李代桃僵歟自諸儒强合爲一事于是紛紜乖戾或謂治水事畢乃流四凶致舜失五典克從之義禹陷三千莫大之辠或謂舜禹成功此徒多罪勳業既謝愆釁自生甚且謂堯養育凶人歷世無誅竟若唐堯之世善惡莫別賢愚共貫者何其誕耶（竝見舜典及左傳文十八襄廿一年疏）雖然史克之語亦不足全信舜命羣臣自伯禹而下二十二人姓名職掌見于虞書班班可攷而元愷獨未一及何也舜之舉元愷流凶族在攝位前則進賢退邪仍在唐朝舜亦奉堯命行之而其先之所以未舉未去者或因年事之差或待僉謀之允俱不可知矣言堯未能耶何休謂堯久抑元愷而不能舉養育凶人而不能去路史發揮折之云久抑元愷則克明俊德爲虛言長茈四凶則百姓昭明爲妄說何休殆過信史克耳左傳疏曰史克以宣公比堯行父比舜故言堯朝有四凶不能去須賢臣而除之所以雪宣公不去之恥解行父專擅之失詞各有爲情頗增甚學者當以意逹文不可卽以爲實此疏是也余獨怪史克謂世濟其惡史公知其語病而改之曰世憂之至所稱堯不能去堯不能舉者何以不改乎而杜注尤非滹南集雜辨曰杜以八愷爲垂益

禹皋陶之倫八元爲稷契朱虎熊羆之屬（秦王嘉拾遺記帝妃鄒屠氏生八英卽八元以爲嚳之親子妄也）葢妄相配合爾書言禹作司空宅百揆契爲司徒敷五敎而文子則云使八愷主后土揆百事使八元敷五敎于四方是八愷同任禹之職而八元竝預契之政也無乃戾乎（當是爲之佐爾）其言四凶亦與書不合

彭祖

案此總敘禹皋諸聖并彭祖爲十八然下文不及彭祖豈亦如論語敘逸民而不及朱張之比乎彭祖最壽爲神仙家所託史略其事葢不信之也而獨侈言老子何哉

自堯時而皆舉用未有分職

案既曰舉用又曰未分職語意戾矣若謂遇事共理不分職守豈堯朝如是之無紀律乎正義封彊爵土之說非

命十二牧論帝德

案舜命十二牧無論帝德之語此三字疑衍

五流有度

附案史詮云古本度作庑尚書作宅葢庑之譌也夏紀三危既度同史詮以度爲譌甚是而庑之所以譌爲度者因古文宅與度皆作庑故譌宅爲度耳

于是以垂爲共工

附案集解于堯紀引康成云共工水官名于此引馬融曰爲司空共理百工之事唐賈公彥周禮序謂冬官水正爲共工卽司空也堯改名司空以寵異禹至禹登百揆捨司空之職

仍爲共工理或然歟但史依尚書竝載禹益諸臣之讓而垂獨缺疑有脫文(賈序亦康成說又見考工記疏)

于是以益爲朕虞

案書所云朕虞舜自言之也此連文爲官名非王莽改水衡都尉曰予虞漢書百官公卿表序亦曰益作朕虞地理志曰爲舜朕虞豈皆誤讀尚書邪

教穉子

附案集解引孔安國曰穉胄聲相近今孔傳無此語豈裴氏見眞孔傳乎(東晉李賾于眞古文太誓引安國注見太誓疏是賾亦曾見眞孔傳也疑)

詩言意

附案長洲何氏焯義門讀書記曰詩言志此獨作意案趙明

誠書孔子廟置卒史碑云華陽國志後漢書注皆云趙戒字志伯而此碑乃作意伯疑其避桓帝諱故改爲此志字其亦後漢人之所改歟

殄僞

附案正義言此僞字是太史公變尚書文然徐廣曰一云殄行則疑傳寫之譌非史公所變也嘉定錢宮詹大昕史記攷異曰僞讀如平秩南僞之僞南僞見漢書王莽傳僞卽爲字行爲聲相近

南撫交阯北發西戎析枝渠廋氏羌北山戎發息愼東長鳥夷

附案大戴禮五帝德北發作大敎(二字不可解大一作放)析枝作鮮支(索隱曰鮮析音相近)而鮮支上無西戎字鳥夷下有羽民字索隱言此北發當云北戶南方地名漢書北發是北方國名今以爲南方之國誤西戎上少西字山戎下少北字長下少夷字明凌稚隆史記評林引明王鏊曰史文簡古索隱不必依但北發當作北戶桐城方氏苞史記注補正曰索隱謂字缺少非也首以撫字該之下三方則直序其地而西戎上不復重言其方耳仁和趙太常佑曰北發卽北戶言其戶向北開下山戎發則又別有國名發者耳長卽春秋長狄是也

于是禹乃興九招之樂

案禹無興樂之事而史謂招樂是禹興之夏紀亦云禹明度數聲樂未知何據豈因大戴禮身度聲律之語而誤歟呂氏春秋古樂篇言舜作九招舜令質脩之又言皋陶爲禹作夏

籥九成以招其功山海大荒西經言啟始歌九招謂禹興九招亦猶斯說則不必一夔而足矣 殿本史記攷證滿洲德齡氏曰禹字疑當作夔蓋夔爲典樂之官不歸其功于夔不可敘二十二人之成功而獨遺典樂之夔亦不可且敘禹于諸臣後者以禹功爲最大也而大樂之作所以告成功故又敘夔于禹之後其次序固秩然不紊也夏本紀舜德大明于是夔行樂一段九可爲夔字明證

年五十堯崩之年五十攝行天子事年五十八堯崩年六十一代堯踐帝位踐帝位三十九年

附案尚書曰舜生三十徵庸三十在位五十載陟方乃死僞孔傳以爲舜生三十年堯方召用歷試三載其一年卽在三

十之數年三十二攝位二十八載其一亦在三十之數年六十服堯喪三年其實二十七月惟有二年喪畢卽位年六十三至五十載崩年百十二此說甚謬三載乃考績之法非歷試僅止三載下三十字元作二十書疏引鄭注可據作僞者改爲三十而易其句讀耳疏引康成讀經云舜生三十謂生三十年登庸二十謂歷試二十年在位五十載謂攝位至死爲五十年舜一百歲與史政合史公親問安國鄭傳孔業先後符同是以論衡氣壽篇亦謂舜百歲集解引世紀云舜以堯之二十一年甲子生五十一年甲午徵用 各本譌刻二十一 九十九年壬午卽眞 各本譌刻七十九 百歲癸卯崩昌黎佛骨表竝云百歲灼然無疑也故有以舜年百十三歲者有作百十一歲者有作百十歲者有作百五歲者與孔傳言百十二歲俱妄

南巡狩崩于蒼梧之野葬于江南九疑是爲零陵

案舜葬蒼梧之言著于經見于史雜述于諸子國語祭法竝傳勤事野死之文竟若確有可徵者然俱妄也史記謂因巡狩而崩鄭康成韋昭本淮南脩務訓謂征三苗而死論衡書虛篇辨之曰舜與堯共五千里之境同四海之內堯典舜巡狩至四嶽四方之中諸矦來會遠近無不見聖人舉事求其宜適蒼梧非其實也史通疑古篇辨之曰蒼梧者于楚則川號汨羅在漢則邑稱零桂地總百越山連五嶺人風婐劃地氣歊瘴雖使百金之子猶憚經履其途況以萬乘之君而堪巡幸其國且舜必以精華既竭形神告勞舍茲寶位如釋重負何得以垂歿之年更踐不毛之地乎路史發揮舜冢篇辨之曰孟子舜卒于鳴條今帝墓在安邑而安邑有鳴條陌信矣 鳴條在安邑西卽湯敗桀處爲今山西解州非陳留平丘之鳴條亭康成以鳴條爲南夷之地亦非舜都蒲坂去鳴條不甚遠也墨子節葬下篇呂覽安死篇言舜葬紀市紀與冀同卽指鳴條高誘注云九疑山下有紀邑困學紀聞五引薛氏云舜葬海州蒼梧山近莒之紀城俱謬 言帝葬蒼梧則自漢失之蒼梧非五服在虞夏乃無人之境豈巡狩所至耶舜已耄期倦勮釋負而付禹則巡狩之事禹爲之矣復躬巡狩于要荒之外哉 山海經海內及大荒南經言舜及丹朱商均竝葬蒼梧不足據困學紀聞十二載司馬溫公詩云虞舜在倦勤薦禹爲天子豈有復南巡迢迢渡湘水 然虞帝之墳在在有之葢古聖王久于其位恩霑婐隅澤及牛馬赴格之日殊方異域無不爲墳土以致其哀敬顓頊堯湯之墓傳皆數出漢郡國皆起園廟亦若是也 此本山海經海外南經注 羅苹堯冢篇注曰儀墓如漢世遠郡園陵與蒼梧舜墓之類非實葬所又舜冢篇注曰傳謂伐苗民而崩蒼梧伐苗乃禹也凡茲衆論眞足祛千古之惑其所以造爲蒼梧野死之說者緣誤解尚書陟方之句耳鄭樵六經奧論亦謂舜葬蒼梧是流俗妄語眞靈位業圖世傳梁陶宏景造稱舜以服九轉神丹入九疑山得道荒唐謬悠大率類此斷非貞白先生所作然其附會實始于葬蒼梧之言也

自黃帝至舜禹皆同姓

案黃帝至禹諸帝王竝非一族安得同姓史于五帝之姓多缺不具而夏之姓姒下文已明書之何云同姓哉此史通所謂連行接句頓成乖角者也宋史藝文志有趙瞻史記牴牾

論五卷惜佚不見

帝禹爲夏后

案夏代稱后故云夏后氏王則間稱之何論帝也帝禹之稱非有說在殷紀中且此以帝與后連書亦複

姓姒氏

案三代以前必著功德然後賜姓命氏故人不皆有姓三代以降族類繁亂皆無所謂姓但有氏而已姓一定而不易雖百世弗改氏遞出而不窮即再傳可變史公承秦項焚燹之餘譜學已紊姓氏遂混有以姓爲氏者如夏之姒商之子姓也非氏也而連氏于其下曰姒氏子氏有以氏爲姓者如秦之趙漢之劉氏也非姓也而加姓于其上曰姓趙姓劉然其謬非始于史公穀梁隱九年南季來聘傳云南氏姓也則已混稱之矣或問春秋書姜氏子氏姜與子俱姓而書氏何居曰古者男子稱氏婦人稱姓而姓之與氏散亦得通是以通志氏族序云姓可呼爲氏氏不可呼爲姓（此句非也禮大傳庶姓別于上是氏可呼姓）從未有姓氏并稱之者易言黃帝堯舜氏作則又以號爲氏以名爲氏亦稱姓爲氏之比矣

太史公曰

附案太史公之稱補今上紀及自序傳注引桓譚新論云東方朔所署又引韋昭云遷外孫楊惲所加又引衛宏漢儀注謂太史公武帝置位在丞相上遷死後宣帝以其官爲令行文書而已又引虞喜志林謂古主天官者皆上公自周至漢其職轉卑然朝會坐位猶居公上其官屬仍以舊名尊之攷史記遷死後稍出至宣帝時始宣布東方朔安得見之索隱非之矣遷傳有楊惲祖述其書之語韋昭所本索隱亦從之但一部史記均稱太史公惟自序中遷爲太史令一句稱令然正義引史作公疑今本傳譌或依漢書改豈盡惲增之邪索隱以爲姚察非之矣蓋太史公是官名衛宏漢人其言可信西京雜記隋書經籍志史通史官建置篇宋三劉（敞攽奉世）兩漢刊誤竝同衛宏也或問晉灼漢書司馬遷傳注曰百官表無太史公在丞相上衛宏不實索隱亦言宏謬又宋宋祁筆記曰遷與任安書自言僕之先人文史星厤近乎卜祝之間固主上所戲弄倡優所畜流俗之所輕若其位在丞相上

安得此言唐顏師古遷傳注謂遷尊其父以公爲家公之公宋吳仁傑兩漢刊誤補遺謂遷父子官爲令而云公者邑令稱公之比諸說然否曰非也漢官之不見于表者甚多不獨太史公況宣帝已改爲令屬于太常表固宜無之奈何據以駁衛宏乎史記中太史公大半遷自稱之不皆指其父何尊之有後漢書鄭康成傳載孔融告高密縣立鄭公鄉云太史公者仁德之正號不必三事大夫此尊之說也而東吳顧氏炎武日知錄二十卷譏之（梁昭明太子蕭統文選載報任少卿書太史公牛馬走司馬遷亦是自稱其官）縣公僭稱他人呼之猶可自號則不可明于愼行讀史漫錄以爲朝會立處在人主左右以記言動如唐宋螭頭記注之制非爵秩之位乃朝著之位前人多誤釋惟正義以虞

喜爲長而志林實與漢儀注相通明戲弄而倡優畜之政以其在人主左右耳補遺謂位在丞相上但可施于張蒼亦非至宋蘇洵嘉祐集史論議遷與父無異稱爲失更不然史記祇天官書太史公推古天變及封禪書兩稱太史公自序前篇六稱太史公指司馬談文義顯白餘皆自謂蘇氏何所疑而譏其失哉今本西京雜記作位在丞相下恐譌

史記志疑卷一終　南海潘乃成番禺沈葆和沈寶樞校字

史記志疑卷二

仁和梁玉繩撰

夏本紀第二

舜登用攝行天子之政巡狩行視鯀之治水無狀乃殛鯀于羽山以死天下皆以舜之誅爲是

案殛鯀者堯也非舜也說在五帝紀中

居外十三年

案此及河渠書漢溝洫志皆言禹在外十三年與孟子言八年異御覽八十二卷引尸子作十年不闚其家吳越春秋越王無余外傳又作七年當以孟子爲定但史漢皆謂出夏書而夏書無此文何歟前編謂因兗州貢賦十三載之言殆非也路史後紀作三十年尤非

薄衣食致孝于鬼神卑宮室致費于溝減

附案此乃史公節錄論語文但前後皆敘禹治水事何緣插入此四句疑有錯簡

泥行乘橇山行乘檋

附案四載之名惟陸車水舟無異只此作船若泥橇山檋多有不合即以史記言之河渠書泥行蹈毳山行即橋徐廣于此云檋一作橋已與本紀異矣河渠書謂出夏書說文欙字注引虞書作山行乘欙澤行乘𨏥當即史所稱夏書乃復有此異同溝洫志仍河渠者也而所引夏書更作泥行乘毳山行則梮深所未曉其他如僞孔傳云泥乘輴山乘樏書疏引尸子云山行乘

檏泥行乘橇（徐廣于此云橇它書或作橇）史集解又引尸子云行塗以楯行險以撮行沙以軌（路史引作軓）文子自然篇云沙用肆（乃鳥切）泥用輴山用樏呂覽慎勢篇云塗用輴沙用鳩山用樏淮南子齊俗訓云譬若舟車楯肆（道藏本許慎注作肆近本譌作肆）修務訓云沙之用鳩泥之用輴山之用蔂（僞孔傳所本）路史論四蕺引許慎淮南齊俗注云沙地宜肆泥地宜楯（書疏引慎子今慎子不全無攷）何參錯若此孔仲達所謂古篆變形字體改易說者不同未知孰是也

令益予眾庶稻可種卑溼命后稷予眾庶難得之食

案尚書曰暨益奏庶鮮食暨稷播奏庶艱食鮮食此不言鮮食而以益稷皆奏庶艱食者誤也下文言與益予眾庶稻亦非

夾右碣石入于海

附案海字誤徐廣曰一作河是也禹貢及漢地理志是河

浮于淮泗通于河

附案淮泗入河必道于汴闕始于吳夫差歷漢晉至隋大業初更開廣之禹時未有孟子言排淮入江乃誤也吳之通水有二左傳哀九年吳城邗溝通江淮此自江入淮之道國語夫差起師北征闕爲深溝于商魯之閒北屬之沂西屬之濟此自淮入汴之道則創之者夫差也河渠書禹功施于三代自是之後滎陽下引河東南爲鴻溝以通宋鄭陳蔡曹衞與濟汝淮泗會晉書王濬傳載杜預書云自江入淮逾于泗汴泝河而上振旅還都則此道漢晉常通也世謂創于隋煬帝者固妄而謂禹之舊迹尤妄矣因以知達于河即是達于菏說文引書政作菏可爲的據故通鑑前編從之釋文以河音如字復云說文作菏水出山陽湖陵南則非九河之河明甚如字之音陸氏誤耳又禹貢錐指曰漢志山陽郡湖陵縣下云禹貢浮于淮泗達于河（今本漢志注淮泗作泗淮達作通）水在南漢時湖陵縣安得有黃河此河字明係菏字之誤水在南謂菏水在縣南魏酈道元水經泗水注引此文云菏水在南（水經亦作菏）水經濟水篇言菏水過湖陸縣南東入泗皆確證不獨許慎作菏也蓋徐州貢道自淮而泗自泗而菏然後由菏入濟以達于河若直言達河不識何途之從惟言達菏而水道瞭然在目今本禹貢作河二孔無傳疏蔡傳徒執今本爲河求其說

而不得曲爲之解未免支離閻氏疏證攷之最詳余嘗謂河字乃菏之省文未定是誤注家自誤爾不然淮泗于河既無可達之理自不得指後代所開者蒙以禹迹而史公親受古文于孔安國何以不與說文同而反同今本禹貢改菏爲河耶說文菏字注兼引漢志作菏而今漢志作河字義門讀書記謂寡學者因經文之譌而妄改果如義門所論豈班馬之載禹貢作河亦寡學所改哉則水經之以菏爲荷道元引漢志亦作荷而史漢于導菏澤及東至于菏並寫作荷又當何說是知河乃菏之省而荷乃菏之變也古字省變甚多往往爲後人錯認即以漢志一端言之青州濰淄其道序中作惟琅邪郡朱虛縣箕縣下俱作維而靈門縣橫縣折泉縣下又

作淮字雜然滅换遂失其眞且一卷之中異文三見音義各殊幾何其不誤讀乎菏之爲河爲荷亦猶是已至菏在定陶東北而云在山陽胡陵南者宋傅寅禹貢集解曰在定陶者其澤也在胡陵者其流也菏當音柯

齒革羽毛

案禹貢毛下有惟木二字此似缺然漢志亦無疑

雲土夢爲治

附案宋沈括夢溪筆談言唐太宗得古本尚書改雲夢土作雲土夢所謂古本豈眞禹貢之舊乎當依漢志作雲夢土今惟王鏊史記本作雲夢土他本史記與水經注已爲後人所改矣于是有江北爲雲江南爲夢之説其辨見閻氏疏證胡氏錐指而南匯吳京尹省欽白華前稿書程拳時雲夢攷後又謂雲土卽雲杜古土與杜通爲漢江夏雲杜縣地也

浮于江沱涔于漢

附案史詮曰涔古潛字諸本涔下有于字羨文也

踰于雒

附案漢地理志注引魚豢魏略云漢火行忌水故洛去水而加隹博物志云舊洛陽字作水邊各火行忌水故去水加隹又魏于行次爲土水得土而流土得水而柔故復變雒爲洛陽周禮天官釋文亦謂後漢改雒則知史記中雒字並東漢人所易後遂相仍不改爾是以唐李涪刊誤曰文字者致理之本豈以漢朝不經之忌而可法哉今宜依古去隹乃宋王

觀國學林云史記已用雒字非光武以後改漢雖火行然漢亦從水豈洛字獨改之哉馬班多假借用字魚豢説非也于是楊愼升庵外集及明周嬰巵林歷舉周禮春秋左傳山海經雒字以爲非始于東漢殊不知古本周禮諸書亦作洛字其它若洛之通駱與絡尚改作雒何況本字未可據今本以駮之也漢是國號非地名可比且蕭何有天漢美稱之語柰何改之

滎播既都

附案史與馬鄭王本俱作滎播伏生今文亦然是也古文尚書與漢志誤作波滎爲濟之溢流波乃洛之支水此專主導濟安得合而言之自播誤爲波顏師古以爲二水名宋儒仍之直錯到今或者反欲改史文從波何妄也

浮于潛踰于沔入于渭亂于河

附案史詮曰金履祥云潛沔于渭無水道可通必踰山而後入渭史文當是入于沔踰于渭如荊州踰于洛之例今本傳寫誤也金説得之

三危既度

附案度當作庑卽宅也説在五帝紀

道九山

附案此及下道九川之文皆史公所增本九山刊旅九川滌原而並言也索隱以汧壺口底柱太行西傾熊耳嶓冢内方汶衡九山未知何據夫禹之所導自汧至敷淺原凡二十六

奚取于此九山若謂舉其大者則當首太岳太華外方衡山豈小阜乎且蔡蒙荆岐終南惇物鳥鼠之旅奚又不在此數有以知其說之難通矣左傳以四嶽三塗陽城太室荆山中南爲九呂覽有始及淮南地形以會稽太山王屋首山太華岐山太行羊腸孟門爲九山與禹貢不合至以黑弱河濟江沇淮渭洛爲九川則據經立義未可厚非獨九澤缺而不注余依禹貢采舊說以補之曰兖有雷夏徐有大野揚有彭蠡震澤荆有雲夢豫有滎播荷澤孟豬雍有豬野是之謂九澤周禮九藪爾雅十藪與呂覽淮南之九藪各不同惟九山莫定主名耳

于是帝錫禹玄圭以告成功于天下

附案史公所錄尚書次第與書序異如置禹貢于皋陶謨之前置夏社于典寶之後蓋行文敘事不盡依書之次第況今所傳者是晉梅賾本并非賈鄭之舊則安知史之次第非元本乎禹告成功在堯時陳謨在舜世至于成湯因伐桀而作湯誓因敗桀而伐三朡既勝夏而作夏社于義爲順或以爲誤非也至大紀前編置多方在多士之前移無逸于後余未敢以爲然

禹伯夷皋陶相與語帝前

繹史曰伯夷當作伯益

百吏肅謹毋敎邪淫奇謀非其人居其官是謂亂天事天討有罪五刑五用哉吾言底可行乎

案索隱曰此取尚書皋陶謨爲文斷絕殊無次序即班固所謂疏略牴牾是也今亦不能深攷正義曰略其經不全備也

來始滑

附案索隱曰古文尚書作在治忽今文作采政忽先儒各隨字解之此云來始滑于義無所通蓋來采字相近滑忽聲相亂始又與治相似因誤爲來始滑今依今文音采政忽三字索隱是也但漢律厤志作七始詠與此又別詮釋亦殊魏孟康注曰七者天地人四時之始也未知孟堅更據何本而丹鉛錄謂來是柰字之譌即七字也豈滑又爲詠之譌乎然謂七始詠是切韻之法以孟康注爲意料之言殊非裴駰引鄭注作在治曶曶者忽也亦非

帝曰

附案正義曰此二字及下禹曰尚書並無太史公有四字帝及禹相荅極爲次序當應別見書仁和孫侍御志祖曰劉向上封事有帝舜戒伯禹毋若丹朱傲語則知古本有帝曰二字論衡問孔篇引書予娶若時辛壬甲癸上亦有禹曰二字

禹曰予辛壬娶塗山癸甲生啟予不子

附案此文傳寫誤倒乃是予娶塗山辛壬癸甲生啟也索隱不察妄譏史公言娶妻二日生子爲不經正義但云生啟予不子五字爲一句而不言上文義亦不全王逸楚辭天問注云禹以辛酉日娶甲子日去而有啟也或以辛壬癸甲爲年亦非路史後紀注引呂覽列女傳辨其失矣

舜又歌曰元首叢脞哉

附案一本無舜字是也當衍之若以此歌爲舜則下文帝拜將自拜其戒勉乎

于是天下皆宗禹之明度數聲樂

案此因聲律身度之言而誤也說見五帝紀

國號曰夏后姓姒氏帝禹立

案既云國號夏后又云帝禹下文又云夏后帝啟此與五帝紀言帝禹為夏后同一語病國語商王帝辛亦同蓋史公謂夏殷亦稱帝故硬加之有說在殷紀中

或在許

案許太岳之後也姜姓安得以為臯陶後哉史誤

十年

案禹在位之年竹書及吳越春秋無余外傳皆作八年前編因之據孟子禹薦益七年禹崩之文則八年似得其實通志

依史作十年外紀作九年路史後紀作十五年宋邵雍皇極經世作二十七年俱非而路史發揮謂益前禹死無薦益避啟事謬也

帝禹東巡狩至于會稽而崩

案禹巡狩葬會稽之事起春秋後諸子雜說不足依據史公于論云或言禹會諸侯江南計功而崩因葬焉命曰會稽或之者疑之也而于此直書其事以實之何歟禹會萬國諸侯定擇四方道里之中其時建國多在西北不宜獨偏江南若果巡狩所至總會東南諸侯亦不應遠來於越蓋虞夏之世會稽不在中國故會稽之山不書于禹貢而揚域止于震澤也試觀仲雍避吳猶然羸飾則夏后之敷天裒對胡為直抵蠻鄉會既不到奚論于葬論衡書虛篇辨之曰儒書言舜葬蒼梧禹葬會稽虛也堯典舜巡狩至四嶽四方之中諸侯來會禹王如舜事無所改巡狩本不至會稽安得會計于此誠會稽為會計禹到南方何所會計出巡則輒會計是四方之山皆會計也獨為會稽立歟巡狩攷正法度禹時吳為裸國斷髮文身攷之無用會稽如何充之論甚允或問國語載仲尼言禹致羣神于會稽史公取入孔子世家是以始皇紀言上會稽祭大禹越世家言少康封庶子會稽以奉禹祀閩越傳及序傳俱仍之二世責問李斯有禹葬會稽之言見李斯傳會稽有禹穴見自序豈皆非歟曰非也國語浮夸斷非出自仲尼縱使禹曾至會稽之地必是治水時事論衡道虛篇

云禹至會稽治水不巡狩無會計之事當是已詎朝會羣侯遂埋斯土乎句踐非禹苗裔閩越非句踐種族安得強合二世所問亦因當世謬談爾墨子節葬下篇云堯北教乎八狄道死葬蛩山之陰舜西教乎七戎道死葬南己之市禹東教乎九夷道死葬會稽之山夫堯寍有道死之事堯之道死為妄則舜禹道死之妄可知禹穴神符更屬附會宋姚鉉唐文粹鄭魴禹穴碑亦疑夏與秦俱不載而始載于子長丹鉛錄謂禹穴在蜀之石泉是禹所生處九為誕而不經然則禹會于何所葬于何處曰左傳哀七年禹合諸侯于塗山非會稽也禹在位八年不及再巡則惟塗山一會而已梁任昉述異記禹會塗山防風氏後至禹誅之可與左傳證國語會稽之

誣禹都安邑葬必相近而絕無可攷豈非僞葬之故哉劉向尚未識殷湯葬處至漢哀帝時按行水災始知湯冢在徵陌而水經注廿三卷疑之路史前紀八辨之更何論禹也越絕書吳越春秋言塗山在會稽唐蘇鶚演義云塗山有四一會稽二渝州三濠州四當塗然以濠州爲是在今安徽鳳陽府杜注左傳謂塗山在壽春東北壽春卽濠州山有鯀禹兩廟又有禹會村唐柳宗元柳州集塗山銘宋蘇軾東坡集塗山詩俱在濠州確然可信烏知夏禹眞墓不在濠州之塗山耶水經注三十卷據國語以禹會在會稽謂杜注壽春爲非未免違戾然則會稽之爲何由曰管子封禪篇乃漢人羼竄其稱禹禪會稽本屬妄談而世俗以封禪爲帝王盛事有封禪

必有朝會好事者遂假其說以神之并僞造少康封無余一節事而塗山之會不能沒禹又無二會于是謂會稽亦有塗山之名酈道元竟以塗山之會是周穆而非夏禹穆會塗山在當塗與禹異處杜注昭四年左傳亦云在壽春誤也舉無足徵也必欲求其說以通之則論衡謂四方之山皆可會計不定是越之茅山故路史後紀注言塗山亦有會稽之名將所謂會于會稽者安知非卽指塗山之會耶然則會稽之墓爲誰曰古墓之不知者衆矣卽或是大禹古蹟亦必因德被六合殂落之後雖異域殊方無不起墳土以致其哀敬羅泌所稱儀墓非實葬所也後書陳蕃傳言禹巡蒼梧吳越春秋無余外傳言禹南到計于蒼梧今亦可曰禹致羣神于蒼梧乎述異記又言會稽山有虞舜巡狩臺臺下有望陵祠民思之故立祠禹陵亦猶是耳其可曰舜巡狩而崩葬于會稽乎舜禹葬處誣瀆最甚不可以不辨竹書禹五年會塗山八年會會稽不足信

有扈氏不服

附案扈爲夏同姓之國尙書疏云有扈見堯舜受禪啟獨繼父故不服又云有扈爲啟之兄弟此本于淮南子注淮南齊俗訓曰有扈氏爲義而亡高誘注有扈啟之庶兄以堯舜舉賢禹獨與子故伐啟不知出何傳記左傳昭元年晉趙孟以觀扈與三苗姚邳徐奄並稱又將何說恐只是與夏同姓耳論中言夏之後有扈氏或問墨子明鬼篇引甘誓全文以爲禹誓何歟曰禹先有伐扈事莊子人間世及呂覽召類說苑政理皆言

之而甘誓一篇與禹貢相接遂謬以爲禹矣至楚辭天問謂扈本牧豎得爲諸侯啟擊殺于牀乃不經之談不足信也呂氏春秋先己篇言夏后相與有扈戰甘澤非也孫侍御云御覽卷八十二引呂子作夏后伯啟乃知今本之誤然困學紀聞引呂子亦作夏后相則南宋時厚齋所據本已誤

予則豬僇汝

附案帑與孥通用然古之用刑父子兄弟不相及寍有三代盛時罪及妻子之事乎攷漢書王莽傳引甘誓此語作奴戮師古曰戮之以爲奴也疑古奴孥亦通借此可證經史之異文諸儒之誤解湯誓孥戮孟子不孥竝同斯義而刊誤補遺反以顏注爲非以孔注爲是舛矣竹書隱王十三年邯鄲命吏大夫奴遷于九原奴與孥同

帝太康失國昆弟五人須于洛汭作五子之歌

附案左傳夏有觀扈比觀于三苗有扈姺邳徐奄楚語啟有五觀與丹朱商均太甲管蔡並號姦子韓子說疑同周書嘗麥解五子忘伯禹之命興亂因國亦與蚩尤類舉然皆莫識所出故左氏疏謂史傳無文斯先儒蓋闕之義焉自漢書人表云太康兄弟五人號五觀置之下中等地理志東郡縣名其處爲畔觀而韋昭因取以注國語道元水經巨洋水注同路史後紀及國名紀仍之云后啟五庶封于衞是爲五觀夫古未有五人而合封一國者且既據國以叛又奚須于洛汭之栖栖乎儻依僞古文之述戒作歌方將爲啟之賢胄柰何夷于叛人姦子也攷竹書帝啟十一年放王季子武觀于西河十五年武觀叛彭伯壽征之乃來歸與國語稱姦子周書稱五子合沈約注武觀卽五觀墨子非樂下篇有引武觀語蓋武五音近或相通借其實一人非五人也然晉司馬彪續漢書郡國志云衞本觀國姚姓則不得爲夏之宗室而況爲啟子邪是可疑者若更以此五子適有五而牽配之則誣矣後人又嘗以斟灌爲五觀而斟灌乃帝相之忠臣爲夏宗室其國在北海平壽非東郡之畔觀鄄縣全氏祖望經史問荅論之甚審然則此五子爲誰曰五子非五觀亦非太康昆弟也以五子爲太康昆弟者始于人表僞孔傳襲之而改之云太康五弟欲與厥弟五人一語相合孔疏復申之曰五人自有長幼稱昆嫌是太康之昆故云太康五弟而不知書序

與史記並作昆弟也如以爲太康之昆弟乎則當連太康在內不得言五人如以爲太康之弟乎則仲康又在內矣何以篇名不曰五弟之歌而題曰五子錢唐馮氏景解舂集辨之曰子者有親之稱五子者太康之子離騷啟九辯與九歌兮夏康娛以自縱不顧難以圖後兮五子用失乎家巷王注謂太康失國兄弟五人居于閭巷亦非五子明是太康子故曰圖後後果太康之弟仲康立五子用失家巷確然可證此辨精覈一埽疑障余深韙之至潛夫論五德志謂太康仲康更立兄弟五人皆有昏德不堪帝事降須須疑作洛汭是謂五觀尤屬妄談或問書有御母以從之語安知子者非對母言之歟曰否此晚出僞古文不足信也無論太康出畋不合其母亦從子盤游而太康在位時固已無復母存閻氏疏證卷七荅馮山公語辨之明矣

子帝少康立

案左傳楚辭竹書夏自太康失河北國都爲羿所據仲康雖克自立而越在河南未能除羿帝相更孱遷于商丘先經羿篡繼被浞弒夏統中絕其後少康滅浞中興亂幾百年而始定故魏高貴鄉公推尊少康優于漢高祖見宋裴松之三國志魏紀注則歷代中興之主當以少康爲冠乃紀表全遺不言直敘世次若守成無事者然深所未曉索隱正義及左傳疏皆譏史公疏略信矣而宋黃震日鈔謂少康之事遷時已無可攷殊非豈未之檢吳世家乎不載紀表而別出于世家亦失作史之體

載字則自不得作歲葢唐以後本傳譌史詮是也

盲者子

附案僞孔傳言瞽瞍非眞瞽與史異路史後紀謂瞽瞍天瞽注云史記是也二孔以爲有目但不分善惡者妄以經文攷之孔說似紆曲然因有此二解而類林眞元賦遂謂瞍掩井後兩目乃瞽舜舐父目尋以光明見路史後紀卷十二注斯羅苹所斥爲齊東之語也

堯使舜入山林川澤暴風雷雨舜行不迷堯以爲聖

附案此卽舜紀所稱入于大麓烈風雷雨不迷也與尚書及尚書大傳同葢大麓有二解孔叢子僞書也宋黎靖德朱子語錄云出東漢其論書篇載孔子答宰我語以爲大錄萬幾之政爲孔傳襲孔叢子他若漢書于定國傳王莽傳後書竇憲傳鄭康成大傳注宋書禮志百官志唐歐陽詢藝文類聚與路史發揮引桓譚新論及皇王大紀之類竝同斯釋宋程子遺書亦從之東漢以來置官有錄尚書事實肇于此史公去伏生未遠又親授經孔安國故有山林之說伏孔必別有所據高誘注淮南子泰族訓唐章懷太子李賢注後書劉愷傳宋蘇轍古史蔡沈書集傳之類皆從史記朱子亦從之二解均通不妨竝存後儒妄生異端增爲怪僻發揮謂大麓乃鉅鹿縣聱山又謂納麓乃告禪代于泰山又謂主祭薦天之事論衡正說篇同孔叢而吉驗篇復從史記又衍之曰舜入大麓之野虎狼不搏蝮蛇不噬至列女傳別云堯試舜百

附案世紀作廣誤外紀路史載帝名甚多皆妄

帝孔甲立好方鬼神事淫亂夏后氏德衰諸侯畔之天降龍二

案孔甲見左傳路史依竹書作胤甲以孔甲爲非乃羅氏之謬也史公取左傳晉蔡墨所說豢龍事其有無不可知但傳曰有夏孔甲擾于有帝帝賜之乘龍河漢各二是龍降于天德之所致也何言淫亂德衰乎杜注乘龍各二云合爲四此言二龍亦錯所謂淫亂德衰者葢誤解左傳擾字耳然其誤實從周語來國語不可盡信其言孔甲亂夏四世而隕猶言帝甲亂商七世而隕夫祖甲豈亂商者哉

受豕韋之後

附案徐廣謂受一作更與左傳合葢古字通用周紀膺更大命一本作受惠氏棟左傳補注曰周禮巾車歲時受讀杜子春云受當爲更儀禮燕禮及大射儀注皆云古文更爲受是古今字也

子帝皋立帝皋崩子帝發立帝發崩子帝履癸立是爲桀

案皋與發之名竹書路史所載不同皆未可信惟竹書言帝癸一名桀甚是史誤多一履字不然湯竝時名履豈有君臣同名之理乎外紀路史反從史作履癸謬也至索隱引世本謂皋生發及桀疑非杜注僖三十二年左傳云皋桀之祖父是杜不從世本矣高誘注呂氏春秋音初篇云孔甲皋之父發之祖桀之宗注當染不侵篇云桀皋之孫發之子亦不從世本

夏桀不務德而武傷百姓

案桀之無道多矣而實以末喜亡紀中不及疏矣

迺召湯而囚之夏臺

案外紀本世紀言桀殺關龍逢湯使人哭之乃囚于夏臺又路史本太公金匱言桀以諛臣趙梁計召湯囚之均臺故褚生補龜策傳云桀有諛臣名曰趙梁教爲無道繫湯夏臺此可補史缺

湯封夏之後至周封于杞也

案禹後封杞卽湯封之武王特因其舊封重命之耳故路史注據大戴禮少閒篇云湯放移桀遷姒姓于杞它如漢書梅福傳云武王克殷封殷于宋紹夏于杞文選晉張士然求爲諸孫置守冢人表云成湯革夏而封杞卽史公于酈侯世家亦述酈生之言云湯伐桀封其後于杞而此乃謂周封夏後于杞何哉

用國爲姓

案姓當作氏

有扈氏

附案路史國名紀以扈與斟尋斟戈四氏出己姓高陽後謂史爲誤但扈爲夏同姓卽甘誓所稱者與己姓之扈別至斟尋等氏索隱引世本及潛夫論五德志竝稱是夏後杜注左傳從之應劭漢書注從之見地理志北海平壽下恐非史之誤也潛夫論及路史載禹後諸氏皆多于史而字亦各異譜牒茫昧莫知孰是姑從略焉

有男氏

附案小司馬引世本男作南周書史記解及潛夫論竝作有南攷昭十三年左傳鄭伯男也周語作南葢古字通故周子南君亦作男君

彤城氏

附案宋陳彭年重脩廣韻注于成字下云史記有彤成氏古成與城雖通用而彤與形甚殊豈以形近致譌歟當攷

斟氏戈氏

附案史記攷異曰索隱本作斟戈氏卽斟灌也戈灌聲相近上氏字衍

殷本紀第三

殷契

案竹書夏帝芒三十三年商侯子亥遷于殷乃始稱殷子亥卽契七世孫振其後仍稱商湯以商爲代號至盤庚復改稱殷是以殷商可兼稱之然不得以子孫所改之號易始祖受封之名故孔子言語皆曰殷禮殷人而序詩書則曰商書商頌國號之所定也柰何稱殷契乎攷其地則異揆于理則乖當書曰商契

三人行浴見玄鳥墮其卵簡狄取吞之因孕生契

案詩曰天命玄鳥降而生商履帝武敏歆攸介攸止毛傳以玄鳥降爲祀高禖之候履帝武爲從高辛之行當毛公作傳時未有遷史也遷史出而乃有吞踐之說其說起于周秦閒

好事者是以屈原天問言簡狄在臺玄鳥致貽列子天瑞言后稷生于巨迹夫毛公豈不知吞踐之說哉亦鄙弗道爾自史公信其說而漢儒如康成宋儒如朱子並援以爲據遂有謂稷契無父而生者毋乃誕歟行浴出野淫佚孰甚稷契之母不宜若此鳥卵巨迹驚避不遑吞之踐之殊非情事聖人之生雖異于衆庶然不外氣化形化之常靈妖鮮如是邪前賢闢之詳已甚至轉相傳述呂氏春秋音初篇以燕遺卵在簡狄爲處女時詩疏引王肅解以姜嫄寡居生子尤屬乖妄蓋史公作史每采世俗不經之語故于殷紀曰吞卵生契于周紀曰踐迹生弃于秦紀又曰吞卵生大業于高紀則曰夢神生季一似帝王豪傑俱産于鬼神異類有是理乎蛟龍見

于澤上雷電晦冥而劉媼猶夢卧不覺將與土木何殊郎史所載其誣已顯論衡奇怪篇嘗辨之元方回續古今攷云好事之人見劉邦起于亭長爲王爲帝相與扶合附會以誇其奇司馬遷采以成史班固不能改知道君子埽除而弗信可也予因以攷讖緯雜說稱伏羲帝嚳感履迹而生神農堯湯感龍神而生黄帝感大電生少昊感白帝生顓頊感瑤光生舜感大虹生禹感流星貫昴又吞神珠薏苡生文王母夢大人生孔子母與黑帝交生御覽八十七卷引世紀豐公妻夢赤馬若龍戲已而生太公則卵金兩世俱龍種而薄太后生文帝復有蒼龍據腹之祥王太后生武帝亦有夢日入懷之兆嗣後生天子者往往藉怪徵以誇之傳諸史冊播諸道路皆此類也北齊劉晝新論命相篇反津津道之謂聖賢受天瑞相而生者不亦惑之甚哉

契長而佐禹治水有功

案契佐治水未見所出豈因禹讓契故邪

封于商賜姓子氏

案禹契稷之封國賜姓皆出于堯注疏言之甚明它若白虎通潛夫論諸書亦然史俱以爲舜非也

契卒

史通因習篇曰古者諸侯曰薨卿大夫曰卒夫子脩春秋實用斯義而諸國皆卒魯獨稱薨者此略外别内之旨也史記凡有薨者同加卒稱此豈略外别内邪何貶薨而書卒也

子曹圉立

案索隱引世本作粮圉禮祭法疏引世本作遭圉漢書人表又作根圉攷禮疏引世本曰遭圉生根國根國生冥是知史敘世次缺根國一代而人表誤合二人爲一也外紀云曹圉卒子根國立曹乃遭之省粮乃根之譌

子振立

案索隱引世本作核人表作垓竹書又作子亥未知孰是

子微立

案魯語展禽曰上甲微能帥契者孔叢子引書曰高宗報上甲微則商家以日爲名自微始而史缺之不始于報丁也然竊疑商人自契至振並别製名何以上甲至帝辛改名十日

而以日爲名之外又未嘗無名如上甲名微天乙名履帝辛名受竹書諸君皆有名疑諸君俱有二名今缺不具蓋名以日者殷之質生之與死皆以是臣民之所稱亦以是別立名者殷之文非有大典禮不用故成湯告天始名曰予小子履而微子庶不爲嗣遂祗傳其名啟而已

子報丁立報丁卒子報乙立報乙卒子報丙立報丙卒子主壬立主壬卒子主癸立

案商以生日名子故不嫌于複獨此三世名報兩世名主何也通志曰報丁報乙報丙與主壬主癸皆兄弟之名史指爲父子過矣人表于報乙報丙主壬主癸之下俱不言誰子蓋亦疑而缺之也

子天乙立是爲成湯

附案湯非名也有謂湯是字及謚者並非以地爲號故稱成湯武湯路史發揮注云湯特商國中一邑名今相之湯陰成湯者猶成周然其名有二曰天乙者商例以生日名子質也曰履者別製嘉名文也堯典疏及白虎通姓名章謂湯爲王後改名恐非

成湯自契至湯八遷

附案此仍書序元文成湯二字傳寫誤增故史詮謂洞本無此二字當衍之而所云八遷者本紀止言湯之一遷餘皆不載攷書疏曰世本昭明居砥石荀子成相曰昭明居砥石遷于商左傳相土居商丘是三遷也商與商丘不同見左襄九年疏竹書帝芒三十三年商侯遷于殷冥之子振也帝孔甲九年殷侯復歸商丘不知是何世是五遷也路史國名紀云上甲居鄴是六遷也而水經注十九又引世本云契居蕃是七遷也并湯爲八經典釋文謂八遷惟見四孔仲達數砥石商丘及亳爲三而連契之居商爲四遷非也

作帝誥

案此是逸書篇名書凡百篇幾逸其半而名目見于書序漢儒並以書序爲孔子作蓋據孔子世家及漢藝文志也堯典疏謂依緯文而知者妄然獨怪史公作史既兼采逸書而百篇之名目有不盡錄者未知其去取何在信書序不得不議史記之疏信史記不得不疑書序之僞余嘗反覆參究知史所載書之篇名元有漏略故五帝紀無汨作九共稾飫大禹謨殷紀無釐沃疑至臣扈伊陟仲丁河亶甲祖乙周紀及世家無旅獒旅巢命君陳君牙而尚書實不止百篇宋儒力排書序非出自孔氏朱子謂周秦閒低手人所作雖執不知問要是先秦古書竊意尚書元序漢初已不全後人傳寫又不免脫失耳奚以明之如左傳定四年有伯禽唐誥二篇乃孔子所斷不删者而序無之此殘缺不全之證也殷紀有太戊一篇必書序之所載而不列其目此漢以後脫失之證也然則書豈止百篇哉趙岐注孟子宋小國章云古尚書百二十篇

湯征諸侯

附案湯征亡矣而紀有其詞豈非史公所見壁中眞古文乎唐白居易長慶集有湯征補亡未免妄作何忘檢史記也前編言此所載其詞不類非湯征之舊不然

伊尹名阿衡

案索隱言伊尹名摯阿衡是官非名也其說良是但所謂名者非姓名之名乃名號之名後世因伊尹官阿衡遂以爲號史遷稱之耳然不書伊尹名亦疏伊尹名摯見孫子用間篇墨子尚賢中篇楚辭離騷天問

阿衡欲干湯而無由乃爲有莘氏媵臣負鼎俎以滋味說湯致于王道或曰伊尹處士湯使人聘迎之五反然後肯往從湯言素王及九主之事湖本干湯譌于字致于譌干字

案伊尹之事孟子已詳言之乃史公猶信割烹爲真而反疑聘迎非實復取世俗誣百里奚是媵臣之說嫁附伊尹本于楚辭天問呂氏春秋本味墨子尚賢中下篇殆史遷所謂多

雜舊聞時采異論或違經傳與理不符者也鶡冠子稱伊尹酒保愈演愈怪何人之敢于誣聖賢哉五反與孟子三聘異疑因五就之文而誤素王九主亦不可據與韓子難言及後漢書馮衍傳謂伊尹干湯七十說同妄仁和翟教授灝四書攷異謂割烹出伊尹說漢藝文志小說家有伊尹二十七篇

湯舉任以國政伊尹去湯適夏既醜有夏復歸于亳

案孟子言伊尹五就湯五就桀尚書大傳言伊尹仕桀聞曰亡吾亦亡之言遂去夏適湯鬼谷子午合云伊尹五就湯五就桀然後合于湯呂望三就文王三入殷然後合于文王是伊尹有適夏之事也然湯既任尹國政何爲復適夏都或者湯初得尹薦之于桀在未任國政時矣而尹之所以適夏其

心必以爲從湯伐桀以濟世不若事桀以止亂故五就五去不憚其煩及不可復輔乃舍而歸耳此本古史說若呂氏春秋慎大篇言湯欲令伊尹往視曠夏曠空也或云是獷之譌惡也獷猶漢書敘傳之獷秦後書段熲傳之獷敵恐其不信湯親射之伊尹奔夏三年歸亳以權詐誣聖人豈足道哉

于是湯曰吾甚武號曰武王

滹南集辨惑曰詩頌言古帝命武湯武王載旆謂之武者詩人之所加也紀乃云湯曰吾甚武號曰武王聖人決無此語

于是諸侯畢服

附案它本或作諸侯心服或作諸侯服連下湯字爲句竝非後書王暢傳注引史云于是諸侯畢服

湯歸至于泰卷陶

附案徐廣曰一無此陶字索隱曰卷當爲坰與尚書同陶字衍大坰今定陶是楊慎云泰坰卽太行舊本或傍記其地名後人轉寫遂衍斯字正義曰陶古銘反是泰卷卽大坰衍去陶字正義以陶爲古銘反者音坰也則又以泰陶爲太行而衍卷字未知孰是太行列子湯問作太形淮南氾論作五行之山元不音杭自經典釋文于太行兩列其音云戶剛反又如字讀者惟取前音唐人詩賦皆押七陽韻相沿至今遂不知太行當如字讀也或云太行山于濟陰定陶不相及大坰恐非太行

作湯誥

附案滹南集辨惑云此皆不成文理今湯誥具在曷嘗有此

遷何所據而載之余以上文湯征例觀知史公曾見孔壁眞古文決非無據今之湯誥僞作也故閻氏疏證卷二曰遷親從安國問古文所見必孔壁中物其爲眞古文湯誥無疑然則此湯誥可與湯征補伏生今文書滹南謬以眞爲僞耳明董斯張吹景集曾錄史記湯誥注之

告諸侯羣后毋不有功于民勤力迺事予乃大罰殛女毋予怨曰古禹皋陶久勞于外其有功乎民民乃有安東爲江北爲濟西爲河南爲淮四瀆已脩萬民乃有居后稷降播農殖百穀三公咸有功于民故后有立

案皇王大紀引此誥以羣后毋不有功于民至毋予怨置故后有立之下當是也久勞于外兼皋陶言之者猶論語禹稷躬稼孟子禹稷三過其門云爾禹自言曁稷播奏庶艱食則二人共事偕行可知皋陶當亦如是禹貢錐指一據此誥謂皋陶亦佐禹治水偕行天下又史詮謂東爲江南爲淮乃東爲淮南爲江之誤蓋壁中初出不免錯簡惜今不傳無從參驗矣初學記卷六引史又作北爲河西爲濟

伊尹作咸有一德

附案康成序書以咸有一德篇在湯誥後咎單作明居前與本紀同史公親受壁中古文者則其繫此篇于成湯紀內必古書次序如是本于太甲無涉也自僞書以爲伊尹歸政所陳輒移于太甲三篇之下索隱不察反援變易之本咎史公序書失次豈不悖哉閻氏疏證二曰諸經傳記伊尹並無告歸致政之事作僞者見書序若無可據遂鑿空撰出夫贊襄于湯而曰咸有一德喜君臣同德之助慶明良交泰之休于義可也若陳戒于太甲而曰咸有一德是尹以己德告太甲則爲矜功伐善非人臣對君之言且事其孫而追述與其祖一德得毋鞅鞅非少主臣乎此是非之至明而易曉者斯論甚確攷禮緇衣兩引尹告今一在太甲篇一在咸有一德詳其語意必史臣中閒敘述之詞故稱其字決非伊尹自言乃僞書旣妄分兩處用之而又盡竄入伊尹口中眞覺言大而夸也緇衣惟尹躬天見于西邑夏鄭改天爲先今政作先此又僞書用鄭注之驗

于是迺立太丁之弟外丙是爲帝外丙帝外丙卽位三年崩立外丙之弟中壬是爲帝中壬帝中壬卽位四年崩

案外丙仲壬之立孔疏謂傳記小說不可用然孟子已明著之又見于竹書世本豈傳記小說乎唐宋諸儒多斥史記爲妄而無柰明著于孟子遂復撰出外丙方二歲仲壬方四歲之說相傳湯年百歲豈九十七生仲壬九十九生外丙乎于是從史記者除書疏所稱劉歆班固皇甫謐與趙岐孫奭孟子注疏外惟古史通志外紀及蔡傳而已又閱唐僧道宣廣宏明集有沙門法琳破邪論閒引陶宏景年紀所紀帝王之年多異然亦列外丙仲壬又宋張衡有編年通載十五卷宋陳振孫書錄解題曰張衡云外丙仲壬合于歲次尙書殘缺孔氏誤陶張之書雖不傳固信孟子史記竹書世本也若不從史記者則始于孔疏嗣後宋張栻經世紀年攷見通及皇極經世大紀前編明薛應旂

甲子會紀宋濂凝道記竝仍孔義不數外丙仲壬而其所以不數之者一因桐宮居憂之語一因書序成湯既歿太甲元年之文坐此二疑便硬刪殷之兩王幷經史皆所不信毋乃悍乎殊不知桐宮居憂晚出之僞古文也卽以爲眞安見非居仲壬之憂蔡傳謂太甲服仲壬喪頗覺直捷漢律厤志言太甲有成湯太丁外丙服誤湯歿而太甲立僞孔傳之言也蓋緣誤讀書序來宋沈括馬永卿辨之矣沈補筆談曰湯誓仲虺之誥皆湯時誥命湯歿至太甲元年始復有伊訓著于書自是孔安國離其文于太甲元年不注之遂若可疑若通下文讀之曰成湯既歿太甲元年伊尹作伊訓則文自足亦非缺落義理所繫章句亦不可不謹永卿嬾眞子曰書爲伊尹欲明言成湯之德以訓嗣王故須先言成湯既歿非謂中閒無二君也而注誤認此語遂失之當以孟子史記爲定雖然史記亦不能無錯孟子竹書俱稱外丙二年而此作三年古史亦仍史誤孫頤謂史記不稽孟子之過是也至陶公年紀云外丁三年既仍史三年之謬而又以外丙爲外丁豈別有所本邪成湯既歿既名追溯之詞太甲元年乃仲壬崩之明年也

是爲帝外丙

案殷諸王自當別有名史缺不書竹書外丙以下皆有名史竝不著之惟河亶甲名整呂氏春秋音初篇有殷整甲徙宅西河語餘俱無徵恐是後人僞加故不采又殷亦未嘗稱帝說見後

帝太甲既立三年不明

案書咸有一德疏曰殷本紀太甲歸亳之歲已爲卽位六年與經相違馬遷之妄也繹史曰太甲居桐卽在元年史三年字誤耳而閻氏疏證四力主六年之論謂太甲被放後三年始悔過又三年惟伊尹訓是聽援孟子述此事兩用三年字爲據以見古大臣格君非之難殷本紀首三年字指初卽位後不指被放之後與孟子少異要爲六年之久復辟親政則與孟子無異僞作古文者依傍書序遂將放桐事撰于上篇三年復歸事撰于中篇以合書序而不知不合孟子也孫侍御駮之曰伊尹放太甲必在卽位之初若遲至三年之久始放于桐恐無此理史太甲既立三年不明三年二字誤衍也至孟子兩三年字上云伊尹放之于桐三年下云太甲于桐處仁遷義三年處仁遷義卽在放桐之時竝非前後六年儻如閻氏說則史記下文云三年伊尹攝行政當國又云帝太甲居桐宮三年將謂前後統計九年乎又桐宮孔安國曰湯葬地疏證謂殷紀注引康成曰桐地名有王離宮焉初不指桐爲湯葬地魏晉閒孔傳出始有是說此說果眞漢武帝時已知湯葬處矣奈何博極羣書如劉向告成帝猶曰殷湯無葬處乎趙岐注桐爲邑亦不云葬地後漢郡國志梁國有虞縣有薄縣虞則有空桐地有桐地有桐亭薄下注有湯冢非成湯也辨見水經注廿三卷雖相去未遠判然各爲一縣所有豈得指桐爲湯陵墓地邪緣孔傳欲附會太甲處近先王致生此說後儒

見有居憂字竝謂桐宮乃諒陰三年之制非關放廢顯悖孟子尤爲怪矣閻氏之言甚覈至路史發揮謂伊尹無廢立事宋孫奕示兒編復以放爲敎字之譌謂書序是敎諸桐皆妄欲回護伊尹而反昧于事情也

伊尹攝行政當國以朝諸侯

案攝政當國是也朝諸侯則妄矣此必仍戰國好事者之言至紀年謂伊尹放太甲自立七年太甲潛出自桐殺之尤爲乖誕咸有一德疏已斥之矣文選陸機豪士賦序云伊生抱明允而嬰戮亦謬

伊尹嘉之迺作太甲訓三篇褒帝太甲

滹南集辨惑曰三篇之書雖伊尹作然皆史氏所錄豈獨伊尹褒嘉而作乎

弟太庚立

附案竹書作小庚疑非

亳有祥桑穀共生于朝一暮大拱帝太戊懼

案桑穀之祥記載各異史本書序漢藝文志家語五儀篇及孔疏引皇甫謐同古史大紀因之則爲太戊時事審矣乃呂氏春秋韓詩外傳皆云湯時生之書大傳謂生于武丁時論衡屢云武丁時生之而順鼓感類二篇又以爲太戊時說苑于君道篇一以爲太戊時事一以爲武丁時事敬愼篇及漢五行志竝以爲武丁時劉晝新論禍福篇亦云昔武丁之時亳有桑穀拱生于朝脩德自祐高誘呂注師古漢書注史通書志困學紀聞二經史俱以成湯武丁是傳述之譌卮林謂桑穀生于商朝者三而均爲興商之禎未必盡非也凡此諸說疑莫能明惟史稱一暮大拱則近于怪理所難信與呂之制樂說苑君道言昏生旦拱何殊攷大傳漢五行志說苑敬愼論衡異虛僞孔傳家語古史竝作七日大拱韓詩外傳三作三日當以七日爲是

帝仲丁遷于隞河亶甲居相祖乙遷于邢

附案先敘遷居之事而後敘崩立亦是一體然商自仲丁遷隞以來（隞亦作囂音同）凡五徙國都然後盤庚居于亳殷下文所云五遷無定處是也史公不應止書此三遷疑是錯簡遷相遷邢當在是爲帝河亶甲子帝祖乙立之上書序邢作耿索隱

曰邢音耿近代本亦作耿攷御覽八十三卷引史是耿則知邢字爲傳寫之譌而皇極經世及通志三王紀謂祖乙圮耿徙邢誤分作二地前編反依之東吳顧氏祖禹方輿紀要實指耿爲今山西河津縣邢爲直隸邢臺縣本于通志恐未可信也又路史國名紀謂耿卽邢故通典曰祖乙（遷邢集韻邢）音耿通史記云先耿後邢失之（而史記竝無先耿後邢之文）盇羅泌誤

仲丁書闕不具

附案逸書有仲丁篇故云然此句當在前文帝仲丁崩之上不應置外壬時也必是錯簡

河亶甲崩子帝祖乙立

案史及書疏引世本皆以祖乙爲河亶甲子而人表謂是弟
未知孰是

巫咸任職

附案他本皆作巫賢是也湖本譌刻咸字巫賢乃咸之子

帝祖辛崩弟沃甲立

附案書盤庚疏引史索隱引世本均作開甲紀年亦作開

沃字非又書疏以開甲爲祖辛子未知誰誤

立沃甲兄祖辛之子祖丁

附案書疏引史以祖丁爲開甲之弟皆與今史記本異惜無
從參攷

立帝祖丁之子陽甲

附案紀年注云一名和甲本山海大荒北經蓋有二名

自中丁以來廢適而更立諸弟子弟子或爭相代立比九世亂

案大紀云以其世攷之自沃丁至陽甲立弟九世中丁之名
誤也史詮非之云中丁至陽甲攷合九世之數若沃丁以來
則不止九世矣大紀專就立弟及立兄弟子數之故以仲丁
爲誤史詮數一帝是一世故仍依史作仲丁而皆不攷史公
斯言之失夫沃丁之後有太戊中興仲丁之後有祖乙復興
豈得言九世亂乎況沃丁而上有外丙仲壬陽甲而降有盤
庚小辛小乙祖甲庚丁所謂廢適更立者何獨咎沃丁仲丁
哉蓋一代有一代之禮殷道親親立弟周道尊尊立子周道
太子死立適孫殷道太子死立其弟此褚生續梁孝王世家袁盎語也若殷亦立子周亦立弟者權耳此殷周殊禮也故文王當伯邑考死雖有伯邑考
之子在舍之而立武王先儒以爲殷禮孔子曰立孫自爲周
言之耳

盤庚渡河南復居成湯之故居

案湯都南亳盤庚都西亳判然兩地自史公有復故居之說
而班固作地理志遂于河南偃師縣注云殷湯所都康成注
經亦仍之云湯居偃師而張守節引括地志言湯先居南亳
後遷西亳晉臣瓚又云湯居濟陰薄縣孔仲達于商書商頌
竝載其說而云經無正文未知孰是竊謂仲達所述皇甫謐
之辨極爲精覈謐曰孟子稱湯居亳與葛爲鄰今梁國寧陵
之葛鄉湯地七十里耳若湯居偃師計寧陵去偃師八百餘

里豈當使亳衆爲之耕乎梁國自有二亳南亳在穀熟之地
北亳在蒙地非偃師也盤庚遷偃師然則殷有三亳穀熟爲
南亳卽湯都蒙爲北亳卽景亳湯所受命偃師爲西亳卽盤
庚所徙者竹書謂盤庚遷北蒙非也閻氏疏證復申之曰南亳是湯所都
皇甫謐據孟子以政之史注謂湯于後徙西亳予卽如謐以
政之曰放太甲于桐桐在今虞城縣去偃師亦八百餘里伊
尹旣以身當國于偃師又焉能時時于桐訓太甲乎仍屬穀
熟方近自史云復故居注遂謂湯亦曾都偃師不知盤庚三
篇一則曰新邑再則曰新邑曷嘗有復故居字面止下篇云
古我先王將多于前功適于山本泛言先王徙都山險之處
如上所遷五邦多是非必定指湯或湯曾有意亳殷山險往

視之如武王告周公營洛邑仍都豐鎬商或類此故當日三亳鼎稱不出邦畿千里之外非必湯親身徙西亳凡此皆商有天下規模形勝之大者不可不論閻氏之辨亦確余因攷書序盤庚將治亳殷疏引束晳據孔壁中尚書作將始宅殷夫謂之始宅則非復故明甚可補前賢所未及臣瓚之說最謬不足辨也

迺五遷無定處

案僞孔傳以湯徙亳仲丁囂（即敖）河亶甲相祖乙耿幷盤庚居殷爲五馬鄭王肅以商亳囂相耿爲五兩者皆非上文云自契至湯八遷則不應通數成湯明甚而盤庚當作誥之時尚未徙殷亦不應列于五遷內矣攷竹書仲丁元年遷囂河亶甲元年遷相祖乙元年遷耿二年圮于耿遷庇南庚三年遷奄是之謂五遷紀于前之八遷書其一而遺其七于後之五遷書其三而失其二豈非疏乎（盤庚至紂都復數徙史亦不盡書也）又祖乙自相徙耿自耿徙庇書序專言篇名故但云祖乙圮于耿作祖乙而不及相圮遷耿事祖乙之篇政作于遷庇時故云圮于耿不云遷于耿也僞孔傳誤連上文遂改爲圮于相遷于耿孔疏謂孔傳與經言大不辭亦頗糾僞傳之失乃復引康成說祖乙去相居耿爲水所毁于是脩德以禦之因不再徙而又誤讀竹書以爲祖乙圮耿遷奄並非

帝盤庚崩弟小辛立

案八表以小辛爲盤庚子與史不同未知孰是

百姓思盤庚迺作盤庚三篇

案三篇乃盤庚誥民之詞史臣所錄安得謂百姓思盤庚而作于小辛之世乎書疏非之是也至康成謂盤庚爲陽甲之臣謀徙都殷以上篇盤庚爲臣時事一先一後其妄政同

殷國大治

案殷不當稱國疑是羨文

帝武丁崩子帝祖庚立祖己嘉武丁之以祥雉爲德立其廟爲高宗遂作高宗肜日及訓

案滹南集辨惑云此篇即祖己訓王之詞其曰高宗者史臣追稱耳諸篇之體皆然而云武丁既歿祖己嘉之而作謬矣高宗之訓乃書篇名自當全著但云及訓復失之太簡所辨是困學紀聞亦譏史與書序相違也余因攷書序及大傳言高宗祭湯有雊雉鼎耳祖己訓諸王史公取入本紀本無疑義論衡指瑞篇據大傳同只因書中有典祀無豐于昵一語馬融王肅輒顯背經史創爲祭禰廟之說以祭湯爲非蔡傳因之至前編直謂祖庚繹于高宗之廟有雊雉之異祖己作二書以訓祖庚反據此紀誤繫斯事于祖庚之世爲證竊所未安而日知錄十八及閻氏疏證並以前編爲不易之論何歟僞作古文者亦緣豐昵之文故于說命中篇曰黷于祭祀時謂弗欽禮煩則亂事神則難若與此篇實相表裏者大紀不知其僞謬指黷神爲高宗初年時事遂移肜日之訓于說命前豈不異哉經文昵字葢指宗廟對山川社稷七祀而言

況史引經作常祀毋禮于弃道則古本亦不盡作豐昵也疏證卷四引閻陳第尙書評謂史所稱義不可通未免迂拘之見竹書祖庚元年作高宗之訓不可信

帝甲淫亂殷復衰

案周公以祖甲與中宗高宗文王竝稱迪哲安得以爲淫亂衰殷紀及世表同誤然其誤從國語來周語曰帝甲亂之七世而隕猶云孔甲亂夏也此衞彪傒之謬談何史公不信周旦之語而反信衞傒邪濾南集五經辨惑曰書聖經也史傳出于雜說者也周公去殷爲近知其事詳左氏馬遷爲遠其傳聞容有妄焉與其變易遷就盍舍史傳而從經可也惠氏左傳補注曰汲郡古文云祖甲二十四年重作湯刑昭六年

傳商有亂政而作湯刑外傳帝甲亂之祖甲賢君事見尙書止以改作湯刑故云亂也此說甚通而濾南所謂變易遷就者蓋指僞孔傳從王肅邪解以祖甲爲太甲耳乃孔疏力主之以康成言武丁子帝甲事爲妄造試問太甲稱祖誰所傳說出何典籍邪若謂無逸以德優劣年多少爲先後豈太甲之德遜于後嗣文王之聖遜于三宗而武丁五十九年之後胡以不卽數文王之五十年乎于是祖甲一人忽上而冒太甲之賢忽變而爲亂殷之主岐頭詭見坐令矛盾兩傷蔡傳辨之極明

子帝廩辛立

案世本作祖辛索隱已于世表言其誤矣而竹書人表竝作馮辛與索隱引世紀作憑同然則史于紀表作廩亦誤

子帝太丁立

案太丁不應重見此與世表同誤人表及後書西羌傳亦誤從史竹書世紀作文丁是也史詮謂太字羨文當是帝丁猶帝乙帝辛之稱恐未然

帝乙立殷益衰

案書酒誥曰自成湯咸至于帝乙成王畏相多士曰自成湯至于帝乙罔不明德恤祀易亦屢稱帝乙非湯也是固殷之賢君也奈何以爲殷由之益衰乎此紀及世表同誤然其誤必因錯會左傳來文二年傳曰子雖齊聖不先父食故禹不先鯀湯不先契文武不先不窋宋祖帝乙鄭祖厲王猶上祖也

傳不過雜舉以明不先祖父之義乃史公見其與厲王竝言遂以爲衰殷之主杜預仍其誤而甚其詞云二國不以帝乙厲王不肖猶尊尙之未知帝乙不肖何在上文鯀契亦竝言可謂契是不肖乎人表置帝乙于下中亦是沿誤也

帝乙長子曰微子啟啟母賤不得嗣少子辛辛母正后辛爲嗣

案馬融注論語云微子紂之庶兄此本于史宋世家與紀言微子及紂異母同自康成注尙書據呂氏春秋仲冬紀言微子生時母猶爲妾及爲后生紂遂以微子爲紂同母庶兄孔邢經疏及索隱竝宗其說夫帝乙賢君不應以妾爲妻尢不應廢子之長且賢者而立晚生不肖之子如謂先妾後后遂分嫡庶則當立后時何以不卽立太子必待紂之生乎況

其爲毋一爾庶不可爲嗣妾乃可爲后歟太史之爭宜在立
后時不宜在欲立太子時也準情揆理呂子殊不足據餘冬
敘錄云妾既得爲后矣而所生之子不得從親稱嫡長子乎
此語眞足破疑然則帝乙之欲立微子者知紂之不肖思廢
之而立賢子也太史爭之者執嫡庶之分泥于經而不達于
權也若公都子引當時人言以微子與比干爲紂之叔父則
誤矣至啟當諱開史例也說在周紀中

天下謂之紂

附案紂有二名曰辛者殷以生日名子也曰受者別立嘉名
也猶天乙又名履上甲又名微也史不書名受偶不及也竹書
云名辛受而紂受音近故天下共稱之蓋卽以爲號矣先儒謂紂
爲謚非至康成謂紂字受德則不足信蓋德爲虛位有凶有
吉受德云者猶湯誓言夏德立政言桀德非字之謂也然其
所以致誤之由固自有說立政曰其在受德暋周書克殷篇
曰殷末孫受德呂不韋作書誤解遂于仲冬紀著之曰其次
受德康成過信呂書取以釋經後儒又過信康成故晉孔晁
注周書張守節周本紀正義並云紂字受德僞孔傳于戡黎
篇從馬融讀受爲紂謂聲轉相亂于立政篇依康成作受德
謂帝乙愛焉爲作善字更屬岐說而仲達曲爲之疏曰或言
受或言受德呼有單複爾豈其然哉周本紀錄克殷篇改末
孫受德爲季受季者少子也豈史公有意更之歟立政受德釋文引馬
云受所爲德也

于是使師涓作新淫聲

案韓子十過釋名水經注八拾遺記皆作師延是也此與八
表並誤作涓師涓出于晉平公衞靈公之世亦見韓子十過
及呂子長見補樂書者曾引之淮南泰族訓又誤以師延爲師曠時

而盈鉅橋之粟

案盈字當諱說在周紀

九侯鄂侯

附案九侯卽鬼侯故徐廣曰一作鬼侯九與鬼音近如究軌
皆从九得聲而徐謂鄂一作邘者非也路史國名紀云邢侯
亦紂三公世紀邢侯事紂以忠諫死而邘爲文王所伐文王
豈伐賢哉則知史記異本是邢字徐誤爲邘而鄂卽邢也故八
表有邢侯無鄂侯評林見韓子難言呂氏春秋行論過理有醢梅伯
語又淮南子俶眞訓云醢鬼侯之女葅梅伯之骸遂謂梅伯
卽鄂侯大謬國名紀有思國或疑思卽鬼之誤非引康成云商有思侯
梅伯則與鄂爲二國矣韓子難言云翼侯炙疑卽鄂侯左傳隱五年邢人伐翼翼侯奔隨六年納
諸鄂謂之鄂侯地皆相近

九侯女不憙淫紂怒殺之而醢九侯鄂侯爭之彊辨之疾并脯
鄂侯西伯昌聞之竊歎崇侯虎知之以告紂紂囚西伯羑里

案西伯之囚因歎醢鬼侯脯鄂侯也殺梅伯另一事當在後楚詞注箕子見紂醢梅
伯而被髮佯狂則與剖比干心同時已屬武王之世矣戰國趙策呂子行論及魯仲連
傳可證此紀是已然此與周紀謂崇侯虎譖西伯乃囚羑里
殊非事實何者文王嘗伐崇侯矣因其譖而囚之甫脫囚而

伐之豈不迹類脩怨情嫌投鼠乎則知西伯之囚不關崇矦虎也明方孝孺遜志齋集有西伯伐崇論云妄言者見詩歌伐崇求其罪而不得遂誣其譖西伯以爲伐崇之端而不自知其謬耳惟西伯之囚不關崇矦虎故敷演多端言無準的在此紀以爲譖西伯歎二矦在周紀則謂譖其積善累德不利于紂此紀本于國策呂子而增入崇矦若周紀所說必當時雜書有此謬傳所以淮南子道應訓稱崇矦謂紂曰周伯昌行仁義而善謀太子發勇敢而不疑中子旦恭儉而知時請圖之乃拘于羑里桓譚新論稱虎之譖曰西伯昌聖人也長子發中子旦皆聖人也三聖合謀君其圖之乃囚文王羑里斯語烏足信哉然則文王之歎紂無從知之必有告者其

人爲誰曰褚生補龜策傳言紂聽諛臣左彊囚文王或者是其人歟（左彊亦見淮南覽冥訓）他若韓子難言謂文王說紂而紂囚之書大傳謂牖里之囚由于伐耆而詩文王篇及左傳襄三十一年疏又謂大傳稱紂見虞芮質成及伐邘密須犬戎故囚文王俱非也

西伯之臣閎夭之徒求美女奇物善馬以獻紂紂乃赦西伯西伯出而獻洛西之地以請除炮烙之刑紂乃許之賜弓矢斧鉞使得征伐爲西伯

案史公說文王出羑里及專征伐二事殷周紀及齊世家所載雖有詳略而大槩相同蓋本于伏生大傳而增損之然皆戰國好事者意搆之詞非其事之實也太公閎夭散宜生益

周公所稱脩和迪教之臣孟子所稱見而知之者則欲脫君于難必有道矣何至藉美女等物如句踐之豢吳邪除去炮烙是太師少師從容燕語之所不得于紂者乃以羑里之囚一請而卽許之決無此理況洛西本紂地文王烏從獻之邪美女奇物僅足贖竊歎之罪請去炮烙方抱有善歸己之疑安能緣茲兩端便賜征伐邪後漢書史弼傳陶丘洪云文王牖里閎散懷金韓子難二篇云文王請入洛西之地千里以解炮烙之刑（洛西盜有千里）竝承譌襲妄而敷衍之耳（路史發揮論太公篇亦辨之）

然則文王何以出羑里曰左傳襄三十一年衞北宮文子曰紂囚文王七年諸矦皆從之囚紂懼而歸之呂氏春秋行論篇云紂欲殺文王而滅周文王曰父雖無道子敢不事父

乎君雖不惠臣敢不事君乎孰王而可畔也紂乃赦之此文王出獄之故也然則何以得專征伐曰文王之爲西伯因于王季紂加賜文王弓矢斧鉞得專征伐耳竹書可證已（竹書謂文王降密而得賜專征則非也因得專征故可以伐密）然則何以請除刑曰亦見呂氏春秋其順民篇云文王處岐事紂寃侮雅遜朝夕必時上貢必適祭祀必敬紂喜賜之千里之地文王再拜稽首而辭願爲民請炮烙之刑是地爲紂賜之非文王獻之亦不言洛西也而炮烙之刑許不許未可知也（後書王暢傳言武王入殷先去炮烙之刑是未許矣）呂子必有所據似得其實惟言賜地千里太過（淮南道應訓亦言獻紂事以紂爲炮烙在出羑里而歸之後以剖比干剔孕婦殺諫者在文王之時皆謬也）宋李覯盱江集謂諸矦從囚與請除炮烙是得衆賣恩適足以起紂之疑而激之

怒葢未知文明柔順之道自有不可得而害者

西伯歸乃陰脩德行善

案殷周兩紀及齊世家皆言西伯呂尚陰謀脩德行善以傾商夫德非傾人之事亦非陰謀所能爲若果如是又何以爲文王太公古史削去陰行止稱脩德足明聖人之心其見卓矣僞孔傳于戡黎云文王事紂內秉王心孔疏遂有貌雖事紂心有將王之語困學紀聞卷二折之曰文王之德之純豈心與貌異乎葢見遷史說文武志在傾商累年伺閒虛言成實遂發此謬談耳

及西伯伐飢國滅之紂之臣祖伊聞之而咎周

案飢國周紀作耆宋世家作饥葢古今字異其實一耳耆與黎爲二國故竹書紂三十三年王錫命西伯得專征伐三十四年周師取耆四十一年西伯昌薨四十二年西伯發受丹書于呂尚四十四年西伯發伐黎灼然兩事路史國名紀云黃帝後姜姓有耆國侯爵自伊徙耆爰曰伊耆堯之母家商後子姓有黎國侯爵與紂都接判然兩地黎在上黨壺關非東郡之黎也辨見經史問答卷九史公誤以西伯戡黎之篇載于伐耆下幷爲一案千古傳疑迨宋儒始發其誤至前編出而論乃益暢其略曰黎耆商畿內諸侯也西伯伐黎武王也自史遷以文王伐耆爲戡黎于是傳注皆以爲文王失之矣文王專征若崇若密須率西諸侯自關河以東非文王之所得討況畿內乎三分有二特江漢以南風化所感皆歸之文王固未嘗有南國之師而豈有畿甸之師乎孔子稱文王至德如戡黎之事亦已爲之則觀兵王疆文王有無商之心矣烏在其爲至德紂殺九侯醢鄂侯文王竊歎遂執而囚之況稱兵王畿之內祖伊之告如是其急以紂之悍而于此反遲遲十有餘年不一忌周乎胡五峯呂成公陳少南薛季龍皆以爲武王也昔商紂爲黎之蒐則黎濟惡之國武王戡黎或者以警紂而終莫之悛所以有孟津之師歟故吳才老以戡黎在伐紂時其非文王明矣武王而謂之西伯襲爵猶故也左傳定四年分衞殷民有飢氏葢飢國之後

周武王之東伐至盟津諸侯叛殷會周者八百諸侯皆曰紂可伐矣武王曰爾未知天命乃復歸

案殷周兩紀月表齊世家漢律厤志竹書俱稱武王觀兵孟津而歸居二年乃伐紂故禮樂記云武始而北出再成而滅商葢本于漢初僞泰誓也而晚出之泰誓遂撰爲觀政于商之語然中庸稱一戎衣而有天下卽史載劉敬說高帝亦云武王伐紂不期而會孟津之上八百諸侯皆曰紂可伐矣遂滅殷故宋儒均言武王無還師再舉之事

殷之太師少師乃持其祭樂器奔周

案周紀作太師疵少師彊殷之樂官也此似缺疵彊二字不然則與上文稱箕子比干爲太師少師相混矣祭字衍周紀無祭字

赴火而死

案紂死無定說史與周書克殷解言自焚于火而尸子言武

王殺紂于鄗宮（見御覽八十二卷）賈子連語言紂鬬死其言死固已殊矣竹書稱武王親禽受于南單之臺（南單疑鹿臺之異名猶周書廩臺）淮南子氾論訓稱紂拘于宣室不自反其過而悔不誅文王于羑里又似紂但見拘禽未嘗卽死諸說不同莫知其實

周武王遂斬紂頭縣之白旗

案此乃史公輕信逸書之語也說見周紀

封紂子武庚祿父以續殷祀令脩行盤庚之政

附案武庚之封何以不告其遵成湯之法三宗之道而云盤庚之政乎呂子愼大篇武王命周公旦進殷之遺老問衆之所說民之所欲殷遺老曰欲復盤庚之政武王于是復盤庚之政史蓋本此

其後世貶帝號號爲王

案夏殷周三代本皆稱王閒亦雜稱后從未聞有帝稱史謂夏殷稱帝故以爲貶號爲王耳夫皇帝皇后者俱有天下之通號本無甚分別爾雅云天帝皇王后辟君也安得升降褒貶之說哉禮運曰先王未有宮室是皇亦稱王大禹謨曰四夷來王呂刑曰皇帝哀矜皇帝淸問是帝亦稱皇王洪範曰五皇極文王有聲之詩曰皇王烝哉是王亦稱皇詩玄鳥曰商之先后書盤庚曰前后古后先后神后禮內則曰后王命冢宰是商周亦稱后不獨夏稱之其義一矣然自三皇五帝三王之遞嬗異稱遂若因世會而有高下之殊于是皇與帝之號容或互稱而三代之稱王一定不易歷稽經傳無稱三

王爲帝者司馬光稽古錄稱夏殷爲王是也旣不稱帝尙何貶號史公之說奚據乎索隱乃順非而爲之詞云夏殷天子皆稱帝代以德薄不及五帝始貶號爲王故本紀皆帝而後總曰三王舊唐書沈旣濟傳云夏殷爲帝周名之曰王何其誕也若以周初貶之則武王不過卑以自牧如夏稱后之比改帝爲王而已安得貶及夏殷若以周末貶之則戰國齊秦猶稱帝更不應貶及先代且卽云後世貶之則如甘誓王曰六事之人此眞夏書也其誰貶之湯誓王曰格爾衆夏王率遏衆力盤庚三篇王凡十一見高宗肜日篇王三見戡黎篇王五見微子一擧先王三呼王子此眞商書也玄鳥之詩曰武王靡不勝長發曰玄王桓撥武王載旆實左右商王殷武曰莫敢不來王此商頌也又誰貶之況史公于夏紀特著之曰國號夏后卽湯爲創業之祖亦未嘗書曰帝則與稱帝貶號之說自相矛盾而旣云貶號何以夏殷二代無不號之爲帝邪可知其妄加之矣或曰遷見周易尙書屢稱帝乙故謂夏殷稱帝非鑿空傅會也曰不然帝乙乃其名不得錯認爲號（哀九年左傳注云爲天子故稱帝乙而人表但書曰乙去帝字竝誤以爲號也魏崔鴻十六國春秋西秦乞伏熾槃有折衝將軍信帝後世人臣猶有以帝爲名者）尤不得因一帝乙槩商之諸王而并上槩夏氏蓋史之誤由國語來周語衞彪傒以祖甲爲帝甲祭公謀父以紂爲帝辛（人表書曰辛去帝字史亦曰子辛竝韋注帝辛紂名非）竝屬載筆之失不可爲訓倘欲援作典據則左傳辛甲虞箴曰在帝夷羿以篡亂僭竊之賊而號之爲帝亦將信之邪穆天子傳

河伯號帝曰穆滿又將謂周亦稱帝邪它若唐劉長卿隨州集送荀八過山陰詩空山禹帝祠宋歐陽修文忠集應天以實不以文賦雉鳴于鼎成商帝之功勳雖行文趁筆然固本于史記未曾細攷耳後世僭稱王者自徐偃始僭稱帝者自秦昭齊閔始合稱皇帝則自秦始漢以下封王爲臣位之極而王之名替矣或又曰曲禮措之廟立之主曰帝故譙周有夏殷廟號爲帝之論未知是否曰非也孔仲達引崔靈恩云古者帝王生死同稱生稱帝死亦稱帝生稱王死亦稱王斯言極爲精覈觀盤庚三篇可見若果祔廟稱帝則盤庚何以稱先王先后而不稱先帝乎曲禮漢儒所記必周末變禮如秦昭齊閔輩忽王忽帝或追尊其祖考而題帝于木主或卒哭祔廟而子孫題稱爲帝違經背制何所不有記者特以著禮之變烏得例諸夏殷哉戰國策稱趙襄子爲王稱秦趙之先王爲先帝說在六國表夫大夫也而謂之王諸侯也而謂之帝豈非衰周亂禮入廟稱帝之的證歟竹書于夏俱稱帝于商或帝或王左傳襄四年疏云後人之稱先代或以王言帝春秋繁露三代改制篇言春秋作新王之事黜夏改號禹謂之帝並不足信

武庚與管叔蔡叔作亂

附案監殷者爲管蔡霍所謂三監也史記諸處但言管蔡而不及霍叔書序左傳亦然以管蔡爲主遂略之耳蓋叔處以罪輕不廢仍國于霍竹書及穆天子傳有霍侯舊後爲晉獻公所滅故康成謂書序不言霍叔是赦之也見衛詩譜疏若孔仲達謂其時霍叔在京邑見蔡仲之命疏路史後紀十謂與管叔同經死皆臆造之詞而僞古文復有降爲庶人三年不齒之說不足信也荀子賞刑篇云周公流霍叔亦未可據

而立微子于宋

案書序云成王既黜殷命殺武庚命微子啟代殷後蓋謂成王命微子代殷後爲上公非謂成王始封微子于宋也樂記曰武王下車投殷之後于宋韓詩外傳三同越絕書謂未下車封宋荀子成相篇曰紂卒易鄉啟乃下武王善之封之于宋畱侯世家酈生曰武王伐紂封其後于宋漢書梅福傳曰武王克殷封殷于宋文選張士然表曰武王入殷而建宋潛夫論氏姓篇曰微子開武王封于宋又呂氏春秋愼大篇曰武王下轝命立成湯之後于宋以奉桑林而誠廉篇載武王使召公盟微子曰世爲長侯守殷常祀相奉桑林宜私孟諸俱可證武王已封微子幷知初封宋爲侯爵自史公誤讀書序以封微子在成王時後儒多從其說殊不知微子歸周卽封于宋矣鄭注樂記云武王所從者微子後周公更封而大之想必以史記爲非故不從耳孔仲達于周書周頌禮記疏亦謂微子歸周之時暫復故位卽從封宋爾時未爲殷後至成王命爲殷後因舊宋命爲公史與樂記文乖其說非也惟言微子初封于宋不知何爵是孔未檢呂子然史于殷周二紀及魯宋管蔡世家自序傳並以爲封宋在成王時而陳杞世家云殷破周封其後于宋則以爲武王封之又似不誤誠史通所譏隔卷異篇遞相矛盾者又仲達謂微子暫復故位是因左傳而誤非事之實說在宋世

家中

以國爲姓

案姓字誤當作氏

有殷氏來氏宋氏空桐氏稚氏北殷氏目夷氏

案史所述子姓分氏據潛夫論以較索隱所引世本則史有缺略而稚氏又世本潛夫論所無疑稚氏乃時氏之譌音相近也北殷氏潛夫論作北殷世本作髦氏索隱謂秦寧公所伐亳王即是北殷路史國名紀四謂庚丁徙河北號北殷疑莫能定矣

孔子曰殷路車爲善而色尚白

索隱曰論語孔子曰乘殷之路禮記曰殷人尚白太史公爲贊不取成文遂作此語亦疏略也

史記志疑卷二終　南海潘乃成番禺沈葆和沈寶樞校字

史記志疑卷三

仁和梁玉繩撰

周本紀第四

居期而生子

附案詩誕彌厥月疏曰人十月而生此言終月必終人之常月周本紀云及期而生子則終一年矣馬遷之言未可信也卮林駮之曰人十月生往往有不然者穎達詩白華疏云帝王世紀以爲幽王三年嬖褒姒褒姒年十四則其生在宣王三十六年自宣王三十六年上距流彘之歲爲五十年流彘時童妾七歲則生女時母年五十六凡在母腹五十年其母共和九年而笄年十五而孕自孕後尚四十二年而生作爲妖異不與人道同此婦人之最異者孔氏信五十年處胎之褒姒而不信離裏之郃公何歟所駮甚當然余謂期宜讀如字言及十月之期也與詩彌月合讀者誤爲期年耳又疏引周紀作及朞疑此居字是傳寫之誤

以爲不祥弃之隘巷

案踐迹之妄已說在殷紀中而稷之弃實非以不祥也蘇洵嚳妃論曰稷之生無菑無害或者姜嫄疑而弃之乎鄭莊公寤生姜氏惡之事固有然者吾非惡夫異也惡夫遷之以不祥誣聖人也

馬牛過者皆辟不踐

案詩言牛羊腓字之此所說又異

忔如巨人之志

附案史詮曰屹作忔誤

封弃于邰號曰后稷別姓姬氏

案弃之封國賜姓與禹契同時皆出于堯非舜也已說見殷紀而堯封稷于邰劉敬傳明載之何史公之自相牴牾邪又生民詩疏曰本紀以后稷之號亦起舜時其言不可信

后稷卒子不窋立不窋末年夏后氏政衰去稷不務不窋以失其官而奔戎狄之閒

案不窋之非稷親子先儒歷辨之詞繁語雜不能悉載竊取其精確者申而明之曰國語祭公謀父云昔我先王世后稷以服事虞夏及夏之衰不窋失官（史亦本此）言世爲稷官則非一代可知不窋身當夏衰則非弃所生可知斯本譙周說也劉敬傳云周自后稷積德累善十有餘世公劉避桀遷豳言公劉去后稷十餘世則本紀世表書四世之誤可知斯本羅泌說也（人表及韋昭國語注以不窋當太康時鄭幽詩譜以公劉亦當太康時非也）余因攷竹書少康三年復田稷后稷之後不窋失官至是而復以不窋爲后稷之後亦一的證又路史發揮言稷生漦甗（一作漦壐）甗生叔均（山海經于大荒西經言后稷弟台壐生叔均與海內經言后稷之孫叔均異西經誤也）雖譜牒散亡叔均至不窋之世系無徵而不窋之不得爲稷子更有明驗矣史公惑于國語十五王之說直以不窋繼后稷卽僅有可徵之漦甗叔均亦省削弗錄而豈曉國語之不能無誤也（新安戴太史震東原集有周闕代系攷謂史不曰弃卒而曰后稷卒且上承皆有令德之文則是繼弃爲后稷之官不一人及最後爲后稷者卒其子不窋立漢初咸知不窋已上代系中隔其說亦新）先儒俱就年之遠近代之脩短置辨都不論及國語夫年代之懸殊何待辨哉所可疑者太子晉衞彪傒稱十五世耳前編云史謂周道之興始于公劉自公劉數至文王爲十五不然則以數有德者猶殷言聖賢之君六七作漢言七制之主此兩解又與國語元文不合竊疑十五當是廿五簡素屢易篆隸遞更遂致譌舛二十爲廿音入說文本字也始皇后刻廿有六年足以互證已不窋路史發揮引杜釋例作僕窋恐非餘說見世表（後有皇僕故知非也）

子鞠立

附案國語韋注酒誥釋文及路史引世本皆作鞠陶幽詩譜疏引此紀亦作鞠陶則今史記本于紀表並脫陶字（人表亦脫陶字）

子差弗立

附案路史引世本作弗差以差弗爲非恐不足據別本作羌弗形近而譌

子毀隃立

附案人表及國語韋注與此紀同而世表作毀渝索隱引世本作僞榆路史引作僞隃他本集解又引世本作揄宋宋庠國語補音云或作愉今有作僞揄者余攷酒誥釋文云毀揄爲昭揄音投則隃渝榆愉皆揄之誤蓋因揄有踰音且字相近故也僞亦當作毀

公非卒子高圉立高圉卒子亞圉立亞圉卒子公叔祖類立

案人表公非後有辟方高圉後有夷竢（世本作侯侔）亞圉後有雲都史注引世本同史公不知國語十五王之誤既以不窋爲后稷子又刪搯辟方三世不書以求合于國語皇甫謐附會其詞遂以辟方等爲公非諸君之字路史發揮及前編俱糾其繆也又路史謂侯侔是亞圉父恐非余疑亞圉乃高圉之弟竝未是高圉之子不然則父子同名圉矣晉杜預春秋釋例世族譜雲都作靈都公叔祖類表作公祖類竹書作組紺世本作太公組紺諸盩國語韋注依人表作公祖宋庠補音云本或作公組稽古錄作公叔祖賴此處索隱引世表作叔類而禮中庸疏引此紀作太公叔穎（路史後紀九以祖類生諸盩爲二人非也）以一人而有數名增損改易疑莫能定葢其中傳寫之譌亦所不免故索隱禮疏引史記皆與今本異也（史記攷異曰盩類聲相近盩綠免紺青赤色與綠相似故又云組紺）

遂去豳渡漆沮踰梁山止于岐下

四書釋地曰程大昌雍錄謂渭水實在梁山下之南循渭西上可以達岐與漆沮無干

古公有長子曰太伯次曰虞仲太姜生少子季歷

附案左氏僖五年疏曰如史記之文似王季與太伯別母馬遷之言疏繆而評林引明張之象謂婦姑相繼皆賢婦故曰太姜生少子季歷張評所以著太姜係季歷之故解頗明白史公本不以季歷與太伯爲異母也（虞仲非仲雍辨見晉世家）

乃二人亡如荆蠻文身斷髮

案斷髮文身未知其事之有無卽有其事亦何害爲泰伯仲雍但此及吳世家竝謂二人而左傳哀七年載子貢之言以泰伯端委仲雍贏飾孔疏謂史作二人謬諸書或從史或依傳惟黃氏日鈔卷二辨之曰泰伯仲雍始入吳而斷髮文身者隨其俗也泰伯果端委于其先矣仲雍繼之爲君而方斷髮文身豈人情邪且斷髮文身者始入吳之事也端委而治者吳人尊信之後泰伯君吳之事也髮雖斷何妨復長身雖文何妨被衣兩義固不相害其始隨俗及得位則臨之以禮理固然也若謂泰伯端委至仲雍繼位而後斷髮文身是謂仲雍不肖也黃氏之辨如此余謂仲雍在吳必早已斷髮文身至其嗣位仍而不改耳左傳乃子貢對吳之言非如墨子公孟說越王句踐翦髮文身可比不得斥以爲妄

季歷立是爲公季

案竹書云季歷作程邑文王遷程周書大匡解所謂周王宅程也而唐李吉甫元和郡縣志宋宋敏求長安志皆謂王季遷都櫟陽葢誤以遷都爲王季而又誤以程爲櫟陽耳程在咸陽東之安陵城伯休父于此得姓地屬右扶風櫟陽屬左馮翊非一地也（史不書文王先遷程必是疏脫）而宋程大昌雍錄不信宅程之事謂孟子明曰文王生于岐周卒于畢郢若王季既已去岐則文王之生安得在岐周斯言殊失攷畢郢卽程王季元未去岐且文王固生于太王時將不生岐而生程哉

子昌立是爲西伯

案文王之爲西伯因于王季竹書可證非文王始爲之也史不書季之爲伯失之

伯夷叔齊在孤竹聞西伯善養老盍往歸之

案劉敬傳言伯夷歸周在斷訟後當是也此與竹書以爲在囚羑里前似牴牾未確而伯夷傳又依莊子讓王篇呂氏春秋誠廉篇謂伯夷之歸在武王初年九非葢欲以實其父死不葬之說耳至宋王安石臨川集伯夷論疑夷齊不及武王之世而死則鑿空之言不足信也又盍字當衍

崇侯虎譖西伯于殷紂曰西伯積善累德諸侯皆嚮之將不利于帝帝紂乃囚西伯于羑里閎夭之徒患之乃求有莘氏美女驪戎之文馬有熊九駟他奇怪物因殷嬖臣費仲而獻之紂紂大說曰此一物足以釋西伯況其多乎乃赦西伯賜之弓矢斧鉞使西伯得征伐曰譖西伯者崇侯虎也西伯乃獻洛西之地以請紂去炮烙之刑紂許之西伯陰行善諸侯皆來決平

案崇侯之譖羑里之賂洛西之獻陰行之詐皆乖事實已辨在殷紀中而此又謂紂告西伯是崇侯譖之葢因大傳而誤也文之伐崇固奉紂命豈有命之脩怨乎紂亦必無此語又此處兩帝字及下文以告帝紂帝紂聞武王來以大卒馳帝紂師三帝字史詮謂皆當作商字之譌也據徐廣云帝一作商則史詮是

于是虞芮之人有獄不能決乃如周入界耕者皆讓畔民俗皆[illegible]長虞芮之人未見西伯皆慙相謂曰吾所爭周人所恥何往爲祇取辱耳遂還俱讓而去諸侯聞之曰西伯葢受命之君

案虞芮之事當時必有成文今無可攷然以大傳毛傳及說苑君道篇較之史所載頗缺略不全復有異同之語疑史公所增損也

明年伐犬戎明年伐密須明年敗耆國殷之祖伊聞之懼以告帝紂紂曰不有天命乎是何能爲明年伐邘明年伐崇侯虎

案文王伐國先後之次本不可攷故大傳竹書及古史大紀諸書竝與史異未詳孰是至以祖伊告紂事繫伐耆下乃史之誤也說在殷紀

自岐下而徙都豐

案當自程徙也

西伯崩

案天子曰崩古之制也以西伯而僭稱爲崩豈誤解受命之言乎大傳稱崩不足據竹書稱薨是已

其囚羑里葢益易之八卦爲六十四卦

案此及世表皆言文王益卦其實非也葢與世俗言文王作爻詞同謬孔氏易正義論重卦之說有四王弼以爲伏羲本淮南要略康成以爲神農孫盛以爲夏禹馬遷以爲文王四說惟弼爲最當因繫辭攷之十三卦體已具于羲農黃帝堯舜之世以洪範攷之其七卜筮貞悔已見于禹錫九疇之時以周禮攷之太卜掌三易之法其經卦皆八其別皆六十四注以

別爲重則不但可爲伏羲因重之驗并知夏殷之易亦有因重先儒多以馬遷等爲臆說故自唐陸德明以至宋程朱竝依王輔嗣定爲伏羲重卦路史餘論亦有伏羲重卦辨至論衡齊世對作兩篇既誤以爲文王益卦而正說篇又云伏羲得河圖周人因曰周易其經卦皆六十四非伏羲作之文王演之此王充之岐見也又文王之演卦辭因囚羑里而後作非在羑里中作之向來亦有誤解者若大紀謂易爻辭乃周公居東時所作未敢爲信矣

詩人道西伯蓋受命之年稱王而斷虞芮之訟後十年而崩謚爲文王改法度制正朔矣追尊古公爲太王公季爲王季

案婁敬當漢初其告高帝已有旣成受命之語蓋其說起于戰國好事之口史公亦仍而載之但受命二字實本于詩書詩曰文王受命有此武功書曰文王受命惟中身受命云者一受殷天子之命而得專征一受天西眷之命而與周室凡經言文王竝後世追述之曷嘗有改元稱王之說哉自有此說而改元稱王之論紛如聚訟獨不思改元始于秦魏兩惠王稱王始于徐偃皆衰周叛亂之事奈何以誣至德之文王逸書文傳言受命九年大傳言受命七年皆謂受命得專征伐之年也今妄以文王爲改元遂指諸經所追述之文王概以爲生前之稱矣既改元稱王自應定法度易正朔追王先代其歿也書崩其謚也書王儼然商周之際有二天子焉不亦乖謬之甚乎風俗通皇霸篇論其謬泰誓疏斥其非史通

疑古篇辨其舛唐梁肅議其反經非聖見唐文粹李覯議其取緯亂經迫歐陽子泰誓論出而文王之事方暘白公羊傳曰王者孰謂謂文王也恐傳誤權輿于此然公羊至景帝時始著竹帛未可爲據故泰誓疏曰公羊傳漢初俗儒之言不足取證也伯夷傳云西伯卒武王載木主號爲文王亦文王是追王之明驗或問仲達疏經朱子評泰誓論俱兩存其說得毋文王于統內六州亦嘗建號歟曰否竹書稱周文公稱西伯昌甍非不王之的證邪唐人義疏之學最拘故仲達于詩禮力主康成以稱王當在六年伐崇之後于尙書見僞孔傳不言稱王便力以稱王爲無所謂從孔則廢鄭從鄭則廢孔本不足憑至朱子因晚出武成有九年大統未集及周王發等句爲難理會是以兩存見語錄及困學紀聞十一卷殊不知武成僞撰其有道曾孫周王一節乃襲墨子兼愛中篇爲武王望祀岱宗之詞非伐紂時事閻氏疏證卷二已詳辨之若九年大統未集本逸書文傳受命九年之文也因攷此云後十年乃後七年之譌文王賜專征之年數元不能確定史從大傳作七年詩文王與書泰誓武成疏言馬遷以爲七年可據傳寫譌爲十字而張守節正義從文傳作九年竹書及漢律麻志載三統麻亦作九年故欲改史文十字爲九而未攷史本文是七字誤直其下耳或曰謚爲文王已下似蒙上太子發立是爲武王言之皆武王克商以後事非謂文王當身事文王之薨謚爲文公猶古公公季然武王方追王三世孔仲達周易論云武王克殷之後始追號文王爲王是以禮大傳曰武王追王太王亶父王季歷文王昌而中庸言周公追王者先儒謂周公追王是備其王禮武

王追王是加以王號其不及文王者孔子專論文王無憂雖不言追王義自得通注疏以中庸追王爲改葬非此解亦得

九年武王上祭于畢

附案此以下疑卽漢時僞泰誓文其曰九年乃武王卽位爲西伯之九年下文曰十有一年乃武王之十一年與書序合甚爲明劃其言亦必有所據與文王不相涉師行載主亦古之制見曾子問無足異者乃自改元稱王之說興于是以武王之年爲文王之年而反斥史記爲誤眞所謂以不狂爲狂矣夫泰誓僞書也尙無武繼文年之語柰何以之釋經乎至祭畢之解有二集解引馬融曰畢文王墓地名趙岐注孟子畢郢同歐公泰誓論云祭文王之墓從馬趙說也後漢蘇竟傳曰畢爲天網主網羅無道之君武王將伐紂上祭于畢求天助也索隱謂文云上祭則畢天星之名從蘇說也二者當以前說爲是古不墓祭之論殊未然

武王渡河中流白魚躍入王舟中武王俯取以祭既渡有火自上復于下至于王屋流爲烏其色赤其聲魄云

案白魚赤烏之說乃漢初民閒所得僞泰誓文詳見書序及詩思文兩疏中西京諸儒信以爲眞董仲舒爲漢儒宗其賢良策對猶言之況史公之愛奇者乎其書唐初尙存故孔仲達顏籀小司馬章懷太子皆見之不知亡于何時也呂氏春秋名類篇言文王之時赤烏銜丹書集于周社葢戰國末有此妄談何足信哉

乃還師歸居二年

案班師再伐說在殷紀

殷有重罪不可以不畢伐

附案徐廣謂伐一作滅恐非而後書袁術傳引史曰殷有重罰不可不伐與今本異

遂率戎車三百乘虎賁三千人甲士四萬五千人以東伐紂

案孟子亦言武王伐紂革車三百兩虎賁三千人蘇秦傳依國策言武王卒三千人革車三百乘韓子初見秦篇呂氏春秋簡選貴因二篇淮南本經主術兵略訓風俗通正失篇竝同然皆非也當依書牧誓序以虎賁三百人爲斷示兒編謂孟子引經之誤是已攷周禮虎賁氏之官其屬虎士八百安得有三千之多古車戰之法一車甲士三人步卒七十二人至臨敵制變更以甲士配車而戰一車實有百人每乘以虎賁一人爲右武王時尙侯國未備六軍故牧誓稱司徒司馬司空三卿百乘爲一軍一卿主之是以車三百乘虎賁三百人周書克殷解作三百五十乘墨子明鬼下篇作車百兩虎賁之卒四百人俱孤文岐說不足取證若甲士之數兼步卒在內以三百乘計之一車七十五人止有二萬二千五百人卽一車百人亦止三萬人何云四萬五千耶下文大卒正義云大卒謂戎車三百五十乘士卒二萬六千二百五十人有虎賁三千人此本孔晁周書注晁云三百五十乘則士卒三萬六千三百五十人有虎賁三千五百人無論士卒之數過

多幾等虛張軍籍卽虎賁三千五百之言未識出何經典正
義亦知其妄臆減士卒一萬一百虎賁五百而不知人數仍
不合也豈可信哉大卒周書作虎賁戎車風俗通皇霸篇引尚書云虎賁八百
人誤故後正失篇引書仍作三千人
十一年十二月戊午師畢渡盟津
附案十一年者武王之十一年十二月者卽十一年之十二
月自晚出泰誓有十三年之文與書序十一年異僞孔傳遂
以月分繫于十三年而以年爲武繼文違經背義莫斯爲甚
史同書序本無譌謬故歐陽子泰誓論邵子經世書胡氏大
紀竝作十一年以十三年爲非也竹書紂四十二年武王嗣
爲西伯五十二年十二月伐殷亦與史合惟呂氏春秋首時

篇言武王立十二年而成甲子之事蓋幷其爲天子之年數
之爾至此作十二月書序作一月者殷之十二月周之一月
一月與正月同序就周言之其實改正在克商後當依商作十二月
爲是詩文王疏謂文王受命十三年辛未之歲殷正月六日
泰誓疏作四日殺紂鑿空之論未知何據
武王乃作太誓
附案伏生尚書本有泰誓合三篇爲一故今文有二十九篇
大傳載泰誓篇目可證其後伏生之泰誓亡卽以民間僞泰
誓三篇充伏生之數孔仲達所謂上篇觀兵時事中下二篇
伐紂時事也今雖佚不傳而以史攷之疑上文九年武王上
祭于畢至還師歸與齊世家所載蒼兕諸語皆是上篇上文

居二年至孳孳無怠與殷紀所載剖心諸語皆是中篇此下
所載告于衆庶至不可再不可三乃是下篇其中或有刪省
不全登錄至困學紀聞卷二謂大誓與大誥同衛包改定今
文始作泰恐不盡然王伯厚本晁氏之說九經古義曰顧彪古文尚書
義疏云泰者大之極也此會中之大故稱泰誓彪字仲文隋
煬帝時爲祕書學士當時已改爲泰非始于衛包余因惠氏
之言攷之古大泰太三字音義竝通俱可通寫如董仲舒策
陽居大夏陰居大冬實用管子山國軌篇泰春泰夏泰秋泰
冬之語莊子應帝王篇以大庭氏爲泰氏淮南子詮言訓以
太王爲泰王以太羹爲泰羹漢書袁盎傳以太常爲泰常後
書班固傳東都賦以太師爲泰師隸釋涼州刺史魏元丕碑

以太夫人爲泰夫人而一部史記俱作太字范蔚宗後漢書
避其家諱改泰作太蓋本于此是乃通用之證有謂後人加
點爲太以別大小字者非也尚書大傳中凡與僞泰誓同者皆後人增入說在儒林傳
二月甲子昧爽
附案二月誤當依徐廣注作正月爲是齊世家作正月此乃
後人傳寫妄改也蓋周之改正在克殷後斯時周師初發不
得遽改殷建丑之正月爲二月況上文依殷言十二月不用
周建子之月稱正月何以此依周正作二月乎
其子爾身有戮
附案史詮曰于作子誤
諸矦兵會者車四千乘

附案自此以下至罷兵西歸皆錄逸書克殷解頗有次第可觀惟斬紂一節係後人竄入不足信也史公所載改今本周書字句各殊短長互見吹景集曾疏其異同辨之然尚有漏略所說亦有未安余更加攷訂條列于後其文異而義同者則弗論矣四千乘幷諸侯兵言之武王止三百乘而已周書言三百五十乘非說見前

帝（當作商）紂聞武王來亦發兵七十萬人距武王

案三代用兵無近百萬者況紂止發畿內之兵安能如此其多書武成疏曰紂兵雖衆不得有七十萬人史虛言之

蒙衣其珠玉自燔于火而死

案周書世俘解紂取天智玉琰五環身厚以自焚（守節所引有譌）殷紀所云衣其寶玉衣也此珠字疑寶字之誤餘說在殷紀

于是武王使羣臣告語商百姓曰上天降休商人皆再拜稽首武王亦答拜

案索隱云武王不應答商人之拜太史公失辭耳尋上文諸侯畢拜賀武王尚且報揖無容遂下拜商人但周書作羣賓僉進曰上天降休再拜稽首武王答拜索隱依史誤文說之故以爲失辭也明胡應麟三墳補逸曰諸侯畢拜之時武王方在師旅未暇答拜至入商郊羣賓僉進稽首武王乃答拜周書之文自明其答拜者葢前諸侯及商臣子皆在其中史記但言商人再拜注遂謂武王不應止揖諸侯而答拜商人史記固譌注者亦失攷

遂入至紂死所武王自射之三發而後下車以輕劒擊之以黃鉞斬紂頭縣大白之旗已而至紂之嬖妾二女二女皆經自殺武王又射三發擊以劍斬以玄鉞縣其頭小白之旗（輕劒周書作輕呂孔晁注劒名）

案此乃戰國時不經之談竄入逸書克殷解史公誤信爲實取入殷周二紀及齊世家三代以上無弒君之事詎聖如武王而躬行大逆乎世表于帝辛下書弒葢因誤信懸旗一節故書弒字孟子稱武王誅一夫紂未聞弒君奈何妄加以弒哉武之伐紂非有深讎宿怨特爲民除暴耳紂之死武之不幸也吾意武王當日必以禮葬焉于何徵之賈子連語篇言紂鬬死紂之官衞與紂軀棄玉門之外民之觀者皆進蹴之

蹈其腹蹷其腎踐其肺履其肝武王使人帷而守之夫倉卒之際尚使人帷守則事定而必以禮葬可知寍忍親戮其身邪湯之于桀放之而已竹書謂湯放桀三年而卒禁弦歌舞不失舊君之道武之待紂豈遂不如湯之待桀矣至以已焚之枯骨矢射劒擊斬鉞懸旗復受分尸梟首之慘哉孟子讀武成不信血流漂杵之語懸旗之誣悖百倍于敵師其可信乎論衡恢國篇云齊宣王憐釁鐘之牛楚莊王赦鄭伯之罪君子惡（疑脫惡字）不惡其身紂屍赴于火中所見悽愴非徒色之觳觫袒之暴形也就斬以鉞懸乎其首何其忍哉又雷虛篇云紂至惡也武王將誅哀而憐之故尚書曰予惟率夷憐爾此與帷守一端足明武王之心先儒之辨甚繁不及盡錄余

竊取其要而論之由斯而推則離騷云后辛菹醢周書世俘解云武王在祀太師負紂懸首白旂妻二首赤旂先馘入燎于周廟荀子正論及解蔽篇云紂懸于赤旆韓子忠孝篇云湯武人臣而弑其主刑其尸墨子明鬼下篇云武王入宮萬年梓株折紂而繫之赤環載之白旗淮南子本經訓云武王殺紂于宣室褚生補龜策傳云紂自殺宣室身死不葬頭懸車軫四馬曳行岐詞詭說同爲誣矣至殷紀但言殺妲己此依周書言二女自經一殺一經已屬參差而又增出嬖妾二字不知嬖妾之即妲己歟抑妲己之外更有二女歟（孔晁注二女謂妲己及嬖妾）即史所載未免乖錯射擊斬懸亦事之所必無者斯皆害義傷敎令後世叛亂之臣進刃于其君戕及骨肉而援武王以藉口直是此等記載開之古史不書其見卓矣又史不言武庚之母而史通疑古篇云祿父商紂之子也父首梟懸母軀分裂仰天俯地何以爲生以武庚爲如己子不知何據他若後漢書孔融與曹操書謂武王以妲己賜周公乃詼嘲之語非其事實

武王弟叔振鐸奉陳常車

案周書作叔振奏拜假又陳常車此脫拜假二字

畢公把小鉞

案畢公乃召公之誤周書及魯世家是召公也

既入立于社南大卒之左右畢從

案周書云王入即位于社大卒之左羣臣畢從此誤增右字脫羣臣字或云但之字下脫一左字耳

毛叔鄭

案此與周書竝云毛叔名鄭四八目作毛叔聃未知孰是至杜注定四年左傳作毛叔聃則誤也明陸粲左傳附注曰聃季是毛叔弟何容乃取兄名爲封國之號斯必不然

于是武王再拜稽首曰膺更大命革殷受天明命武王又再拜稽首乃出

附案此史佚祝辭周書無之但云周公再拜稽首乃出吹景集曰史佚祝王何緣周公再拜若周公出召公倘父當皆出矣何獨書周公出邪蓋書誤也

命畢公釋百姓之囚表商容之閭

附案吹景集曰周書畢公下有衞叔無表閭事當依史記

命南宮括散鹿臺之財

案人表括作适古字通用然周書作南宮忽也

命南宮括史佚展九鼎保玉

吹景集云周書括作伯達當從周書展作遷保玉作三巫孔晁注三巫地名按遷于洛邑三巫未詳

行狩

附案書序作歸獸與史異蓋狩爲古獸字非譌也

作分殷之器物

滹南集辨惑曰書序作分器是篇名紀失其名矣

武王追思先聖王乃襃封神農之後于焦黃帝之後于祝帝堯

之後于薊帝舜之後于陳大禹之後于杞

案樂記疏云未及下車者言速封諸侯二王之後其禮大故待下車而封之周本紀武王追思先聖乃封與未及下車義反當以禮記爲正但余攷樂記薊爲黃帝後祝爲帝堯後韓詩外傳三同潛夫論五德志亦言武王封堯胄于鑄而史記祝薊二國互易豈以堯祖黃帝可通言之歟亦當依樂記爲是呂覽慎大云武王封黃帝之後于鑄封帝堯之後于黎史蓋仍其誤而黎與薊以音近致譌曰祝曰鑄其地不殊古鑄祝同音字亦得通故康成注樂記云祝或爲鑄又高誘注淮南俶眞訓冶工鑄器云鑄讀作祝續郡國志濟北蛇丘有鑄鄉城梁劉昭注云周武王未及下車封堯後于鑄張守節以爲東海祝其縣非也路史國名紀云鑄侯爵祝也今兗之龔丘治古蛇丘至杞國非武王始封之說在夏紀矣樂記疏引史同記豈孔氏見本異耶疑

登豳之阜以望商邑

附案此下本周書度邑解亦有異同兹據吹景集及他書攷定列後其文之詳略弗論也豳周書作汾吹景集曰汾水在太原從史作豳爲是或云汾當作邠即古豳字說文引爾雅西至于汃國今爾雅作邠字汾豈汃之轉譌邠史詮曰度邑篇作汾蓋因汾與邠相近遂誤爲豳耳余謂史詮從周書作汾是也汾近朝歌即郡國志潁川襄城縣之汾丘若在栒邑之豳何從登其阜以望商邑乎

麋鹿在牧蜚鴻滿野

案麋鹿二字周書國語淮南本經訓博物志及集解引隨巢子皆作夷羊竹書夷羊見是也蜚鴻二字淮南作飛蛩注蝗也索隱引隨巢作飛拾博物志作飛蝗又不同前賢所解各殊具詳吹景集中余謂麋鹿乃夷羊之誤蜚鴻乃飛蝗之誤董斯張以孟子言園囿汙池沛澤多而禽獸至史記言紂廣沙丘苑臺多取野獸蜚鳥置其中謂當作麋鹿蜚鴻但苑囿之禽獸是紂所畜養與此言天災不合郊牧田野亦非苑囿可擬

悉求夫惡貶從殷王受

附案索隱云言今悉求取夫惡人不知天命不順周家者咸貶責之與紂同罪錢唐邵氏泰衢史記疑問曰悉求不順罪竝殷王孰謂武王聖德竟等暴秦之阬誅哉吹景集依周書作志我其惡卑從殷王紂其論曰索隱之說非也殲厥渠魁脅從罔治曾聖人而淫刑以逞乎言志我之所共惡者亦惟從紂爲虐如費仲惡來輩餘固無所問也書多方曰我惟大降爾命爾罔不知降宥也即其義錢唐王孝廉庚期曰從由也謂當日指以爲惡而貶斥者乃由于殷王受之不明黜陟今悉求其人而昭雪之王說是

日夜勞來我西土

附案別本我上有定字是勞來乃定也徐廣謂一云肯來恐非餘姚盧學士文弨曰周書度邑解作四方赤宜未定我于

西土文譌難曉竊以字形求之四方與此日夜相近亦疑丌（古其字）或亦之譌史記無此字宜未與此勞來相近周書定我于西土本有定字

以存亡國宜告

附案評林王鏊曰此句疑有誤不可解方氏補正曰此隱括洪範而爲言也鯀殛禹興存亡之迹九疇皆有國者所宜用說本正義王孝廉曰依方氏說則下文不可接葢下文問天道乃陳範耳竊意存亡國卽興滅繼絕之意宜者義也以義所當行者告武王左傳云存三亡國語亦類此葢謂當時滅國五十之事正義非（逸周書世俘解武王征四方憝國九十有九）

周公乃祓齋自爲質

附案魯世家亦作質如周禮質劑之質正義解作贄非明徐孚遠史記測議曰書作自以爲功此改作質義勝（據釋詁二字訓同）

武王有瘳後而崩

附案後字下有闕史文未必如是

周公奉成王命伐誅武庚管叔

案周公殺管叔一事千古厚誣夫周公寧有殺兄之事哉自左傳言之史記著之諸子述之遂構虛成實于是說尚書者謬解金縢弗辟爲刑辟僞作蔡仲之命者又謬解周書降辟三叔爲周公致辟管叔聖如周公豈忍假王命以推刃同氣乎大義滅親之說亦後世藉口周公者所造耳至說苑指武載周公誅管蔡由于齊人王滿生尤屬誕妄然則管叔何以死曰周書作洛云管叔經而卒知罪自縊未嘗殺也使管叔不死當亦與蔡同放焉殺云乎哉（韓詩外傳四言周公誅管蔡由于客之說亦妄）

以微子開代殷後國于宋

案微子封宋在武王時不在成王誅武庚後也說在殷紀

頗收殷餘民以封武王少弟封爲衞康叔

案康叔封衞經史皆以爲成王時事大傳亦有成王四年建侯衞之文但成王爲康叔之猶子而康誥稱朕弟寡兄穆考又屢呼小子封有是理乎此或是周公代王之辭然康誥酒誥諸篇無一語及武王亦無一語及武庚之叛抑又何歟攷竹書武王十五年誥于沬邑褚生續三王世家載丞相奏云康叔扞祿父之難後書蘇竟傳言周公善康叔不從管蔡之亂是武庚作叛康叔守邦于衞斯言未必無據故先儒定爲武王封康叔前編謂成王滅三監之後以殷餘民益封康叔義或然歟宋車若水腳氣集別有一說云當是武王已作誥命將封康叔繼思以舊地存武庚既平武庚成王始宣武王之誥以封康叔此臆解不足憑竊意紂畿內千里武王以鄭封武庚孔晁注周書作洛解云封以鄭祭成湯是已又分其餘地爲三國紂城朝歌以東曰衞北曰邶南曰鄘（羅泌以邶鄘爲商後）此所謂衞因後益封康叔追繫之當時必別有名使三叔各尹而監之也漢地理志言但分殷畿內爲三國邶以封武庚管叔尹鄘蔡叔尹衞誅叛之後盡以其地封康叔而遷邶鄘之民于洛邑殊不然詩疏已辨之鄭譜以三監爲管蔡霍甚

是而謂以紂京師封武庚恐非紂京師封康叔不封武庚耳

此紀正義引世紀云管叔監衞蔡叔監鄘霍叔監邶路史國名紀云霍叔尹邶管叔尹鄘蔡叔尹衞所說各異作洛解曰建管叔于東建蔡叔霍叔于殷注以東爲衞以殷爲邶鄘霍叔相祿父亦非也

魯天子之命

附案書序作旅天子之命釋詁云旅陳也魯世家作嘉天子命疑史公以意改之然徐廣謂嘉一作魯此又明作魯字則索隱以魯爲誤者非矣攷宋丁度集韻旅古作魯而字之所以通用者古文旅魯字皆作𠩵故旅亦作魯見說文及左傳首篇疏又宋董逌廣川書跋云秦和鐘曰以受毛魯多釐魯古文旅然則秦時已寫旅爲魯史公襲秦之舊文耳

梓材

案此篇本出伏生而一篇之中前後語意不類未定是告康叔存疑可也

其事在周公之篇

案周公二字不可解必是周書之誤

成王既遷殷遺民周公以王命告作多士無佚

滹南集辨惑曰多士爲殷民而作無逸爲成王而作在本紀則并無逸爲告殷民在魯世家則并多士爲戒成王不惟牴牾于經而自相矛盾亦甚矣

作康誥

滹南集辨惑曰此乃康王之誥若康誥則命康叔者也書豈有兩康誥邪

康王卒

案史公諸本紀天子皆書崩而有書殺者五周幽王哀王思王及秦二世父子也有書死者五夏桀殷武乙辛受周厲王秦武王也或殘虐無道或傷戕短命其貶之固宜而周紀又雜書卒者三未曉何故昭王不返赧王遂亡則降書以卒猶可言耳若康王之賢與成竝稱豈得下同昭赧乎夫前之文王當書卒者也而僭書曰崩此之康王當書崩者也而降書曰卒失義例矣

卒于江上

附案正義引世紀謂膠船液解溺于漢水水經沔水注作歿于沔故地有左桑死沔之稱小有異也杜預亦云涉漢船壞而溺呂氏春秋音初篇謂昭王征荆涉漢梁敗抎于漢中其右辛餘靡振王北濟竹書言天大曀喪六師于漢無船解梁敗之說似竹書爲可信至所云振王北濟者振王之尸也左穀二疏據高誘說以振王爲非未免錯會

穆王即位春秋已五十矣

案竹書言穆王以下都于西鄭臣瓚漢地理志注亦云詩小雅譜疏引世本漢志又言懿王徙犬丘竹書謂遷槐里在十五年槐里即犬丘遷都大事紀表皆不書何也然則東遷以前已再徙都矣至史公言穆王即位已五十必非無徵僞作

孔傳者變其文曰穆王即位過四十孔疏謂不知出何書遷若在孔後當各有所據而豈知其即據史記乎

乃命伯臩申誡太僕國之政作臩命復寍

附案此云太僕國之政則非太僕正矣史公親受古文不應與書序違異如此蓋謂太僕之官其係于國政最重太僕得其人而國以永寍也復寍二字承上文武道缺而言史公意中有穆王周行天下一事故爲斯語耳八駿遠游之時伯冏必已去位穆王殆忘申誡太僕之心歟王若虛斥爲不成文理粗莽之甚

昔我先王世后稷　我先王不窋

附案此仍國語也不曰先公而曰先王者韋昭謂子孫通稱

先世爲王如契稱元王之比僞武成傳疏亦言之

商王帝辛

案既曰商王又曰帝辛岐而復矣此仍國語之失有說在殷紀中

邦內甸服邦外侯服

案禮卒哭乃諱已祧不諱春秋以降雖生時亦已諱之故魯隱公名息姑而春秋隱元年經云公及邾儀父盟于蔑不言姑蔑者諱也（路史國名紀二注以姑爲引語猶於越）定公名宋而左傳昭八年云自根牟至于商衛蓋昭公事紀于定公之世諱宋爲商也（哀廿四年稱孝惠娶于商乃是死而爲諱釋文可證）嗣後諱名甚嚴漢法觸諱者有罪如高帝諱邦之字曰國惠帝諱盈之字曰滿文帝諱恆之字曰常景帝諱啟之字曰開武帝諱徹之字曰通馬班作史咸遵此典又史公以父名談遂私諱爲同或改用譚字乃余讀兩史其于君父之名往往有不盡諱者甚且文帝武帝直書其名不一而足豈非疏乎邦內邦外當作國內國外其餘犯諱之處俱分見各條或問史亦有不避諱者否曰有夏后啟則不諱蓋不敢以今之天子易古天子之名也是以微子之名改稱開而禹之子不稱夏后開（山海經楚辭及諸子書作夏后開者皆後人妄改也）漢書武帝元封元年詔稱啟母石不因父景帝而改呼開母石（師古謂史追書非顧氏炎武金石文字記有漢延光二年開母廟銘亦後人改稱）高后名雉亦不諱史漢中雉字甚多均所不避自荀悅妄言諱雉爲野雞魏如淳與師古未嘗詳攷謬從其說并以誤韓昌黎其作諱辨

云漢諱呂后名雉爲野雞而所以爲茲說者祇緣漢郊祀志本封禪書有野雞夜雊一語耳殊不知雉本一名野雞如逸書王會解之稱梟雞非關避諱改稱故杜鄴傳亦言野雞著怪高宗深動全部史漢惟此兩見野雞字安得盡沒數十見之雉不論而反以單文隻句爲徵耶即以封禪書觀之曰有雉登鼎耳雊曰有物如雉曰白雉諸物何故不皆改稱野雞則漢不諱雉甚審必以僭亂黜之矣唐石經明皇月令曰野雞入大水爲蜃野雞始雊乃以諱高宗嫌名改非禮也（高宗名治）

先王之順祀也

案順祀非皆依國語作先王之訓蓋此句與下文廢先王之訓相對也其餘與國語異處皆義得兩通故不論

甫侯言于王

案尚書甫作呂孔疏曰禮記書傳引此篇多稱爲甫刑詩崧高云生甫及申揚之水云不與我戍甫明子孫改封甫侯不知因呂國改作甫名不知別封而爲甫號然子孫封甫穆王時未有甫名後人以子孫之國號名之宣王以後改呂爲甫也新唐書宰相世系表同其說則宜稱呂侯爲是而通志氏族略曰呂甫聲相近未必改也但竹書云穆王五十一年作呂刑命甫侯于豐似分呂甫爲二又說文云郙甫侯所封郙許字疑莫能定矣

兩造具備

附案徐廣謂造一作遭攷書曰弗造哲予造天役王莽作大誥云予未遭其明悊予遭天役文侯之命曰嗣造天丕愆僞孔傳亦訓爲遭蓋古通用也

五過之疵官獄內獄

索隱曰呂刑云惟官惟反惟內惟貨惟來今此似闕少或從省文

惟訊有稽

案呂刑訊作貌此作訊恐非稽貌猶周禮色聽也而索隱謂訊音貌則謬甚訊安得有貌音乎

無簡不疑

附案疑字乃湖本譌刻它本是不聽

其罰倍灑

案灑即蓰也然攷蓰者五倍之名臏刑重于剕刑罰止倍差豈有剕刑加罰倍蓰之理當依呂刑作惟倍爲是蓋罰二百鍰也

其罰五百率

附案徐廣云一作六是也呂刑作六百

穆王立五十五年崩

附案此與竹書同韓昌黎佛骨表依呂刑稱百年恐非是呂刑所云享國百年者指書所作之年而從其生年數之也御覽引史曰年一百五歲（論衡氣壽篇言穆王享國百年幷未享國之時共一百三四十歲妄也）

子共王緊扈立

附案世表及世本人表作伊扈此作緊字古通也而竹書單

名緊明是竹簡爛脫不可從

公行不下衆

案國語當衍不字

子懿王囏立

附案囏字誤索隱曰一作堅是也各處皆作堅

共王弟辟方立是爲孝王

案高圉之父名辟方是孝王與十六世祖同名矣殊不可解疑有誤

諸侯復立懿王太子燮是爲夷王

附案人表獨以夷王名摺與諸書異恐譌

厲王即位三十年

案厲王在位之年漢初已無可攷故史公作表斷自共和而據本紀所書是三十七年流彘五十一年崩後儒皆從之其實此紀載芮良夫諫用榮夷公與召公諫王監謗二事俱國語文國語無年但云監謗之後三年王流于彘而已史公以良夫之諫繫于三十年（外紀云好利非一年之事）以召公之諫繫于三十四年未知何據竹書謂厲王十二年奔彘二十六年陟而以命榮夷公爲元年事監謗爲八年事（竹書八年初監謗芮伯良夫戒百官于朝周書有芮良夫一篇史只據外傳載之故不及良夫語良夫眞賢卿也）外紀又謂厲王在位四十年恐俱難信

得衞巫使監謗者以告則殺之其謗鮮矣諸侯不朝三十四年王益嚴國人莫敢言道路以目

案其謗鮮矣至王益嚴十五字國語所無當是誤增外紀曰三十年王殺謗者三十四年始道路以目事不相接

瞽獻典

附案左傳襄十四年瞽爲詩疏引周語作瞽陳曲韋昭云瞽陳樂曲獻之于王余舅氏元和陳大令樹華有依宋本校定國語亦作曲韋注曲樂曲也則知今本國語史記並譌爲典字典與瞽何涉

成而行之

案國語此句下有胡可壅也四字似當補入否則語意未了蓋史脫耳

召公周公二相行政號曰共和共和十四年厲王死于彘

案以共和爲周召行政之號史公之單說也而韋注國語孔疏左傳及史通獨宗之後儒並依斯解其實不然昭廿六年傳云厲王戾虐萬民弗忍流王于彘諸侯釋位以閒王政宣王有志而後效官則知厲宣之閒諸侯有代王行政者矣周召本王朝卿士儻果攝天子之事不可言釋位別立名稱若後世之年號古亦無此法故顏師古以史公之說爲無據也攷竹書紀年莊子讓王篇呂氏春秋開春篇及索隱引世紀正義引魯連子並以共和爲共伯和共國伯爵和其名人表厲王後有共伯和共地近衞卽漢河内郡之共縣周時亦謂之共頭呂氏春秋誠廉篇武王使召公盟微子于共頭之下是已古史從竹書路史有共和辨可互相證明蓋厲王流彘諸侯皆往宗共伯若霸主然其時宣王尙幼匿不敢出周召居守京師輔導太子及汾王沒而民厭亂太子年亦加長共伯乃率諸侯會二相而立之參核情實必是如此凡有言共伯至周攝政者有言共伯干位篡立者有言共伯卽衞侯者盡屬不經之談爾（呂氏春秋愼人篇注共伯棄其國隱于共首山而開春篇注又以共伯爲夏時諸侯並高誘妄論也）然竊怪史公以共和紀年大違春秋天王出居公在乾侯之義遂使逍遙共首之賢侯幾疑其與羿浞莽卓等豈不誣哉夫厲以得罪于民流彘不返共和攝政王號固在也柰何刱之史公作史往往有不可解處共和爲諸侯而取以紀元韓之武子趙之簡襄桓獻身爲大夫而紀其年于晉存百年之前惠帝不立本紀反以呂代劉覩斯衆論咸成乖越

後此如孺子猶在班書附居攝之年中宗見存唐史著則天之紀他若宋呂祖謙大事記以義帝紀元劉氏外紀惑于漢人周公踐祚之說別列周公攝位七年豈非踵仍亂例邪歐陽公春秋論有言伊尹周公共和之臣嘗攝矣不聞商周之人謂之王也此足定載筆之失

宣王崩

案國語內史過曰杜伯射王于鄗韋注引周春秋云宣王殺杜伯不辜後二年王田于圃杜伯射王中心折脊而死史但言崩亦似略封禪書雍有杜主祠即杜伯索隱引墨子說此事大同小異正義襄韋注亦云周春秋而不知韋昭本于墨子未嘗見周春秋蓋墨子明鬼下篇引周春秋語世無其書韋虛詫其博耳杜伯射王事隋顏之推還冤志最詳

子幽王宮涅立 涅字下从土各本譌作工

附案幽王之名此作宮涅紀年作涅無宮字人表及世族譜國語注作宮涅呂子當染篇注作官皇詩王風譜疏引紀作宮皇而大紀又只作涅國語補音曰今宮本史記作宮涅徧檢字書無此字又或作宮湦然竝與涅字相亂皆非是據人表作宮涅宜從涅 今本史記作涅人表作涅與庠所見異 余謂涅乃湦之譌而涅湟皇三字亦誤當從外紀古史作宮湦爲是也知者徐廣曰一作生蓋湦與生通借耳若果名涅安得別作生字乎且更有兩確證魯惠公名弗湦一作弗生 今亦譌爲涅 曹桓公名終生一作終湦觀魯曹二公之名可以定幽王之名矣 說文腥鮏竝作胜鮏爲古字凡从星者恆作生

有二神龍止于夏帝庭而言曰余褒之二君夏帝卜殺之與去之與止之莫吉

案鄭語帝庭作王庭夏帝作夏后史公妄謂夏殷稱帝故改國語以信其說耳然國語不盡可據龍漦一事更怪于丹朱生穆王述異記言夏桀宮中有女子化龍復爲婦人桀命曰蛟妾蓋從此事影撰也白華詩疏以爲褒生妖異亦是愛奇輕信耳鄧氏疑問曰三代建都異地且經歷千年寶鼎尚難稽問矧茲木櫝漦函既非傳世重珍何爲藏勿敢發卜云其吉竟得亡周之姒元黿新化觸非宜孕之人吐沫幾何千年始變七齡童妾難與黿交左右思之殊增迷惑

既齔而遭之

案國語既上有未字此似缺未既齔者齒未盡毀也

于是諸侯乃即申侯而共立故幽王太子宜臼是爲平王以奉周祀平王立東遷于雒邑辟戎寇

案竹書幽王五年王世子宜臼出奔申八年王立褒姒之子伯服爲太子十一年申人鄫人及犬戎入宗周弒王殺王子伯服執褒姒以歸申侯魯侯許男鄭子立宜臼于申虢公翰立王子余臣于攜是爲攜王二王竝立平王元年東徙洛邑二十一年晉文侯殺余臣史公不錄攜王疏矣嘗論申侯者平王不共戴天之讎也乃始奔于申繼立于申終且爲之戍申不可謂非與聞乎弒矣借手叛人無殊推刃號公明冠履

大義獨立余臣輔相二十年之久眞疾風勁草哉使當時晉魯許鄭皆如虢公則廢宜臼而奉攜王周有祭主世有人倫豈不偉歟余方怪當時羣侯之替余臣而史幷削余臣不書毋亦昧于春秋之義乎左傳攜王奸命言出于王子朝何怪也日知錄云文侯之命平王報其立己之功而望以殺余臣之效也當時諸侯但知冡嗣當立而不察其與聞乎弑爲可誅虢公之立余臣或亦有見于此後之人徒以成敗論遂謂平王能繼文武之緒而惜其棄岐豐七百里之地豈當日之情哉孔子生于二百年之後有所不忍言而錄文侯之命于書錄揚之水于詩其旨微矣葛藟詩序謂平王棄其九族似亦未可盡非古今人表以平王申侯同列下下傳言平王東遷葢周之臣子美

其名耳綜其實不然凡言遷者自彼之此之詞盤庚遷殷是也幽王之亡宗廟社稷以及典章文物蕩然皆盡鎬京爲西戎所有平王乃自申東保于洛天子之國與諸侯無異其得存周之祀幸矣而望其中興邪如東晉元帝不可謂之遷于建康也此辨甚確杜世族譜及昭廿六年傳注韋注晉語一竝誤以攜王爲伯服言諸侯廢伯服立宜臼孔疏引劉炫說褒姒之黨立之引束晳說伯服立積年始廢又以爲余臣非嫡故稱攜王均未攷竹書伯服已見殺妄生異端奚足爲據

五年鄭怨與魯易許田

案春秋是年鄭但歸祊耳易許田在後四年也此與十二侯表及魯鄭世家同誤說文宀部有惌字云宛或從心則怨當爲惌

許田天子之用事太山田也

索隱曰祊是鄭祀太山之田許是魯朝京師之湯沐邑有周公廟鄭以其近故易取之此云許田天子用事太山田誤矣

莊王四年周公黑肩欲殺莊王而立王子克

案事在三年非四年也說見表

子釐王胡齊立

案厲王名胡釐王何以又名胡不可曉

子惠王閬立

附案世本人表竝名毋涼國語韋注亦然疑名字之別

惠王奔溫

案左傳奔溫者子頹五大夫非惠王也說在表

樂及徧舞鄭虢君怒

案子頹享五大夫樂及徧舞鄭伯謂其哀樂失時必及于禍何言怒也

二十五年惠王崩

附案春秋書惠王崩于僖八年十二月左傳謂崩于僖七年閏月疑左傳有誤從傳則二十四年從經則二十五年今依傳攷之閏月惠王崩襄王惡大叔帶之難懼不立故不發喪而告難于齊次年正月盟于洮定襄王位發喪則祕喪僅踰月安得緩至十二月乎或者惠王有疾弗瘳襄王恐一旦大故叔帶簒立先告難于齊于是桓公合諸侯于洮以定其位

至冬王乃崩耳此元吳澂春秋纂言之說又竹書惠王之陟在二十五年
襄王母蚤死後母曰惠后惠后生叔帶
左傳僖五年疏曰二十四年傳曰不穀不德得罪于母氏之寵子帶書曰天王出居于鄭辟母弟之難也如彼傳文則襄王與子帶俱是惠后所生但其母鍾愛少子故欲廢太子而立之史記謬也此與年表匈奴傳同誤
三年叔帶與戎翟謀伐襄王襄王欲誅叔帶叔帶奔齊齊桓公使管仲平戎于周
案左傳帶奔齊在僖十二年當襄王四年此與表竝誤在三年也平戎亦在四年
十二年叔帶復歸于周
案事在十四年表與左傳合此誤
十三年鄭伐滑
案國語以伐滑爲襄王十三年與左傳違史仍國語之誤當作十六年
故囚伯服
案左傳云鄭伯執二子則此脫游孫一人
今以小怨棄之
案史節錄國語文不用左傳疑此句下脫不可二字否則其語未了也
十五年王降翟師以伐鄭

案此以伐鄭在十五年國語作十七年俱誤當依春秋書于襄王十六年也
殺譚伯
案集解引唐固曰譚伯周大夫原伯毛伯也索隱謂國語譚伯而左傳原伯唐固據傳文讀譚爲原然春秋有譚何妨此時亦仕王朝預獲被殺國語既云殺譚伯故太史公依之不從左傳也索隱甚謬唐固引傳文改以著譚原之異未嘗讀譚爲原而譚久爲齊桓公所滅此時安得有之益國語誤小司馬不糾史之誤從國語而妄爲之徵豈非升謝堂而覓鳳毛責坊州以貢杜若乎
初惠后欲立王子帶故以黨開翟人
案史著一初字似非此時事然匈奴傳亦云惠后與狄后子帶爲內應開戎狄破逐襄王攷僖廿四年左傳初惠后欲立子帶未及而卒子帶奔齊而奔齊在僖十二年則惠后已卒十餘年故襄王稱先后也安得有惠后開翟爲內應之事哉紀傳皆誤
十七年襄王告急于晉
案左傳王使簡師父告晉在魯僖廿四年爲襄王之十六年此作十七亦誤
襄王乃賜晉文公珪鬯弓矢爲伯
案賜晉爲伯是二十年狩河陽時事此誤書于十七年也或云此十三字當在後文狩于河陽之下錯簡于十七年

三十二年襄王崩
案二當作三
子頃王壬臣立
案人表作王臣當是也
匡王六年崩弟瑜立是爲定王
案通志以瑜爲匡王子非也定王之名國語韋注作揄宋庠
補音云本或作渝或作褕人表又作榆未知孰是
子靈王泄心立
附案靈王之名周語韋注亦作大心
后太子聖而蚤卒
案昭十五年左傳云六月乙丑王太子壽卒八月戊寅王穆

后崩王子朝告諸侯曰穆后及太子壽早夭卽世則聖而二
字乃一壽字之誤不然豈穆后與太子俱聖乎經無所攷也
又后似不可言卒表書后太子亦非
二十年景王愛子朝欲立之會崩
案二十下脫五字景王在位二十五年也
子丙之黨與爭立國人立長子猛爲王子朝攻殺猛猛爲悼王
晉人攻子朝而立丏是爲敬王
案昭廿二年春秋經傳王子朝之黨與王子猛爭立非子匄
爭立也王猛亦正爲太子壽之弟故單穆公劉文公立之非
長子也非國人所立也猛立七月而卒雖未卽位周人謚曰
悼王非子朝殺之也匄爲敬王名各本譌丏或作丐而匄乃

猛之母弟猛卒而後匄立安得此時匄與朝爭乎史皆誤廣
宏明集法琳破邪論引陶公年紀言悼王一百一日殀不足
據法琳又曰悼王立一百一日爲庶弟子朝所害譙周齊祕
書楊玠史目陶公年紀蓋依此紀而誤者子朝爲景王長庶
子亦不可云庶弟
子朝爲臣
案春秋經傳子朝奔楚爲敬王臣乎哉
諸侯城周
案春秋城成周在昭三十二年當敬王十年此書于四年豈
因是歲晉戍周而誤歟
敬王奔于晉

案左傳定六年天王處于姑蕕杜注周地則王未嘗奔晉也
此與表竝誤
四十一年楚滅陳
案左傳楚滅陳在哀十七年爲敬王四十二年此誤作四十
一史記各處所書滅陳之年惟秦紀吳蔡陳世家不誤其餘
周紀年表及杞宋楚鄭四世家俱誤也
四十二年敬王崩
案左傳哀十九年書敬王崩而春秋昭二十二年書景王崩
則敬王在位四十四年明甚竹書及集解引皇甫謐說俱合
此作四十二表作四十三竝誤也但御覽八十五卷引史記
作四十四年

子元王仁立

附案人表依世本元王名赤索隱曰元有兩名

元王八年崩

案元止七年此與六國表言八年竝誤杜世族譜作十年亦誤葢謬減敬王之年以益元王也

子定王介立

附案周不應有二定王韋注國語後書西羌傳陶公年紀竝據世本作貞王而竹書人表世紀均作貞定王御覽引史記亦作貞定則固兩字謚也索隱不攷妄謂皇甫謐彌縫史記世本之錯因爲貞定可嗤之甚至世本世紀以元王爲貞王子互易代系孤文單義不足取證左傳哀十九年疏及釋文兩存其說而不能定未免岐見豈其信世本世紀更勝于信史記竹書人表乎又集解引皇甫謐言王名應不知何出殆非也

是爲考王

附案人表考王已下皆二字謚史惟威烈慎靚同它若考王曰考哲安王曰元安烈王曰夷烈顯王曰顯聖皆不知何出陶公年紀作靜王又似一字謚何也至法言淵騫篇周之順赧以成周而西傾愼順古通猶靚之爲靜耳呂子先識篇以考王爲考烈非

考王封其弟于河南是爲桓公以續周公之官職桓公卒子威公代立威公卒子惠公代立乃封其少子于鞏以奉王號東周惠公

附案考王初立封西周桓公而東周惠公之封自在顯王二年葢卽趙世家所云與韓分周以爲兩也史類敘于考王崩後者特因封桓公而連及之史家多有此法然正義引括地志述征記俱言顯王二年封東周惠公謂出史記而今本周紀殊不然何也豈唐史記本有異乎又索隱引世本謂西周桓公名揭東周惠公名班趙世家正義引括地志云史記封作班雖小有異然可證史記元文有惠公名今本缺也而韓子內儲下篇曰公子朝周太子也弟公子根甚有寵于君君死遂以東周叛分爲兩國然則西周武公名朝西周惠公子有謂東周公者誤也而東周惠公又名根矣葢西周歷桓威據莊子達生釋文威公名竈也惠武四世而爲秦所滅武公之太子咎未得立路史後紀十稱咎公東周僅惠文兩世而滅國策有文君卽呂氏春秋淮南子人表所稱昭文君皇極經世以爲名傑六國表徐廣引紀年作東周惠公名傑者非史不紀文君缺也索隱因史不及文遂謂西周武公之太子爲文公殊失攷第所疑者東西兩惠公竝當顯王初年至爲秦滅時凡歷一百十餘歲而各以父子兩代延之年壽何長豈非小司馬所謂周室衰微略無紀錄二國代系甚不分明矣乎徐廣所引紀年謂東周之惠公薨于顯王九年恐非

子安王驕立

附案人表名驩疑史譌驕

合十七歲而霸王者出焉

案此語史凡四見封禪書同周紀秦紀七十七歲老子傳七十歲漢郊祀志及水經注十九皆作七十三處各異不免乖譌注家咸自立解

疑莫能明夫出者非其初生則其立也孟康曰襄王爲霸始皇爲王攷秦孝公十九年天子致伯惠文君十四年改元稱王不可以襄爲霸以政爲王且但言襄王不知昭襄耶莊襄耶核其生立之年甚不相合（索隱引孟說作襄公恐誤）韋昭曰武王昭王皆伯至始皇而王天下攷武王生十九年立在位四年昭王亦生十九年立在位五十六年始皇生十三年立在位三十七年俱不合年數且武昭蒙孝公之餘業而武享國尤淺不可以霸歸之顏師古及司馬貞以十七歲爲定謂伯王指始皇自昭王滅周後至始皇初立政由太后未得稱伯九年誅嫪毐恰十七年古史從之攷昭王五十一年乙巳取西周嫪毐作亂歲在癸亥計十九年竝非十七況必誅毐而乃稱伯則前此始皇爲未出乎張守節謂孝公二年顯王致胙後從三年至十九年顯王致伯是霸也（湖本正義有譌字）子惠王稱王是王者出也攷孝公三年迄惠文改元共三十六年數更不合獨周嬰卮林以七十七年爲定謂孟增幸于成王造父幸于繆王非子幸于孝王始與周合也宣王以秦仲爲大夫與周別也宣王元年爲秦仲十八年自此至惠文十四年依年表凡五百二年（本紀五百七十歲誤）于時秦始稱王更元是別五百歲復合也自惠文王元年至始皇立之載得七十七年所云合七十七年而伯王出也比較諸說周氏似勝然攷秦仲十八年至惠文十四年凡五百三年蓋惠文即于十四年更元如欲合五百二年之語當云十三年耳又惠文更元至始皇立乃

七十九年周所說年數頗差余謂始皇生于周赧王五十六年秦昭襄王四十八年自始皇初生逆數至惠文改元之歲爲六十六年而後四年西周亡鼎入秦以此準之恰得七十年史儋之言庶不爽矣

十年烈王崩弟扁立是爲顯王

附案烈王在位七年此作十年非蓋傳寫誤直其下耳史漢中七十兩字多譌易廣宏明集破邪論謂烈王弟顯王篡立以爲出史目年紀二書不知何據而言篡也

四十四年秦惠王稱王其後諸侯皆爲王

案秦惠稱王秦紀秦表均不書（秦紀誤秦爲魏）而楚世家懷王四年田完世家宣王十八年附書之張儀傳亦云儀相秦四歲立惠王爲王與此紀書于顯王四十四年政合乃秦惠十三年也秦惠在位二十七年改十四年爲元年豈非以稱王之故歟然此謂諸侯爲王皆在秦惠稱王之後則誤已（古史仍史之誤而又改之曰時諸侯皆爲王尤誤）其時稱王者燕秦楚齊趙魏韓七國宋中山二小國亦稱之（水經注三十三卷七國稱王巴亦王焉朝鮮侯準亦稱王見後書東夷傳）凡茲九國惟楚僭王遠在春秋之前說見十二侯表其餘八國齊最先宋次之魏次之秦次之燕韓中山次之趙最後齊爲王始于威王二十六年當顯王十六年也魏爲王始于惠王後元年當顯王三十五年也（魏惠改元稱王與秦惠同史誤以改元爲魏襄元年大事記謂魏稱王在顯王十六年拔邯鄲之後亦非戰國秦齊策言魏伐邯鄲因退爲逢澤之遇乘夏車稱夏王魏拔邯鄲衞鞅說魏行王服恐不可爲稱王之證）秦紀于惠王四年書齊魏爲王（誤齊字）十三年復書

魏君爲王表亦書魏爲王于十三年俱謬也宋爲王始于偃王十一年當顯王三十三年以爲當愼靚三年者誤也燕爲王始于易王十年韓爲王始于宣惠王十年（韓世家誤爲十一年）中山不知何君俱當顯王四十六年也趙武靈爲王之年無攷趙世家武靈八年五國相王趙獨否令國人謂己曰君武靈八年爲愼靚王三年是歲無五國相王事殊不足據大事記改書于顯王四十六年云韓燕中山皆稱王趙獨稱君大紀因之而攷世家武靈十一年書王召公子職于韓則趙之爲王其在愼靚之六年乎索隱正義及元吳師道國策注言稱王之年皆未詳覈

子愼靚王定立

附案晉常璩華陽國志作愼王而路史前紀注引志作靜王又作順王葢單稱之耳靚即靜字順與愼通

子赧王延立

案竹書稱隱王是也隱王卒于西周武公東周文君之前安得無謚沈約竹書注謂赧隱聲相近非也索隱云謚法無赧政以微弱竊鈇逃債赧然慙愧故號曰赧耳又皇甫謐云名誕恐誤

王赧時東西周分治

附案東西周之分治始于顯王二年趙與韓分周爲兩之時顯王雖在東周徒建空名至赧王復徙都西周此言王赧時分治追言之也而東西周之分大事記攷之最詳元蘇天爵元文類亦有吳澂東西周辨葢周西都鎬京而河南郟鄏周公以居九鼎謂之王城洛陽下都周公以居頑民謂之成周平王居王城東遷之始至敬王因子朝之亂徙都成周及考王初年以王城故墟封其弟揭賓爲西周桓公而桓公之孫惠公復封其少子班于鞏號東周惠公是西周惠公獨擅河南之地而東周惠公食采于鞏兼政洛陽焉故平王之後所謂西周者豐鎬也東周者洛陽也顯王之後所謂西周者河南也東周者洛陽也公羊傳以王城爲西周成周爲東周說亦甚明

翦請令楚賀之以地

附案國策賀作資即此處上文亦云以地資公子咎則賀字是傳寫之譌

秦召西周君西周君惡往故令人謂韓王曰秦召西周君將以使攻王之南陽也王何不出兵于南陽

案國策或爲周君謂魏王曰秦召周君將以使攻魏之南陽王何不出兵于河南葢策所云河南是也史言南陽非史所云韓王是也策言魏王非西周與韓近也

王赧謂成君

集解徐廣曰國策韓兵入西周西周令成君說秦求救當是說此事而脫誤也（通志亦云缺文）

韓徵甲與粟于東周

案策作西周

期三月也

案策云不過一月必拔之作一月爲是

三十四年蘇厲謂周君曰秦破韓魏扑師武北取趙藺離石者皆白起也

案此語最爲可疑策與史皆不免有誤攷伊闕之戰秦敗韓魏虜韓將公孫喜殺魏將犀武（武卽師武）其事固屬白起若秦取趙離石在顯王四十一年取藺在赧王二年皆非白起之功蓋其時起未出也此何以稱焉又策作取藺離石祁祁屬太原（呂子審應篇言趙惠王時藺離石入秦亦非）

還其行

附案凌稚隆評林曰國策作畱其行注畱不進也此還字恐是遲字之誤

西周恐倍秦與諸侯約從

案王應麟通鑑答問有赧王倍秦與諸侯約從攻秦一條云左氏謂王貳于虢王不可言貳此謂王倍秦王不可言倍周之空名猶在諸侯之上天下謂之共主作史者當有君臣之分也余案左傳有云王叛王孫蘇竝屬載筆之失

周君王赧卒

附案集解引宋忠謂王赧諡西周武公固誤索隱謂周君卽西周武公斯時武公與王赧皆卒亦誤蓋東西二周各自有君王赧特居西周耳烏得合爲一人且果是西周不應連書君王國策吳注辨之矣而西周武公竝未偕卒故下文云遷西周公于𢾾狐也索隱謬以武公與王赧同卒遂移東周之文君指爲武公太子以當下文之西周公李代桃僵豈不乖乎史詮又據徐廣說東周惠公薨于顯王九年惠公與武公兄弟計武公當卒顯王世此周君乃別一人史失其名諡亦未然東周止惠公文君兩代而歷一百十九年之久本有可疑但東周惠公是西周惠公之少子雖與武公爲兄弟年歲懸殊（疑東惠是庶生）而六國表中徐廣所引紀年今紀年所無竹簡出于汲冢斷爛倒錯其歲次年數大半不足信兼有僞亂當愼取之史詮據以爲斷謬矣然則史何以書周君王赧卒曰史詮引吳文學云君字羨文是也蓋後人傳寫羼入矣以徵之楚世家頃襄王十八年周王赧使武公說楚相昭子毋圖

周此稱周王赧之明驗也論衡儒增篇述史記云王赧卒御覽八十五卷引史記云周王赧卒此史記元本無君字之的證也惟赧非謚不書其謚隱而書其號曰赧以失國貶書卒未免失史法（六國表書曰赧王卒）

秦取九鼎寶器

附案九鼎者一州一鼎凡有九也國策顏率謂齊王曰昔周伐殷得九鼎一鼎九萬人挽之九九八十一萬人左傳桓二年疏云顏率挽鼎人數或是虛言要知其鼎有九故稱九鼎（書召誥疏又云九牧貢金爲鼎故稱九鼎其實一鼎顏率游說之詞不可信用孔氏說一事而彼此牴牾如斯史正義亦云禹貢金九牧鑄鼎于荊山下各象九牧之物故言九鼎以九鼎爲一鼎者本于墨子耕柱篇未足爲據）子華子問鼎篇黃帝之鑄一禹之鑄九拾遺記禹鑄九鼎五以應陽

法四以象陰數惟鼎有九是以威烈王二十三年九鼎震顯王三十三年鼎淪于泗（說見封禪書）赧王五十九年鼎入于秦然則一鼎已淪于泗淵秦所取者八鼎非有九也此云九者亦猶上文馬犯之言九鼎統稱焉耳或疑淪泗近于誕困學紀聞十一載涵水李氏說泗水在宋彭城九鼎無緣至宋斯又誤以鼎爲遷時所淪因疑從周至秦不應道經宋地遂有謂沈泗水者是周鼎非禹鼎微子封宋賜以周鼎宋亡沈于泗（馮氏解春集云然）殊不知先淪後遷相隔八十一年不得合爲一事鼎淪于宋亡四十一年之前與宋無涉而鼎之神異誠有如墨子所稱不舉而自藏不遷而自行者夫豈汾陰贋鼎之比哉三國志魏明帝紀注言秦所鑄銅人潸然淚下于將徙北

魏楊衒之洛陽伽藍記言爾朱榮入洛平等寺金像悲淚三日晉書張華傳言張華漢祖之劍或飛合于水或飛出于火靈爽少奕倘能若是況神禹之鼎乎史正義及通攷並云一飛入泗水餘八入于秦中蓋猶太丘社之能自亡也始皇令千人沒泗求鼎欲以完九鼎之舊未免于愚而漢得秦寶器不聞有鼎抑獨何歟論衡儒增篇既誤以九鼎爲一鼎故謂此處秦取鼎爲誤而又謂鼎不能神俱是妄論

而遷西周公于𢧐狐

案史公書西周之遷而不書東周之遷陽人聚殊爲疏漏

秦莊襄王滅東西周

案西周已見滅于赧王五十九年秦昭王五十一年此與年表及燕世家皆誤多一西字田完世家又但言秦滅周少一東字惟春申君傳言取東周不誤也史詮曰西字衍

所謂周公葬我畢畢在鎬東南杜中

案我字不可解當是于字之誤史公蓋引書序也畢有二在渭南者名畢郢文武周公之墓在焉所謂鎬東南杜中韓昌黎南山詩前尋徑杜墅坌蔽畢原陋是也在渭北者名畢陌秦惠文悼武兩陵及漢諸陵在焉唐劉滄咸陽懷古詩渭水故都秦二世咸原秋草漢諸陵是也畢公高之封亦在渭南向來注家多混即程大昌雍錄辨文王葬畢尚疑不能明此本四書釋地又續其詳別見日知錄廿二卷

史記志疑卷三終　南海潘乃成番禺黎永椿沈葆和沈寶樞校字

史記志疑卷四

仁和梁玉繩撰

秦本紀第五

玄鳥隕卵女脩吞之生子大業

案吞卵之妄同于簡狄說在殷紀中

咨爾費

案費是國名竹書費侯伯益是史誤以大費爲名故不曰咨益而曰咨費舜果有斯語哉秦趙同祖其所說神怪事俱自傅會以衒世史公信而紀之失之蕪矣

乃妻之姚姓之玉女

附案玉女者珍之也禮記曰請君之玉女呂氏春秋貴直篇亦有身好玉女語而徐廣引皇甫謐云賜之元玉妻以姚姓之女殆妄說也

實鳥俗氏

附案秦詩譜疏引此作鳥谷通志氏族略云鳥浴氏又譌爲路洛氏未知誰是

大廉玄孫曰孟戲中衍鳥身人言

案索隱云舊解以孟戲仲衍是一人今以孟仲分字當是二人名也索隱是人表亦分作二人（人表戲作獻路史作虧）但鳥身上似脫中衍二字不然太戊妻之當何屬而下文所謂中潏者又誰之玄孫（路史後紀七辨孟虧當夏中世非仲衍兄）然鳥身之說似誕（趙世家作中衍人面鳥噣）

是時蜚廉爲紂石北方

附案集解徐廣曰皇甫謐云作石椁于北方索隱曰石下無字則不成文意亦無所見必是史記本脫皇甫謐尚得其說徐雖引之而竟不云是脫何字專質之甚余攷水經注六述此事言飛廉先爲紂使北方御覽五百五十一卷引史記亦曰時飛廉爲紂使北方使字甚確當因傳寫譌使爲石非字有脫皇甫說不足據因下有石棺而妄言之徐廣引之以著異同元非以補史缺而亦不知其誤也至御覽四十卷引史又言蜚廉先爲紂作石槨必兼采徐注以臆增改爾古史于石下加棺字亦非

賜爾石棺以華氏死遂葬于霍太山

案孟子言飛廉戮于海隅而此言天賜石棺以葬于霍太山妄也

得驥溫驪驊騮騄耳之駟

附案穆王八駿史不全具葢皆因其毛物以命名而趙世家云造父取驥之乘匹與桃林盜驪驊騮綠耳較此紀又異也溫字誤徐廣云一作盜是世家及穆天子傳列子穆王篇博物志竝作盜乃淺青色馬索隱直以溫音盜非鄒誕生本作駣亦非荀子性惡篇作纖離

西巡狩樂而忘歸徐偃王作亂造父爲繆王御長驅歸周以救亂（周下一本有日行千里四字以注觀之當有）

案三墳補逸曰竹書穆王北征犬戎而徐夷侵洛造父御王

歸定其亂乃復西征見西王母與史不同未詳孰是正義曰古史攷云偃王與楚文王同時去周穆王遠矣且王者行有周衞豈得救亂而獨長驅日行千里乎竝言此事非實年表穆王元年去楚文王元年三百一十八年余謂此事詳載後漢書東夷傳眞僞莫攷譙周所疑而以爲徐偃與楚文同時則仍韓子之誤也五蠹篇云徐偃王行仁義荆文王恐其害己也伐徐滅之三百十八年之數亦未確厲王已上年表無年不識守節從何案譣據世表穆王時之楚子是熊勝楚文王淮南人間訓作莊尢誤

有子曰女防

附案秦詩譜疏引此作女妨人表同疑此譌寫

太几生大駱

附案詩疏引此作大雒人表同葢古通用雒亦馬名也

大駱生非子以造父之寵皆蒙趙城姓趙氏

案上文言造父封趙城族由此爲趙氏是也乃又謂非子蒙趙城則非索隱又謂始皇生于趙故姓趙尢非說本魏張晏葢秦趙同祖後人或可互稱故陸賈傳曰秦任刑法不變卒滅趙氏漢書武五子傳曰趙氏無炊火焉左思魏都賦曰二嬴之所曾聆三國志陳思王疏曰絕纓盜馬之臣赦楚趙以濟其難楚世家及越絕書外傳記地淮南子人閒秦族二訓稱始皇爲趙政南越傳稱蒼梧王趙光爲秦王文選王融策秀才文云訪游禽于絕澗作霸秦基若以造父之趙蒙非子之秦未免礙理說見紀末

其長者曰莊公

附案襄公始爲諸侯襄公之先不過大夫而已稱莊公者詩秦風譜疏云葢追謚之理或然也或曰承非子之初封僭稱爲公猶非子之子稱秦侯耳十二侯表索隱本作莊公其以其爲名非也

以女弟繆嬴爲豐王妻

附案評林曰周無豐王閣本作幽王葢幽豐字相近而又適其時作幽似矣然幽王妻申后何以有繆嬴邪方氏補正曰不后而妻葢夫人嬪婦之類時秦僻陋故史以妻書耳方氏雖據曲禮天子有妻有妾爲解然何以不直言納女邪海鹽周孝廉廣業曰豐王疑是戎王之號荐居岐豐因稱豐王與亳王一例非幽王也上下文周厲王周宣王周幽王周平王皆連周字知此必非幽王秦襄以女弟妻戎王卽鄭武公妻胡之計耳說甚愜

戎圍犬丘世父

案世父二字衍

乃用騮駒黃牛羝羊各三祠上帝西畤

案年表及封禪書各三當作各一上帝當作白帝

岐以東獻之周

附案鄭秦詩譜曰橫有周西都宗周畿內八百里之地孔疏曰如鄭言是全得西畿與本紀異案終南山在岐之東南大夫戒襄公已引終南爲喻則襄公亦得岐東非惟自岐以西也如本紀之言秦之東境終不過岐而春秋之時秦境東至

于河襄公已後更無功德之君復是何世得之明襄公救周卽得之矣本紀不可信余謂鄭譜固誤孔疏尤誤終南隔渭相望詩人起興不必定是得岐東秦地至河在晉惠公獻地後乃穆公創霸時事左傳及本紀甚明不得言襄公後無功德之君秦地卽至河也至獻岐東之說或者秦獻之而周不能有遂仍入于秦乎

是爲寍公

附案始皇紀末秦記作憲公人表同卽索隱于秦記引秦本紀亦作憲公則寍字以形近致譌此與年表竝當改爲憲公

徐廣謂寍一作曼非

遣兵伐蕩社

附案索隱曰西戎之君號亳王葢成湯之胤其邑曰蕩社徐廣云一作湯杜言湯邑在杜縣之界也余謂蕩卽湯古字通用西戎亳王號湯社乃衍文杜字亦非水經注廿三卷引此紀作湯無社字可證湯在杜縣之界後人以杜字注其下混入本文而又譌爲社耳周本紀論杜中徐廣云一作社亦譌杜爲社也（封禪書杜亳杜主祠魏世家惠王十六年杜平竝譌作社）

鄭高渠眯

附案眯卽瞯字史以眯爲彌音相近而彌又作弥形相似耳晉世家以提彌明爲示眯明亦同

十三年齊人管至父連稱等殺其君襄公

案左傳事在秦武公之十二年

晉滅霍魏耿

案晉滅三國在秦成公三年此書于武公十三年相隔二十四載宋葉大慶攷古質疑糾之矣

以犧三百牢祠鄜畤

附案封禪書索隱曰百當爲白秦君西祀少昊牲尚白雖奢侈僭祭郊本特牲不可用三百牢以祭天葢字誤耳徐氏測議曰吳子徵會百牢秦人僭侈既用郊畤未必臻特牲之禮百字不爲誤也二說徐是此紀及封禪書漢郊祀志固竝云三百牢若改爲白句法不順

三年鄭伯虢叔殺子穨而入惠王

案此宣公四年事

晉獻公滅虞虢虜虞君與其大夫百里傒以璧馬賂于虞故也

既虜百里傒以爲秦繆公夫人媵于秦

案孟子言百里奚知虞公之不可諫而去之秦知虞公之將亡而先去之安得有被執爲媵之事被執爲媵者虞大夫井伯也史誤合爲一人故于晉世家連書虜井伯百里奚而于此紀直以百里奚替井伯路史後紀四注妄謂井伯奚邑于百里然誤從韓子說難呂子愼人篇來或問以井伯爲別一人奚據曰人表百里奚在第三等井伯在第六等斯乃的證況朱子已曾辨其非一人矣（見困學紀聞十一又通志氏族略三百里氏下不及井伯略五井氏下不及百里亦以爲兩人也）

百里傒亡秦走宛楚鄙人執之繆公聞百里傒賢欲重贖之恐

楚人不與乃使人謂楚曰吾媵臣百里傒在焉請以五羖羊皮贖之楚人遂許與之

案後漢書循吏傳注唐李善文選陸機演連珠注引韓詩外傳論衡並言秦大夫禽息薦百里奚當是也此言繆公贖于楚呂氏春秋愼人篇言公孫枝以五羊皮買之而獻諸穆公說苑臣術篇言賈人買以五羖羊皮使將鹽車與萬章言自鬻于秦商鞅傳卽萬章說皆好事者爲之言人人殊不足辨已戰國時造詞以誣聖賢何所不有韓子難言篇稱傳說轉鬻矣況百里傒乎或曰此亦井伯事也

而乞食銍人

附案徐廣銍作銍是

周王子頽好牛臣以養牛干之

案此卽食牛要秦之說孟子已辨其妄變秦言周其誣一矣甯戚未遇亦嘗飯牛則鬻牛羊于市奚未遇時或爲之故孟子曰舉于市莊子田子方篇曰奚飯牛而牛肥穆公忘其賤與之政趙良曰舉牛口之下而世又號爲五羖大夫蓋非盡無因也特未若好事者之誕爾史公好聚舊記時插雜言不惟與經相戾且與商鞅傳矛盾

事虞君蹇叔止臣臣知虞君不用臣臣誠私利祿爵且留再用其言得脫一不用及虞君難

案奚先去虞矣何云及虞難此卽見虞爲媵之說也孟子稱奚智且賢若私利祿爵豈特不智不賢已哉

秋繆公自將伐晉戰于河曲

案春秋河曲之戰在魯文十二年乃秦康公時事下文書之而此忽出斯語相隔四十餘年且戰在冬十二月非秋也蓋十一字是羨文

太子申生死新城重耳夷吾出奔

案此從春秋書申生死于穆公五年表從左傳書于四年然二公子之出奔春秋不書也

使百里傒將兵送夷吾

案傳是齊隰朋會秦師納惠公不言秦帥何人此以百里傒實之未知所出

請割晉之河西八城與秦

案傳言許賂秦伯以河外列城五此言河西八城當誤以虢略等又爲三城也

十二年齊管仲隰朋死

案齊世家在齊桓公四十一年當魯僖秦穆之十五年此誤書于十二年也是年桓公方使管仲平戎于王隰朋平戎于晉何以死哉然其誤從穀梁傳來穀梁于魯僖十二年楚人滅黃傳言管仲死耳

晉旱來請粟

案此句上失書十三年

傒曰夷吾得罪于君其百姓何罪

案晉世家依內外傳以此爲穆公語非百里傒之言也然外

傳不及奚而以左傳所載奚語幷入穆公口中亢是不同
十四年秦飢請粟于晉晉君謀之羣臣虢射曰因其飢伐之可有大功晉君從之十五年興兵將攻秦繆公發兵使丕豹將自往擊之
案晉世家亦謂惠公用虢射謀不與秦粟而發兵伐之攷內外傳晉但不與粟而已未嘗有因飢伐秦之事秦之伐晉爲其三施無報豈因晉來攻而秦擊之乎且未嘗使丕豹將也又秦飢請粟在十四年冬戰于韓原在十五年九月盍有興兵閱四時而始交戰者此及世家皆誤
吾將以晉君祠上帝
案內外傳秦有殺惠公之議而無祀上帝之言此與晉世家

竝非
周天子聞之曰晉我同姓爲請晉君
徐氏測議曰左傳周無請晉君之文初獲晉君亦未能遽及當是穆姬力也
秦妻子圉以宗女
案晉語秦伯曰寡人之嫡此爲才則懷嬴是穆公之女也此與晉世家言宗女非
十八年齊桓公卒
案齊桓卒于秦穆十七年此誤
二十年秦滅梁芮
案表書秦滅梁于十九年是此誤在二十年也至芮國之滅
則不可攷左傳桓四年疏曰不知誰滅之無錫顧氏棟高春秋大事表引汲冢書滅芮在秦穆公二十年今竹書無之當是引路史國名紀注也見卷五亦與史不合通志氏族略云芮爲晉所滅又未知何據
秦繆公將兵助晉文公入襄王殺王弟帶
案左傳云晉侯辭秦師而下晉語子犯云秦將納之則失周矣是秦未嘗助晉納王也晉世家與左氏合此誤
鄭人有賣鄭于秦
案賣鄭者卽戍鄭之秦大夫杞子也而此與晉世家以爲鄭人何歟據鄭世家或者鄭司城繒賀與杞子比而賣鄭乎
使百里傒子孟明視蹇叔子西乞術及白乙丙將
案史公敍襲鄭之事依公穀故與左傳異然公穀但云二老

哭送其子而已未嘗謂三帥卽其子也乃史取而實之杜世族譜以術丙蹇叔子爲妄記異聞甚是而杜因左傳稱百里孟明視譜遂以孟明是奚之子亦未可全信呂氏春秋悔過篇蹇叔有子曰申與視注申白乙丙又以孟明視爲蹇叔子唐書宰相世系表更以西乞白乙爲孟明子踵謬仍譌眞史通所謂李代桃僵者矣
滑晉之邊邑也
案穀梁曰滑國也攷春秋莊十六年滑伯始見于經至此爲秦所滅攷經書秦人入滑其後成十三年晉使呂相絕秦所謂殄滅我費滑者邊邑云乎哉杜釋例土地名云滑國都于費河南緱氏縣
文公夫人秦女也爲秦三囚將請曰繆公之怨此三人

案史詮云時穆公未卒不宜以謚稱當如下文稱我君余因歷攷之家令說太公曰今高祖雖子人主也高祖紀 齊內史說王曰太后獨有孝惠與魯元公主張辟彊謂丞相曰太后獨有孝惠呂后紀 屈宜臼曰昭侯不出此門六國表 陳乞謂諸大夫曰高昭子可畏齊世家 管叔及羣弟流言曰周公將不利于成王周公告太公召公曰成王少戒伯禽曰我成王之叔父病將沒曰必葬我成周以明吾不敢離成王公子揮譖曰隱公欲遂立請爲子殺隱公子家曰齊景公無信六卿爲言曰晉欲內昭公魯世家 夫人曰此靈公命也衛世家 華督使人宣言國中曰殤公即位十年耳叔瞻曰成王無禮宋世家 宰孔曰齊桓公益驕重耳曰齊桓公好善齊使曰蕭桐姪子頃公母頃公母猶晉君母晉世家 國人每夜驚曰靈王入矣弃疾使人呼曰靈王至矣吳謂隨人曰欲殺昭王隨人謝吳王曰昭王亡不在隨齊湣王遺楚王書曰今秦惠王死武王立楚世家 莊公曰武姜欲之子亹曰厲公居櫟內厲公楚共王曰鄭成公孤有德焉鄭世家 延陵季子曰晉國之政卒歸于趙武子韓宣子魏獻子之後矣趙世家 屈宜臼曰昭侯不出此門昭侯嘗利矣昭侯不以此時卹民之急韓世家 田乞紿大夫曰高昭子可畏也齊人歌曰歸乎田成子田完世家 孔子曰趙簡子未得志之時孔子世家 太后曰傅教孝惠陳丞相世家 公叔之僕曰君因先與武侯言武侯即曰柰何君因謂武侯吳起傳 子羔謂子路曰出公去矣弟子傳 韓廆曰謂秦昭王出楚懷王孟嘗君傳 新垣衍謂趙王曰尊

秦昭王爲帝魯仲連傳 貫高等說王曰今王事高祖甚恭而高祖無禮張敖曰賴高祖得復國秋豪皆高祖力也貫高等曰今怨高祖辱我王呂后數言張王以魯元公主故不宜有此張耳傳 此史記中預以謚稱之者凡斯眾端皆史家記事之失後人載筆或可先稱其謚若述當時人語則是生而謚矣然其誤不始于史公如禮記孔子曰季桓子之喪衛君請弔哀公辭不得命康子立于門右曾子問 左傳石碏曰陳桓公方有寵于王隱五 公羊傳公子翬曰吾爲子口隱矣並是生時稱謚經典明文尚不免此病其他諸子雜記不可枚舉若困學紀聞日知錄所引者不過撮述數條而已顧氏云自東京以下即無此語穆天子傳河伯號帝曰穆滿

繆公于是復使孟明視等將兵伐晉戰于彭衙秦不利引兵歸

案年表依春秋書彭衙之戰于三十五年此在三十四年誤又是役也秦師敗績何云不利引歸必秦史諱之史公仍其誤耳

繆公怪之問曰中國以詩書禮樂法度爲政然尚時亂今戎夷無此何以爲治不亦難乎由余笑曰此乃中國所以亂也

史剡曰所貴乎有賢者爲其能治人國家治人國家舍詩書禮樂法度無由也今由余曰是六者中國之所以亂不如戎夷無之爲善而穆公用之則亡國無難若之何其能霸哉是特老莊之徒設爲此言以詆先王之法太史公遂以爲實而載之過矣

于是繆公退而問內史廖

案韓詩外傳九作王繆

取王官及鄗

附案鄗字譌當依左傳作郊正義鄗音郊非也

封殽中尸爲發喪哭之三日乃誓于軍

案秦誓書序謂敗崤還歸而作先儒多從之而史公繫于封殽尸之後前編依以爲說攷古質疑謂史誤四書釋地又續曰王伯厚亦莫能折衷但云二書各不同以左傳攷之誓當作于僖三十三年夏秦伯素服郊次鄉師而哭之日不作于文三年夏封殽尸將霸西戎之時葢霸西戎則其志業遂矣豈復作悔痛之詞哉

君子聞之皆爲垂涕曰嗟乎秦繆公之與人周也卒得孟明之慶

滹南集辨惑曰左氏云君子是以知秦穆公之爲君也舉人之周也與人之壹也至于孟明子桑皆有贊美之詞凡左氏所謂君子者葢假之以爲襃貶之主而非指當時之士也安有所謂聞之垂涕者哉

益國十二開地千里

案千里之地或能開闢而益國十二則未敢爲信匈奴傳言八國服秦當是此誤仍韓子十過篇非其實也李斯傳云并國二十文選上始皇書作并國三十漢書韓安國傳秦繆公并國十四竝非子書中如荀子仲尼篇齊桓公并國三十五韓子有度篇荊莊王并國二十六齊桓公并國三十難二篇晉獻公并國十七服國三十八呂氏春秋貴直篇晉獻公兼國十九眞諫篇楚文王兼國三十九說苑正諫篇荊文王兼國三十同一妄也

天子使召公過賀繆公以金鼓

案召公謚武名過湖本誤以過字屬下句但攷國語召武公過爲召昭公之父而左傳僖十一年書召武公之後不復見至文五年書召昭公來會葬則武公已前卒矣繆公金鼓之賀在魯文四年其爲召昭公無疑豈有父子同名之理必此誤耳

收其良臣而從死

附案史公所說本于左傳文選王仲宣詩所謂臨歿要之死焉得不相隨也然攷漢書匡衡傳注應劭曰穆公與羣臣飲酒酒酣公曰生共此樂死共此哀奄息等許諾及公薨皆從死則是三良下從穆公出于感恩戴德之私而非穆公命之殉也曹子建詩秦穆先下世三臣皆自殘生時等榮樂既歿同憂患蘇東坡詩昔公生不誅孟明豈有死之日而忍用其良乃知三子殉公意亦如齊之二子從田橫俱本應氏說烏得云穆公奪之善人哉昔賢謂三良死非其所欲與梁丘據安陵君同譏非偏論已柳子厚詩疾病命固亂魏氏言有章從邪陷厥父吾欲討彼狂東坡晚年和陶詩又云殺身固有道大節要不虧君爲社稷死我則同其歸顧命有治亂臣子

得從違魏顆嘉孝愛二良妾足希刺三良而責康公所見益
高
是知秦不能復東征也
日知錄曰秦至孝公而天子致伯諸侯畢賀其後始皇遂并
天下左氏此言不驗史公何以并錄之乎
秦伐晉於武城
案於乃取字之誤左傳及年表可證
戰于河曲大敗晉軍
案文十二年左傳云戰交綏秦師夜遁此以爲大敗晉軍妄
矣年表及晉世家言大戰亦非杜注古名退軍爲綏秦晉兩
退故曰交綏
乃使魏讎餘詐反正義讎又作犨非
附案晉世家作壽餘與左傳合而此獨以壽爲讎者蓋古通
借用字春秋繁露循天道篇云壽之爲言讎也
子共公立
案共公失書名
共公立五年卒
案年表及秦記竝作五年攷秦共四年當魯宣四年而春秋
宣四年書秦伯稻卒則共公不得有五年也史誤以秦桓元
年爲共公五年爾
晉敗我一將
附案晉世家作虜秦將赤攷年表書獲諜卽左傳宣八年殺
秦諜之事也索隱云赤卽斥謂斥候之人彼諜卽此赤也然
旣稱爲諜不得號曰將欲稱爲將不得復曰赤豈秦將名赤
者詐爲細作而被晉獲之歟史必別有所據故紀表世家所
書各異蓋互見耳索隱謂赤爲斥疑古字通水經洹水注縣
南角有斥丘明朱謀㙔注箋云舊本作赤丘也
十年楚莊王服鄭
附案十年乃七年之譌
桓公立二十七年卒子景公立
案史誤滅桓之一年以益共公故作二十七其實二十八年
也紀表俱誤桓景之名春秋史記皆失書宋程公說春秋分
記及皇王大紀謂桓公名榮當別有據至集解索隱皆引世
本謂景公名后伯車則誤甚攷左傳景公母弟鍼字伯車又
字后子安得移作景公之名春秋分記謂景公名后也又景
公索隱引始皇紀作哀公而始皇紀無哀公之文況秦別自
有哀公乎蓋秦記誤稱景公爲僖公小司馬欲兩存之復誤
以僖作哀爾
晉悼公彊數會諸侯率以伐秦敗秦軍秦軍走晉兵追之遂渡
涇至棫林而還
案襄十四年左傳棫林之軍是晉遷延之役也未嘗交兵有
何敗走追逐之足云乃此與晉世家言晉敗秦而年表又言
秦敗晉竝妄
二十七年景公如晉與平公盟已而背之

案左氏襄二十六年經文前傳曰會于夷儀之歲秦晉爲成晉韓起如秦涖盟秦伯車如晉涖盟成而不結杜注云在二十四年而特跳此者傳寫失之魯襄二十四年當秦景二十八年乃年表旣誤書此事于二十九年而紀又誤在二十七年且是盟也伯車如晉非秦景自行紀表皆言景公如晉豈史公亦謬以伯車爲景公名耶成而不結故後二年伯車如晉脩成秦未嘗背晉此又紀之誤

哀公八年楚公子弃疾弑靈王而自立是爲平王

附案昭十三年春秋弑靈王者是公子比而史于秦紀及吳魯蔡曹陳衞宋鄭八世家皆稱弃疾斯乃史公特筆雖與春秋異詞不免背經信傳而于誅首惡之旨固合故小司馬于吳世家云史記以平王遂有楚國故曰弃疾弑君春秋以子干爲王故曰比弑其君彼此各有意義也

十一年楚平王來求秦女爲太子建妻至國女好而自娶之

案年表及楚世家在平王二年爲秦哀公十年此在十一年竝誤攷左傳在魯昭十九年爲秦哀十四年也

孔子行魯相事

案相乃儐相卽會夾谷之事非當國爲相也此紀及吳齊晉楚魏五世家伍子胥傳竝誤說在孔子世家中

五年晉卿中行范氏反晉晉使智氏趙簡子攻之范中行氏亡奔齊

案此所書有三誤事在秦惠公四年非五年事一也伐范中

行者知韓魏三家趙簡子已奔晉陽竝不與攻范中行氏二也范中行之奔齊在秦悼公二年首尾相去八歲是時但奔朝歌耳三也

惠公立十年卒

案此與秦記及表皆以爲十年然攷春秋哀三年書秦惠公卒魯哀三年當秦惠九年則秦惠無十年明矣史皆誤

六年吳敗齊師

案哀十年左傳乃齊敗吳師也此誤

十二年齊田常弑簡公

案事在秦悼十年此誤書于十二年也

秦悼公立十四年卒

案悼公享國十五年秦記可證史謬加惠公在位九年爲十年遂減悼公十五年爲十四年此與表同誤

孔子以悼公十二年卒

案孔子之卒止宜書于周魯餘可不書也若以爲天下一人不可不書則各國皆宜書又何以僅書于周秦兩紀魯燕陳衞晉鄭六世家乎史記中斯類甚多亦體例之參錯可議者附論于此不及徧舉

殺智伯分其國

案智伯不可言國當改曰分其邑

躁公二年南鄭反

大事記曰水經注南鄭縣卽漢中郡治也秦惠王始取楚漢

中置漢中郡今躁公之時已書南鄭反豈地之往來不常先嘗屬秦歟六國表厲共公二十六年已先書城南鄭矣

義渠來伐至渭南

盧學士曰渭南六國表作渭陽水北曰陽若據表則渭南爲非矣

靈公六年晉城少梁秦擊之

附案六國表戰在七年大事記云出師在六年而戰在七年

十三年城籍姑

案靈公在位止十年卽卒于城籍姑之歲也安得十三年乎三字衍

十六年卒

案表及秦記皆作簡公在位十五年是也此言十六年誤但索隱引紀年云簡公九年卒次敬公立十二年秦記引作十三年乃立惠公與史不同所謂詞卽難憑時參異說者矣

惠公十二年子出子生

案表謂十一年生未知孰是但秦之先已有出子矣不應復以稱惠公太子表及秦記竝稱爲出公是也世本作少主呂氏春秋作小主

十三年伐蜀取南鄭

案紀表前此書秦城南鄭及南鄭反矣則南鄭非蜀土也史詮曰史表蜀取我南鄭當從史表爲是

庶長改迎靈公之子獻公于河西而立之殺出子及其母沈之淵旁

案呂氏春秋當賞篇述獻公自魏入立事言獻公圍小主夫人夫人自殺與此言被殺沈淵異

獻公元年

案秦諸君多失名呂氏春秋稱獻公爲公子連高誘注一名元非也則獻公名連史何以不書索隱謂名師隰未知所出又秦記索隱引世本作元獻公疑史脫元字葢兩字謚也越絕書外傳記地謂之元王秦追尊之爾

合七十七歲而霸王出

案七十七歲似誤辨在周紀

十八年雨金櫟陽

案前靈公作上下畤獻公此年又作畦畤紀中諸時皆書而獨缺三時何耶表亦失書

天子賀以黼黻

附案宋婁機班馬字類引史作黼黻又引正義曰雖非字體歷代史記本同見論例然則今本改爲黹旁也

虜其將公孫痤

案年表于秦魏二表皆言虜太子葢因齊虜魏太子申而誤事在後二十一歲而此紀及魏世家作公孫痤趙世家作太子痤皆誤葢秦虜公孫痤非太子也魏無二太子太子名申不名痤也痤氏公叔非公孫也當依國策稱公叔痤爲是商君傳與策同所可疑者痤既被虜矣而商君傳仍國策載公

叔痤病薦衛鞅之事豈秦虜之而復歸之歟

二十四年獻公卒

案獻公在位年數秦記六國表並稱二十三年是也此作二十四世本作二十二越絕書作二十皆誤

子孝公立

案索隱云孝公名渠梁而越絕稱爲平王葢秦稱王之後加謚追尊若獻公之稱王矣

孝公元年河山以東彊國六與齊威楚宣魏惠燕悼韓哀趙成侯並

案是時燕乃文公非悼公也韓乃懿侯非哀侯也

楚自漢中南有巴黔中

附案史詮曰一本巴作巫巴地屬秦非屬楚也

與魏惠王會杜平

案年表亦稱魏王非也當衍王字大事記曰魏是時未稱王

衛鞅爲大良造將兵圍魏安邑降之

案安邑魏之都其君在焉攷魏惠王三十一年自安邑徙大梁是秦孝公廿二年也魏昭王十年獻安邑于秦是秦昭王廿一年也而此時爲魏惠王十九年秦孝公十年豈得圍而便降且使此時已降則惠王徙都不待十二年之後而安邑舊都又何煩魏昭再獻乎葢安邑二字乃固陽之誤據表及魏世家惠王十九年築長城塞固陽二十年秦商鞅圍固陽降之即此事也紀表與商君傳俱誤作安邑惟魏世家無之固陽之役必圍在十年而降在十一年

四十一縣

案四字疑誤年表及商君傳並作三十一

二十四年與晉戰鴈門

案表在二十三年又鴈門乃岸門之誤小司馬已辨之

孝公卒子惠文君立

案越絕書謂孝公立二十三年與史言二十四年異疑誤也至秦記索隱引本紀云十二年乃下文十三年都咸陽注錯入于孝公享國二十四年句下耳索隱云惠文名駟本後書西羌傳呂覽首時去宥篇注必別有據史失書

三年王冠

案惠文稱王在十三年此與表俱于前三年書王冠雖是追書然于史例不合又大事記曰秦記惠文王昭襄王皆生十九年而立若二十而冠則當在元年而本紀皆書于三年兩書必有一誤也

齊魏爲王

案田完世家威王二十六年自稱爲王當秦孝公九年已先二十年爲王矣而此書于惠文四年豈因魏而誤連言之歟宜衍齊字

六年魏納陰晉

附案漢地理志謂在五年疑非

七年公子卬與魏戰虜其將龍賈斬首八萬

案此卽所謂雕陰之戰也惠文七年爲魏襄四年襄當作惠下同表又書于魏襄二年當惠文五年皆誤宜依魏世家在襄五年當惠文八年爲是至斬首之數亦宜依世家作四萬五千蓋秦尙首功紀仍秦史之虛語耳余因攷之秦自獻公廿一年與晉戰斬首六萬孝公八年與魏戰斬首七千惠文八年與魏戰斬首四萬五千後七年與韓趙戰斬首八萬十一年敗韓岸門斬首萬十三年擊楚丹陽斬首八萬武王四年拔韓宜陽斬首六萬昭襄王六年伐楚斬首二萬七年復伐楚斬二萬十四年攻韓魏斬二十四萬廿七年擊趙斬三萬三十二年破魏將暴鳶斬四萬三十三年又伐魏斬四萬三十四年破魏將芒卯斬十三萬沈河二萬四十三年攻韓斬五萬四十七年破趙長平坑卒四十五萬五十年攻晉軍斬首六千流死河二萬人五十一年攻韓斬四萬攻趙斬九萬始皇二年攻卷斬首三萬十三年攻趙斬首十萬計共一百六十六萬八千人而史所缺略不書者尙不知凡幾從古殺人之多未有如無道秦者也

圍焦降之

案秦兼降曲沃故後三年歸魏焦曲沃也此與六國表內秦表及魏世家俱失書曲沃二字

十一年縣義渠

案縣義渠三字乃羨文是年義渠爲臣非爲縣也其後九年五國伐秦義渠襲秦于李帛之下見犀首傳又後三年秦伐義渠取二十五城至秦武王元年復伐義渠見本紀及年表又范雎傳秦昭王曰義渠之事寡人旦暮自請太后今義渠之事已寡人乃得受命匈奴傳曰昭王時義渠戎王與宣太后亂有二子太后詐殺戎王于甘泉遂起兵伐殘義渠蓋是時始縣之大事記謂赧王四十四年秦滅義渠當是已而于此年云雖以爲縣猶令其君主之則非也赧四十四當秦昭三十六若如此所書惠文前十一年已滅爲縣則必更置令長丞尉惟命是聽安得後此有如許事乎

歸魏焦曲沃

案前二年秦攻取汾陰皮氏焦曲沃四邑今歸魏焦曲沃則是秦祇取汾陰皮氏兩縣也竹書載秦取汾陰皮氏及歸焦曲沃較史皆先一年但此紀昭王十七年書秦以垣爲蒲坂皮氏爲當作易年表魏世家樗里甘茂傳竝言昭王初年秦攻皮氏未拔去竹書隱王八年秦公孫爰疑卽樗里子樗里爲秦惠王弟稱公孫疾譌爰伐皮氏翟章救皮氏九年城皮氏余因疑秦歸魏焦曲沃之時幷皮氏亦歸之紀表世家俱脫不書耳不然皮氏已爲秦取久矣尙何煩用師乎

十三年四月戊午魏君爲王韓亦爲王

案魏惠稱王在惠文四年此紀已書之而是年紀與秦表復書魏君爲王何歟周紀正義引秦紀云惠王十三年與韓魏趙竝稱王所引與此異且秦紀無其文當必有誤蓋是年秦惠稱王故書月書日以別之魏字乃秦字之誤燕世家書燕君爲王是其例也若表中魏字乃羨文表例但書君爲王也

不然魏君爲王矣以入于秦表乎至韓宣惠爲王在秦惠更元一年誤書于是年耳

使張儀取陜

案表及儀傳事在惠文後元年此誤書于十三年也

張儀與齊楚大臣會齧桑

案此與表及儀傳皆缺書魏楚世家云張儀與楚齊魏相盟是也齊魏二世家但言諸侯執政而已

樂池相秦

案後此五年趙武靈王使樂池送燕公子職爲燕王則池是趙人與樂毅爲一族何緣爲相于秦乎疑

韓趙魏燕齊帥匈奴共攻秦秦使庶長疾與戰脩魚虜其將申差敗趙公子渴韓太子奐斬首八萬二千

案此事諸處所載互有不同余詳校之攻秦者實燕楚趙魏韓齊六國而匈奴不與焉攷楚世家云六國攻秦楚懷王爲從長楚爲從長所書自當不謬大事記據之是也此紀不及楚年表及燕世家不及齊趙世家但言與韓魏擊秦魏世家及犀首傳俱言五國攻秦樂毅傳不及燕楚韓齊世家並略之皆錯失不足憑而賈生過秦論又稱九國之師（索隱曰六國之外更有宋衛中山）豈攻秦一役宋衛中山共以兵從如匈奴之屬六國歟是時義渠亦伐秦若幷數之則爲十一國矣（司馬光資治通鑑依年表作五國非而高誘國策注以齊宋韓魏趙爲五國尤非）以秦之戰敗韓趙在次年（八年）秦惠不與攻秦同歲年表各世家可證此紀幷入七年誤（樗里傳索隱引秦紀以圍秦及戰脩魚在八年與今本殊蓋以意言之）蓋六國雖同出師不相應傾故惟韓趙戰秦韓趙既敗四國遂引歸不戰而齊乘趙魏之弊復敗之于觀澤齊眞叵測哉韓公子渴韓太子奐乃是主帥申差特韓之一將爾以後文韓太子倉推之知奐已死矣意彼時渴奐均敗沒申差其生獲者也然韓世家謂秦虜鯫申差則生獲不止一將乃何以此紀既失書鯫而又混稱虜其將申差幾莫辨爲趙將爲韓將（或云其將是韓將之誤）六國表及張儀傳皆不書主帥亦不書鯫而但言申差韓世家書二將而反失書主帥未免乖駁至斬首之數表及趙世家張儀傳皆云八萬此紀增多二千因紀仍秦史之舊而秦尙首功虛加其級耳

伐取趙中都西陽

案此與表同誤惟趙世家作西都中陽是也攷漢志地屬西河郡若中都屬太原西陽屬山陽名異地殊未可相混正義謂中都卽西都西陽卽中陽謬甚

十年韓太子蒼來質

案韓世家太子之質在破岸門後當在十一年

伐敗趙將泥

案徐廣曰將一作莊則是姓莊名泥也而表作將軍英姓乎名乎不可詳矣

伐取義渠二十五城

案表在十一年此在十年未知孰是

樗里疾攻魏焦降之敗韓岸門斬首萬其將犀首走

附案其將犀首走五字當在降之句下蓋錯簡耳犀首魏官即公孫衍與韓無涉故魏表及魏世家云走犀首岸門

公子通封于蜀

附案表作繇通非公子繇乃別一人見張儀傳華陽國志作通國

燕君讓其臣子之

案事在後九年此誤書于後十一年

虜趙將莊

案表及趙世家作趙莊正義謂一作花非則莊其名也而樗里傳又作莊豹則莊其姓也疑莫能定

楚圍雍氏

案雍氏之役莫定何年六國表不書也楚世家不書也惟周秦二紀及齊韓二世家甘茂傳書之然時既各殊事頗不合秦紀書于惠文王後十三年與齊世家書于湣王十二年同是周赧王三年徐廣韓世家注引紀年于此亦說楚景翠圍雍氏今本無蓋誤韓世家書于襄王十二年是赧王十五年紀年與韓世家同皆誤也而注國策注史記者不復詳攷遂謂楚兩度圍韓雍氏以赧王三年爲前所圍取秦與韓敗楚丹陽事當之以赧王十五年爲後所圍取秦敗楚新城事當之夫丹陽之與雍氏相去遠矣策及傳稱秦宣太后攷赧王三年爲惠文後十三年惠文未薨昭王未立安得有宣太后耶新城之與雍氏亦甚遠矣策及世家稱甘茂攷茂之懼讒出奔在秦昭元年而赧王十五年爲昭王七年茂久去秦相位尚何敢𨷖之言哉蓋注者之誤由于策記錯亂因生此異端耳其實圍雍止有一役楚未嘗再舉策記未免交混而其事非丹陽新城也其時非赧王三年十五年也周紀茂傳固可據也周紀書于赧王八年之後久年即秦昭元年甘茂傳云昭王新立太后楚人不肯救韓茂爲言于王乃下師殽以救之而救韓之師傳敘于茂伐魏蒲坂之先蒲坂未拔茂亡奔齊皆昭王元年事也然則圍雍一役其在赧王九年秦昭元年韓襄六年楚懷二十三年乎

秦使庶長疾助韓而東攻齊到滿助魏攻燕

案表及魏世家乃助魏攻齊耳是時無韓伐齊事正義滿或作蒲非

十四年伐楚取召陵

案其時秦楚復親不相攻伐此役無攷當屬誤文

相壯殺蜀侯來降

案華陽志陳壯反殺蜀侯通國秦遣甘茂張儀司馬錯伐蜀誅壯是壯未嘗來降二說以志爲實莊壯二字古通用有說在高祖功臣表廣侯下故國策作莊而史記紀表華陽志作壯惟徐廣謂一作狀乃譌本也

子武王立

案武王之謚此與表同而秦記及正義引括地志法言淵騫篇作悼武索隱引世本及高誘呂氏春秋序作武烈越絕書

文作元武未知孰是疑悼武爲定也索隱云名蕩

韓魏齊楚越皆賓從

附案越字誤徐廣謂一作趙是也竹書載越世次最詳然七國時越不與攻伐盟會之事故知越賓從秦爲誤

與魏惠王會臨晉

案惠王乃襄王之誤年表所謂哀王也

南公揭卒

附案南公揭不知何人項羽紀稱南公漢藝文志陰陽家有南公三十一篇注云六國時葢當時有道之士揭豈其人歟

樗里疾相韓

案疾無相韓事時疾以右丞相出使于周見本傳疑相韓二

字是使周之誤

烏獲孟說

案烏獲已見文子自然篇此何以稱焉豈古力士有兩烏獲如善射之名羿歟孟說未知即孟賁否後書葢勳傳有護羌校尉夏育王商傳有中常侍孟賁亦類此

王與孟說舉鼎絕臏八月武王死

案史公于武王獨變卒稱死豈以絕臏故歟徐廣臏作脈似較勝但甘茂傳言武王至周而卒于周與此紀及趙世家異何也武王在位四年索隱于秦記引世本作三年非

是爲昭襄王

案趙世家昭襄名稷紀表皆失書甘茂傳索隱引世本名側此紀索隱謂則葢音相近若齊稷門之爲側門矣

甘茂出之魏

案傳茂奔齊復至楚而終于魏此言茂出之魏恐是齊之誤大事記曰時方伐魏自魏而奔齊也

四年取蒲坂

案年表魏世家是年秦拔魏蒲坂晉陽封陵此缺

魏王來朝應亭

案應亭乃臨晉之誤年表魏世家可證

蜀侯煇反

案華陽國志赧王十四年蜀侯惲祭山川獻饋于秦惲後母害其寵加毒以進王大怒遣司馬錯賜惲劒自殺據此則紀

表言反者乃仍秦史誣詞而非其實也惲此作煇字形相近未知孰是

涇陽君質于齊

案年表田完世家在七年此誤書于六年

攻楚取新市

附案年表楚世家云取八城而此言新市葢新市爲八城之大者舉其重言之猶世家所謂取析十五城也實取十六城

共攻楚方城取唐眛

案事在秦昭六年表及諸世家可證此誤書于八年也又此以爲方城而表及楚與田完二世家樂毅傳竝作重丘元胡三省通鑑注辨之云春秋時有二重丘衞孫蒯飲馬于重丘

杜曰曹邑諸侯同會于重丘杜曰齊地時楚之境皆不至此呂氏春秋處方齊令章子與韓魏攻荊荊使唐蔑將兵應之夾泚而軍章子夜襲之斬蔑于是水之上水經注泚水又西澳水注之水北出茈丘山南入于泚水意者重丘卽茈丘也據胡所說但辨重丘而不及方城今河南南陽裕州楚方城地內鄉縣東亦有方城也余又攷荀子議兵篇云兵殆于垂沙唐蔑死韓詩外傳四淮南兵略同商子弱民篇及禮書沙作涉唐楊倞注垂沙未詳所在漢志沛國有垂鄉豈垂沙乎胡注亦未及眛蔑古通字从目从末各本譌

眛泚一作泄一作比漢志南陽郡比陽是後書光武紀上作泚

趙破中山其君亡竟死齊

案事在秦昭六年當趙武靈王廿五年此誤書于昭王八年

也言死齊亦非說見表

九年孟嘗君薛文來相秦

案相薛文在八年

與攻楚取八城殺其將景快

案秦昭八年取楚八城九年取楚十六城此書于九年不知誤以八年事爲九年與抑誤以十六城爲八城與前二年秦殺楚將景缺此又殺景快二景必弟兄也

十年楚懷王入朝秦秦留之

案懷王入秦在八年

薛文以金受免

案正義以金受爲秦丞相姓名謂秦相金受故免薛文也而方氏補正曰薛文相秦中閒無金受相秦事金受名別無所見恐傳寫之誤蓋薛文以金受免耳余攷孟嘗傳秦昭王以爲相人或說昭王曰孟嘗君相秦必先齊而後秦秦其危矣于是昭王乃止囚孟嘗君疑金受卽說昭王之人不知是否又文之免相在九年此亦誤在十年也

十一年齊韓魏趙宋中山五國共攻秦至鹽氏而還秦與韓魏河北及封陵以和

案紀有五誤伐秦止韓魏齊策所云三國攻秦者六國表孟嘗傳同乃此增趙宋中山爲五國一也攻秦臨函谷關策所云入函谷者韓魏田完世家孟嘗傳同乃此謂至鹽氏二也秦和三國以武遂與韓封陵與魏齊城與齊策所云秦以三

城講于三國者乃此及表皆不言齊田完世家亦不言與我齊城反載與韓河外又不及魏三也武遂封陵在河外故三國世家俱稱河外策作河東此作河北蓋自秦言之曰東自三國言之曰北而統言之曰河外乃此以爲河北及封陵四也當改河北爲武遂是役在秦昭九年乃此書于十一年五也又伐秦講和本一時事而表與各世家分伐秦在秦昭九年講和在十一年九誤大事記糾之矣依本文是六國亦一誤也

楚懷王走之趙趙不受

案懷王亡趙在秦昭十年非十一年也

左更白起

案此是昭王十三年攷起傳十三年爲左庶長明年遷左更

也左庶長爲第十爵左更第十二

五大夫禮出亡奔魏

案穰侯傳言呂禮奔齊孟嘗傳有禮相齊事此誤也大事記亦以奔魏爲非

虜公孫喜拔五城

案上文言魏使公孫喜攻楚則喜是魏將也故穰侯傳稱虜魏將公孫喜乃此紀及白起傳不言喜爲何國之將而六國表書虜喜于韓表中韓世家謂使公孫喜攻秦秦虜喜似喜又爲韓將矣蓋伊闕之役韓爲主兵而實使魏之公孫喜將之故所書不同未定是誤爾但周魏策云戰于伊闕殺犀武周本紀曾及之而史敘戰伊闕事各處皆不及殺魏將犀武

豈以武非主帥歟又此及起傳言拔五城未知所拔者魏城乎韓城乎殊欠分明

十五年大良造白起攻魏取垣復予之

案下文十七年書秦以垣易蒲坂皮氏十八年書攻垣取之則起未嘗以垣予魏也當衍復予之三字白起傳但言拔垣可據

冉免

案穰侯魏冉凡三相三免紀表皆不盡書而紀與傳所書之年亦多舛戾不合余綜攷之冉初爲相在昭王十二年至十五年免此書冉免于十六年誤也再相在十六年至二十一年免此紀下文于廿四年書魏冉免相者誤也三相在二十六年至四十二年免相出就封邑傳所謂免二歲復相秦者乃免四歲之誤也傳稱復相四歲拔郢故知其誤若免二歲復相則當云六歲拔郢矣

封公子市宛公子悝鄧

附案市者涇陽君也悝者高陵君也索隱于此處不誤而于蘇秦穰侯傳謂涇陽爲悝誤矣又云高陵名顯則是誤以秦末齊王田市之使者高陵君顯爲秦公子也顯見項羽紀張冠李戴可哂之甚

城陽君入朝

附案成陽君是韓人魏策有之史漢中成與城多通用注家皆略故著之

秦以垣爲蒲坂皮氏

附案索隱云爲當爲易蓋字譌也而水經注四引薛瓚曰秦世家以垣爲蒲反作如字讀非稱秦本紀爲秦世家亦創師古注漢地理志亦不取瓚說

齊破宋宋王在魏死溫

案事在秦昭二十一年此誤書于十九年也

涇陽君封宛

案涇陽高陵二公子已于十六年同封此誤重出

蒙武伐齊河東爲九縣

案蒙恬傳蒙武乃蒙驁之子驁事昭王至始皇四世則此時擊齊者必是驁而非武也河東上疑有脫字古史作取河東

二十三年尉斯離與三晉燕伐齊破之濟西

案伐齊之役實秦楚燕趙韓魏六國也燕齊楚三世家可證此紀與趙魏世家失書楚韓世家止言與秦攻齊孟嘗君傳失書韓楚樂毅傳失書秦年表六國皆有擊齊及取齊某地之文元未嘗誤紀或稱與韓魏燕趙或稱與秦或稱與秦三晉或稱五國參錯不一自序傳亦言連五國兵蓋並屬脫誤耳荀子王制篇閔王毀于五國注云史記齊閔王四十年樂毅以燕趙楚魏秦破齊非也當依王霸篇注燕秦楚三晉伐齊爲是呂覽權勳篇五國攻齊注謂燕秦韓魏趙亦非

秦取魏安城至大梁燕趙救之

案各處皆不言燕趙救魏攷是年爲燕昭王廿九年趙惠文王十六年燕昭新破齊湣方圖莒卽墨未下何暇出兵救魏

而趙時爲秦之細自守不足又何敢出一旅爲魏抗秦此之不實了然可知

魏冉免相

案此在二十一年傳所謂六歲而免也說已見前非二十四年免

與韓王會新城與魏王會新明邑

案此紀前二年廿三年書與魏會宜陽韓會新城而年表及魏韓世家並作會兩周今二十五年紀書與韓會新城而韓表韓世家言會兩周閒夫曰西周曰兩周閒卽指河南之宜陽新城也而新明邑獨無攷年表世家俱不及

二十六年赦罪人遷之

案但言遷罪人不知遷于何地評林謂遷于新明邑亦臆說無據蓋明年赦罪人遷之南陽史誤重也古史無此五字

取鄢鄧

案此二十八年楚爲秦所取者鄢鄧西陵三城紀失書西陵表失書鄧楚世家失書鄢鄧而白起傳言拔鄢鄧五城乃拔鄢鄧西陵三城之誤攷漢志鄧屬南陽與昭王十六年取魏鄧別魏之鄧城在河內地近軹也

王與楚王會襄陵

案是年秦攻楚取郢燒其先王墓夷陵楚襄王兵散遁保于陳安得楚與秦爲好會乎必非二十九年事也

蜀守若伐取巫郡及江南爲黔中郡

案史詮謂若伐楚今本缺楚字是也但白起及春申君傳言起取之非蜀守張若豈伐巫之役起與若共之歟華陽志是張若也

三十二年相穰侯攻魏至大梁破暴鳶斬首四萬鳶走魏入三縣請和三十三年客卿胡傷攻魏卷蔡陽長社取之擊芒卯華陽破之斬首十五萬魏入南陽以和

案此所書戰最誤卽年表世家列傳亦誤攷秦昭三十二年當魏安釐二年韓釐廿一年秦攻魏拔兩城軍大梁下韓使暴鳶救魏爲秦所敗鳶走開封魏予秦溫以和是秦昭三十二年之戰也而此云魏入三縣穰侯傳云割八縣並誤蓋二縣秦拔之一縣魏予之共止三縣耳明年魏背秦與齊從親

秦使穰侯復伐魏拔四城斬首四萬是秦昭三十三年之戰也而此以斬首四萬并入大梁之役書于三十二年誤已秦昭三十四年趙魏攻韓華陽韓告急于秦穰侯又與白起客卿胡陽攻趙魏以救韓走魏將芒卯斬十三萬人敗趙將賈偃沈其卒二萬人于河取魏卷蔡陽長社取趙觀津魏予秦南陽以和秦且與趙觀津益趙以兵伐齊是秦昭三十四年之戰也而此在三十三年誤一 止言客卿胡陽反遺卻主帥穰侯大將白起較之年表趙世家白起及春申傳但舉白起更覺失倫誤二 斬魏卒十三萬沈趙卒二萬乃合趙于魏作十五萬人與六國表魏世家俱非穰侯傳云十萬亦非蓋脫五字誤三 趙魏同破何以單說魏而不及趙表亦單說魏又云得三晉將魏世家云秦破我及韓趙穰侯傳云攻趙韓魏白起傳云得三晉將春申傳云攻韓魏述一事而各異如此誤四至暴鳶國策暴作罼其字譌也韓世家鳶作䳒其字同也芒卯西周策及韓子說林顯學淮南氾論作孟卯音之轉也而韓子外儲說左作昭卯呂覽應言作孟卬皆誤又此紀胡傷兩見當是傳寫之譌依穰侯傳作陽爲是趙策作胡易卽古陽字

三十五年佐韓魏楚伐燕

案秦無佐伐燕之事而伐燕是齊韓魏非韓魏楚此與燕世家同誤說在六國表中

三十六年客卿竈攻齊取剛壽

案年表及田完世家皆云三十七年此與穰侯傳並誤在前一年竈秦策作造音相近甌策傳注徐廣曰造音竈

四十一年夏攻魏取邢丘懷

案六國表魏世家秦取魏懷在昭王三十九年魏安釐九年在取邢丘二年前故范雎傳云使五大夫綰伐魏拔懷後二歲拔邢丘也此誤并在四十一年內而邢丘當依魏世家作郪丘此與范雎傳作邢丘同誤表作廩丘尤誤廩丘乃齊地時屬于趙郪丘爲汝南郡新郪縣春秋時屬齊六國時屬魏漢志應劭注云秦伐魏取郪丘可爲確據矣若邢丘之地久入于秦不待是時始取故魏襄王時蘇秦說魏歷數魏地不及邢丘而魏世家安釐王十一年信陵君謂魏王曰秦固有懷茅邢丘也則非是時始取可知是時卽安釐十一年國策吳注謂廩丘郪丘卽邢丘謬甚裴駰引韓詩外傳謂武王伐紂至其地更名邢丘曰懷誕不足信

十月宣太后薨

案十月乃七月之誤下文書九月可見大事記及尙書疏證六反據此以爲秦未并天下已改用十月爲歲首恐未然

武安君白起攻韓拔九城

案韓世家云秦拔我陘句城汾旁范雎傳云秦攻韓汾陘拔之因城河上廣武則知秦所拔祇陘城耳陘在汾陽遂城汾旁一帶至廣武其曰河上者卽廣武澗水經注所謂夾城之閒有絕澗斷山是也六國表云秦拔我城汾旁我下缺陘字

白起傳云攻韓陘城拔五城五城二字誤當云拔之此紀云九城九誤當云拔陘城

四十四年攻韓南郡取之

案年表及白起傳作南陽甚是獨此稱南郡謬爾南郡乃楚地秦昭廿九年攻楚取郢爲南郡韓安得有之蓋南陽是總統之名韓魏分有其地魏之南陽是河內脩武等處已于秦昭三十四年盡入于秦韓之南陽是荆州宛穰等處其地大半爲秦所取故秦于前十年置南陽郡矣此後所攻者皆韓之南陽不過取而附益之至始皇十六年而韓南陽之地全納于秦韓表及世家不書取南陽但云秦擊我太行蓋互見之白起傳所謂攻南陽太行道絕之也

葉陽悝出之國未至而死

案一本葉陽下有君字而葉陽集解謂一云華陽蓋華陽君是也華形近葉故傳寫致譌范睢傳華陽徐廣曰一作葉趙策諒毅對秦王有母弟葉陽之語竝誤（非母弟也亦誤）華陽君乃昭王舅羋戎（又號新城君）悝乃昭王母弟高陵君此紀有脫誤不然將以羋戎爲公子悝矣攷穰侯華陽高陵涇陽時稱爲四貴皆于昭王四十二年同出就國紀既脫缺復誤書于四十五年爾當移在上文穰侯出之陶句下而補之曰華陽君高陵君涇陽君出之國高陵君悝未至而死（大事記謂昭王獨薄其罪故悝于四貴之中就封在後亦非）

四十七年秦攻韓上黨上黨降趙

案事在四十五年趙世家白起傳可證此因說長平事而并書于四十七年非也

大破趙于長平四十餘萬盡殺之

案秦尚首功斬一首賜爵一級豈容混書此餘字當作五

十月韓獻垣雍

案十月二字衍白起傳亦誤出也下文于是年書正月時秦尚未以十月爲歲首不應先書十月

王齕將伐趙武安皮牢拔之

案白起傳言齕攻拔皮牢不言武安是也蓋前二十年秦封白起爲武安君則其地久已屬秦何待此時始拔乎二字宜衍秦策有武安語史仍其誤耳

張唐攻鄭拔之

附案此以所拔之鄭爲舊鄭歟則卽棫林之地東遷時已屬秦也以爲新鄭歟則韓徙都于其地不聞是時韓失國都也疑是鄚字之譌趙地也

晉楚流死河二萬人

附案徐廣云楚一作走正義云此時無楚軍走字是也因有斯注古史遂從之作晉軍走而不知其謬爾改楚作走則流死之文不可接謂時無楚軍尤爲囈語蓋卽楚救邯鄲之兵始緣秦伐趙邯鄲而救趙繼緣秦伐魏寗新中而救魏楚世家稱救趙至新中可證已死字當讀爲尸古字通用呂覽離謂篇鄭富人有溺者人得其死漢書酷吏傳安得求子死魯

世家以其屍與之索隱曰屍亦作死字言趙楚軍敗流尸于河有二萬人此河必是汾河盜新中是魏邑非趙邑秦不能拔邯鄲移兵攻魏楚與趙復救魏秦拔魏盜新中而去故此晉字指趙

攻趙取二十餘縣首虜九萬

案此事非實說在趙世家

五十六年秋昭襄王卒子孝文王立史失書名索隱謂名柱廣宏明集引年紀名式蓋有二名　孝文王元年赦罪人脩先王功臣褒厚親戚弛苑囿　孝文王除喪十月己亥即位三日辛丑卒子莊襄王立名子楚此失書

附案孝文之立書之重言之複讀史者或疑爲羨文錯簡宜衍去赦罪人十五字謂赦罪人等事皆莊襄元年事增出于孝文元年之下而孝文王除喪十月己亥二語當互易之移于孝文王元年之上蓋既葬而除喪其時不獨三年之喪久廢即期年亦不行耳玆說未知然否但余攷古者天子崩太子即位其別有四始死則正嗣子之位尙書顧命逆子釗于南門之外延入翼室是也既殯則正繼體之位顧命王麻冕黼裳入即位是也踰年正改元之位春秋書公即位是也三年正踐祚之位舜格于文祖及成王免喪將即政朝于廟是也則此所謂子孝文王立者正嗣子之位也昭襄卒于庚戌秋喪葬之事皆畢斯數月中紀不言既殯正繼體之禮秦省之而不行也所謂孝文王元年者正改元之位也所謂孝文王除喪十月己亥即位者正踐祚之位也是年歲在辛亥三年之喪廢故孝文期年便除而因以知昭王之卒必在秋九月竊意史公緣孝文即位三日便卒恐後世疑莫能明特備載當日行事至今秩然可見不得以爲羨文錯簡矣乃閻氏摘十月己亥一句謂孝文已踰二年以史稱享國一年爲誤莊襄以先君崩年改元失禮莫大見尙書疏證卷六上其辨甚新殊不知爾時秦尙未以十月爲歲首也

韓獻成皋鞏

案表及韓世家皆言秦拔取韓成皋滎陽此云韓獻之非也又鞏亦滎陽之誤鞏爲東周所居韓安得有之水經注廿三卷引史記秦莊襄王元年蒙驁取成皋滎陽初置三川郡酈公所引乃六國表史豈因是年秦滅東周兼得鞏地而混言之邪

二年使蒙驁攻趙定太原

案使蒙驁八字乃羨文年表及趙世家蒙恬傳皆無其事蓋所謂攻趙者因是年有蒙驁攻趙取三十七城之事也所謂定太原者因明年有置太原郡之事也二事下文皆書之則此爲錯出無疑況前十二年爲昭王四十八年得韓上黨地已北定太原矣此時何煩再定乎

三年蒙驁攻魏高都汲

案三年二字亦羨文所書之事表在二年是已汲字當依徐廣作波蓋秦拔魏汲在始皇七年也波與汲皆屬河內

四年王齕攻上黨

案莊襄無四年此乃三年之誤然前此昭王四十八年盡有韓上黨地北定太原是時何煩再攻疑前所定者惟降趙之城市邑十七今所攻者幷其餘城而攻拔之故韓世家云秦悉拔我上黨也紀表但言攻上黨擊上黨拔上黨似乎復出而不知是悉拔之紀表似欠明正義謂上黨又反故攻之乃臆測之詞非事實矣

子政立

附案始皇以正月生遂以正名之惟其名正是以改正月爲端月始皇紀集解曰徐廣云一作正宋忠云以正月旦生故名正正義曰正音政周正建子之正也則知史記古本是正字不知何時盡改作政凡本紀世家列傳中所稱始皇之名竟無一作正者可怪已惟高誘呂氏春秋序作正字孔仲達毛詩序作秦正公羊哀十四年疏云始皇名正穀梁字疏云秦正起而書記亡庶幾不誤然其誤自世本來索隱引世本作政葢二字元屬通用秦時諱正或幷避政字故呂覽察微篇引左傳宣二年羊斟語改子爲政我爲政作制字後遂相沿以政爲名流俗傳寫便改史記之正爲政爾（容齋三筆謂始皇名政自避其嫌以正月爲一月殊謬秦未嘗以正月爲一月也）宋張世南游宦紀聞云秦改正月爲征音至今從之此何理邪示兒編云始皇名政避諱讀正月爲征月傳至于今當如本字讀始有分別陸德明唐大儒也自秦至唐亦遠矣當作釋文時何不單出一音以正舛誤豈容詔後學以疑貳哉（釋文正月音政又音征也）前賢有辨正月之不

當讀征者從未有辨始皇之名正不名政者然古正字自有征音非沿秦諱釋文不誤觀詩猗嗟雲漢節南山諸章可見

秦王政立二十六年初幷天下爲三十六郡

案史言始皇伐滅諸侯幷一天下以爲郡縣其實不盡然葢仍秦人夸詡之詞耳攷衞至二世元年始絕楚苗裔有滇王越諸族子或爲王或爲君至閩君搖及無諸佐漢平秦是諸侯未盡滅天下未盡幷也郡縣之名見于逸周書作雒解屢稱于左傳管子乘馬數篇亦有則非至秦時始設也（昭廿九年左傳蔡墨言劉累遷魯縣夏時恐未有縣之名）卽三十六郡亦不全爲始皇所置據匈奴傳魏置河西上郡燕置上谷漁陽右北平遼西遼東郡趙置雲中雁門代郡又世家韓有上黨守馮亭則上黨郡是韓置漢地理志槪稱秦置者漢承秦制故不言魏韓燕趙而巴蜀漢中上郡置于惠文王河東南陽黔中上黨南郡置于昭襄王三川太原置于莊襄王俱見本紀不得全屬始皇初置也但三十六郡之目史不詳載秦變封建爲郡縣乃一大事豈可缺略不書此史公疏處攷始皇置閩中南海桂林象郡皆在後不在三十六郡內則所謂三十六郡者據漢志一曰河東二曰太原三曰上黨四曰三川五曰東郡六曰潁川七曰南陽八曰南郡九曰九江十曰泗水十一曰鉅鹿十二曰齊郡十三曰琅邪十四曰會稽十五曰漢中十六曰蜀郡十七曰巴郡十八曰隴西十九曰北地二十曰上郡二十一曰九原二十二曰雲中二十三曰雁門二十四曰代郡二十五

曰上谷二十六曰漁陽二十七曰右北平二十八曰遼西二十九曰遼東三十曰邯鄲三十一曰碭郡三十二曰薛郡三十三曰長沙尙缺三郡以續郡國志校之則秦有鄣郡黔中郡夫前志無黔中誠爲脱漏足以補郡數之缺而鄣非秦郡劉攽辨之甚悉見漢地志丹陽郡下是尙缺二郡也因有以郯郡充其數者本于應劭劭曰東海秦郯郡而郯非秦郡劉攽又辨之見高紀六年更有以楚郡充其數者本于楚世家而秦無楚郡集解已糾其誤胡三省通鑑注曾辨之說在楚世家中烏得妄稱爲秦郡哉然則所缺之二郡何在曰内史自當在三十六之内始皇紀集解明言郡凡三十五與内史爲三十六蓋準諸侯王表例也史漢諸侯王表與京師内史凡十五郡以漢準秦則内史在内矣漢志云本秦京師爲内史分天下作三十六郡别而言之非也晉書地理志以及王應麟通鑑地理通釋胡氏通鑑注並仍裴說固可以爲據矣惟以鄣爲秦郡乃襲續志之誤其所缺一郡余以水經注補之水經卷十三廣陽薊縣注云秦始皇滅燕以爲廣陽郡漢高帝封盧綰爲燕國于是三十六郡之數始備而自孟堅以來均失去廣陽一郡眞不可解秦武公十年伐邽冀戎初縣之此史言立縣之始

始皇帝五十一年而崩

案史例但書在位之年而其生年從略獨始皇略其在位年數反以生年書之未知史公何意又始皇年十三而立以踰年改元計之在位三十七年當是五十始皇紀徐廣注云年五十安得五十一年乎

子嬰立月餘諸侯誅之

案廣宏明集引陶公年紀云殤帝子嬰四十六日秦本無謚又誰爲子嬰作謚豈漢追稱之耶觀高帝不殺子嬰祇以屬吏而復予秦始皇守冢二十家則憐嬰而加以帝號義或然歟越絕書外傳記地言嬰立六月安也

以國爲姓

案史公混姓氏爲一故凡氏皆謂之姓而夏殷秦三紀之論並誤云以國爲姓其實氏也然其所載諸氏亦不盡以國如殷之目夷秦之飛廉是以名爲氏者終黎鍾離同菟裘以邑爲氏者國云乎哉

郯氏莒氏

案左傳昭十七年郯子稱少昊爲祖杜注云少昊金天氏己姓之祖又文七年傳穆伯娶于莒曰戴己生文伯其娣聲己生惠叔世本云莒己姓鄭語莒曹姓異則郯莒皆己姓而史公以爲是嬴姓未知何據

然秦以其先造父封趙城爲趙氏

案此紀前云非子蒙趙城姓趙氏始皇紀云姓趙氏此論又云秦爲趙氏夫後人追溯所出秦趙可以互稱說見前若專言其姓氏豈容混冒妄載通志曰凡諸侯無氏以國爵爲氏秦自非子得邑則以秦邑爲氏及襄公得國則以秦國爲氏相傳至于始皇若趙氏者自造父獲封趙城爲趙氏其後微弱而邑于晉則以趙邑爲氏及三分晉國則以趙國爲氏豈有

秦國之君而以趙國爲氏乎

史記志疑卷四終　南海潘乃成番禺黎永椿沈棕和[illegible]校字

史記志疑卷五

仁和梁玉繩撰

始皇本紀第六

見呂不韋姬

案姬者周姓古時男子稱氏婦人稱姓齊姜宋子亦猶然也姬是貴盛之族故後世以爲婦人美稱說見詩陳風疏得通言之已屬假借不知何時又稱妾爲姬其謬蓋始于周末史公亦隨俗書之事之流傳失實往往若是宋葛立方韻語陽秋及宋葉夢得石林燕語與避暑錄話嘗論及焉至宋徽宗改稱公主爲帝姬見宋史本紀尤屬笑柄

名爲政姓趙氏

案秦不當氏趙政當作正竝說在秦紀

年十三歲

案周禮太史職注中數曰歲朔數曰年月令疏解之甚明然此是歲年相對故有中數朔數之別若散而言之歲亦年也爾雅夏曰歲周曰年是已古無年歲竝稱者日知錄三十二云天之行謂之歲人之行謂之年古人但曰年幾何不言歲也自太史公始變之

莊襄王死

案此獨變言死何以貶也當書曰卒

越宛有郢置南郡矣

附案此總敘秦所置郡獨無南陽黔中蓋越卽黔中宛卽南

陽而南郡則取楚郢所置文法錯綜或疑有缺文非也

王齮

附案徐云一作齕是也秦紀白起傳並作齕此兩書皆作齮誤年表既作齕又作齮亦誤

二年麃公將卒攻卷

案秦昭三十四年已取魏卷何煩此時攻之疑卷字誤

十月庚寅蝗蟲從東方來

附案表作七月是也史詮曰今本七作十誤

將軍驁攻魏定酸棗燕虛長平雍丘山陽城皆拔之取二十城

案春申君傳上秦昭王書有拔燕虛酸棗之語則此三城已于前三十餘年取之矣或者是時因拔長平雍丘山陽而復定三城之疆界歟至表言取酸棗二十城則脫不全載當衍酸棗二字

韓魏趙衛楚共擊秦取壽陵秦出兵五國兵罷

翟敎授灝曰擊秦之役年表但言五國共擊秦楚世家但言與諸侯共伐秦不利而去惟趙世家云龐煖將趙楚魏燕之銳師攻秦蕞不拔他處俱略不書以余論之衛微弱僅存被秦迫逐徙居野王將救亡不暇何敢攻秦蓋燕楚趙魏韓五國伐秦耳此紀誤以衛替燕而趙世家誤脫韓也至取壽陵之說更非無論不勝而罷未嘗取秦寸土而五國所攻者乃新豐之蕞非壽陵也攷壽陵是趙地不知何時屬秦正義云壽陵本趙邑吕子首時篇云邯鄲以壽陵困于萬民而衛取繭氏高誘注壽陵魏邑趙兼有之莊子秋水有壽陵餘子學步邯鄲之語趙世家肅侯十五年起壽陵葢因陵以名地秦孝文王葬壽陵即此通鑑注云徐廣曰壽陵在常山據五國攻秦取壽陵至函谷則壽陵不在新安宜陽之閒當在河東郡界常山無乃太遠胡氏誤信取壽陵之言故有此注

拔衛迫東郡其君角率其支屬徙居野王阻其山以保魏之河內

案是時爲衛元君非角也此誤書角河內之地秦未全有故曰魏之河內詳在穰侯傳中

夏太后死

案言死非也當依表作薨

八年王弟長安君成蟜將軍擊趙反死屯留軍吏皆斬死遷其民于臨洮將軍壁死卒屯留蒲鶮反戮其屍（徐廣曰鶮一作鶻　索隱曰古鶴字）

案此節文義最難解注亦欠明趙太常曰蒲鶮恐是反者姓名乃屯留之卒從成蟜而反雖死猶戮其屍也將軍壁死是承上文死屯留句言其死狀而卒屯留九字又就軍吏皆斬死句抽出言之錢宮詹曰壁與蒲鶮似皆人名壁卽討成蟜之將軍壁死而部卒又叛因更戮其屍耳錢唐陳太僕兆崙云史文有錯簡幷有缺羨處當云王弟長安君成蟜爲將軍（缺爲字）擊趙反屯留（死字羨）將軍壁死軍吏皆斬（死字羨漢五行志無死字也）遷其民于臨洮卒屯留蒲鶮反戮其屍葢蒲鶮是人姓名謂成蟜爲將軍擊趙至屯留而反秦兵討之成蟜戰死于壁壘

之閒其所將軍吏及屯留之民從將軍反者皆斬之遷之士卒懼誅有屯留人蒲鶮者與衆復反罪坐主帥故戮成蟜之屍也王孝廉云當作王弟長安君成蟜將軍蒲鶮擊趙反死屯留戮其屍軍吏皆斬遷其民于臨洮葢死字將軍字死屯留字反字皆複出而又衍壁字卒字蒲鶮及戮其屍五字乃錯倒也四解未知孰勝

攻魏垣蒲陽

案六國表魏世家作垣蒲陽衍三城此脫書衍然攷秦昭十八年取魏垣是河東之垣也而春申傳上昭王書又有并蒲衍首垣之語是開封之長垣也則垣有兩地已與衍俱爲昭王所拔奚待始皇九年復攻此與年表世家同誤或問秦惠文十年降蒲陽本紀雖不書而年表及魏世家書之卽春申亦以蒲與衍垣並言子何不以爲誤邪曰惠文降蒲陽仍卽與魏紀表世家皆不載獨見于張儀傳中故此時攻之若春申之所謂蒲乃長垣之蒲鄉非蒲陽也葢此時但當言攻魏蒲陽耳垣與衍皆屬羨文

上宿雍

案裴駰謂司馬遷言上是尊尊之意殊非上者見在之稱或以稱本朝尚可若此乃誤仍秦史舊文劉知幾所謂事有貿遷言無變革也此與呂不韋傳論稱上之雍郊燕世家稱今王喜同誤葢史書之中多有仍舊文而未及刪易者故史通因習篇曰史記陳涉世家稱其子孫至今血食漢書涉傳具載遷文遷之言今實孝武之世也固之言今當孝明之世也事出百年語同一理豈陳氏苗裔祚流東京者乎漢書嚴君平旣卒蜀人至今稱之皇甫謐全錄斯語載于高士傳孟堅士安年代懸隔至今之說豈可同云日知錄二十六曰魏書孝靜帝紀稱太原公今上舊唐書唐臨傳今上字再見徐有功傳澤王上金傳今上字各一見皆謂玄宗唐藝文志張說撰今上實錄劉昫必仍張說元文韋貫之傳上卽位謂穆宗並舊史之文作書者失于改削耳綜覽後先誤端一例安得以爲意在尊尊邪

王冠

案始皇年十三而立則當于七年冠此書于九年是二十二矣疑誤或曰秦紀于惠文昭襄兩王皆于二十二歲冠葢秦

變禮也

四月寒凍有死者

案上文已書四月則此爲重出矣豈因寒不以時重書以見異邪史詮云當更曰是月

坐嫪毐免

附案湖本譌刻嫪作繆

齊人茅焦說秦王

案茅焦事詳說苑正諫篇評林引明董份曰不先記秦政逐太后而遽述茅焦恐太簡通鑑載茅焦事在九年閻氏若璩潛丘劄記卷五與石企齋書曾論之

秦王乃迎太后于雍而入咸陽復居甘泉宮

案此紀及三輔黃圖皆言始皇二十七年作甘泉宮則是時爲始皇十年安得有之況甘泉宮在左馮翊池陽縣西正義引括地志云在雲陽與黃圖異與史言迎太后入咸陽亦不合徐廣引表云咸陽南宮是也而表無南宮之文蓋傳寫脫耳然南宮未知的爲何宮攷漢志右扶風渭城縣注有蘭池宮渭城即咸陽豈即南宮歟程大昌雍錄直謂南宮爲甘泉宮謬甚據說苑是時太后從棫陽宮歸咸陽說苑一本作萯陽非萯陽在鄠縣非雍也竊意咸陽南宮必在蘭池南乃太后之宮若漢稱太后宮爲東宮矣

王翦桓齮楊端和攻鄴取九城王翦攻閼與橑陽皆幷爲一軍翦將十八日軍歸斗食以下什推二人從軍取鄴安陽桓齮將

案此所敘攻取之事錯雜不明蓋是役也王翦爲主將桓齮爲次將楊端和爲末將幷軍伐趙攻鄴未得先取九城王翦遂別攻閼與橑陽而畱桓齮攻鄴齮旣取鄴翦復合齮攻橑陽已獨攻閼與皆取之故又言取鄴橑陽桓齮將也安陽當作橑陽必傳寫之誤安陽即魏寍新中無論本非趙地且前廿餘年已爲昭王拔之矣再攷王翦傳但言破閼與拔九城而不及鄴橑陽足見取鄴橑陽是齮而非翦政與紀合年表于趙書曰秦拔我閼與鄴取九城而失書拔橑陽于秦表書曰王翦擊鄴閼與取九城止就前半事言之而亦失書取鄴橑陽至燕世家稱拔鄴九城趙世家僅稱拔鄴則更屬疏脫

桓齮攻趙平陽殺趙將扈輒

附案水經注十云漳水又東北逕武隧縣故城南史記秦破趙將扈輒于武隧即此處王莽更名桓隧矣酈公蓋引李牧傳文而不知牧傳言武遂城是誤耳河閒之武遂分屬韓燕屬燕者爲李牧所拔屬韓者爲秦所取趙安得有武遂乎若即指李牧所拔之燕武遂而秦實未嘗攻趙新有之武遂也攷趙世家秦攻武城扈輒率師救之軍敗死焉據此則牧傳言武遂城乃誤多一遂字而紀表之言平陽乃互見之詞故明年定平陽武城蓋秦攻得武城而兼得平陽也此平陽在魏郡鄴縣續志可據正義引括地志謂在相州臨漳縣西亦同非韓都河東之平陽也

攻趙軍于平陽取宜安破之殺其將軍桓齮定平陽武城

案趙世家秦攻赤麗宜安李牧與戰肥下卻之李牧傳趙以牧爲大將軍擊秦軍于宜安大破秦軍走秦將桓齮則秦爲趙所破安有取地殺將之事此秦史誣詞史公未之改爾赤麗宜安攻而未拔則桓齮所定者只前年攻得之平陽武城而已紀表不言攻赤麗略之也秦表云桓齮定平陽武城宜安趙表云秦拔我宜安並誤仍秦史故彼此牴牾多不齊一秦表當衍宜安二字趙表當改拔爲攻字

取狼孟

案表亦言取狼孟番吾攷狼孟已于莊襄二年取之何待始皇十五年大兵攻取乎而趙世家及李牧傳並稱牧破秦軍于番吾則表言取番吾亦妄蓋又仍秦史而誤者也

發卒受地韓南陽假守騰

附案此句疑有譌脫方氏補正曰發卒受韓南陽地而使內史騰爲假守也

華陽太后卒

案表書薨是此書卒非

大興兵攻趙王翦將上地下井陘端和將河內羌瘣伐趙端和圍邯鄲城

附案此必有錯簡缺文葢三將攻趙王翦將上地下井陘楊端和將河內圍邯鄲城羌瘣獨缺只存伐趙二字而錯出于端和將河內句下也圍邯鄲城上又重出端和二字

始皇帝母太后崩

案此當書曰秦王母太后薨是時秦未稱帝又紀文前後皆稱秦王不應忽云始皇帝表作帝太后亦非夏太后華陽太后皆太后之姑也紀于夏太后書死華陽太后書卒而于太后書崩體例殊乖豈秦史如是書乎

王賁攻薊

附案年表及王翦傳王賁擊楚此言攻薊明是荆字之譌時賁父翦方定燕薊也通鑑作李信伐楚又誤合二事爲一矣此年秦兩攻荆王賁之攻在翦擊燕薊未歸之前李信之攻在翦定燕薊已還之後不可混也

二十三年秦王復召王翦彊起之使將擊荆取陳以南至平輿虜荆王秦王游至郢陳荆將項燕立昌平君爲荆王反秦于淮南二十四年王翦蒙武攻荆破荆軍昌平君死項燕遂自殺

案六國表楚世家蒙恬傳皆言始皇二十三年殺項燕二十四年虜楚王負芻王翦傳亦以虜楚王在殺項燕之後獨此言二十三年虜荆王二十四年項燕自殺而又有項燕立昌平君一節余詳攷之實此紀誤也昌平君雖楚之公子而久居于秦嘗爲秦相國定嫪毐之亂其時徙居郢項燕安所得而立之負芻竄處壽春未曾親歷戎行何遽被虜而項燕爲楚名將燕不死楚不滅誰謂項燕後楚死乎項羽紀六國表王翦蒙恬傳俱說項燕是王翦殺之索隱引楚漢春秋同惟此以爲自殺亦屬牴牾竊意王翦擊破楚軍殺項燕時昌平君在郢楚之諸將必有敗逃于郢者昌平君知項燕已死楚淮北之地盡失難以圖存藉舊將之依附僭立爲王以成犄角之勢適秦王游至郢陳謀欲襲之遂反江南而王翦等已破楚虜負芻計不果行昌平君自殺斯固情事之明白可料者豈有如紀所載邪然則宜何以書曰虜荆王三字自在破荆軍之下平輿之下元有殺項燕三字今混入項燕于立昌平君之上又脫一殺字而昌平君遂自殺句中有死項燕三字乃羨文也淮南爲江南之誤徐廣云淮一作江是已當云二十三年秦王復召王翦彊起之使將擊荆取陳以南至平輿殺項燕秦王游至郢陳荆將立昌平君爲荆王反秦于江南二十四年王翦蒙武攻荆破荆軍虜荆王昌平君遂自殺

收天下兵聚之咸陽銷以爲鍾鐻金人十二重各千石

案漢五行志引史記云有大人長五丈足履六尺皆夷狄服

凡十二人見于臨洮此紀無之不著臨洮大人之事則莫識鑄金人何故又正義引三輔舊事云銅人各重二十四萬斤水經注四同而此言千石攷黃圖云鍾鐻高三丈鍾小者皆千石則知千石者乃鍾鐻重數史誤幷之而又失書金人之重耳

南至北嚮戶

案北戶是地名見爾雅此下琅邪頌亦有南盡北戶之語嚮字衍余間之盧學士云

上鄒嶧山立石

案始皇刻石之詞凡七史載其六鄒嶧乃首事獨删而不錄未識史公何意今其詞尚存也宋趙明誠金石錄云嶧山碑文詞簡古非秦人不能爲史記獨遺此文何哉又茅山北良常山有始皇

埋璧李斯書文曰始皇聖德章平山河巡狩蒼川勒銘素璧見陶宏景眞誥神樞第一篇

二十有六年

附案容齋隨筆據石刻拓本謂諸銘每稱年皆當作廿字卅字太史公誤易之或後人傳寫之譌以諸銘皆四字一句也然余讀之罘銘有三字句有五字句琅邪銘有五字六字句有七字九字句豈盡四字爲一句哉存攷國語補音謂廿卅卌皆與于秦

親巡遠方黎民

案始皇更名民曰黔首故諸銘中皆稱黔首不應泰山刻石忽言黎民且銘皆四言亦不應此獨六字爲句疑有誤金石錄謂劉跂至泰山見其碑模之乃作親輈遠黎未知信否輈卽巡之異文廣川書跋音鄒非

建設長利

附案史詮謂吏誤作利則長當音上聲然正義云長直良反則應如字讀兩說皆通

昭隔內外

附案徐廣云隔一作融是也

乃徙黔首三萬戶琅邪臺下

案水經注二十六御覽百六十並作二萬戶

列侯武城侯王離列侯通武侯王賁

案離爲賁子何以敘于上

丞相隗林

附案顏之推家訓書證篇云史記隗林諸本皆作山林之林

開皇二年五月長安民掘得秦時鐵稱權旁有銅塗鐫銘曰詔丞相狀綰乃爲狀貌之狀爿旁作犬則知俗作隗林非也當爲隗狀耳索隱亦據顏說以爲遠古之證

齊人徐市等

附案市卽芾字與黻同各本皆譌刻爲朝市之市說在淮南王傳

上問博士曰湘君何神博士對曰聞之堯女舜之妻而葬此

案堯女舜妻之對方士之妄談爲博士者亦言之乎蓋以始皇好神仙希旨詭語非實有其事也然仍襲傳會則自屈原九歌來江自有神何知姓名哉路史又以湘神爲舜之二女宵明燭光其誕政同又此曰上問博士後文曰上自南郡曰

上許之曰上崩在外曰知上死曰上轀車臭凡六上字皆誤
仍秦史元文說見前

皇帝哀衆

附案盧學士曰哀衆當是哀鰥之譌鰥與矜古通用漢書賛于定國哀鰥哲獄亦卽謂哀矜也

使燕人盧生

案說苑反質篇謂齊客盧生與此稱燕人異

求羨門高

附案封禪書羨門子高此與郊祀志羨門高是一仙人名魏張揖漢書司馬相如傳注云碣石山上仙人也集解正義連下誓字爲句分羨門與高誓爲二人大誤

誓刻碣石門壞城郭決通隄防其辭曰

陳太僕曰壞城郭二語橫插中閒與上下文義不貫當爲羨文卽碣石銘內墮壞城郭決通川防之辭而重出者班彪譏子長刊落不盡尙有盈詞政是此類小蘇作古史便刪去矣

遂興師旅

德清沈端蒙曰此上有缺文

初一泰平

評林曰泰平疑是泰宇方叶韻

請刻此石

附案丹鉛錄曰請刻此石古碑文作刻此樂石後人不知樂石之義乃妄改之唐封演云聞見記樂石謂以泗濱浮磬作碑也楊說殊非顏師古匡謬正俗曰嶧山文云刻茲樂石蓋嶧山近泗故用磬石他刻文則無此語據師古所言安得碣石碑亦用樂石邪

屬之陰山

附案水經注三引此作陶山譌也陶陰二字古多迷亂說在惠景侯表中

以爲三十四縣

案表作四十四與匈奴傳同徐廣云是也此誤四爲三

取高闕陶山北假中

附案水經注河水三引此作據陽山卽蒙恬匈奴兩傳及續志五原郡注並同則知今本譌陽山爲陶山而又敓據字也

陽山在河北

臣聞殷周之王千餘歲

案李斯傳亦載淳于越此語商六百四十餘祀周八百七十餘年何言千餘歲乎

若欲有學法令以吏爲師

附案徐廣謂一無法令二字是也

乃營作朝宮渭南上林苑中先作前殿阿房東西五百步南北五十丈上可以坐萬人下可以建五丈旗

案此紀及漢賈山疏皆言阿房始皇作獨三輔黃圖稱阿房亦曰阿城惠文王造未成而亡始皇廣之雍錄以爲不然始皇聞言咸陽人多宮小乃渡渭南營作則非刱始前人其實

始皇亦未竟功二世復作之而勝廣已亂其功未竟也而阿房之制所說多異正義引三輔舊事云東西三里南北五百步黃圖云東西五十步南北五十丈水經注十九引關中記云東西千步南北三百步庭中受十萬人蓋規度恢宏莫能究的今以黃圖敘朝宮參之則中可受十萬人者乃言朝宮關中記誤以爲阿房耳若四至步數則無從攷定矣

發北山石椁

義門讀書記曰椁字疑衍

諸生傳相告引乃自除犯禁者四百六十餘人皆阬之咸陽

案尚書孔序疏及儒林傳正義引衞宏古文序云秦既焚書患天下不從諸生至者拜爲郎前後七百人乃密令冬月種瓜于驪山硎谷中溫處瓜實成使人上書曰瓜冬有實詔天下博士諸生說之人人各異則命就視之而爲伏機諸生方相論難不決因發機從上填之以土皆壓終無聲唐先號其地爲愍儒鄉天寶中爲旌儒廟在新豐縣溫湯西南馬谷而此紀稱阬之咸陽夫咸陽渭北也馬谷渭南也豈馬谷中七百人自爲一戮而咸陽四百六十餘人別爲一戮邪（文選西征賦注引史作四百六十四人論衡語增篇又作四百六十七人唐李亢獨異志言秦于驪山下坑儒士二百四十八人）雍錄云議瓜之說似太詭巧始皇剛暴自是其有違己非今者直自阬之不待設詭也余嘗謂世以焚書阬儒爲始皇罪實不盡然天下之書雖燒而博士官所職與丞相府所藏固未焚矣始皇三十六年使博士爲仙眞人詩叔孫通傳載二世召博士諸儒生三十餘人問陳勝又通降漢從儒生弟子百餘人徵魯諸生三十餘人項羽紀稱魯爲其守禮義死節則知秦時未嘗廢儒亦未嘗聚天下之儒而盡阬之其所阬者大抵方伎之流與諸生一時議論不合者耳論衡語增篇亦以盡阬儒士絕滅詩書爲非實也扶蘇曰諸生皆誦法孔子豈眞識孔子之儒哉而焚阬之禍李斯爲之斯與韓非並事荀卿荀卿非古誣聖敢爲異談故非之言曰世之愚學多誦先古之書以亂當世之治斯之言曰諸生不師今而學古以非當世惑亂黔首同門相傳俱承荀卿之教而不自知其悖東坡曾深論之但商鞅當孝公時已言民好學問則怠于農戰以國用詩書禮樂必削亡謂之六蝨若鞅者詎非李韓之嚆矢乎宜其及也韓子和氏篇言商君教孝公燔詩書而明法令史無其事或孝公未聽從歟

黔首或刻其石曰始皇帝死而地分

案述異記謂始皇三十六年童謠曰阿房阿房亡始皇或因有童謠而刻石乎史不言之略也

使者從關東夜過華陰平舒道有人持璧遮使者曰爲吾遺滈池君因言曰今年祖龍死

附案漢五行志引史記云鄭客從關東來（初學記引史作鄭容）至華陰望見素車白馬從華山上下知其非人道住止而待之遂至持璧與客曰爲我遺鎬池君因言今年祖龍死而晉干寶搜神記及水經注十九引春秋後傳（後書襄楷傳注及初學記引樂資春秋後傳同）皆

以鄭客爲鄭容以遺璧爲致書并有文石款梓之說與史漢大異眞酈公所謂神道茫昧理難辨測者也（張晏以鎬池君爲武王雍錄引唐梁載言十道志以爲始皇皆非服虔曰水神是也）至今年當依搜神記作明年爲確各處並誤作今年潛丘劄記論之云今字必明字之譌證有二焉一果三十七年七月始皇崩其言驗一始皇曰山鬼固不過知一歲事譏其伎倆僅知今年若明年之事彼豈能預知乎幸其言不驗李白古風云璧遺鎬池君明年祖龍死秦人相謂曰吾屬可去矣一往桃花源千春隔流水乃知太白唐時所見史記本尚無譌也余又得一證文選潘岳西征賦注及初學記卷五引史記作明年可補閻氏所未及

左丞相斯從

襄城劉氏靑芝史記紀疑曰後陰謀乃趙高與李斯此處宜並敘趙高名自是史公疏筆

望祀虞舜于九疑山

案祀舜九疑仍葬于蒼梧之謬也已說見五帝紀

渡海渚

案正義以海字爲江之誤史詮謂江渚一名牛渚卽采石磯也秦時地屬丹陽

乃西百二十里從狹中渡

附案劉昭郡國志注于吳郡餘杭下引史作西北二十里此百字譌狹中爲赭龜二山之海門亦非餘杭也詳見蕭山毛氏奇齡杭志三詰三誤辨

上會稽祭大禹

案此仍禹葬會稽之妄說在夏紀

追首高明

附案索隱正義據王劭案張徽所錄會稽碑異文不盡可依信惟此首字作道小司馬謂雅符人情當是也有本作守者非

以立恆常

案文帝名恆史何以不諱豈因恆常連文難避故耶

飾省宣義

附案徐廣謂省一作非評林明余有丁云省或作眚與徐說字異義同方氏補正又依字釋之曰飾整齊也卽下防隔內外禁止淫泆也省考察也卽察其爲寄豭逃嫁也宣義者示以殺之無罪子不得母之義也未知孰是

至榮成山

附案榮字誤正義云卽山也卽不各本脫成字日知錄三十一云南史明僧紹隱于長廣郡之嶗山本草天麻生嶗山則字本作嶗（一作牢或改鰲俱非）寰宇記秦始皇登勞盛山望蓬萊勞盛二山名盛卽成山古字通用（漢書郊祀志作盛山武帝紀及地理志注作成山）始皇紀正義曰榮成山卽成山也案史書及前代地理書並無榮成山予向疑之後見論衡引此作勞成山（見紀妖篇）乃知昔人傳誤唐時諸君亦未詳攷遂使勞山并盛之名成山冒榮之號今特著之以正史書二千年之誤方輿紀要曰勞山在山東

萊州府即墨縣東南六十里成山在文登縣東北百五十里後書蓬萌傳之琅邪勞山養志脩道

下銅而致椁

附案徐廣云銅一作錮是也劉向說此事云下錮三泉

機相灌輸

附案御覽八百十二引史曰機轉相輸終而復始

雖萬世世不軼毀今始皇爲極廟

附案盧學士曰二句當互易之觀後云自襄公已下軼毀則此句之爲誤倒明矣

于是二世乃遵用趙高

附案史詮曰洞本遵作尊

相立爲侯王

案此敘諸王之立獨遺韓廣爲燕王何也

遂殺章曹陽

案陳涉世家曹陽乃章邯復敗周章之地非章死之地章自剄死非被殺也

右丞相去疾左丞相斯將軍馮劫進諫

案李斯傳諸侯叛秦斯數欲請閒二世不許而責問之斯阿意求容以督責之術對而紀云去疾斯劫進諫必紀誤也斯既阿意求容何能直諫況請閒而二世不許繼請而爲趙高所賣斯實未嘗一言或去疾馮劫諫而連斯之名于奏牘乎又斯就五刑因高之譖而後文謂因諫被誅亦紀之誤二世責問斯語與傳異此史公不及整頓處未知孰實

啜土形

附案李斯傳作鉶古形與刑通而又旁省金字遂作形耳

謂鹿爲馬

案良馬有似鹿者價千金見韓子外儲說右上篇淮南說山論衡講瑞篇述之高蓋依以爲計也但陸賈新語辨惑篇云秦二世之時趙高駕鹿而從行王曰丞相何爲駕鹿高曰馬也與史言獻鹿謂馬異李斯傳尚有召太卜一節此從略耳又高欲作亂或以青爲黑以黑爲黃見鄭康成禮器注又高束蒲爲脯以惑二世故後書文苑崔琦傳云玄黃改色馬鹿易形唐張弧素履子履忠篇云指鹿爲馬以玄爲黃潘岳西征賦云野蒲變而成脯苑鹿化以爲馬唐書蘇安恆傳云指馬獻蒲先害善良皆使趙高事史祇言馬鹿一端藝文類聚謂蒲脯事出史記李善謂出風俗通也韓子內儲說上篇云子之言白馬以驗左右之誠高豈祖其奸[illegible]故

高因陰中諸言鹿者以法

附案漢書京房傳秦時趙高用事有正先者非刺高而[illegible]威自此成故秦之亂正先趣之此事甚僻可補史遺孟康曰姓正名先秦博士也但秦諱正不知正先爾時改姓云何封禪書正伯僑司馬相如傳作征或正先改從征

二世乃齋于望夷宮

案此言二世因夢祀涇故齋望夷而李斯傳謂二世射殺行

入于上林故高令出居望夷以禳之兩處異詞未知孰信

使郎中令為內應

附案徐廣謂一作郎中令趙成是也各本皆缺趙成乃趙高之弟已見上文

二世曰丞相可得見否

案此言高謝病不朝令其壻弟劫二世自殺故不見高也而李斯傳又言高親劫二世歧出

趙高乃悉召諸大臣公子告以誅二世之狀

案李斯傳言高自佩璽上殿意圖篡位因殿欲壞者三高乃召子嬰立之與紀亦異當是謀篡後告大臣公子而立嬰也

我稱病不行

案斯傳言嬰即位稱疾不聽事高謁病因召入刺殺之此言嬰稱病不廟見高自往請遂刺殺高于齋宮兩處未知孰是拾遺記言子嬰因高咸陽獄懸于井中七日不死更以鑊煮七日不沸乃戮之繹史以為附會迂怪也

善哉乎賈生推言之也

附案此所載過秦論與賈誼書字句多異必史公略為裁換耳但賈論上下二篇今以下篇後段秦并至安矣置于上篇之前以下篇前段秦并至過也置于上篇之後何其紊也蓋史公取上篇為陳涉世家論漢書涉傳仍史故止載上篇取下篇為始皇紀論後人妄以上篇增入此紀而又傳寫倒亂遂致次第失舊且與世家重複矣故徐廣謂一本有下篇無上篇而以秦并兼諸侯

山東三十餘郡繼秦并海內末也此本是索隱亦云太史公刪過秦篇著此論當其義而省其詞褚先生增續既已混殽指世家而世俗小智不唯刪省之旨合寫本論于此不同也

鉏櫌白梃

附案史詮曰櫌字從木湖本作擾誤新書作櫌亦非

章邯因以三軍之眾要市于外

索隱曰此評失也章邯之降由趙高用事不信任軍將一則恐誅二則楚兵既盛王離見虜遂以兵降耳非三軍要市于外以求封明矣

籍使子嬰有庸主之材僅得中佐山東雖亂秦之地可全而有宗廟之祀未當絕也

案班固典引序云此言非是又此紀所附班固文云秦之積衰天下土崩瓦解雖有周旦之材無所復陳其巧而以責一日之孤誤哉

至于秦王

案秦王當作始皇下文五秦王字同

安士息民

附案今本新書作安土而索隱引賈誼書安作案則當為案士猶言案兵也安乃案之譌脫若士土二字古人通寫律書云兼列邦土周頌云保有厥土義竝作土鄭注周禮校人職云世本相土作乘馬竹書亦曰相土竝宜作土大司徒職歸于土鄭司農云或謂歸于圖土疏曰司農之意此經土或為

土故解爲圖土呂氏春秋任地篇云使吾士靖而甽浴士高誘注士當作土至洪适隸釋隸續所載碑碣多以士爲土以士爲土不勝僂舉矣

子嬰孤立無親危弱無輔三主惑而終身不悟

評林明凌約言曰（稚隆父）既云孤立無親危弱無輔已重爲子嬰惜矣又云三主惑而終身不悟毋乃責之過乎王鏊曰過秦論極古與先秦相上下但大意如一不甚變化且詞有重裝者意生偶作未及刪定耳（下文三主夫道亦非）

故周五序得其道

附案索隱謂賈誼書五作王是也今本新書亦譌作五

于是秦人拱手而取西河之外

案秦惠文王八年魏入河西地于秦孝公時安得至西河之外乎商君傳有魏惠王割河西地獻秦以和之語竝誤

惠王武王蒙故業

附案陳涉世家作惠文王武王昭王新書及漢書作惠文武昭襄文選作惠文武昭此獨遺昭王一代

收要害之郡

案新書文選收上有北字是也此與世家及漢書缺

齊有孟嘗趙有平原楚有春申魏有信陵

附案四公子之封號前哲多不詳注而正義于春申傳云四君封邑檢皆不獲唯平原有地又非趙境竝蓋號謚索隱于魏公子傳云地理志無信陵或是鄉邑名兩注疏陋之甚曾頌箋曰嘗在薛之旁裴駰司馬貞已引之田文襲父封薛而兼食嘗邑故號孟嘗孟乃其字猶稱薛文然也（路史國名紀七云嘗在南陽田文之封謬也）趙勝封于東武城黃歇初封淮北後徙吳墟俱明載本傳而謂之平原春申者是號而非地故韓子和氏篇言楚莊王有弟春申君漢朱建及孝景皇后母臧兒皆號平原君也（正義以臧兒之封爲德州縣）若魏公子無忌則封于陳留郡之寧陵縣而號之爲信陵君者也寧陵爲古葛地水經注廿三卷汳水又東逕葛城北故葛伯之國葛于六國屬魏魏以封公子無忌號信陵此乃確證

有寗越

附案寗字各處作甯古通用也呂子不廣篇有越說趙將孔

青事注云趙中牟人又博志篇曰甯越中牟之鄙人學十五歲而周威公師之注云威公西周君徐廣謂越一作經或自別有此人不必甯越非也

徐尙

附案此所稱二十八徐尙翟景帶佗未詳

昭滑

附案涉世家作邵國策新書漢書文選竝作召則此作昭字譌也甘茂傳亦作召滑至徐廣謂滑一作涓非

叩關而攻秦

附案此與文選作叩新書漢書與涉世家作仰師古注及索隱竝言秦地形高故云仰今流俗本作叩非也

逡巡遁逃而不敢進

附案世家文選無逡巡字新書作逡巡漢書作遁巡皆無作四字連文者蓋遁卽巡字而遁之所以爲巡者因遁與循同也後人傳寫既誤改遁爲巡又移遁配逃增于逡巡之下遂致文義重複其實逡遁爲逡巡之異文謂九國遲疑不進爾若云遁逃而走卽應大被追躡豈得但言不敢進乎匡謬正俗及金石文字記辨之詳矣隸釋謂四字當讀如本字以鄭固碑逡遁退讓爲用史記則非也碑文政可證史記非四字連文矣漢書平當傳贊逡遁有恥游俠萬章傳逡循甚懼

呑二周

宋吳枋宜齋野乘曰秦昭王五十一年滅西周其後七年莊襄王滅東周則呑二周乃始皇之曾祖與父非始皇也

執棰拊

附案各處皆作敲朴臣瓚以爲短曰敲長曰朴魏鄧展謂敲短杖也朴棰也則此似非集解引徐廣索隱引賈論以棰作槁九非蓋槁之譌

銷鋒鑄鐻以爲金人十二

附案各處皆作銷鋒鍉句鑄以爲金人十二此作鑄鐻字句雖異而于事爲備

躡足行伍之閒而倔起什伯之中

附案世家作俛仰阡陌之中漢書新書文選竝作俛起阡陌此什字乃仟之譌阡仟陌伯佰古通酷吏傳伯格長[illegible]志開仟佰田連仟伯仟伯之閒成羣匡衡傳南以閩佰爲界郡圖誤以閩佰爲平陵佰皆可證已以義言之指錢布行伍自當從人以田道論則宜從阜漢志仟伯之得謂錢布軍法千人爲仟百人爲伯謂行伍而此應作田道解謂涉起于田閒也注家多以行伍釋之與上行伍句複矣

而轉攻秦

附案此與世家竝譌以轉在而下

千乘之權

案各處作致萬乘之權是也此作千乘非又缺致字

秦幷海內

案新書秦下有滅周祀句似不可刪

以養四海

案新書云以四海養是也此誤倒養字

而以威德與天下

附案新書此威字乃盛之譌

壞宗廟與民更始作阿房宮

附案徐廣謂一無壞宗廟與民五字甚是二世無壞宗廟之事更始作阿房宮爲句謂復作阿房宮也

襄公立

附案此篇是秦記魏了翁古今攷謂班固明帝時所得也史公言秦燒書獨秦記不滅故東漢時猶有存者後人遂幷班固語附載本紀之末以備參證史詮及丹鉛錄竝云古本自

襄公立以下低兩字刷于正文今本平頭刻殊失其舊矣而索隱以爲馬遷重列則誤也史以傳信無一事兩書之理史記中惟此及酈生傳有之皆後人附益非遷史元文然酈道元尙錯認此記爲遷史何論小司馬哉此記簡古有法先秦文字不可多見非它附益者比故取而校之

死葬衙

案秦本紀作葬西山正義引括地志及世紀秦陵山爲據則此言憲公葬衙似非也

葬宣陽聚東南

案紀作葬平陽豈平陽有宣陽聚乎

初志閏月

日知錄二十六曰宣公以前皆無閏每三十年多一年與諸國之史皆不合矣則秦之所用何正邪

繆公學著人

案索隱云著卽宁也攷呂氏春秋尊師篇穆公學于百里奚公孫枝豈其先嘗學于宁門之人乎楊愼曰三代之君必學于耆德以爲師保而穆公乃學于宁人以刑餘爲周召以法律爲詩書又不待始皇胡亥巳然矣則景監得以薦商鞅趙高得以殺扶蘇終于亡秦寺人之禍也史書之醜之也孫侍御云著人未必是寺人存疑

共公享國五年

案共公無五年在位四年也說在秦紀

桓公享國二十七年

案七字當作八說在紀

生畢公

案謚法無畢當依春秋作哀公秦紀不誤此與十二侯表稱襄公吳越春秋闔閭內傳作栢公同誤索隱于秦紀引此作理尤妄

惠公享國十年

案惠公在位九年說在紀

葬車里康景

評林曰康景二字疑衍或下有闕文

葬僖公西

案此記兩稱僖公而秦之諸君無謚僖者索隱于上景公注云一作僖公當是景公之誤

生刺龔公

案秦紀及六國表作厲共公獨此作刺龔公正義又謂刺一作利蓋龔與恭通卽共也謚法有刺與厲字義同音近而利字復因形聲相鄰致譌猶陳厲公之爲利公爾

葬入里

徐廣曰一作人疑是也

葬櫟圉氏

案以下文陵圉酈圉弟圉例之則此氏字疑衍

生靈公

案此與表竝言懷公生靈公必是生昭子之誤秦本紀明言靈公懷公孫表亦言懷公太子之子爲靈公卽此紀下文亦云靈公昭子子也

肅靈公

案紀表皆作靈公小司馬言紀年世本無肅字則此爲誤增當衍之

生簡公

案簡公者靈公之季父懷公之子厲共公之孫此以簡公爲靈公所生大誤亦猶十二侯表以簡公爲惠公子索隱以簡公爲厲共公子也

其七年百姓初帶劍

案紀表竝在簡公六年

葬永陵

案惠文悼武皆葬于畢此乃陵名猶前言惠文葬公陵也

孝公立十六年時桃李冬華

案紀于獻公十六年書桃冬花疑一事誤書

惠文王生十九年而立

案惠文悼武昭襄三君俱立于十九年亦奇

立四年初爲田開阡陌

案此乃孝公十二年事而以爲昭襄四年誤矣

二世生十二年而立

案紀云二十一立此云十二葢譌倒耳紀言二十一者以踰年改元言之此言二十者以始皇崩年言之

右秦襄公至二世六百一十歲

案表自襄公元年至二世三年實五百七十一歲此誤索隱秦紀末正義所說年數亦誤也此記是秦史官所錄史公采以作史記者何以誤耶豈蠹見葢篆隸遞變簡素屢更竝屬傳寫乖譌非秦記之舊矣

孝明皇帝十七年

附案孝明以下乃班固因有召問遷書及作典引一節遂別著此篇并所得秦記錄之當時必另傳于世後人取入史記附載于茲故謂此篇他人作者妄謂與典引同作者亦妄何以言之典引序稱永平而此云孝明皇帝是追述前事非永平時所撰甚審典引序但稱十七年而此云十七年十月十五日乙丑若非孟堅自爲何能悉其日月典引稱臣而此云吾讀秦紀則非對君之言可知

史記志疑卷五終　番禺劉昌齡沈葆和沈寶樞校字

史記志疑卷六

項羽本紀第七　　仁和梁玉繩撰

下相人也

案郡以統縣縣以統鄉鄉以統里論史法但當書郡縣有德位殊絕者則著其鄉里乃史公所書參錯無準是亦體例之不合也班彪嘗譏遷述竝時之人或縣而不郡豈特不郡哉

字羽

案古人之字大約一字居多其加子者男子之美稱也然高祖功臣表敘射陽侯之功云破子羽序傳云子羽接之子羽暴虐破子羽于垓下齊連子羽城陽則此似宜曰字子羽

會稽守通謂梁曰

案漢書籍傳作項梁語非通謂梁也敘事迥異未知孰實

廣陵人召平于是爲陳王徇廣陵

案廣陵楚漢之閒爲東陽郡而斯時陳嬰已下東陽疑召平以淩人爲陳王徇淩非廣陵也觀漢書陳勝傳淩人秦嘉事自見淩縣屬泗水陳涉世家作陵人秦嘉古字通用下文集解引世家作廣陵人乃誤增一廣字（荀紀作陵人召平亦一證）

使使與連和

附案與上脫欲字他本及漢書有

當陽君

附案徐廣謂英布起蒲因以爲號師古索隱非之是也吳斗南以爲棘蒲侯柴武亦非此猶高紀之剛武侯史失其姓名不知何人也

逆無道

附案逆上脫大字他本及漢書有

項梁前使項羽別攻襄城

案前此皆稱項籍此後忽改稱字而不名何也高紀則皆稱字

居鄛人范增

案索隱引荀悅漢紀云阜陵人阜陵屬九江居鄛乃廬江未知孰是然今本漢紀作居巢豈傳寫改之乎

別攻城陽

附案成陽縣屬濟陰非城陽國之城陽也史漢成陽之與城陽往往互書蓋古字通借不定是誤然因此亦頗淆混矣

沛公項羽相與謀曰今項梁軍破

案評林董份云項羽不宜自稱季父之名沛公于羽前亦必不名其季父項梁字誤也史詮云當作武信君余謂高紀項羽曰懷王者吾家項梁所立與此同誤

陳餘爲將張耳爲相

案陳餘是時將兵在鉅鹿北未入鉅鹿城此陳餘爲將四字因下文有之而重出者當衍去

項羽爲魯公

案懷王封羽爲長安侯號爲魯公上文敘諸將之遷爵獨遺

子羽故此言爲魯公亦無來歷

諸別將皆屬宋義

附案漢紀云宋義故楚令尹大事記曰懷置義爲元帥者非特喜其知兵亦以楚之耆舊大臣故尊任親倚之史漢不載義爲楚令尹荀氏所據必楚漢春秋也

士卒食芋菽

附案徐廣云芋一作半漢書是半也臣瓚曰食蔬菜以菽雜半之索隱引王劭曰半量器名容半升亦通劉孝標廣絕交論莫肯費其半菽東坡詩願君五袴手招此半菽魂則芋字雖若可通而實非巳

楚王陰令羽誅之

附案古人亦自稱字漢書匡衡傳注引衡與貢禹書言匡鼎白後書周黃徐姜申屠傳序述閔貢語云閔仲叔豈以口腹累安邑邪漢書羽作籍

諸侯皆屬焉

案諸侯下疑缺將字漢書作兵皆屬焉

珍寶盡有之

附案范增曰沛公入關財物無所取沛公謂項伯曰吾入關秋毫不敢有所近籍吏民封府庫而待將軍樊噲謂項羽曰沛公入咸陽毫毛不敢有所近封閉宮室還軍霸上又高紀謂沛公封秦重寶財物府庫是高祖之不取秦寶物皆張良樊噲一諫之力而曹無傷珍寶盡有之語徒以媚羽求封耳

但蕭相國世家云沛公至咸陽諸將皆爭走金帛財物之府分之然則曹無傷之言未盡虛妄謝項羽之玉璧與亞夫之玉斗高祖何從得之可知非毫無所取也

張良曰誰爲大王爲此計者

案高帝此時尚未爲王且前後俱稱沛公何忽于張良三稱大王邪留侯世家作沛公是

足以當項王乎

案羽時亦未王故沛公稱羽將軍以其爲諸侯上將軍也史乃預書爲王此下項伯曰項王范增項莊曰君王張良樊噲曰項王大王沛公曰項王凡書王者三十八似失史體留侯世家樊噲傳及漢書俱不言王甚是惟樊噲語未盡改耳

具以沛公言報項王

案項伯之招子房非奉羽之命也何以言報且私良會沛伯負漏師之重罪尙敢告羽乎使羽詰曰公安與沛公語則伯將奚對史果可盡信哉

則與一生彘肩

案生字疑誤彘肩不可生食且此物非進自庖人卽撤自席上何以生邪孫侍御云蓋故以此試之也

項王使都尉陳平召沛公

附案徐廣謂一本無都字是也攷世家陳平以擊降殷王拜都尉在漢定三秦之後而定三秦在漢元年八月鴻門之會在十二月則平此時不但未爲都尉幷未賜爵爲卿乃爲尉

也

項王軍在鴻門下沛公軍在霸上相去四十里沛公則置車騎脫身獨騎與樊噲夏侯嬰靳彊紀信等四人持劍盾步走從酈山下道芷陽閒行沛公謂張良曰從此道至吾軍不過二十里耳度我至軍中公乃入

案鴻門者鴻門亭也霸上者霸水上也漢書高紀孟康注謂鴻門在新豐東十七里水經注十九卷謂自新豐至霸城五十里自霸城西至霸水十里然則霸上與鴻門相隔七十七里矣沛公罷飲脫歸行七十七里而項伯之夜來夜去且馳一百五十四里何以言四十里耶水經注又謂鴻門在新豐城東三里無十七里是亦六十三里不得稱四十里而芷陽卽霸城又奚云二十里乎郭緣生述征記謂鴻門在霸城南門數十里稍爲近之而酈道元譏其學而不思則不足信也又董份曰當時鴻門之宴必有禁衛之士訶訊出入沛公恐不能輒自逃酒且疾走二十里亦已移時沛公良噲三人俱出良久羽在內何爲竟不一問而在外竟無一人爲羽之耳目者矧范增欲擊沛公惟恐失之豈容在外良久而不亟召之邪此皆可疑徐氏測議曰漢祖脫身至軍溽陽疑之固當然觀史記敘漢人飲中坐多有更衣或如廁竟去而主人不知者意當時之飲與今少異又聞有良駿行四十里而酒杯猶溫者漢祖之能疾行得此力也其所云步走或史遷誤耳徐二君之辨俱不必疑余所疑者鴻門霸上之里數不合耳

里數定則時之久暫可知矣當日沛公借如廁得出與良噲數語卽去爲時元不甚久而古人飲酒與今殊禮盛以出外爲嫌車騎猶在更復何猜況羽已使陳平召之何嘗竟置不問若論禁衛訶訊則彼尙不能禦樊噲之入烏能止沛公之出乎度至軍乃入亦約略之詞想張良必祇度其追不可及而卽入焉壯士步走數十里固事之常不得以史公爲誤也紀信漢書作紀成乃紀通之父未知孰是索隱謂漢書作紀通妄已（孫侍御云里數當以史爲信）

項羽引兵西屠咸陽

案前已屢書項王此後又攙三語曰項羽引兵西屠咸陽曰項羽方渡河救趙曰引其兵降項羽何也

先下河南郡

案漢書籍傳無郡字是此衍河南郡高帝二年始置

徙趙王歇爲代王

案代王都代遼東王都無終膠東王都卽墨此紀于諸國俱言所都而三國獨否蓋缺也

王九郡

附案項羽王梁楚九郡史漢皆不詳注家亦略史詮謂泗水碭薛東海臨淮彭城廣陵會稽鄣九郡然臨淮郡漢武帝元狩六年置彭城郡宣帝地節元年置廣陵國非郡武帝元狩五年更江都國爲廣陵中間爲郡止三年鄣郡之置未知何時秦無鄣郡豈羽置之乎經史問答言秦于楚地置十郡項

王以漢中封高祖九江封英布南郡封共敖長沙爲義帝都而自得東海泗水薛會稽南陽黔中秦于梁地置三郡項王以河東封魏豹而自得碭東郡凡得郡八據史記益以楚郡適得九郡之目然秦無楚郡恐是誤會楚世家之文南陽黔中中隔數國豈能遙屬于楚程全兩說俱難信惟錢宮詹大昕漢書攷異謂史稱九郡者據當時分置郡名數之引高紀六年封荆楚二王地作證以泗水東陽東海碭薛鄣吳會稽東郡爲九甚確

乃陰令衡山臨江王擊殺之江中

案黥布傳言九江王使將追殺義帝于郴與漢書合而此與高紀謂是衡山臨江殺之師古漢書高紀注曰衡山臨江與布同受羽命而殺之者布也江中當依高紀作江南指郴縣言若江中則殺于道路矣又攷義帝之殺此與高紀在漢元年四月而月表在二年十月黥布傳在元年八月漢書從月表然究未知的在何月義帝以元年四月自臨淮盱台縣徙桂陽之郴使人趣其行不及一月可到英布等追而殺之則甫及郴即被弒矣疑四月爲是

田榮聞項羽徙齊王市膠東

案此後宜稱項王矣而忽呼項羽者四曰田榮聞項羽徙齊王市膠東曰項羽聞漢王皆已并關中曰以齊梁反書遺項羽曰項羽遂北至城陽又呼其名曰獨籍所殺漢軍數百人俱當改項王

而西擊殺濟北王田安

案紀表傳皆言田榮殺田安惟漢書高紀籍傳云彭越殺之與年表僭傳異豈是時越受榮將軍印而爲之驅除邪然越傳何以不書

陳餘陰使張同夏說說齊王田榮

案高紀及陳餘傳皆無張恐并二人偕說也

逐其故主趙王

案趙王歇乃陳餘之故主也其字當衍

齊趙叛之

案齊叛指田榮擊殺田都田市田安并王三齊也趙叛指陳餘破常山王迎還趙歇也然趙叛事在二年此時尙未當依漢書作齊梁叛之爲是下文張良以齊梁反書遺項王可證指彭越反梁地也

漢之二年冬項羽遂北至城陽

案冬當作春事在春也

春漢王部五諸侯兵

案春當作夏下文四月二字亦當移此事在夏四月也又史不數五諸侯爲誰注者復多異說應劭曰雍翟塞殷韓如淳曰塞翟魏殷河南徐廣司馬貞同韋昭曰塞翟殷韓魏師古曰常山河南韓魏殷顧胤張守節同劉攽刊誤曰河南韓魏殷趙吳仁傑補遺曰塞翟魏韓趙全氏經史問答曰魏韓趙齊殷余攷雍方被圍自不與其列塞翟殷河南俱已亡國常山閒關入漢安

得有兵各家所數衹韓魏趙齊爲可信葢魏趙從軍皆見于其傳韓王之從軍見于月表合齊擊楚見于淮陰傳是得四諸矦兵而其一必衡山也衡山王吳芮之將梅鋗自高祖入武關時卽以兵從故令甲稱芮至忠封長沙王則彭城之役有不屬在行間者乎漢書攷異引董教增曰注家牽引諸王以足五數項籍傳贊云將五諸矦滅秦又繫何人當據故七國以地言不以王言漢定三秦卽故秦地項羽王楚卽故楚地其餘三晉齊燕爲五此說恐非羽所將之五諸矦是趙齊燕魏韓五王

是時呂后兄周呂矦

案水經注二十三云楚漢彭城之戰呂后弟周軍于下邑而

史漢俱作呂后兄未知孰是但道元誤以澤名周安知不又誤以兄爲弟邪呂澤是時未封依史法不當預稱周呂矦

楚下滎陽城生得周苛

附案高紀及漢書此事在羽東擊彭越之後當三年六月今幷書于五月守滎陽下者葢終言之于文法爲連敘亦猶上文敘陳餘破張耳迎趙歇一節是二年事而因陳餘說田榮遂幷敘于元年也說在高紀

漢之四年

附案此以下所敘之事前後倒置不但與漢書異幷與高紀不同恐係錯簡細校如左漢之四年當在後擊陳留外黃句上觀漢書高紀籍傳自明

是時彭越渡河擊楚東阿殺楚將軍薛公項王乃自東擊彭越

案高紀及漢書紀傳項王擊彭越是三年五月在楚拔滎陽及成皋之前此書于拔成皋後一誤也越渡睢水與項聲薛公戰下邳殺薛公此不書項聲而又謂渡河擊東阿二誤也

漢王得淮陰矦兵

案淮陰矦當依高紀作韓信下文五稱淮陰矦同

使劉賈將兵佐彭越燒楚積聚

案漢王使盧綰劉賈將兵佐越擊破楚軍燕郭西燒其積聚攻下睢陽外黃十七城此但言賈佐越燒積聚似太略當參高紀越傳及漢書觀之此下應接項王乃謂海春矦一段

項王東擊破之走彭越

案此卽下文項王令曹咎守城皋而引兵定梁地之事彭越傳所謂越北走穀城者也在此紀中于事爲重出于文無所附當衍之

漢王則引兵渡河復取成皋軍廣武就敖倉食

附案此乃敗海春矦後事當在下文項王信任之句下

項王已定東海來西與漢俱臨廣武而軍

案此以下至是時彭越復反下梁地絕楚糧一段當在後漢軍畏楚盡走險阻句下而衍去巳定東海來五字葢定東海卽下定梁地十餘城事于文爲錯出也

相守數月

案漢書高紀籍傳皆無數月二字是也此時爲漢四年十月

纔軍廣武不得便言數月當是一月

于是項王乃卽漢王相與臨廣武閒而語

附案義門讀書記云閒藝文類聚引作澗然以孟注兩城相對觀之則如字也余攷水經注七曰西廣武漢所城也高祖與項羽臨絕澗對語責羽十罪羽射漢祖中胸處東廣武項羽城之東城之間有絕澗斷山謂之廣武澗項羽叱婁煩于其上矣故藝文類聚九引作澗則今本史漢俱譌義門見史漢竝作閒字遂以孟康注實之而不知孟注乃指廣武城言也又范雎傳言秦昭王四十三年城河上廣武則廣武城恐不盡是楚漢所築

破齊趙

案韓信破趙已踰年矣非破齊一時事此與高紀皆多一趙字漢書無

乃使龍且往擊之

案楚救齊之役此及淮陰田儋傳止言龍且為將而高紀兼言周蘭灌嬰傳兼言留公蓋紀傳互見也但漢書籍傳謂羽使從兄子項它為大將龍且為裨將救齊舍主將而書偏裨何也

淮陰侯與戰騎將灌嬰擊之

案此與高紀皆多一戰字當衍之漢書無戰騎將三字

韓信因自立為齊王

附案信以四年十月破齊十一月殺齊王廣因以書乞自立為假王漢因事而封之在二月高紀月表田儋淮陰傳皆云然其實信自立為齊王在十一月與漢王書言假王隱眞情耳續古今攷謂信自立為王在十一月其使人以書與漢王言假王者乃擅自立為王之後始請之

大司馬咎長史翳塞王欣皆自剄汜水上

附案高紀及漢書紀傳皆無翳塞王三字此後人妄增之何者翳降漢後雖與欣同叛歸楚而不復再見蓋欣與項王有舊恩故得棄瑕而仍任用之非翳可比矣惟欣曾封塞王後文稱故塞王甚合乃此及高紀竝以長史稱之漢書亦然或疑此當衍長史翳三字曰否後文又有長史欣也盧學士云翳塞王三字必非史記本文觀下但舉咎欣兩人可知翳舊

為都尉不為長史又欣既稱塞王則翳亦當稱翟王此數者皆不協故知非也

是時漢兵盛食多

附案此紀譌舛之處已說見上今依文摘敘當云項王進兵圍成皐至令其不得西此下刪是時彭越渡河二十四字漢王得淮陰侯兵欲渡河南鄭忠說漢王乃止壁河內使劉賈將兵佐彭越燒楚積聚此下刪項王九字項王乃謂海春侯大司馬曹咎等至乃東行漢之四年擊陳留外黃至是以項王信任之漢王則引兵渡河復取成皐軍廣武就敖倉食當是時項王在睢陽至盡走險阻項王此下刪已定東海來五字西與漢俱臨廣武而軍至絕楚糧是時漢兵盛食多項王兵罷食絕

卽歸漢王父母妻子

案月表及王陵傳稱太公呂后較之此與高紀作父母妻子爲妥且是時孝惠未爲楚虜而如淳晉灼漢書注引漢儀注言高帝母兵起時死陳留小黃則此時亦不得有母媼也文選陸士衡高祖功臣頌侯公伏軾皇媼來歸亦非

漢王乃封侯公爲平國君

附案金石錄載金鄉守長侯君碑云侯公諡安國君趙曰高祖紀侯公封平國君此碑言安國既不同而平國君乃生時稱號如婁敬爲奉春君之類碑以爲諡恐非余疑諡當作號解說在孟嘗君傳

建成侯彭越

附案越爲魏相國未聞封侯蓋所賜名號曹參亦有建成侯之稱本傳不載

韓信乃從齊往劉賈軍從壽春竝行屠城父至垓下大司馬周殷叛楚以舒屠六舉九江兵隨劉賈彭越皆會垓下

案此段頗有缺誤當云韓信乃從齊往彭越乃從魏往劉賈軍從壽春迎黥布竝行屠城父大司馬周殷叛楚以舒屠六舉九江兵隨劉賈黥布皆會垓下

有美人名虞

附案徐廣云一作姓虞氏是漢書全襲史記政作姓虞氏也

是時赤泉侯爲騎將

案楊喜封赤泉侯在七年漢書改稱楊喜是也此兩稱赤泉皆當作楊喜又索隱謂漢書表及後漢作憙音火志反而今本俱作喜惟隸釋楊震碑作楊憙蓋古字通用猶以憙爲喜也

獨籍所殺漢軍數百人項王身亦被十餘創

案此二語上稱籍下稱項王竟似兩人矣未免語病

分其地爲五

附案評林謂宋本分字上有故字史詮以爲今本缺然宋倪思班馬異同無故字倪所見必宋本也分其地通鑑作分其尸非分其地爲五當屬下文謂分地以封呂馬童等五人爲侯耳其地不必定泥作楚地

葬項王穀城

附案水經注八云穀城縣故春秋之小穀城有項羽冢今彭城穀陽城西南又有羽冢非也日知錄三十一云注引皇覽以爲東郡之穀城與留侯所葆黃石同其地不然矣宋孫復春秋尊王發微曰曲阜西北有小穀城蓋魯邑而宋李石續博物志疑穀城二冢是身首異處亦非無見

玄武侯

明陳子龍史記測議曰侯表中不見豈始封而卽廢歟

吾聞之周生曰舜目蓋重瞳子又聞項羽亦重瞳子羽豈其苗裔邪

案示兒編謂舜重瞳子因舜典明四目而誤或當然也古來重瞳甚多不盡作天子劉晝新論命相曰顏回重瞳它若漢

書王莽晉書涼州呂光梁書沈約隋書魚俱羅五代史記後梁朱友孜及南唐李煜俱是重瞳舜蹤帝位豈僅因異相而項氏又豈舜後耶項乃以國爲氏者春秋魯僖公滅項其後楚取以封其臣遂稱項氏其初姓不著豈楚之支屬歟于舜何預焉論衡骨相奇怪兩篇言項羽自謂虞舜之後皆附會此說以誣羽耳

高祖本紀第八

字季

案季乃是行高祖長兄伯次兄仲亦行也史以季爲字與索隱以季爲名竝非若季是字則張釋之何以字季乎高祖名邦與兄名喜弟名交同索隱引項岱謂卽位易名非論史例

帝名于本紀之首宜一見藝文類聚十二引史曰高祖諱邦字季恐不可信蓋所引多刪改也

父曰太公母曰劉媼

案馬班以漢人紀漢事寍有不知高祖父母姓名之理乃太公不書名母媼不書姓豈諱而不書如諸帝之不書名邪然諱名不諱姓母媼無姓又何說皇甫謐謂太上皇名執嘉媼王氏名含始王符謂名煓竝見史注後書章帝紀注云名煓一名執嘉唐書世系表云豐公名仁太公名端字執嘉索隱又引班固泗水亭長碑云母温氏諸說不同顏師古斥皇甫謐等爲妄嗣後古今攷容齋三筆嬾眞子俱從師古以爲不可信而宋王楙野客叢書宋費衮梁溪漫志及周嬰卮林又力辨師古之非以皇甫等所載可補史闕眞疑莫能明也

其先劉媼嘗息大澤之陂夢與神遇是時雷電晦冥太公往視則見蛟龍于其上

案媼所夢者神也太公所見者蛟龍也論衡吉驗奇怪篇兩引此紀皆作蛟龍漢書作交龍非然其事甚妄說在殷紀

單父人呂公

案索隱引漢舊儀云汝南新蔡人引相經云魏人未知孰是又云呂公名文字叔平也後封臨泗矦追謚宣王

卒與劉季

案史稱劉季凡十一此稱在當時人則可遷數呼之可乎且忽曰高祖忽曰劉季于例亦雜也此等處漢書爲密

生孝惠

附案史詮謂宋本惠下有帝字班馬異同本亦有則今本脫也下文見孝惠句亦脫帝字漢書皆作孝惠帝

皆似君

附案漢書作皆以君如淳曰以或作似師古曰不當作似則史記誤也宋書符瑞志亦作以字論衡骨相篇誤仍作似字古以字作㠯與似通故誤作似左傳襄三十一年令尹似君亦以字之譌

不敢忘德

滹南集辨惑曰此但其術可貴耳何德之有

到豐西澤中止飲

案漢書作澤中亭師古曰其亭在澤中因以爲名則此似脫

亭字若但言澤中豈能止飲乎

前有大蛇當徑

案賈子春秋篇新序雜事二謂晉文公之興也蛇當道夢天殺蛇曰何故當聖君道而蛇死漢高之興也亦蛇當徑斬蛇而嫗夜哭宋書武帝之興也大蛇見洲裏射之而青衣擣藥何前後事之同乎朱子語錄以高祖赤帝子之事爲虛續古今攷言斬蛇事是僞爲神奇史公好奇載之凌稚隆漢書評林引明敖英曰適然邂蛇而斬之無足怪者若神母夜哭神其事以鼓西行之氣耳田單守墨而天神下降陳勝首禍而魚腹獻書類可槩見芒碭雲氣亦此類

平生所聞劉季諸珍怪

滹南集辨惑曰珍字不安漢書改爲奇是矣

攻胡陵方與還守豐

案月表在二世二年十月漢紀同此誤在元年

陳涉之將周章軍西至戲而還

案章爲章邯所敗自剄而死非還也

燕趙齊魏皆自立爲王項氏起吳

案趙爲王在元年八月燕齊魏在九月與沛項竝起此并敘于二年非也又攷陳涉世家及魏豹傳魏咎之立出于周市非若燕趙諸人之自立也故咎爲王凡十月而三月不居其位周市虛位待之月表書曰咎在陳不得歸國又書曰咎自陳歸立所以成周市之志爾夫豈自立哉

泗川

附案秦有泗水郡葢川乃水字之譌古水作巛也周勃世家及漢書高紀續郡國志竝譌作泗川

周市來攻方與未戰陳王使魏人周市略地

附案評林余有丁云此一周市也書法如此疑誤史詮謂是兩周市故下加魏人以別之漢書作魏人周市略地豐沛無周市來攻方與未戰陳王使十一字或以爲當衍皆非也趙太常云未戰二字乃不了語沛公因聞豐反遂引兵去方與而往攻豐也陳王使魏人周市略地九字當移在周市來攻方與之上則文順而明矣

是時秦將章邯從陳別將司馬尼將兵北定楚地

附案從陳謂追討尼乃𡰥之譌師古曰古夷字胡三省引類篇云古仁字漢書樊噲傳可證史漢他處皆譌作尼而曹參傳又作欣則孟堅誤矣司馬其姓𡰥其名秦之別將與下文趙別將司馬卬同一句法劉攽云別將當連下句讀言章邯身從陳而令別將定楚耳劉說本索隱

沛公還引兵攻豐

案月表云拔之雍齒奔魏與漢書高紀同此文不備

居數月

案月表及漢紀立懷王在六月攻亢父在七月中閒只隔數十日安得謂居數月乎疑月當作日

秦二世三年

案此當在後文沛公引兵西遇彭越昌邑句上誤書于此

僄悍猾賊

附案猾字不似羽之爲人蓋禍字之譌漢書作禍賊師古曰好爲禍害而殘賊也

今項羽僄悍今不可遣

案徐廣謂一本無下今字余謂上句云今誠得長者往似不便連用三今字僄悍亦複依漢書作項羽不可遣爲是

乃道碭至成陽與杠里秦軍夾壁破魏二軍

案史詮云各本與杠里屬上句誤也時秦軍屯杠里漢軍亦屯杠里與之對壘故曰夾壁破魏之魏當作秦漢書魏作其是也史詮之說甚協漢書誤成陽爲陽城則不可從蓋譌倒耳城陽在濟陰陽城在潁川史漢成城二字通用

楚軍出兵擊王離大破之

案此乃項羽救趙之兵也方敘沛公入關事不應忽插入楚軍況下文總敘項羽救趙破秦將王離降章邯則此爲重出明矣漢書無此十字當衍宋劉辰翁評班馬異同云雜楚軍于破二軍下則疑于楚漢與彭越俱攻秦

沛公引兵西遇彭越昌邑因與俱攻秦軍戰不利還至栗遇剛武侯奪其軍可四千餘人并之與魏將皇欣魏申徒武蒲之軍并攻昌邑昌邑未拔

案月表秦二年十二月沛公至栗得皇欣武蒲軍與秦戰破之二月得彭越軍昌邑又漢紀十二月沛公引兵至栗遇剛武侯奪其軍與魏將皇欣武滿合攻秦軍破之二月從碭北攻昌邑遇彭越越助攻昌邑未下然則先遇剛武後遇彭越也先至栗後至昌邑也先合兵破秦軍後攻昌邑未拔也乃此謂遇彭越在遇剛武之前誤一斯時無與秦戰不利之事誤二遇彭越昌邑因與攻秦不利還栗似未嘗奪剛武合魏將而已攻昌邑至後攻而未拔爲復攻昌邑誤三以與彭越爲攻秦以奪剛武合魏將爲攻昌邑誤四準義驗文當云秦二世三年上說見沛公引兵至栗遇剛武侯奪其軍可四千餘人并之與魏將皇欣魏申徒武蒲之軍俱攻秦軍戰破之遂西不利二字必破之二字之譌漢書是破之還字亦必遂字之譌遇彭越昌邑因與并攻昌邑昌邑未拔至若剛武侯不知爲誰史失其名姓武蒲當依

漢書高紀作武滿此與月表皆作蒲非也二字每以形近互譌說在十二侯表晉厲公元年

于是沛公乃夜引兵從他道還更旗幟黎明圍宛城三帀

附案漢書作偃旗幟劉辰翁從更字解以爲欲令見者驚非晣比余謂偃旗幟是引兵還時事索隱引楚漢春秋曰上南攻宛匿旌旗人銜枚馬束舌兵法所云出其不意也更旗幟則圍宛三帀事兩者皆通

高武侯鰓

附案晉灼謂即功臣表臨轅侯戚鰓是也高武蓋初賜名號侯師古以爲別一人恐非

襄侯王陵

附案韋昭謂漢封王陵爲安國矦初起兵時在南陽南陽有穰縣襄當爲穰無禾字省此說是也臣瓚謂韓成封穰矦江夏有襄是陵所封師古又謂王陵非安國矦皆不然下文云因王陵兵南陽以迎太公呂后于沛功臣表云以廄將別定東郡南陽漢表云以自聚黨定南陽陵本傳云自聚黨數千人居南陽又張蒼傳云蒼以客從攻南陽坐法當斬王陵見而怪其美士乃言沛公赦勿斬合而證之則此王陵卽安國矦明矣穰矦者或沛公初封之或陵聚黨時自稱之均未可知蓋陵封安國在後而前此凡爲二矦五年臣瓚注引漢帝年紀云信平矦臣陵（信平當是名號矦故杜恬位次曰信平矦也）與穰矦爲二豈信平又別一人乎若項羽封韓城爲穰矦在漢元年四月以後陵實先之江夏則更不相接全氏經史問答亦云

遇番君別將梅鋗與皆降析酈

附案史詮曰湖本偕作皆誤

乃用張良計使酈生陸賈往說秦將啗以利因襲攻武關破之又與秦軍戰于藍田南益張疑兵旗幟

案月表留矦世家及漢書紀傳沛公以秦二世三年八月攻破武關（關在藍田南武關之西）九月秦遣將距嶢關張良說沛公張旗幟爲疑兵使酈生啗秦將以利秦軍懈因引兵繞嶢關踰蕢山擊破之藍田南（雍錄曰踰蕢山者繞出嶢關之西又引長安志曰藍田關卽嶢關）敘次甚明此紀不書破武關及踰蕢山事則武關乃嶢關之誤當云乃用張良計益張疑兵旗幟使酈生往說秦將啗以利因襲攻嶢關破之又與秦軍戰于藍田南而陸賈二字似衍文留矦世家陸賈傳及漢書張陸兩傳荀悅漢紀皆無之疑此與漢書高紀竝妄攙陸賈耳

與父老約法三章耳

案漢書刑法志曰漢興約法三章網漏吞舟之魚然其大辟尚有夷三族之令又攷惠帝四年始除挾書律呂后元年始除三族罪妖言令文帝元年始除收孥諸相坐律令二年始除誹謗律十三年除肉刑然則秦法未嘗悉除三章徒爲虛語續古今攷所謂一時姑爲大言以慰民也蓋三章不足禁姦蕭何爲相采摭秦法作律九章疑此等皆在九章之內史公只載入關初約耳

十一月中項羽果率諸矦兵西欲入關關門閉聞沛公已定關中大怒使黥布等攻破函谷關十二月中遂至戲

案十一月當移在上文召諸縣父老豪傑句上衍去中字而十二月中四字當在項羽果率諸矦兵西句上蓋約法三章在十一月羽破函谷在十二月月表及漢紀可證也

聞項王怒

案高祖紀書項羽尊君之體宜然況此時羽尙未王尤不宜預呼之下文云項王使卒三萬人從項王北擊齊項王不聽項王歸漢王父母妻子紀中前後皆稱項羽何忽呼王者五皆當作項羽

因以文諭項羽

案羽紀及漢書乃項伯言之于羽非以文諭也此誤

吾家項梁所立耳

案項梁當作武信君說在羽紀

乃佯尊懷王爲義帝實不用其命正月

案正月當在乃佯尊懷王上命字下當書二月漢紀表與月表可證

廣不聽臧荼攻殺之無終

案燕王臧荼攻殺遼東王韓廣在八月此幷書于二月分封時非也

諸侯各就國

案十八王已見項羽紀此處可省乃祇敘十三王而無魏豹田安田市田都韓成又諸國皆言所都之地而代王獨缺其故何邪

韓信說漢王

附案說漢王之韓信據韓信傳以爲韓王信據漢書高紀以爲淮陰侯葢緣名姓無殊遂彼此雙載師古兩疑之曰豈史家謬錯乎將二人所勸大指實同也因生斯疑後竟有以韓王信爲誤而實指淮陰侯者不知徐廣明云韓王信非淮陰侯信師古豈未檢徐廣史記本邪漢書評林明王愼中曰是時淮陰尚未知名班掾認爲淮陰信故特爲補出拜將一節而以此說爲問計之詞及其傳韓王信仍以此說入之何自相矛盾合從史記元注

殺田都

案田都走楚非被田榮殺之也此誤

陳餘怨項羽之弗王己也令夏說說田榮請兵擊張耳齊予陳餘兵擊破常山王張耳張耳亡歸漢迎趙王歇于代復立爲趙王趙王因立陳餘爲代王

附案破常山迎趙歇等事在二年十月而此與羽紀皆書于元年者葢餘之說榮在元年榮幷三齊之時觀陳餘田儋傳自明史遂順摭以終其事不復另敘非他處誤亂比也故二年但書曰張耳來見漢王厚遇之

八月漢王用韓信之計從故道還襲雍王章邯邯迎擊漢陳倉雍兵敗還走止戰好時又復敗走廢丘漢王遂定雍地東至咸陽引兵圍雍王廢丘而遣諸將略定隴西北地上郡

附案漢王定三秦當依此紀在八月爲是月表淮陰傳皆云八月將相名臣表亦云秋也漢書襲雍圍廢丘于紀在五月于表在七月自相牴牾而均非事實葢四月罷兵就國未必踰月卽出兵襲雍漢書蕭何傳言何諫漢王願王漢中養其民以致賢人收用巴蜀還定三秦漢王善之則是時漢方暫務休息寧有坐不暖席便爾東伐乎況自戲下罷兵至南鄭自南鄭至雍往返遼遠非旬日可徧者哉當是七月起兵至八月而襲雍也

二年漢王東略地塞王欣翟王翳河南王申陽皆降韓王昌不聽使韓信擊破之于是置隴西北地上郡渭南河上中地郡關

外置河南郡

案塞翟之降在元年八月葢懾于雍王之敗望風而降也此書于二年之首殊非事實至隴西北地上郡渭南河上皆元年八月置是時因重正五郡之疆界復總言之故將相表云二年春定塞翟魏河南韓殷國非至是塞翟始降而置郡也且上年紀中有略定上郡語上郡是翟國若二年始降何以元年八月有略定上郡之文乎塞與翟偕降可互證也惟中地屬雍章邯殺後始置事在六月此言與隴西等郡同置誤矣又月表及漢紀以拔隴西在二年十一月拔北地在正月漢異姓表以拔隴西在十月拔北地在十二月並謬元年八月已定雍地故有略定隴西北地語時章邯止守廢丘耳

漢王之出關至陝撫關外父老還張耳來見漢王厚遇之

案至陝在十月還在十一月張耳來亦在十月此紀皆書于正月非

更立漢社稷

劉辰翁曰漢書此處有復關中除租稅置三老舉行能賜酒肉等政是兵閒規模宏大收拾人心處子長失之

新城三老董公遮說漢王以義帝死故

案董公乃鄉三老也新城是鄉名其名舊矣至惠帝四年遂置爲縣此時新城尙未爲縣也但攷漢百官表言鄉有三老不言縣亦有三老而漢書高紀二年有擇鄉三老一人爲縣三老之令大事記據之直書置縣鄉三老不知表中何以不

載可疑也隸釋亦有縣三老楊信碑又滹南集辨惑曰董公遮說漢王殊切于義理故孟堅全載其說而遷但云說以義帝死故太簡而不備且止于義帝死故則謂之告可也何必云說哉

悉發關內兵收三河士南浮江漢以下

經史問答曰史記注皆不得其說師古略之梅磵以爲一軍由三河以攻其北一軍浮江漢以攻其南是矣然本紀不載南下之軍則竟失之也水經注高祖二年置長沙郡又置黔中郡葢南下之軍自漢中出先定二郡而有之長沙乃義帝之都而黔中則項王南境乘虛取之所謂南浮江漢也是足以補遺梅磵乃胡三省身之也

乃取漢王父母妻子于沛

案下又云項王歸漢王父母妻子說在羽紀

塞王欣亡入楚

案漢紀云塞王欣翟王翳降楚殷王卬死此缺不具

更名廢丘爲槐里

附案秦之廢丘周之犬丘也更名槐里漢志云在三年非也當依史二年爲是但竹書周懿王十五年王自宗周遷于槐里則槐里之名久矣豈高祖復其舊歟柳竹書不足憑也

是時九江王布與龍且戰不勝與隨何閒行歸漢

案布之歸漢在三年十二月獨此書于二年六月已後誤

破楚京索閒

案破楚事漢紀書于二年五月在六月立太子前與羽紀合
此誤在後
三年魏王豹謁歸視親疾至即絕河津反爲楚漢王使酈生說
豹豹不聽漢王遣將軍韓信擊大破之虜豹遂定魏地置三郡
曰河東太原上黨
案豹之反在漢二年五月淮陰傳作二年六月已誤此紀及
曹相國世家作三年尤誤漢使酈生說豹與遣韓信擊豹皆
在二年八月虜豹在二年九月此紀幷書于三年亦誤又太
原郡屬趙地漢滅趙王歇始置乃連入魏地更爲誤矣月表
言河東上黨是淮陰傳又失言上黨也漢紀亦誤仍史連言
太原

子陳平金四萬斤
附案史漢皆言四萬斤而唐李嗣眞諫武后用來俊臣疏作
五萬斤
漢與楚相距滎陽數歲
案漢以二年五月屯滎陽三年五月出滎陽月表作七月出誤連閏
計之首尾纔十四月何言數歲乎當作歲餘爲是上文固有
相距歲餘之語也
漢堅壁不與戰
附案漢下當有王字史詮曰湖本缺也
饗軍小脩武南
附案饗字一本作鄉是也漢書作鄉師古云鄉讀曰嚮

與彭越復擊破楚軍燕郭西
案此以下敘事倒亂幾不可讀當云與彭越復擊破楚軍燕
郭西此處似缺燒楚積聚四字遂復下梁地十餘城項羽乃謂海春侯大
司馬曹咎曰謹守成皋若漢挑戰愼勿與戰無令得東而已
我十五日必定梁地復從將軍乃行淮陰已受命東淮陰字誤當作
韓信未渡平原漢王使酈生往說齊王田廣廣叛楚與漢和共
擊項羽
四年韓信用蒯通計遂襲破齊齊王烹酈生東走高密項羽
擊陳留外黃睢陽下之聞韓信已舉河北兵破齊趙趙字衍說見羽
紀且欲擊楚則使龍且周蘭往擊之不書主將項它說在羽紀漢果數挑
楚軍軍字下倪本史漢俱有戰字楚軍不出使人辱之五六日大司馬怒

渡兵汜水士卒半渡漢擊之大破楚軍盡得楚國金玉貨賂
大司馬咎長史欣皆自剄汜水上不曰故塞王而曰長史與羽紀同項羽在
睢陽在字依羽紀此譌爲至字聞海春侯破乃引兵還漢軍方圍鍾離眜
于滎陽東項羽至盡走險阻楚漢久相持未決丁壯苦軍旅
老弱罷轉饟漢王項羽相與臨廣武之間而語間當作澗說在羽紀項
羽欲與漢王獨身挑戰漢王數項羽曰始與項羽俱受命懷
王曰先入定關中者王之至病甚因馳入成皋韓信與戰戰字
衍說在羽紀騎將灌嬰擊大破楚軍漢書無大字殺龍且齊王廣犇彭
越犇彭越上缺田橫二字當此時彭越將兵居梁地往來苦楚兵絕其
糧食漢王病愈病愈上從漢書補漢王二字西入關至關中兵益出韓信
已破齊使人言曰齊邊楚至立韓信爲齊王項羽聞龍且軍

破則恐使盱台人武涉往說韓信韓信亦不聽當此時彭越將兵居梁地往來苦楚兵絕其糧食（劉辰翁曰越苦楚兵此漢事將成也子長重出此語未必無意辰翁說是漢書謂彭越田橫苦楚似孟堅誤）田橫往從之項羽數擊彭越等至陽夏南止軍

案自此至大會垓下皆五年冬事誤在四年也

漢王敗固陵乃使使者召大司馬周殷舉九江兵而迎之武王行屠城父隨何劉賈齊梁諸侯皆大會垓下

案此事各處所書不同當云漢王（衍敗固陵三字）乃使使者召大司馬周殷舉九江兵而迎（衍之字）武王行屠城父隨（衍何字）劉賈齊梁諸侯皆大會垓下隨何不過謁者僅說九江王一見此時諸侯大會無緣置身其間也史漢各處元無何字

立武王布爲淮南王

案布王在四年七月此誤書于四年之末應在歸太公呂后前徐氏測議曰黥布稱武王本傳不載當是叛楚以後未歸漢以前假爲此號猶項羽自稱霸王耶（楚熊達及趙佗並稱武王）

高祖與諸侯兵共擊楚軍與項羽決勝垓下淮陰侯將三十萬自當之孔將軍居左費將軍居右皇帝在後絳侯柴將軍在皇帝後

案續古今攷云太史公豈信筆乎韓信是時爲齊王書曰淮陰侯漢王未爲皇帝書曰皇帝追書人臣則從輕人主則從重乎董份云至下方尊皇帝則不宜即著此二字余謂高祖二字亦錯出皆當作漢王淮陰侯當作齊王信又是時周勃爲將軍其封絳侯在六年何以不與柴武稱將軍而書曰絳侯邪孔將軍費將軍即功臣表蓼侯費侯也陳賀封費亦在六年乃不曰陳將軍而曰費將軍非但與孔將軍之稱姓異抑且古無以國冠官而稱之者至西京雜記謂孔費二將軍皆假爲名恐不可信

項羽卒聞漢軍之楚歌

案之字當衍

諸侯及將相相與共請尊漢王爲皇帝

漢書評林曰高祖初上尊號以開四百年丕基自宜鄭重其事以故班書載諸侯王兩疏及高祖兩讓之詞蓋帝王之規模如是哉史記失之略矣

甲午乃即皇帝位氾水之陽

案漢書是二月甲午此缺二月兩字

皇帝曰義帝無後齊王韓信習楚風俗徙爲楚王都下邳立建成侯彭越爲梁王都定陶故韓王信爲韓王都陽翟徙衡山王吳芮爲長沙王都臨湘

案秦改命爲制令爲詔漢遂因之故漢書于高祖未即帝位稱令已即帝位稱詔是時封韓彭在正月漢書稱令以未即帝位也封吳芮在二月漢書稱詔以已即帝位也乃此以封韓彭在即位後而又并詔令兩詞爲一端毋乃乖乎至韓信久封韓王不煩重敘蓋十字是衍文漢書無之但當于後文淮南王布之上補韓王信三字耳抑更有疑者本紀以制詔

爲重自宜詳載今觀漢諸紀高祖文帝之詔不載頗多景帝則不載一詔而其所載詔書復不若班史概以詔稱之或稱高祖曰或稱皇帝曰或稱帝曰或稱上曰體例亦太錯雜矣王應麟漢書藝文志攷證云文帝紀凡詔皆稱上曰以其出于帝之實意也此論殊非紀中赦天下賜酺赦濟北吏民及除肉刑議郊祀何以稱詔不稱上豈不出于實意耶而詔詞每與漢書不同甚且撮舉數言而不全錄增損字句而非元文去取之情固不可曉擅改之咎尙復何辭史通點繁篇謂撰史不妨減略詔書以武后時史官寫制誥一字不遺爲訾斯偏說也且亦因後世詔語冗長故爲此論漢詔簡古奚須裁削哉至漢書載封吳芮之詔謂以長沙豫章象郡桂林南海封之尢疑而莫解葢是時豫章屬淮南王英布象郡桂林南海屬南粤趙佗則芮獨有長沙爾詔何以言五郡又高祖後以南海封南武侯織爲王不知當日分封之制若何文穎皆謂虛奪以封之恐未然

故臨江王驩爲項羽叛漢令盧綰劉賈圍之不下數月而降殺之雒陽

案臨江之殺在十二月漢書與月表甚明此誤書于二月卽帝位後又臨江王之名徐廣一作尉是荆燕世家盧綰傳及漢書紀表傳竝作尉惟月表誤爲驩此必後人因表妄改也

諸侯子在關中者復之十二歲其歸者復之六歲食之一歲

案漢書詳述此詔無食之一歲語而詔語數百字史公止摘

復諸侯子四句何也

夫運籌策帷帳之中

附案漢書無策字御覽八十七引史作于字疑策字譌然留侯世家論亦作籌策也

十月燕王臧荼反

案十月乃七月之誤說在月表

使丞相噲將兵攻代

司馬光通鑑攷異曰樊噲傳從平韓王信乃遷左丞相是時未爲丞相又代地無反者噲傳亦無此事疑紀誤漢書作平代地

今高祖雖子人主也

案高祖當依漢書作皇帝

于是高祖乃尊太公爲太上皇

案漢紀高祖于六年三月自洛陽歸櫟陽朝太公五月尊爲太上皇此書于六年十二月前誤矣但攷漢紀五年正月追尊兄伯爲武哀侯二月追尊先媪爲昭靈夫人尊王后曰皇后太子曰皇太子史不書亦太略后稱皇后則母當稱皇太后乃止稱夫人何也亦僅免于呼媪而已不應太公獨未有號皇后之父尙封臨泗侯況天子之父乎乃遲至六年始因家令言尊之眞所難曉豈六年以前太公爲庶人乎而太上皇之號定于漢歷唐宋以來皆仍以稱帝父其實此號乃秦始皇追尊其父莊襄王者與其效嬴秦曷不用趙武靈王稱主父故事邪雖然爲天子父則尊之至不係乎尊號之有無也人主之名不可以壓父而父無尊號豈

遂爲人臣自戰國有臣父之說而此義不明于天下家令之言卽齊東野人之語荀悅嘗譏其爲過索隱表出之是已而晉中庶子劉寶對愍懷太子以荀悅論家令爲不然謂家令說是異哉所聞東漢質帝卽位時其父渤海王鴻見存未知當日典禮若何降及後代如魏常道公奐景元元年十一月其父燕王宇表賀冬稱臣東魏孝靜帝以父亶爲大司馬五代周世宗臣其父柴守禮宋度宗在位福王與芮是所生父帝㬎立則爲大父乃退就羣臣之列以親王出爲節度使皆咄咄怪事又唐世有父母拜王妃舅姑拜公主之令尤爲悖矣

十二月人有上變事告楚王信謀反

附案漢紀告反在六年十月此在十二月者因會陳執信在十二月遂幷敘之其實是十月也

田肯賀

附案顏氏家訓書證篇曰漢書田肯賀上江南本皆作宵字沛國劉顯博覽經籍偏精班漢梁代謂之漢聖顯子臻不墜家業讀班史呼爲田肯梁元帝嘗問之答曰此無義可求但臣家舊本以雌黄改宵字爲肯元帝無以難之吾至江北見本爲肯

說高祖曰

案倪本曰下有甚善二字以漢書及荀紀校之今本缺也

此東西秦也

附案劉攽云西字衍非也此總承上文劉必因荀紀删去西字而爲此說

乃論功與諸列侯剖符行封

案功臣表及漢書封諸侯在十二月此敘于正月封荆楚諸王之後非

七年匈奴攻韓王信馬邑信因與同謀反太原

案韓王之反此在七年表在五年竝誤也當依信本傳作六年爲是漢紀表亦云六年九月

立故趙將趙利爲王以反

案信本傳云立趙苗裔漢紀云趙後則將乃後字之誤其後爲陳豨將守東垣也

立兄劉仲爲代王

案劉喜之王在六年正月與封荆楚齊三王同時此誤書于七年二月前也吳濞傳同誤

二月高祖自平城過趙雒陽至長安

案漢紀高祖十二月過趙二月至長安非二月自平城抵長安也劉辰翁以雒陽二字多

蕭丞相營作未央宮

案漢紀此事在七年二月史作八年非

代王劉仲棄國亡自歸雒陽廢以爲合陽侯

案代王棄國歸漢此紀及功臣表將相表在八年九月諸侯王表在九年皆誤當依漢紀表作七年十二月爲是而合陽

應作郃陽省作合字此紀及功臣表與漢書高紀王子表吳濞傳竝作合陽將相表吳濞傳漢書惠紀竝作郃陽水經注四亦作郃陽所謂劉仲城也地理志郃陽屬左馮翊合陽屬平原郡

趙相貫高等事發覺夷三族

案貫高等三族雖論死然其白王不反之後高祖方赦其罪則所謂夷三族者疑是論其罪如此而未嘗實夷其族也不然當是獨赦貫高一家耳

未央宮成

案未央宮與長樂宮皆以七年二月成漢紀及三輔黃圖可證是年特以諸侯王來朝十月置酒未央宮也此與將相表同誤在九年

八月趙相國陳豨反代地

案豨反在十年九月此與功臣表作八月酈商傳作七月傅寬傳作四月竝誤本傳及漢書可證至淮陰侯及盧綰傳以爲十一年反尤誤也豨本傳又誤作七年惟言反在九月是

立子恆以爲代王

案代王之立在十一年正月表作三月是誤在後而此書于冬又誤在前也恆字何以不避古禮卒哭乃諱春秋以來雖生時亦諱之秦漢諱甚嚴乃史于紀表犯文帝諱不一而足景帝紀亦犯孝武諱皆史公失檢處文帝紀載有司請立太子云子某最長當用此例書曰立子某以爲代王郎金滕所

謂玄孫某也高祖謂太上皇曰今某之業所就孰與仲多亦與此同

都晉陽

附案文帝紀諸侯王表陳豨傳俱作都中都與此言都晉陽不同文紀又言幸太原復晉陽中都二歲租疑當時詔都晉陽而實居中都亦猶韓王信詔都晉陽而請居馬邑耳故如淳注以爲遷于中都也

夏梁王彭越謀反廢遷蜀復欲反遂夷三族立子恢爲梁王子友爲淮陽王

案廢越立恢皆在三月漢紀可據此與黥布盧綰傳竝作夏夷彭越誤也史漢諸侯王表書恢友以十一年三月立若越之謀反夷族在夏安得三月已封恢友爲王乎至史諸侯王表及漢異姓表以越誅在十年則更誤矣

漢將別擊布軍洮水南北皆大破之追得斬布鄱陽

附案經史問答曰蘇林如淳皆不能言洮水所在徐廣曰在江淮間而不能實指其水胡梅礀曰零陵之洮水也布欲由長沙入粤故走洮水梅礀之言誤九江左右本無洮水而布死于番陽布之封兼有壽春江夏豫章而都壽春豫章在壽春之南番陽又豫章之南長沙又番陽之南零陵又長沙之南非可猝來猝返長沙與布婚雖欲依之然長沙當嫌疑之際使布竟得長驅直入其國與漢兵鬭于洮水則長沙直與之同反矣既不與同反便當逆拒之布安得走洮水乎且布既至洮水而敗矣何以不竟走粵乃返轡而東又出長沙之

境重入于淮南國中之番陽而長沙始遣人誘殺之不殺之于其國縱賊之出而徐殺之何其愚也夫布與長沙婚則必約長沙同反長沙不答所以能世其國而容布入其國橫行乎且布欲入粵不必走長沙布國中之豫章與粵接可以入粵之徑甚多欲走長沙者特望其同反也長沙不答所以逆之于境而誘殺之番陽是布尚未出其國也然則洮水者何水乎曰是蓋九江之泚水也泚與洮相似而譌布敗于蘄反走其國又敗于泚乃思投長沙未至而死于番陽如是則其地得矣泚水見水經顧宛溪欲以震澤之洮湖當之則在吳王濞國內矣益謬

樊噲別將兵定代斬陳豨當城

案豨傳亦言樊噲斬之而噲傳不及則非噲明甚蓋周勃斬之也絳侯世家及漢書可證又世家功臣表及豨傳皆云斬豨靈丘此言當城亦小異俱代郡縣名 水經注十三言周勃定代斬陳豨于當城也

楚隱王陳涉

案陳涉二字當衍漢書詔詞無之蓋諸帝王皆不稱名也索隱以隱王爲楚幽王大謬

予守冢各十家

附案此言趙悼襄王亦予守冢十家而漢書云五家史漢載詔詞不同疑漢書誤

二月使樊噲周勃將兵擊燕王綰赦燕吏民與反者立皇子建

爲燕王

附案擊綰王建同在十二年二月中諸侯王表書燕王建以三月甲午封誤此與漢書高紀諸侯王表作二月可據今本漢書高紀兩書三月譌刻耳 惟異姓表在十一年則誤甚蓋是年二月辛巳朔有甲午三月庚戌朔無甲午也

四月甲辰高祖崩長樂宮

附案御覽八十七引史云四月甲辰崩于長樂宮時年六十二在位十二年葬長陵今史記無之但臣瓚謂帝年四十二即位壽五十三皇甫謐謂高祖以秦昭王五十一年生至漢十二年年六十三蓋瓚說非也謐言六十三亦六十二之譌

陳平灌嬰將十萬守滎陽樊噲周勃將二十萬定燕代此閒帝崩諸將皆誅必連兵還鄉以攻關中

通鑑攷異曰呂后雖暴亦安敢一旦盡誅大臣又時陳平不在滎陽樊噲不在代此說恐妄

丙寅葬己巳立太子至太上皇廟

案丙寅上缺五月二字丙寅下衍葬字而以論末葬長陵三字移此蓋錯簡也又攷二年六月立孝惠爲太子何待是時始立正義以立太子爲帝解之則與下文太子襲號爲皇帝複矣漢書作五月丙寅葬長陵已下已下棺也皇太子羣臣皆反至太上皇廟疑已乃己字之重立乃下字之誤而正義又云有本脫己字者妄引漢書已下者非則又不然矣劉辰翁曰只似多一立字己巳太子至太上皇廟甚順史詮亦曰立字

衍文太子屬下句讀王孝廉曰立太子當是皇太子之譌

羣臣皆曰高祖起微細

案此時羣臣方議尊號何得先稱高祖漢書作帝是也

次代王恆

案恆字當避史詮曰當省

葬長陵

附案此是錯簡當在丙寅句下

史記志疑卷六終　番禺劉昌齡沈葆和沈寶樞校字

史記志疑卷七

仁和梁玉繩撰

呂后本紀第九

及高祖爲漢王得定陶戚姬

案此言定陶則姬爲濟陰人而魏蘇林注謂淸河國有妃里水經注廿七卷又謂夫人生于洋川思慕本鄉追求洋川米高祖爲驛致長安蠲復其鄉更名曰縣（漢志漢中郡無洋川縣何也葢暫置）程大昌攷古編云疑姬家因亂自定陶轉徙洋川而高祖以王漢中時得之未知孰是

長兄周呂侯死事

案呂澤封侯三年而卒非死事也

封其子呂台爲酈侯

附案徐廣云酈一作鄜是漢書作鄜也鄜縣在左馮翊若南陽之酈則非所封矣此與功臣表齊悼惠世家竝誤但攷建元侯表有下酈侯漢表作下鄜豈古字通用乎

子產爲交侯

案交字當依漢諸侯王表作洨縣在沛此作交惠景侯表作郊與漢書年表作汶皆誤又洨侯之封在高后元年四月史漢表可據當與後扶柳沛侯同敘此誤書于高祖時

薄夫人子恆爲代王

案恆字宜避史詮云當省

呂后最怨戚夫人

案高祖時稱呂后惠帝已後則稱太后固史例也乃自此至末稱呂后者七稱高后者八稱呂太后者一體例錯雜皆當作太后

迺令永巷囚戚夫人而召趙王

附案漢書外戚傳呂后令永巷囚戚夫人髡鉗衣赭衣令舂戚夫人舂且歌曰子爲王母爲虜終日舂薄暮常與死爲伍相離三千里當誰使告汝太后聞之大怒曰乃欲倚汝子耶乃召趙王誅之此略不具荀紀此歌小異

趙相建平侯周昌

案昌封汾陰不封建平也建平屬沛但功臣表有建平二字豈昌于孝惠時改封建平乎何以本傳不載漢書不言也疑

帝晨出射

附案御覽八十七卷引史記射下有雉字

使人持酖飲之

案史漢皆以呂后酖殺趙王而西京雜記言呂后命力士縊殺之力士是東郭門外官奴惠帝後知腰斬之與史漢異夫惠帝護趙王甚摯竊有不究其死者若果得實則惠帝此舉甚快可謂能用刑矣

詔賜酈侯父追謚爲令武侯

案呂澤以高帝八年死自當有謚何煩惠帝詔賜追謚乎史詮謂史誤也

使居廁中

案漢傳作居鞠域中是也若廁則不能居矣且惠帝何能往視乎荀紀亦云鞠室

居數日

附案漢傳作數月恐誤

齊內史士

附案此與漢書齊悼惠傳皆作內史士而史世家作內史勳蓋士其姓勳其名師古以士爲名徐廣謂士一作出俱非

太后獨有孝惠與魯元公主

案孝惠見在公主未卒漢書改爲帝是矣而公主仍魯元之稱何歟是時張偃未爲魯王元乃是謚韋昭注甚明服虔訓元爲長非史下文云賜謚魯元太后韋注所本

尊公主爲王太后

附案如淳謂張敖子偃爲魯王故公主稱太后攷此時偃尚未王無稱太后之理且果以子爲王故自合稱太后何待齊王尊之據漢書張耳傳乃偃因母爲太后而得王非母因偃而爲太后師古辨之矣劉攽謂更號魯元公主爲魯元太后以漸王張氏殊不知魯元非生前之號太后非虛加之名張敖猶在不聞進宣平侯爲宣平王且不得言太卽云漸王張氏亦當止稱王后也或又謂敖始爲趙王公主曾爲王后而公主女爲皇后母以女貴遂尊爲王太后以諂之但惠帝立后在四年此時尚未若以趙王之爵追仍其舊亦止是王后何言太也然則宜以稱王太后曰師古謂齊王尊公主爲齊

太后以母禮事之用媚呂后是已想齊王母曹氏久沒抑爲高祖外婦不得爲太后無嫌刑尊假母耳劉攽謂悼惠公主爲兄弟不可事以母禮力排顏說于理甚㤀而獨非所論于呂后之世孝惠娶張敖女爲后以舅妻甥也甥舅可以爲夫婦兄妹不可爲母子乎咄咄怪事皆出娥姁豈以常理論哉大事記亦從師古說新序善謀篇載內史之計止言獻十城而無尊公主語蓋劉向削而不錄也

三年方築長安城四年就半五年六年成就

案築長安城始于元年成于五年至六年起西市太倉蓋城既成而乃爲市及倉也名臣表漢書惠紀可證此言三年方築六年城就（本文成就古城與成通一本亦作城）誤矣又漢紀四年無築城之事名臣表云無所復作則此言四年就半亦誤漢地理志謂六年城成蓋襲此紀之誤而未參攷耳

留侯子張辟彊爲侍中年十五謂丞相曰太后獨有孝惠

案元楊維禎史義拾遺以辟彊爲留侯之孫未知何據又孝惠纔崩未必便有謚號漢外戚傳作太后獨有帝是也（法言重黎篇以辟彊爲十二齡與甘羅竝稱豈別有出乎）

君今請拜呂台呂產呂祿爲將將兵居南北軍

案南北軍不容三人將之漢傳無呂祿甚是祿乃繼台將北軍者也

丞相迺如辟彊計

案此所云丞相者右丞相王陵乎左丞相陳平乎漢傳明著

之曰陳平是也陵能持白馬之議以折太后其不肯用辟彊計明甚然何以不面斥而力持之亦不可解辟彊此計起諸呂之權罪不容誅不意留侯有此逆子唐文粹有李德裕辟彊論深罪之評林明徐禎卿曰書留侯子惜留侯也而丞相竟從之可怪宋胡寅讀史管見論平勃阿意之罪甚大自不可易于辟彊童子何誅焉（野客叢書謂辟彊智高陳平妄論也）

太子即位爲帝

案此所稱爲少帝者也史漢皆不言其名蓋孝惠後宮子正義引劉伯莊謂幸呂氏有身而入宮生子者妄

四月太后欲侯諸呂迺先封高祖之功臣郎中令無擇爲博城侯魯元公主薨賜謚爲魯元太后子偃爲魯王魯王父宣平侯張敖也封齊悼惠王子章爲朱虛侯以呂祿女妻之齊丞相壽爲平定侯少府延爲梧侯乃封呂種爲沛侯呂平爲扶柳侯張買爲南宮侯

案太后續封高祖功臣以爲侯諸呂之漸則是先封馮無擇等四人再封呂種等也乃此紀書南宮一侯于二呂之後已爲失次而博城侯下忽插入宮主之薨張偃之王劉章之侯更覺不倫史公攷事何若是之倒亂哉余謂魯元公主薨廿六字當在南宮侯句下蓋偃與孝惠子同王也（漢功臣表言偃王在二年誤）封齊悼惠王子十七字當在後文二年呂王嘉代立爲王句下蓋呂嘉以二年十一月嗣位劉章以五月封也

齊丞相壽

案齊壽史漢表皆作受疑以音同而誤猶張敖子樂昌侯壽
史漢表亦作受王子表有榆丘侯劉壽福漢表又作受福也
呂平爲扶栁侯
案平封于琅邪之郲縣非扶栁也說在惠景侯表是時封三
呂爲侯而此只敘呂種呂平不及呂產之封洨侯者以誤書
于上文高祖時耳
太后欲王呂氏先立孝惠後宮子彊爲淮陽王子不疑爲常山
王子山爲襄成侯子朝爲軹侯子武爲壺關侯
案孝惠後宮子凡六人而所謂太子爲帝者不與焉彊與不
疑之薨皆無嗣卽以弟襄成侯爲常山王壺關侯爲淮陽王
其後常山王立爲帝又以軹侯朝爲常山王此五人紀表所

書竝同而紀獨不及平昌侯大何哉攷大封于四年二月比
五人爲後想以其甚幼耳至七年因呂王嘉廢呂產徙王梁
立大爲呂王更名呂曰濟川梁名曰呂迨呂氏旣平徙濟川
王大封于梁未幾滅紀之失載當以封侯在後之故是以漢
本紀亦缺經史問答只緣大封呂王直指大爲呂氏之子獨
不攷此紀下文明云立皇子平昌侯大爲呂王乎史漢表竝
云大以孝惠子侯與五人一例安得因偶爾失書遂別生異
論也若以其見于漢異姓表便斷大非孝惠子則異姓表豈
獨一平昌邪
常山王薨以其弟襄成侯山爲常山王更名義
案此十八字當在呂嘉代立爲王之下葢呂王之一薨一立

在十一月常山王之一薨一立在七月也
封呂須爲臨光侯呂他爲俞侯
案須乃樊噲妻也此及噲傳竝作臨光漢書亦然而如湻文
帝紀注作林光攷後書光武紀建武二年臨邑侯讓耿純傳
作林邑疑古通借字葢須以婦人封侯且爲呂氏謀主未必
遠封他所亦不聞有地名臨光者三輔黃圖云林光宮在雲
陽縣界得毋以須主林光宮而食邑雲陽邪俞侯當作鄃說
在表
呂更始爲贅其侯
案侯表是年四月呂氏侯者四人此失書呂更始爲滕侯而
以贅其侯呂勝爲呂更始豈不誤哉

呂忿爲呂成侯
附案水經注卌一卷作呂怱與史漢異疑怱字譌
及諸侯丞相五人
案侯表是年四月丙申封侯者朱通衞無擇王恬開徐厲周
信及越六人非五人也六人中衞無擇是衞尉周信是河南
守非皆諸侯相也此誤徐廣注亦謬徐不數衞無擇周信而
牽入呂更始爲五人豈未檢侯表乎
置太尉官絳侯勃爲太尉
案絳侯世家云孝惠帝六年置太尉官以勃爲太尉十歲高
后崩漢書百官公卿表云孝惠六年絳侯周勃復爲太尉十
年遷夫自惠帝六年至呂后八年崩政合十年之數若謂呂

后四年始置太尉則止五年耳此與功臣及將相表皆誤漢書惠紀七年書太尉灌嬰亦誤

自決中壄兮蒼天舉直

附案舉字徐廣作與漢書高五王傳同此譌也而五王傳決作快師古以快意自殺解之似決字義勝

盜蚤自財

附案攷要云財裁通漢書改自賊師古注害也竝謬余謂攷要專主史記以古韻支灰通用故依此歌財字叶下句之仇二韻也（仇音奇）但賊字與上國直兩韻亦叶所傳異詞不得便謂漢書謬

已丑日食晝晦

案漢書作己丑晦日有食之（司馬光通鑑目錄七年正月庚申朔則己丑是晦日）

立皇子平昌侯太爲呂王

附案漢書異姓恩澤二表此王之名皆作大師古無音則史記紀表竝譌爲太也下同

宣平侯張敖卒以子偃爲魯王敖賜謚爲魯元王

案敖卒于呂后六年此在七年誤公主食邑于魯其卒也謚元張敖以趙王降侯宣平其卒也謚武今因妻稱魯元子爲魯王別賜敖謚爲魯元王可怪也大事記曰敖尙無恙而封偃魯王者繼公主之後也敖死始從公主之謚追封魯元王不使子繼父而繼母不使婦從夫而從婦悖于三綱甚矣

武信侯呂祿上侯位次第一

附案呂祿封胡陵侯此云武信者徐廣以爲號是也高祖定侯位蕭何第一曹參第二其後呂后錄第雖曲升張敖爲第三而蕭曹之位確然不易彼無功績封之呂錄安得稱上侯第一乎大事記謂呂后二年定位時蕭曹皆死必遞遷第三之張敖爲第一敖旣死遂以祿補其處或當然耳蓋陳平阿意順之

八年十月立呂肅王子東平侯呂通爲燕王封通弟呂莊爲東平侯

案呂通封鍾侯非東平也此與諸侯王表竝誤而東平之封史漢表在五月則當書于後文呂榮爲祝茲侯句下而衍去封字蓋祝茲等四侯以四月封（或曰封字當作呂字宜云呂通弟也）此敘在十

月誤矣又東平侯之名紀作莊表作壯而漢表作庀師古曰匹履反則作莊與壯者竝誤不然漢書當改作嚴字何以別作庀邪或曰此侯有二名

呂后祓還過軹道見物如蒼犬據高后掖（據音戟）

滹南集辨惑曰呂后高后似是兩人但云據其掖可矣

高后爲外孫魯元王偃年少

案敖從公主別賜謚魯元王已屬悖理而其子偃又稱魯元王不尤悖乎攷漢書張耳傳無元字是也此紀及耳傳竝是誤增之下同（下文別有廢魯王偃句固不誤）

侈爲新都侯壽爲樂昌侯

案史漢表傳竝作信都而此作新都誤也但新信二字史漢

互用處甚多顏師古云新信同音故耳（見漢書九十九卷上信鄉侯佟注）王莽改十一公號以新爲心後又改心爲信亦因古字通借轉相改易也樂昌侯之名史漢表又作受說見前

張釋（徐廣曰一云張釋卿）

附案下文及惠景侯表作張澤燕王世家作張子卿又作張卿漢書高后紀作張釋卿匈奴傳作張澤而恩澤表及周勃傳作張釋（宋祁曰別本作張釋卿）蓋張名釋字子卿人或并呼之或單稱之故各不同而澤與釋古通也

呂榮爲祝茲侯

附案漢書外戚表獨以榮爲瑩疑非

高后病甚迺令趙王呂祿爲上將軍軍北軍呂王產居南軍

案呂產之將南軍當在七年封劉澤瑯邪王時蓋澤將南軍者也澤就國瑯邪必以產代將矣呂祿之將北軍當在二年呂台死後蓋台將北軍者也台死而祿必繼之矣漢書外戚傳與此同誤高后紀又書祿爲上將軍于七年亦誤或謂惠帝崩時丞相依張辟彊計請以呂台呂產爲將居南北軍似產與台竝時爲將不待七年始將南軍抑豈丞相雖請之而未嘗用產歟曰吳斗南云漢南北兩軍相表裏其實南軍非北軍比也高帝發中尉卒三萬人王溫舒爲中尉請覆中尉卒得數萬人北軍尺籍亦云盛矣若蓋寬饒爲衞司馬衞卒之數不過數千人而已故漢之兵制常以北軍爲重周勃一入北軍而呂產呂更始輩束手就戮戾太子不得北軍之助而敗于丞相之兵兩軍大略可覩矣呂后初從大臣之請用呂台居北軍而南軍則用劉澤如故澤妻后女弟呂須女后意以兩軍惟北軍爲重既得其柄南軍又須子壻居之宜無足患至七年乃復長慮卻顧使澤之國而以南軍付呂產史記于八年載后疾困迺以呂祿居北軍非也呂台卒于后之二年祿蓋代台者則其居北軍非始于后病困之日斗南此辨甚核

辛巳高后崩

案通鑑攷異據長厤言高后八年七月無辛巳則此與漢紀竝誤通鑑目錄辛巳是八月朔當日厤法闊疏安知不以爲七月晦乎

以呂王產爲相國

案產爲相國當在七年七月蓋審食其免即以產嗣相位也漢書高后紀固言七年產爲相國但誤書于五月以前耳此及將相表書于八年七月惠景侯表書于八年九月竝誤食其免相在七年七月見百官公卿表

以呂祿女爲帝后

案祿女爲后當在四年少帝宏即位之時漢書外戚傳可證此敘于高后死後亦誤也

以左丞相審食其爲帝太傅

案事在七年七月公卿表甚明此書于八年七月高后葬後與將相表同誤矣

外畏齊楚兵

案下文賈壽亦云灌嬰與齊楚合從而楚無發兵誅諸呂事疑誤盭楚元王從高帝崩後未嘗一至關中以詩書自娛絕不與聞朝政卽其遣子入長安亦不過訪浮邱伯學詩而已故不爲呂后所忌復封其子上邳侯使爲宗正豈非以力不足而有遠禍之識邪殆與吳代長沙同居局外矣

梁王產

案七年更名梁曰呂故上文已書呂王產矣而此忽改稱曰梁王何也下文請梁王歸相國印亦非

左丞相食其免

案將相表及百官表食其以九月復相後九月免則此六字當書後九月中誤入于八月也

八月庚申

通鑑攷異云上有八月丙午此當作九月

平陽侯聞之以呂產謀告丞相平

案此十三字與上下文不接且前已言平陽侯馳告丞相太尉矣其爲重出無疑當衍之漢書無

立趙幽王子遂爲趙王

案遂之立也在文帝元年文紀及年表可據此與世家謂呂后八年九月爲大臣所立者誤

諸大臣相與陰謀曰少帝及梁淮陽常山王皆非眞孝惠子也呂后以計詐名他人子殺其母養後宮令孝惠子之立以爲後及諸王以彊呂氏

附案上文一則曰孝惠後宮子再則曰孝惠皇后無子取美人子名之則但非張后子不得言非孝惠子也乃此言詐名他人子以爲子後又云足下非劉氏何歟史記攷要謂諸大臣陰謀而假之詞以絕呂氏之黨不容不誅其信然已史公于紀兩書之而年表亦云以孝惠子封又云以非子誅皆有微意存焉非歧說也（文紀大臣曰子弘等皆非孝惠帝子亦同）

宦者令張澤諭告

案張澤以中大謁者封建陵侯矣則其官豈僅宦者令哉

代王卽夕入未央宮有謁者十人持戟衞端門曰天子在也足下何爲者而入

案宮既除矣少帝出矣而猶曰天子在乎大臣奉璽立天子矣又奉天子法駕卽位入宮矣而猶曰足下何爲乎事不應有理所必無此史公載筆之失

孝文本紀第十

大將軍陳武

附案陳武史漢中亦作柴武臣瓚曰武有二姓是也又攷漢書賈山傳云柴唐子爲不善是武一名唐姓名並有二矣其子柴奇謀反事見淮南王傳

宗正劉郢

案此卽楚元王子夷王郢客也缺客字說在諸侯王表

臣謹請與陰安侯列侯頃王后與琅邪王宗室大臣列侯吏二

千石議

附案議立大事也而以二婦人冠首殊爲失體徐孚遠謂尙有呂后時遺風良然文帝曰願請楚王計宜者則得之矣蘇林謂巨嫂封陰安甚是如淳謂頃王后封陰安非也劉仲之妻已尊爲代頃王后見爲吳王太后何煩封侯乎

孝文皇帝元年十月庚戌徙立故琅邪王澤爲燕王辛亥皇帝卽阼謁高廟右丞相平徙爲左丞相太尉勃爲右丞相大將軍灌嬰爲太尉諸呂所奪齊楚故地皆復與之

案此有錯誤當云孝文皇帝元年十月庚戌皇帝卽阼辛亥謁高廟葢是年十月朔爲庚戌文帝以上年後九月晦己酉至長安故翼日爲歲首行卽阼之禮越日謁高廟也平勃灌

嬰之爲丞相太尉在十一月辛卯（一作辛巳）將相表可據此與百官表竝誤書于十月辛亥若果以十月辛亥命官則下文十月壬子封賜諸臣之詔何以尙稱太尉勃將軍嬰乎是宜于封典客揭爲陽信侯賜金千斤之後而書之曰十一月（三字補本紀惟十月有日故此亦不日）右丞相平徙爲左丞相太尉勃爲右丞相大將軍灌嬰爲太尉若夫琅邪之徙趙王之封及復與齊楚地倶在十二月漢書文紀可據此與諸侯王表竝誤書于十月之庚戌辛亥兩日而又失書封趙王遂（史誤書于呂后紀中）是宜于後文十二月之下書曰立趙幽王子遂爲趙王徙立故琅邪王澤爲燕王諸呂所奪齊楚故地皆復與之

典客劉揭身奪趙王呂祿印

案趙王二字當削漢書載此詔無趙王是也嘗論大臣謀誅諸呂酈寄之功不在平勃下葢非寄說呂祿解印太尉不得入北軍矣乃文帝封賜不及豈以紿祿之功僅足以償平時黨呂之罪而又迫于絳侯之劫非其本心乎曹窋陸賈亦皆有功無賞何哉

天下人民未有嗛志

附案嗛卽慊漢書作愜志義同（應劭曰滿也師古曰快也）索隱以爲不滿之意非也

吳王于朕兄也惠仁以好德淮南王弟也秉德以陪朕

案漢書無惠仁以好德句似較直捷

古者殷周有國治安皆千餘歲古之有天下者莫不長焉用此

道也

案治安千餘歲之言非其實又不字當衍索隱本無不字與漢書同

賜天下鰥寡孤獨窮困及年八十已上孤兒九歲已下布帛米肉各有數

案漢書載此詔無孤兒九歲已下賜布帛米肉事

乃循從代來功臣

附案評林余有丁曰循謂次及之也義門讀書記曰循漢書作脩是也功下無臣字二說以義門爲長古脩字或作循而循字或作循循故譌功臣表深澤侯趙脩歷書未能脩明亦譌爲循字

衛尉定等十八

附案漢書文帝紀及百官表竝名足疑定字譌

齊王舅父駟鈞爲清郭侯

附案清讀若靖即靖郭漢書文紀是靖也故如淳曰邑名六國時齊有靖郭君而惠景侯表作清都徐廣謂一作鄡鄡即鄡字鉅鹿縣名湖本年表譌刻徐廣注爲鄡漢外戚恩澤表作鄔太原縣名師古索隱皆言駟鈞初封靖郭後徙于鄔史記疏證云年表駟鈞以文帝元年封六年有罪除享國甚短竝無徙封之說鈞果徙封表何故止錄其前封以清都失國邪恐靖郭鄡鄔俱因偏旁形似而差其作鄡與鄔者又并清字脫去耳此條余嘗面質之杭先生竊謂靖郭必齊地名駟鈞以齊王舅父侯當裂齊地

封之清都實無其地似不得專據史表清都概指靖郭鄡鄔爲差脫徙封之說固不足信鄡鄔都恐皆譌字先生曰汝之言是可訂吾疏證之失

二年十月丞相平卒復以絳侯勃爲丞相

案將相表公卿表勃復相在十一月此連書于十月非

朕聞古者諸侯建國千餘歲

案歲字衍文漢書無

十一月晦日有食之十二月望日又食

案正義曰說文日蝕則朔月蝕則望而云晦日蝕之恐厤錯誤集解徐廣曰望日又食漢書及五行志無此文一本作月食然史不紀月食余謂古法不用定朔而用平朔故日食多有在前月晦者非盡史官之誤春秋隱三年日食不書朔穀梁云食晦也後書鄭興傳言日食在晦先時而合由于月行疾亦未確至徐廣以漢書文紀五行志無望日又食之事本作月食明焦竑筆乘及日知錄廿七卷竝從之筆乘曰晦既日食望又月食不半月而天變兩見故于望日下詔書脩省而詔止云日食因感月食之變而益謹日食之戒也竊疑十二月望日又食七字當是衍文班書不載其證一詔書不及其證二日食不以望其證三頻月不日食其證四焦顧二公依徐說作月食亦可不必蓋因史文有望字謬爲之詞也而以爲史不紀月食則又不然古者日食脩德月食脩刑公羊傳文禮昏義言陰事不得適見于天月爲之食天官書言月蝕將相當之故詩傳云月

食非常也比之日食猶常也周禮鼓人職云救日月詔王鼓太僕職云軍旅田役贊王鼓救日月亦如之左傳莊廿五年云非日月之眚不鼓是知日月之食竝嚴而月食不書惟春秋之法未可概論即如史記景帝紀後三年書日月皆食六國表秦躁公八年書日月蝕史公何嘗不紀但不全紀耳故謂文帝二年十二月無月食或月食而不紀則可謂史例不記月食則不可也徐廣說非而此七字之誤亦有因下年十月十一月兩次日食漢書紀志載之而史于文帝三年止有十月日食無十一月日食分明誤入于此雖然一年兩食者有之一年三食者有之比月而食古無有也如漢書惠帝七年正月五月日食是一年兩食矣晉書惠帝光熙元年正月

七月十二月日蝕（是年有閏）是一年三食矣若比月而食未之前聞或難之曰春秋襄公二十一年九月十月日食二十四年七月八月日食史記年表皆書日再蝕漢書高帝三年文帝三年俱十月十一月日食比月而食古來凡四見五行志確指所在之星所應之事寔言未聞又杜預長厤論云春秋日有頻月而食者曠年不食者理不得一楊士勛穀梁傳釋云據今厤無有頻食之理古或有之宋家鉉翁春秋詳說云天度有時而變常若執一定之律而忽無窮之變恐失春秋記災示警之意予柰何斷以為絕無邪曰此不可以空言爭也左傳疏云頻食于術不得有但字則變古為篆改篆為隸書則縑以代簡紙以代縑年數遙遠喪亂或傳寫誤失其本真

先儒因循莫能改易執文求義理必不通後之學者宜知此意斯語足破千載之疑且不觀元史厤志與尚書疏證春秋大事表乎元志具著李謙授時厤議引晉姜岌唐僧一行以為襄二十一年十月二十四年八月不應比食宜在誤條又云春秋二百四十二年閒日食三十有七事以授時厤推之（授時厤元至元閒許衡等造）惟襄公二十一年十月庚辰朔及二十四年八月癸巳朔不入食限蓋自有厤以來無比月而食之理姜岌一行已有定說孔子作書但因時厤非大義所關不必致詳也疏證卷六上云春秋時史失其官閏餘乖次從古未有過于春秋之世則難信亦未有過春秋之書即以三十六日食論有誤五為三者（謂月數誤）莊十八年僖十二年是有誤三為二者文元年是有誤十為七者宣八年是有誤九為六者昭十七年是有以後月作前月不應閏而閏先時者隱三年桓三年十七年莊二十五年三十年是有以前月作後月應閏而不閏後時者宣十七年成十七襄十五二十七昭十五定十二是至僖十五年五月之交宜在四月然乃亥時月食非日食何誤至此（說本元志）則由此以推無比食而書比食其誤又何怪焉金壇蔡仲全告其弟子秦雲九曰想因當日史官算失一閏誤以二十一年之九月作十月朔日食已書之史矣他日又誤以二十四年七月作八月朔日食已書之史矣既而見其失閏不合也乃于兩年各補足一閏書為二十一年九月朔日食二十四年七月朔日食兩冊俱存而後之脩史

者并錄之爾或恐無以為孔子地余意此出于脫簡乎襄公二十一年二十四年之前之後必有某公某年為冬十月庚辰朔日有食之者又有為八月癸巳朔日有食之者脫其簡于彼而錯其簡于此事固有之理或一解孔子作春秋因而不革蓋其慎也且春秋重在人事以示勸戒他若厤屬天道即用舊史失在既往曷由可追苟必取而改之凡二百四十二年閒以事繫日以日繫月以月繫時以時繫年鮮不隨之而錯置矣孔子敢擅易本國之正朔以干罪戾哉又云以授時法推得漢高帝三年丁酉歲十一月甲戌朔日食漢厤誤為前月晦日也又書十一月癸卯晦日食則記載之誤況癸卯乃十二月朔不入食限亦豈晦日哉更推得文帝三年甲

子歲十一月丁酉朔入食限十二月丁卯朔不入食限漢書所載誤處與高帝三年同總之比月而食千古所無不必辨者晦日日食乃厤疏之故耳大事表云頻食斷無此法而春秋所以書者是時周厤算法已不準推步常遲一月須厤云某月朔應日食到前一月之朔而日大食甚至食之既人所共見魯史旣據實書之矣至後一月不見有食則以周保章氏所頒未敢輕削魯史非精厤算者不能改政是月之不入食限也因竝存之漢書載高祖三年文帝三年頻食亦是漢初襲用秦正厤法未講致有此誤太初定厤以後則無此矣若謂天道至遠不可得知容或有此則自太初迄今二千年中絕無連月再食之事而獨于春秋時再見且于漢祖開創孝文恭儉之朝再見無是理也綜覽諸書皆不及史記孝文二年書頻月日食之事而比類以推則十二月望日又食七字顯屬誤端其爲衍文無疑卽所稱十一月晦日有食之者亦十二月朔日食之誤也十二月朔是癸卯或復難曰夢溪筆談云淮南人衞朴精于厤術春秋日食三十六密者不過得二十六七朴乃得三十五惟莊公十八年一蝕今古算皆不入蝕法疑前史誤困學紀聞六本此然則襄二十一年二十四年頻食衞朴已推而得之矣則又何說曰厤家如姜岌一行之流最爲傑出非朴所敢望皆確言無比食之理朴又烏從知之且莊十八年一食元志謂誤五爲三閻氏于尙書疏證困學紀聞注潛丘劄記竝言是年五月壬子朔申時日食而朴不知朴于厤疏矣則所謂得三十五者豈足信邪熙寧中朴造奉元厤

朕親率耕以給宗廟粢盛

案漢書此下有民讁作縣官及貸種食未入入未備者皆赦之十八字此不全載

三月有司請立皇子爲諸侯王

案諸侯王之立史漢表俱在二月乙卯本紀皆誤作三月

今法有誹謗妖言之罪

案漢書紀志高后元年正月詔除妖言令而此又有除妖言之詔師古以爲中閒曾重復設之然詔中無一語及妖言名臣表止言除誹謗律景帝元年十月詔歷敘孝文功德但云除誹謗而亦不及妖言則師古重設之說未確疑妖言二字是羨文

前日計遣列侯之國

附案史詮曰湖本詔作計誤

以太尉潁陰侯嬰爲丞相

案以太尉上失書十二月漢紀有

復晉陽中都民三歲

案漢書歲下有租字此缺

與王興居去來亦赦之

案宋袁文甕牖閒評云漢書濟北王興居反詔曰與王興居去來者亦赦之三劉釋云高帝詔曰與綰居去來歸者赦之今文脫居字余謂若依高帝之詔則又脫歸字也劉袁皆譏

漢書詔詞言之其實居字不必補但來下脫一者字而衰文謂脫歸字尤所未安高帝曰歸者赦之則不歸者不赦矣文帝直曰赦之則不問其歸不歸而概赦之矣一字之增減寬嚴迥別可妄添乎居謂與反者居處也去來謂與反者往來也舊注非

六年

案紀缺四五七八九十十一十二等年事又改元後三四五年亦缺

羣臣請處王蜀嚴道邛都

附案都乃郵字之譌史漢淮南王傳作邛郵可證

今法有肉刑三

附案此所謂肉刑三者孟康注以爲黥劓刖索隱引崔浩漢律序云文帝除肉刑而宮不易賈公彥周禮司刑疏亦言文帝惟赦墨劓刖三肉刑其宮刑至隋始除之蓋皆本漢書刑法志爲說然景帝元年制曰除肉刑重絕人之世漢書鼂錯對策曰除去陰刑則文帝固已除宮刑矣且漢志亦並無不易宮刑明文疑此是劓刖宮爲三肉刑蓋黥至輕自不應數之而宮刑之復必景帝也故景中四年作陽陵赦死罪欲腐者許之孝武于史公亦用此刑北史西魏文帝大統十三年詔自今應宮刑者直沒官勿刑則除宮刑非始于隋也

成侯赤爲內史欒布爲將軍

案名臣表書成侯董赤內史欒布匈奴傳雖失書欒布亦云成侯董赤不言爲內史漢書文紀雖誤書成侯爲建成侯而亦書內史欒布不言赤爲內史也史詮謂上爲字衍內史欒布官此解似是但百官表是年內史乃董赤而欒布傳言自燕相爲將軍不言爲內史疑有誤亦當作赫說在功臣表

是時北平侯張蒼爲丞相方明律厤魯人公孫臣上書陳終始傳五德事言方今土德時土德應黃龍見當改正朔服色制度天子下其事與丞相議丞相推以爲今水德始明正十月上黑事以爲其言非是請罷之

附案此事封禪書厤書及賈生張丞相傳俱有之竊謂五行之王頗不足準其說始于鄒衍今視之特陰陽末術耳初無預于治亂之數自秦始皇采用遂相沿以爲大事不亦惑乎鄒衍論五德取相勝故賈誼公孫臣曰應黃龍見漢當土德土克水也沈約因稱白帝之子是水赤帝之子是土孝武用之劉向言五德主相生以秦爲閏位去之故曰周木德漢火德應劭因稱秦水漢土爲失光武改之後世咸宗劉說魏稱土德晉稱金德宋稱水德皆是也獨張蒼曰河決金堤漢爲水德夫河決豈吉祥善事而指以爲水德之符奚異方士以歲旱爲乾封以孛見爲德星哉張蒼之議必因高帝北畤待我而起一語故厤書亦云高祖自以爲獲水德之瑞不知高祖一時之詞非自道得水德也初起事時旗幟已尙赤矣特襲秦正朔服色未遑更定也

十七年得玉杯刻曰人主延壽于是天子始更爲元年令天下

大酺其歲新垣平事覺夷三族湖本杯譌桮

案漢書文紀十六年九月得玉杯令天下大酺此與封禪書以得杯大酺在十七年誤也改元以日再中而此謂因得杯亦誤日再中乃秦王誓燕丹妄語見論衡異虛篇文帝柰何信之又攷漢書紀志高后元年除三族罪史記脫不書則族誅之法已前除之何以新垣平復行三族之誅豈妖誣不道不用常典邪刑法志譏其過刑矣然文帝于盜高廟玉環之罪欲致之族則又何也

令勉　蘇意

附案荀紀作李勉蘇隱未知何據令是姓注以爲官號非

宗正劉禮爲將軍

案公卿表絳侯世家及漢書皆與此同作宗正劉禮然表書禮爲宗正在景帝元年而乃于孝文後六年冬已書之未知孰誤

祝茲侯軍棘門

案祝茲屬琅邪松茲屬廬江判然二地高后封呂榮武帝封劉延是祝茲也高后封徐厲昭帝封劉霸是松茲也故漢表于祝茲下注琅邪而水經注廿六卷膠水北逕祝茲縣故城東漢武帝封膠東康王子延爲侯國斯爲的證乃史公于惠景功臣表書松茲侯徐厲固未嘗誤而此紀及將相表絳侯世家並以徐厲爲祝茲侯豈非巨謬乎徐厲以高后四年封傳國至建元六年絕呂榮以高后八年封若謂徐厲封祝茲

則一地既無兩封之理而厲亦未失國呂榮安得有之漢書紀表傳皆作祝茲尤誤也至諸將俱書姓名而此獨缺不具又不稱將軍疑鈔寫譌脫然攷功臣表徐厲傳子悼以文帝前七年嗣而棘門之屯在文帝後六年當是徐悼爲將軍乃將相表絳侯世家及漢書文紀勃傳並誤爲徐厲不自知其與表相矛盾注家俱不糾之而徐廣于此注云姓徐名悍蓋因下文有將屯將軍屬國悍意以爲即松茲侯故下文再注曰悍姓徐而不知屬國悍實別一人徐侯乃名悼非名悍也

孝文帝從代來即位二十三年

附案此段總敘文帝諸善政當在後七年之末襲號曰皇帝句下錯簡于後六年也後世作史皆倣此總敘法

治霸陵皆以瓦器不得以金銀銅錫爲飾不治墳

附案劉向諫昌陵疏謂文帝寤張釋之言去墳薄葬以儉安神賈山亦言之但晉書愍帝紀建興三年盜發霸杜二陵金玉綵帛不可勝紀敕收其餘以實內府又索琳傳盜發霸杜陵多獲珍寶帝問琳漢陵中物何多邪琳對以漢天子即位一年而爲陵天下貢賦三分之一充山陵武帝享年久長比崩而茂陵不復容物赤眉取陵中物不能減半于今猶有朽帛委積金玉未盡此二陵是儉者耳然則文帝之葬特差少于諸陵而非眞薄也豈景帝不從遺詔之故乎而後書光武紀二十六年壽陵詔云景帝遵太宗薄葬抑又何也再攷漢書王莽傳曰赤眉發掘園陵惟霸陵杜陵完後書光武紀亦言之

藝文類聚七十九梁沈炯歸魂賦曰咄嗟驪山之阜惆悵霸陵之園文恭儉而無隙竄發掘其何言白居易新樂府云驪山腳下秦皇墓當時自以爲深固一朝盜掘墳陵破項羽發之也龍𬃷神堂三月火奢者狼藉儉者安一凶一吉在眼前憑君回首向南望漢文葬在霸陵原又唐鮑溶詩云霸陵一代無發毀儉風本自張廷尉□此則霸陵未嘗被發疑晉書不可信然盜發孝文園瘞錢已明載張湯傳矣蓋沈白諸公止據兩漢書不見發于赤眉言之而元李冶古今黈曰晉書盜發霸杜陵多獲珍寶應劭風俗通義載霸陵薄葬亦被發掘今本風俗通無而其陵中物與前書本紀絕不同前書蓋從史筆劭說從所聞見容有一誤質諸晉書劭說爲得其實余謂霸陵凡三被發張湯傳一也風俗通二也晉書三也赤眉之亂漢諸陵無不被發者而獨文宣二陵幸免開掘故特書曰霸陵杜陵完若夫金玉珍寶必景帝爲之不依文帝遺詔瓦器之制事祕莫知史不得錄待被發而後見故光武壽陵之詔亦就遺詔言李冶以爲史筆諱之非矣宋史太祖紀詔有司周文成康漢高文景凡二十七陵被盜發者重葬致祭又在後

朕聞蓋天下萬物之萌生

案蓋字當衍或曰宜依漢書作朕聞之

屬將軍武

案漢書此下有賜諸侯王已下至孝悌力田金錢帛各有數十七字此闕

乙巳

案史詮謂乙巳下漏葬霸陵三字是也漢書有

孝景皇帝元年十月制詔御史

附案景帝爲孝文立樂舞之詔及丞相等請立太宗廟議漢書載景帝紀而史錄于文紀末者承上文總敘文帝功德一段以類相從也當接寫在興于禮義句下各本皆跳行寫非

去肉刑

案下文云罪人不帑不誅無罪除肉刑出美人重絕人之世蓋敘事以類相從則此去肉刑三字爲錯出重見疑是去田租之誤除田租乃第一惠政非文帝亦不能行詔中不應獨缺且與賞賜長老收恤孤獨類也

減嗜欲不受獻

附案紀中無卻貢事攷漢書賈捐之傳云孝文時有獻千里馬者詔曰鸞旗在前屬車在後吉行五十里師行三十里朕乘千里馬獨先安之于是還馬與道里費故西域傳贊云太宗卻走馬荀悅申鑒雜言篇亦云孝文帝不愛千里馬此可補史缺

孝景本紀第十一

孝景皇帝者孝文之中子也

案孝文四男景帝爲長故立爲太子史幷其前夭死之三男數之而云中子非也

元年四月乙卯赦天下乙巳賜民爵一級

案乙巳二字衍是月甲午朔乙巳先乙卯十日不應賜爵在赦前亦不應二事相隔多日也

二年春封故相國蕭何孫係爲武陵侯

案功臣表及漢書表傳皆作武陽侯蕭嘉此作武陵誤武陵乃郡名卽秦黔中郡非所封也或係或嘉其人有二名徐廣言之矣又漢紀書于六月此在春未知孰是

男子二十而得傅

案漢紀在冬十二月此書于春亦異得字當因下傅字誤衍

廣川長沙王皆之國

案六王同封而獨舉廣川長沙二王之就國豈其餘四王仍居長安乎抑史之疏脫也六王者河閒王德臨江王閼淮陽王餘汝南王非廣川王彭祖長沙王發皆景帝子

彗星出東北

案漢紀及天文志竝作西南此言東北誤也又漢紀書于十一月此在八月異天文志云是歲

秋衡山雨雹大者五寸深者二尺

案上已書八月矣何又言秋當衍衡山雨雹漢志不載

熒惑逆行守北辰月出北辰閒歲星逆行天廷中

案熒惑何由守北辰月何由出北辰閒眞所難曉邵氏疑問云星月出入黃道內外至遠不過十度從未有失度上行直至樞辰閒者況月之合朔可推食分可定者乎此葢妖星之似火妖氣映雲之似月者觀象者譌之也余謂非觀象之譌乃史譌耳漢天文志曰孝景二年十月丙子火與水晨出東方因守斗此書于八月後亦誤今本漢志譌作七月

置南陵及內史祋祤爲縣

案名臣表及漢志竝云南陵文帝七年置又高帝九年置內史景帝二年置左右內史見百官表漢志謂武帝建元六年置左右內史亦誤也此有缺誤當云置左右內史及祋祤爲縣余有丁謂祋祤屬內史故云內史亦非

天火燔雒陽東宮大殿城室

附案徐廣云雒一作淮是也漢書作淮陽王宮正殿災索隱曰淮陽王宮災故徙王于魯

膠東王雄渠

附案王名各處作雄渠惟漢書年表作熊渠葢古通借用字左傳八元仲熊潛夫論五德志作仲雄易繫疏引世紀虙犧一號皇雄氏月令疏又引作黃熊魏書羊祉傳熊武斯裁雄武也

齊王將廬燕王嘉皆薨

案齊王之名諸處竝作將閭葢古通用猶吳王闔閭之爲闔廬也而燕康王嘉在位二十六年以景帝五年卒史漢表傳世家俱可據此言與齊孝王同薨于景帝三年誤

立皇子徹爲膠東王

案徹字當諱說在高紀漢武內傳稱武帝名吉則徹其改名歟似不可信姑記異聞

更以弋陽爲陽陵
案弋陽是易陽之誤漢地理志可證
冬以趙國爲邯鄲郡
案此年獨書冬于年終誤攷漢紀四年及中四年亦竝誤書十月于年終不可曉也又地理志趙國景帝三年爲邯鄲郡五年復故此紀既誤書爲郡于四年之冬而于五年不書復爲趙國疏矣或問諸侯王表亦書于四年何也曰各表之例凡書滅國及爲郡有書于當年當月者有書于明年明月者以地悉定始稱滅以置官守始稱郡也不獨此年趙之爲郡如是故不得指以爲誤
三月作陽陵渭橋
案渭橋之作漢紀不書而作陽陵在正月此云三月小異
丁卯封長公主子蟜爲隆慮侯
案盧學士曰史漢表俱在中五年五月丁丑漢表無月日此書于前五年五月丁卯誤也徐廣反據此以疑表亦失于不攷耳高祖時功臣有隆慮侯竈其子通嗣侯中元年有罪國除則不得于通未失侯之前以封蟜一也表云元鼎元年蟜自殺漢表云二十九年自中五年至元鼎元年年數方合則不得于前五年封二也故以爲本紀之誤無疑余因攷此侯之名史記表竝作蟜而漢表作融索隱本史表譌作蟜當作螎與融同豈蟜字誤歟又此紀于封年雖誤而月日不誤蓋中五年五月已未朔丁丑在丁卯之後必隆慮與乘氏桓邑同以丁卯封不然表何以敘隆慮于乘氏桓邑之前乎表作丁丑非

六年春封中尉趙綰爲建陵侯江都丞相嘉爲建平侯隴西太守渾邪爲平曲侯趙丞相嘉爲江陵侯故將軍布爲鄃侯
案五侯之封年表在四月此誤云春而尤誤者以衛綰爲趙綰較水經注廿六卷誤爲石綰更甚盧學士云此趙字是後人妄增觀下江都丞相嘉隴西太守渾邪趙丞相嘉故將軍布皆不書姓知本無此一字蓋此乃衛綰非趙綰也趙綰未嘗封侯武帝建元二年以御史大夫坐請毋奏事太皇太后下獄自殺而衛綰封侯史漢表昭然可據乃妄誕之徒于此增一趙字至後元年以御史大夫綰爲丞相下又譌易作封爲建陵侯五字不知後元年所封者塞侯直不疑也諸家但疑爲複出而憚于詳攷無有明辨其非者今窮其顛末表而出之
梁楚二王皆薨
案表言梁孝王以景帝中六年薨漢表亦然則此紀以孝王與楚文王竝時薨于前六年者誤也又史紀表世家及漢表皆以楚文王在位三年薨于景前六年而元王傳謂文王在位四年誤也
伐馳道樹殖蘭池
附案此文曰伐則不得言殖矣徐廣曰殖一作塡當是也
七年冬廢栗太子爲臨江王

案栗太子之號非禮也卽當時有此稱亦不宜著于史又太子之廢此言冬表言十一月乙丑漢書于紀云春正月于表云十一月己酉所書月日各異余以爲皆誤當作三月乙丑何以明之絳侯世家曰景帝廢栗太子丞相固爭之不得景帝由此疏之丞相者亞夫也亞夫以二月乙巳爲丞相若栗太子廢于正月以前則不可通矣且立膠東王太后爲皇后在四月乙巳立膠東王爲太子在四月丁巳若栗太子廢于正月以前又何以虛東宮至五閱月之久乎其誤無疑

十二月晦日有食之

案漢書紀志俱作十一月庚寅晦

丞相青免二月乙巳以太尉條侯周亞夫爲丞相

附案將相表以亞夫爲丞相在六月乙巳誤也百官表謂青之免亞夫之相竝在六月乙巳尤誤當依此紀爲確此紀云春青免必正月矣條侯之條漢書表志作脩仍音爲條古字通用顏師古周勃傳注謂志作蓨誤 此紀正義云條田彫反字亦作蓨音同自當依史作條爲允宋祁謂當作蓨集韻音銚非 小司馬從顏監注謂在勃海正義引括地志謂俗名南條城在德州蓨縣南蓋因漢志勃海郡脩市縣下注侯國二字又脩市之脩亦音條故俱以爲亞夫封在勃海也果爾則何以不稱脩市侯而稱條侯乎後志脩縣屬勃海顏監見漢志旣注侯國于脩市復見後志勃海郡有脩縣而無脩市遂誤合爲一以勃海言之殊不知信都國之脩縣東漢始改隸勃海以脩市倂于脩縣而班志于脩市下注侯國者乃指宣帝封劉寅爲脩市侯非指周氏之續封也閻有據乎曰有水經注淇水過脩縣一條云脩音條王莽更名治脩今漢志作脩治郡國志曰故屬信都漢封周亞夫爲侯國世謂之北脩城濁漳水至樂成縣一條云脩市縣漢宣帝封淸河綱王子劉寅爲侯國王莽更之曰居寍此豈非的證歟至條侯之名有作惡夫者避暑錄話云人獲玉印遺劉原父文曰周惡夫印原父云漢條侯印也攷古亞惡二字通用音義亦同禮記先有事于惡池宋王十朋注東坡秦詛楚文詩作亞駞景帝封盧綰孫他之爲亞谷侯漢書綰傳作惡谷此二字通用之證明樂韶鳳洪武正韻亞烏落切元周伯琦六書正譌亞古堊字又借爲惛亞善亞字說文亞醜

也此音同義同之證故陸德明周易釋文天下之至賾而不可惡引荀爽本作亞尚書大傳武王升舟入水鐘鼓惡觀臺惡將舟惡宗廟惡康成讀爲亞尤爲明驗但不知條侯之名其本字是亞是惡耳條侯乃勃次男則名似宜爲亞然水經注十九櫟陽縣周勃冢北有弱夫冢卽亞夫冢弱與惡一例則又似惡爲是古人命名用惡字者多經典中如魯文公子惡衞襄公惡衞臣有石惡齊惡宋有戴惡鄭有孫惡楚有郤惡條侯儻類之乎且印文未必借刻他字也

立膠東王爲太子名徹

附案名徹二字史詮以爲當省余謂此乃後人之注譌寫作大字非本文也本紀無此書法

中元年封故御史大夫周苛孫平爲繩侯故御史大夫周昌子左車爲安陽侯

案表封繩侯者周成之孫周苛之曾孫名應者也平乃應之子嗣應爲侯者也（徐廣云一作應是已然不得言苛孫）又史漢表皆云中二年封昌孫左車爲安陽侯則左車亦非昌子也亦非中元年封也此紀于世次年數皆誤而師古乃據以注漢書何邪漢紀同誤

中三年冬罷諸侯御史中丞

案百官表省諸侯王御史大夫與改丞相爲相竝在中五年此與漢紀書于中三年未知孰是而中丞之稱則誤也中丞乃御史大夫之屬

春匈奴王二人率其徒來降皆封爲列侯

案史漢表中三年以匈奴王降封侯者七人安陵侯于軍桓侯賜遒侯李隆彊容城侯徐盧易侯僕䵣范陽侯范代翕侯邯鄲此七人爲匈奴王同來降同封侯同其不同者只安陵以十一月封餘六侯以正月封（史漢表誤作十二月）故紀書封侯在春而以七人爲二人則誤也正義謂二人是首降亦無據蓋與絳侯世家及漢書勃傳言封徐盧等五人爲侯竝屬誤端正義所述侯名多錯

立皇子方乘爲清河王

案此王之封書于三月前必二月矣史漢表在三月漢紀又在九月竝誤但史表作三月丁巳漢表作三月丁酉攷是年二月壬寅朔無丁酉三月壬申朔無丁巳則是二月丁巳無疑王名各處無方字蓋衍文

三月彗星出西北

案漢紀在九月

丞相周亞夫死

案是年亞夫免相非死也將相表言免不誤攷漢表亞夫以文帝後二年封侯十八年有罪國除當景帝中五年後一歲爲景帝後元年別封勃子堅爲平曲侯則其死在中五年明甚（史表中書六字十三字以亞夫爲侯十九年國除蓋并其絕封一歲數之誤也）此紀書亞夫之死于中三年與漢紀書于後元年竝誤又百官表九月戊戌丞相亞夫免此書于三月疑亦誤也

封十侯

案十乃五之誤猶前封七侯之誤爲二人也正義云年表亞谷侯盧他之（各本譌刻亞王侯）隆慮侯陳蟜（各本譌刻龍盧侯陳嚚蟜）乘氏侯劉買桓邑侯劉明蓋侯王信餘檢不獲中元三年匈奴王二人降封爲列侯表有七人疑其五人是十侯之數張氏此言最謬中五年止封五侯竝無十侯何得强以中三年封者充其數而安陵等七人之封皆在中三年史漢表明確可攷又何得割中三年所封之五人移入中五年邪

更命諸侯丞相曰相

案漢紀在八月此在六月微異

中六年二月己卯行幸雍郊見五帝

案漢書在十月是也此誤二月
三月雨雹
案漢書紀志皆作雨雪此誤爲雹
四月梁孝王城陽共王汝南王皆薨
案前四年徙汝南王非爲江都王則汝南國久已除爲郡矣安得中六年有汝南王乎卽非亦以武帝元朔元年薨不與梁孝城陽並薨于是年也當是梁孝王子濟陰哀王不識濟陰王薨于明歲後元年紀幷書于是年而又誤爲汝南耳
梁分爲五封四侯
案梁孝王子五人此不數乘氏侯買者買嗣梁王故也而四人中惟明封桓邑侯餘三人未嘗爲侯此言封四侯誤當作封五王漢紀云分梁爲五國立孝王子五人皆爲王
更命廷尉爲大理
案漢紀改諸官名在中六年十二月此書于四月以後而所改官名又不盡載何歟且所載多譌俱說見後
大行爲行人
案百官表行人爲典客屬官景帝改典客爲大行令未嘗改大行爲行人也大行卽大行令省不言令也
奉常爲太常
案百官表奉常秦官景帝中六年更名太常故漢書表傳中凡未更名之先多稱奉常而史記槪稱太常如高帝拜叔孫通爲太常之類從不稱奉常豈非以後之制加前之人耶然攷唐元宗六典云漢高名曰太常惠帝復曰奉常景帝又曰太常藝文類聚四十九引漢官典職同據此則非追書之詞矣疑史漢紀表但標大略不甚分晰耳又百官表景帝是年改太常屬官太祝爲祠祀此闕
典客爲大行
附案百官表武帝太初元年改大行令爲大鴻臚而漢書景紀中二年有大鴻臚蓋誤以武帝更名書于未改典客爲大行令之前非景帝時先有大鴻臚之稱也
治粟內史爲大農
案百官表景帝後元年更名大農令此在中六年小異大農卽大農令

以大內爲二千石置左右內官屬大內
附案百官表無攷
八月匈奴入上郡
案漢紀在六月
後元年冬更命中大夫爲衛尉
案表云衛尉秦官景帝初更名中大夫令後元年復爲衛尉此令字不可省蓋中大夫是別一官名不比大行令大農令之可稱大行大農也
八月壬辰
案後元年八月丙午朔無壬辰而此與將相表百官表皆作壬辰疑

以御史大夫綰爲丞相封爲建陵侯

案盧學士云封爲建陵侯五字衍余謂依史例當云以御史大夫建陵侯綰爲丞相衍封爲二字

郅將軍擊匈奴

附案通鑑攷異曰酷吏傳郅都死後宗室多犯法上乃召甯成爲中尉在中六年則後二年所謂郅將軍者非都也疑別一人漢書紀無郅將軍事

禁天下食不造歲省列侯遣之國

案食不造句必有誤字當缺所疑遣列侯漢紀在十月此在正月亦小異周孝廉云造當如周禮天官膳夫以樂撤于造之造

十月租長陵田

附案十月不當書于三月之後史詮謂七月之譌是也

十月日月皆食

附案史詮曰日食在朔月食在望蓋十月之朔日食而望月食非食在一日也或疑食字衍當合下作皆赤五日因漢書紀志俱不言日食故也

孝景皇帝崩

史詮曰孝景二字當省

遺詔賜諸侯王以下至民爲父後爵一級

案漢紀賜諸侯王列侯馬二駟吏二千石黃金二斤此但云賜諸侯王以下則疏略矣而賜民爲父後者爵一級乃前十日皇太子冠時事非遺詔也

是爲孝武皇帝

附案史公本書稱武帝曰今上曰今帝曰今天子曰今皇帝故凡言孝武者悉後人所妄改也

置陽陵

附案評林謂一本置作葬是也史詮云湖本葬作置誤但此三字當在上文太子即位句前錯簡于封太后弟之後蓋封太后弟在三月而孝景之葬陽陵在二月癸酉其去甲子之崩纔十日爾

今上本紀第十二

孝武皇帝者孝景中子也

附案史公今上本紀全缺首六十字後人妄加索隱云景十三王傳廣川王已上皆武帝兄自河閒王德以至廣川凡有八人則帝第九言中子非也此下取封禪書補之故索隱譏其才薄而又臆爲增改如李少君是深澤侯舍人而以爲深澤侯亳人謬忌亦稱薄忌而以爲亳人薄誘忌神君之最貴者太一而以爲大夫欒大四印合五利爲四而乃并天道玉印爲四金印祭恆山徧岳瀆均天漢後事而謬割郊祀志以竄入之殊覺乖亂攷前書藝文志司馬遷傳及後書班彪傳竝言史記缺十篇有錄無書張晏謂遷歿之後亡景紀武紀將相表禮書樂書兵書三王世家傅靳等傳日者傳龜策傳元成之閒褚先生補武紀三王世家龜策日者傳師古謂序目無兵書張說非索隱謂景紀褚先生取班書補之武紀取封禪書禮取荀卿禮論樂取樂記兵書亡不補略述律而言

兵遂分麻迹以次之三王世家空取其策文日者不能記諸國之異同而論司馬季主龜策直太卜占兆雜說正義謂褚少孫補景武紀將相表禮樂律書三王世家傅靳日者龜策傳集解引衛宏漢舊儀注謂太史公作景紀極言其短及武帝過武帝怒而削之後坐舉李陵下蠶室有怨言下獄死西京雜記謂武帝怒削景及已紀後遷以怨望下獄死魏志王肅傳謂武帝聞遷史記取景及已紀覽之大怒削而投之今兩紀有錄無書大事記謂惟武紀亡其餘具在且曰景武兩紀俱亡而景紀所以復出者武帝特能毀其副在京師者爾藏之名山固自有他本也武紀終不見者豈非指切尤甚雖民閒亦畏禍而不敢藏乎余以爲諸所說皆妄也衛宏等言史公之死竟似北魏崔浩然漢書遷傳但云遷死未聞有下獄之事況被刑後爲中書令尊寵任職故其報任安書稱著史未就會陵禍甘隱忍成一家言以償前辱不復推賢進士則死獄之說固虛而以爲書成于救李陵之前亦謬且遷史死後稍出至宣帝時始宣布明載本傳武帝安得見之且史公自序曰天下翕然大安殷富作孝景本紀漢興五世隆在建元作今上本紀可知紀中必不作毀謗語祇殘缺失傳爾豈削之哉且封禪平準諸篇頗有譏切又何以不削而其餘八篇不盡是譏切非關怒削又何以俱亡若說史公未成則自序中篇目完全幷字數亦明白記載何云未成至班固生于東漢其書成于章帝建初中乃司馬貞言褚生以元成閒

人而取用之有是理乎更可笑者張晏諸人動言褚生補史今即其所數十篇明言褚補之者惟三王世家日者龜策兩傳其餘七篇安得概指爲褚作邪如補史止屬少孫一人則始皇紀末附秦記及班固語高祖惠景侯表增入征和後元封禪書增天漢後事楚元王世家增地節時事齊悼惠世家增至建始曹相國世家增曹宗征和時坐法賈誼傳書賈嘉至昭帝時列爲九卿韓信傳書韓曾續侯酈商傳書侯宗根坐法免張丞相傳續車丞相已下七人李將軍傳續李陵事匈奴傳載天漢已後李廣利降匈奴衛將軍驃騎傳載諸將公孫賀等坐巫蠱族滅平津侯主父傳載王元后詔及班固所稱司馬相如傳改易賦詞及勦入班固引楊雄語酷吏傳添入漢書減宣傳及杜周爲執金吾後事凡此眾端詎皆褚爲之歟又如晏等所數十篇則三代世表建元侯表外戚世家梁孝王世家田叔傳滑稽傳少孫俱有附益何以不在十篇之數歟而十篇之中兵書既序目所無則止九篇與前後書言十篇不合若云律麻本一而分次之則史公序目元分爲二書也據藝文志馮商續太史公七篇注韋昭曰馮商受詔續太史公十餘篇在班彪別錄商字子高師古曰七略云商陽陵人事劉向與孟柳俱待詔頗序列傳未卒病死張湯傳注亦云班彪傳史記自太初以後闕而不錄好事者或綴集時事然多鄙俗不足踵繼其書李賢注好事者謂楊雄劉歆陽城衡褚少孫史孝山之徒又史通古今正史篇續史記諸儒有

劉向歆馮商衛衡揚雄史岑梁審肆仁晉馮段肅金丹馮衍韋融蕭奮劉恂等迄于哀平猶名史記則補史非少孫一人明矣今讀孝景紀所書惟大事另一體格後世史家作帝紀多祖此例且有漢書所無者宋眞德秀錄景紀論于文章正宗亦以爲史公之筆夫豈他人所能僞哉將相名臣表惟缺前序自高祖元年至太初四年完然具存天漢已下後人所續亦如建元侯表之類非本表有未全也律書卽是兵書易稱師出以律而古者吹律以聽軍聲所以名律爲兵索隱已嘗論之觀本書及自序可見烏得以爲闕乎傅靳傳非史公不能作其敘事簡而有法與曹相國世家樊酈滕灌傳同一體例孟堅仍其文少所删潤其闕安在蓋史記凡缺七篇十篇乃七篇之譌故兩漢書謂十篇無書者固非而謂九篇具存者尤非也七篇者今上本紀一禮書二樂書三厤書四三王世家五日者傳六龜策傳七或問以十篇爲七篇之譌何據曰史漢中七十兩字互舛甚多竝辨見各條而其所以誤者篆隸字形相似隸釋孔龢碑三月廿十日是已

史記志疑卷七終　番禺劉昌齡沈葆和沈寶樞校字

史記志疑卷八

仁和梁玉繩撰

三代世表第一

帝王世

案五帝三王之世多有紕漏與本紀同故其屬長短不相當已說在五帝紀矣乃所書殷屬終帝槐之世周屬終帝芒之世自夏帝泄至殷帝辛有世無屬又成王已後周之世與列侯之屬亦不相當此非盡史公之誤也攷梁書劉杳傳史通表歷篇俱引桓譚新論云太史公三代世表旁行斜上竝效周譜今表有旁行而無斜上久失其舊則知帝泄以下之無屬固因世系脫誤不能縣歷無差亦緣連敘殷周之世于前遂致乖絕而列侯之屬不相當均是傳寫誤爾史通雜說篇謂太史公之創表列行縈紆以相屬編字戢孴而相排雖燕越萬里而徑寸之內犬牙可接雖昭穆九代而方寸之中雁行有序使讀者閱文便睹舉目可詳此其所以爲快也表歷篇又云表次在篇第編諸卷軸得之不爲益失之不爲損使讀者莫不先看本紀越至世家表在乎其間緘而不視以爲煩費無用妄加阢斥不自知其矛盾也大事記謂史記十表意義宏深通志謂史記一書功在十表誠哉斯語余故參訂加詳焉

顓頊屬俈屬堯屬舜屬夏屬殷屬周屬

案顓頊不出自黃帝非黃帝孫俈非黃帝曾孫堯非黃帝元孫舜出顓頊不出黃帝窮蟬亦非顓頊子夏禹非顓頊孫殷之契與周之祖稷俱非俈子有辨詳五帝紀中今卽依史言

之則顓頊屬所云昌意生顓頊爲高陽氏當書于黃帝世下佶屬所云蟜極生高辛高辛爲帝佶(爲今本誤作生)當書于顓頊世下堯屬所云蟜極生高辛當書于顓頊世下高辛生放勳放勳爲堯當并書于帝佶世下舜屬所云昌意生顓頊當書于黃帝世下顓頊生窮蟬窮蟬生敬康當書于顓頊世下敬康生句望句望生蟜牛當書于帝佶世下(句望一代史誤仍大戴禮說見紀)蟜牛生瞽瞍瞽瞍生重華是爲帝舜當書于帝堯世下今本皆遞譌在後一格夏屬所云昌意生顓頊當書于黃帝世下譌後一格顓頊生鯀當書于顓頊世下譌後二格鯀生文命文命是爲禹當并書于帝堯世下譌分在後兩格然史缺鯀以前代系漢志言顓頊五世生鯀是也殷屬所云高辛生卨卨

爲殷祖當并書于帝佶世下此分書于佶堯兩世譌矣然殷屬終夏槐遂合卨子昭明至主癸十二君莫知確在夏之何世姑據竹書攷之帝相十五年相土遷商丘則相土當書于帝相世下而前之昭明後之昌若曹圉根國(世本曹圉下有根國一代史缺故補入)可以約知其時矣少康十一年使商侯冥治河帝杼十三年冥死于河帝芒三十三年商侯(振也)遷殷帝泄十二年殷侯(亦振)賓于有易十六年殷侯微以河伯之師伐有易則冥當書于少康世振當書于帝杼世微當書于帝泄世而後之報丁至主癸五君當夏不降至發六王亦可約略知之矣則主癸生天乙云云當書于履癸世下也周屬所云后稷生不窋不窋生鞠不應在堯舜世下周屬終夏芒遂合周之諸君莫

能確指在夏殷何世葢史公不知國語十五王之誤删縮世次以合其數强以后稷至文王十五世當唐虞夏商四朝攷路史發揮稷生台璽台璽生叔均則當補入表中書于禹及啟之世不窋固非后稷子恐亦未是叔均子而國語言夏后氏衰不窋失官韋昭本人表以夏衰爲太康則當書不窋于太康世史漢及吳越春秋竝言公劉避桀居邠則當書公劉于履癸世而不窋以後公劉以前未知中傳幾世決不止鞠一代(當作鞫說見紀)古籍敗亡不可得詳矣人表言公非後有辟方高圉後有夷竢亞圉後有雲都皆當補入表中而竹書祖乙十五年命高圉盤庚十九年命亞圉祖甲十三年命組紺則高圉當書祖乙世亞圉當書盤庚世公祖類當書祖甲世

而自公劉以後之慶節皇僕差弗毀𨕙公非辟方高圉七君當成湯至祖乙十三王自高圉以後之夷竢亞圉雲都公祖類四君當祖辛至廩辛十二王總三百九十一年雖未足相當然可約知其時矣(差弗毀𨕙夷竢公祖類之異名高圉亞圉之非父子竝說在周紀)竹書武乙元年邠遷于岐周(後漢書西羌傳亦言武乙暴虐犬戎寇邊古公踰梁山而避于岐下)三年命亶父賜以岐邑二十一年亶父薨則亶父之立必在武乙前當書于庚丁世武乙三十四年周公季歷來朝文丁四年命爲牧師(後漢書亦云)十一年命爲伯十二年爲文公元年(文公者文王也)則當書季歷于武乙世書文王于文丁世書武王于帝辛世

帝顓頊　起黃帝至顓頊三世

案三世下史詮謂缺號高陽三字是葢表第一格兼載國號也

爲高陽氏　案爲上缺顓頊二字史詮云

帝俈　蟜極生高辛高辛生帝俈

案高辛卽俈史詮以生乃爲字之誤是也明毛晉集解本作蟜極生高辛爲帝俈索隱本作蟜極生帝俈以史表前後書法例之疑皆因其誤而改録焉非史表元文

高辛生后稷爲周祖　案爲周祖上史詮謂缺后稷二字

帝堯　起黃帝至俈子五世號唐堯

案史詮謂起上缺黃帝玄孫四字唐下衍堯字

帝舜　是爲帝舜

案史詮謂是爲帝舜上缺重華二字

帝禹　黃帝耳孫

案三代皆不稱帝史公妄加之說在殷紀中又禹出顓頊不得以爲黃帝耳孫卽依史所說亦當作玄孫非耳孫也豈史公以耳孫爲玄孫乎攷耳孫之解不一或以爲曾孫或以爲玄孫之子或以爲玄孫之曾孫（卽仍孫耳音仍）竝見漢書惠紀注（學林辨耳孫是曾孫以師古音仍爲誤）

帝杼　公祖類生太王亶父

案史詮謂當作生古公亶父爲太王（三代諸王之名已說在紀中者不列）

帝槐　是爲殷湯

案史表書法是爲上缺天乙二字

從湯至黃帝十七世　案湯至黃帝之世次不可攷卽依史數之亦是十八世非十七世也

亶父生季歷　案史詮謂季歷下缺爲王季三字

益易卦　案文王演易誤爲益卦說在紀

帝芒　文王昌生武王發

案史詮謂此下缺從武王至黃帝二十世九字

從黃帝至桀二十世

案黃帝至桀何止二十世卽依史所書世次數之亦是二十一世非二十世也

從黃帝至湯十七世

案十七當作十八說見上

帝小甲太庚弟殷道衰諸侯或不至

案紀以小甲爲太庚子表以爲弟二處不同故書君奭疏謂俱出馬遷必有一誤然攷索隱引世本與紀合孔傳以太戊爲太甲之孫葢太甲之子是沃丁太庚太庚之子是小甲雍己太戊所以太戊爲太甲孫孔傳雖僞然與世本不殊則表言弟者誤矣又紀謂殷衰諸侯不至在雍己時當是也此亦誤前書于小甲之世

帝太戊　稱中宗

案殷有三宗表于太戊書稱中宗于武丁書稱高宗而獨不書太甲之稱太宗不亦疏乎至竹書以太戊爲太宗祖乙爲中宗恐不可信而班固東都賦稱盤庚爲宗李善已言是班

之誤

帝盤庚　徙河南

案遷都大事皆當書于表殷周之遷屢矣乃表止書盤庚徙河南武乙徙河北而其餘概不之及殊爲漏略

帝甲　淫

案徐廣曰一云淫德殷衰據下有殷益衰之文則徐說爲是紀亦云帝甲淫亂殷復衰也然帝甲即祖甲殷之賢君而以爲淫亂衰殷誣蔑之甚說在紀

帝庚丁　徙河北

案徙河北者武乙也此誤爲庚丁

帝太丁

案太丁乃文丁之誤說見殷紀

帝乙殷益衰

案帝乙賢君也而云殷由之益衰謬矣說見紀中

帝辛　弒

案弒字史公誤書說見周紀別本作死亦是後人改之非元文也

從湯至紂二十九世從黃帝至紂四十六世

案湯至紂乃三十世非二十九也而黃帝至紂之世次不可攷依史所書亦當作四十七世非四十六也此皆誤

周武王伐殷從黃帝至武王十九世

案伐乃代字之譌與前書殷湯代夏氏同一體例至周雖祖黃帝而世次實無可攷若依史數之黃帝至武王乃二十世不得言十九夫周自后稷至武王尚不止十九世況起自黃帝乎

魯齊晉秦楚宋衞陳蔡曹燕

案侯之有世家者除鄭後封外自當盡載此何以但數魯齊等十一國而不及吳杞越吳爲同姓之首杞爲三恪之一越爲夏時故國安得遺之又世家以吳齊魯燕蔡曹陳杞衞宋晉楚越爲序已不免失次此何以復與世家異然則宜奚書曰魯爲先蔡曹衞次之明長幼也次晉武穆下于文昭也次燕爲同姓也次陳宋周之恪也次楚尊師也次齊周以異姓爲後也次秦封晚也而補吳居于首嘉讓也補杞于宋之上

夏裔也補越于楚之上重故國也表列十一國惟晉楚封于成王時秦至孝王時乃封其餘俱武王封之此書諸侯初封皆始自成王之世而列侯之世屬與周不相當今攷如左魯齊陳皆侯爵秦鄭伯爵世表十二侯表于此五國獨泛稱爲公亦不知何意

魯　案武王封公旦于魯留相王室使伯禽就國則當書公旦初封于武王世書伯禽于成王世也世家考公四年煬公六年漢律厤志載劉歆三統厤引世家作煬公十六年非漢志三統厤謂伯禽卒于康王十六年徐廣稱皇甫謐亦同竹書云康王十九年禽父薨有誤而竹書康王二十六年陟則考公以康王十七年立煬公以康王二十一年立是考煬二公當幷書于康王世也幽公十四年以昭王元年立十四年卒魏公五十年以昭王十五年立穆王四

十五年卒竹書與世家合則是幽魏二公當并書于昭王世也（竹書昭王十九年也或云昭王五十一年恐非）厲公三十七年以穆王四十六年立懿王十五年卒（穆王五十五年共王十二年竹書云懿王十七年厲公薨蓋錯簡在後二歲爾）則厲公當書于穆王世獻公當書于懿王世也但竹書懿王二十五年陟孝王九年陟夷王八年陟（或云孝王十五年夷王十六年恐非）厲王即位中間獨不紀獻公之薨蓋缺文耳而世家稱獻公三十二年漢志作五十年徐廣引皇甫謐作三十六年三說依漢志爲確知者眞公十五年當共和元年則眞公實以厲王二十四年立而自厲王二十三年逆數至懿王十六年恰得五十年何言三十二與三十六年哉劉恕外紀又載或云獻公四十二年亦非

齊　案太公初封自當書于武王世而其卒不知的在何時世家但云百有餘歲而已竹書于康王六年言太公薨然尚書顧命已稱齊侯呂伋是太公卒于成王末年無疑故左傳云伋事康王（昭十二）則表書呂伋于康王世是也乙公癸公不得其年表書于昭穆二王之世或亦當然康成詩譜謂懿王烹哀公（世家徐廣據竹書言夷王烹之非檀弓疏言齊世家哀公荒淫夷王烹之九誤世家無荒淫之文亦不說是夷王也）則哀公必以恭王時立表書哀公于恭王世書胡公于懿王世甚合胡公之壽最永故其爲獻公所弑世家言當夷王時詩疏曰胡公以懿王時立歷孝王至夷王時被弑王世不長而齊君壽考得一世當三王自應書獻公于夷王世不應書于孝王世矣惟世家獻公僅九年而其子武公即位之

十年便當共和之元逆推年數武公立于厲王二十九年獻公立于厲王二十年即使獻公弑立在夷王之末亦有二十年中懸無屬竊疑獻公之年有脫誤必是二十九年則書獻公于夷王世書武公于厲王世得其時矣竹書于厲王三年書齊獻公薨非

晉　案叔虞至厲侯五代皆無年可攷左傳言燮父事康王則表書燮于康王世是也而厲侯子靖侯立于厲王二十一年表乃書于懿王世下誤矣據竹書自厲王二十年逆推至康王元年凡一百七十四年而晉以四世當之未知長短何屬

秦　案孝王始封非子爲附庸邑諸秦乃表以惡來爲初封之君書于成王世而歷敘其後代至非子書于懿王世殊誤非子之年莫攷秦本紀稱秦侯十年公伯三年秦仲之四年當共和元年則逆而推之秦仲立于厲王三十五年公伯立于三十二年秦侯立于二十二年是非子至厲王二十一年方卒蓋在位三十餘年也而表以秦侯公伯秦仲分書于孝夷厲三王世下亦誤然則宜何如書曰書非子于孝王之世移初封二字于非子格內補入伯翳後三字而并書秦侯公伯秦仲于厲王世刪去惡來至大駱十七字庶爲得之

楚　案表于楚最誤鬻熊爲熊繹曾祖而乃以爲父其誤一鬻熊爲文王師故此云鬻事文王熊繹則事成康故世家言繹事成王左傳言繹事康王蓋身歷兩朝也而繹子熊乂或

及康王中年則依次書之以一君當一王似無不可然熊渠當夷王時逮厲王時卒世家及竹書可證則當敘熊渠于夷王世矣乃書于懿王世下其誤二熊無康是渠之長子早死未立而妄列爲一代其誤三熊鷙卽左傳熊摯（古字通）以有疾不得嗣位紅爲鷙弟繼熊渠而立此與世家牽合爲一人名曰熊鷙紅其誤四熊渠旣逮厲王則熊紅熊延當并書于厲王之世何得置紅于夷王世下其誤五熊勇立于厲王三十二年亦當并書厲王世又何以退勇于共和下其誤六竹書于厲王六年書楚子延卒十六年書勇卒並誤

宋　案武王封微子則當書初封于武王世而其卒不知何時厲公已前皆無年可攷表謬以一君當一王也卽以煬公言之世家稱煬公嗣位厲公弒之而自立夫煬公甫立便弒在位之日無多安得當懿王一世二十五年乎更以釐公言之釐以厲王二十一年立當書厲王世乃置于夷王下何居其餘誤可知已（煬公家語作襄公誤）

衞　案建衞莫定爲武王成王而康叔之卒立無攷表亦以一君當一王然有可疑者世家言頃侯賂夷王則書頃侯于夷王之世宜也但頃侯十二年卒子釐侯嗣位之十四年便及共和之元何歟將逆推其世而釐侯立于厲王二十五年頃侯立於厲王十三年安得逮事夷王將順數其世而夷厲兩王凡四十五年（竹書于厲王之年誤當依史記也）安得釐侯十四年當共和行政之歲進退互參無從勘檢葢世家于頃侯之年有譌

脫得毋頃侯三十二年卒乎

陳　案胡公當書武王世下而諸公之年皆缺不具世家言愼公當厲王時其子幽公十四年便及共和則愼公卒于厲王二十四年幽公立于厲王二十五年矣乃此敘愼公于共王之世敘幽公于懿王之世而又增釐公于孝王下反空夷王厲王兩世誤矣宜衍去釐公并書愼幽二公于厲王世方得

蔡　案叔度是武王時初封蔡仲是成王時復封此誤分書于成康二王之世爾諸君之年皆莫攷而武侯二十三年當共和元年則武侯立于厲王十六年也乃此書武侯于懿王之世又誤矣

曹　案曹叔當書武王世下而諸君之年無攷世家言夷伯二十三年厲王流彘則其立在厲王十五年而此書夷伯于孝王之世誤也

燕　案召公當書武王世固已而惠侯二十四年當共和之元其立在厲王十五年則九世至惠侯五字當書厲王世乃此前書于康王世非也葢燕爲小國初稱北燕七國時亦獨弱故國史簡略紕繆諸君之名皆無攷其謚重三重二又多不言其屬春秋納簡公一事與史表惠公相值公子職之名見趙世家而單文無徵奚但惠侯已前年數代系缺然莫攷也哉惠侯稱侯說在十二侯表

成王誦　宋微子啟

案啟當諱作開

衛康叔　案康叔名封此失書史詮謂叔下缺封字也表于各國諸侯之名或書或不書體例多不齊一亦是疏處

康王釗　宋微仲啟弟

案微仲而下竝失書名啟弟亦當作開弟但史記以仲爲啟弟從呂氏春秋仲冬紀也書疏及家語俱仍之而仲實微子之次子決非其弟閻氏四書釋地續辨之云微子長子蚤卒有子名腯次子微仲名衍周禮適子死立適孫次子不得干焉微子從其故殷之禮舍長子之子腯而立次子衍與子服伯子引以況公儀仲子者脗合其證一人表于微仲下注曰啟子其證二啟爲帝乙元子衍果屬次子王畿千里豈少閒

土斷無兄弟竝封一國之理其證三是知微仲者子襲父氏上有伯兄字降而次則以仲爲啟弟誤閻說本于古史古史曰微子卒世子蚤死乃立世子之弟微仲衍注云世以仲爲微子之弟失之劉恕外紀于周紀亦稱衍是啟子引檀弓爲驗謂史記誤而商紀又依呂氏春秋未免岐見毛氏奇齡經問十二力主仲是微子弟之說闢閻爲非不足信也

衛康伯　案孝伯以下其名本缺若康伯之名牟固與康叔名封竝見于經何以不書又衛實侯爵何以世表世家康伯至貞伯六代稱伯索隱從鄭箋以伯爲方伯葢依詩序旄丘責衛伯之文爾但世家言頃侯賂夷王命爲侯若以方伯解之頃侯縱不爲方伯本爵自存奚必賂周復爵且古無以方伯之伯繫謚者經史問答云衛初封即侯爵其後稱伯者或昭王以下之所降黜至頃侯而復之惟是康伯爲王孫牟事周康王功侔魯晉無緣削爵爲伯左右思之誠所未喻（評林余有丁謂伯仲之伯九非）康叔之康書疏引馬王云圻內國名甚是白虎通姓名篇康南皆采也路史國名紀五曰康城在潁川受封于衛仍兼康號其時謚法初行諸侯尚未徧及列國之君有至四世五世而後有謚者康叔康伯皆因食采以爲號（康叔周書克殷篇亦稱衛叔）鄭康成以康爲謚非索隱云世本康伯名髡即王孫牟攷杜世族譜是王孫髦牟髦聲相近髡字譌古史攷無康伯而云子牟伯立葢誤認康爲謚其意兩代不應同一易名之典遂因其名曰牟伯而不知康非謚也（四書釋地續云括地志故康城在許州陽翟縣西北三十五里今禹州）

陳申公　案申公以下皆失書名然謚法無申疑

蔡仲　案蔡仲名胡此缺

昭王瑕　魯考公

案考公以下失書名人表考公作孝公則魯有兩孝公矣與史記及律厤志異葢人表譌也

齊乙公晉武侯宋公　案此以下三國之君皆失書名

陳相公　案相公格內當有申公弟三字但人表相作柏未知孰是謚法亦不聞有相與柏者

蔡伯　案蔡伯而後其名元缺若蔡伯名荒何亦不書又蔡爲侯爵矣以蔡伯獨稱伯豈時王之所降黜至其子宫侯而

復之歟

曹太伯　案太伯以下失書名

穆王滿　楚熊勝

案人表作熊盤莫知何出疑勝有二名但世家以熊勝爲熊盤子而人表以熊盤爲熊乂子未詳誰是若依人表則熊勝格內應有乂子二字也

衞嗣伯　案嗣伯及其子疌伯皆謚法所無豈其名歟然前之孝伯已有謚不應二伯無謚疑

陳孝公　案孝公格內當有申公子三字此缺

蔡宮侯　案謚法無宮或宮是名然曹有宮伯侯何也

曹仲君　案曹伯也何以稱仲君豈仲不以正終故貶其號

歟然無攷

恭王伊扈　楚熊煬

案世家熊煬爲熊勝弟則煬格中失書勝弟二字然人表又以煬爲勝子與史不同亦所未詳

宋潛公　丁公弟　案家語潛作緡音義同但世家稱潛公是丁公子皇王大紀亦云微仲曾孫潛公則此言丁公弟誤矣人表作共公子乃丁公子之譌丁公弟三字當衍

曹宮伯　案宮伯名侯而謚法無宮疑莫能明曹詩譜疏引世家譌宮爲官

懿王堅　魯魏公

案魏公格內失書幽公弟三字又左傳文十六年疏引世家作微公釋文云世本作徽公而漢律厤志及集解索隱引世本皆作微公惟人表與史同蓋徽爲微之譌但謚法無微而小司馬謂古書多用魏字作微徧檢不得殷本紀微子小司馬亦云孔子家語微或作魏讀從微音今家語無之余仲弟履繩字處素曰魏卽巍字莊子知北遊篇魏魏乎其終則復始陸氏音魏爲魚威反是音與微同矣揚子方言卷二魏細也秦晉之間凡細而有容謂之魏郭璞注魏魏小成貌是義與微同矣然通借實未見

齊胡公　案格中失書哀公弟三字

孝王方　懿王弟

案本紀孝王名辟方竹書人表同此誤脫辟字然與十六世

祖同名可怪也又孝王乃共王弟此誤以爲懿王弟亦猶人表誤以懿王爲穆王子也

齊獻公弒胡公　案格內失書哀公弟三字又世表于列國但書其世而已何以獨書齊獻公之弒胡公若謂弒逆大事表當附書則魯魏公之弒幽公宋厲公之弒煬公又何以不書乎

宋厲公　案格中失書湣公子三字

衞貞伯　案索隱引世本作箕伯謚法無箕或箕是貞伯之名歟

厲王胡　魯眞公

附案漢志人表及世本皆作愼公索隱亦云本作愼則今本

史作眞公與詩譜序疏作貞公竝誤左傳文十六年疏及釋文引世家作順公也

共和二伯行政

案共和是共伯和史以爲周召行政之號非也以共和與諸王竝列尤妄已說在周紀又以上文例之此下當云從武王至厲王十世從黃帝至厲王二十九世史詮補此十八字然二十九世之說亦非

魯武公眞公弟　案武公眞公弟五字衍

張夫子問褚先生

附案褚少孫元成閒俗儒也所續史記此篇乃其首製徒見世表訖于共和天位久虛人臣攝政遂以其事與霍光相類

因附論焉霍氏所出微而持權甚盛故造爲契稷無父之說以神之矣引黃帝終始傳有人生白燕鄉之謠以驗之（白燕湖木譌作白燕然當作自薦爲是）誠小司馬所謂言之不經蕪穢正史者也

十二諸侯年表第二

太史公讀春秋歷譜諜至周厲王未嘗不廢書而歎也曰嗚呼師摯見之矣

案孔子云師摯之始蓋所謂吾猶及之者也孔安國以爲魯哀公時人自不可易史公作禮書序云仲尼沒後受業之徒沈湮而不舉或適齊楚或入河海卽指師摯諸人論之雖以摯等爲孔子之徒不免于誤（以諸伶之散謂在孔子沒後亦不知何據）而已明言與孔子竝世矣乃此序又若以師摯爲厲王時人董仲舒對策曰至于殷紂守職之人皆奔走逃亡入于河海（紂時有樂官太師疵少師彊疵與摯音相近彊亦與陽近以此致譌）班固因之故禮樂志曰殷紂斷棄先祖之樂樂官師瞽抱其器而犇散或適諸侯或入河海人表列師摯八人于三仁八士之閒師古注又引鄭康成以爲平王時人斯皆學者異師各守所見文義競馳往往乖別馬班董鄭之說同爲紕繆矣（廣韻播字注云又姓播武殷賢人以播爲姓怪甚）

紂爲象箸而箕子唏

附案攷要曰韓非子紂爲象箸而箕子怖史遷作唏蓋本淮南子若范蔚宗漢書謂微子垂泣于象箸則誤也（後書見西羌傳韓子見喻老說林淮南見說山而繆稱作譏）

周道缺詩人本之衽席關雎作仁義陵遲鹿鳴刺焉

案漢書儒林傳稱孔安國爲申公弟子則安國所受者魯詩史公從安國問古文尚書或亦從學魯詩表言周道缺而關雎作儒林傳序言周室衰而關雎作其用魯詩歟漢書杜欽傳曰佩玉晏鳴關雎歎之法言孝至篇曰周康之時關雎作乎上傷始亂也後漢書皇后紀序曰康王晚朝關雎作諷楊賜傳曰康王一朝晏起關雎見幾而作注者皆以爲魯詩而關雎之解韓同于魯後書顯宗永平八年詔曰應門失守關雎刺世爲衍傳賦曰美關雎之識微愍王道之將崩注引薛君章句大人內傾于色故詠關雎說淑女正容儀以刺時史公于詩兼齊魯韓如韓詩以商頌爲美襄公宋世家論用之則所言關雎蓋兼魯韓二家惟以鹿鳴爲刺詩不知何出因

學紀聞三疑是三家之說今亡佚莫攷矣文選注十八蔡邕琴操云鹿鳴者周大臣之所作也王道衰大臣知賢者幽隱故彈弦風諫以此類證知刺詩之說必有所本困學紀聞三引蔡邕正交論以伐木亦刺詩風俗通窮通篇亦云伐木有鳥鳴之刺然而關雎正風之始也非變風也鹿鳴正雅之始也非變雅也孔子刪詩豈取衰世諷刺之作以冠風雅哉且孔子世家以關雎爲風始鹿鳴爲小雅始柰何自相牴牾乎而關雎之所以有此異說者必漢儒誤解論語關雎之亂一句耳晉書司馬彪傳云春秋不脩則仲尼理之關雎既亂則師摯脩之以亂爲錯亂其說又異

齊晉秦楚其在成周微甚

案成周乃洛陽非鎬京也此誤說在魯世家

楚介江淮

史詮曰淮當作漢

是以孔子明王道干七十餘君莫能用

案史言孔子干君猶子禽之言求爾七十餘君尤妄儒林傳序亦稱仲尼干七十餘君無所遇索隱謂後之記者失詞孔子歷聘無七十餘君索隱本于論衡論衡儒增篇云孔子所至不能十國也此葢戰國時誣說史漫述之其始出于莊子天運篇以干七十二君爲孔子謂老聃語淮南說苑以及揚雄解嘲皆仍其謬呂氏春秋遇合篇曰孔子周流海内所見八十餘君其數且過七十二矣然乎哉

魯君子左丘明懼弟子人人異端各安其意失其眞故因孔子史記具論其語成左氏春秋

案漢書藝文志劉歆傳後書陳元傳論語疏左穀二序疏皆稱作傳者爲左丘明與聖同恥親受經于仲尼劉知幾所云語世則竝生論才則同體也乃自趙宋以來諸儒或謂左丘明在孔子前左傳非左丘明作或言作春秋傳者別有左氏失其名六國時人楚左史倚相之後作國語者左丘氏魯左丘明之後或又稱左氏世爲史官末年傳文是其子孫所續諸家之說頗異未定所從竹垞朱氏弟子攷謂孔子既卒弟子諱師之名第稱左氏不書左丘

趙孝成王時其相虞卿上采春秋下觀近世亦著八篇爲虞氏春秋

案此與虞卿傳竝言八篇而藝文志是十五篇又有虞氏微傳二篇溢數甚多疑史誤抑豈漢人別其篇爲十五復摘其

中合于春秋經義者爲微傳邪

呂不韋者秦莊襄王相亦上觀尚古刪拾春秋集六國時事以爲八覽六論十二紀爲呂氏春秋及如荀卿孟子公孫固韓非之徒各往往捃摭春秋之文以著書不可勝紀漢相張蒼歷譜五德上大夫董仲舒推春秋義頗著文焉

案如太史公所稱則晏子春秋陸賈楚漢春秋何以遺之

公孫固

附案索隱云宋有公孫固無所述此固葢齊人韓固傳詩者眞瞽說也敘固于荀孟韓非之閒則非宋之公孫固自不待言乃云齊人韓固無論傳詩不傳春秋而傳詩是韓嬰轅固不得媵名于公孫固又安得妄造一齊人韓固以實之邪攷

漢藝文志有公孫固一篇十八章齊閔王失國問之因爲陳古今成敗也

于是譜十二諸侯

案表實十三國而云十二天官書及自序傳亦皆言十二殊不可解索隱謂賤夷狄不數吳蘇洵論史漢主此說余深以爲不然吳爲太伯之後安得以夷狄外之此春秋三傳之謬論爾如以夷狄外之則楚亦夷狄乃進異姓而斥宗親盜有是理且世家又奚以首吳耶天官書稱秦楚吳越爲夷狄言四國在戎夷之地非外之之詞也

魯齊晉秦楚宋衞陳蔡曹鄭燕吳

案此列諸國之次與世表同但世表以鄭尚未封故不列入此自應增之然何以置于曹之下燕之上世表無吳杞越三國茲何以補吳而不補杞越太伯至德孔子稱之而伯之有土視諸國最先故世家取以爲冠又何以抑之表末乎是當置吳于魯之上尚德也置鄭于燕之下同姓而封晚也補杞于陳之下備三恪也補越于宋之下重故國也又表中所載有宜書而不書者有不必書而書之者有或書或不書者蓋其失有三漏略不檢一也輕重不當二也體例不齊三也余于周魯表發其凡餘可類推焉

共和元年以宣王少大臣共和行政

案史以共和爲周召行政之號已屬誤條而又以共和紀元至十四年尤非也說在周紀中

魯眞公濞十五年一云十四年　附案眞公乃愼公之誤說見世表而愼公之名漢書埶與嚊兩載索隱引世本作摯或作鼻史記各本鼻字皆誤刻嚊魯頌疏引世家又作僞而今史記竝作濞未知孰是再史無疑年之例不應兩存其年當是古本史記有謬作十四年者後人遂附注之今所傳諸本皆連刻不別多認爲此表元文矣或問鄭詩譜序疏引此表直作十四年曷故曰孔疏錯耳若果表是十四則愼公安得在位三十年若果表實兩存則疏中又引此表蔡武侯二十三年作二十四何以不稱一云二十四年乎然因以知唐初史記本已有譌誤也

宋釐公十八年曹夷伯二十四年　案釐公名舉夷伯名喜此失書

燕惠侯二十四年　案史所書燕君之謚曰惠曰桓者各三曰釐曰宣曰昭曰孝曰文者各二據索隱所引世本則又有二閔公其誤無疑莫由詳定索隱云國史微失本謚故重耳然更有不可解者燕本伯爵召公爲三公故獨稱公乃表自惠侯至宣侯稱侯桓公以下稱公世家自惠侯至桓侯稱侯莊公以下稱公人表又稱惠侯宣侯爲惠公宣公莊公爲嚴侯嚴避諱所載各異或謂人表錯亂難以憑信年表又誤書桓侯作桓公集解索隱所引世本以及人表竝作桓侯可證當從世家而其所以稱侯稱公必因時王進陟之也此說近是但索隱引譙周所見世家本稱後之襄公宣公爲襄伯宣伯獨依受封之爵

豈史公元本俱稱伯後人妄改之歟再攷蘇秦傳稱燕易王父爲文矦文尚稱矦則文矦以前之未嘗稱公可知（蘇秦傳本于國策國策稱文矦其後又稱文公幷稱燕王或易王追尊之不然何以首標文矦乎傳皆作文矦是）竊意入戰國時燕始僭稱矦而左傳所謂燕簡公索隱引紀年所謂簡公孝公成公文公集解引世本所謂閔公均屬泛以爲號若左傳曹郑許莒稱公之類也左傳昭十二年云齊高偃納北燕伯款于唐此春秋時燕猶稱伯之驗燕成公當周定王考王世而索隱引紀年云成矦燕文公當周顯王世而國策云文矦此戰國時燕祇改稱矦之驗安得如年表世家所載者哉

共和五　熊嚴元年夷矦元年

附案湖本熊嚴上脫楚字夷矦上脫蔡字他本皆有

共和八　幽伯彊元年

附案幽伯上湖本失刻曹字他本有之曹詩譜疏引世家譌爲幽伯

共和十二　惠公覵元年

附案惠公上湖本脫宋字他本有

共和十四宣王即位共和罷

案史詮謂宣王上缺厲王沒于彘五字

宣王元年厲王子

案前已書厲王子爲宣王則此似複且表皆不書某王爲某王子某王弟也當屬羨文而宣王中興之主其行事有美有惡表竟不書一語何簡略之甚

宣王二　燕釐矦莊元年

附案索隱曰徐廣云一無莊字案燕失君名此言莊者衍字也

宣王三　曹戴伯鮮元年

附案戴伯之名世家作蘇鮮蘇聲相近

宣王六　晉獻公籍元年

案公乃矦之誤世家作矦晉本矦爵至曲沃武公始稱公僭也又籍索隱引世本譙周作蘇未知孰是

宣王七　楚熊徇元年

案世家熊徇即季徇也而鄭語作季紃疑徇字以音同致誤

宣王十三　魯懿公戲元年

案魯表于廢立簒弑大變皆書之是也乃武公因王命廢長子括立少子戲其後伯御弑懿公而自立魯亂十餘年何以表獨不書懿公之名史同國語漢志祓與戲兩載蓋有二名

宣王十七　穆矦弗生元年

附案穆矦上脫晉字穆矦之名年表與世本及鄒誕本俱作弗生世家與詩疏俱作費王索隱于年表云世家名費生或作濆生（一本此生字作王非也）其所引年表正文則單稱曰生而于世家云或作濆王其所引世家正文則書爲弗王何參錯若是余謂穆矦實名費生王乃生字之譌弗與濆乃費字之譌竹書作費生也魯魏公名費世家譌作濆世本譌作弗衛敬公

名費世家譌作弗鄭悼公名費世家譌作濆索隱謂鄒本一作沸一作弗可以類觀矣

宣王二十二　魯孝公稱元年伯御立爲君稱爲諸公子云伯御武公孫

案是年爲伯御元年非孝公元年也攷世家及漢律麻志俱云伯御十一年孝公二十七年乃表幷伯御之年于孝公通作三十八年何哉或謂當改書魯伯御元年移書魯孝公稱元年于後而衍去伯御立爲君十一字方得余謂宣王誅伯御兼黜其年遂以伯御十一年繫之孝公以孝公元年爲十二年如陳惠公探續先君卒年爲元之例故史公于世家著其實而于年表是年注曰伯御立爲君稱爲諸公子云于十

一年注曰宣王誅伯御立其弟稱非誤也是以世家云魯起周公至傾公凡三十四世明係不數伯御矣再攷世家及漢書人表律麻志以伯御爲懿公兄括之子似伯御爲武公孫無疑而韋昭國語注以伯御卽括莫定所從表于是年以伯御爲武公孫于十二年復以孝公爲伯御弟夫孝公者武公之子而懿公之弟也謂孝公爲伯御弟則必以伯御爲武公子頗有合于韋注乃漢志以孝公爲伯御叔父人表又曰孝公懿公子兩相岐異俟折衷知者國語補音以韋注爲失列女傳亦云括之子伯御

宣王二十五　公說元年

附案他本皆作齊成公說元年湖本失刻齊成二字

宣王二十六　晉穆侯十以千畝戰生仇弟成師二字名反君子譏之後亂

附案千畝之戰左傳疏以爲宣王三十九年王與姜戎戰于千畝取此戰以名子攷晉世家穆侯十年伐千畝有功生少子名成師乃宣王二十六年事與左傳合若宣王三十九年之戰距穆侯戰千畝時十有四年王及戎戰與晉無涉何故取以名子且是役也王師敗績料民太原尙何功之足紀哉孔仲達誤矣

宣王二十八　三十一宋惠公薨

案宋表內七字當衍之而改書曰宋哀公元年知者世家稱惠公三十年卒子哀公立哀公元年卒子戴公立歲次甚明乃表以哀公之元增爲惠公三十一年竟删去哀公一代豈

不誤哉

宣王二十九　宋戴公立元年

案立字衍文唐世系表七十五下謂名白未知何據

宣王三十三　曹惠公伯雉元年

案曹世家作惠伯兕索隱于此云一作兕則惠伯名兕矣然集解引孫檢曰惠伯或名雉或名弟或復名弟兕索隱曰孫檢未詳何代或云齊人又各不同蓋以音近譌異莫能定其孰誤惟此作惠公伯雉實誤耳曹本伯爵惠公已下不知何以忽改稱公世家及人表則自惠之子穆公始稱公惠猶稱伯雖均未測其旨而彼此互參是知表中公字是衍文伯者惠伯雉者其名非名伯雉也人表亦以其名難定故但云曹惠伯

宣王三十四　齊莊公贖元年

附案索隱引世本作購與世家合高誘注呂子安死貴卒二篇竝作購則此譌也韋昭鄭語注亦作購

幽王二　三川震

案國語幽王二年俗本誤作三年西周三川震是歲三川竭岐山崩乃表書川震而不書川竭山崩何也且既書三川震矣則宣王時之旱前編在六年大紀連年書之幽王時之日食史詮云虞劆謂在六年以及桓王三年饑定王五年河徙十五年成周宣榭火靈王二十二年穀洛鬭敬王元年地震此災異大事表所宜書者而何以不皆書乎

幽王三　王取褒姒

案廢立大事亦表所宜書也乃何以但書取褒姒而不書廢申后太子及立褒姒伯服且取褒姒書矣則襄王十六年取狄后又何以不書耶

幽王十一　鄭桓公三十六以幽王故犬戎所殺

附案犬戎上疑脫爲字一本故卽作爲

平王元年東徙雒邑

案是時平王與攜王竝立至平王二十一年攜王始爲晉文侯所弑如此大事何以不書說在周紀中遷都大事書東徙洛邑宜也乃敬王從王城徙都成周而表不書何邪夢溪筆談曰史記年表周平王東遷三年魯惠公方卽位而啖趙于纂例隱公下注八字云惠公三年平王東遷與史記不同不知啖趙得于何書唐啖助趙匡又嘗見士人石端集一紀年書其敍平王東遷亦在惠公三年予亟問石君云出一史傳中遽檢不得終未見的據年表注東遷在平王元年辛未歲本紀中都無說諸侯世家言東遷卻盡在庚午歲史記亦是差謬莫知其所的依沈括所引春秋纂例疑史表東徙洛邑四字元本在平王五年唐以前尚不誤今本在元年乃後人傳寫妄移之未知是否學林以纂例爲非困學紀聞七謂鹽石新論以爲啖趙所云出何休公羊音訓當作平王東遷三年惠公立此休一時記錄之誤蓋平王初立在申故周紀云諸侯卽申侯而立平王鄭王風譜謂晉鄭迎于申而立之非倉卒援立未必卽便徙都亂定而乃至洛耳世家述幽王之禍連及東遷此史家順敍之法竝非以東遷在庚午歲也沈括誤

秦襄公八初立西疇祠皇帝　附案時字譌刻疇白字譌刻皇秦紀徐廣引年表云立西時祠白帝也

鄭武公元年　附案索隱本引表作武公滑突則今本傳寫失名餘說見世家

平王三　魯惠公弗湟元年

附案集解索隱皆引年表云弗生而今本年表俱作弗湟蓋後人依世家改之爾但惠公之名諸處不同弗生既與弗湟異而漢志作皇左傳疏從世本作弗皇陸氏釋文作不皇文十六年疏及釋文引世家又作弗皇皇王大紀又作沸湟余疑沸不兩字乃傳寫之誤湟皇兩字亦屬譌文當作弗湼爲是湼與生古通用何以知之周幽王名宮湼今作湼或亦作湟竝非徐

廣曰一作生曹桓公名終生孫檢曰一作終湦二名可互證
湦音生
齊莊公二十七　附案湖本是年每國表内自齊已下皆失刻年數當補齊二十七晉十三秦十楚二十三宋三十二衞四十五陳十蔡四十二曹二十八鄭三燕二十三
平王四　魯惠公一
附案此乃惠公二年也湖本二字譌刻一後年三字亦譌刻二
平王七　燕鄭侯元年
案索隱于世家云謚法無鄭或是名然燕君皆失名不應此侯獨傳名鄭疑

平王八　楚霄敖元年
附案今本年表與世家竝作霄索隱曰世家霄敖此作甯敖恐是霄字譌變爲甯也湖本字脫則表元本作甯索隱本亦是甯字與人表同後人改從霄耳
平王十　鄭武公十取申侯女武姜湖本譌申爲田
案武公之取武姜及生子皆未定何歲而史謂十年取武姜十四年生莊公十七年生大叔段不知何據
平王十二　曹穆公元年
案穆公名武此失書
平王十四　鄭武公十四生莊公悟生
附案悟與寤同然他本多作寤也

平王十五　曹桓公終生元年
附案生一作湦蓋古以音同通用說在周紀
平王十七　陳文公圉元年生桓公鮑厲公佗佗母蔡女
案佗是文公子五父非厲公也厲公名躍是桓公子非文公子也厲公蔡出是桓公取蔡女爲厲公母非佗母蔡女也其詳說在陳世家中杜世族譜文公韋一本作幸疑皆譌
平王二十二　蔡宣侯楷論元年
案他本年表作措父與世家同則楷論之名誤也然三傳春秋皆作考父見隱八年則作措父亦誤
平王二十三　宋武公十八生魯桓公母
案是年武公卒則桓母未必定生于父卒之年世家附書于

武公立年是
平王二十六　晉昭侯元年封其季弟成師于曲沃
案昭侯名伯此失書又弟乃父字之誤成師者文侯季弟昭侯之季父也
平王二十七　桓公元年
案是陳桓公鮑元年此缺
平王二十八　母欲立段公不聽鄭莊公悟生元年祭仲生
案母欲立段公不聽七字當書于前格武公二十七年生乃相字之誤
平王三十　衞莊公十七愛妾子州吁州吁好兵
案此事元無年可紀左傳附見隱之三年蓋追敘前事也乃

表書于衛莊十七年世家又在十八年何歟

平王三十一　武王立

案史公于楚熊達忽變年表之例不書國不書名并不書元年獨曰武王立不可解也當稱楚武王熊達元年然書王非史法

平王三十二　潘父殺昭侯納成師不克昭侯子立是爲孝侯

案此乃晉昭侯之七年而表卽以爲孝侯元年誤已何以徵之是歲爲魯惠公三十年左傳云（見桓二年）惠之三十年晉潘父弒昭侯納桓叔不克晉人立孝侯也又依表例當書曰晉孝侯平元年此亦失之

平王三十七　夫人無子桓公立衛桓公完元年

附案夫人無子桓公立七字當書于前格莊公二十三年譌刻也桓公之名釋文又作兒非（見衛詩及穀梁傳）

平王三十八　衛桓公二弟州吁驕桓黜之出奔

案世家亦稱州吁被絀出奔又謂桓公十六年州吁收聚衛亡人以襲殺桓公而攷春秋三傳皆無州吁出奔反襲之事未知史公何據疑妄也不然春秋何以不書三傳何以不載而左傳且言石碏子厚與州吁游矣史詮云桓黜之當作公黜之（易林明夷之遯云州吁奔楚九誕）

平王四十　晉孝侯九曲沃桓叔成師卒子代立爲莊伯

案世家此事在孝侯八年而此在九年者葢表誤以昭侯七年爲孝侯元年故所書之事似誤在後一歲而實非誤也又

依後文莊伯卒子稱立爲武公之例則此云子代立當作子鱓立

平王四十七　晉孝侯十六曲沃莊伯殺孝侯晉人立孝侯子郤爲鄂侯郤元年曲沃彊于晉

案是年爲孝侯十五年當魯惠公四十五年故左傳云惠之四十五年莊伯弒其君孝侯于翼也此誤書孝侯之元于昭侯七年遂妄稱孝侯在位十六年爾又左傳鄂侯爲孝侯弟表與世家俱作子誤郤元年以下八字乃誤重後文湖本譌刻他本所無至郤字世家作郄兩字從同竝音隙故詩唐風疏引世家作郤也索隱于此云有本作都者誤于世家云他本作都而其引世家正文亦作都是自相戾矣

平王五十　鄭莊公二十三公悔思母不見穿地相見

案鄭莊二十三年爲魯隱公二年左傳述莊誓母見母皆在隱元年所謂既而悔之者未必是踰年事則當書于莊二十二年與叔段出奔同歲也然表不書誓母城潁而但書公悔思母不見于事欠明

平王五十一　魯隱公三二月日蝕

案表例凡日食必書謹天戒也然春秋日食三十六（哀十四年五月庚申朔日有食之以續經不數）表不書者十三未解何故（桓三年莊十八年二十五年二十六年三十年僖五年十二年文元年成十六年十七年襄二十三年昭二十四年定十二年）而所書二十三日食惟隱三年僖十五年宣八年十年書月文十五年書月

及日昭十七年書月與朔其餘皆不書月日朔但云日蝕而已更可異者昭十七年六月日食而改作正月昭十年不日食而增四月日食殊爲舛錯

鄭莊公二十四侵周取禾　案隱三年左傳曰鄭祭足帥師取溫之麥又取成周之禾乃此言侵周取禾而不書取麥何也世家言侵周地取禾旣失書取麥而妄增侵地又何也

桓王二使虢公伐晉之曲沃

案左傳桓王助曲沃伐晉因曲沃叛王故命虢公伐之本非天討之正至釐王且命曲沃爲侯矣自入春秋周表中書王師僅三事此年書伐曲沃十三年書伐鄭敬王十四年書侵楚夫書伐鄭者著衰之始書侵楚者著衰之終不徒書也若曲沃之伐何以書哉

晉鄂侯六鄂侯卒曲沃莊伯復攻晉立鄂侯子光爲哀侯

案隱五年左傳鄂侯本稱翼侯爲莊伯所伐奔隨王命虢公立哀侯于翼亦稱翼侯明年翼人逆于隨而納諸鄂故謂之鄂侯其卒不知何時則是哀侯之立鄂侯未卒而莊伯伐晉不關鄂侯之卒也此與世家及竹書竝誤詩唐風疏亦以史爲非

衞宣公元年晉共立之討州吁　附案隱四年春秋曰衞人立晉則晉爲宣公名世家亦然此表傳寫譌誤以晉字置元年下史公本文必是衞宣公晉元年共立之者卽三傳衆立之謂也討州吁三字湖本又錯刻在上格宋表中而其實討州吁在立晉之前應書于前格桓公十六年

桓王三　魯隱公六鄭人來渝平

案此從左氏作渝平而他本又從公穀作輸平未知表元文孰從然此非大事可不書也

桓王五　魯隱公八易許田君子譏之

案易許田在桓元年是歲祊鄭來歸祊耳此與鄭表言易許田竝誤說在周紀

秦寍公元年　附案寍當作憲說在秦紀中

鄭莊公二十九與魯壁易許田　案璧當作祊因後有以璧假田之事而誤也易田在二十三年

桓王六　魯隱公九三月大雨雹

案春秋三月癸酉大雨震電庚辰大雨雪此書大雨雹誤也他本作大雨震電然亦失書雨雪豈皆傳寫脫誤歟但春秋所載雷電雨雪之災凡四而表止書其一未知史公去取之意何在

桓王八　魯隱公十一大夫翬請殺桓公求爲相

案左傳翬欲求爲太宰何以易稱相也太宰元屬天官之長齊吳僭設竝爲尊秩然宋亦有太宰亞于司寇楚鄭皆有太宰又非正卿以此例之則太宰不定是相矣而魯不見太宰之名知終未設之表例不書官獨翬以逆臣而反存其官曰大夫殊失史法

桓王九　魯桓公允元年

附案桓公之名世家或稱允或稱子允蓋子字羨文索隱謂一作兀亦允字之譌但左傳疏依史記作允而漢志及釋文皆從世本作軌集解徐廣亦曰一作軌豈桓公有二名歟

鄭莊公三十三以璧加魯易許田　附案加字三傳春秋皆作假蓋古字通寫非誤也但魯世家集解引麋信曰鄭以祊不足當許田故復加璧則竟作如字解與三傳異恐非

桓王十　魯桓公二宋略以鼎

附案賂字譌刻略

華督見孔父妻好悅之華督殺孔父及殺殤公宋公馮元年華督爲相　案此宋殤公之十年也表卽作宋莊公馮元年夫殤公在位十年紀于春秋載于左傳宋世家仍之獨于年

表止列殤公九年何自戾耶且古者踰年改元降及周末猶循斯典不應宋莊忽違舊制如後世當年改元之悖也表中往往有以先君之年爲後君之元者而此緣誤讀左傳來莊公之元在魯桓公三年而左傳于桓二年連敘之曰華督立莊公遂相之因是致誤耳又宋莊公失書謚

桓王十一　魯桓公三翬迎女齊侯送女君子譏之

案春秋于迎夫人雖不盡書而固非一書也乃表止書迎桓夫人曷故將以爲與弒桓乎而莊公之夫人哀姜亦與弒閔公何以不書則鄉迎夫人爲常事表可不書也

晉少子元年　案少子乃小子之誤湖本譌刻也小子又脫去侯字但世家哀侯在位九年爲曲沃武公所虜哀侯九年當魯桓公三年而桓三年左傳載武公伐翼獲哀侯世家與傳合乃此以哀侯之九年爲小子侯元年誤已

桓王十三　鄭莊公三十七伐周

案春秋是年王伐鄭非鄭伐周且臣之于君不可以言伐也當作拒周

桓王十四　曲沃武公殺小子因伐曲沃立晉哀侯弟湣爲晉侯晉侯湣元年

案左傳竹書及世家湣竝作緡音義同也但攷世家小子侯在位四年與左傳合乃此旣誤以哀九年爲小子元年而又以小子四年（實三年也）爲侯緡元年誤之誤矣至伐曲沃之說不見左傳史公于表云伐曲沃似晉伐之于世家云周桓王使

虢仲伐曲沃武公竹書亦云則是王伐之然左傳于哀侯之立書王伐曲沃于侯緡之立但曰王命虢仲立緡于晉無伐曲沃事前後參校似係一事兩書（或謂本文因字蓋王字之譌）

弟佗殺太子免代立國亂再赴陳厲公佗元年　案弟佗至再赴十二字當移前格桓公三十八年內譌在厲公元年也厲公名躍不名佗再赴之說史仍左傳然理有難通未可依據皆辨見陳世家中

鄭莊公三十八太子忽救齊齊將妻之　案此但言齊將妻忽而不及忽辭齊婚事殊未了

桓王十五　陳厲公二生敬仲完

案敬仲之生未知的在何歲表與世家俱謂生于是年妄也

桓王十六　楚武王三十七伐隋

附案隨字譌刻隋

陳厲公三周史卜完後世齊王　案莊二十二年左傳云陳厲公生敬仲其少也周史有以周易見陳侯者陳侯使筮之夫謂之爲少必非生而晬之時矣其生其卜本無年可紀乃史公旣書生完于二年遂書卜完于三年妄矣王齊湖本誤倒作齊王

桓王十七　秦出公元年

案出公乃出子之誤秦別自有出公也

桓王十九　衛宣公十八太子伋弟壽爭死

案爭死之事左傳附見于桓十六年不知的在何歲此與世家皆在十八年爲魯桓十一年恐未確太子伋詩序毛傳入表諸書俱作伋獨左傳作急子蓋古通借別稱說文急作㤂形亦近通志氏族略引風俗通云汲氏衛宣公太子伋之後居汲因以爲氏妄甚

桓王二十　陳厲公七公淫蔡蔡殺公

案是歲乃厲公卒之年史誤以陳佗爲厲公故謂此年佗被殺其實蔡人殺陳佗春秋書于桓六年當陳厲公元年也淫蔡從公穀二傳與左氏駮其辨詳陳世家中

桓王二十一　齊釐公三十二毋知釐公令秩服如太子

案史詮謂今本毋知二字誤在釐公上當作釐公令毋知是也但寵無知之事左傳敘于莊八年蓋追述之而未知其時且亦無晬之可言表書于三十二年何據世家稱此年夷仲年死故釐公愛毋知比太子而夷仲年之死左傳無明文世家又何據恐皆妄耳

桓王二十三　秦武公元年伐彭

附案秦紀伐彭戲氏正義曰戲許宜反戎號也此譌脫

衛惠公三朔奔齊立黔牟　案朔奔齊六字當移後一年攷春秋書衛侯朔出奔齊在魯桓十六年爲惠公朔四年世家亦然乃表誤以惠公四年爲黔牟元年故朔止三年耳

鄭厲公四祭仲立忽公出居櫟　案公出者出奔蔡也居櫟者入于櫟也當作兩句讀但世家云四年夏厲公出居邊邑櫟攷春秋桓十五年云五月鄭伯突出奔蔡九月鄭伯突入于櫟而世家誤合爲一事則知表中公出居櫟四字亦是同誤史公未必各斷爲句耳

燕桓公元年　案桓公當作桓侯然亦非也說見前

莊王元年生子頹

案此書生子頹後書生叔帶著亂本也若王子朝者亦頹帶之類而何以不書生子朝于景王世乎

魯桓公十六公會晉謀伐鄭　案晉乃曹字之譌會曹者會于曹也春秋內兵之伐國多矣此表止書其八桓十六伐鄭莊五伐衛成二伐齊三年伐鄭十三年伐秦襄九伐鄭十八年伐齊哀十伐齊而誤書其一僖九伐晉不知史公去取何意

鄭昭公元年　案昭公名忽此失書

莊王二有兄弟

附案有兄弟三字解家皆略而不說史詮但言誤書于莊王二年當與元年生子頹連文而亦不釋之或謂有兄弟下缺之難二字夫既書子頹不得復稱兄弟且不聞天王之有兄也則所云兄弟之難者誰乎余以爲當作有弟克傳寫譌倒又誤克爲兄蓋指莊王弟王子克也書生子頹書有弟克皆爲後作亂張本若莊王二年　何難之有

莊王四周公欲殺王而立子克王誅周公克奔燕　案桓十八年左傳則事在莊王三年此與本紀皆誤書于四年又表于此書子克奔燕于後書叔帶奔齊皆所宜書也王子朝者亦克帶之類而敬王四年不書子朝奔楚何歟

鄭子嬰元年　案子嬰當依左傳作子儀此與世家同誤索

隱謂史公別有所見則人表又作鄭子嬰齊豈亦別有見耶

莊王五　宋莊公十九　案宋莊在位十八年因表誤以宋殤十年爲宋莊元年故云十九也世家于殤公之年不誤而書莊公之年亦作十九與表竝誤矣

莊王七　齊襄公八伐紀去其都邑　案齊世家云八年伐紀紀遷去其邑蓋齊以漸滅紀非僅此年伐之而已史詮謂今本去字上缺紀矦二字然世家徐廣引年表無紀矦也

楚武王五十一　王伐隋夫人心動　附案隋當作隨夫人上缺告字毛本有

莊王八　魯莊公五與齊伐衞納惠公　案春秋公會齊人宋人陳人蔡人伐衞此止書齊何也

楚文王貲元年始都郢　案世家作熊貲熊其通號可不書也而淮南王術注作熊庇說山注作熊庇古貲與訾同攷工記車人爲耒庛先鄭音疵後鄭音刺蓋古字通借庇乃庛之譌耳都郢說在世家

莊王十　魯莊公七星隕如雨與雨偕　案書星隕不書恆星不見何也

衞黔牟十齊立惠公黔牟奔周　案齊立惠公八字當書于前年攷春秋惠公以魯桓十六年奔齊以魯莊六年復入則黔牟以桓十七年卽位以莊六年奔周首尾八年世家言八年固不誤乃表旣滅惠公前立之一年以益黔牟又退惠公

復入之一年以歸黔牟遂謂黔牟在位十年誤矣且魯莊五年表云納惠公而此于魯莊七年始有立惠公之言亦自相離異也

莊王十一　齊襄公十二毋知殺君自立　附案史漢弒字多作殺音試古通用而湖本毋知殺君乃弒君之譌他本皆作弒字

衞惠公朔復入十四年　案此九字當移在前一年而十四年亦十三年之譌世家固云與前通年凡十三年也此年當補十四二字

莊王十二　楚文王五息夫人陳女過蔡蔡不禮惡之楚

附案左傳事在楚文六年當幷書于後格伐蔡爲一條

莊王十三　魯莊公十齊伐我

案此卽長勺之戰也但言齊伐我而不言我敗齊于事爲未了于義爲未備又他國之侵伐魯者衆矣卽齊之伐魯亦不一而足矣乃表止書齊伐九（莊十文十五十七襄十五十六十七二十五定七哀十一凡九）吳伐一（哀八）楚鄭侵我一（襄十）未知史公取舍何意

莊王十四　魯莊公十一臧文仲弔宋水宋湣公九宋大水公自罪魯使臧文仲來弔

案春秋書內大水者八宋大水一（以公使弔書）紀災也乃表止書宋水殊爲失倫蓋因魯弔宋之故然弔常事耳既不爲紀災起見則此可不書又左傳云宋大水公使弔焉未詳所使何人而史公以文仲實之蓋誤讀左傳也此與宋世家竝妄

釐王元年　魯莊公十三曹沬劫桓公反所亡地

案曹沬事史仍公羊之謬也說在刺客傳

釐王三　晉侯湣二十八曲沃武公滅晉侯湣以寶獻周周命武公爲晉君幷其地

案湣以魯桓八年立莊十五年滅共在位二十六年不得有二十八年蓋因此表于前誤減哀侯一年小子侯一年遂增侯湣之年至二十八其實二十六年也乃世家未嘗誤書年數而亦云二十八何歟又左傳王命曲沃伯爲晉侯在魯莊十六年爲滅湣之明年此與世家皆幷書于滅湣之歲非也

鄭厲公元年厲公亡後七歲復入　案元年上失書名亡而復入當依衞獻公出公之例稱後元年不得直稱元年與前無別世家固云厲公突後元年也又厲公亡後十七歲復入此本脫十字他本或脫七字竝是傳刻之譌

釐王四　晉武公稱幷晉已立二十八年

孫侍御曰武公立于哀侯之二年歷八年又小子四年又湣侯二十六年則已卽位三十八年矣是年當爲三十九年表云已立二十八年世家又云已卽位三十七年俱誤後格二十九當作四十世家謂凡三十九年而卒亦誤也

釐王五　楚文王十三

案表與世家皆謂楚文在位十三年其子堵敖繼立五年被弒然非也攷左傳魯莊十九年楚文王卒魯莊十九當楚文十五則不止十三年而堵敖以魯莊二十年立二十二年見弒不得有五年蓋史妄減楚文之二年以益其子也

惠王元年　堵敖囏元年

案索隱本引表作杜敖又云世家作莊敖音壯亦作堵然今本表作堵世家作杜與索隱說相反（各本史記中索隱皆譌）蓋後人改之攷左傳作堵敖則杜莊二字俱以音形相近互譌也堵敖上失書楚字囏世家作熊囏（集解引史記音隱曰囏古艱字徐廣曰一作動必譌本也）但以表前後所書若敖甯敖郟敖例之則當去囏字而書之曰楚堵敖元年方合

惠王二　燕衞伐王王奔溫立子頹

案左傳莊十九年五大夫奉子頹以伐王不克出奔溫燕衞

復伐周遂立子頹明年王處于鄭之櫟則燕衛其再伐也非首伐也奔溫乃子頹也非王也卽王之處櫟亦在三年也非二年也此與本紀及衛鄭世家言奔溫同謬以燕衛爲首又此所誤說夫伐王大逆表所必書且表書戎伐襄王矣則惠王之前有犬戎伐幽王惠王之後有叔帶以狄伐襄王有子朝伐悼王敬王有子朝之黨儋翩伐敬王何以皆不書況天子蒙塵亂臣僭位九大變之宜書者故表書襄王奔氾矣此以王三年處櫟爲二年奔溫後以敬王十六年處姑蕕爲奔晉雖竝屬誤端猶書之也而敬王元年居狄泉何以獨不書子頹之簒立既書矣而叔帶子朝之簒立俱不書何歟

宋桓公七取衛女文公弟　案桓公取文公女弟不知何時表書于七年妄也

燕莊公十六伐王奔王溫（他本作王奔溫）立子頹　案此年伐王八字及後年鄭執我仲父五字皆當削之燕世家所書十六十七兩年伐周及執仲父事亦當削蓋伐王是南燕也仲父是南燕伯也南燕姞姓與召公後姬姓之北燕別史公混而一之李代桃僵豈不謬乎世家集解譙周曰逐惠王者乃南燕姞姓以爲北燕失之路史國名紀注亦以史爲誤索隱謂元是北燕以杜君爲妄說戾甚（杜君指左傳注）

惠王四誅頹

案討逆大事表所宜書乃書誅頹而不書殺叔帶（襄王十七）殺子朝（敬王十五）何也

惠王五太子母早死惠后生叔帶

案太子與叔帶皆惠后所生非異母也說在周紀一本無太子母十字蓋脫

齊桓公十四陳完自陳來奔田常始此也　案表不言田氏始此而言田常始此者因左氏莊二十二年陳完奔齊傳有成子得政之語也田常卽陳成子恆史避漢文帝諱以常字代之宜已而不曰陳常其義安在攷春秋經傳從未稱陳爲田至戰國始稱田氏左傳疏曰田必非敬仲所改未知何時改耳余疑是簒齊時所改（大事紀云自春秋後稱田氏）乃史妄謂敬仲如齊以陳爲田（見世家）其作世家直云田完而凡所引經傳盡易陳爲田以合其說漢書地理志及王莽傳竝言陳完奔齊更稱田氏世家注亦皆言敬仲所改蓋誤仍之風俗通皇霸篇陳完奔齊始食田采姓田氏焉說亦無據後書法雄傳云秦滅齊子孫改稱法氏今預號陳完陳恆爲法完法恆可乎秦策稱齊宣王爲陳侯與此先後不倫政同而其所以改陳爲田者世家集解應劭曰田始食采地由是改田氏卽風俗通說索隱曰陳田二字聲相近遂爲田氏通志氏族略曰陳氏音譌爲田氏三說以索隱爲勝而義未明備蓋簒齊之時陳已久滅故以本國舊號爲嫌改稱田氏而古人陳田二字形近音同或相通借何以證之信南山之詩曰維禹甸之鄭注周禮稍人引韓詩甸作敶周頌有瞽曰應田縣鼓箋云田當作敶是形聲相近也（釋文音胤）甫田之詩曰倬彼甫田歲取十千

我取其陳易林咸卦曰秋粱未成無以至陳水深難涉使我不前是讀陳爲田音也晉語輿人誦曰佞之見佞（讀若盌）果喪其田易林觀卦曰青牛白咽呼我俱田歷山之下可以多耕噬嗑卦曰徑邪賊田惡政傷民是讀田爲陳音也（前編云田齊之封邑陳滅後改稱田亦非）

晉獻公五伐驪戎得姬　案伐戎得姬左傳附見于莊二十八年（晉獻十一）不知的在何時而表與世家俱書于五年未詳所據

案堵敖五弟惲　案堵敖無五年說已見前而所謂弟惲者卽楚成王攷成王之名左氏春秋作頵是也公穀譌作髡而史表及世家俱作惲蓋從公穀之髡而誤爲惲字竝以音近致譌豈成王有三名哉互詳鄭表

惠王七　曹釐公夷元年

附案莊二十四年春秋戎侵曹曹羈出奔陳赤歸于曹郭公左氏無傳杜注云羈蓋曹世子也先君旣葬而不稱爵者微弱不能自定曹人以名赴赤僖公也蓋爲戎所納故曰歸郭公經闕誤也孔疏云杜以此書曹羈出奔陳赤歸于曹與鄭忽出奔衛突歸于鄭其文相類附彼爲之說史記僖公名夷三家經傳有五而皆言赤杜以鄭突類之知赤是僖公書有舛誤何必史記是而杜說非賈逵以爲羈是曹君赤是戎之外孫故戎侵曹逐羈而立赤亦以意言之無所據也然則依杜注孔疏曹羈已立爲君一年（春秋曹莊公以魯莊二十三年十一月卒二十四年冬曹羈出奔表所書曹釐元年當魯莊二十四年）是歲應書曹君羈元年移釐公元年于後歲方合胡乃年表世家俱削而不載直云莊公卒子釐公立赤爲釐公名疑史作夷誤抑豈釐公有二名歟但有未敢信者羈果莊公之世子春秋奚獨不書羈雖微弱立已期年又奚不能自定之有史謂僖公名夷漢書人表竝名夷似亦不得斷史爲獨誤孔以賈言赤戎外孫無據則杜言赤爲戎納豈遂有據邪是當缺疑或曰公羊以羈爲曹賢大夫諫曹伯勿自敵戎不從遂去之以赤爲郭公言郭公名赤舍國而歸于曹作一句讀穀梁于曹羈無傳其釋赤之歸曹與公羊同恐左傳注疏俱非曰公穀未見全是以羈爲曹大夫義若可通至以赤爲郭公殊妄無論出奔他國不得謂之歸而

春秋書法從未有倒敘者柰何以赤爲郭公之名乎公穀注疏未免迂曲又莊二十六年春秋書曹殺其大夫公羊傳曰不死于曹君者何休注云曹伯爲戎所殺諸大夫不仗節死義獨退求生後嗣子立而誅之穀梁傳曰爲曹羈崇也楊疏引范答薄氏云羈賢大夫使出奔他國終于受戮君子愍之夫曹莊公以魯莊二十三年十一月卒至二十四年冬戎始侵曹則安得言爲戎所殺哉羈之出奔其歸不歸無證何知受戮是羈卽以爲羈將歸于曹而被戮邪何以春秋書出不書入然猶云大夫或不書入也若謂被他國所戮而歸咎于曹邪不應春秋書曹殺其大夫因知公羊注所稱嗣子當指僖公必是僖公爲戎所敗時僖居喪故稱嗣子迨除喪而後

誅不用命之大夫也錢廣伯云赤翟以篆文形近致譌非有二名也

惠王九　晉獻公九始城絳都之

附案是年城絳非始都絳也之字當衍水經注六引表作始成絳都可證成城古通

惠王十二　晉獻公十二太子申生居曲沃重耳居蒲城夷吾居屈驪姬故

案左傳三公子居鄙在魯莊二十八年當晉獻十一年此作十二與世家竝誤

惠王十四　齊桓公二十三伐山戎爲燕也

案左傳及燕世家伐山戎在齊桓二十二年此與世家竝誤書于二十三年

惠王十五　魯莊公三十二子般

史詮曰慶父弑子般缺慶父弑三字

惠王十六　魯湣公開元年

案索隱引世本左傳疏引杜世族譜及漢志釋文皆作啟方惟史避諱作開蓋缺方字當作開方

晉獻公十六伐魏取霍　案伐字當依秦本紀及晉世家作滅取字又耿之譌

衛懿公入翟伐我　案春秋閔二年書狄入衛爲懿公九年世家與春秋合此作八年誤

曹昭公元年　案昭公名班此失書名

惠王十七　魯閔公二季友自陳立申爲釐公

案春秋季友自陳來歸在閔元年此表書季友奔陳而不書其歸又云自陳立申非也攷左傳自陳必自邾之誤蓋其時季友以僖公適邾及慶父奔莒乃入立之耳

國怨惠公亂滅其後更立黔牟弟衛戴公元年　案此衛懿公九年也不書九字已誤以黔牟弟之子戴公爲黔牟弟又誤蓋前年表中翟伐我公好鶴士不戰滅我國十二字當移在此年與國怨惠公亂云云幷書之再補入九字爲懿公九年黔牟弟下補子申二字戴公下補申字方合至戴文二公之立同在此年冬盧學士攷之甚明攷曰以詩左傳幷毛鄭服杜注及孔氏正義合攷之知衛戴公實以魯閔公二年十二月立立而旋卒文公即繼立踰年改元是年爲魯僖公之

元年皆較然無可疑者證以史記年表衛懿公之九年即戴公元年明年爲文公元年凡在位二十五年適相合矣當狄之入衛也衛之君臣皆盡無復文告其卒其立即告亦必不能如期許穆夫人之賦載馳蓋但聞戴公之立而不聞其卒故謂是詩作于魯僖之元年是也謂必作于元年之六月以我行其野芃芃其麥二語爲之證以爲戴公是時尚在則非也夫麥以秋種在周之十二月已有苗矣芃芃之盛苗亦可以當之不必定指其秀其實詩不云芃芃黍苗乎然則是詩之作必在正月二月閒其去狄入衛之時不甚遠故但聞戴公之立不聞戴公之卒自屬事理所有不可即據是以爲戴公無恙之證齊之去衛與許之去衛更遠矣聞戴公之在漕

邑命公子無虧帥車三百乘甲士三千人以戍漕更非旦夕可辦之事亦必在魯僖之元年然亦不可據是以爲戴公尚在也左傳云文公爲衞之多難也先適齊及敗宋桓公逆諸河宵濟杜注謂逆諸河者迎衞敗衆此則杜氏之誤逆之爲言不可施于卑賤之徒衆益此所逆者卽文公也夫許穆夫人以一女子尚知閔宗國之顚覆欲馳驅以歸唁曾謂文公賢者反安坐于齊不亟奔赴于新君之所以共紓國難乎卽以左氏文義求之上云爲衞之多難下云及敗語意正相承接若夫石窌一守之出也狄入衞遂從之又敗諸河此時衞之敗衆能渡河者已早自渡河矣否亦奔迸四方矣焉有徘徊河上不畏狄人之殲而忍死以待宋桓之逆乎然則文公

既隨戴公在漕戴公旋沒而國人卽推文公繼之故左氏遂敘文公之事于魯閔二年之末服云戴公卒在于此年杜云衞文公以此年冬立服杜之注明白如此不可目爲無稽之說也今人之所以致疑者以戴公之無元年而稱元年耳夫戴公亦欲踰年改元者然而其身已不及待矣其臣子憫其經營再造于艱難危苦之會而不忍使從未成君之例于是卽以懿公之九年爲戴公之元年此朱子綱目之例而不謂古之人已有行之者政可見人情之不甚相遠也至于戴之爲謚雖見于周書之謚法壯當日亦必以爲國人翼戴之故而遂稱之卽以懿公之爲懿名亦浮其實矣要皆無暇集衆定議告于廟而後宣播者[illegible]且衞之後世如輒之出奔且有

孝公之謚矣寧能盡拘常典乎故夫十數日之君之有謚也以前君之年爲其年也皆變禮也舉不足致疑孔氏詩正義云以衞既滅而立不繫于先君此論誠然然使戴公得以踰年亦必不奪懿公之一年爲其年唯其旋立旋卒而臣下又不忍沒之故不得已而與懿公共此一年耳戴公固未嘗當年改元也若文公之立之亦在漕也斷然爲魯閔二年之十二月于詩尤有明證定之方中美衞文公作也其次章曰升彼虛矣以望楚矣望楚與堂景山與京降觀于桑卜云其吉終焉允臧皆文公卽位後事毛傳云虛漕虛也明文公初立亦在漕也其自齊至漕左氏有明文由其立于魯閔二年之冬故凡相地卜吉告于齊齊爲之合諸侯俱在魯僖元年中

得以次第爲之春秋于僖二年之正月卽書城楚丘傳以魯後往故云不書所會後也然則諸侯之會而城也更在二年正月之前矣夫城必計徒庸慮財用必非一二日而可集若以文公立在僖元年之冬其能神速如此乎鄭箋云定星昏而正謂小雪時然則楚宮楚室之作與城必同時而俱舉有宮室始可遷二年遷于楚丘則所謂定之方中者必在于元年之冬明甚敬王時城成周以八月告晉十一月晉合諸侯踰年正月始賦功始末計歷二時楚丘之城約略相似故毛鄭服杜孔氏皆當世之大儒其于詩左傳未有不反覆參證而始決者後之人亦不必復置異論于其閒矣此論爲馮山公發

惠王十八　宋桓公三十三

附案此宋桓二十三也湖本譌刻三十三

惠王二十　蔡穆侯十八以女故齊伐我

案春秋事在穆侯十九年此與世家並誤在十八年

惠王二十三　晉獻公三十三

附案湖本譌刻二十三爲三十三

惠王二十五　晉獻公二十五伐翟以重耳故

案僖八年左傳晉敗狄于采桑虢射曰期年狄必至夏狄伐晉報采桑之役復期月杜注以晉敗狄爲前年事則伐翟在晉獻二十四年春秋失書此與世家並誤在二十五年蓋讀左傳未審耳

曹共公元年　案共公名襄此失書

襄王元年諸侯立王

案諸侯立王四字當移在前一年襄王立畏太叔句下卽春秋僖八年盟洮之事也

魯釐公九齊率戎伐晉亂至高梁還　案戎乃我字之譌然攷是役也合不及魯故春秋不書則魯未嘗與伐晉此與魯世家誤

秦穆公九夷吾使郤芮賂求入夷吾　史詮曰求入下衍夷吾二字

襄王三欲誅叔帶奔齊

案此事當在襄王四年說在周紀于文當重叔帶二字

鄭文公二十四有妾夢天與之蘭生穆公蘭　案夢蘭之事左傳在宣公三年乃追敘之未定在何歲此與世家書于鄭文二十四年非也

襄王四　齊桓公三十八使管仲平戎于周

附案湖本譌于爲子字

襄王五　齊桓公三十九使仲孫請王言叔帶王怒

案左傳齊侯使仲孫湫聘周且言王子帶事畢不言歸復命曰王怒未怠若依表所說則是因言叔帶而王怒也殊謬

秦穆公十三丕豹欲無與　案史詮謂丕豹上脫晉饑請粟四字是也但豹是請伐晉不云無與晉粟說在秦紀

襄王六　晉惠公五秦饑請粟晉倍之

史詮曰我作晉非也

楚成王二十六滅六英　案春秋楚人滅六在魯文公五年當楚穆王四年後此二十四歲表及世家皆書之則此誤書滅六明矣世家于是年單書滅英徐廣曰一本作黃夫英卽英氏路史云六分爲英其滅未知何時然考楚成王二十六年當魯僖公十四年而僖十七年春秋云齊人徐人伐英氏則此誤書滅英又明矣反覆參詳知此乃是滅黃之誤元屬二十四年事錯書于二十六年耳至陳杞世家索隱與夏本紀黥布傳正義並云英後改蓼則謬也

襄王七　魯釐公十五五月日有食之不書史官失之

案不書下脫朔與日三字否則竟似不書日食矣

蔡莊公甲午元年　案蔡本侯爵何忽稱公後年書莊侯薨

世家亦作莊侯則此稱八誤亦猶後稱文公靈公平公也
襄王八　晉惠公七重耳聞管仲死去翟之齊
案重耳如齊將以求入非因仲之死也說見世家
秦穆公十六為河東置官司　案事在十五年左傳及秦紀
可證此誤後一年
襄王十　孝公昭元年
附案孝公上失刻齊字他本有穀梁僖廿七年釋文昭或作
照非
襄王十三　楚成王三十三執宋襄公
附案執字譌刻作埶
襄王十五　秦穆公二十三迎重耳于楚

附案楚送之于秦因秦召之也見晉語四
衛文公二十三重耳從齊過無禮　案左傳重耳先過衛後
適齊晉語先適齊後過衛此表從晉語也但衛文賢君何以
無禮重耳晉語曰衛文公有邢翟之虞不能禮焉甯莊子言
于公弗聽則情尚有可說厥後晉文怒衛伐其國而執其君
不免已甚矣然表書重耳過衛在二十三年為魯僖之二十
三年雖若與左傳合而實是舛謬蓋左傳追敘前事耳世家
書于十六年亦誤衛文十六年無邢狄之難攷春秋僖十八
年邢人狄人伐衛魯僖十八卽衛文十八則重耳過衛當在
衛文十八年也更有一確證韋昭晉語注云魯僖十八年冬
邢狄伐衛文公故不能禮則重耳過衛非衛文十六與二十

三等年可知
曹共公十六重耳過無禮僖負羈私善　案重耳過曹左傳
在魯僖二十三年此書于曹共公十六年與傳無違然傳實
追敘前事不定在是年世家雖亦書于共公十六年而加一
初字甚合
襄王十六　晉文公元年
案文公失書名
誅子圉　史詮曰誅當作殺
魏武為魏大夫趙衰為原大夫　案魏武卽魏武子犨蓋脫
子字趙衰湖本譌刻衰字也趙衰為原大夫在晉文二年左
傳甚明夫原為襄王所賜以答勤王之勳而納王在二年安

得元年便有原乎此誤
咎犯曰求霸莫如內王　案此文公二年事誤在元年左傳
世家是
宋成公王臣元年　附案成公之名左氏及公羊經皆作王
臣史記同之而穀梁經作壬臣疑王譌為壬釋文因曰本或
作王臣也周頃王之名史亦譌為壬臣矣至左傳釋文謂本
或作五臣明是誤刻不足取據定四年釋文作壬臣故知文七年五臣為誤又襄五年楚公子壬夫匡謬正俗謂當為王夫而長洲顧氏藹吉隸辨魯峻碑陰壬端子行卽王字則知以形近而譌蓋古壬字寫作壬而王字亦作壬故混亂耳
襄王十九　齊孝公十孝公薨弟潘因衛子開方殺孝公子立
潘

案此事三傳不載史公葢別有所本也衛子開方據世家是衛公子開方此脫公字

晉文公四救宋報曹衛恥　案世家亦以爲是年往伐曹衛以免宋其實晉未嘗出師也攷左傳文公四年當魯僖二十七年晉但蒐軍命將部署未發至明年春始出兵耳而史所以誤在四年者因此時宋被楚圍告急于晉先軫有報施救患之言也

襄王二十　齊昭公潘元年

案潘繼孝公而立孝公名昭潘何以謚昭葢史記從左傳誤來日知錄四曰文公十四年齊侯潘卒傳以爲昭公案僖公二十七年經書齊侯昭卒今此昭公卽孝公之弟不眘因是

君之名爲謚疑左氏之誤然僖十七年傳葛嬴生昭公前後文同（史亦同）先儒無致疑者

晉文公五周命賜公土地　案左傳是年王策命晉爲侯伯賜以大輅戎輅弓矢秬鬯虎賁非賜土地也賜土地是文公二年納王時事

衛成公三公出奔立公子瑕會晉朝復歸晉　案公子瑕當作叔武歸晉當作歸衛此誤也

陳穆公十六會晉伐楚朝周王蔡莊公十四會晉伐楚朝周王　案春秋僖二十八年書陳侯如會後會也故杜注云陳本與楚楚敗懼而屬晉來不及盟則陳無會晉伐楚之事矣蔡亦從楚者左傳甚明暢于楚敗而從晉故春秋書蔡侯盟踐土也安得言會晉伐楚乎此竝誤

襄王二十一　衛成公四晉以衛與宋

案晉分衛田畀宋在成公三年此誤四年

襄王二十五　魯僖公三十三僖公薨

案隱桓閔之薨也以弒昭公之薨也以出皆非正終故表直書其事不言公薨宜矣其餘七公無被弒出亡之事乃止僖宣成襄定書薨而莊公文公不書何邪

襄王二十七　晉襄公三秦報我殽敗于汪秦穆公三十五伐晉報殽敗我于汪

案文二年春秋曰晉侯及秦師戰于彭衙秦師敗績則敗于汪者實敗于彭衙之誤也（秦紀言戰彭衙是）而所以誤爲汪者因是

年冬晉伐秦取汪以報彭衙之役也乃此于晉秦二表竝云敗于汪已屬舛錯與鄭世家言從晉伐秦敗秦兵于汪同誤而晉世家復云秦伐晉報殽之敗取晉汪以歸尤謬無論兩事不可合一而汪爲秦土不得言秦取晉汪索隱辨之矣

襄王二十八　魯文公三公如晉

案春秋書公如晉二十一此其始也乃表于文公失書一（十三）成公失書二（三及十八）襄公失書一（三年）昭公失書四（五及十三廿三廿九）定公失書一（三年）莫解其故且昭公九次如晉及河而復者五至晉而見止者一辱于乾侯者二惟五年如晉得善往返傳所謂自郊勞至贈賄無失禮者也而表反不書尤不可曉

襄王三十　鄭穆公六燕襄公三十六

附案湖本鄭表中失刻六字燕表中失刻三十六

襄王三十一　秦穆公三十九從死者百七十人

案秦紀作百七十七人此缺七字

襄王三十二　宋成公十七公孫固殺成公

案春秋文七年書宋公王臣卒宋人殺其大夫左傳曰宋成公卒昭公欲去羣公子穆襄之族率國人攻公殺公孫固公孫鄭于公宮然則成公無被弑之事而公孫固死昭公難春秋且以非其罪不稱名奈何虛構一公孫固殺成公之逆案乎夫弑君大惡人所共誅乃公孫固死宋昭公之難者也而史誣固弑成公鮑牧爲齊悼公所殺者也而誣牧弑悼公蔡平侯之父隱太子有楚靈王殺之者也而誣平侯弑隱太子又非若改楚棄疾弑靈王比矣說在秦紀豈非史筆之巨謬哉宋世家不言成公被弑是已而又云成公弟禦殺太子及大司馬公孫固自立爲君宋人共殺禦立昭公不但經傳無禦作亂事而成公爲桓公禦說孫則成公之弟不應與祖同名是幷所云成公弟禦者亦屬子虛烏有也先儒俱未糾駮

襄王三十三　襄王崩

案王崩宜書也乃襄王以前皆不書襄以後始書之而又止書襄頃匡簡敬五王何歟或謂春秋十二王亦有不書天王崩者則于表何疑曰不然春秋之不書王室不告也表不可以春秋比且春秋不書莊釐頃三王之崩與表又殊尤不可引爲例矣史詮謂今本缺失恐是以意言之

魯文公八　王使衞來求金以葬非禮　案春秋求金在九年此誤在八年也

晉靈公二　秦伐我取武城報令狐之戰　案此不書前年之晉敗秦令狐而書秦之報令狐殊疏

宋昭公杵臼元年襄公之子　附案襄公乃成公之誤徐廣曰一云成公少子是也至世家正義引年表云宋昭元年杵臼襄公之子乃所見本誤不足爲據

頃王二　曹文壽公元年

附案文公壽也湖本譌刻

燕桓公元年　附案索隱引譙周云世家襄伯生宣伯無桓公今檢史記竝有桓公立十六年是允南所見本異也余謂燕有三桓公雖不免于誤而譙允南所說必是世本非史記世家小司馬誤引之

頃王三　魯文公十一　敗長翟于鹹而歸得長翟

案魯敗諸侯之師多矣而表止書敗長翟其義安在豈以翟種怪異故書之歟

宋昭公四　敗長翟長丘　案左傳事在宋武公之世年表世家俱誤世家集解不攷之左傳但云未詳太鹵莽矣評林余有丁曰左傳載武公世獲緣斯在春秋前魯世家是此云昭公誤也索隱牽合以昭亦謚武曲說不通余說甚愜而其所以誤在是年者因左氏文十一年魯獲長狄僑如傳追述宋武公時獲僑如之先緣斯而魯文十一年政當宋昭四年故

有此誤攷古質疑曾辨之

頃王四　秦康公六伐晉取羈馬怒與我大戰河曲

案左傳秦伐晉取羈馬晉禦之于河曲秦掩晉上軍趙穿追之不及反怒以屬出則怒者獨穿一人安得謂晉因秦取羈馬而怒乎又是役也戰交綏亦不可言大戰說在秦紀

頃王五頃王崩

案頃王崩三字當書于六年

楚穆王六　附案此穆王十二年也湖本譌刻六字

頃王六　魯文公十四彗星入北斗周史曰十年齊君晉君

案晉君下他本有死字茲譌脫爾但左傳周内史叔服曰不出七年宋齊晉之君皆將死亂表謬易其語爲十年而復失

數宋又春秋三書星孛文十四昭十七哀十三表止書其二哀十三不書去取之意何在抑有疑者春秋書孛史于此表及天官書改作彗而齊世家又改孛作茀攷穀梁傳云孛之爲言猶茀則茀即是孛左氏昭十七年星孛于辰傳申須謂彗所以除舊布新今除于火公羊傳三稱孛者何彗星也則彗亦即是孛故劉向封事仍天官書言春秋彗星三見漢五行志杜注左傳郭釋爾雅俱以彗孛爲一然晏子春秋載齊景公睹彗星使伯常鶱禳之晏子曰孛又將出彗星之出庸何懼齊世家引晏子曰茀星將出彗星何懼晉天文志序妖星一彗星二孛星偏指爲彗芒氣四出爲孛其災孛甚于彗漢書文穎注孛星光芒短其光四出蓬蓬孛孛然彗星光芒長參參如埽帚

柯氏攷要引革象新書曰日之精變爲孛月之精變爲彗則是判然兩星特其類似而占同爾豈可緄乎

齊昭公二十是爲懿　附案是爲懿公也湖本脫公字

晉靈公八納捷菑　史詮曰脫于邾二字

楚莊王侶元年　附案莊王之名左氏及公羊春秋作旅此與世家作侶音相近也穀梁又作呂說文呂膂本一字旅郎膂之省文

匡王元年　齊懿公商人元年

案懿公二年不得民心四字當移在元年

匡王二　宋昭公九襄夫人使衞伯殺昭公

案左傳文十六年夫人使帥甸攻而殺之此與世家竝云衞伯豈帥甸之名乎抑帥甸亦號衞伯乎未知所出檀弓疏引傳作甸師

蔡文公申元年　案後書文矦薨世家亦稱矦是也此與稱莊公同誤說見前

匡王五　魯宣公俀元年

附案漢志曰宣公倭左傳疏曰名倭或作接釋文曰名倭一名接又作委世家亦作倭不見有別作俀者則此譌已或問世家宣公名凡四見湖本盡作俀他本雖多作倭而于生子俀句下皆作俀字故徐廣云一作倭豈世家傳寫誤歟曰誤也余有二證左傳疏引世家名倭其證一索隱本引世家生子倭注云一作俀其證二蓋此字之誤其來已久徐廣所據史記本是俀字遂以別本作倭者注之索隱所見本是倭字

因以別本作俀者注之也倭音㛹順也與委通俀音妥音腿
餒也守義迴殊至所謂接者又倭之譌耳委之與妥混寫已久如餧作餒㛹作㛹皆是
齊惠公元年　案惠公失書名當補元字
秦共公和元年　案宣四年春秋書秦伯稻卒則此作和誤
已而秦紀索隱云名貑未知所本
匡王六　晉靈公十四趙氏賜公族
案左傳趙爲公族乃成公卽位後事世家書于晉成元年是
此誤在靈公十四年者因左傳連敘于靈公末年宣二也
定王元年　宋文公五贖華元亡歸鄭穆公二十二華元亡歸
案宣二年左傳華元之歸爲宋文四年鄭穆二十一年宋鄭

兩世家與左傳合此誤後一年毛本宋表中無亡字
定王三　秦共公五
案共公立四年而卒無五年也說見紀
衞成公三十一楚伐鄭與我平晉中行桓子距楚救鄭伐我
附案此是下格陳表中語各本譌刻入衞表也
鄭襄公堅元年靈公庶弟楚伐晉來救　案公羊成四年鄭
伯臤卒疏云左氏作堅字穀梁作賢字今本改作堅今定本亦作
堅字公羊釋文云臤本或作堅九經古義曰公羊作臤穀梁
作賢本一字也說文云臤古文以爲賢字漢潘乾校官碑云
親臤寶智國三老袁良碑云優臤之寵玉篇又引作組與堅
同臤亦爲古堅字紲紲緤並同臤堅又與賢通東觀漢紀云後漢紀注陰

城公主名賢得續漢書天文志作堅得疑古堅字賢字皆省
作臤公羊從古文作臤穀梁以爲賢左氏以爲堅師讀各異
故也余又攷此表與世家竝言襄公爲靈公庶弟然徐廣于
世家引年表云庶兄其爲兄爲弟莫由詳定人表謂襄公乃
靈公子則誤矣楚伐下似脫我字說文臤部讀若鏗鏘之鏗集韻入耕韻葢本音也
定王四　晉成公四與鄭侵陳
附案宣六年春秋晉與衞侵陳此誤毛本作衞
定王六　陳靈公十三楚伐我滅舒蓼
案楚滅舒蓼與陳何涉且攷宣八年春秋滅舒蓼在夏六月
伐陳在冬十月以後判然兩事楚非一出師而及二國也滅
舒蓼三字當是羨文

定王七　晉成公七使桓子伐楚以諸侯師伐陳救鄭成公薨
楚莊王十四伐鄭晉郤缺救鄭敗我鄭襄公五楚伐我晉來
救敗楚師
案宣九年春秋九月晉荀林父伐陳晉侯卒冬楚子伐鄭晉
郤缺帥師救鄭則伐陳者桓子而救鄭者郤缺也此晉表與
晉世家竝以救鄭爲桓子誤一攷左傳陳不會晉于扈故伐
之鄭爲楚伐故救之判然兩事此晉表與晉世家合伐陳救
鄭爲一役誤二又傳稱鄭敗楚師于柳棼晉未嘗伐楚亦未
嘗敗楚乃此晉楚鄭三表及晉世家皆言晉敗楚與楚戰敗
楚師虛誕不實誤三鄭表敗楚或屬鄭說尙合
定王八　齊惠公十公卒崔杼有寵高國奔衞

案左宣十年齊崔氏出奔衛傳曰崔杼有寵于惠公高國畏其偪公卒而逐之奔衛世家亦仍傳文乃此以爲高國奔衛誤甚史詮謂高國下今本脫逐之二字非也衛表中又書齊高國來奔矣

景公據元年與宋伐鄭　案景公上失書晉字又春秋景公名獳此與世家皆作據疑史誤或曰是二名也又宣十年春秋晉宋衛曹伐鄭此言與宋疏矣

衛穆公遫元年齊高國來奔　案世家作遬從公羊也左穀俱作速古字同此作遫譌遬音敕與欠旁者別又奔衛者崔杼非高國也說見上

鄭襄公六晉宋楚伐我　案春秋是年衛曹亦同伐鄭此與

晉表並疏脫

定王十　晉景公三救鄭爲楚所敗河上

附案趙世家徐廣曰年表救鄭及誅滅皆景公三年今本史表無誅趙氏事豈傳寫脫耶抑後人知其誤而刪之耶

燕宣公五楚圍我我卑辭以解　附案此是上格鄭表中語各本譌入燕表也

定王十三　魯宣公十五初稅畝

案稅畝書矣襄十一年分三軍哀十二年用田賦皆書矣而成公元年獨不書作丘甲何也世家止書分三軍

晉景公六救宋執解楊　案宣十五年傳楚自前年九月圍宋未解宋人告急于晉晉侯欲救之伯宗以爲不可乃止使解揚如宋詭言晉師悉起晉世家所謂使解揚紿爲救宋也鄭人執解揚而獻諸楚此表直云救宋已非事實又但云執解揚竟似揚爲楚臣而晉執之矣文義欠晰或有脫文執字譌刻埶揚與楊古通

楚莊王二十圍宋五月　案春秋宣十四年九月楚子圍宋十五年五月宋及楚平故杜注云在宋積九月呂氏春秋愼勢行論兩篇述此事亦謂莊王圍宋九月也表與宋楚二世家作五月蓋因春秋有五月之文而誤耳

鄭襄公十一左楚伐宋埶解楊　附案左乃佐之譌埶乃執之譌

定王十六　齊頃公八晉伐敗我

案敗字衍此卽左傳宣十八年陽穀之役也晉受齊質子而還未嘗交兵安得言敗

晉景公九伐齊質子彊　案此公子彊也脫公字

定王十七　魯成公黑肱元年春齊取我隆

案世家徐廣曰肱一作股以黑肩黑臀命名類之作股亦通然諸書皆作肱字左傳圍龍在二年魯晉兩世家與傳合此誤書于元年但魯地爲他國所取屢矣而表止書齊取者三成二取龍昭二十六取鄆哀八取二邑其義何在又龍字史皆作隆疑古人通用孟子龍斷亦以高爲義故索隱引劉氏云隆卽龍也至索隱又引鄒誕及別本作俏謂卽鄆字是大不然魯有東西兩鄆竝非北境而此年齊伐魯北鄙圍龍則安得以爲鄆乎龍

屬泰山博縣正當魯北爲今泰安州西南

楚共王審元年　附案楚語恭王名箴與春秋史記作審者異宋庠補音曰作箴疑非是箴審音相近楚夏語或然

定王十八　魯成公二齊歸我汶陽

案是年齊歸我汶陽至八年我歸齊汶陽田不終屬魯也乃止書歸我而不書歸齊何也

晉景公十一與曹敗齊　案成二年春秋晉與魯衞曹三國敗齊而三傳及齊晉世家皆不及曹郎曹年表世家亦不書微之也乃此偏略魯衞而獨言曹殊不可解豈史家互見之法歟抑魯衞皆大夫曹爲公子故邪

定王十九　魯成公三伐楚鄭

案楚字當衍誤增也

齊頃公十一頃（此字當衍）公如晉欲王晉晉不敢受　案史言齊尊晉爲王與越絕書言晉鄭王何異索隱引王劭案張衡云禮諸侯朝天子執玉既授而反之若諸侯自相朝則不授玉齊頃公戰敗朝晉而授玉是欲尊晉爲王夫諸侯相朝授玉春秋之僭禮也成六年左傳鄭伯如晉授玉東楹之東則知是時相朝授玉無國不然何獨齊頃若因授玉之故便謂尊王豈鄭悼公亦欲尊晉景公爲王乎張說不可通矣攷成三年傳齊侯朝晉將授玉郤克曰此行也寡君未之敢任史誤會左傳以玉作王以未敢任來朝爲不敢受王蓋古字玉皆作王此表楚靈王元年肘王平王元年抱王並與玉同荀子王霸篇改王改行竹書夏帝發元年諸夷賓于王門呂氏春秋首時篇不忘王門之辱（吳本越策亦作王門）正名過理二篇公王丹作公王丹（公王氏音宿點在上）周禮九嬪王齍注故書玉爲王杜子春讀玉說文王部宋徐鉉引李陽冰解中畫近上爲王三畫正均爲玉史實緣此致誤善乎左傳疏辨之云齊世家頃公朝晉欲尊王晉景公景公不敢當晉世家齊頃公如晉欲上尊景公爲王景公讓不敢然此時天子雖微諸侯並盛晉文不敢請隧楚莊不敢問鼎又齊弱于晉所較不多豈爲一戰而勝便即以王相許準時度勢理必不然竊原馬遷之意所以有此說者當讀授玉爲授王遂飾成謬辭耳惠棟謂晉作六軍擬于王故欲尊之亦非也（逸論語有問王篇王伯厚漢志攷證疑問王爲問玉而不知問王即問玉也左傳哀十二年玉暘宋本作王暘）

晉景公十二始置六卿　案晉是作六軍而此與齊晉二世家俱誤稱六卿夫晉之將佐皆卿也六軍未置以前曾作五軍卿有十人三軍既復以後尚號爲六卿豈在斯時卿位反僅止于六乎

宋共公瑕元年　案春秋共公名固而史俱作瑕豈有二名歟抑史誤也

蔡景侯四伐鄭　附案伐鄭乃下格曹表中語譌入蔡表

定王二十　鄭襄公十八晉欒書取我氾

案成四年左傳取氾祭杜注是一地指成皋東氾水爲言其實乃二邑釋文云氾音凡或音祀祭側界反此與晉世家並

脫祭字也索隱本作氾則范爲今本譌刻
定王二十一　楚共王五伐鄭
案春秋伐鄭在後一年
簡王元年　吳壽夢元年
案春秋書吳子乘卒則當作吳子乘元年乃史公于吳獨不書爵而直書名又或舍名而書其號與史例乖矣顧氏炎武左傳杜解補正曰夢古音莫騰反一言爲乘二言爲壽夢非號也顧說本于服虔見襄十年左傳疏與杜注以壽夢爲吳子之號不同存之以備一解索隱引世本居篇云孰哉仲雍字居藩籬孰姑徙句吳宋衷曰孰姑壽夢也代謂祝夢乘諸也則乘又字孰姑而壽之爲祝姑之爲諸皆以音近而異爾
簡王二　鄭成公睔元年悼公弟也

附案湖本悼公譌刻倬公
簡王三　蔡景侯九晉侯伐我
案蔡表中或書晉伐我或書晉侵我獨此稱晉侯必晉侯親伐之也而成八年春秋曰晉欒書帥師侵蔡則侯字當衍
吳壽夢三　附案湖本三字譌二後年又失刻四字
簡王六　晉厲公壽曼元年
附案厲公之名年表世家作壽曼春秋及成十年左傳作州蒲應劭諱議云周穆王名滿而有王孫滿晉侯州滿釋文云州蒲或作州滿劉知幾以蒲爲誤見史通五行志雜駁篇注謂出王邵讀書志則知壽曼即州滿曼滿音相近壽州字相通覩古書酬作醻可見而滿蒲二字書傳中往往又以形近相亂如左傳襄廿七年盧蒲嫳呂氏春秋愼行篇作盧滿嫳定五年秦將子蒲楚策作子滿史記秦紀秦將到滿惠文時正義謂滿或作蒲封禪書蒲池顏籀謂或作滿春申君傳蒲衍新序善謀篇作滿衍漢書高帝紀魏將武滿史作武蒲司馬相如傳苞蒲作苞滿後書光武紀上蒲陽順帝紀蒲陰注謂或作滿蒲陽今直隸保定府滿城縣是王昌傳將軍鄧滿注引續漢書作蒲列子湯問篇蒲且子張衡傳作滿且莊子天地篇有人名赤張滿稽釋文云滿或作蒲可以類證已
簡王八　晉厲公三獲其將成差
案成十三年左傳晉獲秦成差及不更女父此與世家皆失書女父豈以偏裨略之歟

鄭成公七伐秦　史詮曰脫晉率我三字
簡王九　秦桓公二十七
案桓在位二十八年非二十七而卒也說在秦紀
簡王十　宋共公十三宋華元
史詮曰華上衍宋字
曹成公二晉執我公以歸　案晉執曹君討其殺太子而自立也次年反國表但書執而不書反疏矣執譌執
簡王十一　宋平公成元年
案成一作戌說在世家
簡王十三　晉厲公八立襄公孫爲悼公
案悼公爲襄公曾孫此誤

鄭成公十二與楚伐宋　附案宋譌刻朱
簡王十四　魯襄公午元年圍宋彭城
案魯之圍國多矣而表止書圍宋何也
齊靈公十我不救鄭晉伐我　案左傳齊不會圍宋故晉討之非因不救鄭而見伐也是時鄭服于楚晉連年往伐諸侯方欲城虎牢以偪鄭齊不服楚何爲救鄭表誤書之
晉悼公元年　案悼公名周此失書
宋平公四楚侵我取犬丘晉誅魚石歸我彭城　案左傳侵宋呂留者楚也侵宋取犬丘者鄭也此云楚取犬丘誤晉降彭城以魚石等五人歸寘諸瓠丘未嘗誅也此與世家云誅魚石亦誤

鄭成公十三晉伐取我兵次洧上　案左傳晉伐鄭敗其徒兵于洧上則取乃敗字之譌次字當衍而所以誤入次字者因是役也諸侯之師次于鄫以待晉耳
靈王元年　魯襄公二會晉城虎牢
案城虎牢乃晉悼扼鄭之吭以制楚之南向其功甚偉表固宜書之然僖二年城楚丘矣十四年城緣陵矣何以不書猶云春秋不稱魯也若襄二十九年城杞昭三十二年城成周魯皆與于會似較城虎牢爲美以有尊周保小之義焉乃表皆不書而獨書城虎牢未免失倫
靈王二　齊靈公十二伐吳
案春秋是年無齊伐吳事乃因楚伐吳而錯出也當衍

鄭釐公惲元年　案釐公之名左氏春秋作髡頑公穀作髡原（索隱謂左傳作髡原非）當從左爲是公穀以頑爲原口授之際音近致譌而年表世家竝作惲音與髡亦相近疑譌髡爲惲又失頑字未必史公別有所據釐公有二名也所以知者楚成王名頵公穀譌爲髡而年表世家俱作惲蓋史實作髡誤爲惲字是其例矣（穀梁釋文云髡又作郡或作頵）
靈王三　晉悼公四狄朝晉
史詮曰我作晉非也
靈王四　魯襄公五季文子卒
案春秋書內大夫之卒者三十一人而表止書季文子季武子豈以二子始專國政乎季氏之先莫賢于季友其後莫惡

于季平子如意而皆不書何也
成公甍陳哀公弱元年　附案成公甍三字當書于前格成公三十年此譌在哀元年哀公之名春秋作溺釋文音乃歷反此與世家及漢書人表作弱葢古通用禹貢弱水說文作溺水
靈王六　陳哀公三楚圍我爲公亡歸
案襄七年左傳楚圍陳晉會于鄬以救之楚僞執公子黃陳人使告陳侯于會哀公逃歸則楚圍陳者爲陳服晉不爲亡歸也公亡歸者逃晉鄬之會非自楚亡歸也此誤
鄭釐公五子駟使賊夜殺釐公　附案史記弒字多作殺音試是殺卽弒也世家徐廣引此文直作弒經典釋文于殺弒

字字皆音辭繁不殺由弑之作殺者多也後人盡改作弑徐氏蓋亦改而引之

靈王七　鄭簡公喜元年

案喜當作嘉

靈王八　魯襄公九問公年十一可冠于衛

案十一當作十二又史詮曰可冠冠于衛脫下冠字各本皆失之

宋平公十二晉率我伐鄭師　附案師字衍各本俱無

衛獻公十三師曹鞭公幸妾　案鞭妾瑣事表可不書且未定是此年事表與世家俱書于十三年妄也

蔡景侯二十八晉率我伐鄭　附案此乃下格曹表中語譌入蔡表也

鄭簡公二誅子駟　案事在簡三年此在二年誤春秋襄十年書盜殺公子騑則誅字誤

靈王九王叔奔晉

案王朝卿士之出奔者衆矣何獨書王叔是可不書

鄭簡公三子孔作亂子產攻之　案子孔何嘗作亂子產何嘗攻子孔史妄矣攷襄十年左傳尉止等作亂殺子駟子國子耳春秋書曰盜而子產攻盜北宮盜衆盡死此直以盜目子孔與世家言子孔使尉止殺子駟同謬豈因子孔知尉止之難而不言又召楚師至純門終于見殺遂并目爲盜歟而世家又言子駟子孔欲自立爲君此種畸說緣未細覈左傳

來

靈王十　魯襄公十一三桓分爲三軍各將軍

案作三軍書矣而昭五年舍中軍不書何也

晉悼公十一九合諸侯　史詮曰缺賜之樂三字

秦景公十五我使庶長鮑伐晉救鄭敗之櫟　案襄十一年左傳秦使庶長鮑及武同伐晉此不書庶長武略也鄭譌作魏毛本是鄭字

楚共王二十九鄭晉伐我　案春秋襄十一年無其事此必與鄭伐宋之誤

衛獻公十五救鄭敗晉師櫟　案伐鄭者晉也救鄭敗晉者秦也衛與晉伐鄭未嘗與秦敗晉此六字當衍史詮云救鄭乃伐鄭之誤衍敗晉師櫟四字

靈王十一　吳壽夢二十五壽夢卒

附案湖本夢字譌薨

靈王十二　吳諸樊元年

案左氏春秋襄二十五年書吳子遏卒人表同（人表列吳遏于下上列吳諸樊于中中蓋誤以爲兩人而重出也）公穀作謁古字通用諸樊是遏之號舍名稱號非例也當作吳子遏元年

靈王十三　晉悼公十四率諸侯大夫伐秦敗棫林秦景公十八晉諸侯大夫伐我敗棫林

案此襄十四年左傳所謂遷延之役也晉但無功而還不可以敗書說在秦紀

楚康王招元年共王太子出奔吳　案康王之名二傳春秋及國語注俱作昭此與世家作招古通索隱本作略誤又共王之太子卽是康王安得別有太子且亦無奔吳之事攷春秋傳是年楚伐吳爲吳所敗獲楚公子宜穀史公必因此而誤以宜穀爲太子以見獲爲出奔也

衞獻公十八立定公弟狄　案世家狄作秋古秋狄二字多互譌如襄十八年左傳雍門之萩水經淄水注引作荻也但三傳春秋皆作剽人表又作焱乃猋之譌攷詩采葛章蕭與秋合韻荀子解蔽篇引逸詩秋與蕭合韻則秋猋與剽音近或相通借狄爲秋之誤爾又杜注云剽穆公孫人表注云獻公弟俱欠晰剽乃穆公子黑背之子于定公爲從子于獻公

爲從父昆弟年表與世家俱云定公弟謬甚

靈王十四　衞殤公狄元年

案杜于左傳襄廿六年殺子叔注云子叔衞侯剽言子叔剽無諡故孔疏曰此剽黑背之子成十年傳衞子叔黑背侵鄭黑背字子叔卽以子叔爲族也元年衞侯使公孫剽來聘傳云子叔來聘是舉族而稱之爲剽無諡故稱族然則剽之諡殤不知史公何據

靈王十五　魯襄公十六地震

案春秋五書地震惟見于文襄昭哀之世乃表書其四而缺其一文九何也

晉平公彪元年伐敗楚子湛坂　附案史詮曰湖本于作子誤洞本伐作我

靈王十六　曹成公二十二伐衞

案襄十七年春秋衞伐曹則此是衞伐我之誤孫侍御曰或是報石買之伐而春秋不盡書于策也

靈王十七　齊靈公二十七晉圍臨淄晏嬰大破之

史詮曰圍下缺我字臨淄下衍晏嬰二字

晉平公三率魯宋衞鄭圍齊大破之　案襄十八年春秋晉率以伐齊者十一國內六國無表故不書乃不及曹何也

靈王十八　曹武公勝元年

案春秋作滕此與世家作勝疑誤

靈王十九　齊莊公元年

案莊公名光此失書

靈王二十　魯襄公二十一日再蝕

案此與二十四年俱依春秋書日再蝕然厤法無頻交之理說在孝文紀

晉平公六殺羊舌虎　案左傳晉殺欒盈之黨十八人而此獨書羊舌虎豈因叔向之故邪又豈因其母龍蛇之語邪

靈王二十一　齊莊公三晉欒逞來奔晏嬰曰不如歸之

案左傳欒盈適齊晏平仲諫齊侯毋納欒氏弗聽史言歸之妄也欒盈之爲欒逞說在晉世家

靈王二十三　魯襄公二十四侵齊

案魯之侵國多矣表獨書是年之侵齊何也

齊莊公五四臣晉通楚晏子謀　案左傳齊懼晉結楚非晏子謀也

鄭簡公十七子產曰　案子產曰三字衍

靈王二十四　晉平公十伐齊至高唐

案晉未嘗至高唐說在晉世家中

秦景公二十九公如晉盟不結　案左傳在二十八年且非公自行也說在秦紀

靈王二十五　晉平公十一誅衛殤公復入獻公衛殤公十二

齊晉殺殤公復內獻公

案殤公之弒獻公之復皆甯喜爲之與齊晉何涉說在衛世家誅字欠安

吳餘祭元年　案吳下當增子字

靈王二十七　齊景公三鮑高欒氏謀慶封

案陳氏亦共謀之此缺

景王元年　楚熊郟敖元年

案熊字當衍

燕惠公元年　案史于燕事最爲疏舛而尤不能明者惠簡二公之事也據年表世家惠公元年齊高止奔燕六年惠公奔齊其年皆與春秋合惟春秋所書北燕伯款左傳以爲簡公而史作惠公此索隱所云與經傳不協未可強言者也余謂信史不如信經況燕事缺失甚多安知史不誤以後之惠公易前之簡公乎史自惠公而下歷悼共平三世然後至簡公相隔三十餘年史稱惠公在位九年簡公在位十二年然世家不說惠卒之年惟表書九年疑九年是七年之誤而簡公十二年之誤實明白無疑亦徵之春秋春秋昭十二年齊高偃納北燕伯于陽左傳以爲北燕伯款即是簡公今以惠爲簡依年計之魯昭十二年當燕簡十五年此表爲燕悼六年矣就使簡公歸燕便卒固已十五年矣年表世家俱書惠公歸至燕卒未識所據必是齊納簡公于陽事而妄爲之說也何云十二則又安知史不誤以惠公七年爲九年以簡公十五年爲十二年而遂變亂五君簡悼共平惠之年數乎蓋史所紀燕君之年大半亦不足信耳人表列惠公于下中列簡公于中下而復列北燕伯款于下上因錯認爲兩人而重出也

吳餘祭四守門閽殺餘祭　案春秋餘祭在位四年夷末在位十七年表與世家倒錯二君之年吳越春秋誤仍之而此餘祭四年有守門閽殺餘祭之文何也蓋後人因史誤書遂依春秋將六字移入四年史表元文必書于十七年不然既云四年殺矣又何稱十七年乎

景王二　鄭簡公二十三諸公子爭寵相殺子產子成止之

案相殺乃欲殺之誤子成乃子皮之誤攷左傳襄三十年駟氏伐敗良氏子產斂葬伯有良氏駟氏欲攻之子皮怒曰殺有禮禍莫大焉乃止世家云諸公子爭寵相殺又欲殺子產公子或諫乃止所謂公子或諫雖非而事自合也

景王三　楚郟敖三王季父圍爲令尹

案左傳襄二十九年云郟敖即位圍爲令尹是郟敖元年事

此與世家誤在三年
景王四　魯昭公稠元年
附案世家依左傳作裯孔疏釋文同此表與漢書從世本作稠徐廣又作祒並非穀梁疏引世家作稠恐是譌耳
秦景公三十六秦后子來奔晉　案本國不得言秦而奔晉不得言來並誤有本作公弟后子奔晉疑後人因其誤而改之毛本無來字
景王五　齊景公八齊田無宇送女來
案此書本國事不必言齊送女者致少姜于晉也不可言來當衍齊字來字
楚靈王圍元年共王子肘王　案三傳春秋皆書君虔蓋靈王即位易名熊虔而圍其初名經止書虔者熊爲楚君通號可以不書猶平王本名棄疾即位名熊居春秋亦止書楚子居也乃表于平王改稱居而靈王獨稱其初名世家并不及改名之事疏矣王郎古玉字李陽冰所謂三畫正均如貫玉也後文平王抱王同說見前毛本並作王

景王七　魯昭公四稱病不會楚
案左傳楚子合諸侯于申公辭以時祭衞侯辭以疾表與世家皆言公稱病蓋誤以衞爲魯也
楚靈王三夏合諸侯宋地盟伐吳宋方誅慶封冬報我取五城　案此即申之會也申爲楚地非宋地又吳之伐楚取棘櫟麻三邑亦不得言五城皆史之誤吳世家作取三邑是也

冬下又缺吳字至朱方之爲宋方乃湖本譌刻耳
曹武公十七稱病不會楚　案左傳曹辭以難此亦誤以衞之辭疾爲曹也
鄭簡公二十八子產曰三國不會　附案左傳子產對楚王曰不來者魯衞曹邾是四國也史公因邾無表改四爲三
景王九　秦襄公元年
附案秦伯之謚無論春秋及秦紀並作哀公而襄公爲秦開國之祖不應子孫上同其謚蓋以字近致譌亦猶陳哀公之爲襄公魏襄王之爲哀王也秦記作畢公亦非說在紀中
景王十　齊景公十三入燕君晉平公二十三入燕君
案魯昭六七兩年左傳齊侯如晉請伐燕納簡公晉許之齊

受燕賂不克入其君而還乃表云入燕君齊世家云景公如晉見平公欲與伐燕晉世家云伐燕燕世家又云齊高偃如晉請共伐燕晉許與共齊伐燕入惠公未知所據伐燕一役齊侯往晉自請不得言高偃如晉齊受賂不克入亦不得言入其君而晉實未嘗同與齊出師尤不得言晉伐燕既不同伐則燕君之入不入無與于晉何以書入燕君又況不克入乎（惠當作簡）
楚靈王六執芊尹　附案芊尹乃芋尹之譌以草名官陳亦有之釋文音于付反世家亦譌芊
燕悼公元年惠公歸至卒　案惠公當作簡公說見前而所書歸卒之誤甚于譌簡爲惠也以悼立于簡未歸之先耶而

君未告薨何以奸位卽謂爲燕人更立自在簡出亡時不應
書悼公元年于簡奔四年之後矣以悼立于簡卒之日耶而
尙未踰年何以改元又不得援當年改元之變禮以爲例也
況是年齊受賂還不克入簡公柰何妄稱歸卒乎然則簡公
歸于何歲曰春秋昭十二年齊納北燕伯于陽魯昭十二年
爲史表燕悼六年實燕簡之十五年也然則簡公卒于何歲
曰不可攷已其卒于納陽之年歟其非卒于納陽之年歟春
秋不書三傳不著能的知墨子明鬼篇引燕春秋謂簡公
寃殺其臣莊子儀其所擊殪于車上與杜伯射宣王相類
而亦不說其年史表因納陽一語飾成此詞非別有所本耳
然則悼公之元在何歲曰古史云以晏子之言攷之則簡公

之出燕既立悼公悼公雖立而未敢改元及齊納簡公而
不入知其決不得歸然後卽位改元爾至悼公六年齊高偃
又以兵納簡公于燕蘇氏論悼立于簡出之時是也謂悼改
元于齊納簡不克一年則非也蓋簡卒而悼始改元也悼之
立猶也與他國君之立改元者異若果簡未卒而悼已改元
則簡不得有十五年而悼又何止七年乎

景王十一　魯昭公八公如楚楚留之賀章華臺楚靈王七就
章華臺內亡人實之

案昭公如楚以及楚之就章華而內亡人俱在前一年此與
魯楚兩世家並誤

衛靈公元年　案公名元此因與元年連文而失書也

陳哀公三十五襄公自殺　附案襄乃哀之譌

景王十三　魯昭公十四月日蝕

案春秋是年無日食此誤增也說見前

晉平公二十六十月公薨　附案昭十年春秋平公卒于七
月戊子此譌作十月竹書亦誤十月也

景王十四　楚靈王十醉殺蔡侯使棄疾圍之棄疾居之爲蔡
侯蔡靈侯十二使棄疾居之爲蔡侯

案昭十一年左傳云三月丙申楚子伏甲饗蔡侯于申醉而
執之四月丁巳殺之則表與蔡楚世家言醉殺蔡侯非也棄
疾爲蔡公此兩稱蔡侯誤

景王十五　楚靈王十一王伐舒

附案舒卽徐也說在齊世家

蔡侯廬元年景侯子　案廬謚平此失書也廬字釋文本引
左氏經作盧蓋古通用三傳春秋今本並作盧如曹宣公之名公穀作
廬人表同而左氏作盧釋文本引左氏又作廬于公羊亦云作
盧桓十三年左傳盧戎釋文本作廬卽漢地理志之中廬縣
吳世家有吳子柯盧而吳越春秋作廬可以互驗惟徐廣謂
一本蔡平侯之名作虛則是誤耳蔡以前一年滅以後一年
復立乃表不空此一格而卽書廬元年者豈亦如陳惠公之
探續先君卒年以爲元乎蔡世家何以不書又平侯爲景侯
曾孫靈侯之孫隱太子有之子年表世家及人表俱誤以爲
景侯子也

鄭簡公三十六公如晉　案昭十二年左傳簡公以三月卒如晉朝嗣君者定公也此但書公如晉不幾以爲簡公如晉乎

吳餘昧元年　案吳下缺子字夷末之兄餘祭左傳襄二十八年稱句餘杜注以爲夷末索隱謂別一人皆誤三十一年傳又稱戴吳蓋音近隨呼耳左襄十年疏謂餘祭戴吳非同聲是名字之異不然也若夷末之名左穀春秋竝同公羊末作昧釋文云本亦作末史于刺客傳作夷昧從公羊也而表與世家作餘昧索隱謂公羊作餘昧妄夷餘聲相近古文通借人表吳越春秋亦仍史錢廣伯云句者夷之發聲也

景王十六　陳惠公五楚平王復陳

史詮曰我作陳非也

蔡平侯二立景侯子廬　案景侯子當作景侯曾孫

景王十七　楚平王居元年共王子

附案湖本譌王作玉

景王十八后太子卒

案后下似失崩字說見周紀

楚平王二王爲太子取秦女好自取之　案事在六年非二年也說見秦紀

景王十九　魯昭公十六公如晉晉留之葬公恥之

案十五年公如晉世家與春秋同此誤書于十六年又公爲晉人所止故十五年冬如晉至十六年夏始返竝非晉留使送葬且晉昭公以八月卒十月葬在公歸之後安得謂晉留之葬此與世家俱誤蓋是年季平子如晉葬昭公史因誤以爲公耳

鄭定公四火欲禳之子產曰不如脩德　案此即禆竈請禳火之事所謂不如脩德者乃史公意測言之非子產有是言也又事當鄭定公五年此書于四年誤

吳僚元年　案吳下缺子字

景王二十　魯昭公十七正月朔日蝕彗星見辰

案正月乃六月之誤彗亦宜作孛皆說見前又彗上缺冬字

晉頃公棄疾元年　案棄字誤當作去世家與春秋合

景王二十三　魯昭公二十齊景公與晏子狩入魯問禮齊景公二十六獵魯界因入魯

案齊魯兩世家亦載此事孔子世家幷載景公與孔子問答語而左傳無之未知何出疑六國時人僞造史公妄取入史而所以爲此說者因是年齊侯田于沛也

宋元公十公毋信詐殺公子楚太子建來奔見亂之鄭　案左傳殺公子寅等六人乃華氏向氏如表所說竟似元公殺之矣楚建黨于元公故偕公子城等七人奔鄭非見亂之故也此與世家竝誤

蔡平侯九平公薨靈公孫東國殺平侯子而自立　案平公靈公乃平侯靈侯之誤說見前但攷昭廿一年左傳平侯太子朱卽位楚費無極取貨于東國謂朱不用命將圍蔡蔡人懼出朱而立東國朱愬于楚則東國未嘗殺平侯子也此與

世家言攻平侯子自立同誤又東國之立在後二年此書于平侯九年表内非

景王二十四　蔡悼侯東國元年奔楚

案是歲爲魯昭公廿一年乃平侯太子蔡侯朱之元年非平侯弟悼侯東國元年也春秋書冬蔡侯朱出奔楚則在位一年固已成爲君矣而年表世家皆略不書未知史公何意又奔楚亦是朱非東國也此言東國奔楚者因春秋有東國卒于楚之文而穀梁經傳又謬以朱之奔楚爲東國史公遂仍其誤爾葢此年當云蔡侯朱元年奔楚後年當云蔡悼侯東國元年

景王二十五

案是年四月王崩立王子猛十一月猛卒是爲悼王雖未即位而周人奉之春秋載之何得沒而不書

敬王元年　蔡悼侯三

案悼止二年無三年也年表世家竝妄以蔡侯朱之一年并于悼侯耳

鄭定公十一　楚建作亂殺之　案鄭殺子建不知何歲表在十一年世家在十年皆妄爾左傳附紀殺建事于哀十六年因其子白公之亂而追敘之也

敬王二　魯昭公二十四鸜鵒來巢

案春秋在二十五年此誤書于二十四年世家是

楚平王十一　吳卑梁人爭桑伐取我鍾離　案爭桑之事左傳不載史公據呂氏春秋所說（見察微篇）竝載于年表吳楚世家伍子胥傳中攷左傳昭二十四年吳滅楚之巢及鍾離由于楚略吳疆邊人不備非關爭桑也又春秋書滅巢不書鍾離杜云告敗略乃此書取鍾離而偏不書取巢何歟

蔡昭侯申元年　案三傳春秋書昭侯之名竝作申然文侯已名申矣左傳哀四年疏曰宣十七年蔡侯申卒是文侯也計昭侯是文侯元孫乃與高祖同名周人以諱事神二申必有誤者但是經文未知孰誤左傳釋文亦云而世家又作昭侯甲攷文侯父莊侯名甲午見定四年左傳年表書之則昭侯亦不應與同名侯攷

燕平公六公如晉請内王　附案此上格鄭表中語即昭廿

四年左傳鄭伯見范獻子事各本譌入燕表

敬王三　魯昭公二十五公出居鄆

案春秋二十五年十二月齊侯取鄆二十六年三月公居于鄆而表書居鄆于二十五年齊尚未取公安得居之且下年表云齊取我鄆以處公順文連敘則九不應先言居鄆矣疑居鄆二字是奔齊之誤也齊魯世家書取鄆居公或在前一年或在後一年亦順文連敘非屬誤條

敬王四　晉頃公十　知櫟

附案知文子之名左氏經傳作躒公穀昭三十一年春秋皐昭晉語注與史表晉世家及索隱引世本（見趙世家）竝作櫟左傳昭九年釋文亦云本又作櫟趙世家前作躒後作櫟（昭五年左傳輔

（蹸釋作櫟）文攷說文無蹸字其引輔蹸作趯此荀蹸从木旁史公多識古文今本左傳乃杜元凱所定文子名當依史爲是惟公羊釋文云又作濼非

楚平王十三秦太子爲昭王　附案太字乃女之譌史詮曰立秦女子今本缺立字（毛本作秦女子立爲昭王）

宋景公頭曼元年　案景公之名說在宋世家

敬王五　楚昭王珍元年誅無忌

案三傳春秋及子胥傳謂昭王名軫則此與世家作珍誤矣但昭二十六年傳云太子壬弱杜注壬昭王也豈有二名歟費無極之爲無忌蓋以北音相近而異（楚世家伍子胥傳及呂覽愼行淮南人閒吳越春秋竝作忌）

敬王六　晉頃公十二六卿誅公族分其邑各使其子爲大夫

案此卽昭二十八年左傳晉滅祁氏羊舌氏事也故晉趙魏世家竝言之然二氏雖皆公族爲大夫者不皆六卿之族子說在晉世家中

曹襄公元年　案此公七世祖共公名襄則豈有以先君名爲謚之理當依世家及人表作聲公徐廣因云一作聲也又失書名野但所疑者世家載悼公九年朝于宋爲宋所囚曹人立其弟聲公野悼公死于宋聲公五年平公弟通弑之代立是爲隱公隱公四年聲公弟露復弑之代立（人表以爲聲公子）是爲靖公而攷春秋昭二十七年書曹伯午卒（悼公）定八年書曹伯露卒無聲隱二世然則悼公卒便接靖公凡在位十三年無悼公朝宋囚死之事竝無世代相殺也乃表與世家增聲公五年隱公四年而以靖公爲四年又謂隱公弑聲靖公弑隱史豈別有所據歟與春秋違恐不可信索隱引世本亦同于春秋而曰彼文自疏背經信史何其戾哉

吳闔閭元年　案春秋定十四年書吳子光卒闔閭是其號舍名稱號與史例乖當云吳子光元年史于壽夢諸樊闔閭獨不依春秋書名殊不可曉又未得以楚之稱敖比矣（昭十三年杜注無號謚者楚皆謂之敖）

敬王十晉使諸侯爲我築城

案築城宜書也乃靈王二十三年齊人爲王城郟何以不書

敬王十一　楚昭王七囊瓦伐吳敗我豫章

案事在定二年左傳當楚昭八年吳闔閭七年此與吳表及吳楚世家伍子胥傳竝誤在前一年

蔡昭侯十朝楚以裘故留　附案裘當作裘譌刻也

曹隱公元年　案依史例當作隱公通此失書名然春秋無隱公也說見前

吳闔閭六楚伐我迎擊敗之取楚之居巢　案事在七年說見楚表

敬王十四　蔡昭侯十三衞侵我吳與我伐楚郢

案是年無衞侵蔡事必楚侵蔡之誤史詮曰入郢脫入字

敬王十五　魯定公五楊虎

附案陽虎之陽獨此處作楊（毛本改從陽）蓋古字通用非譌誤也

何以徵之如春秋昭二十五年陽州公羊作楊州左傳僖十五年步揚成二年疏引世本作步楊而史晉世家作步陽襄十二年楊梁水經汝水注作楊梁而郡國志作陽梁宣元年解揚史作楊而人表作解陽孟子陽虎曰爲仁不富鹽鐵論地廣篇引作楊子楊朱莊子山木篇作陽子呂子不二篇陽生注引孟子亦作陽子爾雅秦有楊陓呂覽有始篇作陽華史記秦將楊熊高祖功臣表東武侯敘功作陽熊惠景侯表有楊虛侯倉公傳作陽虛貨殖傳秦陽蓋一州漢書作秦楊漢書諸侯王表眞定王楊十三王傳作陽外戚恩澤表朱博封楊鄉侯傳作陽鄉地理志有丹陽丘陽阿而史漢兩王子表作丹楊晉宋志亦並作丹楊隸續丹楊太守郭旻碑及劉寬碑陰故吏名跋謂西都以丹楊名郡東都改陽字恐非漢書王子表以陽丘爲楊丘張守節高祖侯表序正義以陽阿爲楊阿後書順帝紀中常侍楊定續天文志中作陽定晉書有楊駿水經注卷五作陽駿隋志太原陽曲縣文帝自以姓楊惡陽曲之號改爲陽直廣宏明集十一卷破邪論引齊祕書楊玠史目其後又作陽玠予所見如此尚當有之前人未嘗言陽楊通用者故綜舉以備攷無嫌辭費

曹靖公路元年　附案世家作露與春秋同此與人表作路亦古通左傳簞路史記作簞露魯語露堵父左傳昭廿七年疏引作路堵父

敬王十六王子朝之徒作亂故王奔晉

案表于王子朝之篡不書子朝之奔不書子朝之殺亦不書而突書子朝之徒作亂無首無尾似失書法敬王處于姑蕕亦未嘗奔晉說在周紀

楚昭王十二吳伐我番　案定六年左傳吳敗楚舟師獲潘子臣小惟子及大夫七人而無伐番事葢史公以獲潘子臣爲伐番也此與吳表及吳楚世家伍子胥傳書取番同誤索隱彌縫其說以子臣爲番邑大夫妄甚或云卽指繁陽之敗也子期所將陵師番與繁音婆

楚恐徙郡　史詮曰我作楚非也

吳闔閭十一伐楚取番　案取番之誤見前

敬王十七劉子迎王

案定七年左傳單武公劉桓公同迎王表不及單何也

敬王十八　楚昭王十四子西爲民泣民亦泣蔡昭侯恐

案此事左傳不載蔡世家書于前一年

衞靈公三十三晉魯侵伐我　案伐字衍

陳懷公四公如吳吳留之因死吳闔閭十三陳懷公來留之死于吳　案懷公無如吳事吳亦無留懷公事說在陳世家

敬王十九　秦哀公三十六襄公薨

附案哀謚襄字說見前

敬王二十　秦惠公元年彗星見

案本紀不載彗星見或史公所見秦記有之歟然何以獨書于秦表且始皇紀後秦記未見此文疑當衍

敬王二十一　秦惠公二生躁公懷公簡公

案秦紀惠公之孫厲共公生躁公懷公則躁懷者惠公之曾孫也懷公生簡公則簡公者惠公之元孫也此皆以爲惠公所生誤甚

曹伯陽三國人有慶衆君子立社宮謀亡曹振鐸止之請待公孫彊許之　案事不知何歲左傳在哀七年乃是追敘故曰初此與世家書夢于陽三年書彊爲司城于陽六年未確也又慶字當作夢公孫下重請字當衍湖本譌刻

敬王二十二　衛靈公三十七

附案衛表是年各本有伐魯二字此失刻也但魯定十二年無衛伐魯事乃伐曹之譌春秋所云衛公孟彄帥師伐曹也史詮亦言之

敬王二十三　晉定公十五趙鞅伐范中行

案定十三年左傳鞅爲范中行所伐奔晉陽故春秋書晉趙鞅入于晉陽以叛未嘗與伐范中行之事也或謂鞅下疑脫奔晉陽三字

敬王二十四　衛靈公二十九

附案三十九湖本譌刻二十九

陳湣公六孔子來　案孔子世家是時孔子尚在衛適陳在七年此與陳世家皆誤書前一年

曹伯陽六公孫彊好射獻雁君使爲司城夢者之子亡去

案此事不定在六年說見前

鄭聲公五子產卒　案左傳子產卒于魯昭公二十年當鄭定公八年乃年表世家並繫于鄭聲五年上距定公八年凡二十六歲豈不謬哉子產自魯襄八年始見于傳至昭二十年卒其行事可見者四十四年歷鄭簡定二世云

敬王二十五　吳王夫差元年

案吳王當作吳子吳僭王號非史法所宜書或問吳楚皆僭王史于楚王尚書之則書吳王自不爲過亦春秋據實直書善惡自見之義也曰表于楚書王元非史法卽以爲直書其實又何以闔閭之前書名書號俱不書王而獨于亡國之夫差特書吳王邪

敬王二十六　魯哀公將元年

附案世本見索隱漢志釋文並作蔣惟史作將皇王大紀從史疑二字古通莊子天地篇將閭菟音義曰一本作蔣也

晉定公十八齊伐我　案齊下缺衛字

吳夫差二伐趙　附案史詮曰湖本越作趙誤

敬王二十七　齊景公五十五輸范中行氏粟

案左傳云齊輸范氏粟范吉射逆之此與齊及田完世家皆增入中行氏非也

晉定公十九鄭來救我　案我字衍

鄭聲公八敗范中行氏　附案敗乃救字之訛

敬王二十八　宋景公二十五孔子過宋桓魋惡之

案此爲魯哀三年孔子在陳左傳及世家可證微服過宋乃

景公二十二年魯定十五年也政是去衛適陳時事此與宋世家同誤

燕獻公元年　案索隱稱王邵據紀年簡公後次孝公無獻公然紀年之書多是僞謬聊記異耳余謂燕世家最疏舛莫知年表世家與紀年孰誤而紀年出于汲冢雖不免乖亂爲後人所羼其眞確之處頗足取徵杜元凱嘗言有益于左傳自當分別觀之安得概斥爲僞謬邪閻氏疏證卷四云汲冢紀年不傳今傳者贋本恐不盡然

敬王二十九　晉定公二十一趙鞅救邯鄲柏人有之　案救乃拔之譌鞅有柏人在次年此與趙世家誤前一年

秦惠公十　案惠止九年無十年史誤以悼公元年爲惠十

年也說在紀

蔡昭侯二十八大夫共誅昭侯　案以臣戕君而謂之誅可乎史表中凡弒君者多用誅字

敬王三十　晉定公二十二中行奔齊　案中行上缺范字

敬王三十一　齊晏孺子元年　案晏孺子名荼此失書晏與安古通公羊荼作舍亦通說在建元侯表散侯下

敬王三十二　魯哀公七公會吳王于繒徵百牢季康子使子貢謝之　案左傳徵牢之對是子服景伯若子貢乃對召康子也史誤書之說在吳世家

宋景公二十九侵鄭衛魯　案史詮謂今本誤曹爲魯是也蓋表中曹字有誤作晉者魯桓十六年會曹伐鄭作會晉也有誤作魯者魯定十二年衛伐曹作伐魯及此年侵曹作侵魯也但攷春秋哀七年無宋侵衛事則衛字當衍或曰晉魏曼多侵衛宋必以師從故表書之然無據

敬王三十三　魯哀公八齊取我三邑齊悼公二伐魯取三邑　案春秋齊人取讙及闡齊世家同而此與魯世家作三邑誤矣又此魯表書取邑而不書歸邑何邪取在夏歸在冬

楚惠王二子西召建子勝於吳爲白公　案白公之召左傳追敘于哀十六年莫知的在何時乃表書于惠王二年世家

及伍子胥傳亦然恐是意揣爾

曹伯陽十五虜伯陽　案伯者曹伯陽者其名曹本伯爵史自繆公而下已改稱公矣陽猶仍稱伯豈以亡國示貶歟然年表世家皆謂之伯陽蓋史公誤認伯亦是名故連陽字呼之此與公羊傳解伯于陽之謬何異公羊昭十二

敬王三十五　齊悼公四齊鮑子殺悼公齊人立其子任爲簡公　案悼公之弒左傳但云齊人史公于秦紀依左傳齊人弒悼公齊人者陳恆也晏子春秋諫上篇明云田氏殺陽生乃表與吳齊衛世家伍子胥傳或云鮑子或云鮑氏而田完世家直曰鮑牧夫弒君大逆何可輕誣況牧已于前二年爲悼公

所殺安得起九京而加以弑逆之惡名乎任壬古通齊世家徐廣引表云簡公壬者景公之子也而表無此語是徐說誤

楚惠王四伐鄭　案鄭乃陳字之誤

衛出公八孔子自陳來　案孔子居衛已五年矣孔子世家甚明此與世家言孔子是年自陳至衛妄也

吳夫差十一誅伍員　案誅員在魯哀十一年爲夫差十二年此與吳世家子胥傳竝誤

敬王三十六　齊簡公元年

案簡公失書名

敬王三十七　楚惠王六白公勝數請子西伐鄭以父怨故

案此事左傳在哀十六年爲楚惠十年葢追敘也年表世家在惠王六年不知何見

衛出公十公如晉與吳會橐皋　案是時衛不服晉安有如晉之事當是如吳爾又哀十二年左傳與吳會橐皋者魯也與吳會鄖者衛也皆吳地　此與吳世家竝誤

敬王三十八　燕獻公十一敗宋師

附案此是上格鄭表中語即哀十三年春秋鄭罕達帥師取宋師于嵒之事各本譌入燕表

敬王三十九　魯哀公十四衛出公來奔

案出公奔魯春秋書于哀十六年正月從告也當依左傳在十五年爲是事在閏月　此與衛表及衛世家俱誤在是年

衛出公十二父蒯聵入輒出亡　案衛侯父子一入一出在後年閏月葢出公在位十三年而亡也此與衞世家誤作十二年故以出公之十三年爲莊公元年矣

敬王四十　魯哀公十五齊歸我侵地

案左傳公孫宿以成叛因子貢言齊歸成非侵地也此與世家同誤

齊平公驁元年景公子也齊自是稱田氏　案呂氏雖微豈有君從臣姓之理稱字疑當爲歸也然各本俱作稱而徐廣于齊世家引表亦同似實有改姓之事眞不可解史詮謂齊當作常非也景公子當作景公孫或作悼公子此亦誤

宋景公三十七熒惑守心子韋曰善　案熒惑守心何善之有于義未明此事左傳不載出于諸子如呂氏春秋制樂篇淮

南子道應訓新序雜事四皆稱之然不定在是年若依延年二十一歲之說亦當在二十七年景公四十八年卒而又誕不足據也論衡變虛篇辨之矣

衛莊公蒯聵元年　案莊公紀元當移後一年

敬王四十一　陳湣公二十三楚滅陳殺湣公

案滅陳在後一年

敬王四十二　衛莊公三莊公辱戎州人戎州人與趙簡子攻莊公出奔

案莊公在位止二年表誤減出公之十三年爲十二年以益莊公故莊公有三年世家同誤攷哀十七年左傳趙簡子伐衛由莊公背晉也衛人遂出莊公晉師還莊公復入先是莊

公蒯戎州又髡戎州己氏妻髮以爲夫人呂姜髢及復入莊公使匠久更欲逐石圃石圃因匠氏攻莊公莊公踰于北方墜而傷股戎州人攻之入于己氏爲己氏所殺則簡子之伐衛元與戎州無涉而戎州之攻公不與伐衛同時乃表言戎州人與簡子攻莊公出奔世家言戎州告簡子簡子圍衛莊公出奔俱并二事爲一科謬已再左傳言莊公之出晉立襄公之孫般師莊公入般師出至莊公被殺衛復立般師而齊人伐衛立公子起執般師歸表俱不書世家亦不言晉先立般師一節殊失事情索隱亦譏史公疏略也

吳夫差十八楚敗我　案楚乃越之誤所謂笠澤之軍也

敬王四十三敬王崩

案敬王在位四十四年此缺一年說在周紀

晉定公二十五三十七卒　附案二十五乃三十五之誤亦猶他本以三十七卒爲三十六卒皆傳刻譌耳

秦悼公十四卒子厲公立　案悼公享國十五年史誤以悼元年上增惠公作十年故悼少一年耳說在秦紀又悼公之子爲厲共公葢兩字謚此脫

宋景公四十六十四卒　案左傳宋景卒于哀二十六年是四十八年卒也此表與世家作六十四六國表又作六十六竝誤

衛君起元年石傅逐起出　附案索隱本引年表云石傅逐君起與今本異石傅他本均作石專葢尃字之譌與敷同索隱云傅音補亦作尃是也左傳作石圃傅尃皆與圃音相近故叚借用之世家稱石曼尃曼字衍索隱云諸本無曼字可證專當爲尃然索隱于世家云塼音圃（索隱本引世家作石尃曼必傳刻之誤當是石曼塼與今世家本異）又音徒和反塼或作尃名本世家載索隱云尃音圃或音姑所說不同集韻及司馬光類篇塼字注云衛有石塼彼五切塼與圃亦音近各本譌塼爲塼猶譌尃爲專耳而所以作石曼尃及音姑者必誤以石圃與石曼姑爲一人（曼姑見哀三年經）又音徒和反者必徒官之誤他本史記葢有譌塼作磚者故出此音而集韻類篇遂于磚字注引石磚以實之可笑（錢廣伯云趙世家番吾君一作蒲吾古今音異耳則和非官之誤但徒當作彼也）

吳夫差十九二十二卒　案二十二當作二十三而身亡國滅亦不得但言卒當依索隱言滅

史記志疑卷八終　南海潘乃成番禺劉昌齡沈葆和　校字

史記志疑卷九

仁和梁玉繩

六國年表第三

而史記獨藏周室以故滅

案史公言秦盡滅史記固也然攷漢書律厤志引六國春秋藝文志載世本十五篇青史子五十七篇又天官書云余觀史記攷行事自序傳云紬史記石室金匱之書其餘厤諜尚多史公嘗讀而著之則諸侯之史當時猶有存者安得以爲盡滅不見耶

表六國時事

案表實列七國所謂七雄也天官書亦言七國相王正義以漢七王當之非也而乃曰六國葢與十三侯表稱十二侯同誤已

秦魏韓趙楚燕齊

案世表及十二侯表以齊晉秦楚燕爲次世家以齊燕晉楚趙魏韓田爲次而此又不同攷魏表附衞韓表附鄭楚表附魯蔡齊表附宋以五國爲魏韓楚齊所削滅也晉爲三家共滅魏分晉都有之故載晉於魏表而晉滅于周安王二十六年此表起于元王則晉傳六世厤百年君臣之義未改也乃驟奪其君而予其臣褒篡獎逆豈春秋存陳之道乎成王在幼眚未傳周旦改元卽昭公出奔亦不聞季孫更號而不附三家于晉反附晉于魏未免倒置況田齊同一盜國之臣也然齊侯康公已薨呂祀已絕始以田氏紀年史公未嘗不見

及之何三家偏標名于晉存百年之前哉三家紀年必在周威烈王二十三年初命爲侯之時當魏文侯二十二年韓景侯六年趙烈侯六年竹書于未命爲侯之前稱景子烈子若依史法方應貶削不書遲至晉滅以後今之書文景烈三侯元年葢從其國史追紀之詞雖與十二侯表書晉武公之例有異猶之可也乃韓之紀年始武子而趙之紀年先于魏韓表始簡子世家始襄子殊難意解且其誣趙氏更甚知者世家謂趙烈侯追尊獻子爲獻侯竹書稱趙獻子通鑑書獻子是已胡注因表獻侯遂曰獻子卽獻侯蓋分晉之後三晉僭侯久矣謬甚是時未分晉也是獻未稱侯矣獻未稱侯將溯而上之若桓襄簡三子均不稱侯無疑矣既不稱侯其不得紀年審矣趙不得紀年則韓武子之不得紀年益明矣史公胡以大書特書增加其不臣之迹乎燕策張儀說昭王曰趙王以其姊爲代王妻魏策安陵君曰受詔襄王皆謂襄子也史公豈亦猶是哉莊子齊物論稱晉獻公爲王齊策蘇子說閔王稱魏武侯爲魏王秦策孝公爲秦王墨子魯問篇稱田和爲齊太王同妄又秦策黃歇上書昭王稱秦文王武王爲先帝趙策魏牟說孝成王稱王之先帝尤妄此與王莽自以姚嬀田陳王五姓是同族追王陳胡公陳敬仲何異然則七國宜何以書曰周表之下晉爲首燕次之楚次之齊次之秦次之晉齊之滅然後次韓晉公族故先之次趙次魏于秦之下次田氏于三晉之下庶幾得之

魏獻子韓宣子

附案魏韓表首書獻子宣子葢後人因趙表書簡子襄子而妄增所當衍也然有不可解者魏獻子舒卒于魯定元年韓宣子起卒于魯昭二十八年此時久無其人又何以書哉

元王元年

案此乃周敬王四十四年非元王元年也敬王之年本紀既誤爲四十二而十二侯表復誤爲四十三遂以敬王末年爲元王之元其所列七國事俱各差一歲矣又周諸王皆不書名與十二侯表同然以世表例之是疏也

厲共公元年　案厲共公上失書秦字

趙簡子四十二　案簡襄紀年之謬前已言之而簡子鞅代爲大夫未知的在何歲攷春秋魯昭公二十五年黃父之會趙鞅始見于經至此時是四十二年也但明年爲魯哀公二十年乃越圍吳之歲左傳越圍吳趙襄子降于喪食時居簡子喪故遣楚隆問吳王于軍中稱先主先臣則簡子于此年

卒明矣乃表列簡子至六十年世家亦云晉出公十七年簡子卒豈非大誤

楚惠王章十三年吳伐我　案伐乃伐之譌然攷左傳哀十九年止有越侵楚以誤吳事是時吳將滅矣尚能出師伐國乎此與楚世家並誤蓋終夫差之世未嘗與楚交兵也盧學士云疑越伐我之誤

燕獻公十七年　案紀年無獻公說在十二侯表

元王三　魏表晉出公錯元年

案晉世家出公名鑿與索隱所引世本同則此錯字誤而其在位之年此作廿八世家稱十七徐廣曰或云二十年皆非當依紀年二十三年薨也薨于周定王十七年古史依世家

前編依年表大紀又作十六年並誤

齊平公七越人始來　案平公七年爲魯哀廿一年左傳書越人始來謂遣使至魯也豈亦兼聘于齊乎

元王五　楚惠王十七蔡景侯卒

索隱曰景字誤合作成侯徐廣不辨卽言或作成按景侯卽成侯之高祖父世家徐云或作景尤謬

燕獻公廿一　附案此當作二十一

元王六　秦厲共公六緜諸乞援

附案史詮謂緜諸乃緜諸之譌是也後此二十年與緜諸戰又匈奴傳隴西有緜諸蓋戎國卽漢志天水郡緜諸道

楚惠王十八蔡聲侯元年　案聲侯名産此失書

元王七　秦厲共公七彗星見

案秦紀無之始皇紀末秦記云其十年彗星見與表合疑因十年彗見而誤重也

趙簡子四十八衞莊公飲大夫不解履　案衞事附魏此十七字當書於上二格魏表中錯在趙表也而莊公乃出公之誤不解履乃不解襪之誤

元王八

案元年爲敬王末年故元王有八年其實止七年也

定王元年

附案定當作貞定說在周紀

定王二　秦厲共公十庶長將兵拔魏城

附案魏城秦地不可言拔集解各本譌刻音義拔一作捕亦誤當爲補若後年補龐戲城補龐矣

楚惠王二十二魯哀公卒　案哀公卒於楚惠二十一年此誤後一歲

定王三　楚惠王二十三魯悼公元年

案悼公之元當書於楚惠二十二年又悼公失書名

定王五　韓表知伯伐鄭駟桓子如齊求救

案左傳事在魯哀公廿七年當周定王元年晉出公七年鄭聲公三十三年齊平公十三年也此與齊表竝誤而鄭世家書於聲公二十六年尤誤桓子蓋駟宏之謚左傳不見史公應別有所據

趙簡子五十四知伯謂簡子欲廢太子襄子襄子怨知伯

案代爲大夫耳安得妄稱太子且是時簡子死已十三年矣知伯何從與語而襄子之怨知伯左傳末篇所載甚明曷嘗有謂簡子使廢襄子之事此及世家俱誤

燕孝公元年　附案燕諸君之名皆佚而人表作考公桓不獨謚與史異而又有名不知何出恐亦如十二侯表之書燕釐侯莊索隱引紀年稱成侯載也毛本人表無桓字

齊平公十七救鄭晉師去中行文子謂田常乃令知以亡

案事在十三年也史詮曰湖本今作令誤又缺所字乃今知所以亡

定王七　韓表鄭哀公元年

案世家哀公名易此失書大紀作錫

定王八　秦厲共公十六塹阿旁

附案阿乃河之譌秦紀作河旁

定王十二　襄子元年未除服登夏屋誘代王

案襄子不應紀元前已言之卽如所書亦失趙字且自當在越圍吳之歲趙世家云襄子元年越圍吳襄子降喪食減代亦此年事而表書襄子元年于晉出公十七年之後者因妄稱簡子六十年卒增多十八年故襄子立年減退其實襄子立于晉定公三十七年也餘說在趙世家

定王十三　魏表晉哀公忌元年

案繼出公而立者晉世家謂昭公曾孫哀公驕趙世家謂昭公曾孫懿公驕竹書紀年謂昭公孫敬公無哀懿二公此又

作哀公忌其不同一也晉世家謂哀公十八年紀年謂敬公二十二年此又作哀公二年懿公十七年其不同二也且表以爲哀公忌而晉世家言忌早死立忌子驕爲君何牴牾若是乎攷索隱正義引世本云昭公生桓子雍雍生忌忌生懿公驕與晉趙兩世家稱驕爲哀公曾孫合則忌是哀公驕是懿公忌與驕乃父子晉世家誤以懿爲哀耳紀年謂立昭公孫敬公蓋懿又謚敬特誤以曾孫爲孫也余疑忌既早死未嘗爲君哀公之稱當是其子追謚之繼出公者必懿公驕非哀公忌矣至其立年之多少依紀年爲確表與世家俱非宜衍晉哀公忌元年六字而補書晉懿公驕元年于周定王十八年方合出公二十三年卒當定王十七年　或問杜元凱于左傳篇末注引

史記謂圍晉陽殺知伯在晉懿公之四年魯悼公十四年春秋後二十七年何歟曰杜皆誤也晉陽之事當周定王十六年乃晉出公二十二年魯悼公十五年杜所稱魯年誤仍六國表而晉年又誤合表與世家言之表書晉事于懿公二年世家書于哀公四年均屬訛舛杜既不審卽或依表亦宜作二年若依世家則宜作哀公安得牽合爲一哉而所謂在春秋後二十七年者應作二十八獲麟絕筆之後至定王十六年凡二十八歲也

定王十四　魏表衛悼公黚元年

案悼公之名表同世家索隱引世本作虔杜注左傳作黚未知孰是而左傳哀廿六年悼公立當周元王七年表郎八年此書于定王十四年誤矣但表于元王七年其實六年書出公奔宋自應書悼公在元王八年乃後十四歲而始書者史公妄以出公復入七年爲二十一年爾蓋出公以魯哀三年立至哀十五年亡在位十三年亡三年復入爲哀十九年在位七年復亡爲哀二十五年明年悼公立出公後卒於越左氏甚明出公前後在位二十年悼公之立出公未卒其卒不知何歲乃衛世家云出公立十二年亡四年復入立二十一年卒其誤政與表同索隱亦誤又索隱引紀年悼公四年卒此與世家並作五年無從攷定古史定悼公爲十八年

定王十五　魏

案史魏表元文是年有晉懿公驕元年六字索隱正義引年表可據各本皆脫然懿之立實在定王十八年

趙襄子四與智伯分范中行地　案晉世家事在晉出公十七年是也此與趙世家並誤又分地是智伯與三晉非祇趙與智伯分之此亦脫韓魏字

定王十八　秦厲共公二十六左庶長城南鄭

案秦此時何以有南鄭說見紀中左庶長下似缺人姓名

齊宣公五宋景公卒　案景公卒于齊平公十二年非宣五年也說在十二矦表

定王十九　魏表衛敬公元年

案敬公之元依悼公在位五年數之當在周定王五年此誤書于十九也又敬公名費失書

齊宣公六宋昭公元年　案昭公之元當書于齊平公十三年此誤又失書昭公名昭公在位四十七年表與世家同世家集解引表作四十九年誤大紀作四十六亦非

定王二十　燕成公元年

附案索隱引紀年成矦名載恐未可據

定王二十一　秦厲共公二十九晉大夫知伯寬率其邑人來奔

案知伯滅矣何以寬又稱知伯當衍伯字前編曰知伯既滅六年而寬始奔秦或者守別邑而未下若燕將守聊城之類歟杭氏疏證曰本紀不載疑是前二十五年知開事重出二說竝通

考王元年
案紀定王崩長子去疾立是爲哀王立三月弟叔襲弒之自立是爲思王立五月少弟嵬弒思王自立是爲考王故廣宏明集十一引楊玠史目陶公年紀云三王共立一年表疏甚
考王四　魏表晉幽公柳元年服韓魏
案三晉不當獨舉韓魏葢脫一趙字幽公之元當書于周考王十二年竹書是也又竹書幽公在位十年此與世家皆誤作十八年
考王八　燕湣公元年
附案世家索隱引紀年以湣公爲文公非前後已有兩文公
考王十　魏表衞昭公元年
案昭公名糾此失書索隱曰世本敬公生㯳公舟非也昭公之元當在周定王二十四年
考王十一　秦躁公十三義渠伐秦
案此秦表也當書伐我
考王十二　楚簡王三魯悼公卒
案悼公在位三十七年漢志依世家是也其卒當楚簡之元此書于三年誤至徐廣云一本悼公三十年皇甫謐云四十年竝非大紀又作二十七年亦非
考王十三　秦懷公元年生靈公
案靈乃懷之孫此仍秦記之誤說在始皇紀中
楚簡王四魯元公元年　案元公名嘉此失書其元當在簡

二年
威烈王元年　魏表衞悼公亹元年
案世家作懷公與此駁亹前三世爲悼公後六世爲懷君不應重謚此必有誤亹元年當在考王二年非威烈之元也
趙襄子三十三襄子卒　案襄子五十一年卒此與世家作三十三者誤以十八年益簡子也
威烈王二　魏文侯斯元年
案十二侯表書晉武公之并晉爲侯也仍其立年書之不追改元最爲允當魏斯于二十二年爲侯宜依晉武之例乃因其爲侯而追書元年毋乃非乎然較之以趙簡襄桓獻及韓武紀元則有閒矣竹書謂文侯立于考王元年非國策吳注謂文侯名勘葢斯之譌索隱引世本稱孺子㾊㾊斯音近或後改斯名
韓武子元年趙桓子元年　案韓武趙桓不應紀元說見前
威烈王三　韓武子二鄭幽公元年
案鄭世家幽公名已此失書但幽之前爲共公丑丑嗣哀公而立在位三十一年卒立于周定王十五年卒于威烈王二年表失書共公直以幽繼哀疏甚而世家集解引表作哀公三十八年尤誤哀公止八年卽以幽繼哀則哀公當有三十九年葢集解誤數之
趙獻侯元年　案獻侯是追尊亦不當紀元說見前
威烈王四　秦靈公三作上下時
附案此所作時本紀不載封禪書有
韓武子三鄭立幽公子爲繻公元年　附案繻公名駘此失

不書但世家集解兩引年表皆云立幽公子駘則是今本脫
耳至謂繻或作繚恐非益謚法無繚人表作繚公妄也然謚
亦不聞有繻疑是繆字之譌

威烈王六　魏文侯五魏誅晉幽公立其弟止
案大事記云表書魏誅晉幽公益有脫字皇極經世作魏文
侯殺晉幽公因年表之誤余攷世家言盜殺幽公魏文侯以
兵誅晉亂紀年謂晉大夫索隱引作夫人是秦嬴賊公于高寢之上
則所稱盜者秦嬴也而魏所誅者盜也此表脫誤無疑又世
家紀年及索隱引世本竝以烈公止爲幽公子世本作烈成公此作
幽公弟亦誤

威烈王九　秦靈公八城塹河瀕
附案瀕乃瀕之省有本作瀨者非

威烈王十一　補龐城
附案城字衍索隱本無

威烈王十二　秦簡公元年
案紀簡公名悼子此失書
魏文侯十一衛愼公元年　案此失書愼公名其元當在考
王十三年
趙獻侯十中山武公初立　附案中山卽鮮虞其種乃白狄
續志謂子姓國左傳定四年已有中山之稱哀三年又見于
傳其來舊矣而年表世家皆書武公初立乃至是始稱公立
號謚索隱引世本武公之後有桓公益先見滅於魏其後復
立且僭稱王爲趙武靈所滅故附于趙表也乃徐廣謂武公
西周桓公之子殊妄中山此時方强安得見滅于周以其地
封宗室而周衰已甚又安能使子弟據中山乎況西周武公
當王赧時也大事記謂武公西周桓公之子或者徐廣徒聞
中山姬姓遂傅會其世系歟鄭語韋注及水經滱水注謂與周同姓姬非

威烈王十三　齊宣公四十三伐晉敗黃城
附案敗字誤當依田完世家作毀

威烈王十四　魏文侯十三出其民人
案人字衍
齊宣公四十四伐魯莒及安陽　案世家作伐葛及安陵夫
安陽安陵皆非魯地疑有誤而葛乃莒字之譌猶王子表莒
魁之爲葛魁也

威烈王十五　趙獻侯十三城平邑
案竹書在威烈王八年當趙獻六年未知孰實
齊宣公四十五伐魯取都　附案世家云取一城益都卽城
也左傳凡邑有宗廟先君之主曰都無曰邑都曰城莊二十八但
不知所取何都耳他本都字或譌作鄭

威烈王十八　秦簡公七塹洛城重泉
案秦紀在簡公六年
魏文侯十七擊宋中山伐秦至鄭還築洛陽　附案魏趙世
家云伐中山使子擊守之則宋乃守字之譌又世家云築雒
陰合陽則洛下脫陰郃二字洛陰郃陽其地皆在同州世家

郃省爲合紀年作汾陰郃陽水經注四作汾陰郃縣汾字皆誤徐廣曰一云擊宋中山置合陽九非 徐引世家作合陽洛陽譌也

韓景侯虔元年　案索隱引紀年及世本云名處而史作虔未知孰是 呂子任數注亦作處

威烈王十九　魏文侯十八文侯受經子夏過段干木之閭常式

案受經式閭之事世家書于二十五年此在十八年不同葢元不可以年定也而文侯之師子夏容齋續筆及宋永亨搜采異聞錄俱疑子夏不及文侯之世則大不然攷弟子傳子夏少孔子四十四歲孔子卒時子夏年二十九爲周敬王四十一年至是葢年一百一歲矣以有道之士而享上壽亦理之常何足爲疑且又安知文侯之師子夏不在初卽位時乎梁釋僧祐宏明集載宗炳謂七十二子雖復升堂入室年五十者曾無數人乃無稽之談耳 見炳答何衡陽難釋白黑論 子夏與文侯問荅載于禮經受經爲師著于史傳卽諸子亦皆述之豈盡不可爲典據哉

韓景侯二鄭敗韓于負黍　史詮曰我作韓非也

楚聲王當元年魯穆公元年　案穆公失名其元當在楚簡王二十三年此誤

齊宣公四十九伐衞取丹陽　附案丹陽乃楚地非衞所有齊何從取之他本多作毌丘與世家同亦譌索隱本作取毌者是毌卽古貫字衞之邑索隱謂字殘缺妄也

威烈王二十一　魏文侯二十卜相李克翟璜爭

案世家載卜相事于二十五年未知孰是說苑臣術篇翟黃自稱曰觸豈有二名歟

齊宣公五十一田會以廩丘反　附案紀年云公孫孫 當音去聲 以廩丘叛于趙乃今本之譌紀年已于上云田布殺公孫孫矣年表及齊與田完世家皆作田會索隱引紀年作公孫會是一人也 紀年書于前五年疑是錯簡 但左傳哀公廿四年魯臧石會晉師伐齊取廩丘不知何時復歸于齊今無從攷 水經注廿四亦作公孫會

威烈王二十三　齊康公二宋悼公元年

案悼公之元當在齊宣公三十五年此書于康公二年誤也悼公又失書名 悼公在位八年索隱引紀年爲十八年與史駁大紀作二十八年九非

威烈王二十四　趙列侯七列侯好音欲賜歌者田徐越侍以仁義乃止

案世家以節儉侍者徐越也以仁義侍者牛畜也此撮舉互異而又失荀欣大事記據番吾君謂公仲相趙四年之語載此事於威烈王二十一年是也此與世家同誤在是歲

燕釐公元年　附案索隱引紀年以釐公爲簡公非也索隱亦以爲妄

安王元年　魏文侯二十四伐秦至陽狐

案伐秦乃秦伐我之誤葢以報十七年伐秦之役也

楚悼王類元年　附案世家作熊疑葢悼王有二名通鑑從表大紀從世家

安王二　魏文侯二十五太子罃生
附案莊子則陽篇作瑩釋文云郭本作瑩今本多作罃則疑罃是誤又史詮曰罃太子擊之子也今本缺下子字
韓景侯九鄭圍陽翟　史詮曰圍下缺我字
楚悼王二三晉來伐我至桑丘　附案桑丘乃燕地楚肅王元年齊伐燕取桑丘可證楚安得有桑丘之地乎當依世家作乘丘（通鑑注亦從之）蓋楚取之于魯耳乘與桑形近致譌但世家正義曰年表云三晉公子伐我至乘丘誤也已解在年表中今本年表無正義當是傳寫脫失然所引年表與今本不同而反以乘丘爲誤亦不可解得毋譌桑作乘耶
安王三　秦惠公元年

案紀年惠公前有敬公未知孰是說在紀
韓列侯元年　案列侯名取此失書但索隱謂世本作武侯無列侯豈有二謚歟
趙武公元年　案武公名缺史先失也而武公之前爲列侯武公之後爲敬侯不應武獨稱公此與世家竝非人表仍史誤大紀作武侯是也
安王四　韓列侯二鄭殺其相駟子陽
附案子陽之殺繻公殺之以說于楚也故世家書鄭君而呂子首時適威及淮南氾論謂其舍人因猘狗之驚以殺子陽與史異說疑不然也
安王五　韓列侯三鄭人殺君
案鄭人殺君是羨文卽後年弒繻公事誤重于前一年
安王六　韓列侯四鄭相子陽之徒殺其君繻公
附案徒字湖本譌作徙
安王七　秦惠公五伐諸緜
附案此亦緜諸之譌也
韓列國五鄭康公元年　附案康公名乙此失書但世家集解引表有乙字則今本失之至謂名乙陽又謂名陽竝非
齊康公十宋休公元年　案休公之元當在齊宣公四十三年此誤又失書名休亦謚法所無
安王十　魏文侯三十三晉孝公傾元年
案晉此公之謚史作孝公紀年作桓公（索隱曰故韓子有晉桓侯）是有二

謚也而其名表與世本紀年作傾世家作頎豈亦有二名歟（通鑑從表大紀從世家）至表作在位十五年世家作十七年竝史之誤當依竹書作二十三年遷屯留爲是竹書於遷屯留後更無晉事矣說見後
安王十二　秦惠公十與晉戰武城縣陝
案秦惠文王後元年使張儀取陝則此言縣陝誤矣抑豈中間仍歸于晉而秦復取之歟秦紀言孝公初立有東圍陝城之語若陝歸晉疑在是時
魏文侯三十五齊伐取襄陽　案世家作襄陵是也此誤作襄陽
安王十三　秦惠公十一太子生

案紀言太子生在十二年

魏文侯三十六秦侵晉　附案魏世家作秦侵我陰晉史詮謂今本年表缺我陰二字是也至索隱于世家引表作齊侵陰晉誤而所引世家文作三十五年秦復侵我陰晉亦誤

齊康公十六與晉衛會濁澤　案此會當依世家在康公十八年此誤索隱於世家辨之矣

安王十六　魏武侯韓文侯趙敬侯

案武侯名擊敬侯名章此俱失書韓文哀二侯之名國史先缺故不著而索隱謂紀年無文侯豈哀侯即繼列侯而立乎（紀年於安王廿一年當文侯六年書韓滅鄭哀侯入于鄭是哀侯繼列侯矣然所書滅鄭之年誤）

齊康公十九田常曾孫田和始列爲諸侯遷康公海上食一

城　案康公以十四年遷當安王十一年不與田和爲侯同歲田完世家是也此與齊世家竝誤以遷海上爲十九年

安王十七　秦出公二誅出公

案誅字當作弒

魏武侯二城安邑王垣　附案此與世家竝作王垣注以爲垣縣有王屋山故曰王垣紀年及括地志亦皆稱王垣水經注四引史記魏武侯二年城安邑至垣似誤（紀年書于安王廿六年誤）

齊康公二十田和卒　附案索隱所引紀年以和卒于齊康公二十一年而大紀又以和卒于十九年一前一後竝與史殊恐非也

安王十八　秦獻公元年

案此公本謚元獻說在紀

齊康公二十一田和子桓公午立　附案索隱引紀年及春秋後語康公二十二年田侯剡立後十年田午弒其君及孺子喜而兼齊是爲桓公又稱桓公十九年卒不止在位六年皆與史不合（魏世家引紀年稱桓公爲幽公與田完世家異恐誤）

安王二十三　秦獻公六初縣蒲藍田善明氏

附案善明氏未詳俟攷

安王二十四　齊威王因齊元年自田常至威王威王始以齊彊天下

案威王之名年表世家及魯仲連傳竝作因齊國策作嬰齊必誤葢時有田嬰決無君臣同名之理而身爲齊君不當以

齊爲名攷莊子則陽篇有田侯牟釋文曰司馬云齊威王也名牟桓公子案史記威王名因不名牟據釋文則史元無齊字穰苴傳因爲齊威王尤可互證疑威有二名一名因一名牟古不避嫌名故薛公名嬰也後威王三十三年殺其夫人牟辛葢以夫人之姓不避至威王下必有脫文或曰衍威王二字或曰當補六世二字

安王二十五　魏武侯十晉靜公俱酒元年

案索隱引世本無酒字當是酒似不可爲名人表名任伯也又攷竹書于烈王二年書晉桓公邑哀侯于鄭（韓哀侯也）于六年書韓共侯趙成侯遷晉桓公于屯留桓公即孝公雖遷屯留孝公未卒也其卒不知在何時竹書于顯王十年有鄭取屯

留之語而靜公在位二年遷爲家人則計其年數疑孝公在位三十二年當卒于顯王八年靜公當立于顯王九年大事記以桓公爲靖公大誤

楚肅王四蜀伐我茲芳　附案方字湖本譌芳

安王二十六　魏武侯十一魏韓趙滅晉絕無後

案史于晉君之年多舛故是年書滅晉年表及諸世家皆然惟韓世家但云分地而不知其誤也攷趙世家云與韓魏分晉封晉君以端氏又云奪晉君端氏徙處屯留竹書云晉桓公邑哀侯于鄭又云韓共侯趙成侯遷晉桓公于屯留乃後此六七年中之事安得謂晉已滅絕乎葢是年爲晉孝公十七年晉雖分而未絕封晉孝公于端氏必在此時故韓徙都于鄭尚假晉公之命也大事記曰周安王二十六年所分者絳與曲沃之地也史記之書誤矣

十一韓哀侯元年　案十一兩字衍文哀侯名失傳

楚肅王五魯共公元年　案共公名奮此失書

齊威王三三晉滅其君　案分地非滅君也說在前

烈王元年　韓哀侯二滅鄭康公二十年滅無後

案康公二十一年滅此缺一字

烈王二　秦獻公十一縣櫟陽

案獻公徙都櫟陽不應以爲縣疑縣字乃徙之誤葢二年城之至是始徙居耳魏世家同誤

趙成侯元年　案成侯失書名而其名世家作種紀年作偃葢有二名

烈王三　燕釐公三十敗齊林孤營

附案此句各本所書不同或作林營與世家合或作林孤與通鑑書林狐又別孤狐形近易譌魏有陽狐通鑑亦作孤也湖本作林孤營未知孰是

齊威王六晉伐到鱄陵　案鱄陵誤當依世家作博陵表與世家皆云晉伐亦混晉孝公僅食端氏一城其國已分豈三晉同伐齊乎通鑑作魏伐也

烈王四　魏武侯十五衞聲公元年

案聲公失書名其元當書于安王十六年爲魏武元年此誤

趙成侯三伐衞取都鄙七十三　胡氏通鑑注曰周制四縣

爲都方四十里一千六百井積一萬四千四百夫五都爲鄙鄙五百家也此時衞國褊小若都鄙七十三以成周之制率之其地廣矣盡衞之提封未必能及此數更俟博攷大事記曰葢都鄙之邑也邑地小故數多如宋向戌邑六十之類

齊威王七宋辟公元年　案辟公之元當書于康公十五年此在威王七年誤但索隱引紀年作桓侯璧兵辟與璧古通用又徐廣云名兵王邵引紀年名璧呼之有單複耳又引莊子桓侯出前驅呼辟蒙人以爲狂則辟兵諡桓年表世家竝誤以名爲諡葢諡法無辟亦斷無名辟兵而諡辟之理乃索隱于世家引紀年莊子言辟兵諡桓于年表言宋後微弱君薨未必有諡猶剔成然殊爲矛盾夫宋亡于偃尚傳其諡況前于偃者剔成之無諡史偶失

之鳥得以槃辟兵耶且剔成亦非名也王劭引紀年云宋易城盱三字各本譌為剔成肝廢其君璧而自立然則剔成者易城之誤而盱是其名盱封於易城之地因以為號焉竹書顯王十二年書宋桓侯大事記云以年攷之即剔成故吳氏國策注以桓為剔成恐非也

烈王五　韓哀侯六韓嚴殺其君

附案此疑即莊侯韓山堅一言為嚴二言為山堅也或云是名字之異

烈王六　惠王元年

案惠王上失魏字又失書名紀年作惠成王莊子養生主作文惠君

懿侯元年　案懿侯上失韓字此侯名若見紀年索隱引紀年名若山誤表與世家並失書此處索隱云系家作佑懿侯佑字豈莊之誤歟而索隱本引表作莊侯于世家引表亦作莊侯他本史記多有作莊者則此稱懿侯必是後人依世家改之但攷紀年書韓山堅賊其君哀侯後紀年書于烈王二年誤序韓共侯及懿侯于一年之內而史無共侯注家俱缺不言余疑共侯即莊侯韓山堅史所云韓嚴也山堅弒哀自立未及一年便卒懿侯嗣位憫先君之被害恨篡臣之未誅遂削其年而不數以為已改元之年斯固情理之至正豈得議其非乎特未知韓山堅于哀懿輩行親疏若何耳史既不載韓事始末而或為莊侯或為懿侯未免疏舛矣

烈王七　趙成侯六魏敗涿澤

案此及趙世家俱書涿澤之戰于成侯六年而魏世家在前一年當以魏世家為定史詮曰湖本敗魏作魏敗誤

楚宣王良夫元年　附案世家作熊良夫

齊威王十宋剔成元年　案剔成當作易城說見前史于此君不書謚不書爵不書名而書其號殊不可解其元當書于齊康公十八年此在威王十年亦誤

顯王元年　秦獻公十七櫟陽雨金四月至八月

案本紀在十八年據漢郊祀志太史儋見後七年雨金之文十一年見則十八年為是又缺書作畦時

魏惠王三齊伐我觀津　津字誤當衍齊表云伐魏取觀

魏世家云齊敗我觀田完世家云獻觀以和言獻安也紀年云齊田壽帥師圍觀觀降俱不言觀津是也觀音館魏州觀城縣古之觀國若觀津在冀州棗陽縣東南趙氏之邑與魏無干其後趙以觀津封樂毅秦相魏冉取趙觀津予趙觀津皆可證紀年書此事在前一年非

齊威王十一伐魏取觀津　附案魏世家徐廣引此表無津字各本亦無是湖本譌刻也當衍之

趙取我長城　附案表言取世家言歸史詮從表余謂此互見法也蓋是年取之即於是年歸之爾

顯王三　秦獻公十九敗韓魏洛陽

附案魏世家徐廣引表作洛陰是也傳譌為陽耳洛陰在雍

州上洛
魏惠王五城武都　案世家作武堵
顯王四　魏惠王六伐宋取儀臺
附案世家徐廣作義臺索隱云表亦作義臺見莊子然今本年表皆作儀古通
顯王五　秦獻公二十一章蟜（徐廣曰一云車騎非也）與晉戰石門天子賀（徐廣曰一作阿非也此注當在石門下）斬首六萬
附案史詮曰天子賀句誤在斬首上（此言晉乃魏也）
顯王七　秦獻公二十三與魏戰少梁虜其太子魏惠王九虜我太子
案秦虜魏將公孫痤非太子也說在秦紀

顯王八　魏惠王十取趙皮牢
案取皮牢與敗韓趙於澮本屬一事當在惠王九年趙世家可證此及魏世家在十年誤也
衞成侯元年　案成侯失書名其元當武侯十二年非惠王十年也
燕文公元年　附案世家索隱引世本以文公爲閔公非也不但前已有湣公而國策人表竝是文公與史不殊
顯王十一　韓昭侯元年
案昭侯與宣王桓惠王皆無名史先失也紀年有釐侯無昭侯（其年與史不合）韓世家索隱及魏策吳注云釐卽昭侯葢兩字謚故莊子讓王篇呂子任數審爲處方竝稱昭釐侯各處皆單舉之爾（大事記始以釐爲懿後以釐爲昭誤也）又索隱引紀年稱昭侯武似昭侯有名可攷然今本紀年無之疑索隱誤或世本有之歟
顯王十二　趙成侯十八趙孟如齊
案此成侯也而書曰趙孟何以貶也大事記謂當時國人所記年表襲用其語恐未確不見成侯如齊事疑趙孟是別一人
楚宣王十三君尹黑迎女秦　案楚官無名君尹者疑是右尹之誤
顯王十三　趙成侯十九與燕會河
附案河乃阿字之譌世家作阿是括地志所謂西阿城卽竹書云邯鄲成侯會燕成侯（成當作文）于安邑是也

顯王十四　秦孝公七與魏王會杜平
案魏下王字衍說在秦紀
魏惠王十六徐廣曰與秦孝公會杜平　附案與秦孝公云云是史表正文各本皆誤增徐廣曰三字當削
顯王十六　魏惠王十八邯鄲降
案趙表亦云魏拔邯鄲後二年於魏趙表云歸邯鄲卽趙魏田完三世家穰侯傳竝載無異似眞有其事者然邯鄲爲趙之都其君在焉魏安得拔其都乎若果拔之則未歸邯鄲之前首尾幾及二年此二年中趙侯徙居何地揆諸情勢深所難信葢與史言秦孝公降魏安邑同爲妄矣而其誤實自齊策來孫臏傳言齊據大梁之衝而魏去邯鄲則此時亦未降不

拔不歸明矣

韓昭侯六伐東周取陵觀廩丘　案世家作陵觀邢丘陵觀無攷若廩丘是齊地時屬于趙邢丘是魏地後入于秦紀年有鄭城邢丘之文亦誤俱非東周之地韓安得取之東周止有鞏耳疑所書誤胡三省又云陵觀廩丘皆邑聚名史無所攷

趙成侯二十二魏拔邯鄲　案言拔者妄也說見前

顯王十七　秦孝公十伐安邑降之

案安邑字誤卽後年降固陽事也降之二字衍說在秦紀

魏惠王十九諸侯圍我襄陵　案國策圍襄陵者止有一齊卽據竹書會齊者止宋衛二小國不得統言諸侯也襄陵之役因趙爲魏所攻求救于齊故齊圍魏襄陵在齊敗魏桂陵紀年作桂陽非前數月皆魏惠王十八年事田完世家與國策合紀年亦同在一年中只誤在十五年此與魏世家書敗桂陵于十八年書圍襄陵于十九年誤矣又攷魏文侯三十五年齊取襄陵中間不聞復歸于魏何以策史紀年俱言齊圍襄陵至惠王改元十二年又有楚敗魏襄陵之事或者魏仍取於齊史缺而不書歟孫臏傳言據大梁之衝不明言也

顯王十八　魏惠王二十歸趙邯鄲趙成侯二十四魏歸邯鄲

楚宣王十八魯康公元年　案康公失書名其元在十六年

顯王二十　韓昭侯十韓姬弒其君悼公索隱言姬一作玘亦作玘以爲玘者誤

案言歸亦妄也見前

案世家均有此語徐氏測議以爲史誤蓋韓昭時申子爲相

政治脩明豈容亂臣恣橫而昭侯在位又豈有一國二君之理韓先稱侯後稱王無所謂公更無謚悼者則悼公之非韓君明甚索隱疑悼公爲鄭之嗣君而鄭滅于韓已三十年尚何嗣君哉若以韓姬卽李斯傳之韓玘而玘爲韓安之相自昭侯十年至王安滅幾一百二十年此時烏得有韓玘況玘相安而安亡實未嘗弒安并不可以安當悼公也史詮及經史問荅亦謂此句是誤文宜芟之余謂韓姬乃別一韓大夫非韓玘也悼公非韓君也攷三晉遷晉靜公于屯留後之十二年鄭取屯留鄭卽韓靜公遷爲家人又歷十一年爲昭侯十年弒悼公卽靜公至是被弒也各國之君有二謚者甚多靜公之父謚孝又謚桓靜公在位二年而遷故又謚悼

趙肅侯元年　案史失書名索隱于年表世家作名語謂出世本而蘇秦傳又引世本作言

顯王二十三　齊威王三十三殺其大夫牟辛

附案田完世家徐廣謂一作夫人索隱曰年表亦作夫人王劭案紀年云齊桓公十一年弒其君母宣王八年殺王后然則夫人之字或如紀年之說據此則大夫是夫人之譌牟辛其姓字也但各本年表皆作大夫與世家同

顯王二十五　魏惠王二十七丹封名會丹魏大臣

附案丹封名會四字奧澀難曉注家皆缺余疑名會乃于澮之譌澮爲魏地丹封于澮猶齊封田嬰于薛耳

齊威王三十五田忌襲齊不勝　案忌無襲齊事史妄也說

在田完世家

顯王二十六致伯秦

案史詮謂秦上缺于字

秦孝公十九城武城　案武城本晋地左傳魯文公八年秦伐晋取武城自後地屬于秦迨秦厲共公二十一年晋取武城則地仍屬晋事見秦紀而此云城武城豈中閒秦復取之而史失載歟

楚宣王二十七魯景公偃元年　案景公之元當書于楚宣二十五年也

顯王二十七　秦孝公二十會諸侯于澤

案秦紀及紀年皆云逢澤此失逢字

魏惠王二十九中山君爲相　案中山復立不知的在何時國策述常莊談謂趙桓子中山復立之故殊不可信中山滅于魏文侯十七年當趙列侯元年安得在桓子之世樂毅傳有中山復國之語亦不言在何時也經史問答謂中山復立在魏惠王二十八年後亦非趙世家書與中山戰于房子在敬侯十年卽魏武侯十年明年趙又伐中山戰于中人安得以復立在惠之二十八年後益不可攷矣又魏世家相魏在二十八年與此駁

顯王二十八　齊宣王二敗魏馬陵田忌田嬰田盼將孫子爲師

案馬陵之役孫臏爲師田忌爲將田嬰田盼特其副耳故世家以及孫臏孟嘗傳無不書田忌者而于嬰或及或不及至盼則皆不言之惟此表一見世家田嬰將徐廣曰嬰一作盼魏策有田盼宿將之語然據楚世家張丑之言則田盼此時恐未必爲將而紀年單書田盼無乃誤歟盼當作肦卽世家肦子國策紀年亦多譌作盼（索隱于魏田完兩世家引紀年作肦）

顯王二十九　齊宣王三與趙會伐魏

附案徐廣于田完世家引表云與趙會博望伐魏則今本脫博望二字

顯王三十　秦孝公二十三與晉戰岸門

案岸門之戰紀在後一年

顯王三十一　秦孝公二十四秦大荔圍合陽

史詮曰大荔上有秦字圍下缺我字皆誤也

商君反死彤地　附案史詮謂彤當作肜然攷商君傳言殺之于鄭黽池徐廣曰黽或作彭索隱引鹽鐵論商君困于彭池爲證水經穀水注云黽池亦或謂之彭池也乃此又言鞅死彤地必是彭池之誤亦猶惠文後五年誤書戎地爲戎池耳魏惠王嘗與秦孝公會于彤索隱但云地名他無可攷未知于秦魏何屬且鞅果死彤亦不須加地字其誤無疑

魏惠王三十三衞鞅亡歸我我恐弗內　附案盧學士曰恐乃怒字之誤

顯王三十三　秦惠文王二宋太丘社亡

案漢郊祀志言顯王四十二年社亡未知何據且表附宋于

齊則此是宋事何以不書于齊表而附于秦乎

魏惠王三十五孟子來王問利國對曰君不可言利　案年表世家竝言惠王三十五年孟子至魏後儒皆從之其實誤也觀孟子本書當是晚始游魏故惠王尊之爲叟居魏亦甚暫故書中梁事無多然則孟子至魏必在惠王改元之十五六年閒爲周慎靚王元二兩年孟子見魏襄王有不似人君之語葢襄王初立而遂去魏游齊也其證有三自惠三十五至襄之元歷十九年而以惠之不仁襄之庸劣斷不能用孟子何以久淹于魏哉證一魏稱王于改元之年爲顯王三十五年所以孟子呼爲王此時尚未豈得預呼之乎史公亦知其難通遽改曰君世家同而固已自納敗闕矣證二孟子書惠王自言西喪地于秦七百里南辱于楚所謂喪地卽惠王後五年予秦河西地後七年魏盡入上郡于秦事所謂辱楚卽惠王後十二年楚昭陽敗魏襄陵事若孟子三十五年至魏則此皆後事何以惠王歷述之乎證三而凡誤以惠王三十五年孟子至魏者總因史以惠之改元爲襄元年故也

齊宣王七與魏會平河南　附案河當作阿沛郡平阿縣也二字每以形近互譌

顯王三十四　秦惠文王三王冠拔韓宜陽韓昭侯二十四秦拔我宜陽

案秦尚未王而冠不定在是年已說在秦紀又攷甘茂拔宜陽在秦武王四年此時安得先拔之疑拔乃攻字之誤韓表及世家亦皆誤書秦紀不載也通鑑問答謂是年拔而未取殊非事情

顯王三十五　魏襄王元年與諸侯會徐州以相王

案襄王之名年表世家俱失書索隱引世本名嗣而惠王三十二年立公子赫爲太子則又名赫豈襄王有二名乎又魏策有太子鳴豈卽襄王乎不然何得有兩太子也而惠王三世之年所書各異實一大疑案有不可不辨者史記言惠王在位三十六年襄王在位十六年哀王在位二十三年竹書以襄王十六年上繫于惠王爲其改元後之年而自癸卯以下記二十年事謂之今王杜預以爲哀王在位二十三年作書時未卒故曰今王晉書束晳傳以爲安釐王甚謬史記有襄哀二王竹書有哀無襄而索隱引世本襄王生昭王無哀王從史記者皇極經世及閻氏若璩孟子生卒年月攷從竹書者杜氏左傳後序及集解索隱從史而通鑑因之困學紀聞因之日知錄因之通鑑又不從杜所稱之哀王而從世本所稱之襄王其說備載于攷異葢通鑑是也春秋以來國君之改元者凡五見一曰鄭厲公二曰衞獻公三曰衞出公然猶云出亡復反爾若秦惠文王之改十四年爲元年與魏衞改元同其改元由于稱王亦同竹書乃魏史必得其眞若以魏惠改元年數爲後王之年將以秦惠改元後之十四年爲秦武王年乎魏世家言襄王追尊父惠爲王將以秦惠稱王爲武王追尊之乎更以孟子徵之孟子書其對惠王無不稱之爲王者則非追尊之詞明甚而惠王

自言西喪地于秦七百里南辱于楚攷惠王後五年予秦河西地後七年魏盡入上郡于秦後十二年楚敗魏襄陵惠之言指此儻以爲在襄王之世烏容出自惠王口哉惠以周安王二年生愼靚王二年卒在位五十二年壽八十二歲竹書之今王卽是襄王無所謂哀王杜誤從史作哀觀世本襄王生昭王語可見高誘注呂子審應篇亦曰昭王襄王之子以魏襄爲哀猶十二矦表以秦哀公陳哀公爲襄公也日知錄七云襄哀字相近史記誤分爲二人極是明劃故趙世家于肅矦十五年書惠王卒田完世家孟嘗君傳于宣王八年書惠王卒張儀傳稱魏哀王皆乖錯不足據也至徐州之會惠王因改元稱王會諸矦豈因相王而會乎竹書云魏惠成王改元稱一年王與諸矦會于徐州可爲的證是歲無諸矦相王事此及齊表魏田完兩世家孟嘗君傳竝誤西京雜記下載廣川王去疾發魏襄王哀王冢恐不可信

韓昭矦二十五屈宜臼曰昭矦不出此門　案昭矦當作君矦此與世家竝誤稱謚

齊宣王九與魏會徐州諸矦相王　案時無相王之事說見前而會者不止一魏此與田完世家孟嘗君傳同疏也

顯王三十六　魏襄王二秦敗我彫陰

案彫陰之戰當依世家在五年說在秦紀

顯王三十七　魏襄王三衞平矦元年

案平矦已下四代無名史失之也其元當書于魏惠二十五年此與襄王三年實惠王後三年誤

韓宣惠王元年　案紀年入表稱宣王是一字謚而史作宣惠葢誤多惠字也又紀年宣王之前爲威矦而史無之或疑卽宣王未審索隱謂韓微小國史失代系故此文及系本不同殆亦不可攷韓子說林外儲說右難一凡四見皆作韓宣王也

顯王三十九　秦惠文王八魏入少梁河西地于秦魏襄王五與秦河西地少梁

案秦紀曰魏納河內地魏世家曰予秦河西地葢孝公取河西地之時尚有未得者至是乃盡有之耳而竝不言少梁前二十五年孝公已取少梁矣何待是時乎秦魏兩表誤增當衍少梁二字又秦表應書入于我

顯王四十　秦惠文王九圍焦降之

案惠文八年圍魏焦曲沃九年降之此失書曲沃說在紀

魏襄王六與秦會雍秦取汾陰皮氏　案秦紀表及魏世家皆作會應是也此言雍非又史詮云取下缺我字

顯王四十一　秦惠文王十張儀相公子桑圍蒲陽降之魏納上郡

案張儀傳秦既取蒲陽而復歸之故魏以上郡爲謝也乃此及世家皆不書歸蒲陽世家又倒其文曰魏盡入上郡于秦秦降蒲陽則所書之事不全且似秦既得上郡又降蒲陽也夫魏豈無故而獻地哉大事記曰世家書盡入上郡于秦豈上郡所統不止十五縣前此有爲秦所取者歟公子桑儀傳作公子華未知孰是徐廣作革恐誤

楚懷王槐元年　附案世家作熊槐表省熊字但攷秦詛楚文有熊相宋姚寬西溪叢語及宋方勺泊宅編謂是懷王名史誤爲槐然詛楚文出于宋世而叢語本通志略五言熊相芈姓以左傳宣十二年熊相宜僚爲證又云有熊相祈爲懷王將（廣川書跋又引熊相禖見左傳昭廿五年）據此則懷王不應取姓作名進退參詳疑莫能定詎得遽斷爲史公之誤楚君之連熊于名者自鬻熊已下前後凡三十而獨無熊相之名烏知非詛文誤槐爲相意者槐之爲言懷也懷王死秦國人懷之遂因名之義以作謚耶歐陽修六一題跋董逌廣川書跋皆謂熊相是頃襄史記傳寫誤横其説尤非頃襄王横在位三十六年前十餘年與秦和親爲好會後十餘年屢見困于秦兵弱地削救亡不暇秦何所畏而詛之若以横近于相則楚君别有熊狂熊霜熊楊熊商形聲俱近豈盡可指擬乎歐董之所以爲是説者緣詛文稱我先君穆公及楚成王戮力同心袗以齊盟曰葉萬子孫毋相爲不利今楚王熊相倍十八世之詛盟歐董數楚成王至頃襄十八世故以熊相爲頃襄王横余據史校之楚成至懷王實十八世歐董自誤耳（蓋不數初王比）且安見十八世必爲楚之世也明都穆金薤琳琅引王順伯云秦自穆公十八世至惠文王與楚懷王同時從横爭霸此詛政爲懷王（姚氏叢語同）秦人之文不應數楚之世斯論甚確而詛文所稱率諸侯之兵以臨加我者卽懷王十一年六國攻秦楚爲從長之事也在秦惠文改元之七年所稱今又悉興其衆以偪我邊境者卽懷王十七年憤張儀之詐發兵攻秦敗于丹陽之事也所稱克劑楚師復略我邊城者卽懷王憤丹陽之敗悉兵襲秦再敗于藍田之事也竝在秦惠文改元之十三年詛文必作于是時然所稱多妄六國攻秦之役楚不戰而歸乃稱取我新郢及邲長親夫取楚漢中地六百里則沒而不書反誣楚取秦地其誰信之人所不信而欲求信于久湫巫咸亞駝之神何其矯哉因辨懷王名附著焉更攷新郢集韻以爲縣名在會稽似其地屬楚不屬秦廣川書跋以鄀（字書無此字）爲商於是張儀所詐懷王者楚奚從得之

齊宣王十五宋君偃元年　案偃之元當書于威王三十三年此誤也偃身死國亡未必有謚然國策墨子呂覽新序諸書俱以偃謚康王而荀子王霸篇稱爲宋獻楊倞注曰國滅之後其臣子各私爲謚故不同則此與世家皆失書偃謚矣至高誘注呂覽順説篇謂康王名棱一本作侵或作伇疑皆偃之譌順説篇以康王爲康成公乃今呂氏春秋本譌刻觀列子黄帝篇淮南道應訓可證文選謝惠連詠牛女詩注引呂是宋康王

顯王四十二　秦惠文王十一　歸魏焦曲沃魏襄王八秦歸我焦曲沃

案歸皮氏不書似脫也説在秦紀

顯王四十四　秦惠文王十三魏君爲王

案是年惠文稱王魏字誤文當衍表中例書君爲王也説在

周秦二紀中

韓宣惠王八魏敗我韓舉　附案趙世家肅侯二十三年韓舉與齊魏戰死桑丘爲韓宣王六年則趙之韓舉已先二年死矣疑此別一韓將而趙將適與同姓名爾索隱旣云是韓將不疑而又引紀年趙將韓舉之文謂舉先爲趙將後入韓非也紀年所載多舛當擇而取之卽如韓舉紀年于威烈王十六年書齊獲邯鄲韓舉于隱王四年書魏敗趙將韓舉若是一人無論旣爲齊獲不應仍爲趙將又忽爲韓將而其爲魏敗時逆數至爲齊獲之年已百歲矣韓舉若是之壽耶其誤明甚

趙武靈王元年　案史失名索隱云名雍

顯王四十五　魏襄王十一　衞嗣君元年

案嗣君不應無謚索隱云樂資據紀年以嗣君卽孝襄侯也其元在魏惠王三十三年此在襄王十一實惠王之後十一年乃誤耳

趙武靈王二城鄗　案世家城鄗在三年

顯王四十六　秦惠文王更元二與齊楚會齧桑

案魏亦在會此脫說見秦紀

楚懷王六敗魏襄陵　附案紀年在前一年恐非

齊湣王地元年　案史記書齊威王在位三十六年以周顯王二十六年卒宣王在位十九年以顯王四十五年卒湣王在位四十年以赧王三十一年卒通鑑上增威王十年下減湣王十年而移後宣王十年大事記不增威王之年但減湣王之年以益宣王謂宣王在位二十九年三說各異當依大事記爲是葢史載諸國年數多參錯不同安知齊年之不誤但不必增威王爲四十六年耳湣于髡傳言威王威行三十六年則固無四十六年也而孟子至齊當愼靚王三年以後必是宣王二十五六年間凡燕王讓國齊人取燕等事俱在宣王之世與孟子書合無可疑者故通鑑大事記書湣王元年于周赧王二年甚確年表世家及孟嘗君傳以宣爲十九年湣爲四十年竝非黃氏日鈔載蔣曉之說以齊兩次伐燕分繫宣湣强以求合于孟子史記殊非情事類篇引史記湣王或作暱是所見本異也淮南氾論威王三十二歲道不拾遺葢不數其初卽位之數年耳

顯王四十七　魏襄王十三秦取曲沃平周

附案紀年在後二年恐非

顯王四十八　齊湣王三封田嬰于薛

案嬰之封薛此與世家孟嘗傳竝在湣王三年國策亦在閔王時實則宣王二十二年索隱引紀年梁惠後十三年四月封嬰較史先一歲未知孰是而國策吳注謂嬰封薛在威王之世當梁惠前十三年疑紀年誤書殊不然國策于宣王前十餘年時尚稱嬰子安得言威王封之而所云受薛于先王者乃宣王也

愼靚王元年　秦惠文王更元五王北遊戎池

附案池乃地字之譌刻他本作地

燕王噲元年　案孟子稱子噲此與世家皆單稱噲而昭王是噲之子何以不追爲噲謚徐孚遠嘗疑之矣

愼靚王三　秦惠文王更元七五國共擊秦

案擊秦者六國非五國也說在秦紀中而此是秦表例不稱秦當云六國共擊我

魏哀王元年　案哀當作襄說在前

齊湣王六宋自立爲王　案宋世家謂宋偃十一年僭稱王丙偃之十一年當齊宣七年此誤在湣六年也又是年六國攻秦故魏韓趙楚燕表中竝有擊秦不勝四字而齊獨無之世家亦不書葢缺失耳

愼靚王四　魏哀王二齊敗我觀津

附案此與趙齊表及魏世家張儀樂毅傳竝作觀津韓世家又作濁澤皆誤當依趙齊兩世家作觀澤正義引括地志云觀澤在魏州頓丘縣東觀津在冀州棗陽縣東南濁澤（亦作涿澤）在蒲州解縣東北三地不同也韓世家正義引年表雖脫失不全而實作觀澤取以證濁澤之誤不言是觀津則今本年表作觀津乃傳刻之譌矣

韓宣惠王十六秦敗我脩魚得韓將軍申差　案此不書主帥太子奐又不書同被虜之鯫而止書申差已屬失倫申差特韓之一將爾亦非將軍俱說在秦紀中又得下韓字衍世家正義引表無韓字是也

趙武靈王九與韓魏擊秦齊敗我觀津齊湣王七敗魏趙觀津　案擊秦是上年事已書之矣此爲重出當衍與韓魏擊秦五字觀津竝觀澤之譌

愼靚王五　秦惠文王更元九擊蜀滅之取趙中都西陽安邑

趙武靈王十秦取我中都西陽安邑

案滅蜀之事張儀傳中索隱正義引此表俱有十月二字疑今本傳寫失之中都西陽乃西都中陽之誤說在秦紀而安邑是魏非趙地也秦紀趙世家皆無之此與趙表安邑二字竝衍文（秦紀正義引趙表作中都安陽亦非）

燕王噲五願爲臣　附案世家作顧爲臣索隱云顧猶反也有本作願者非則此願字誤矣

愼靚王六　趙武靈王十一秦敗我將軍英

案英一作泥說見秦紀

周赧王元年

案赧非謚紀年作隱王是也說在紀中又表于周諸王皆不書國號而赧王獨冠以周字何耶

秦惠文王更元十一侵義渠　案紀在十年

魏哀王五秦拔我曲沃歸其人　案秦紀云樗里疾攻魏焦降之然則是年所拔者焦也非曲沃也曲沃已于前八年爲秦取之矣尙安得曲沃乎此與魏世家樗里傳竝誤

楚懷王十五魯平公元年　案平公失書名其元在楚懷十三年也

燕王噲七君噲及相子之皆死　附案世家集解索隱均引

年表云君噲及太子相子之皆死則今本年表脫太子二字
明矣今本或有太子無子之亦非 而所謂太子者世家以爲太子平即昭
王余深疑之世家稱太子平年表紀年稱公子平家庶不明
疑一 先是太子與子之爭權舉兵攻子之不克百姓反攻太
子則其不爲國人所戴可知賢如昭王不應有此疑二 齊幷
燕二年燕人共立平夫旣攻之而又立之于理頗乖且何以
遲至二年復立乎二年之中太子安在疑三 昭王語郭隗曰
齊因孤之國亂而襲破燕齊之入燕實藉太子爲內應今觀
昭王之言殊不合事情疑四 攷趙世家武靈王召公子職于
韓立爲燕王使樂池送之諸處俱不書集解索隱引紀年同今世所傳紀年無之
集解疑趙聞燕亂遙立職爲燕王雖使樂池送之竟不能就
斯乃虛揣之譚未見確證而索隱遽譽裴駰得其旨豈不惑
哉竊意職爲王時在噲死之後昭王未立之先職立二年卒
始立昭王而昭王並非太子太子已同君噲及相子之死于
齊難矣徐孚遠亦云太子平與昭王當是二人或昭王名平
太子不名平徐說甚覈世家誤仍國策來耳孫侍御疑昭王即公子職

赧王二 秦惠文王更元十二公子繇通封蜀
案封蜀在惠文後十一年秦紀及華陽國志可證此誤後一
歲繇通說在紀

趙武靈王十三虜將趙莊 案趙莊一作莊豹說在秦紀

燕八九 案王噲以七年死安得有八年九年或稱燕兩年
無君當空此二格余又不謂然葢八九兩年必燕王職之元

年二年其論缺史脫誤不書耳

赧王三 魏哀王七擊齊虜聲子于濮
附案魏世家徐廣引表作贅子似誤

韓宣惠王二十一秦助我攻楚圍景座 案座當作痤亦猶
商鞅傳公叔痤爲公叔座也但攷此即丹陽之戰楚將乃屈
匄不知景痤何人楚世家言秦虜大將軍屈匄裨將軍逢侯
丑等七十餘人或痤在數中然諸處皆書屈匄何斯表獨舉
景痤且斷無舍大將而稱偏裨之理必誤無疑韓策吳注疑
爲景翠之譌亦非葢因韓世家徐廣引紀年有楚景翠圍雍
氏之語而爲是說也秦助我亦我助秦之誤

赧王四 韓襄王元年
案襄王名倉此失書

燕昭王元年 案昭王失書名

赧王五 秦武王元年張儀魏章皆死于魏
案武王之謚多不同說在紀又史詮曰出之作死于誤

赧王六 魏哀王十張儀死
附案紀年謂儀以魏今王七年五月卒恐非也

赧王九 秦昭王元年
案秦本紀及秦記並作昭襄此失襄字史中凡稱昭王單呼之耳 又昭王
名稷亦失書

赧王十 秦昭王二桑君爲亂誅
附案本紀言庶長壯與大臣諸侯公子爲逆皆誅則亂者甚

眾莫識誰爲桑君惟穰侯傳稱冉誅季君之亂徐廣引表亦是季君乃知桑君者季君也今本譌作桑爾季君必秦之公子索隱據本紀釋之曰季君卽公子壯僭立而號季君恐不可信葢庶長壯未定是公子謀逆未必便僭號豈小司馬因壯與桑音近而妄意之歟又按前此廿四年（惠文十）書公子桑疑季君卽公子桑若樗里子號嚴君之比則譌稱桑君亦有自來矣

赧王十三　魏哀王十七復我蒲坂

案史詮謂復下缺歸字是也

赧王十四　秦昭王六蜀反司馬錯往誅蜀守煇

案蜀以被讒賜死非反也煇當作惲並說見秦紀又惲封蜀侯此言守誤蜀之置守據華陽國志在赧王三十年當秦昭二十二年（志屢稱孝文王謬也）

趙武靈王二十五趙攻中山　盧學士曰趙攻中山趙字不當有

楚懷王二十八敗我將軍唐眛于重丘　案重丘誤說在秦紀中眛譌作昧

齊湣王二十三與秦擊楚公子將大有功　附案世家徐廣引表公子上有使字是也湖本失之

赧王十五　秦昭王七擊楚斬首三萬魏冉爲相

案楚世家云楚軍死者二萬秦紀正義引世家亦作二萬則此言三萬誤也至魏冉之相在昭王十二年紀表甚明此必薛文爲相之誤當在昭王八年錯書于此耳

楚懷王二十九秦取我襄城　附案秦紀作新城是也此言襄城必後人所改也正義曰括地志許州襄城縣卽古新城縣年表新字誤作襄

赧王十七　趙惠文王元年楚頃襄王元年

案趙楚二王皆失書名

赧王十九　秦昭王十一復與魏封陵

案封陵之歸當在昭王九年各處皆誤說在秦紀

韓襄王十六與齊魏擊秦秦與我武遂和　案與武遂在襄王十四年各處皆誤說見秦紀與齊魏擊秦五字是衍文葢已書于十四年此爲重出也

楚頃襄王三懷王卒于秦　案國策謂懷王卒頃襄乃立與史駮說在世家

赧王二十　魏昭王元年

案昭王之名年表世家皆失書索隱引世本名遬而南唐徐鍇說文繫傳遬字注云史記有魏遬其名如此必是今本脫失耳但唐書世系表通志氏族略並稱昭王名邪見王氏下而魏世家哀王六年秦來立公子政爲太子十二年太子朝秦（秦紀魏表俱有）不知太子政卽昭王遬否攷魏策樓梧約秦魏欲以太子質秦既而畱于酸棗不行有昭衍說梁王之語與史言朝秦異策又載秦楚攻魏魏內太子于楚未幾出之乃次年事然則昭王遬卽太子政也魏畏秦如虎何敢畱子不行

益昭衍說後便遣至秦矣朝秦而歸遂爲楚質楚出之後因得返國固情勢之無可疑者往楚往秦實惟一子曰遫曰政當有二名不然魏豈竝時立兩太子哉而又何敢易秦所置之太子別立王耶若彤之名恐不足信

趙惠文王四圍殺主父　案殺主父趙世家在惠文二年此與田完世家竝誤在四年

與齊燕共滅中山　案中山之滅趙世家在惠文三年田完年表及世家在湣王二十九年爲惠文四年大事記取趙世家所書年數已不合矣而謂共齊燕滅之更不足據夫中山前滅于魏文侯十七年即樂毅傳所稱樂羊伐取中山鄒陽傳所稱白圭戰亡六城爲魏取中山者蓋白圭是樂羊之副年表世家俱書之

不知何時復國其閒曾爲魏相歷百餘年而再見滅于趙顧自趙武靈王十九年以後攻城略地無歲不用師于中山何待至惠文之世始合齊燕以滅之耶且齊燕亦非與中山爲難者也齊策蘇子說閔王云中山北克燕軍殺其將而國遂亡似燕非中山與國然燕世家及年表俱不書燕共趙滅中山而燕昭王當新敗之餘方弔死問生思報齊讐何暇黷武則燕未嘗加兵于中山明矣年表及田完世家樂毅傳俱書齊佐趙滅中山似齊非中山與國然魏策云中山恃齊魏以輕趙齊策云中山國亡君臣于齊朱子通鑑綱目因書中山君奔齊而趙世家不書共齊滅中山則齊未必集矢于中山又明矣更以策證之燕策云秦伐韓故中山亡魏策云齊魏伐楚而趙亡中山趙策云楚人久伐而中山亡趙世家有齊策云齊燕戰而趙氏兼中山是助中山者韓魏燕齊也欲吞中山者趙也而誰與共乎況趙之虎視中山匪朝伊夕連年攻略力能滅之奚假鄰助設借力于齊燕而議分其地以酬功趙何利之有哉趙滅中山之歲吳師道斷其在武靈二十五年自不可易政與樂毅傳所云武靈王時復滅中山者合也攷趙世家武靈十九年略中山地至房子二十年略地至寧葭二十一年攻取丹丘等地中山獻四邑和二十三年復攻中山二十六年又攻之攘地北至燕代西至雲中九原嗣是武靈遂傳位惠文不說中山之事迨惠文三年乃書滅中山遷其王于膚施年表概不之及獨于武靈二十五年一書攻中

山此雖史家互見之法而獨書于表者必有異于凡爲攻者矣是年秦伐韓取穰韓魏齊與秦伐楚敗楚將唐昧而趙不在其列得閒以滅中山與國策合燕方新敗不能共趙攻中山詎能共秦伐楚則齊策有齊燕戰之語必燕字譌爾蓋斯時齊燕無交戰事若指齊入燕之役乃在先十餘年指燕報齊之役又在後十餘年皆不相合秦本紀昭王八年書趙破中山其君亡竟死齊亦誤破中山在秦昭六年當武靈二十五而死齊應作奔齊如果死齊尚何遷于膚施乎或問趙滅中山旣斷其在武靈二十五年則史書于惠文三四年爲誤而趙世家于武靈二十六年尚言攻中山攘地何歟曰史之誤在妄牽入齊燕在以三年爲四年而所書惠文三年滅中

山未可概指爲誤葢以武靈二十五年滅者以得其地爲滅言其實也以惠文三年滅者以得其君爲滅重在君也至若武靈二十六年之攻攘不過拓幷餘地中盡其疆界耳吳師道曰攘地之時中山已定而未廢其君後四年始遷其君如西周既滅次年遷其君于憚狐之類通鑑綱目武靈二十五年書中山君奔齊是其國已亡特其君未得後乃得之

楚頃襄四魯文侯元年　案侯乃公之誤魯時雖弱不貶其號其子尚稱傾公何以文公獨降稱侯世家及漢律厤志固稱公也惟漢志作緡公讀爲愍與徐廣及索隱引世本作湣公同葢有二謚（墨子魯問篇屢稱魯陽文君豈卽此文公歟）又文公失書名其元當書于頃襄三年此誤在四年爾知者文公父爲平公表列

平公十九年世家二十二年而漢志是二十年通鑑攷異以厤推之謂漢志最爲得實與魯世家注皇甫謐所紀歲次皆合史記差謬難可盡據見周安王二十五年今從之

齊湣王二十九佐趙滅中山　案佐趙妄也且當書于前一年說見上

赧王二十一　魏昭王二與秦戰解不利

史詮曰解地名在河東案世家解當作我

赧王二十二　韓釐王三秦敗我伊闕二十四萬

案秦紀及穰侯傳並言秦敗韓魏伊闕斬首二十四萬（秦表伊闕上似脫韓魏二字）乃合韓魏兩國之兵言也此表與楚魏韓三世家各言二十四萬失其實矣又史詮云缺斬首二字

赧王二十三　趙惠文王七迎婦秦

附案趙不聞迎婦于秦乃下格楚表中事譌刻入趙表也

赧王二十四　韓釐王五秦拔我宛城

案宛乃楚邑非韓所有也秦取于楚非取于韓也秦紀及穰侯傳甚明此與韓世家並誤當書于楚表楚世家中又其事在前一年

赧王二十五　齊湣王二十四

附案三十四湖本譌二十四

赧王二十六　秦昭王十八客卿錯擊魏至軹取城大小六十一魏昭王七秦擊我取城大小六十一

案是年所書之事此表與白起傳皆有乖錯余細校之白起

以十四年自左更遷國尉以十五年遷大良造遂以司馬錯爲左更本紀秦昭王十六年書左更錯可證表與起傳稱客卿錯非也至十八年攻魏起錯偕行葢起是主將而錯爲之副起攻取城大小六十一錯別取垣河雍紀但書錯不書起此及魏世家穰侯傳但書取六十一城而不書取垣河雍乃史家互見之法所誤者此處秦表以起爲錯耳而起傳之誤甚于此表語在傳中

赧王二十七　趙惠文王十一秦拔我桂陽

附案徐廣桂作梗是趙世家作梗陽葢桂陽屬扶風非趙地有本作杜亦非杜陽並屬扶風皆因桂杜字形近梗而譌

赧王二十九　秦昭王二十一魏納安邑及河內

案魏未嘗幷納河内　說在穰侯傳

齊湣王三十八齊滅宋　案宋偃在位之年所書各異表作四十三世家四十七呂子順說篇注云四十五而皇王大紀獨以爲六十一大紀是也葢偃以威王三十三年立至此適得六十一年其餘所書皆誤

赧王三十　秦昭王二十二蒙武擊齊

案蒙武必蒙驁之誤說在秦紀

赧王三十一　秦昭王二十三尉斯離與韓魏燕趙共擊齊破之魏昭王十二與秦擊齊濟西韓釐王十二與秦擊齊濟西燕昭王二十八與秦三晉擊齊齊湣王四十五國共擊湣王王走莒史詮曰莒下缺死字余謂擊下湣王二字當作我

案擊齊之役實秦魏韓趙楚燕六國也秦燕二表失書楚魏韓二表誤書獨與秦齊表誤書五國俱說在秦紀

趙惠文王十五取齊昔陽　附案此及趙世家並作昔陽昔陽是鼓地春秋末屬晉三國分晉屬趙皆非齊地而廉頗傳又作晉陽晉陽在太原亦爲趙地豈于齊乎取之俱史之誤索隱謂當作陽晉乃衛地後屬齊今爲趙所取斯言若有足據然其時齊湣國亡走莒旋爲淖齒所殺齊僅守莒與卽墨兩城安得尚有餘地爲趙取哉葢一本作取齊淮北者是也田完世家齊南割楚之淮北荀子王霸篇齊閔南足以破楚注閔王割楚淮北是齊割取于楚也又國策言宋康王取淮北之地則楚之淮北先爲宋割取之齊既滅宋其地復併于齊而六國擊齊惟楚趙分取其地所以楚表楚世家亦書取齊淮北而此後楚頃襄封春申君淮北十二縣春申復請以淮北爲郡可以互證葢楚爲復故趙爲新得也或問蘇秦傳載蘇代遺燕昭王書云殘楚淮北歸楚淮北何歟曰淮北本非齊地故仍繫以楚而見爲齊所有故年表雖繫以齊而不幷數於齊城之中齊方救亡不暇盜能爭新有之淮北乎

赧王三十二　趙惠文王十六與秦王會穰

附案會穰乃下格楚表中事譌刻入趙表也

赧王三十三　魏昭王十四衛懷君元年

案衛懷之元當在魏哀王襄王二十三年

赧王三十四　趙惠文王十八秦拔我石城

案石城疑有誤說在趙世家

赧王三十五　秦昭王二十七擊趙斬首三萬趙惠文王十九秦敗我軍斬首三萬

案廉頗藺相如傳言殺二萬人

赧王三十六　楚頃襄王二十秦拔鄢西陵

案此失書拔鄧說在秦紀

赧王三十七　秦昭王二十九更東攻竟陵

附案史詮曰湖本至作攻誤

赧王三十八　秦昭王三十白起封爲武安君

案武安之封在秦昭二十九年秦紀及穰侯白起傳可據

燕惠王二秦拔我巫黔中　附案此楚表中事湖本譌刻入

燕表也

赧王三十九　魏安釐王元年秦拔我南城

案安釐之名年表世家竝失書索隱引世本名圉也南城乃兩城之譌秦本紀魏世家言拔兩城可證

赧王四十二　秦昭王三十四白起擊魏華陽軍芒卯走得三晉將斬首十五萬

案華陽之役將兵者穰侯白起胡陽非止白起也所擊者是趙魏非獨魏也所得者魏將芒卯趙將賈偃不得言三晉也所斬者魏卒十三萬趙卒二萬沈于河非斬魏軍十五萬也此皆誤已說在秦紀中

赧王四十三　楚頃襄王二十七擊燕魯頃公元年

案秦紀言佐韓魏楚伐燕在昭王三十五年燕世家言韓魏楚共伐燕在惠王七年楚世家言助三晉伐燕在頃襄王二十七年此表亦云擊燕韓世家書伐燕于桓惠王元年韓表當有擊燕二字各本俱脫魏則不書于世家而書于表趙則表與世家皆無之各處不同攷國策齊韓魏共伐燕燕使太子請救于楚楚王使景陽救之夫楚方救燕不聞伐燕卽秦亦無擊燕之事而趙未出師又何云三晉然則伐燕者齊韓魏三國也秦趙不與也楚乃救燕者也宋鮑彪國策注引燕世家謂楚當是齊余仲弟履繩曰此楚表也而書曰擊燕必是未格齊襄王十二年表中語誤入于楚表田完世家不書故于表書之亦猶魏世家不書擊燕而書于表互見之耳又魯頃公失名其元

當在頃襄二十六年

赧王四十五　趙惠文王二十九秦拔我閼與

案趙世家及趙奢傳乃秦圍韓閼與而奢救之大破秦軍也拔當作攻我當作韓

齊襄王十四秦楚擊我剛壽　案楚字衍秦紀田完世家穰侯范雎傳無楚也

赧王四十六　趙惠文王三十秦擊我閼與城不拔

案此卽上年秦圍閼與之事誤重出也

赧王四十九　魏安釐王十一秦拔我廩丘

案廩丘當作郪丘說在秦紀

赧王五十　趙孝成王元年

案世家孝成名丹此失書但莊子說劍篇有趙文王卽惠文太子悝若太子卽孝成則有二名矣

燕武成王七齊田單拔中陽　案中陽是趙地而歸于秦趙武靈王十年秦惠王伐取之燕安得有中陽哉趙世家徐廣曰陽一作人正義曰燕無中陽括地志云中山故城一名中人亭在定州唐縣東北四十一里春秋時鮮虞國之中人邑爾時屬燕國左傳昭十三年晉荀吳侵鮮虞及中人趙世家敬侯十一年伐中山戰于中人後燕取之據此則當作中人表與燕趙兩世家竝誤作中陽

赧王五十一　韓桓惠王九秦拔我城汾旁

案我字下失陘字說在秦紀

赧王五十二　秦昭王四十四秦攻韓

盧學士曰秦攻韓秦字不當有下一年同

赧王五十三　楚考烈王元年

案考烈失書名

赧王五十四　趙孝成王五使廉頗拒秦于長平

案拒秦當幷書于孝成六年誤在五年也

赧王五十八　秦昭王五十圍邯鄲趙孝成王九秦圍我邯鄲

案秦圍邯鄲自昭王四十八年至五十年始解秦與趙表竝以爲是年圍之非也

拔新中（秦昭王五十）　案秦紀作寧新中而秦魏楚三表及楚世家皆作新中索隱云趙地無其名字誤鉅鹿有新市中當爲市也正義引括地志云寧新中七國時魏邑秦昭襄王拔之更名安陽今相州外城是也二說不同而正義爲確故凡言新中者竝脫寧字是乃魏地而表誤認爲趙蓋楚魏救趙秦還軍而拔魏地也

赧王五十九徐廣曰乙巳赧王卒

案赧王卒三字是史正文因集解有徐廣曰乙巳五字各本連刻誤以爲徐廣語矣至書卒之非已說在周紀自此歲至始皇二十六年幷天下海內無主三十五年然東周之滅尚後七歲史公何不取以繫王統乎大事記直以秦昭王五十二年繼周余深以爲不然

魏安釐王二十一　韓魏楚救趙新中秦兵罷楚考烈王七救趙新中　案新上失寧字說見上（趙世家集解正義皆引魏此表作新中軍今無軍字）而韓未嘗救魏不應挨入當書曰趙楚救我寧新中軍秦兵罷此所書誤矣又攷秦紀表拔寧新中在前一年乃秦還軍邯鄲所拔昭王五十年二月以後事而二國救兵亦即救邯鄲之兵也魏楚二表及楚世家皆誤後一歲是役也救趙邯鄲者魏楚救魏寧新中者趙楚轉相救耳（他本是年韓表中有秦擊我陽城救趙新中九字湖毛王本皆無疑）

秦昭王十二取西周王

案王字羨文也史詮謂王當作君又取西周在昭王五十一年爲赧王五十九年周秦二紀甚明此誤在後一年

楚考烈王八魯君封于莒　附案春申傳索隱引表云封魯君于莒則今本封字誤倒

楚考烈王十徙于鉅陽

案是時楚都于陳無徙鉅陽之事其後十二年遷壽春故漢地理志于九江壽春下注云楚考烈王自陳徙此不云自鉅陽也其地亦未聞（方輿紀要以爲即汝南之細陽）

魏安釐王二十五衞元君元年

案元君元年當書于安釐王十二年又世家元君立二十五年卒是也此誤作二十三年

秦孝文王元年文王后曰華陽后生莊襄王子楚母曰夏太后

案文王上失孝字書此者爲後書夏太后薨華陽太后薨張本也孝文失書名

燕王喜五　附案魯連傳徐廣曰案年表田單攻聊城在長平後十餘年則攻聊雖未知的在何歲而魯連遺守聊燕將書中引栗腹之敗事在燕王喜四年去長平恰十載故徐云然通鑑大事記皆書于五年也至聊城之役國策錯合于齊殺騎劫爲一章鮑注云好事者聞約矢之說惜其書不存擬之以補亡文章正宗遂據鮑爲斷以仲連之論不可訓未免疏舛吳師道已糾其妄矣但吳氏辨田單相趙不復反齊疑因歲餘不下之言聊莒卽墨之混誤指爲單則又不然單相趙到攻聊相距十六年未必畱趙如斯之久故古史云趙求單爲將擊燕有功畱相趙已而歸齊復事王建自注云單攻聊城王建之世也則豈得謂單無反齊之事耶惟辨燕將不自殺田單不屠聊一節實確不可易

秦莊襄王楚元年蒙驁取成皋滎陽元年初置三川郡呂不韋相取東西周

案莊襄名子楚此失子字滎陽下有元年二字東周中有西字皆衍文也或謂西字因東周而連及之恐非

楚考烈王十四楚滅魯頃公遷下邑　案滅魯在前一年辛亥誤書于此又下邑乃卞邑之譌徐廣云一作卞是也此與世家同誤而索隱以國外小邑解之謂卞爲非殊不然通鑑胡注云春秋夫人姜氏會齊侯于卞卽其地班志卞縣屬魯郡後書魯恭傳誤仍作下邑水經注廿三卷以爲梁國下邑並非

蒙驁擊趙

附案此乃秦莊襄王二年也莊襄二年三年表內皆不書二字三字各本皆然葢失刻耳

王齮擊上黨韓桓惠王二十六秦拔我上黨

案秦表內失刻三字而齮乃齕之誤說在始皇紀又所書擊上黨拔上黨皆不甚分明葢前十二年秦已盡有韓上黨也說在秦紀

始皇帝元年擊取晉陽趙孝成王二十秦拔我晉陽

案始皇上失書秦字帝下失書名擊下失趙字秦取晉陽始置太原郡而置郡在莊襄三年則取晉陽亦莊襄時事此與趙表趙世家並誤在後一年

秦始皇帝三蒙驁擊韓取十二城王齮死韓桓惠王二十九

秦拔我十二城

案始皇紀韓世家蒙恬傳皆是十三城此誤作十二齮亦齕之誤

秦始皇帝四七月蝗蔽天下百姓納粟千石拜爵一級

案蝗蔽天下當有脫字本紀云蝗蟲從東方來蔽天天下疫或解此表曰蝗蟲蔽天而下也又百姓上缺令字

趙悼襄王二太子從質秦歸　案世家載秦遣春平君事本于國策徐廣引此表爲證正義遂云太子卽春平君然攷列女傳悼襄之太子名嘉卽趙亡後自立爲代王者倡后譖而廢之故不得嗣王于趙未聞其有質秦之事是從秦歸之春平君非太子也列女傳又稱倡后通于春平君多受秦賂則

其非太子九明甚但不知春平為誰之子或曰惠文王子也而太子又為何人不可詳已

秦始皇帝五蒙驁取魏酸棗二十城

案酸棗二字當衍說在始皇紀

魏景湣王元年　案此失書名但世家名增而索隱引世本名午蓋有二名也

趙悼襄王三趙相魏相會魯柯盟　案柯即阿也阿有西東之別屬趙者為西阿趙成侯十九年與燕會阿是已屬齊者為東阿即春秋之柯見莊十三趙成侯九年與齊戰阿下齊威王烹阿大夫魯傾公卒于柯皆是已魯地無名柯者又此時魯滅已七年尚安得稱魯柯而趙魏會盟亦不得至魯地疑有誤或曰柯者西阿也魯字衍

秦始皇帝六五國共擊秦

史詮曰我作秦非也

魏景湣王二衛徙濮陽徙野王　附案上徙字乃從之譌衛自成公徙濮陽至是為秦所迫徙于野王也

秦始皇帝九嫪毐為亂遷其舍人于蜀

案此但書為亂而不書車裂嫪毐于情事未全不書嫪毐車裂而反書遷其舍人于史法亦失輕重之倫

魏景湣王五秦拔我垣蒲陽衍　案垣衍二字羨文說在紀

秦始皇帝十太后入咸陽大索十日

案不書遷太后但言太后入咸陽疏甚咸陽下缺南宮二字說在紀又十日二字湖本誤增他本皆無之

楚幽王悼元年　案幽王之名世家及國策吳注引史作悍此與列女傳作悼索隱作捍高祖紀索隱又作擇未知孰是漢書王商傳載張匡對曰春申君獻有身妻而產懷王劉攽疑匡誤日知錄亦云

秦始皇帝十一王翦擊鄴閼與取九城趙悼襄王九秦拔我閼與鄴取九城

案此所書秦擊取趙地之事缺失不全說在紀

趙王遷元年

案遷謚不書失之也越絕外傳記地作趙王尚蓋二名

秦始皇帝十三桓齮擊平陽趙王遷二秦拔我平陽

案書平陽而不及武城略也說在紀

秦始皇帝十四桓齮定平陽武城宜安趙王遷三秦拔我宜安

案秦表宜安二字衍趙表拔字當作攻說在紀

秦始皇帝十五興軍至鄴軍至太原取狼孟趙王遷四秦拔我狼孟鄱吾軍鄴

案紀云一軍至鄴一軍至太原則此皆有脫誤而狼孟已于前十六年為秦所取又是年李牧敗秦于番吾此所書俱妄說在紀中

秦始皇帝十七內史勝

附案紀兩稱內史騰非勝也形聲相近故譌

魏景湣王十四衞君角元年

案角之元當書于景湣三年

秦始皇帝十九王翦拔趙虜王遷之邯鄲帝太后薨

案遷下之字衍帝太后當作王太后說在紀

楚幽王十弟郝立爲哀王　案世家郝作猶列女傳亦作猶豈有二名歟史與策稱哀王而呂氏春秋至忠篇有莊哀王高誘注謂考烈王之子乃誘之誤也莊哀王說苑立節篇作楚莊王（御覽四百十七卷引呂作莊襄王亦誤八百九十卷固作楚莊王）

楚王負芻元年負芻哀王庶兄

案列女傳以負芻爲考烈王弟未知孰是越絕記地作楚王成益二名

燕王喜二十九徙王遼東

附案史詮曰王徙今本作徙王誤

魏王假三秦虜王假

案集解引列女傳云秦殺假（今本列女傳假作瑕恐非）與史言虜異矣越絕假作歇益二名又表內後格失書秦滅魏三字各表皆有之不應魏獨缺也大事記謂魏地卽定故獨不書妄爾（明陳仁錫本有疑是增入也）

代王嘉六（趙表）秦滅趙

附案表例皆于滅諸國之明年書滅以悉定其地爲滅也何獨書秦滅趙于虜代王之年必傳刻譌當移後一格

秦始皇帝二十六初并天下立爲皇帝

附案以秦繼周當始于是年

二十七更命河爲德水爲金人十二命民曰黔首同天下書分爲三十六郡

案所書之事本紀皆在二十六年此誤書于二十七年也

二十八爲阿房宮之衡山治馳道帝之琅邪道南郡入爲太極廟賜戶三十爵一級

案史詮謂秦表在第二橫行湖本自二十八年以後用從行直書與古本不合也而此年所書事甚舛并有錯亂依文讀之當云帝之琅邪之衡山道南郡入爲極廟治馳道賜戶爵一級但既書游琅邪巡衡山何以不書上鄒嶧封泰山乎爲阿房宮在三十五年不得預書于此而爲極廟治馳道及賜爵據本紀俱在二十七年誤書于是歲又極廟象天極不名太極廟史詮云今本天作太誤余謂太字衍文三十兩字亦衍文本紀無之賜爵不比賜牛酒可以總計戶口爲率也

二十九帝之琅邪

案是年登之罘刻石順道至琅邪爾乃不書登之罘而反書之琅邪疏矣

三十三西北取戎爲四十四縣築長城河上蒙恬將三十萬

案蒙恬句當在築長城上傳寫誤倒也而恬之將兵于北實始于三十二年

三十四適治獄吏不直者築長城及南方越地覆獄故失

案覆獄故失四字當在不直者下誤倒爾史詮謂此四字是

治獄不直者注文恐非及字當作取燒詩書亦當見于表

三十五爲直道

附案爲直道書矣何以不書爲阿房宮葢錯簡在二十八年也

三十六徙民于北河榆中耐徙三處拜爵一級石書下東郡

案耐徙三處乃三萬家之誤下字亦隕之譌本紀徐廣引表云石晝隕也

三十七殺蒙恬道九原入復行錢

案紀謂以書賜扶蘇蒙恬死耳恬時在北何從殺之且書恬而不書扶蘇何也至行錢一事本紀不書表于惠文王二年書天子賀行錢與秦記惠文二年初行錢合乃行錢之始自惠文以來中間不聞廢錢何云復行或疑史脫略不書然攷始皇九年攻嫪毐令國中有生得毒者賜錢百萬殺之五十萬又實未嘗廢錢矣大事記曰秦行半兩錢意者始皇末年嘗不用錢而二世復之也

二世元年十月戊寅大赦罪人十一月爲兔園十二月就阿房宮其九月郡縣皆反楚兵至戲章邯擊卻之出衞君角爲庶人

案二世上失書秦字二世下失書皇帝胡亥四字赦罪人爲兔園二事本紀不載而紀言復作阿房宮始于四月非十二月阿房終秦之世未成不可言就也楚兵至戲爲章邯所敗乃二世二年冬十月事始皇高祖二紀可據此與月表書于

元年九月並誤（漢書高紀從史表非）出衞君亦廢衞君之誤

二誅丞相斯去疾將軍馮劫

案趙高殺李斯在三年是年但囚之而具五刑耳去疾馮劫自殺非誅也

史記志疑卷九終　南海潘乃成番禺黎永椿金俊基黃濤校字

史記志疑卷十

仁和梁玉繩撰

秦楚之際月表第四

太史公讀秦楚之際

案讀字未安豈讀受命譜乎見漢書年表序中然文義未全與高祖功臣表序云余讀高祖矦功臣同一語病至秦楚之稱錢宮詹云史公意主尊漢黜秦以漢繼三代不以漢繼秦故六國表附秦而不別列秦表月表夷秦于楚項不稱秦漢之際也

五年之間號令三嬗

案自陳涉稱王至高祖五年卽帝位凡八年故序傳云征伐八年之閒天下三嬗此言五年非也

不期而會孟津八百諸矦猶以爲未可

案還師再擧說在殷紀

其後乃放弑

案弑字當依漢表作殺爲是

秦楚項趙齊漢燕魏韓

案史公惡秦故夷秦于列國而漢王之封實出于項故項先于漢但諸國以所起先後爲序趙武臣爲王先齊一月應在齊上而漢不當在此例況漢與項齊燕魏同起一月中既無先後宜辨尊卑乃何以趙齊反處于漢之上也此表易姓從封皆書于一格之内如楚表中陳涉襄彊景駒懷王項羽韓信凡五趙表中武臣趙歇張耳凡三齊表中田儋韓信凡二燕表中韓廣臧荼盧綰凡三韓表中韓成鄭昌韓信凡三而魏與梁共一表河南長沙共一表復有亡而更立者若九江王英布爲淮南王常山王張耳爲趙王亦共在一表何以楚項別爲二表哉

二世元年九月楚兵至戲

案此卽周文至戲之兵也當在二年冬十月說在六國表

楚隱王陳涉三周文兵至戲敗而陳嬰聞涉王卽殺彊　案文至戲在二年十月又史詮謂湖本走作而葛作陳皆誤

齊王田儋始從弟榮弟橫　案榮下缺一榮字田橫是榮之弟也

漢沛公初起　案高祖功臣表屢稱前元年前二年前三年

師古謂初起之年沛公初起當秦二世元年九月前之云者別于漢至霸上之元年爾夫初起已改元紀年何以此表不書而獨見于功臣表中殊不可曉且既書至霸上元年之後何以尚數漢至二十九月乎蓋表雖以月數仍復兼以年紀也

二世二年十月　齊王田儋三儋之起殺狄令自王

案儋自王事在二世元年九月此誤後一月

十一月　漢沛公三殺泗水守　徐廣曰泗水屬東海拔薛西周市東略地豐沛閒

附案拔薛西以下皆表正文湖本因泗水守下有徐注遂誤將拔薛西十一字刻作小注而加圈以隔之也

十二月　趙王武臣五

案武臣已于前月被殺不得有月數五字當衍

魏王咎四陳涉死　附案史詮曰湖本誤刻陳涉死三字今削之

端月

案始皇名正秦人諱之故改正月爲端月瑯邪頌曰端平法度曰端直敦忠盧生曰不敢端言其過皆避諱也然秦臣秉筆容或畏于當時後代所稱理宜刊革乃史公亦因仍書之是漢避秦諱矣

趙王歇始立　案立字衍

齊王田儋五讓景駒以擅自王不請我　案後月又書云景

駒使公孫慶讓齊誅慶攷陳涉世家景駒使公孫慶至齊欲與俱擊秦而齊讓景駒擅王不請慶讓齊齊怒誅慶本一時事不得分爲兩月此所書微有誤誅慶上當脫一齊字

漢沛公五與擊秦軍碭西　附案徐廣謂碭一作蕭是也高紀與戰蕭西

二月　楚王景駒二嘉爲上將軍

附案陳涉世家徐廣云正月嘉爲上將軍則今本誤在二月

四月　楚王景駒四梁擊救景駒秦嘉

附案救字當作殺湖本譌刻

五月　楚五

案景駒已于前一月見殺安得有五月五字衍

漢沛公九雍齒奔魏　案事在八月此誤在後一月

六月　韓王成韓始

史詮曰始上衍韓字

七月　齊王田儋十一

案齊表書儋十一月而儋已于前月死矣安得有月數宜衍十一兩字

魏王咎十一咎弟豹走東阿　案咎于前月見殺不得有月數表書十一十二兩月何也當衍之又攷豹傳走東阿乃走楚之誤徐廣于走楚下注云二年六月則今本誤在後一月矣應書咎弟豹走楚五字于咎之十月

九月　韓王成四

後九月　趙王歇十陳餘出救兵

史詮曰缺韓成奔懷王

案此有脫誤疑是不出救兵缺一不字或曰非也救乃收字之誤

齊王市三齊救假乃出兵項羽怒田榮　案齊救假毛本作謂楚殺假是也項羽乃項梁之誤其事當在前一月錯書于此月耳

二世三年十月　趙王歇十一章邯失邯鄲

附案失乃入字之譌

漢沛公十五攻破東郡尉及王離軍于武城南　附案高紀徐廣引表此文作成武南是今本譌武城也

韓王成六從項羽略入關　附案史詮曰六字今本誤刻削之

十二月　漢沛公十七救趙至栗得皇訢武蒲軍

案救趙二字誤救趙者羽也沛公是時攻秦略地至栗耳武蒲當作武滿說在高紀及十二矦表中

韓王成八分魏爲殷國　附案史詮曰五字湖本誤刻削之

端月　項羽五虜秦將王離

案虜王離當移前一月誤在此月也

齊王市七項羽田榮分齊爲二國　附案史詮曰今本誤刻九字削之

三月　魏王豹八分韓爲河南國

附案史詮曰湖本誤刻六字削之

五月　楚懷王二年一月

案此旣稱月表皆當紀月而忽紀以年是自亂其例矣表始二世元年七月終漢五年後九月卽欲標年亦惟漢爾而獨先書楚懷王二年殊不可解且所謂二年一月者是楚爲王之十三月當秦之五月而乃實計月數爲一年隨時改年易月從古未聞宜更之曰十三月以後月數依次更之

六月　趙王歇十九張耳從楚西入秦

附案史詮曰今本誤刻七字刪之

八月　趙王歇二十一　趙王歇畱國陳餘亡居南皮

附案大事記曰邯鄲圍解在十二月陳餘與張耳初相見卽棄將印亡去月表所以八月書趙王歇畱國陳餘亡居南皮特欲見二人俱不從楚入關故并書耳非餘至八月始亡也

九月　漢沛公二十六攻下嶢

史詮曰缺關字

十月、

案此漢元年十月也時秦已亡矣爲誰之十月乎此與下十一月十二月皆當衍之

楚懷王八

案後一月衡山王表有分楚爲四句當書于楚八月今本誤在後一月也但分楚句亦有誤續古今攷曰當書分楚爲五蓋義帝之長沙郴亦楚地也

齊王市十八項羽怨榮殺之　案榮故在齊羽安得殺之史詮謂殺之二字削或曰殺之當作不封又有本作怒榮叛之

漢沛公二十九講解　附案毛本作謝解王本作購解竝非

項羽紀是講字也

燕王韓廣二十九臧荼從入　案表有缺字當作臧荼從楚入關但此應書于燕二十七月誤在是月也

韓王成二十分韓爲河南國　案河南周之舊非韓所分豈韓成初封兼有河南乎全氏祖望評史記疏證曰秦滅韓置潁川郡先已置三川郡矣然二周之地亦入三川不得專指韓分爲河南卽韓成之起亦未嘗以兵下河南也此語疑誤

楚西楚衡山臨江九江常山代臨菑濟北膠東漢雍塞翟燕遼

東西魏殷韓河南

案漢在十二格者仍前列國之次以爲分國也大事記依史表以義帝紀元義帝死劉項分書項滅方書漢綱目祖之竊所未安河方回深加歎服不免阿好漢表升漢爲第一格削義帝不書但漢四年十月以後立常山王張耳爲趙王九江王英布爲淮南王韓信爲齊王楚王勢不得不以漢之所立而列于漢之上未免失倫楚與西楚及十八王受封之始同時改稱一月以非元正故云一月爾乃表于趙之更代仍書二十七月齊之更膠東仍書二十月燕之更遼東仍書三十一月魏之更西魏仍書十九月韓仍書二十二月五國依舊月數之何歟西楚及十八王之封在義帝元年二月楚之帝先一月也表于漢二十九月之後卽漢元年十二月獨改書正月二月豈微示別于諸王乎而楚義帝何以一月與九月並書建立諸王是一時事表于漢正月書分更國名于二月書諸王姓名于三月書所都地名以一月中之事離而爲三殊不可曉表雖以月數仍復兼紀以年乃表中除早滅無年各國外惟西楚衡山九江漢雍燕及趙王張耳韓王信兼紀年月其餘俱有月無年竟有積至四十八月三十八月者衡山王已紀年矣而又于其五年一月忽書十三月毋乃戾耶年月兼紀只漢之紀年在十月爲是餘皆以受封之月數起實計十二月爲一年與前所書楚懷王二年一月同屬乖紛誠班氏所謂甚多疏略或有抵梧史通所謂先後雙載矛盾兩傷者也

義帝元年楚九諸侯尊懷王爲義帝項羽十七

案元年下各本有一月兩字湖本失刻表中分界橫行凡二十一格第一格宜空之秦滅也第二是楚義帝第三是西楚項羽故二格九字楚之九月三格十七字羽之十七月今本譌刻義帝居第一格西楚居第二格反空第三格而所書九字十七字卻仍在第二第三格內遂使義帝越限兼二橫行二月以後始升西楚第二此乃傳刻譌失非史公之咎也史之咎在以一月九月並書蓋楚之爲帝一月卽爲王之九月九字是羨文又諸侯尊懷王爲義帝八字當移前一月書于分楚爲四句下此亦誤

楚義帝二徙都江南郴

案羽徙義帝在四月此誤書于二月也

西楚主伯項籍始　附案史詮曰湖本霸王作主伯誤

常山王張耳始故楚將　索隱曰故趙相

塞王司馬欣始故秦將　索隱曰故秦長史

翟王董翳始故秦將　索隱曰故秦都尉

韓王韓成始故韓將　索隱曰故韓王

河南王申陽始故楚將　案申陽故趙將也

楚義帝三

附案湖本失刻三字它本皆有

二都江都　案此乃第三空格也四字誤當衍

遼東王韓廣二十三　附案史詮曰三十一湖本作二十三誤

塞王司馬欣二

附案史詮曰塞三湖本作二誤

臨菑王田都五齊王田榮始故齊相

案田都已于前月降楚此乃榮之一月也五字衍

韓王成二十七項羽誅成

案成未嘗就國羽與俱至彭城殺之不知見殺的在何月徐廣于韓信傳云漢元年十一月誅成妄也余謂成之見殺必在漢八月蓋羽怨成留爲高祖守陽翟其司徒張良又從漢久欲殺之豈但因入關無功耶及聞高祖東伐遂殺成而立鄭昌距漢以八月從故道出襲三秦則韓成不應先期見殺史漢表俱誤前一月

濟北王田安七

案田安已于前月被殺安得有七月七字衍

韓王成二十八韓王鄭昌始　案此乃鄭昌之一月也當衍二十八三字

屬漢爲河南上郡

案此塞國也屬漢置渭南河上二郡誤爲河南上郡爾河南是時未失國而上郡乃翟降所置

楚義帝十項羽滅義帝

案義帝被弒之月此與羽紀高紀及黥布傳異說在羽紀

漢王十月　史詮曰缺二年

韓王鄭昌三　案是月當有漢孽昌破之五字史缺也

河南王申陽九　案此當有申陽降漢四字史缺

趙王歇三十六代王歇還王趙

案前月書歇復王趙是也此六字爲重出宜衍又歇既還王趙乃以常山爲趙矣應移在常山表内此仍居代表誤也當互易之

雍王章邯十漢拔我隴西　案高紀隴西北地已于漢元年八月先拔之矣當雍之七月乃表于雍之十月書漢拔隴西于雍之十二月書漢拔北地俱誤也

歇以陳餘爲代王號成安君

案餘爲代王與歇復王趙同時在漢二年十月此誤書于後兩月也且餘繼歇王代當移下格代表内乃僭居趙表亦誤

號字乃故字之誤

雍王章邯十二漢拔我北城

案拔北地在邯之七月說見前湖本譌地爲城字

西魏王魏豹三十二降漢爲廢王

案降漢上缺豹字但豹降漢未嘗爲廢王疑衍爲廢王三字

齊王假三齊王田廣始

案假于前月被殺安得以廣之一月爲假三月三字衍

漢四月王伐楚至彭城懷定　附案史詮曰今本敗走作懷定誤

爲河内郡屬漢　附案此殷國也史詮曰今本屬漢二字誤在郡下

屬漢爲隴西北屯戎地郡

案此雍國也史詮謂湖本地作屯中作戎俱誤但隴西北地已于漢元年八月先入于漢是時所置祇中地郡耳此表誤說在高紀

臨江王共敖二十二九江王英布十代王陳餘十二趙王歇四十八齊王廣八

附案湖本各譌刻下格當遞升上一格

趙王歇四十八漢滅歇立張耳屬漢爲郡　案立張耳三字衍耳之立在漢四年十一月也郡上失代字表例凡書屬郡皆在後月空格中此在本月乃湖本譌刻

代王陳餘十三

附案餘于前月已爲韓信所斬安得有月數當衍十三兩字毛本無

屬漢爲太原郡

案趙歇滅于漢三年十月此書屬郡在漢十二月誤宜移前一月也但陳餘之所王者代屬漢則爲代郡趙歇之所王者趙屬漢則爲太原郡表誤列陳餘居趙表趙歇居代表遂若餘滅置太原歇滅置代矣舛甚

王出滎陽

案此漢三年七月也湖本失刻七月二字但攷漢紀王出滎陽在五月表書于七月誤已無論楚以四月圍滎陽甚急不能遲至七月而六月漢王且出成皋矣尙何有滎陽哉

臨江王驩始

案驩當作尉說在高紀

漢八月周苛樅公殺魏豹　案漢紀豹之見殺在五月與項羽殺紀信竝時此誤書于八月也

西楚霸王項籍十一破殺龍且

附案史詮曰湖本擊作破

齊王廣二十一漢將韓信擊殺廣屬漢爲郡　案屬漢爲郡四字當衍後月有屬漢爲郡四字湖本誤刻上格空表中當移在本表也然田廣死田橫自立爲王迫韓信使灌嬰擊走田橫而韓信遂爲齊王非但橫之爲王表不應沒之而橫滅信立齊實未嘗爲郡也幷有誤

漢十二月燕王臧荼十二韓王信三

附案史詮曰湖本遞升上横行誤也

西楚霸王項籍三漢御史周苛入楚漢三月周苛入楚

案苛駡楚而死漢忠義之臣也乃表不書其死節而曰入楚若降項氏者然豈史筆哉且何以不書偕死之樅公也高紀徐廣引表作周苛死與今本異但苛死在漢三年六月而楚漢兩表書于四年三月張丞相傳亦作四年竝誤孫侍御云當是今本入楚下脫死字

漢四月王出滎陽豹死

案事在三年五月且表已書之此六字爲誤重當衍

衡山王吳芮十三

案衡山表已紀年當書五年一月

齊王韓信十二徙王楚屬漢南四郡　附案史詮謂四郡齊東萊平原千乘湖本爲作南誤也此與曹相國世家言信徙楚齊屬漢爲郡而胡三省云韓信兼王齊葢漢初諸侯王國亦領郡也漢書表傳無齊爲漢郡之文然觀田肎賀高帝以秦齊並言可見信兼領齊郡使信卽以齊還漢則高帝必早立齊王不待信禽之後矣

漢正月殺項籍　案殺項籍三字當書于十二月

韓王信四韓王信徙王代都馬邑　案是時無代國韓王信並未嘗徙代此與漢諸侯王表及匈奴傳皆言徙王代誤也特國于太原而都于馬邑耳然是時信尚都潁川陽翟未徙太原至漢六年正月詔信徙王太原都晉陽而信始請徙治馬邑許之此云都馬邑亦非而史所以誤者葢有故焉漢書紀表載信封拜年月日郡名縣數頗詳信徙王太原時馬邑屬太原至高祖十一年封文帝爲代王乃割以屬代詔所云取山南太原之地以益代是也故地理志以馬邑屬代郡史公但記馬邑爲代地又因信都馬邑遂誤改韓爲代而漢諸侯王表且並韓代在一格依表例此處但當云韓國餘皆衍文

一月梁王彭越始

案一月當衍表凡諸王之始例不書一月也又攷越之王在漢正月漢書高紀可據此誤後一月

衡山王吳芮爲長沙王　案芮乃改封依表例爲長沙王上當有徙字而前月空格中所書分臨江爲長沙國臨江又臨湘之誤葢是時擊滅臨江王共尉以臨江之江陵等處爲南郡屬漢分臨湘等處爲長沙國封吳芮而以衡山王之地屬淮南國也但長沙由臨江分當書第五格臨江表内乃書于河南格中非

趙王張耳九耳薨長沙王吳芮六薨

案史詮謂耳薨上缺王字薨上缺王芮二字

趙王張敖立

史詮曰始作立誤

漢八月帝自將誅燕　案誅字乃擊之誤而擊燕是七月葢臧荼以七月反卽以七月擊之盧綰傳及漢書高紀可證此書于八月與燕表書反漢于九月同誤高紀作十月尤誤

楚王韓信九王得故項羽將鍾離眛以聞

案眛下一本有斬之二字或作殺之疑後人妄增葢眛下缺詔字耳

燕王臧荼九反漢虜荼　案荼反在七月說在前此誤書于虜荼之月也漢書異姓表在漢四年九月書反漢誅荼尤誤

漢諸侯王年表第五

周封五等公侯伯子男然封伯禽康叔于魯衞地各四百里親親之義襃有德也太公于齊兼五侯地尊勤勞也武王成康所封數百而同姓五十五地上不過百里下三十里以輔衞王室

管蔡康叔曹鄭或過或損

案周封國里數當依孟子王制百里爲確安得魯衞四百里齊兼五侯地哉即幷附庸及山林川澤計之亦無其數若據後之侵小所得則已非受封之始矣且史公自言地上不過百里而乃曰四百曰五侯豈不自相矛盾乎葢與禮明堂位稱魯方七百里項羽紀正義稱太公封方五百里同謬也周禮大司徒載諸公之地五百里諸侯之地四百里諸伯三百里諸子二百里諸男百里此似相合然周禮非公旦全書多漢人僞撰竄入不足取徵而所謂齊兼五侯地者又因誤讀左傳命征五侯九伯語耳管仲對楚述賜履四至尙夸大失實更何論漢人耶若夫周封國之數左傳富辰言周公封建親戚凡二十六國成鱄言武王有天下兄弟之國十有五人姬姓之國四十人（富辰首舉國名皆文王子武王弟明十六人則十五者非）荀子儒效君道篇言周立七十一國姬姓獨居五十三人韓詩外傳四言立國七十二姬姓五十二漢書諸侯王表言周封國八百同姓五十有餘後書光武紀言周封八百同姓諸姬竝爲建國阜陵王延傳言周之爵封千有八百姬姓居半皇甫謐言武王封諸侯四百人兄弟十五人同姓四十人（謐言見困學紀聞六）其言各殊此云周封數百同姓五十五與成鱄及謐言合數百者八百也故高祖功臣表序云周封八百（補三王世家亦云八百）但時遙說異今不可詳矣鄭後封者此與管蔡曹衞竝舉亦非

度河濟阿甄以東

附案義門讀書記曰甄疑作鄄

皆外接于胡越而內地北距山以東

附案方氏補正曰北當作比其外接胡越而內地比次距山以東也與下漢郡八九十形錯諸侯閒犬牙相臨對

怵邪臣計

附案史記攷異曰索隱怵音誓訓習怵當作忕傳寫之譌

楚齊荆淮南燕趙梁淮陽代長沙

案諸王之國自當以分封先後爲次乃表不序先後隨意編列而後之增封諸國亦遂錯雜不明

楚都彭城

案楚王韓信都下邳紀傳甚明此言彭城誤葢信廢改封劉交始都彭城耳

荆都吳

附案荆王劉賈都東陽即廣陵也水經注三十廣陵城楚漢之閒爲東陽郡是已此表云都吳與徐廣于景紀云都江都亦即廣陵漢志可證乃廣于吳王濞傳云賈都吳濞移廣陵則誤也

淮南都壽春

案英布初爲九江王繼爲淮南王皆都于六紀傳甚明而此獨言都壽春誤葢以後之王淮南者都壽春而沒其始都之地也

梁都淮陽

案梁王彭越都定陶此云淮陽誤而史詮謂當作睢陽亦誤
葢至孝文子梁孝王武始徙都睢陽耳
代都馬邑
案韓王信未嘗更封代王此表失列韓國與代共在一格故
妄以韓爲代耳當改代作韓又信都陽翟後乃徙馬邑已辨
其誤于月表中
長沙
案長沙表中失書都臨湘三字
高祖二　代十一月初韓王信元年
附案當作初王韓信譌倒也
高祖四　齊初王信元年

案表例初封皆具月日若日無攷則著其月此缺書也初王
上當有二月兩字而初王下亦失韓字
淮南十月乙丑初王武王英布元年　案十月乃七月之誤
武王二字衍武王之號說在高紀
趙初王張耳元年薨在四年　案初王上缺書十一月漢異姓表書于二年誤
初王下缺書景王在四年三字衍他本無
高祖五　齊王信徙爲楚王反廢
案漢書高紀漢六年十月人告信反十二月執信廢之史本
紀以告反亦書于十二月已屬誤端而此又書反廢于五年
尤誤
燕九月壬子初王盧綰元年　案封綰在後九月非九月也
月表將相表漢異姓表甚明此及漢書高紀言九月與綰傳
言八月同誤
趙王元年　史詮曰王敖缺敖字
梁初王彭越元年　案初王上缺正月二字
代四降匈奴國除爲郡　案信降匈奴在五年漢之六年九
月也此誤書于信之四年說見高紀
高祖六　楚正月丙午初王交元年交是高祖弟也
案史詮謂初王下缺元王二字又當衍是也二字
齊正月甲子初王悼惠王肥元年肥高祖子　案漢書紀表
作正月壬子是也此作甲子誤又齊表在第五格湖本以是
年升第四格誤

淮南王英布三　附案湖本缺三字
代初王喜元年○案喜高祖兄　案漢書高紀韓王信所封
者太原郡代王劉喜所封者雲中鴈門代三郡其地兩不相
涉表中失列韓國謬與代共一格故是年以喜繼信竟若信
降匈奴喜因王其地者而不知喜封代之時信尚爲韓王如
故也欲救其誤當改前所書代字作韓此處補初置代國四
字庶爲得之又初王上缺書正月壬子元年下一圈及案字
當衍喜高祖兄四字乃史表元文
高祖八　趙王敖四廢
案張敖以高祖九年廢史漢紀表功臣傳甚明此與異姓表誤
在八年

高祖九　趙初王隱王如意元年

案初王上缺正月二字（漢書高紀云正月是也表在四月非）元年下缺如意高祖子五字然攷漢書高紀高祖七年十二月代王喜弃國自歸郎于是月辛丣立如意爲代王至九年正月趙王張敖廢乃徙代王如意爲趙王此表于代王格內既不書如意王代而如意之王趙亦不言自代徙豈非疏乎辛丣各本漢書譌辛卯攷通鑑目錄是年十二月辛亥朔有辛酉無辛卯也故知卯爲丣之譌

代王喜四匈奴攻代代王弃其國亡歸漢後置代都中都

案代王之弃國自歸在高祖七年（說見紀）當喜之二年此書于高祖九年遂列代王至四年不知代王喜二年十二月以後至四年正月乃高祖子如意爲代王之歲月表缺不具也後置代都中都六字各本皆在後空格湖本譌刻于此而後置代當作復置代國史詮謂今本誤缺耳若夫都中都晉陽之異則高紀辨之

高祖十　淮南王英布七反誅梁王彭越六反誅

案布越之反在高祖十一年此誤書于十年也漢異姓表亦誤書越反在是年

高祖十一　荊王劉賈六爲英布殺

附案布下有所字湖本缺

淮南十二月庚午厲王長元年　案十二月當作七月英布以七月反厲王卽以七月封史漢高紀甚明通鑑從之是已此作十二月與史淮南王傳漢書諸侯王表作十月並誤又厲王上缺初王二字

燕王盧綰七　附案徐廣曰一云十月亡入于匈奴史詮謂今本缺反降匈奴四字攷史漢紀傳綰亡匈奴在高祖十二年四月當綰爲王八年安得謂在是年十月乎宜補書于後年爾

梁三月丙午初王恢元年　案此與漢表並作三月丙午而通鑑考異云漢書諸侯王表作三月丙午劉羲叟長麻三月丙辰朔無丙午合從史記年表二月丙午但今本史表亦作三月未見有作二月者豈溫公所見本異耶余攷誅彭越及封梁王恢淮陽王友同在二月中彭越以三月反安得二月已封恢友爲王且考異雖言從史表而通鑑仍書于三月也蓋表之誤不在三月而在丙午恢友同封以三月丙寅日封則恢之封亦必是丙寅日矣初王下又缺共王二字

淮陽初王友元年徙趙　案徙趙二字衍

代三月丙子初王恆元年恆高祖子　案三月乃正月之誤漢書紀表可證恆字當諱作某俱說在高紀依此表書武帝封膠東王之例宜書曰初王某元年是爲孝文皇帝

高祖十二　燕三月甲午

案三月當作二月說在高紀

趙王如意四死　案死當作薨其薨在孝惠元年史漢表並誤在高祖十二年也

孝惠元年　淮陽王徙于趙名友元年是爲幽王
附案史詮曰淮陽王友徙趙元年今本徙于趙名友葢後人妄改之者
淮陽爲郡　史詮曰缺國除二字
長沙成王八　案表中脫薨字但此後諸王之薨或書或不書當是表之缺失不及徧說舉例于此
孝惠二　長沙哀王回元年
附案史漢表傳皆作回惟黥布傳晉灼注作固疑譌
孝惠七　齊哀王薨元年
附案史詮曰湖本襄作薨誤
初置呂國　史詮曰呂國由齊之濟南郡分當書于第八橫行濟南國之前史表書呂國事在第廿四橫行汝南國之前非也
高后元年　魯四月元王張偃元年
案元王乃初王之誤
常山四月辛卯哀王不疑元年薨　案哀王上缺初王二字元年下缺不疑惠帝子五字又不疑以二年薨（其薨必正月故弟義以正月立）史呂后紀及漢表可證此在元年誤
呂四月辛卯呂王台元年薨　案此旣缺書初王又缺書謚而呂字復譌在王上當云初王肅王呂台元年但呂台之薨呂后紀在二年十一月將相表在二年十二月（十二月誤）漢表亦在二年此誤書于元年也

高后二　常山七月癸巳初王義元年皇子哀王弟義孝惠子故襄城侯立爲帝
案漢表義以十月癸丑立與史呂后紀合紀書義爲王在十一月前也此七月乃十月之誤但攷通鑑目錄是年十月辛酉朔無癸巳癸丑若七月則兼有之未知孰是或云癸亥之誤皇子二字衍哀王弟三字宜置義孝惠子下立爲帝上缺後字
呂十一月癸亥王呂嘉元年嘉肅王子　案呂台以十一月薨嘉卽以十一月嗣猶常山王不疑以十月薨其弟義卽以十月封也當年改元剏父兄之末年以爲元年此牝朝之亂政無責耳矣是年十一月庚寅朔無癸亥日十二月乃有之疑癸亥乃癸巳之誤
長沙恭王若元年　附案此與漢表皆作若而漢書吳芮傳作右疑右字誤
高后四　齊哀王五
附案史詮曰湖本誤書上橫行
常山五月丙午初王朝元年　附案毛本作丙辰與漢表同湖本譌刻
高后六　呂嘉廢七月丙辰呂產元年產肅王弟故洨侯
案呂表在廿四格湖本誤書上橫行產爲呂王呂后紀在十月是也此與惠景表作七月同誤漢表作十一月亦誤又丙辰惠景表譌作壬辰十月丁酉朔無壬辰日又呂產上缺書

初王

淮陽初王武元年武孝惠帝子故壺關矦　案淮陽王彊以五年八月薨無嗣其弟武以是月續封淮陽踰年改元故表不著月日也史詮曰子故壺關矦五字湖本誤書上橫行

高后七　琅邪王澤元年

案王上缺二月初三字

趙幽王十四楚呂產徙梁元年　附案史詮曰湖本缺幽死二字誤刻楚呂產徙梁元年七字削之

梁共王十六徙王趙自殺王呂產元年　案呂后紀呂王產徙為梁王更名梁曰呂則表內當書更名呂國四字

呂二呂產徙王梁七月丁卯王太元年惠帝子　案紀作二月是此言七月與漢表言十一月同誤丁卯它本並作丁巳與漢表合湖本譌巳為卯史詮謂王上缺初字年下缺太字子下缺故平昌矦四字余謂呂后紀太為呂王更名呂曰濟川則表內當書更名濟川國五字而太字當作大說在紀

淮陽王武二　附案湖本缺二字

高后八　楚元王廿二

附案表中凡二十三十字多作廿卅雖是古稱然非史元文他本不幷宜改之後傚此

燕十月辛丑初王呂通元年肅王子故東平矦九月誅　案漢表作七月癸丑王八月誅誤也而東平矦又錘矦之誤說在呂后紀中

趙初王呂祿元年呂后兄子胡陵矦誅國除　案呂后紀及漢書紀表皆書呂祿為趙王于呂后七年此與史漢功臣表書于八年殊誤趙王恢以七年六月自殺祿之王趙必在七月此不書月亦疏又胡陵矦上缺故字下缺九月二字然表當于前年書曰六月初王呂祿元年呂后兄子故胡陵矦于此年先書二字繼書曰九月誅國除

梁王呂產二（當曰呂王）有罪誅為郡　史詮曰缺國除二字

呂王大三（當曰濟川王）　案史詮謂今本二作三誤是也但表內失書非子誅國除為郡

淮陽王武二　附案史詮曰今本三作二誤

孝文前元年　魯王張偃九廢為矦

案偃無九年已于前年九月廢矣呂后紀及漢表可據此宜移廢為矦三字于前年而衍去九字

初置成陽郡　附案國譌作郡又齊悼惠王世家正義引表云都莒而今本無之蓋傳寫脫耳

初置濟北　案史詮謂缺國字是也表于此年所置之國皆書都地而濟北獨缺攷漢地理志濟北都于盧（見泰山郡盧縣注）可補史表之缺正義謂都濟州同（漢書濟北王勃傳云國除為北安縣屬泰山郡恐誤）

十月庚戌琅邪王澤徙燕元年是為敬王　案澤徙燕在十二月此誤說在文紀又是為敬王四字今本誤刻在後格

十月庚戌趙王遂元年　案遂為王在十二月說見紀

分為河閒都洛城　史詮曰河閒國缺國字樂成作洛城誤

初置太原　史詮曰缺國字
淮陽三武誅國除　案淮陽王武于三年被誅無此年始誅武事表誤以前歲武之三年爲二年故以此年爲三年其實此是空格當衍三字武誅國除當移在前歲而書之曰非子誅國除爲郡依表例也
代十八爲文帝　案代王十八即文帝元年衍十八二字爲文帝宜作爲皇帝而移于上年
孝文前二　楚夷王郢元年
案夷王名郢客此與文紀元王世家及史漢儒林傳竝誤脫客字餘俱作郢客
城陽景王章元年　史詮曰缺初王二字
濟北王興居元年　案王上缺初字
梁初王懷王勝元年　案懷王名揖史文紀及漢紀表可據此與將相表孝王世家及漢賈誼傳作勝誤也景帝子中山靖王名勝而懷王爲景帝親弟豈有叔姪同名之理乎
長沙恭王　案恭王九年也湖本缺九字但漢表共王以八年薨子靖王嗣較史表差一年未知孰是
孝文前三、城陽景王二章悼惠子故朱虛侯
附案史詮曰湖本誤刻八字削之
濟北王二興居故東牟侯、附案六字湖本誤刻也當書曰反誅國除爲郡各本缺反誅國除而譌刻爲郡二字于後空格中

長沙靖王著元年　案著漢表作産史芮傳作羌而史詮引漢書作差字形俱近疑
孝文前四　長沙靖王二太原王參更號爲代王三年實居太原是爲孝王
附案此是上格代表中事湖本譌刻在長沙橫行
孝文前六　淮南厲王廿三王無道遷蜀死雍爲郡
案王下缺長字厲王名也雍下缺國除二字
孝文前十一　城陽共王八徙淮南爲郡屬齊淮陽王武十徙梁爲郡
案爲郡上皆缺國除二字
代孝王十來朝　案文三王傳參五年一朝凡三朝表止書其二葢此後脫書一來朝也
孝文前十二　燕康王十
附案湖本燕表缺十字
淮陽王武徙梁年是爲孝王　附案年上缺元字他本有
孝文前十五　初置衡山
史詮曰缺國字衡山廬江二國由淮南分史表當于淮南之下預空二橫行分出衡山廬江事今衡山事屬第四橫行泗水國之前廬江事屬第十九橫行清河國之前非也
分爲菑川分爲膠西分爲膠東　史詮曰缺國字
分爲膠西都宛　附案齊悼惠王世家正義引表云都高宛攷水經注廿四卷時水又西逕東高苑城中史記漢文帝十

五年分齊爲膠西王國都高苑徐廣音義曰樂安有高苑城俗謂之東苑也據此則史表舊文是高宛傳刻脫一高字耳宛與苑同郡國志作苑漢志高宛屬千乘悼惠世家正義引括地志謂膠西所都是西苑誤高宛有東西之別故水經注又云時水又西逕西高苑縣故城南漢高帝六年封丙倩爲侯國仁和沈進士景熊據地理志以膠西都高密自謂密爲宛而于是混入千乘郡之高宛余未敢以爲然宣帝改膠西爲高密安知不徙都且膠西之都高宛水經注鑿鑿言之而漢志據最後平帝元始爲說統西漢二百年其間郡縣之割隸移屬不可指數安得據宣帝時之高密以概文帝時之膠西況膠西嘗爲郡矣班志只舉大略不能盡載而遽謂卬都高密可乎

孝文前十六　衡山王勃元年

案王勃上缺初字

菑川初王賢元年故武城侯　案當作南成說在惠景表

廬江王賜元年　案王上缺初字

孝文後二　梁孝王十七

案世家孝王于十七年十八年比年入朝此缺書來朝二字

孝景前元年　初置廣川

案廣川下缺國字

初置臨都江都　史詮曰初置臨江國都江陵此缺誤

初置汝南　史詮曰缺國字

初置淮陽國　史詮曰復作初誤

孝景前二　廣川王彭祖元年

案王彭祖上缺初字

初置中山　史詮曰缺國字

臨江初王閼元年　史詮曰缺哀王二字

淮陽初王餘元年徙魯　案徙魯二字當移書于後年

長沙定王發元年　史詮曰缺初王二字

孝景前三　菑川十一　賢反誅

案表例當衍賢字各表皆不書名也

膠西六月乙亥子王端元年　案當云初王于王端元年此有缺誤索隱引廣周書謚法云能優其德曰于見五宗世家師古曰于遠也言所行不善遠乖道德故以爲謚此誤子荀紀又譌端爲瑞又乙亥漢表作乙巳非是年六月辛亥朔無乙巳也

趙王遂廿六　案此缺反誅二字

中山六月乙亥靖王勝元年　案漢表作乙巳非又靖上缺書初王

孝景前四四月乙巳立太子

案漢紀作己巳是年四月丙午朔只有己巳此作乙巳誤

廬江王賜徙衡山王元年　案元年上王字依表例當衍

衡山王勃徙濟北十二年　附案年字下有是爲貞王四字各本誤刻在後格

濟南爲郡趙爲郡淮陽爲郡　案三國皆缺書國除

膠東四月乙巳初王元年是爲孝武帝　案乙巳當作己巳

孝武二字乃後人妄改當書曰初王某元年是爲今皇帝
初置江都六月乙亥淮南王非爲江都王元年　案此文有
缺誤當云初置江都國六月乙亥汝南王非徙江都元年但
據景紀是三年事六月乙亥政與封魯王菑川王月日同則
此置四年非也以後皆當移前一格
汝南王三徙江都　案漢表二年徙此亦誤在後一年當衍
三字又缺國除爲郡四字
孝景前五　廣川王彭祖徙趙四年是爲敬肅王
附案漢表彭祖徙趙六十三年薨當太始四年史訖于太初
作史記時彭祖未卒相隔尚八年安得稱謚乎是爲敬肅王五字
乃後人妄加當削之

孝景前六　楚文王三來朝薨
案漢書元王傳作四年薨說在景紀
濟北武王胡元年　附案漢表胡在位五十四年天漢三年
始薨漢書本傳作五十三年誤不應稱謚此後人妄改今王爲武王也武漢
表作成謚誤也當依漢王子表及傳作式表例凡諸王未卒稱今王諸侯稱今侯
猶稱天子今上矣
復置臨江國　附案五字在第廿三橫行湖本譌刻上格
孝景前七十一月乙丑太子廢
案十一月當作三月說在景紀
膠東四復置膠東國　附案史詮曰今本誤刻五字削之
臨江十一月乙丑初王閼王榮元年景帝子太子　案十一
月是三月之誤說在景紀帝下子字衍
孝景中元
附案中元年也湖本缺
膠西于王六　附案各本有來朝二字此缺
膠東五　史詮曰膠東橫行無年數誤書五年削之
孝景中二　廣川四月乙巳惠王越元年
史詮曰缺初王二字
初置清河都濟陽　案清河下缺國字濟陽亦清陽之誤漢
志清河郡清陽縣注云王都可證若濟陽屬陳畱郡矣
孝景中三　清河三月丁巳哀王乘元年
案三月當作二月說在景紀又缺初王二字

臨江四坐寢侵各本譌寢廟壖垣爲宮自殺國除爲南郡　案臨
江王榮無四年表與五宗世家謂榮以四年自殺誤也知者
史景紀曰中二年三月召臨江王來卽死中尉府中漢書景
紀曰二年三月臨江王榮坐侵太宗廟地徵詣中尉自殺諸
侯王表曰榮立三年自殺景十三王傳曰爲臨江王三歲自
殺地理志曰南郡景帝中二年復故此當衍四字而移坐侵
十四字在前一格
孝景中五　常山三月丁巳
案是年三月無丁巳此與漢表同誤當作四月故史漢本紀
書曰夏
孝景中六　山陽初王定元年濟陰初王不識元年

案初王下俱缺書哀王二王並諡哀也

孝景後元元年

案多一元字衍之

梁恭王買元年　附案西京雜記下作賈恐譌

濟陰二國除　史詮曰缺爲郡二字

孝景後二　齊懿王十二

附案各本齊表有來朝二字此失之

孝武建元元年

附案孝武當作今上後人妄改也

建元三　濟川七坐射殺中傅

案漢表亦作中傅後書清河孝王慶傳中傅凡二見注云官名蓋猶少傅也應劭漢書武紀注以中傅爲宦者未知何據果如劭說王雖殘暴不過殺一宦豎何致廢遷乎攷梁孝王世家云濟川王明七歲坐射殺其中尉疑尉乃傅之誤但漢書武紀云殺太傅中傅徐廣此處言一作太傅史似有缺師傅之尊選自帝廷而王擅殺之其罪宜誅廢遷房陵猶從末減也

建元四　濟川八爲郡

案八字衍又缺國除二字

建元五　廣川繆王元年

附案漢表廣川王齊在位四十五年十三王傳作四十四年非以征和元年薨史不應稱其諡而反缺其名必後人妄改當云今王齊元年

梁平王襄元年　附案漢表梁王襄在位四十年以天漢四年薨史不得稱諡必後人因增改梁孝王世家而并改年表也當云今王襄索隱謂襄漢書作讓非

元光三　齊懿王廿二卒

案諸王皆書薨此獨言卒何也表中亦有不書薨者略也

代王義元年　案王上缺今字

元光六　衡山王賜廿五

案本傳元光六年入朝則此缺書來朝二字

河閒恭王不害元年　附案恭王之名漢表獨作不周疑誤

元朔元年　楚襄王注元年

附案注元王世家獨作經疑誤

魯安王光元年　附案光在位四十年以征和四年薨史當稱今王光後人改之

江都易王廿六　附案當作二十七說見前

長沙康王庸元年　案王諡史作康漢書作戴既已不同而史以康王父定王在位二十七年康王在位二十八年漢以定王在位二十八年戴王在位二十七年未知孰是

元朔四　河閒剛王堪元年

案此與漢十三王傳作堪而五宗世家與漢表又作基豈剛王有二名乎

元朔五　常山憲王廿二

附案各本有來朝二字此脫

元狩二　置六安國以故陳爲都七月丙子初王恭王慶元年膠東王子

案六安卽衡山故地則置六安事應在衡山國除之後不應在淮南格中今當于淮南補書曰國除爲九江郡于衡山更書云初置六安國都陳七月丙子初王慶元年膠東康王子此表舊文之舛漏與後人之增改兼有之也七月己巳朔有丙子而無壬子徐廣謂一作壬子與漢表作壬子並誤（漢紀在三年五月非）慶薨于昭帝始元三年在位三十八年故不稱謚

元狩六　齊初王懷王閎元年閎武帝子廣陵初王胥元年武帝子燕初王刺王旦元年武帝子

附案齊表第二閎字當衍以胥旦二王不重書名也（毛本燕無）表刺王二字亦當衍以旦至昭帝元鳳元年謀反自殺（在位三十八年）史不應稱謚也三武帝當作今上皆後人妄改也

元鼎元年　濟東王彭離廿九國爲大河郡

案國下缺除字太當作大大河郡卽東平國

元鼎三　楚節王純元年

案純在位十六年（徐廣云十七誤）以元鼎三年立天漢二年薨則宜稱今王元王世家云王純代立可證然純父襄王以元鼎二年薨在位十四年史年表世家漢書元王傳如是漢表獨以襄王爲十二年薨于元狩六年純以元鼎元年嗣歷十六年至太初四年薨則史又宜稱謚矣疑莫能定不可詳知

初置泗水都郯　案水下缺國字郯爲東海郡治何以爲王都疑當作淩

常山憲王卅二薨子爲王　史詮曰子勃爲王以罪廢缺勃以罪廢四字

代王義十九徙清河爲太原郡　案爲上失書國除

元鼎四　泗水思王商元年商恒山憲王子

案泗水眞定之封失其月日故不書漢書武紀但云秋而已思王上缺初王二字徐廣謂一云勤王未知何據也又恆山之改常山久矣獨此犯諱稱恆殊不可曉

河閒頃王授元年　附案授薨于天漢四年當稱今王漢表授作綬一本作綬皆傳寫譌耳

代王義徙清河二十年是爲剛王　附案義薨于太始二年則是爲剛王四字當衍

更爲眞定國頃王平元年常山憲王子　附案更爲眞定國五字當書于前年與泗水同置也平薨于征和四年在位二十五年宜稱今王也依泗水之例則元年下缺平字

元鼎五　中山靖王四十三哀王昌元年卽年薨

案靖王四十二年薨此誤（十三王傳作四十三亦誤）且是年旣爲哀王元年便不得爲靖之四十三況哀在位僅一年（漢表作二年誤）若幷入靖王則哀王竟無年矣當衍去四十三

元鼎六　中山康王昆侈元年

附案昆侈薨于征和時當作今王而康王之康亦後人妄改

與十三王傳同誤漢表是糠也師古曰糠惡謚也好樂怠政曰糠攷周書謚法解作凶年無穀曰糠

元封二　菑川頃王遺元年

附案遺薨于昭帝元鳳六年當作今王

元封三　城陽慧王武元年

附案武在位之年齊悼惠世家作十一年世家雖後人所續然與漢書高五王傳合爲得其實漢表言武元封三年嗣其子荒王天漢四年嗣則武薨于天漢三年政是十一年故史表言武七年薨與漢表言十二年薨皆誤也武既薨于天漢三年此便不應稱謚葢後人因妄續悼惠世家遂幷改今王爲慧王爾慧與惠古通

膠西于王四十七國除　案缺爲郡二字

元封五　膠東戴王通平元年

附案通平以昭帝始元四年薨當稱今王

太初二　泗水薨子哀王安世元年卽戴王賀元年安世子

案思王薨于太初元年薨字當移在前格而衍去子字諸表凡嗣王嗣侯例不言子也賀薨于昭帝時當作今王亦後人誤改之而賀是安世之弟五宗世家及十三王傳甚明此云安世子誤已且思王以太初元年薨太初二年哀王安世嗣位一年薨無後武帝以戴王賀紹封在太初三年漢表可據此并書于太初二年謂二王改元同在一年之內不更誤耶至索隱謂賀是廣川惠王子以泗水而嫁于廣川以從祖孫而指爲父子尤舛

太初三　城陽慧王七薨

附案薨字衍慧王在位十一年也

太初四　城陽荒王賀元年

附案荒王賀元年五字衍乃慧王之八年也格內當補書八字此必爲妄人竄易史公記同時人事決不乖謬如是獨怪荒王以天漢四年始嗣位何忽減父之年以益其子而荒王名順亦不名賀誤之中又有誤矣

長沙康王廿八　附案各本有來朝二字湖本失刻

史記志疑卷十終　南海潘乃成番禺黎永椿金俊基黃濤校字

史記志疑卷十一

仁和梁玉繩撰

高祖功臣侯者年表第六

封爵之誓曰使河如帶泰山如（一本作若）厲國以永寧爰及苗裔（班馬字類引作裔）

案史漢表序所載誓詞相同（漢表河上有黃字下如字作若寧作存）困學紀聞十二引楚漢春秋云高祖封侯賜丹書鐵券曰使黃河如帶太山如礪漢有宗廟爾無絕世下二語迴異陸賈在高帝時親見必得其眞史漢所載蓋呂后更之

余讀高祖侯功臣

案讀者讀侯籍也然文義未全說在月表

功臣受封者百有餘人

案高祖功臣百三十七人兼王子四外戚二計百四十三人表內所載是已其實侯表惟載功臣則王子外戚不宜混入表例自以班書爲當然余攷高帝功臣有表不盡載者功臣之封始于六年十二月故呂公之封臨泗侯利幾之封潁川侯盧綰之封長安侯表均不載蓋呂公以四年先卒利幾以五年九月反誅盧綰以五年後九月爲王也乃若高本紀秦三年有南陽守齮封殷侯（殷在河內）舍人陳恢封千戶漢二年有新城三老董公正義引楚漢春秋曰董公八十二封爲成侯（成屬涿）四年封侯公爲平國君五年有高起臣瓚引漢帝年紀起爲都武侯（都武屬定襄）齮等五人表亦不載豈竝早死無後不及六年而國除乎（或言成侯董渫卽董公之子又金石錄金鄉守長侯君碑言侯公曾孫酺封明統侯）而若在六年以後者項羽紀元武侯與射陽桃平臯三侯皆封而表無之（竹書顯王十七年晉取元武濩澤疑是河東邑名）劉敬傳敬爲建信侯水經注卷五云建信縣漢高帝七年封婁敬爲侯國臨濟縣西北五十里有建信城而表無之（建信屬千乘）黥布傳高帝十一年封故楚令尹薛公千戶（索隱引劉氏以爲關內侯蓋表無其人故意度之耳）陳豨傳封趙將四人各千戶朱建傳梁父侯（梁父屬泰山）而表俱無之樂毅傳高帝十年封樂叔于樂鄉（樂鄉屬信都國）號華成君叔孫通傳漢王拜通爲博士號稷嗣君（孟康曰稷嗣邑名）依建元侯表周子南君之例應得列焉而表又無之詎非封而失書歟至若紀信之燒殺（張晏劉攽以襄平侯紀通爲信子非也紀成以戰死通乃成之子何得幷爲一人明徐昌祚燕山叢錄言定州城東三十里有周城父老相傳是高祖築以封紀信後者然無確據恐不足憑通攷一百三卷唐高宗贈信驃騎大將軍宋眞宗贈太尉餘冬序錄言鎮江慶元寧國太平蕪湖等郡邑皆以信爲城隍神今之山西省城隍亦祀信當時無爵蔭後世歆享尙勝封侯遠矣）樅公之被烹梅鋗之勳績（項羽曾封鋗十萬戶侯高帝以鋗功封其君吳芮爲王不應鋗反無封）固忠烈俊偉之臣也而表中不見亦封而失書歟將絕而無封歟抑寡恩忘舊而不封歟傳若韓信英布彭越以告反誅告信布反者皆封侯而告越反之太僕及舍人決無不封侯之理表獨缺然劉信母封陰安侯（陰安屬魏）樊噲妻封臨光侯（臨光說在呂后紀）準以蕭妻奚母則陰安當附羹頡臨光當附舞陽而表何以沒之邪更檢別籍漢書高紀十二年詔立南武侯織爲南海王王莽傳公孫戎明樊噲不反封二千戶（晉灼注引楚漢春秋）索隱于周勃世家引楚漢

春秋曰高祖封許負爲鳴雌亭侯三國志二牧傳注引孔衍漢魏春秋同惟鳴作明婦人封侯始此而裴注疑高帝時未有鄉亭之爵似無其事唐杜佑通典言亭侯之制始于曹操之封費亭侯日知錄廿二糾其誤言建武中已有之余謂十里一亭十亭一鄉本爲秦制通攷曰秦制徹侯功大者食縣小者食鄉亭史表鄉侯亭侯甚眾但皆爲侯國戶有多少秩無崇卑非如東京有縣鄉亭之別耳新唐書宰相世系表曰平王少子烈食采汝墳秦滅周并其地遂爲汝南著姓周仁字季房漢興續周之嗣復封爲汝墳侯賜號正公後書獨行傳周燮曰我平王之後正公玄孫以汝墳下溼徙于安城當非郎中令周仁矣崔意如爲秦大夫封東萊侯子業字伯基漢東萊侯周嬰卮林言秦無尺寸之封意如獨得分壤稱孤漢氏芟除秦舊又得保東萊所未解也魏無知封高梁侯十二年酇汾封高梁豈無知先奪侯乎疑信陵君之孫卑子封蘭陵侯見京兆王氏下通志氏族略匠麗氏注云漢功臣祝其侯匠麗舒馬適氏注云英賢傳漢有畢梁侯馬適育未知封于何時存攷華陽國志閬中人范目說高帝共定秦地封目長安建章鄉侯徙封閬中慈鄉侯李善蜀都賦注引風俗通作慈鳧鄉侯則志號鳧字目固辭乃封渡沔縣侯世謂三秦亡范三侯也水經注三十九引豫章舊志盧俗字君孝本姓匡父東野王共吳芮佐漢定天下而亡漢封俗于鄡陽爲越廬君凡茲羣侯表略不著然則百四十三人果足以盡高帝封侯之籍哉或問表不載名號侯今子所補似未勘核且奚不舉高紀之剛武侯答曰初封侯名號侯關內侯表概不載余固知之但所不載者特後之有封者爾有封故初封及名號皆不載非是則雖名號亦載之不比關內侯也如曹參始封建成君繼號建成侯迨剖符更食平陽而除前賜爵矣陳平之戶牖周勃之武安威武樊噲之賢成臨武酈商之信成涿夏侯嬰之昭平沂陽茲灌嬰之昌文傅寬之共德通德靳歙之臨平建武周緤之信武婁敬之奉春莫不盡然使謂名號侯表不載將信武宣平羹頡以及靖郭涉安涉軹冠軍合騎按道隨成從平從驃宜冠博望非名號耶夫以周子南君非侯亦載而況儼然其爲侯乎朱孔平仲雜說曰封侯或以地名或以功名或以美名無定制也若剛武侯不知是何人剛武之號猶兵車稱武剛車並非高帝所封故不數之亦猶曹相國世家之天柱侯也

是以大侯不過萬家

案表載曹參封一萬六百戶劉澤封一萬二千戶蕭何封一萬五千戶則不過萬家之說未可信若陸賈謂陳平曰足下食三萬戶侯乃據秦時曲逆版籍言之虛誇其富爾非實有此數也

見侯五

案五當作六太初見侯乃平陽侯曹宗繆侯酇終根埤山侯卞仁江鄒侯靳石戴侯祕蒙穀陵侯馮偃也正義刪靳石以合五侯非

國名

附案史漢諸表國名最難攷或傳寫譌誤或後人改易而索隱所說加以踳駁今舉余所知者言之不能盡詳全氏經史問答自言有稽疑二卷得十之八根無從見之

侯功

附案史漢所書諸侯功狀蓋本于高后二年陳平所錄侯籍刪節以入表也故皆大同小異然頗有誤處未必盡仍其舊文當分別觀之

建元至元封六年三十六太初元年盡後元二年十八

附案史記太初而此與惠景侯表皆云建元至元封六年三十六者蓋太初之見侯稱今侯且不得以太初四年爲限斷故不數之與建元及王子二侯表以年號分紀者判然不同此太初以下十一字乃後人妄續當刪之惠景表有太初已後四字亦屬衍文

侯第

案官條有一定之班王侯無異守之職故但因其功之隆卑以分先後侯第所由設也漢表序云漢王即皇帝位論功封侯者百四十三人又作十八侯位次高后二年復詔丞相陳平盡差列侯之功錄第下竟余竊疑當時何以諸王無位次而諸侯有位次就以侯位論功臣百數十人何以高祖祇作十八人位次不及其餘均所難曉而十八侯位惟蕭曹可信語見世家中其十六位傳聞殊別莫識準裁（索隱言十八侯位次楚漢春秋與史漢異班固蘭臺集十八侯銘敘次人名又不同）是知高祖之作亦爲呂后改易罔仍舊章如良平俱大功臣不在十八侯內張敖未有大功儼居第三豈非呂后升降之乎（師古曾言之）而呂后差錄之位次表中舛漏頗多攷高祖所封元年至十二年共百四十三人孝惠所封元年至五年共三人呂后所封元年至二年五月共十三人統計百五十九人應有百五十九位次而除呂合陽二侯追尊爲王沛侯進封爲王羹頡侯以罪削爵射陽陽夏淮陰芒江邑五侯並以罪國除當呂后錄第時自不及其列則位次實數應有百五十矣乃表中侯之無位者曰胡陵（即建成子）曰費曰任曰棘丘曰襄平曰離曰便曰平都曰軑曰扶柳曰郊曰南宮曰梧曰平定曰博成曰沛曰襄成曰軹曰壺關曰沅陵曰上邳曰朱虛凡廿二位之無侯者曰二十一曰三十一曰三十八曰五十四曰五十六曰六十八曰七十六曰八十七曰九十三曰九十七曰百十三曰百二十曰百二十八曰百二十九曰百三十三曰百三十六曰百三十八曰百三十九曰百四十曰百四十一曰百四十二曰百四十三曰百四十四曰百四十五曰百四十六曰百四十七曰百四十八曰百四十九曰百五十凡廿九侯位之複者東武高苑皆曰四十一東茅菌皆曰四十八肥如高梁皆曰六十六新陽棘陽皆曰八十一武原磿高陵皆曰九十二平州即皆曰百十一凡七今取漢表校之費三十一平定五十四梧七十六新陽（漢作陽信非）八十七武原九十三即百十三軑百二十上邳百二十八朱虛百二十九便百三十三沅陵百三十六此十一位灼然著明可補史缺至以襄平爲六十六平都爲百十一不足取證蓋六十六已有肥如高梁并襄平則重三矣百十一已有平州并平都則重二矣不綦誤哉（德侯劉廣史表在百二十七是也漢表在百二十則與軑侯同位必是譌脫七字）再以本表侯功校之功勳相比名

次相肩高苑比斥丘斥丘四十則高苑無疑在四十一而東武之四十一必是二十一之譌襄平比平定平定五十四則襄平無疑在五十六高梁比平侯平位三十二則高梁無疑在三十八武原比高陵高陵九十二武原九十三則磨侯之位無疑在九十七東茅功盛于菌位宜在前則菌之四十八無疑是六十八之譌此五位亦確可補缺其餘失攷者數其侯則胡陵也任也棘丘也離也平都也扶柳也邲也南宮也博成也沛也襄成也軑也壺關也數其位則百三十八以下爲虛位與任侯等十三人適合無籍可稽未敢妄配而獨怪史漢兩表所載奚無越乎百三十七陸梁侯之外者邪

平陽 河東

後元四年　案文景二帝雖改元而未建號故但有前中後之分表內多稱後元中元誤也此當作後四年下皆倣此

夷侯時　附案此表及世家皆作時而漢書衛青傳作壽索隱本作疇作時俱非也葢文字殘缺俱以偏旁形似而差

廿四征和二年侯宗坐太子死國除　附案史訖太初故上文稱今侯宗天漢巳下史皆不及安得載征和閒事此十四字當削乃後人妄續各表中凡妄續者宜盡削之又漢表傳言宗坐與中人姦闌入宮掖門入財贖完爲城旦此及世家云坐太子死葢坐征和二年巫蠱事也罪狀亦異

信武

附案地無攷索隱疑縣後廢非此名號侯也

夷侯亭　附案漢法諸侯以罪失國者沒不賜謚下文稱侯亭是也此夷字後人妄加史詮曰當刪之

清陽 清河

附案漢表及水經注五作清河非也清河是郡諸侯無封郡者後汾陰侯敘功云比清陽侯索隱引楚漢春秋亦作清陽可證

三千一百戶　案漢表二千二百戶

定侯王吸　附案索隱引楚漢春秋作王隆豈有二名歟

哀侯彊　史詮曰彊謚夷誤作哀

汝陰 汝南

人漢中至孝惠魯元　附案至乃全字之譌文

陽陵

案索隱謂陽陵屬馮翊楚漢春秋作陰陵攷漢志馮翊之陽陵景帝陵也是故易陽景帝四年更名亦見史景紀安得高祖時先有茲稱況陵縣不爲侯國乎左傳襄十年有陽陵注云鄭地釋例土地名云在潁北今在河南許州西北但景帝六年封岑邁爲陽陵侯見將相表若此侯封陽陵則至元狩初失國安得景帝又封岑邁可以驗非傳侯之封矣當作陰陵爲確史漢表傳並誤陰陵屬九江郡項羽至陰陵迷道即其處俗或陽从阳陰从阴字近致譌耳若日知錄廿二卷言西漢三輔無侯國陽陵平陵皆鄉名同于縣者恐不盡然陽陵平陵應是鄉名他如盧綰之侯長安劉仲之侯郃陽丁義之侯

宣曲張敖之侯宣平溫疥之侯栒呂台之侯鄜非三輔侯國乎而食邑者不與焉顧氏未之攷耳（又范目封建章侯）爲魏將　案漢表作騎將是

屬淮陰　案此當云屬相國信說在傳寬本傳

隨頃侯靖　案隨字衍靖傳作精漢表作清形聲相近故各不同疑漢表是

恭侯則　附案漢表則作明蓋古字通借非誤也易史卦居德則忌禮運百姓明君可證王子表陪侯劉明漢表作則與此政同

十　附案漢表位次格內凡列侯位次簿中有封邑名號與史異者具載之如陽陵曰忠武侯曲成曰夜侯平曰聊城侯（一本作栁城攷志聊在東郡栁在遼西）猗氏曰長陵侯長脩曰信平侯土軍曰信成侯史表無之當補書侯第之旁

廣嚴

附案索隱引晉書地道記廣縣屬東莞攷廣屬齊郡明載漢志何必引晉記乎嚴字傳寫誤增當衍之

壯侯召毆　附案廣侯諡莊故漢表避諱改嚴然表中莊壯二文多互寫如廣侯博陽侯俱諡莊而表書作壯中水杜衍赤泉吳房涅陽五侯俱諡壯（徐廣羽紀注云五人諡壯索隱涅陽侯表下云五侯斬項籍皆諡壯）而表書作莊全氏經史問答謂史記本誤班固見史記誤本以壯爲莊因改爲嚴余初亦韙全說後歷攷之始悟其不然也國語晉大夫壯馳茲宋庠補音曰壯音莊此字諸本有作壯者有作莊者檀弓衞太史栁莊人表作栁壯師古注壯讀莊楚堵敖索隱謂一作莊敖音壯莊子天下篇不可與莊語釋文一本作壯側亮反荀子非十二子篇儼然壯然注或爲莊太平御覽公平部引韓詩外傳楚臣壯之善（今本外傳作莊）新序義勇篇作莊善國策蜀相陳莊秦本紀六國表及華陽國志作壯呂后紀呂莊表作壯本表壯侯許倩一作莊惠景表弓高莊侯漢表作壯侯太史公自序傳壯有漑即鄭莊隸續嚴訢碑兆自楚壯即楚莊王則知古字通用不得指史記爲誤端惟班固盡改作嚴豈以莊壯古通遂兼避之邪毆即甌字亦作歐音驅又通作歐此侯蓋與張毆同名師古索隱音烏后烏侯二反非也此侯漢表作歐而張毆史漢皆作歐孟康音驅攷趙世家歐代地漢書梅福傳爲漢歐除可證其從同矣（史表索隱本又譌以姓召爲呂）

十一年恭侯嘉元年　附案史詮曰當橫書于九之下（九者嘉父在位之年也）

至後元七年嘉薨無後國除　史詮曰當橫書于十三之下後上衍至字嘉上缺侯字（十三者嘉在位之年各本誤刻直行故云當橫書之）

廣平（臨淮）

擊項羽鍾離眛　案漢表項籍下有將字是

平棘（常山）其十年爲丞相　案十年當作九年說在將相表

元朔四年侯穰元年　附案史詮曰當橫書于十五之下

元狩元年穰受淮南王財物稱臣在赦前詔問謾罪國除

史詮曰當橫書于二之下侯穰坐受缺侯坐二字

博陽汝南

擊殺卒追　附案卒追史詮謂爲追卒之譌漢表作殺追士卒師古曰楚軍追漢兵者濞殺其士卒也

壯侯陳濞　附案索隱引楚漢春秋作濆疑誤今本史注又譌濆爲隫

塞　附案景帝亦以塞封直不疑索隱言是桃林塞夫桃林之塞見于左傳天下有九塞桃林其一見于淮南子即秦函谷關漢已後徙爲潼關關塞要地何以封侯國攷郡國志常山國平棘有塞疑封此

復封始　史詮曰復封侯始元年此缺

曲逆

附案漢志曲逆縣屬中山莽曰順平張晏注濡乃官反水于城北曲而西流故曰曲逆史漢皆無音則當讀如字而陸士衡功臣頌云曲逆宏達唐五臣文選注曲區句反逆音遇得毋誤認爲中牟之曲遇聚乎

其五年爲左丞相　案平爲左丞相在惠帝六年此言五年誤也

二　史詮曰上二者何孝文時獻侯在國二年也下二者何孝文時恭侯在國二年也缺下二字

堂邑臨淮

定豫章浙江都漸自立爲王壯息侯千八百戶　附案壯息人姓名壯即莊　其時僭爲王據豫章浙江之地而都于漸陳嬰擊定之也漸即浙江見水經漸江水注漢表都漸下誤增一定字千八百戶亦誤作六百戶師古謂陳嬰定諸地而都之謬甚史詮謂都當作郭山名言壯息據郭漸爲王亦非別本浙江或作折蓋依古字都漸之漸或作折及浙

季須元年　史詮曰缺侯字

侯須坐毋　史詮曰缺季字

周呂

附案周呂是號非地名師古高紀注云封名是也蓋呂爲姜姓姜之先封于呂子孫從其封姓至周益顯意謂呂澤佐漢定天下猶周有呂尚故曰周呂其後改封呂王亦以此而呂澤之食邑恐非南陽宛西之呂城濟陰之呂都縣汝南新蔡之呂亭當在彭城呂縣矣晉灼云呂縣名封于呂以爲國則知蘇林謂以姓名侯索隱謂周呂皆國名又引呂都爲證唐書世系表據續志以蔡州新蔡爲古呂國均失之矣或曰封於彭城之呂而兼食周也右扶風美陽有周地此以周呂爲國名而强言之爾封侯無合兩地幷稱者

子台封酈侯　案酈當作鄜屬左馮翊說在呂后紀

七有罪　案呂台以高后元年封王不聞以孝惠七年有罪免也有罪二字衍文而于下高后格中當依表例補書云元年侯台爲呂王國除追尊令武侯爲悼武王

建成

附案沛與豫章勃海竝有建成縣索隱以爲在沛也
奉衞呂宣王太上皇　案敍呂公于太公前必陳平諂呂氏
之詞史仍而不改也
有罪　史詮曰有罪絕缺絕字
胡陵山陽　附案漢書作漢陽誤呂祿必不遠封犍爲又漢志
漢中郡褒中縣有漢陽鄉祿亦未必封一鄉也
五月丙寅　案漢表作九月丙寅攷高后元年五月癸巳朔
九月辛卯朔皆無丙寅疑誤
呂祿元年　案呂上缺侯字
七八年祿爲趙王　案七字乃六之誤八年乃七年之誤祿
爲趙王在高后七年說在諸侯王表祿上亦缺侯字

畱楚國
不疑元年　史詮曰缺侯字
射陽臨淮
附案射陽者射水之陽也索隱謂射一作貰誤觀史漢高紀
武負貰酒注自明
侯項纏元年　案纏卽項伯也失書謚
嗣子睢有罪國除　附案水經泗水注言堉水逕七女冢元
嘉六年大水破墳得塼刻云項氏伯無子七女造塚則嗣子
睢者豈繼子邪但伯封臨淮射陽何以冢墓遠在泗漢是則
可疑耳
鄼

附案高帝封蕭何在沛之酇縣呂后封何夫人文帝封蕭延
武帝封蕭慶宣帝封蕭建世成帝封蕭喜是南陽酇縣通典
州郡七注及索隱竝言之古借酇爲鄼字遂致混亂漢志于
南陽之酇注侯國二字據後來改封書之沛郡酇下不書侯
國者國已除也周禮酒正注酇白疏云蕭何所封南陽地名
臣瓚引茂陵書何封國在南陽酇水經注廿九酇縣治故城
南臨沔水謂之酇頭漢高帝封蕭何爲侯國師古云南陽酇
本春秋時陰國今爲襄州陰城縣縣有酇城城西有蕭何廟
彼土又有筑水筑水之陽古筑陽縣與酇側近連接高后封
何小子延爲筑陽侯知何封酇國兼得筑陽通典與顏同俱
誤以蕭何封南陽酇爾漢志言王莽改沛酇爲贊治隸釋沛

相楊統碑陰故吏贊陳俊惟借酇爲鄼是以讀作贊音又直
作贊字非本音本字矣說文沛之鄼从邑虘聲南陽酇从邑
贊聲班固十八侯銘文昌四友漢有蕭何序功第一受封於
酇以酇叶何更攷唐人諸咏楊巨源詩麒麟閣上識酇侯賈
島長江集有往歲酇侯鎮句姚合少監集有酇侯宅過謙句
此沛酇音嵯之證故以蕭之封在沛者自續郡國志始索隱
因之唐劉肅大唐新語因之以蕭初封沛續封南陽者自通
典所引戴規始索隱因之元熊忠古今韻會因之明郎瑛七
脩類槀因之以南陽酇音贊者自說文始孟康師古因之張
守節正義稱孫檢因之宋董衡新唐書釋音因之以沛郡酇
音嵯者亦自說文始應劭師古孫檢因之南齊酇誕生同若夫以南

陽鄭音嵯者則周禮酒正疏及釋文也以沛鄭音贊者文穎何傳注也以沛鄭兼二音者左傳襄元年犬丘注譙國鄭縣釋文及師古高紀地志注也皆不足信唐李匡乂資暇錄宋祁筆記宋陸游老學庵續筆記王楙野客叢書王觀國學林明人如楊愼丹鉛錄焦竑筆乘方以智通雅陸容菽園雜記近時如新城王氏士禎池北偶談居易錄之類大抵仍襲前儒之說而辨之不甚明至小司馬于將相表蕭世家據鄒氏謂屬沛音嵯南陽音贊其音不謬而于功臣表三王世家不但二音互易復以劉氏（伯莊）謂何封沛後封南陽爲非奚自岐別乎

法令　史詮曰爲法令缺爲字

八千戶　案世家封八千戶之後兩次益封共七千戶并初封爲萬五千戶乃史漢兩表皆言八千蓋只就初封說也然獨怪曹參一萬六百戶劉澤一萬二千戶而張良且欲以三萬戶封之不應功居第一之蕭相國其戶數尚較少于曹參則安得曰何功最盛所食邑獨多乎（王莽傳亦云高皇帝褒賞元功相國蕭何邑戶既倍又蒙殊禮）是知表序謂大侯不過萬家元未足信而何食八千戶之言亦恐有誤耳

九年爲相國　案公卿表高帝十一年始更名丞相爲相國則何之爲相國在十一年世家與公卿表合是也此與將相表及公卿表編年皆誤作九年

一　案哀侯祿在位六年其五年在孝惠時其一年在高后時湖本失刻一字又祿無後故高后封何夫人及小子延表缺無後二字

同祿弟　附案史詮曰同蕭何夫人名卽祿之母也湖本母作弟誤

筑陽（南陽）元年同有罪封何小子延元年　案漢書表傳高后二年封何夫人同爲酇侯何少子延爲筑陽侯文帝元年罷同更封延酇侯（延在位十九年漢表謂延二年薨誤矣）此表不書延封筑陽與何夫人並時而書筑陽于孝文格內反失書更封之酇又不言延謚蓋脫誤也同以妻嗣夫爵有乖禮制故文帝卽於元年罷之其卒謚懿則不得云有罪矣延上缺書定侯二字

五年侯則元年　案五上缺後字孝文後五年也據史表則乃遺子漢表是遺弟未知孰是

三一有罪　案則在位四年其三年在孝文時其一年在孝景時故中書曰三一而漢表謂則二十年薨誤又有罪下缺絕字

武陽　附案漢志武陽有四犍爲之武陽武帝時郡始開自非所封而東郡泰山東海三武陽蓋東海是蕭食邑其後又以封史丹漢外戚表武陽侯史丹下注曰郯政東海之武陽也景紀誤以爲封于武陵已說見紀

前二年封煬侯弟幽侯嘉元年　附案此及景紀與漢書紀傳皆謂景前二年封是也漢表謂文帝封則武陽嘉紹則封

誤矣惟此不日封則弟而曰煬侯弟嘉則乃異母有煬侯遺
及幽侯嘉爲同母邪至幽侯之名史漢紀並作係徐廣以爲
有二名鄒誕生本作傒疑是係之譌字
封何孫葢侯慶　史詮曰曾孫缺曾字
壽成爲太常　史詮曰侯壽成坐爲太常缺侯坐二字
曲周　六年正月丙午景侯酈商元年
案史漢皆云商以高帝六年封然攷列傳商之封曲周在擊
陳豨英布之後豨反在十年布反在十一年　則六年商尚爲涿侯也當書
國名曰涿而以曲周爲改封橫書于高祖格中方得又曲周
屬廣平國武帝建元四年始置爲縣則前此必是鄉名然涿
固縣也盜有先封縣侯繼封鄉侯乎水經注十云曲周舊縣

非始孝武蓋以漢志爲誤耳
四千八百戶　案商先封涿五千戶盜有因功加封戶口反
少之理本傳五千一百戶是也史漢表誤
有罪　史詮曰缺絕字
繆　附案其地未聞
康侯遂　案侯名遂成缺成字
侯宗　案侯謚懷名世宗徐廣曰世一作他非也　此缺懷世二字
侯終根　案侯上缺今字
廿八後二年五月侯終根坐咒詛誅國除　附案十六字削
乃後人因妄增列傳而幷續此表爾
絳河東

八千一百戶　案此句上缺侯字史漢表戶數當依世家列
傳作八千一百八十戶
其四年爲太尉　案此當移上孝惠格中不當書于高后時
而四字亦當作六葢周勃爲太尉在惠六年非高后四年也
說在呂后紀
三年免復爲丞相　案免字衍三當作二勃以文帝二年十
一月乙亥復爲丞相也
六　案侯勝之在位六年以有罪免故文帝封亞父子條此
缺書有罪絕三字
條信都後元二年封勃子亞夫元年　案史漢並云亞夫是勃
子獨史義拾遺以亞夫爲勃弟猶以張辟彊爲子房孫均屬

別解未識何據亞夫上缺侯字
其三年爲太尉七爲丞相　案其字衍七下缺年字
十三　案此景帝時亞夫爲侯之年也然亞夫以景中五年
有罪國除則當作十二誤作十三葢幷其絕之一歲數之爾
說在景紀
平曲　附案東海有二平曲縣疑是王莽改端平之平曲其
先景帝以封公孫昆邪其後孝宣又以封廣陵厲王子曾
舞陽潁川
侯伉元年呂須子　案樊噲妻呂須高后四年封臨光侯臨一作林說在呂后紀
當書高后格中蕭何之妻是其例也此缺
坐呂氏誅族　案族字衍

中元五年侯它廣非荒侯市人子國除　案五乃六之誤本傳及漢表竝作中六年也它廣下缺坐字

潁陰 潁川

以車騎將軍屬淮陰定齊淮南及下邑　案漢表云以將軍屬韓信定齊淮南及八邑核之于傳漢表是也時灌嬰以列侯爲御史大夫將兵屬齊車騎將軍華毋傷非嬰爲車騎將軍矣韓信時爲相國不得稱淮陰而嬰擊楚從下相以東南度淮盡降城邑至廣陵渡淮北下下邳降彭城則不可言下邑此有脫誤

封嬰孫賢爲臨汝侯侯賢元年　案表例更封國名皆中間大書此誤也當中書臨汝二字删賢爲臨汝侯五字臨汝是鄉名屬汝南劉宋始置爲縣宋書謂漢舊縣者妄

侯賢行賕罪　案賢下缺坐字但史表傳皆作行賕而漢書云坐子傷人首匿免豈因匿子行賂邪

汾陰 河東

以內史堅守敖倉　案漢志高帝九年始置內史而史漢表于汾陰侯周昌高京侯周成父苛長脩侯杜恬皆書爲內史公卿表亦于高帝元年書內史周苛五年書內史杜恬疑竝誤也據周昌傳昌自卒史爲職志爲中尉以至爲御史大夫而苛以客從破秦爲御史大夫二周何嘗爲內史乎二周是誤書則杜恬之不爲內史從可知矣

比清陽侯　案比上缺功字

建平 沛郡　案呂之改封建平惟此與呂后紀兩見恐未確說在紀

有罪絕　案三字衍呂之子開方嗣侯在位十六年不聞以有罪絕也

安陽　附案漢志汝南漢中五原代郡竝有安陽攷漢表上官桀封安陽在蕩陰方輿紀要云七國時魏寗新中邑秦更名安陽漢省入蕩陰左車當封此索隱以桀封汝南水經注四以爲陜縣有安陽城是桀封邑皆非也

中二年封昌孫左車建元元年有罪國除　案此當橫書曰中二年封昌孫侯左車元年誤直書之又缺侯元年三字而建元元年侯左車有罪國除當橫書于第八格誤在孝景格中又缺侯左車三字

梁鄒 濟南

二千八百戶　案漢表作三千八百戶

孝侯武儒　案漢表儒作虎而通志氏族略作虒蓋仍唐諱而改唐人多以虒代虎也唐世系表云漢有武臣爲趙王梁鄒孝侯臣生德德生東武亭侯最最生敬襄侯嬰嬰生中涓濟陰侯山附姸戾荒誕不足據耳

侯最　頃侯嬰齊　侯山柎 一本作耐誤也師古曰其字從木　案此以最在位五十六年嬰齊在位三年山柎在位二十年漢表謂最五十八年嬰齊二十年山柎一年卽連失侯之年計之三代年數錯互不合未知孰誤侯最失謚毛漢書本作康侯最

成

附案索隱謂涿郡成縣而水經注汶水條以董渫封于郕則在泰山剛縣界非涿郡矣續郡國志泰山郡有成縣豈即前志式縣乎

康侯赤　附案康侯之名史皆作赤漢紀表作赫惟公卿表及匈奴傳依史作赤而仍音爲赫當是赫字誤脫其半耳

節氏　附案地末聞索隱云縣名無攷後漢趙憙封節鄉侯

恭侯霸軍　案漢表作罷軍是古人多取罷軍爲名也

元狩二年侯朝爲濟南太守　案二當作三朝下缺坐字

蓼（十六 安）

侯孔藂　案漢表侯謚夷此失書也夷侯之名索隱引家語曰最字子産高紀正義云孔熙孔叢子連叢謂彥以將事高祖史漢表又作藂一人四名未知孰是攷公羊隱元年注最聚也說文以冣爲積聚字本當作冣譌作最故徐廣注最古聚字（見周紀）周最顏最竝寫爲聚殷紀大最樂一作聚可以互證此侯必是名聚漢藝文志稱孔聚也其餘諸名疑非水經注三十二從史漢作藂亦非（藂同叢）然藂最之誤其來已久詩灌木注中叢木釋文曰叢俗作藂一作最顏氏家訓書證篇言詩灌木注古本皆爲藂聚之藂而古叢字似最字近世因改爲最則聚之又譌爲藂可類推矣

元朔三年侯臧坐爲太常南陵橋壞衣冠車不得度國除

附案家語臧作滅疑是傳刻之誤而索隱引孔叢子謂臧傳至孫璜始失侯爵當是其後更封孔叢僞書恐不足據通鑑問答曰通鑑元朔二年孔臧辭御史大夫乞爲太常與從弟安國綱紀古訓此孔叢子所載也以功臣表攷之蓼侯孔聚史記所云孔將軍居左者臧其子也不言孔子之後孔叢之書先儒謂出于東漢似非闕里舊文公卿表元朔三年臧已免太常五年乃有此議（謂議置五經博士弟子五十人也）當闕所疑

費（東海）

起碭　案史詮謂起上缺從字

定會稽浙江湖陽　附案漢表作湖陵則屬兗州山陽郡矣疑史表是湖陽亦楚地漢志屬南陽

圉侯陳賀　附案漢表失謚徐廣曰圉或作幽蓋有二謚

巢　附案廬江居巢縣春秋時巢國也宋樂史太平寰宇記言陳留襄邑縣南二十里有巢亭左傳哀十一年衞太叔疾處之又後書宦者傳鄭衆封鄛鄉侯注引說文云南陽郡棘陽縣有鄛鄉最封未知何地

封賀子侯最　案最謚史漢表皆闕

後元五年最薨　案孝景安得有後五年五字衍最上缺侯字（毛本作後元三年疑以臆改與漢表不合）

四　案最以孝景中六年封後元年薨在位纔二年四字乃二之誤也漢表甚明

三十一　附案此費侯之第也各本皆失之

陽夏（淮陽）

十年八月　案八月疑訛在高紀

自立爲燕　案燕字誤當作王漢表自爲王是也

豨以趙相國　案缺侯字

隆慮河內

哀侯周竈　附案漢表作克侯疑非

陽都

附案陽都屬城陽後漢屬琅邪索隱謂漢志闕晉屬琅邪安也

以趙將從起鄴　案漢表云以越將從起薛疑越乃趙之誤鄴乃薛之誤

拜爲將軍忠臣侯　附案史記攷異曰忠臣非官號史惟見此一人

新陽

附案新陽縣屬汝南漢志及水經注廿二與此同應劭曰縣在新水之陽也漢表誤倒作陽信古新信通用若勃海之陽信文帝以封劉揭矣

胡侯呂清　附案漢表作青攷釋名清青也說文繫傳青者清也則知古通用字故少昊青陽漢志作清陽不可以爲誤矣

頃侯世　案漢表作臣是卽項羽紀之呂臣也世字誤

侯譚元年　附案漢表作談雖古字通用史公葢亦避其父諱改書與同字兼用耳

八十一　案漢表位次是八十七是也史詮曰七作一誤

東武琅邪

以戶衛徐廣云一云從起薛爲悼武王破秦軍杠里陽熊軍曲遇入漢爲越○徐廣云一云城將軍定三秦　案徐注當置于末今本混入本文殊欠明了以漢表校之徐葢言以戶衛從也爲悼武王當云屬悼武王徐以越爲城是城將軍漢表作城將師古曰將築城之兵也

二千戶　案漢表二作三

六年正月戊午　案是年正月丙戌朔無戊午疑與下汁邡同以三月戊子封

四十一　案東武侯第當是二十一若在四十一則與高苑同位矣此誤

汁邡

附案縣屬廣漢郡漢表作汁防志作什方留侯世家作什方古字通用隸續南安長王君平鄉道碑作汁邡也

以趙將　案雍齒不應爲趙將疑魏將之誤

荒侯巨　案漢表作鉅鹿此缺鹿字巨與鉅同

終侯桓元年　案桓坐酎金失國不應有謚而史漢表竝稱終侯史詮謂後人誤加是也又桓爲侯三十二年此明書之漢表謂桓嗣不得年亶不可曉

二十七　附案湖本八字譌作七毛本是二十八

棘蒲

附案左傳襄元年伐晉取棘蒲杜注不言所在趙世家敬侯六年代魏取棘蒲斬歙傳攻安陽以東至棘蒲葢其地屬魏郡以安陽在內黃也應劭以常山郡平棘縣當之正義從其解師古曰功臣表棘蒲侯陳武平棘侯杜摯則非一地應說失之史詮謂陳武封棘津據古文苑班固棘津侯銘以蒲爲津字之訛亦非續志棘津故屬信都國廣川縣安得移而易之乎古文苑乃宋孫洙得之佛龕中見書錄解題未必無譌耳

擊齊歷下軍田旣　案田旣二字誤漢表作臨菑攻田儋傳軍歷下者田解也田旣軍膠東不軍歷下後爲曹參所破亦不關陳武臨菑上疑脫定字

六年三月丙申　附案漢表作甲申誤三月乙酉朔無甲申

都昌

附案縣屬北海索隱云志闕妄也

以騎隊卒先降翟王　案卒字誤漢表作帥是

侯辟彊　案此侯之謚史漢皆失書

辟彊薨　案缺侯字

武彊

附案續志河南陽武縣有武彊城曹相國之所攻莊騎將之所國皆在此水經注廿二卷可證

屬丞相甯　案是時無丞相名甯者疑誤

用將軍擊黥布侯　案功侯見上此記其後事耳當衍侯字漢表亦衍

莊侯莊不識　附案漢表作不職葢古通用隸釋樊毅脩華嶽廟碑以職方爲識方可證水經注廿二引作不識也

侯青翟元年　案表例兼書爲丞相與漢表但紀封侯不同本表中武彊侯莊青翟辟陽侯審食其柏至侯許昌惠景表中建陵侯衞綰商陵侯趙周武安侯田蚡建元表中樂安侯李蔡俱失書爲丞相

逯御史大夫湯不直　附案漢表逯作建師古曰以獄建之意而不直也

貰

附案貰音世鉅鹿縣名今本漢志作貫葢傳寫譌春秋僖二年盟于貫杜注云梁國蒙縣西北有貰城貰與貫字相似酈道元亦云攷文準地貰邑明矣見水經注廿三地雖不同可證此字之屢譌也

以都尉擊項羽千六百戶　案羽下缺侯字又漢表作六百戶

齊侯呂　附案貰侯之姓名所書多異史但云呂徐廣作台索隱本作呂博國漢表云合傅胡害水經注十作呂博葢此侯姓呂名博國索隱乃史表元文傳刻脫失止書其姓台與合並呂字之譌傳又博字之譌胡害當是其字或有二名酈注亦脫國字通志氏族略五路史後紀十二撰爲合博氏葢本廣韻合字注以合博爲漢複姓並妄也

侯倩元年　附案漢表倩作猜必形近致譌且倩似不可爲名也然攷侯之名倩者有高苑侯丙倩壯侯許倩而漢表皆作猜豈俱誤歟

海陽

附案索隱謂海陽亦南越縣地理志闕非也小司馬以此侯越將宜封南越之海陽不知廣州海陽晉始置爲縣且其時地屬趙佗高祖安所取而封之漢志海陽屬遼西元未嘗闕水經濡水注言是此侯所封然地太遠攷國策蘇秦說楚曰東有夏州海陽吳注盧藏用云在廣陵東今揚州海陵縣疑此

千八百戶　案漢表八作七

齊信侯搖毋餘　案侯乃東越之族何以與閩君搖同時同名毋餘亦與閩越王無諸相類而齊信之謚又別是皆可疑者或云此侯姓搖名毋餘

哀侯昭襄　附案史詮謂哀乃克之譌以漢法諸侯無後則謚哀昭襄不應謚之且昭襄之孫爲哀侯省更不應祖孫同謚爾然余攷史漢表中非無後而謚哀者甚多即父子祖孫同謚者亦不少恐未定是誤也

南安

附案索隱謂縣屬犍爲建安亦有此縣其說非也漢志犍爲郡武帝建元六年始開南安乃今四川嘉定府夾江縣是高祖時爲閩越之域安得取犍爲之南安以封宣虎建安即今福建泉州漢會稽治縣地後爲閩越至陳始置南安郡隋更名縣統于建安郡高祖時又安得以封侯國乎然則宣虎何封曰是必豫章郡之南埜縣也三國吳時分南埜爲南安縣後人傳寫遂以孫吳縣名妄改史漢元文耳

以亞將破臧荼　案漢表作重將師古曰主將領輜重也一云持重之將也則亞字必重之誤索隱引漢表作連將非

千秋坐傷人免　案千秋上敓侯字

六十二　附案南安侯第是六十三湖本譌三作二

肥如遬酉

以車騎都尉　案漢表都尉當作將軍

莊侯成　附案漢表作戎字形相近疑譌

侯奴元年　案侯奴缺謚

曲成

附案漢志曲成屬東萊索隱謂志闕表在涿郡謬也以曲成爲在涿見漢王子表當是別一鄉名

以曲成戶將卒三十七人　案卒上敓將字

侯執珪　附案漢表作執金吾誤也武帝太初元年始有執金吾之官

圉侯蠱逢元年　附案圉侯之名此與索隱引楚漢春秋及漢表俱作逢即索隱本亦作逢則逢字譌也而侯姓惟漢表作蟲廣韻通志據以證蟲氏此與楚漢春秋作蠱豈皿蟲爲蠱古省借通用歟但漢表書位次曰夜侯夜即東萊掖縣楚漢春秋

同又豈園侯初封于夜其後定封曲成歟

恭侯捷　案恭字衍

垣東河　附案漢表誤書垣字于位次格中而各本又譌垣爲

恒惟索隱作垣

侯皋柔　案漢表作皇柔

二十五　案表例不數奪侯之年故皋柔以建元二年立元

鼎三年國除在位廿五年書曰二十五而漢表謂元鼎二年

爲鬼薪在位二十四年未知孰是

河陽河內

起碭從　案從字當在起上

淮陰臨淮

爲連敖典客　附案本傳入漢爲連敖繼爲治粟都尉則連

敖是司庾之官而粟客是治粟內史之異名也言都尉誤說在傳　典

字乃傳寫之譌韓信何嘗爲典客之官索隱引漢表作粟客

國一確證天官書箕爲敖客亦可參連敖粟客二官之義宋均

云敖[illegible]弃也箕貨受物去[illegible]是客之象也　徐廣以連敖爲典客官張晏以爲司

[illegible]以楚有連尹莫敖後合爲一號皆憑臆强說不足爲

據[illegible]今本漢表之作票客與小司馬所見本異明是粟字

之譌而師古音頻妙反以票疾客禮釋之不亦妄乎

別定魏齊爲王　案漢表云定魏趙爲齊王是也此誤定魏

趙齊乃韓信之大功而書曰爲齊王則定齊不必言矣

六年四月　案淮陰之封史漢高紀在六年十二月甲申日

前此言四月誤漢表無月異姓表作十一月封非　侯表以受封先後爲次則

淮陰當居羣侯之首不知何以稱四月置河陽侯後也

信謀反關中　案信上缺侯字

芒沛郡

爲武定君　案漢表作定武

侯昭元年　案侯姓耏此缺但漢表以始封之侯名跖昭乃

跖之子與盜跖同名奇　此以昭爲始封不同也徐廣謂昭一作起疑

非

九年侯昭有罪國除　案漢表言跖薨無後高祖九年昭嗣

薨庶子也在位四年免至孝景三年復封于張而昭之薨與

昭子申之嗣皆不書其年與史大異今不可詳知矣

張　附案廣平張縣高帝以封毛澤之傳國至孝景中六年

始除安得孝景于前三年又封耏昭必別一張也疑是東郡

之張說見絳侯世家

孝景三年昭以故芒侯　案二字當作三湖本譌刻也昭上

缺侯字其謚史漢皆失不書

三月張侯申元年　案張字衍三月兩字不可解亦當衍

十　案十下湖本缺七字武帝時侯申在國十七年也

故市

附案河南縣名也漢表誤作敬市

遷爲假相　附案漢表作殷相誤甚漢二年三月已虜殷王

卬置河內郡矣是時閻侯從河上守遷假相擊項羽何何殷

相之有況殷爲項立漢方鋏而去之安得爲之置相經史問答反據殷相之文以駁紀表三月虜殷之謬不亦戾乎

柳丘

附案地未聞索隱謂勃海縣名而勃海是柳縣武帝以封齊孝王子陽已非柳丘也

千戸　案漢表作八千戸

六年六月丁亥　案此下四矦史漢表皆作丁亥封而是年六月無丁亥疑是乙亥或封在七月必有一誤

魏其琅邪

以舍人從沛　案沛上缺起字

莊矦周定　附案漢表作周止誤葢脫定之半也

矦間　附案漢表作簡是此譌脫竹耳

祁

附案索隱以爲封于太原之祁但沛有祁鄉縣曹相國世家所謂取碭狐父祁善置也疑封于沛

以連敖擊項籍漢王敗走賀方將軍擊楚追騎以故不得進漢王顧謂賀祁子䆿彭城軍執圭東擊羽急絶其近壁　案祁矦功狀史漢所書微異且各有缺誤故疑莫能明而注家不免妄解益滋讀者之惑如追騎之爲追騎急絶之爲爭惡師古云爭惡地近壁之爲延壁壁壘之名此其異也執圭上脫以字此其缺也祁字當衍子字漢表譌王此其誤也葢漢王顧謂賀子䆿彭城軍子猶汝作二句讀矦表漢王顧謂賀戰彭城作一句讀斬項籍是擊項籍兩表因賀封於祁遂謬入祁字而轉相傳寫又以子字爲王師古不知其誤謂嘉賀之功寵號之詞爲祁王不亦誕乎

穀矦緤賀　附案徐廣于文紀云謚敬與史漢表異疑非

頃矦湖　附案漢表作胡此加水古通用如湖陵作胡陵也

平河南

功矦比費矦賀　史詮曰功字在矦上誤

悼矦沛嘉　案漢表作工師喜豈此矦有二姓名乎而廣韻公字注云漢書功臣表有公師壹工公古通借晉穆公子成師之後則又名壹矣

魯魯國

死事無代矦　案無字誤因母譌毋因毋譌無耳母代矦者魯矦奚涓死事無子故封其母代子爲矦也史不書奚涓姓名殊屬疏略若非漢表幾不知爲何人之母矣婦人封矦千古僅事葢自高祖封魯矦及鳴雌矦許負始其後如蕭何霍光之妻竝封鄼矦樊噲妻封臨光矦劉伯妻巳嫂封陰安矦後漢東海王彊爲女求矦封拜濫矣又高祖以延鄉封翟母

母矦疵元年　案疵漢表作底字形相近未知孰誤母矦之稱亦奇不知何以無謚又漢表始封格中有重平二字勃海縣名豈此矦又曾改封乎疑

故城

案漢表作城父是縣屬沛也此誤爲故城

功比厭次侯　案功上缺侯字

侯方　案侯名開方此缺開字

任廣平侯

案史詮謂任國名侯字衍是也又失書侯第

侯張越　附案索隱本作張成恐譌

棘丘

附案漢志地闕攷左傳襄十八年楚伐鄭右師城上棘遂涉潁水經注謂潁水逕上棘城在陽翟縣西此侯以定魏功封宜在魏地則棘丘或即上棘乎蓋鄉侯也又項羽紀鉅鹿南有棘原亦近

六年侯襄八年　案襄後奪侯故無謚史漢表皆無姓蓋失之又失書侯第史詮曰芒碭故城任棘丘五侯俱六年中封表不得其月當次于北平之後與高胡厭次二侯相從今本亂其次矣

四　案四字衍

四年侯襄奪侯爲仕伍　案四年當作元年漢表謂襄免侯在高后元年是也何以斷之表例不數免侯之年若襄之奪侯在高后四年則當中書三字不當書四字若果高后時襄爲侯四年則下方當書五年奪侯不當書四年明是誤也仕古通

阿陵涿郡

附案漢表誤阿爲河

從單父　案從下缺起字

以塞疏入漢　附案漢表作塞路是也徐廣亦曰一云塞路索隱曰路字誤爲疏小顏云主遮塞要路

侯勝客　附案漢表作勝侯客誤也

南　附案水經注三十四云秦以漢南地置南郡周書曰南國名也韓嬰敍詩云其地在南郡南陽之間有南之國見周書史記解但三國志呂布傳注引英雄記丁原爲南縣吏孔融傳注引九州春秋融在徐州轉至南縣則青徐間有此縣而兩漢志失之

靖侯延居　案靖上失書復封二字

元鼎四年　案四當作五漢表是五年

昌武

附案昌武屬膠東索隱謂漢志闕安

九百八十戸比魏其侯　案漢表作九百戸又比上缺功字

靖信侯單甯　夷侯如意　案漢表甯作究夷作惠豈兩侯名謚有二乎

侯得　附案漢表作德古通用易升卦順德釋文姚本作得左傳哀六不穀雖不德韓詩外傳二作不得天官書行得盡勝之晉灼注星經作德後書光武紀二年眞定王德十三年作得安帝紀延光元年河間王開子得本傳作德

元朔元年　案元年乃三年之誤

高苑千乘

以舍人從　案漢表云以客從也

千六百戶比斥丘侯　案漢表作千六百五戶比上鈌功字

制侯丙倩　附案漢表作丙猜（一本作猜譌）說在貰侯下

孝侯武　附案漢表作平侯葢有二謚

宣曲

附案宣曲未知何地貨殖傳有宣曲任氏索隱引上林賦西馳宣曲爲證（宣曲宮名在昆池西）謂當在京輔正義亦云合在關內

爲郎騎　案漢表騎下有將字此脫

有罪除　案除當作絕表例也

發婁　附案地未詳

中六年侯通有罪國除　案通以孝景中五年復封發婁侯中六年國除在位一年則當中書一字此缺漢表謂復封十一年免誤當衍十字

絳陽

案漢志無絳陽河東之絳已封周勃不應再封華侯水經注六以絳陽即新田并引華侯爲證葢在絳澮之陽也閻氏四書釋地云括地志新田在絳州曲沃縣南二里杜注左傳以新田爲平陽絳邑誤而周嬰卮林又辨水經注引史絳陽侯不足以證新田則其地仍疑莫能定漢表作終陵或謂絳陽形近致譌卽雁門郡之中陵縣古中與終通用如終南山左傳昭四年及詩秦風毛傳作中南又左傳昭十四年中人淮南子道應訓作終人可驗已然地太遠仁和趙氏一清漢表

舉正云終絳皆誤乃濟南之於陵也華毋害曾孫告爲於陵大夫當以此爲正

恭侯勃齊　案漢表無齊字是也若名勃齊則恭侯之父不得謚齊矣

東茅

附案索隱云一作柔豈瑯邪柔縣邪漢志無東茅攷左傳隱十一攢茅注云在脩武縣北此河內郡脩武之茅也僖廿四邗茅注云高平昌邑縣西有茅鄉此山陽郡橐縣之茅也（郡國志橐有茅鄉城）文三年茅津注云在河東大陽縣西此河東之茅也水經注廿二洧水又東南過茅城邑之東北鄙注以爲在新汲縣此潁川郡之茅也茅有四地未知東茅何屬至索隱本作東第恐非（路史國名紀以東茅爲邗茅之茅）

以舍人從碭　案從下缺起字

補韓信　附案補乃捕字之譌

敬侯劉釗　侯吉　附案漢表釗作到吉作告聲形相近未知孰是然攷同時有平都侯劉到而告之音與釗到二字又相混疑漢表譌耳

斥丘（魏郡）

爲東郡都尉擊破籍武城　案漢表東郡譌作東部而武城作成武又籍下有侯字則甚明確此未免缺誤矣徐廣曰一云城武與漢表合師古謂初爲成武侯後更封斥丘也攷成武在曹州此侯爲東郡都尉自當封成武

懿侯唐厲　附案水經注九引作唐廣疑誤唐書世系表以
厲爲唐睢孫
八　案八字乃七之誤高祖時懿侯在國七年也
侯賢元年　案侯賢失謚
一十五　附案此武帝時侯賢在國年數各本皆作二十五
是也湖本譌二作一
侯尊　附案唐表尊作遵
臺
附案戴侯之國索隱以爲臨淄郡臺鄉縣妄也攷前後漢志
濟南郡有臺縣水經八濟水過臺縣北酈注云臺縣故城漢
高帝封戴野爲侯國斯爲的證柰何以臺鄉當之乎況漢有

齊郡無臨淄郡也若常山之平臺縣孟堅注曰侯國乃宣帝
以封史元非戴野矣（各本漢志濟南下誤作平臺蓋以鄉平縣名離而下屬也）
以都尉擊籍　案水經注作東郡尉與史漢表異
以將軍擊燕　案漢表燕下有代字
侯才　案一本有作年者譌也然漢表作午字形相近未知
孰是
安國
以客從起豐以廄將別定東郡南陽從至霸上入漢守豐上
東因從戰不利奉孝惠魯元出睢水中及堅守豐于雍侯五
千戶　案安國侯王陵之功狀不但漢表與史表異卽史表
與陳平世家亦異（漢書陵傳襲世家）余以爲俱誤也漢表云以自聚

黨定南陽漢王還擊項籍以兵屬從定天下世家云陵自聚
黨居南陽不肯從沛公及漢王還攻項籍乃以兵屬漢卒從
漢王定天下以善高帝之仇雍齒而陵本無意從高帝故晚
封爲安國侯攷張丞相傳陵救張蒼在沛公初定南陽未入
武關之前而陵之封侯同在六年又位居十八人中安得謂
陵不肯從漢及攻羽時始從以故晚封耶善乎經史問答之
說曰王陵自是聚黨定南陽者未嘗從起豐未嘗從至霸上
未嘗爲漢守豐但陵自定南陽歸漢甚早而不從入關蓋高
祖留以爲外援耳陵不屬漢何以能免張蒼于死而次年高
祖卽用其兵以迎太公非陵屬漢之明文乎且陵母之賢一
死以堅陵之從漢矣則謂陵不肯屬漢高祖恨之其封獨晚

非也于雍疑是平雍之譌徐廣于陳丞相世家云陵封雍侯
恐未可據
定侯安國　案四字衍
樂成
附案南陽河閒竝有此縣索隱謂漢志闕妄也河閒之樂成
爲王都丁侯益封南陽
從碭中　案漢表從起碭是也此缺起字衍中字
定三秦侯　案漢表云定三秦爲正奉侯此缺
武侯客　案漢表作式侯吾客此缺吾字而式與武形近必
有一譌
侯義　案漢書郊祀志此侯名登是已史漢表竝誤作義蓋

侯義之曾祖丁禮與宣曲侯丁義同時受封其從起爲騎將
定三秦亦同雙丁必兄弟也則丁禮之曾孫安得名爲義哉

辟陽

附案漢書王陵傳云辟陽近淄川則水經濁漳水注及索隱
以爲封于信都之辟陽非矣水經注沭水篇有辟陽城疑封
此其後武帝又封城陽王子劉壯

侍呂后孝惠沛三歲　案三當作二

十月呂后入楚食其從一歲　案漢書高紀及本史月表呂
后入楚在漢二年四月其歸也在四年九月則此所書十月
乃四月之誤一歲乃三歲之誤

幽侯審食其元年　案此失書食其爲丞相說在武彊下

三年平坐反國除　案平上缺侯字孝景三年漢表譌二年

安平

附案漢志安平有五而惟豫章注云侯國蓋據成哀時見存
者而言非謂漢初也索隱定爲涿郡則非菑川遼西遼東之
安平矣然不知何據

秋與蕭何　案此鄂千秋也而獨單稱秋漢表作鄂秋疑並
脫千字孫侍御云秋一本作秩屬上讀

坐與淮南王女陵通　案坐上缺侯但二字又徐廣于蕭何
世家注依漢表作與淮南王安通而淮南王傳注依史表言
鄂千秋元孫伯與淮南王女陵通而中絕蓋因與淮南王通
而并及其女陵爾然侯名伯與但異且亦無所爲中絕也

蒯成

附案蒯乃𦵔之誤𦵔即鄘字集韻載之矣故漢書表及遷傳
作𦵔本傳作鄘蘇林音簿催反師古曰字從崩從邑㕣忱音
陪師古又音普肯反本郭璞穆天子傳注楚漢春秋作慿成侯陪慿聲相近此
其實也成與城同服虔音菅蒯之蒯索隱引崔浩音苦壞反並非
然因服崔二音可知此字之譌已久而說文繫傳引史作鄘
城豈徐鍇獨見史記善本乎至鄘之地晉灼據漢表以爲在
長沙因楚漢春秋作慿城蒼梧有慿乘縣故也索隱據三蒼以爲在沛之城父正
義據輿地志以爲在陳倉說文云右扶風鄠鄉攷穆天子傳西征至于
鄘入鄘伯絮逆天子舍于漆澤則其地自在扶風故晉志屬
始平且以前食邑池陽例之亦合學林言穆天子西征至鄘則在鎬京西是一國名非

扶風之鄘恐不然若蒯鄉則在河南縣西南見左傳昭廿三年注及
續郡國志又志注亦引晉地道記云在縣西南有蒯亭索隱
謂地道記屬北地誤也

至霸上侯　案本傳周緤至霸上時未爲侯也侯字衍漢表
無之

食邑池陽　附案漢志左馮翊之池陽縣惠帝四年置蓋此
時爲鄉聚名非汝南細陽之池陽鄉也

遇淮陰侯　案漢表作韓信是史表傳稱淮陰侯非

楚漢約分洪溝以緤爲信　附案漢表同古人謂使者爲信
蓋兵交使在其閒也然緤傳徐廣引表云以緤爲信武侯則
今本脫武侯二字

三千三百戶　附案三百漢表譌作二百

尊侯周緤　附案緤之謚此作尊漢表作制皆謚法所無傳寫之誤也當依傳作貞正義又謂一作卓乃貞字之譌

緤薨子昌代　案此表例不書薨何以此獨變其文史詮謂當云六年子昌代侯是也漢表作侯昌嗣

鄲　附案鄲縣屬沛蘇林音多寒翻音多者非也說在經史問答

居坐爲太常有罪　案侯名中居（中郎 仲）此缺侯中二字本傳亦失中字

北平（中山）

爲代相從趙相侯　案從乃徙字之譌但攷蒼相趙後復徙相代以代相從攻臧荼有功封侯非爲趙相時侯也此誤

千三百戶　附案三當作二譌刻也

其四爲丞相五歲罷　案四下缺年字五上缺十字孝文四年張蒼爲丞相凡十五年而免也

侯預元年　附案此侯名類漢表傳與史本傳同則作預譌迺而徐廣謂一作顓音蹟恐非索隱又誤引漢書作穀

高胡

附案地未詳漢表陽河侯狀云功比高湖侯湖胡古通攷後書光武紀諸賊高湖上江檀鄉等注謂以山川土地名則其地在趙魏之間

以都尉定燕　案都尉誤當依漢表作將軍蓋前以都尉擊籍荼則定燕時必不尚爲都尉也

厭次

附案漢志平原郡富平縣注云侯國應劭曰明帝更名厭次（續志亦曰厭次本富平明帝更名）考成與故城敘功云功比厭次侯漢書東方朔傳云平原厭次人師古曰高祖功臣表有厭次侯爰類厭次之名其來久矣而說者云後漢始爲縣于此致疑斯未通也師古注本于酈道元水經注五云漢書昭帝封張安世爲富平侯薨子延壽嗣國在陳留別邑魏郡陳留風俗傳曰尉氏縣安陵鄉故富平縣也是乃安世所食延壽自以無功德上書減戶徙封平原并食一邑十三州志曰明帝永平五年改厭次按史記高帝封元頃爲侯國是知厭次舊名非始

明帝蓋復故耳據道元所辨則厭次國除之後仍爲厭次縣宣帝移富平侯國于此始去厭次之名明帝時復舊其實昭帝以前平原無富平也漢志不書厭次續志謂厭次本富平竝屬誤絛應劭亦未攷而漫注之（漢書攷異曰南陽博山故順陽哀帝封孔光改名明帝改順陽從舊政相類）

侯元頃元年　案高胡厭次二侯不得其封月日故次于六年之末乃二侯之謚亦失傳何也而厭次侯之姓名史漢所書又多不同史作元頃水經注引之而漢表作爰類其于城父侯尹恢敘功云功比厭次侯頃侯諸莊余疑此侯姓爰名類字諸莊謚頃史表誤以元代爰而類與頃形近復誤以謚爲名耳

平皋河內

功比戴侯彭祖五百八十戶　案漢表云功比軑侯五千八百戶與此不同余謂比功是史表誤戶數是漢表誤知者侯第戴侯在百二十六軑侯在百二十而平皋位次在百二十一則功比軑侯爲確矣軑侯七百戶平皋自應五百八十戶惟其功相埒故戶數亦略等若戴侯千二百戶（漢表作千一百戶）殊不當對而漢表作五千八百更爲懸絕高祖何忽優于項它乎必五百八十之譌也

七年六月　案六月乃十月之誤

復陽

附案索隱以爲在南陽豈以漢志注侯國之故乎非也南陽之復陽故湖陽樂鄉元帝元延二年置水經淇水注以爲封于清河復陽是

十二　案二當作三孝文時恭侯嘉在國十三年也

坐父拾　案坐上缺侯彊二字

陽河

附案河乃阿之譌索隱云縣屬上黨而水經注五以此侯封于平原阿陽卷九以爲封于上黨陽阿似平原非也攷漢書外戚傳孝成趙皇后屬陽阿主家師古曰陽阿平原之縣今俗書阿字作河又或爲河陽皆後人妄改耳寰宇記阿陽城在禹城縣南七十里漢魏以下改爲陽阿趙氏一清水經注釋辨善長一事兩隸之繆而以萬訢封平原阿陽齊侯其石

封上黨陽阿分一侯爲二人其誤與酈之兩載同

以郎中起　附案起乃騎之譌毛本是騎

齊哀侯元年　附案表中侯謚固有兩字者而此侯漢表單稱齊侯索隱本亦作齊侯葢哀字衍又索隱引作齊侯卞訢則今本史表缺書姓名然水經注九作卞訢卷五別作萬訢而漢表作其石廣韻其姓通志其氏竝引陽阿爲證何不同若是耶（表序正義誤引作齊仁豈此侯又姓齊乎）王孝廉曰卞乃亓之誤亓即古其字亓譌爲万故又作萬石乃漢表之誤齊又因謚而誤

侯安國　案安國失謚

侯午元年中絕　案午亦失謚中絕二字衍侯午未嘗中絕也

埤山侯仁元年　案埤山未詳（路史國名紀作岬山）此乃更封國名當大字中書之此誤在旁又更封始于仁之父恭侯章漢表甚明（惟以章在位三年爲十三年則誤也）史表因誤書埤山于旁遂若更封侯仁矣而侯上反缺今字仁是太初見侯例稱今侯也

二十征和二年十月仁與母坐祝詛大逆無道國除　附案此當刪之

朝陽

附案索隱以爲南陽縣非也史記攷異曰濟南有朝陽水經注以爲華寄封國

後攻韓王信　附案漢表後作復是此譌

三月丙寅　案漢表作壬寅是也高祖七年三月無丙寅

棘陽南陽

以卒從胡陵　案從下缺起字

以擊諸侯　案漢表作擊項籍是也

千戶　案漢表作二千戶

七年七月丙辰　案是年七月無丙辰疑月誤或六月八月

涅陽南陽

比杜衍侯　案比上缺功字但中水杜衍赤泉涅陽吳房五侯俱以斬羽封而獨于涅陽書曰比杜衍何也

莊侯呂勝　附案漢表作騰非

平棘常山

懿侯執　附案此侯是林摯傳寫失其姓而摯字又脫其半也但師古于地理志引功臣表作杜摯何歟疑誤

八年侯辟彊元年　案史謂懿侯二十年薨故其子辟彊以高后八年嗣漢表謂懿侯二十四年薨辟彊以孝文五年嗣依漢表當作四年又不言其在國免侯之歲二表不同未知孰是

鬼薪　案鬼上缺爲字

羹頡

案索隱謂羹頡爵號非縣名以其櫟釜故也正義引括地志云羹頡山在嬀州懷戎縣東南十五里高祖取其山名爲侯號方輿紀要謂安徽廬州府舒城縣西北三十里有羹頡城相傳劉信所築二地未知孰信懷戎爲上谷潘縣　滹南集君事實辨曰高祖爲櫟釜之故以醜名加之殆不若不封之愈也

侯劉信　附案文紀蘇林注云羹頡侯終豈信又名終耶然未知何據

元年信有罪削爵一級爲關內侯　案此高后元年也信母封陰安侯縣屬魏郡見孝文紀必是高后封之當附書羹頡下以母從子義所宜然夫蕭何之妻表尚書之而上嫂之封反不書何耶信有罪上缺侯字

深澤

附案漢志有二深澤一在涿一在中山索隱定爲中山豈以在涿者名南深澤之故乎若水經注十一以涿之容城當之則誤甚葢容城縣之改名深澤始于王莽高帝時豈有此稱

屬淮陰侯　案此時當云韓信

齊侯趙將夜　附案漢表夜作夕必字譌脫他處竝作將夜

奪絕　附案史表謂將夜在位十三年以高后二年奪絕三年復封一年又絕至孝文十四年復封在位四年薨子戴侯頭嗣漢表謂將夕以高后元年免二年復封在位二年薨至孝文後二年戴侯嗣與史不同葢漢表非

復封將夜　案封下缺侯字

侯循　附案漢表名脩是也此譌說在文紀

罪絕　案罪上缺有字

更　附案漢表作臾則此作更譌也其地疑卽顓臾在泰山

南武陽

柏至

附案其地未聞
以駢憐從起昌邑　附案漢表作駢鄰索隱引姚氏云聲相
近而其解有二師古謂二馬曰駢竝兩騎爲軍翼也索隱云
猶比鄰也
七月戊辰靖侯許溫元年　附案漢表十月戊辰是此譌作
七而許溫作許盎聲相近
二年復封溫如故　案湖本譌三年爲二年又溫上缺侯字
哀侯昌　案表失書昌爲丞相說在武彊下
共侯如安　附案漢表作安如史詮以如安爲誤也
中水涿郡
後共斬項羽　史詮曰後當作復共上當有從灌嬰三字

夷侯假　共侯青肩　附案漢表假作瑕肩作眉
廿三　宜成坐酎金　案廿三當作二十二宜成上缺侯字
杜衍南陽
屬淮陰　案當作韓信
從灌嬰　案從上當有復字
莊侯王翳　附案漢表作蓊非
侯市臣　侯翁　案漢表市臣謚孝此失書翁作舍疑亦此
誤曾祖名翳不應又從羽名翁也
有罪絕　附案史詮曰三字當橫書于十二之左右今本誤
彊侯郢人元年　案郢人之謚漢表失書徐廣又作景或是
兩字謚爲景彊也

十二　案此武帝時侯定國在位年數也漢表謂定國在位
十三年以元狩五年免較多一歲
赤泉
附案赤泉地闕索隱于項羽紀謂是南陽丹水非路史亦以
爲謬魏書地形志臨洮郡有赤水縣地太遠方輿紀要云赤
城在魯山縣南陽魯陽東北三十里或曰漢赤泉城也史詮曰柏
至中水杜衍赤泉四侯封年月本次陽阿之後漢表同今本
亂其次矣
屬淮陰後從灌嬰　案淮陰當作韓信後當作復
一　案一字衍楊喜于高后元年奪絕矣安得書其年乎
定侯殷　侯無害　案殷乃敷之誤漢唐兩表竝作敷也而

唐表謂無害是字肖其名與史漢兩表又異矣
臨汝　附案此汝南鄉名說在潁陰侯下
栒
附案漢表作栒索隱本作栒竝同即右扶風栒邑縣古邠國
也此作栒誤
從曹咎軍　案史詮謂從下缺破字是也
以燕相國定盧奴　附案漢表作盧縮然攷盧奴屬中山似
不誤
頃侯溫疥　附案唐世系表云謚順恐非
武原
侯河元年　附案河乃何之譌漢唐表竝作何也

附案縣屬楚國索隱謂漢志闕非史詮曰武原封年月本次磿之後漢表同今本失其次序

漢七年　史詮曰七當作四

功比高陵　史詮曰高陵侯缺侯字

十三　案侯不害以孝景四年嗣後二年免則在位十一年不得有十三年此三字誤也但漢表謂共侯寄三十七年薨不害以孝景三年嗣在位十二年免較史前多一年疑

不害坐葬過律　案缺侯字

九十二　案武原侯第是九十三此誤

磿

附案漢表作歷縣屬信都史譌爲磨當作磿音歷古與歷通用山海中山經歷石之山郭注或作磿是也周禮地官遂師抱磿釋文音歷史樂毅傳磿室國策新序作歷室春申君傳濮磿之北說苑作歷今本俱譌磿爲磨顏氏家訓勸學篇譏太山羊肅讀世本容成造厤以爲碓磨之磨則知此字傳譌久矣

七月癸丑　案封侯月日當依漢表作十月癸酉此誤

竈有罪　案缺侯字

九十二　案磿之侯第當是九十七若在九十二則與高陵侯同位矣此誤

槖

附案此侯封于山陽郡之槖縣水經注廿五卷可證史漢表並譌作橐師古音公老反妄矣後書東平憲王傳亦譌作橐

祇侯陳錯　附案漢表作祖侯陳錯諡名並異盧學士曰獨斷記諡法治典不殺曰祈祈即祇也祇或作祗因誤爲祖又水經注依史名錯

三年共侯　附案此孝文七年也湖本譌刻三年

侯安元年　案安諡節此失書

宋子鉅鹿

以趙羽林將初從　案漢表作右林將葢右羽林將也

功比磨侯五百四十戶　案磨乃磿之譌漢表作五百三十戶

六戶

十二月丁卯　案漢表作二月丁卯

共侯不疑　附案漢表作畱葢有二名

猗氏河東

二千四百戶　案漢表千一百戶

靖侯交　頃侯差　附案漢表交作支差作羌疑譌

清東郡

擊項羽代　史詮曰定代缺定字

比彭侯　史詮曰缺功字

簡侯空中　案徐廣曰空一作窒索隱曰窒中姓見風俗通漢表作室中同通志室中氏引此爲證葢侯姓窒中名同史表失書名而又譌窒爲空也水經注五誤依史作空中至漢

表之以窒爲室乃古字通用如論語果敢而窒鄭氏曰魯論作室隸釋韓勑脩孔廟後碑室中作窒中

恭侯右　附案漢表作古疑非

生坐酎金　史詮曰缺侯字

彊

附案地無攷

代侯比彭侯　史詮曰定代功比彭侯缺定功二字

三月丙辰簡侯留勝元年　案丙辰乃丙戌之誤無論漢表是丙戌而此侯前後皆以三月丙戌封則三月安得有丙辰乎又漢表作圉侯留肹謚名並異未知孰是

戴侯章　侯服　附案漢表作章復而服又作復是父子同名矣不可從

彭

附案彭凡兩封高祖封秦同武帝封劉彊漢書王子表謂在東海然漢志無之漢表劉屈氂封澎侯晉灼云東海亦無攷方輿紀要云彭河在嶧縣東南五十里

代　案史詮謂代上缺定字

吳房汝南

從下邽　史詮曰從起下邽缺起字

擊夏陽　附案漢表作陽夏是即高紀楚距漢陽夏事也此誤倒

二月辛巳　案侯表以所封先後爲序此上四侯皆三月丙戌封可驗吳房之非二月封矣而三月書丙戌則是月亦不合有辛巳當依漢表作三月辛卯爲是

去疾有罪　案缺侯字

甯

附案甯即河內郡之脩武縣水經注九脩武故甯也高帝封魏遬爲侯國此足的證史漢表元未嘗誤乃索隱以甯陽當之謂漢表甯陽屬濟南反似表脫一陽字攷漢書王子表無濟南之文或今本缺失然地理志泰山郡寍陽縣注云侯國寍甯古通係武帝封魯共王子劉恢者恢一作怙與甯侯魏遬無涉且非濟南所屬此小司馬之誤也上谷有寍縣亦非所封

八年四月辛卯莊侯魏選元年　附案吳房之封是三月辛卯安得四月又有辛卯葢辛酉之譌也而選又遬之誤將相表漢表水經注並作遬

昌琅邪

從淮陰侯　案漢表云從韓信是

八年六月戊申圉侯盧卿元年　附案漢表戊申作戊辰非下二侯六月壬子封戊辰後壬子十六日故知非也是月乃壬寅朔圉爲圂字之譌盧姓漢表作旅非當爲旅字即盧也索隱引漢表作旅廣韻旅注云漢功臣表有旅卿封昌平侯通志略旅氏注云昌平侯旅卿傳封六代姓氏及國名代數俱誤不足據也通志于後共侯之姓氏代數亦誤

二年侯通反　案通反在孝景三年

共河內

從淮陰侯　案當作韓信

懷侯商　附案漢表商作高未知孰是

闕氏

案索隱以爲安定縣名而漢志安定有烏氏無闕氏則小司馬妄矣攷水經注十云梁楡城卽闕與故城趙奢破秦于閼與謂此也司馬彪袁山松郡國志竝言涅縣有閼與聚漢高帝封馮解散爲侯國據酈所說是閼氏乃閼與之誤其地在上黨涅氏縣葢因涅氏譌作閼氏耳趙氏一清漢書顏注拾遺云或謂閼乃烏之譌葢篆文於烏相近後人又誤加一門似迂曲

以代太尉　案太尉誤當依漢表作大與（音余）師古曰主爵祿之官

節侯馮解敢　附案漢表敢作散疑此譌

安丘

附案北海琅邪竝有安丘索隱據水經注廿六卷定爲北海

屬魏豹二歲五月以執鈹入漢　附案漢表作執盾小異至二歲之作一歲則誤也攷豹以漢二年三月降五月叛此侯入漢必在斯時安得謂一歲五月乎

三千戶　案漢表三作二

四年敬侯執元年　案漢表孝景三年執嗣是也此譌三爲四

執在位一年薨

三年康侯訢元年　案康侯以孝景四年嗣位此作三年誤又漢表名新

侯指　案漢表作拾

侯指坐入上林謀盜鹿國除　案漢表兼坐搏揜

合陽（馮翊）

高祖八年　案八當作七

八年九月丙午侯劉仲元年　案仲之降封爲侯當高祖七年十二月而史漢表皆誤作八年九月已說見高祖紀丙午日九誤是年九月辛未朔無丙午也應作七年十二月丙子（王本作丙子）葢漢書高紀帝立子如意爲代王是十二月辛酉故知郃陽是十二月丙子封敘次應在陽阿侯之後又表例書

名宜改曰劉喜元年徐廣曰一名嘉乃喜之譌徐于元王世家固云名喜字仲也

五　案五當作六高祖時侯喜在國六年也又二年薨

尊仲謚爲代頃侯　史詮曰王作侯誤

襄平

附案索隱以爲在臨淮而水經注十四謂紀通封于遼東之襄平也

功定平侯　案漢表云功比平定侯此脫誤

八年九月丙午　案是年九月無丙午史漢表俱誤若是後九月則有之

侯紀通元年　案通在位五十二年以孝景中二年薨子康

侯相夫嗣而漢書景紀前三年詔稱襄平侯嘉余疑紀通更名詔書不應有誤也晉灼謂相夫更名甚謬相夫以景中三年嗣侯安得前三年已見于詔邪通失諡

夷吾元年　元封二年夷吾薨　案夷吾上竝缺侯字其諡失之二年當依漢表作元年

五十六　案此襄平侯第也表缺漢表作六十六誤

龍

附案索隱謂即廬江之龍舒縣則表何以不稱龍舒漢表作龍陽而晉書志龍陽屬武陵表又何以不稱龍陽蓋竝爲誤端史固不誤也攷水經注廿四汶水南逕博縣故城東又西南逕龍鄉故城南春秋成公二年齊侯取龍者也漢高帝封陳署爲侯國然則龍在泰山博縣界爲今泰安州西南路史亦云是太山龍矣

八月後九月己未敬侯陳署元年　案八月是八年署是署譌也惟後九月己未漢表作九月乙未攷高祖八年九月辛未朔後九月庚子朔若九月當是乙未後九月當是己未莫定孰是

繁

附案漢表作平誤表自有平侯沛嘉豈一地兩封乎或謂六國時趙有平邑地近繁水故表以平爲繁說亦未確漢志平邑屬代不近繁水也而索隱謂地理志魏郡有繁陽恐別有繁縣志闕此語殊疏攷志蜀郡有繁縣竝未嘗闕又何得以繁陽當之

比吴房侯　史詮曰缺功字

九年十一月壬寅莊侯彊瞻元年　案十一月漢表作十二月誤蓋是年十二月無壬寅也又此侯姓張名瞻師蓋此脫師字而又誤爲彊也

康侯昫獨　附案史詮謂昫當作朐並非也漢表作侯惸（師古音熒）徐廣亦曰一云侯惸則昫乃惸之譌漢表脫獨字康侯以煢獨爲名可謂僻矣

中三年侯安國元年　案史表謂侯寄（其諡缺）在位六年以孝景中二年薨安國以中三年嗣所書甚明而漢表謂寄與安國之薨嗣不得其年未知何故

安國爲人所殺　案安國上缺侯字

陸梁

附案如淳據始皇紀所謂陸梁地非也其地未聞索隱本與漢表作陸量

三月丙辰侯須毋　案漢表作丙戌誤是年三月戊戌朔只有丙辰也須毋失諡

高京

附案周昌傳及漢書表傳皆作高景則此譌脫爲京也其地未聞沈進士云疑高爲封地而景其諡地理志沛郡有高縣

以內史入　案入字宜衍內史誤（說在汾陰侯下）當作容

功比辟陽　案陽下缺侯字但攷周苛以守滎陽城破罵項

羽死忠烈懋著當與紀成奚涓諸人比績彼辟陽者徒以侍呂雉得侯柰何比之辱周御史奚侯第辟陽在五十九高景在六十豈非陳平阿呂后意差錄倒雜乎

四月丙寅　案漢表作戊寅是四月丁卯朔不得有丙寅

坐謀反　案坐上失侯成二字

繩　附案繩地不見于漢志水經注廿六繩水出營城東西歷貝丘昔晉侯與齊侯宴齊侯曰有酒如繩指喻此水也疑周侯改封卽在其地

封成孫應　案應上缺侯字其謚無攷

元狩四年　附案漢表作五年非公卿表可據

平坐爲太常　史詮曰缺侯字

離

附案其地未聞此侯以長沙國臣封疑是灕也灕水出湘南或曰卽楚鍾離漢屬九江郡或曰郡國志注江夏南新市侯國有離鄉聚

元年四月戊寅鄧弱元年　史詮曰此當書高祖橫行今本升侯功橫行誤也九年作元年亦誤又缺侯字（謚亦失之）失此侯始所起及所絕　案此九字當書于侯功格內今本誤在高祖橫行又漢表引成帝時光祿大夫滑湛（索隱引作滑堪）曰旁占驗曰鄧弱以長沙將兵侯是始所起也侯第亦失攷

義陵

附案縣屬武陵此侯以長沙柱國封故在楚地也而徐廣謂一作義陽索隱謂義陽縣在汝南謬甚無論長沙國臣不應封于豫州境內而汝南亦無此縣名攷武帝封衛山爲義陽侯在南陽平氏東海厚丘亦有義陽平帝以封師丹非汝南也

九年九月丙子　案是年九月乙未朔無丙子疑是丙午或是八月也

侯吳程　附案漢表程作郢古通孟子畢郢司馬相如傳集解引作畢程逸書史記解有畢程氏呂覽具備又作畢裎然侯名當作郢不然與其子名種類矣

侯種　附案漢表作重字脫其半耳

皆失謚　案諸表中侯之失謚者多矣豈獨義陵二侯哉疑此三字是後人之注非史本文

宣平

附案宣平是號蓋關內侯之類三輔黃圖云長安東出北頭第一城門名宣平門後書宋宏亦封宣平侯（或云宣平是舊縣）

九年四月武侯張敖元年　案敖封無日漢表幷無月而高紀作正月與此又異侯表以先後爲序依漢紀正月宜在陸梁侯前依此表四月當與離侯相次何以居義陵後乎

信平　案信平者徐廣謂高后改封敖之國名也然徧檢史漢並無高后改封張敖爲信平侯之事獨見于此且信平亦非地名趙廉頗封信平君高祖以杜恬爲信平侯景帝封信平君起爲南郎侯蓋與宣平同爲名號何必改之又攷通志

略引風俗通云張敖尙魯元公主封于信都豈張敖侯號宣平邑在信都而信平爲信都之誤歟然何以書于高后時也又豈敖無封邑至高后始食信都乎高后立敖子偃爲魯王更封敖他子侈爲信都侯亦是一證或曰宣信音相近二字當衍

薨　案薨上缺侯敖二字

以故魯王爲南宮信都侯　案史詮謂南宮更封國名當大書于十五之上今本誤書在旁偃以故魯王爲侯今本缺偃字程說是也然攷漢表偃謚共其元年亦失書當云共侯偃以故魯王爲侯元年方合又索隱曰楚漢春秋南宮侯張耳此作宣平侯敖陳平錄第時耳已薨故也夫南宮之號孝文以封敖子偃不聞張耳先有斯稱且耳薨于趙王之位未嘗降黜爲侯容齋三筆以楚漢春秋爲誤班固十八侯銘稱南宮侯張敖蓋據孝文時書之其實敖亦未封南宮也今世無此書不能詳知而陸賈所記皆當時目驗之事似不應誤恐是引賈書者誤耳

侯生　附案漢表誤作王漢傳亦作生也

罪絶　案罪上缺有字

睢陽　案縣屬梁國乃梁王國都漢書表傳竝作睢陵則此誤也睢陵在臨淮

封偃孫侯廣　案侯缺謚其名漢書功臣表作廣孫公卿表及傳作廣國此單稱廣三處不同

十三太初三年侯昌爲太常乏祠國除　案此謂昌在位十三年以太初三年失侯漢表謂在位十二年以太初二年免未知孰是爲太常上缺坐字

三　案此張敖侯第也高祖作十八侯位次決不以敖居第三并不知敖在十八人中否居第三者莫攷何人矣師古曰張耳及敖竝無大功蓋以魯元之故呂后曲升之也

東陽

附案縣屬臨淮元和郡縣志以爲清河之東陽恐非乃清河綱王子宏所封故漢志注云侯國

開封河南

附案漢表開封在愼陽之後此在愼陽前紊其序矣蓋愼陽以十二月甲寅封開封以十二月丙辰封甲寅先二日也

比共侯　史詮曰缺功字

沛沛郡

二月癸巳　案沛侯十二月封此脫十字其封與東陽同月日也

愼陽

附案愼陽者愼水之陽也漢志縣屬汝南師古曰愼字本作滇音眞後誤爲愼今猶有眞丘眞陽縣字竝單作眞知其音不改也路史引作震陽誤　闞駰云永平五年失印更刻遂誤以水爲心義門讀書記曰合馬伏波傳觀之知小學壞于王莽之亂矣誤以水爲心亦或因汝南吏有愼故

二千戸　案漢表二作三

侯欒說　案此侯失謚其姓漢表作樂晉灼引楚漢春秋作謝疑侯有樂謝二姓猶陳武之爲柴武而樂乃欒之譌耳故水經注三十依史作欒說

靖侯願之元年　案漢表作靖侯願無之字此作願之與其子買之相類豈此侯如西晉王氏代以之字爲名唐孟郊東野集所云義之又有之乎

禾成

附案史漢表竝同索隱云漢志闕或謂漢志常山郡鄗縣王莽改爲禾成葢後人誤改表文自當作鄗其後武帝又以封趙敬肅王子劉延年此說非也攷水經注十巨馬水白渠又東南逕和城北漢高帝封公孫耳爲侯國其地葢在鉅鹿之下曲陽而表于和字脫其半耳郡國志南陽武當有和城聚亦非所封城成史漢通寫

以卒漢二年初從　案二年當依漢表作五年

十二年　附案湖本譌一作二

公孫耳　附案漢表名昔疑非

堂陽鉅鹿

爲惠侯坐守滎陽降楚免後復來以郎擊籍　附案此言降楚之後復來歸漢也而漢表來作求謂求以郎擊籍屬下句讀竝通惠地無攷

十三　案十三乃十二孝景時侯德在位十二年也

祝阿平原

以客從起齧乘　附案齧桑地名此譌作乘而漢表作齒桑又譌齧爲齒也

以上隊將入漢　案上一本作十而史詮謂二隊之誤

屬淮陰侯　案當作韓信

八百戸　案漢表千八百戸

正月己未孝侯高邑元年　案己未漢表作己卯未知孰是至高邑作高色乃漢表之譌水經注八亦作邑

長脩河東

以內史擊諸侯功比須昌侯　案內史之誤說在汾陰侯下功比須昌侯漢表誤作攻項昌

以廷尉死事　史詮曰史表疑有誤也漢法臣死事者其子封侯若長脩侯杜恬以廷尉死事卽子當封侯矣何得自爲侯四年乎攷百官表孝惠三年長脩侯杜恬爲廷尉政與其子襲侯之年相合殊不可曉盧學士曰疑上文擊諸侯下脫一侯字後以廷尉死事也漢表于死事下衍一侯字百官表亦有誤

千五百戸　案漢表千九百戸

正月丙辰平侯杜恬元年　案是年正月丁巳朔不得有丙辰日當依漢表作丙戌爲是又侯名徐廣謂一云杜恪恐非

侯喜　案漢表作意

罪絕　案缺有字

陽平東郡侯相夫　附案百官表作杜相缺夫字

三十三元封四年侯相夫坐爲太常與樂令無可當鄭舞人擅繇不如令闌出函谷關國除　案漢表謂相夫元封三年免與百官表合則此三十三當作三十二元封四年當作三年葢相夫于武帝時在位三十二年也至相夫所坐之罪百官表云坐擅繇大樂令論其文甚簡侯表云坐爲太常與大樂令中可當鄭舞人擅繇闌出入關免師古曰擇可以爲鄭舞而擅從役使之也盧學士曰無可中可皆人名不辨何者爲是京師在關内此大樂乃供朝祭之用而乃擅繇使爲鄭衛之舞又闌出關外也不當有入字

江邑

附案地永詳疑是春秋時江國爲漢汝南之安陽其後文帝

又以封淮南厲王子勃也

從御史大夫周昌爲趙相而伐陳豨　周孝廉曰當云從御史大夫周昌爲趙相而代之從擊陳豨此有譌缺

正月辛未　案漢表不書月日但言十一年封今本漢表譌十一月此必别有據前四侯有以正月己未封者有以正月己卯封者有以正月丙戌封者辛未先己卯八日先丙戌十五日後己未十二日

營陵北海

附案史詮曰營陵封年月本文平州之後今本失其次也

以三年爲郎中　案三年上缺漢字

世爲衛尉　案百官表劉澤在孝惠高后時爲衛尉安得言世字必有誤

萬二千戸　案漢表二作一

十一年　史詮曰十一年中缺中字

五六年侯澤爲琅邪王　案澤以高后七年封王則高后時爲侯六年此誤以封王在六年故中書五字

土軍西河

千二百戸　案漢表二作一

武侯宣義　案漢表作謚式

廣河

附案此鉅鹿廣阿縣也湖本譌爲河字百官表作廣安師古曰誤也

三　附案各本皆譌三字乃二字一字孝文時懿侯在國二年蕘夷侯一年蕘也

夷侯竟　附案漢表誤作敬葢夷侯之子爲敬侯但豈有以父名作謚之理乎

侯越　案漢書侯表百官表列傳俱作越人此缺人字

須昌東郡

雍軍塞陳謁上　案漢表作雍軍塞渭上則謁乃渭字之誤史詮謂雍王章邯之軍陣于渭上遮塞漢出兵道也而沈進士謂此即元年漢王從故道襲雍雍王迎擊漢軍陳倉時事似陳下有倉字陳倉縣屬右扶風政章邯地也說勝程氏

二月己酉　案漢表作己丑先己酉二十日

臨轅
附案漢志不載疑其地臨轘轅關故名當在河南緱氏縣界或云左傳哀十年晉伐齊取轅杜注祝阿縣西北有轅城續志注謂郎平原之瑗縣臨轅疑此侯再攷
以中尉　案此下有缺文
二月乙酉　案是年二月丙戌朔不得有乙酉疑與前封須昌己酉日同
共侯忠　附案漢表作中葢古通用商書建中于民釋文云中本作忠又見隸釋
汲侯
案史詮謂汲國名衍侯字是也但索隱云漢表作伋伋與汲竝縣名屬河內此語殊不可曉漢表與史竝作汲（百官表亦同）諸本無作伋者而地理志河內有汲波二縣別無伋縣豈古本漢表作波小司馬竝列以著其異而傳刻索隱者譌乎水經注七淏水逕汲縣故城北漢高帝封公上不害爲侯國則非封于波明已（趙氏水經注釋本作波謂酈從史表作波與各本異）
千二百戶　案漢表二作三
爲趙太傅　附案漢表作太僕誤也此侯以漢太僕封侯不應降爲趙太僕矣
二月己巳終侯公上不害元年　案漢表作三月乙酉與此作二月己巳竝誤二月丙戌朔不得有己巳日而下有二月封者盜得以三月居前葢此侯以二月乙卯封也終侯漢表

作紹侯諡亦不同又通志氏族略有公上氏引此侯爲驗注云古爵也久居是爵者子孫氏焉然則史漢作公上皆非歟不知鄭氏何據
二年夷侯武元年　附案夷侯以孝惠二年立孝文十三年薨在位二十七年此失刻高后時夷侯在國年數（當中書八字）而誤以孝文之年入高后格內遂遞誤升上一格反空武帝橫行矣
廣德坐妻精大逆罪　史詮曰精其妻名也缺侯字
盜陵（陳留）
從陳留　史詮曰從起留起作陳誤
爲上解隨馬都尉擊陳豨　案漢表無解隨馬語葢呂臣爲高祖解追騎之厄也都尉上缺以字（隨與追同離騷背繩墨以追曲注追古隨字追猶隨也）
戴侯射　附案漢表射作謝古字通
一五年侯始薨　附案此以始在位一年故云孝景五年薨而漢表謂始在位十七年是以武帝建元四年薨矣疑漢誤
汾陽（太原）
前二年從起陽夏　案前二年當作漢二年漢表云前三年從起櫟陽前三年亦誤也而陽夏又櫟陽之誤二年十一月漢王都櫟陽也
二月辛亥侯靳彊　附案二月漢表作三月誤又此侯諡莊故漢表作嚴今本史表脫諡索隱本作壯侯也而侯姓史漢

矦表同獨百官表作蘄疑非

江鄒　附案地未聞百官表作江都誤也

矦石元年　案矦石上缺復封今三字

十九太始四年五月丁卯矦石坐爲太常行太僕事治嗇夫可年益縱年國除　附案史記太初安得記太始時事此妄續當削但攷漢書矦表云坐爲太常行幸離宮道橋苦惡太僕敬聲繫以謁聞赦免百官表云太始四年爲太常四年坐爲謁問囚故太僕敬聲亂尊卑免（謂以征和三年免）罪狀不同年數亦異未知孰誤坐罪書月日表例所無

戴

案漢志梁國甾縣注云故戴國此不稱甾而用舊名者當因其名不美耳水經汳水注云戴秦之穀縣後遭漢兵起邑多災年故改日甾漢章帝以其名不善改曰考城說恐非蘄歙傳言擊邢說軍菑南則其名舊矣

以中令擊豨　案中廄令也缺廄字

千二百戸　案漢表二作一

敬矦彭祖　附案漢表彭祖姓祕師古曰讀如祕書索隱本作秋則是史表元作秋而今本脫耳然秋字非

共矦悼　附案漢表作憚疑悼字譌

矦安期　案漢表作安矦軫但此矦之父名安國其子不得以安期爲名亦不得復以安爲謚而期與軫又不同史漢二表俱有誤

元鼎五年矦蒙元年廿五後元元年五月甲戌坐祇詛無道國除　案矦蒙上缺今字廿五以下削之

衍

案蘇秦說魏有卷衍之語蓋卽始皇紀九年楊端和所攻之衍氏亦河南郡地但水經注七謂封乇縣爲燕縣之延鄉在春秋爲長乇漢高帝封翟盱（音况于反或作肝）藝文類聚五十一引陳留風俗傳云高祖與項氏戰厄于延鄉有翟母免其難故以延鄉爲封乇以封翟母漢志封乇屬陳留孟康注云今翟溝是此矦翟盱必翟母之子乃其所封之國史漢表皆不曰延鄉亦不曰封乇而以爲衍者豈翟母先自食邑其子又以功別封乎抑或衍燕延音近字隨而變也

十一年七月己丑　案七月甲寅朔無己丑疑是乙丑或六月及八月

不疑坐挾詔書論罪　案不疑上缺矦字挾詔書者師古謂詔書當奉持之而挾以行故爲罪也應城程氏大中讀史偶見云詔書無挾以行之理此當如挾貴挾長之挾謂挾詔書以威令人借端生事者師古注非

平州

附案漢志無平州索隱引晉書地道記屬巴郡豈以此矦元孫爲涪不更之故乎晉置巴西郡平州縣似不可以徵漢初矦國而武帝封王唊爲平州矦漢表明言在梁父當卽此矦所封之地梁父屬泰山郡左傳宣元年杜注云平州在泰山

牟縣西魏志牟縣注云有萊蕪城平州城則在今泰安府萊蕪縣西或以西河平周縣當之亦非

共侯昭涉掉尾　案昭涉姓也而廣韻注通志略皆作昭沙氏豈史漢涉字誤歟荀子議兵篇垂沙禮書引作垂涉

戴侯福　附案漢表名種疑此誤葢掉尾元孫名福戴侯爲掉尾子不應同名

中牟河南

二千三百户　案漢表三作二

共侯單父聖　附案漢表作單右車索隱引漢表作單父左車葢單父複姓聖其名左車其字故水經注廿二亦作單父聖今本漢表誤也

十二年　案二當作三

邔南郡

以故羣盜長臨江將　案臨上缺爲字漢表有

慶侯榮盛　附案漢表作夷侯榮成葢有二謚成與盛古通

遂坐賣宅縣官故貴國除　案遂上缺侯字漢表書侯遂之罪云坐搶搏奪公主馬與此異

百十一　案邔侯位次漢表是百十三此誤毛本一誤作三

博陽

附案博乃傅字之譌郎春秋偪陽國穀梁及漢志作傅陽故索隱云屬彭城若汝南之博陽則封陳濞矣

十一月　案漢表作十月是

十二　史詮曰自孝景元年中四年侯遬在國十一年一作二誤

中五年侯遬奪爵一級　案史表以遬奪爵在孝景中五年爲侯廿六年漢表以遬孝景元年免在位十五年未知孰是漢表遬作遬

陽義

附案漢表作陽羨是也此譌縣屬會稽索隱謂丹陽亦誤

徙爲漢大夫　案漢表作中大夫此脫中字

二千户　附案漢表二作一史漢凡一起數者多不著一字在中間者始有漢表必是二字而脫其畫耳

下相臨淮

廣雅書局栞

十月乙酉　案漢表作已酉是也

莊侯泠耳　附案漢表作泠音零此譌爲泠

侯慎　附案漢表作順古通

德

附案德葢鄉名漢書王子表謂在泰山而侯表有德侯景建武帝封謂在濟南則今濟南府德州是也于漢近平原之安惠以代頃王子侯　案代頃王者劉仲也惠帝二年追尊侯弟定于呂后表不妨稱之然德侯封時劉仲見爲合陽侯不比周呂之可稱悼武王呂公之可稱呂宣王也當依漢表作兄子爲允

侯齕　案漢表謚康此缺

高陵琅邪

以將軍擊布　史詮曰缺侯字

十一月丁亥　案漢表作十二月丁亥是年十二月壬子朔

方有丁亥漢表是也

圉侯王周　附案漢表名虞人蓋有二名

惠侯并弓　案漢表作弄弓

二年反　案二年乃三年之譌反上又脫侯行二字

期思汝南

赫甕無後國除　案赫上缺康侯二字攷漢書賈捐之傳期

思侯可爲諸曹師古曰當是賁赫之後嗣而表不載然則非

無後國除矣

穀陵

案漢表穀陽侯在戚侯之後史表誤以穀陵居前失封侯之

序矣而穀陵亦穀陽之誤屬沛郡應劭曰在穀水之陽

三年隱侯卬元年　案此孝景三年也漢表以隱侯嗣于孝

景二年而卬又作卯未知孰是

獻侯解　案漢表作懿侯解中蓋有二謚而此失一中字

侯偃　案偃當稱今侯此缺

戚

附案索隱謂漢志闕晉地道記屬東海此語殊疏戚屬東海

明載漢志竝未嘗闕何必引晉記況李必之封恐非東海戚

縣水經五河水故瀆東北逕戚城西酈注云春秋哀公二年

晉納衞太子于戚今頓丘衞國縣西戚亭是也爲衞之河上

邑高帝封李必爲侯國矣

別屬丞韓信　案史詮言丞字當衍余謂丞下缺相字時韓

信爲相國

合千戶　史詮曰衍合字漢表千五百戶

圉侯季必　案圉乃圉字之譌此侯姓李故灌嬰傳云重泉

人李必又百官表云戚侯李信成爲太常索隱引漢紀桓帝

追錄李必後黃門丞李遂爲晉陽關內侯水經注亦云李必

則史漢表作姓季竝誤毛本作圍侯李必

三　案三者孝文元年至三年賁侯長在國之年數也史表

于孝文格內失書元年賁侯長元年七字遂若此三年爲其

父李必矣謚法無賁

齊侯班　案漢表作躁侯瑕謚名俱異未知孰是

壯

附案徐廣云一作莊古字通故漢表作嚴說在廣侯下莊乃

齊地名左傳戰敗于莊孟子莊嶽之閒是也

漢王三年降　案漢表作二年未定

敬侯許倩　附案漢表倩作猜說在費侯下

殤侯則　案漢表作煬侯

元光五年侯廣宗元年元鼎元年侯廣宗坐酎金國除　案

此所書誤攷漢表元光五年節侯周嗣三年薨元朔二年侯

廣宗嗣十五年元鼎五年坐酎金免此失書節侯一代而又

誤書廣宗之年
成陽
附案成陽有二索隱據水經注三十定爲汝南非濟陰也
正月乙酉　案是年正月辛亥朔無乙酉毛本作己酉亦非
疑是癸酉之誤
定侯意　附案侯姓奚今本脫索隱本有
侯信罪鬼薪　案漢表云有罪耍斬乃鬼薪形近而譌此處
罪上缺有字
桃
附案索隱以桃爲信都屬縣誤甚信都雖有桃縣而此侯實
封于東郡之桃城春秋桓十年所謂公會衞侯于桃丘是杜

注桃丘衞地濟北東阿縣東南有桃城晉之濟北郎漢之東
郡百官表稱姚丘侯劉舍姚乃傳寫之譌固可證桃侯之非
封信都也水經注卷十既誤認信都之桃爲封劉襄而卷八
又誤認南燕縣之桃城爲襄封國以一襄而封二桃寍有是
事況均非其地乎攷續志燕縣桃城雖同屬東郡判然兩地
項羽紀正義引括地志曰桃城在滑州胙城縣東四十里高
祖封劉襄爲侯國蓋亦謬指燕縣之桃爲東阿之桃矣
爲淮陰守　案漢表作淮南是也淮陰縣名有何太守乎
二月丁巳　案漢表二作三是三月庚戌朔方有丁巳也
復封襄　史詮曰缺侯字
哀侯舍　案漢表謚懿疑哀字誤舍爲侯三十年又爲丞相

尙何哀乎
厲侯申　附案漢表譌作由
高梁
案此卽左傳高梁之虛也水經汾水注更可證然酈食其傳
云封疥爲高梁侯後更食武遂侯表以後封爲標名何以不
曰武遂乎漢書誤作武陽蓋景帝改封嘉嘉爲武陽侯矣而
水經注廿四引陳留風俗傳曰酈氏居高陽沛公攻陳留食
其有功封高陽侯不但封國乖異且言食其及身爲侯恐不
足據此武遂乃韓地非河閒之武遂
以列侯入漢　案酈生號廣野君何曾爲侯史漢表竝誤
子疥　附案水經注六作介非

三月丙寅　附案漢表作二月誤是年二月無丙寅也
元光三年侯勃元年元狩元年坐詐詔衡山王取金當死病
死國除　附案史漢表名勃而史本傳正義引表作敵漢傳
作遂豈一人而三名乎疑非也又此以勃在位十年失國缺
侯平一代勃失謚故以詐金爲勃事與本傳及漢表傳大乖蓋
勃與平之薨嗣雖不得其年而此表以平幷勃中書十字固
灼知其譌矣正義引表云敵嗣卒子平嗣然則唐初史記本
尙未誤耳
六十六　案酈之侯第必是三十八故功比三十二之平侯
也若在六十六不但比平侯太遠且與肥如同位矣
紀信

附案其地未詳史記攷異曰疑封紀侯而衍信字或云信匡兩字謚

十二年六月壬辰匡侯陳倉元年　案紀信已下六侯惟鄡陵無月餘皆書六月攷高祖以四月甲辰崩則此六侯者豈孝惠封之歟抑誤書六月也漢表鹵侯無月數

後二年六月侯陽元年　案六月二字衍列侯嗣位例不書月且何以不十月即位乎漢表陽作煬

陽反　案缺侯字

甘泉

附案地理志無甘泉索隱疑即甘水在河南縣西南殊非猶以赤泉爲丹水矣必欲求其地以實之何不引雍之甘泉乎然非也

攷漢表作景史表徐廣亦云一作景則是封于勃海之景城縣其後宣帝又封河間獻王子劉雍爲景城侯隋屬河間蓋甘泉即景之譌分爲二字耳

以都尉從軍侯　案漢表云五百戶此缺

侯王欬　附案漢表作嚴侯王競索隱本亦作壯侯王競則此無謚而爲欬者今本之妄也毛本作辰侯王竟亦譌

戴侯莫搖　案漢表作眞粘

侯嫖　附案漢表作嫖師古音許孕反錢宮詹曰予弟晦之云嫖古文作嬹譌爲嫖耳

煑棗

附案煑棗有二濟陰冤句有煑棗城見續志蘇秦說魏王所云東有淮潁煑棗也清河棗彊有煑棗城見魏書志晉灼樊噲傳注亦云方輿紀要謂在北直冀州棗彊縣西九十五里徐廣酈道元並以此侯封于冤句

從起豐別以郎將入漢　案漢表豐作薛郎作越未知孰是

靖侯赤　附案漢表作端侯革朱索隱本作端侯棘朱棘革古通然則今本缺侯姓而又譌其謚名耳水經注八亦云革朱惟百官表書煑棗侯乘昌是誤作乘耳廣韻乘姓誤據之

七八一　案此謂革朱在位年數孝惠時七年高后時八年文帝時一年也但漢表云朱以孝惠七年薨嗣子有罪不得代至文帝二年始以它子綰封中閒曠絕十年則此所書妄矣當衍去八字一字而高后格内補書曰嗣子有罪不得代

表例也

康侯武　案漢表名式

有罪　案有上缺侯昌二字

張

附案方輿紀要謂山東壽張縣南有張城毛釋之封此非也索隱以爲在廣平是其後宣帝又以封趙頃王子

七百戶　案此上缺侯字

節侯毛澤　附案漢表名釋之澤釋古通今本脫之字索隱本有

夷侯慶　附案漢表誤名鹿

鄡陵潁川

附案史詮云鄳陵以十二年中封不得其月本表菌之後今本失其次爾余又攷漢志表並作僞陵與鄳同而水經注廿二作隱陵葢聲形盡鄰故字讀俱變晉書安帝紀隆安三年有義興太守魏隱而孫恩傳作僞謝琰傳作鄳也淮南氾論作陰陵非

七百戶　案漢表作二千七百戶

莊侯朱濞　附案水經注誤姓諸亦以音同而譌

六　案六當作七恭侯以孝文七年薨也

菌

附案地無名菌者徐廣云一作鹵與漢表同則菌字傳寫誤耳鹵縣屬安定郡或云是代郡鹵城縣也至索隱謂又作齒路史引漢表作卣明係鹵字之譌矣

以中涓　案漢表作中尉

四十八　案鹵之侯第當是六十八若居四十八則與東茅侯同位矣其誤無疑

史記志疑卷十一終　番禺劉昌齡黎永椿沈葆和沈寶樞校字

史記志疑卷十二

仁和梁玉繩撰

惠景閒侯者年表第七

太初已後

附案此四字當衍說在高祖侯表

便

附案漢志便屬桂陽漢表謂在編不可曉編屬南郡與桂陽甚遠水經耒水注謂吳淺封便不云編也

九月頃王吳淺元年　案漢表便以九月癸卯封此失癸卯二字又頃侯譌作頃王

前六年侯廣志元年元鼎五年侯千秋坐酎金國除　案廣志之薨千秋之嗣史漢俱不得其年史詮謂當書曰千秋嗣不得元年

百三十三　附案此乃便之侯第也史失書

軑江夏

侯利倉　案漢表作黎朱蒼則此缺朱字葢侯姓黎名朱蒼也倉蒼古通黎之與利語音有輕重耳故水經注三十五引作利倉但百官表書吳利似姓吳名利其在位年數亦與侯表不合疑百官表誤通志氏族略又云來氏本作郲軑侯來蒼則以氏來名蒼未知何據豈以朱譌來作姓而以利爲謚邪

二年侯豨元年　案豨以高后三年嗣此誤二年又朱蒼及

稀子彭祖之謚史漢皆缺而稀之謚孝漢表書之此缺
三十　案此當作十字二十字十者孝武建元元年至元光
四年侯彭祖在國年數也漢表云彭祖三十四年薨二十者元光五年至
元封元年侯秩在國年數也格內又缺橫書元光五年侯秩
元年八字
侯秩爲東海太守　案漢表秩作扶疑非秩下缺坐字
百二十　附案此軼之侯第也書以補之
平都
附案縣屬上郡而方輿紀要以爲在北直深州武强縣東二
十五里平都村武强晉置縣卽漢武邑信都武隧河間二縣地則
非上郡平都也未知孰是若索隱謂在東海則爲都平矣平

都已下扶柳郊南宮博成沛襄成軹壺關九侯俱有侯第今
失攷漢表謂平都百十一誤乃平州侯之位也
二　案二當作三劉到孝惠時在國三年也
扶柳
案索隱正義皆引漢志信都國扶柳爲證然諸呂之封俱在
近地不應呂平獨遠在信都攷水經注廿六云膠水又逕扶
縣故城西地理志琅邪之屬縣漢呂平爲侯國則扶柳誤矣
扶卽郝縣也
元年四月庚寅侯呂平　附案此格內廿三字當在高后表
中譌刻孝惠第三格呂乃呂之譌呂平爲高后姊子不得姓
呂而謂之呂者時太后方封呂氏平冒母姓得封此冒母姓

之始唐則天后賜皇太子中宗姓武氏且有天子而冒母姓者
矣異哉又攷呂后紀于元年四月云太后欲侯諸呂迺先封
高祖之功臣夫謂之先封功臣則非先侯諸呂可知并非同
日受封可知乃此表書扶柳及郊二呂氏之封于前書南宮
梧平定博成四功臣之封于後未免倒置而所書封侯之日
扶柳是庚寅漢表作丙寅誤郊是辛卯俱在四功臣丙寅乙酉後則
明是今本亂其次矣
郊
案郊當作洨說在呂后紀
封武王少子　案武上缺悼字
六年七月壬辰產爲呂王　案產爲王在十月丙辰說在漢

諸侯王表中此誤產上亦缺侯字
高后八年九月產以呂王爲漢相　案高后二字衍產以高
后七年二月徙王梁更名梁曰呂故仍稱呂王也而產之爲
相在七年七月此作八年九月誤已辨見呂后紀中
南宮
附案縣屬信都漢表謂在北海不可曉
以父越人　附案水經注十引此作張越人
以太中大夫　案漢表作中大夫
高后八年侯買坐呂氏事誅國除　案高后二字衍漢表云
侯生嗣孝武初有罪爲隸臣則張買固薨于位且傳子至孝
武時但不得其年耳而此謂買以八年誅其事迴異疑漢表

誤孝文封張偃南宮侯傳至偃孫生于元光二年免葢誤以
張偃之後移于張買耳
梧楚國
七年侯去疾元年一　案一當作二高后時去疾在國二年
也去疾謚敬此失之
七十六　附案此梧之侯第也表不書故補
平定
案漢志西河有平定縣然西河武帝元朔四年置則非也索
隱云漢志闕或鄉名趙氏漢表舉正據齊受元孫安德爲安
平大夫疑平定是涿郡安平之譌
敬侯齊受　案受一作壽說在呂后紀
五十四　附案此補書平定之侯第也
博成
附案索隱謂漢志闕非也此卽泰山郡之博縣所謂嬴博之
閒成卽城字呂后紀作博城博之連城必當時人所習稱史
因而書之至隋卽定爲縣名或曰宣帝封張章博成侯漢表
云淮陰葢鄉名豈又此乎
攻雍巳　附案攻雍兵也湖本譌刻
四月乙酉　案漢表作己丑相去五日未知孰是
沛沛郡
四月乙酉　案沛侯不應與封功臣同日疑辛卯之誤
七爲不其侯　案沛侯呂種以高后七年改封不其琅邪則當

中書六字不得作七而爲上亦缺七年更三字
襄成潁川
侯義　案此侯名山至進封常山王始改名義呂后紀甚明
則表宜作侯山也
軹河內
壺關
附案縣屬上黨索隱謂在河內誤
沅陵武陵
十一月壬申　案前所封十侯皆在高后元年四月沅陵居
後安得謂十一月壬申封況是年十一月無壬申日也當依
漢表作七月丙申
頃侯吳陽　頃侯福　史詮曰父子同謚必有一誤福之謚
頃疑當作順
百三十六　附案此沅陵侯第也
上邳
附案東海郡有下邳故此稱上邳在魯國薛縣西漢志及水
經注廿五可證
孝文元年侯郢客爲楚王　案郢客爲王在孝文二年史漢
紀表世家列傳甚明惟此誤爲元年當改作二年衍去孝文
兩字格內再中書一字以補其缺葢郢客爲侯八年漢王子
表謂七年爲楚王則亦仍史誤耳
百二十八　附案此上邳之侯第也

朱虛 琅邪

孝文二年　史詮曰衍孝文二字

百二十九　附案此朱虛之矦第也

昌平

案索隱謂昌平屬上谷雖據漢志爲說然王子分封不應遠在幽州之域何不以魯昌平鄉言之乎但此與漢恩澤表作昌平而呂后紀及漢書異姓王表竝作平昌地理志平原郡有平昌琅邪亦有平昌而平原之平昌是矦國疑此矦先封于平原而昌平爲誤矣胡三省反以平昌爲誤殊失攷

矦太元年　太爲呂王　案太字誤當作大說在呂后紀大爲呂王上缺矦字

贅其 臨淮

中邑

附案縣在勃海索隱謂漢志闕非也

以執矛　附案執譌埶

貞矦朱通　案漢表作貞矦朱進

樂平

案漢志無樂平而宣帝之封霍山表在東郡葢東郡清縣之鄉名故漢志應劭曰章帝改名樂平

矦侈坐以買田宅不法又請求吏罪　案坐下衍以字求當作賕

山都

附案縣屬南陽索隱謂志闕非也

三三十　案釋之傳稱中尉條矦周亞夫與梁相山都矦王恬開見釋之持議平結爲親友攷亞夫爲中尉在文帝後六年釋之爲廷尉亦在是時而王恬開以高后四年封文帝三年薨則相去十八年安得與周張竝時邪葢恬開以後四年卒其子中黃以後五年嗣表誤以後五年爲四年而中黃二字二十字又誤倒耳吳仁傑亦辨之曰恬開以後四年卒表書二十者恬開在文帝朝爲矦之歲又書三者中黃在文帝朝嗣矦歲數也班表不能攷正遂揔之云恬開八年薨以釋之傳推之其實二十五年然後薨也此辨甚覈有疑釋之傳誤書恬開姓名者謬甚

四年惠矦中黃元年　案四年當作後五年又漢表謚憲

矦當坐與奴闌入上林苑國除　案漢表云坐闌入甘泉上林免

松茲

附案此盧江之縣也徐廣謂松一作祝非說在孝文紀

以郎吏入漢　案吏字誤當依漢表作郎中

成陶

附案徐廣謂陶一作陰漢表亦作成陰方輿紀要言山東萊州府高密縣亦謂之城陰城鄭康成碑城陰郎高密則此陶字譌也古書陶陰二字多混如始皇紀屬之陰山水經注三誤作陶山建元矦表有葰莄矦史表傳作韓陰漢表傳作韓

陶秦穰侯封陶而國策俱作陰徐廣于穰侯傳封陶下注云一作陰葢史仍策文後人以陰爲誤而改作陶爾索隱曰陶即定陶徐廣作陰陶陰字本易惑王劭案定陶見有魏冉冢作陰誤誠昔人所云簡牒磨滅以典爲與以陶爲陰者也或曰此侯疑封于濟陰郡之成陽縣濟陰宣帝更名定陶轉相譌舛遂有陶陰之異耳或又曰成陶乃定陶之譌

爲呂氏舍人度呂氏淮之功　案漢表呂氏作呂后是葢時有寇難得渡淮以免也

孝侯勃　附案史詮曰漢法諸侯以罪失國者歿不賜謚今本侯勃謚孝後人誤加漢表無謚

兪

附案清河郡鄃縣史漢多省作兪其實當作鄃也史景紀河渠書漢書溝洫志欒布傳皆作鄃

以連敖從高祖　案以字上當依漢表增父嬰二字此缺

功比朝陽侯　案此語最可疑高祖功臣表侯狀每云功比某侯葢高后二年陳平奉詔差錄列侯之位次也鄃侯呂它以父呂嬰死襲封在高后四年巳落陳平差錄之後尙何侯功可比朝陽侯華寄以高祖七年封位次六十九若呂嬰功與相比則宜久登侯籍何以高祖不封孝惠又不封直至高后四年始侯乎葢高后欲侯呂氏空張其功以封呂它當時希旨之臣謬爲此語以混丹書欺人耳目史公作表仍而不去未可爲信漢表仍史不然呂氏之黨法固宜誅而嬰死它襲誰不恤之稍從末減胡亦騈首就戮乎

滕

附案索隱本作勝注曰一作滕劉氏云作勝恐誤滕縣屬沛郡勝未聞余攷路史國名紀亦作勝而勝地無之明是滕之譌字今本史漢竝作滕惟漢高后功臣表末誤作騰也但沛之公丘縣卽古滕國不知何時更名葢秦始置滕縣漢初猶未改故高祖之爵夏侯嬰高后之封呂更始皆稱爲滕至武帝封魯共王子劉順乃稱公丘侯竊疑更名在武帝時孟堅作志失書爾

醴陵

附案索隱謂縣名今在長沙攷水經漉水注謂縣爲此侯封

國然漢志長沙十三縣無醴陵至後漢始有之葢是鄉名因曾爲侯國而置縣也當由臨湘縣地分置

爲河南都尉長沙相侯　案河南漢表及他本史記皆作河內此誤長沙上當有用字漢表有此缺

侯越　案此侯失其姓

孝文四年　史詮曰孝文衍

呂成

附案水經淯水注言南陽宛縣西有呂城疑呂忿封此又新蔡縣有大呂小呂亭未知所是路史國名紀據漢書高后功臣表末謂一作昌成謬也

東牟

附案此東萊縣也廣韻登字注云漢文帝封悼惠王子爲牟平矦卽此地周爲登州取文登山而名葢旣誤以呂后爲文帝而又誤以東牟爲牟平也牟平亦在東萊

鍾

附案漢志有腄縣而無鍾縣漢表作腄屬東萊始皇紀過黃腄主父偃傳起于東腄（漢書作黃鍾）皆是也則此鍾字誤但封禪書有黃鍾史寬舒（非人姓名）字亦从金不从月豈古通用乎至徐廣云一作鉅非

信都（信都）

矦侈有罪國除　附案信都與下樂昌以張敖前妻之子矦本不當封故孝文免之不當封而封卽以爲有罪也漢表云以非正免

樂昌

附案水經注五以爲東郡之樂昌非也史記攷異曰後書張酺傳張敖子壽封細陽之池陽鄉葢析細陽地爲樂昌國細陽隸汝南宣帝封王武爲樂昌矦漢表在汝南卽壽故封也樂昌矦國元始初尙存不審地理志何以闕之

矦受元年　案受一作壽說在呂后紀

祝茲

附案索隱謂在瑯邪誤據漢書也祝茲卽東海郎丘縣說見王子矦表

建陵（東海）

東平

附案徐廣謂一作康非也東平之地兩爲矦國高后封呂庀武帝封劉慶漢書王子表云在東海索隱于諸矦王表云屬梁國于矦表云縣名屬東平攷東海無東平葢是誤爾漢東平國卽故梁國據水經注廿四卷卽無鹽縣地

矦呂壯　案壯當作庀說在呂后紀

右高后時三十一

案三十一者高后封矦之數也然攷高后元年封呂祿爲胡陵矦二年封蕭何夫人爲酇矦蕭延爲筑陽矦四年封女弟須爲臨光矦又封劉信母爲陰安矦此皆失數則當作三十六矣

孝文二十三孝景十六

附案二帝年數前已書之此是今本重出當衍

陽信

附案索隱云表在新野志屬勃海恐有二縣攷漢表並無新野之文因外戚恩澤表陽新矦鄭業封下有新野字而誤不得有二縣固專屬勃海也

元年三月辛丑矦劉揭元年　案三月有本作十一月是也又失書揭謚夷

軹（河內）

高祖十年爲郎從軍十七歲爲太中大夫　案以十七歲計之則宜作高祖十一年此缺一字漢表作七年尤非太中大

夫漢表作中大夫
四月乙巳　附案漢表作正月是有本亦作正月史詮謂四月誤也
十　案漢書文紀十年書將軍薄昭死坐殺漢使者罪此脫不書（詳漢書文紀注）有罪而死自當奪絕文帝不除其國者爲太后也故漢表曰帝臨爲置後
侯梁　史詮曰今侯梁缺今字
壯武（膠東）
以都尉從之滎陽　案漢表無之字史記攷證天台齊氏召南曰之字當是守字
十一　案一字衍

清都
附案都當作郭說在孝文紀
鈞有罪　案缺侯字
周陽
案索隱云屬上郡則爲陽周矣漢志不載周陽之地竹書惠王元年周陽有白兔舞于市水經卷六涑水出河東聞喜縣東山黍葭谷又西過周陽邑南文紀正義引括地志周陽故城在絳州聞喜縣東二十九里史記考異曰趙兼以淮南舅父得侯其封邑當在淮南境內且兼得罪失侯未幾卽以淮南王子賜爲周陽侯則此周陽宜在淮楚之間不特非上郡之陽周恐亦非河東之周陽也余攷倉公傳言齊中御府長信使楚至莒縣陽周水疑所封卽其地葢鄉名之同于縣者此與淮南王傳及漢表皆誤作周陽當依此表下文書王子賜封陽周爲是觀諸侯王表及漢書表傳作陽周可證錢宮詹未檢及此故以陽周爲誤
兼有罪　案缺侯字
樊（東平）
高祖初起從阿　史詮曰從字當在高上
恭侯平元年　附案湖本平字譌干
管
附案史漢表並作管攷管城縣自漢迄晉爲中牟縣地隋始置縣故漢志河南中牟注云有管叔邑則管卽中牟也而中

牟之地高祖以封單父聖其時尚未奪絕不合一邑兩封且此所封乃齊王之子何以在河南其誤審矣水經卷八濟水又東北過菅縣南道元注引此侯爲據是知管當作菅縣屬濟南古艸竹通寫故譌索隱謂屬滎陽蓋唐時已傳誤爲管字經史問荅亦辨之
恭侯戎奴　附案史詮曰今本誤增謚
瓜丘
附案漢表作氏丘地皆無攷而索隱本作斥丘謂卽魏之縣則妄甚齊王子所封不應國于魏郡且斥丘侯唐厲其時見存安得取以封劉寗國哉或以郡國志南陽宛縣之瓜里當之亦非

二年矦偃反　案二當作三

營

附案索隱謂表在濟南蓋據趙充國封號著之妄也充國封營平此矦封營而謚平小司馬誤讀爲營平故云在濟南攷營卽營丘在齊郡臨淄縣中水經注廿六所謂繩水出營城

漢封劉信都爲矦國者

楊虛

附案漢志無此地名水經注五謂地理志楊虛平原之隸縣也漢封齊悼惠王子將廬爲矦國城在高唐西南然則卽漢志平原之樓虛故注曰矦國其地兩漢凡三封文帝封劉將閭元帝封訾順東京以封馬武竝在此處

恭矦劉將廬　案漢表悼惠子有楊丘（在濟南見水經注濟水二方輿紀要云在章丘縣東南十里）恭矦安與營矦罷軍等十八同日受封在位十二年薨子偃嗣十一年坐出國界失矦此遺脫楊丘一矦而又移劉安之恭爲將閭之謚（古盧閭通）豈不謬哉將閭卽齊孝王也當補楊丘索隱本楊虛共矦後又有楊虛共矦平蓋小司馬補入而誤其文耳

矦將廬爲齊王有罪國除　案有罪二字當削之乃楊丘矦偃格內之脫誤楊虛國之除因嗣封于齊也何罪之有

朸（平原）

安都

附案正義云在瀛州高陽縣西南三十九里則屬涿郡也

平昌

附案水經注廿六謂此矦封于琅邪之平昌則索隱以爲平原之平昌非也

矦劉卬　附案水經注名永恐非

武城

案左傳晉楚魯皆有武城漢志淸河定襄皆有武城而魯之武城有二故加南與東以別之齊王子所封者必是南武城卽漢東海郡南成縣錢塘高氏士奇春秋地名攷略言之矣但漢旣改名南成後漢加土旁作南城屬泰山郡則此似當作南成也索隱于世家謂縣屬平原固妄而正義謂貝州縣亦誤

白石

附案索隱謂縣屬金城甚謬齊王之子何以遠封西塞世家正義云白石古城在德州安德縣北二十里經史問荅曰是時河西尙未開豈封于匈奴境內乎安德在平原政齊所分地

波陵

案漢表作泝陵疑波字誤泝水名蓋卽泝鄉在漢中魏置爲縣左傳桓十三年疏所云新城泝鄉縣也水經注廿八作泝晉灼以爲古泜字索隱引漢表作泜皆誤

以陽陵君矦　附案一本作陵陽君疑是也在丹陽若馮翊之陽陵景帝始更名似非所稱

三月甲寅一　案漢表作丙寅

南郎

附案地未詳索隱引李彤云河南有郎亭也湖本譌刻河內徐廣云

一作朝非

侯起　索隱曰史失其姓

一　案此侯不得其奪侯之年則一字當衍

孝文時坐後父故奪爵級關內侯　案級上缺一字下缺爲

字師古曰會于廷中而隨父失朝廷以爵之序故削爵也

阜陵江九

安爲淮南王　史詮曰缺侯字

安陽

附案漢志有四安陽此在汝南水經注卷三十可證而索隱

本作安陵謂在馮翊謬甚無論安陵屬扶風不屬馮翊而淮

南王子之封史漢無作安陵者且亦不應封于扶風況安陵

惠帝所葬豈有建爲侯國之理邪

陽周

附案此乃城陽莒縣之鄉名說見上

東城江九

犂

附案此卽東郡黎縣也古字通

侯澤　案侯失謚漢表又譌名濆

侯延坐不出持馬斬　附案史詮曰今本特作持誤

鉼　二二

附案漢表作鉼瑯邪縣名鉼鉼古通其後武帝又封菑川靖

王子劉成或曰鉼屬陳畱水經注廿四陳畱有鉼亭鉼鄉

侯孫鄲　案漢表作單匈奴傳徐廣亦作單則加邑者非

弓高

附案漢表在營陵而地理志屬河閒則非北海營陵矣

前元年侯則元年　案此以韓頹當子則嗣于景之前元年

薨于元朔五年漢表謂不得隤當子嗣侯者年名元朔五年

侯則嗣薨與本傳頹當傳子至孫合此誤也則亦缺謚

襄成

附案此在潁川高后曾以封孝惠子矣而漢表以此爲在魏

豈以戰國時屬魏故邪

千四百三十一戸　案漢表作二千戸

故安涿郡

功侯　案侯者爲關內侯也缺爲關內三字

用丞相侯一千七百一十二戸　案漢表不書申屠嘉食戸

嘉前以從高祖功食邑五百戸此因丞相封侯之戸未知除

前所食數抑幷前所食數攷朱博讓食邑書曰故事封丞相

不滿千戸公孫弘用丞相侯六百五十戸此依詔書若表所書則三百七十二

是其證也則無論嘉之食戸或除或幷揔不應踰制有千七

百十二戸之多其誤必矣

後元三年四月丁巳節侯申屠嘉元年　案將相表百官表

在孝文後二年八月庚午攷張蒼以後二年八月戊辰免相百官表譌作戊戌則史漢侯表言後三年四月丁巳誤也葢斷無虛相位七月之理豈爲相在二年而封侯在三年乎

恭侯　案侯名蔑見本傳此缺漢表又誤以共爲名

淸安侯臾　案淸安未詳其地張丞相傳徐廣引作靖安史詮曰淸安更封國名當大書于十九之下更封侯臾缺更封二字

臾坐爲九江太守有罪　史詮曰侯臾缺侯字

章武 勃海

萬一千八百六十九戶　案漢表萬一千戶

恭侯完　附案漢表及唐書世系表作定此譌爲完

侯常坐　附案漢表作常生此譌坐字而唐表云竇少君二子定誼誼生賞是以常生爲賞定之弟子也恐不足據

侯常坐謀殺人未殺罪　案常下缺生字

南皮 勃海

侯竇彭祖　案彭祖失謚

右孝文時二十九

案孝文共封二十九侯而表中止二十八者因脫誤楊丘一侯也然攷孝文後二年封周亞夫爲條侯又路史國名紀四引輿地志謂文帝封東海王搖之子期視爲顧余侯通志謂搖別封其子也居會稽乃後世顧氏得姓之由三國志諸葛瑾傳注及廣韻諸字注並引風俗通云葛嬰爲陳涉將有功非罪而誅孝文追封其孫爲諸縣侯諸在琅邪因幷氏焉表皆失之則二十九當作三十二也章武南皮漢表屬孝景世似得之

孝景十六

附案孝景年數前已重刻此又誤重當衍

平陸

附案此侯封于東平國之東平陸水經渠水注可證胡三省云東平近楚爲得之索隱以西河郡之平陸並言非也

一云乙卯　附案此是注然非也當衍之

休

附案休鄉名卽孟子去齊居休之地四書釋地續曰故休城在今兗州府滕縣北十五里方輿紀要言在滕縣西二十五

史記志疑卷十二　廣雅書局栞

里至路史國名紀七謂休在潁川或云介休介在膠西並非

侯富以兄子戊爲楚王反富與家屬至長安北闕自歸不能相教上印綬詔復王後以平陸侯爲楚王更封富爲紅侯

附案富之上印綬因自爲王戊季父不能教兄子以示待罪之意而其更封紅侯者以與母太夫人奔京師故也乃漢書表傳謂坐戊反免侯削籍深爲枉誣楚元王五子封侯曰平陸曰休曰沈猶曰宛朐曰棘樂惟宛朐以同反除籍沈猶棘樂如故平陸且續封楚王矣豈富之舉家自歸反免侯削籍乎當時吳濞首逆其弟德侯尚不緣坐景帝方議封爲吳王以太后不許乃止何獨于富而罪之則知景帝削籍之詔專指宛朐劉埶及吳濞言之爾至刊誤補遺以爲富非更封因

自歸之早益食紅鄉以優寵之復疑紅休是一邑不可分爲二則尤舛甚史漢之誤在休紅竝列失侯表之例不得以書更封爲誤益食紅鄉之說毫無左驗紅休判然兩處亦不得合爲一區蓋未核地理見索隱引王莽封劉歆紅休侯又史漢誤以紅休竝列遂欲改更封爲益食合紅休爲一邑殊不知歆之封紅休因歆是富五世孫而富爲紅休二侯故取以併號之也餘說在紅侯下

沈猶

附案索隱謂漢表在高苑則是鄉聚之名孟子謂沈猶氏當亦因地爲氏今本漢表無高苑之文傳寫缺爾漢書楚元王傳晉灼曰王子侯表屬千乘高苑（漢表猶作猷同）

夷侯劉穢　附案漢表作薉與穢同今本譌爲蔵字

紅

案表例凡更封者卽附書初封之下劉富先封休侯更封紅侯自當連書之乃竝列若兩人謬也索隱云此竝列誤漢表一書而已然漢表雖正史記竝列之失其後總敘侯數依舊列紅休爲二與史記同師古亦言其誤至索隱以紅爲虹縣者杜昭八年左傳注云紅魯地沛國蕭縣西有紅亭遠疑水經獲水注實指沛之虹縣爲魯蒐之紅地爲劉富封國檢郡國志泰山奉高縣注曰左傳大蒐于紅紅亭在縣西北則春秋所書當在奉高而劉富所封當在沛郡虹縣酈誤合爲一但劉昭亦不能無誤奉高之紅亭引蒐紅以證之是也而沛之虹縣復據地道記引左傳以注之豈非歧頭別論乎

元年四月乙巳莊侯富元年　案富之更封與封劉禮爲楚王同時在三年六月乙亥此誤富之謚漢表作懿豈有二謚歟索隱本作雅集解一作禮俱非

悼侯澄　案漢表作懷侯登名謚皆異

敬侯發元年　案集解發一作嘉而漢表政作嘉則發字非也

侯章　案章謚哀此缺

宛朐（濟陰）

魏其（琅邪）

扜吳楚　附案扜乃扞之譌

三年六月乙巳　案是年六月辛亥朔無乙巳日史漢表俱誤疑當作乙亥

九　案九者武帝時侯嬰在國之年數也然嬰以元光三年誅則九字當作八

元光四年侯嬰坐爭灌夫事上書稱爲先帝詔矯制害　案四年乃三年之誤說在嬰傳又各本皆作矯制害此譌書字漢傳作矯先帝詔害鄭氏曰矯詔有害不害也再攷建元表宜春侯衛伉坐矯制不害免浩侯王恢坐矯制害當死漢表如淳注云律矯詔大害要斬有矯詔害矯詔不害

棘樂

附案左傳襄廿六年吳伐楚克棘注譙國酇縣東北有棘亭

楚王子所封當是此地棘樂猶云棘鄉樂者村落之謂古字通用爾雅釋詁以剎落爲暴樂宋劉義慶世說新語以落拓爲樂託可證也世說王耆之樂託出自門風

三年八月壬子敬侯劉調元年　案漢書元王傳景帝即位以親親封元王寵子五人爲侯則同是元年四月受封矣何此侯在封魏其後獨遲至三年八月乎必史漢表之誤

建元二年恭侯應元年　附案漢表應嗣侯後一年非

俞清河

擊齊有功　附案將相表云欒布爲大將軍擊齊元王世家云欒布自破齊還酈商傳欒布自平齊來吳王濞傳天子遣欒布擊齊又濞傳魏其傳云監齊趙兵漢書表傳同齊未嘗偕七國反何爲擊之布所擊破者乃膠西等圍齊四國之兵齊悼惠王世家言三國非救齊則有之豈其破齊哉悼惠世家書之甚明葢此齊字猶吳濞傳末所云連齊趙敘傳所云尼齊趙孝王世家及韓長孺傳首所云吳楚齊趙七國反漢書五行志亦稱四齊葢統膠西膠東菑川濟南而言四國皆自齊分也

侯欒布　案侯失謚

中元五年侯布薨十二　案鄃侯國絕之事無攷史漢表傳所書年數皆舛錯不合今細校之欒賁以元朔二年續封以元狩六年奪侯在位十年此史表之可信者則謂賁以孝景中六年嗣在位二十二年以元狩六年免誤也布以景六年封中四年薨在位六年此史漢表之可信者則謂布以景中五年薨或又謂以元朔元年薨在位二十四年亦誤也然則何以書曰薨當作絕十二當作十三但十三兩字是衍文自景中五年至孝武元朔元年布絕十八年惟其中絕故田蚡爲相得以食邑于鄃見河渠書不然欒氏見爲侯何得田蚡以鄃爲奉邑哉蚡卒而鄃歸有司其卒在元光三年迨元朔二年仍以鄃續封布子賁也

侯賁坐爲太常廟犧牲不如令　附案廟乃雍字之譌漢表可證師古曰雍右扶風縣也五時祀在焉

建陵東海

敬侯衛綰　案漢表謚哀疑非又失書綰爲丞相說在高祖功臣表武彊侯下

建平沛郡

哀侯陳嘉　案漢表作敬侯當是也

侯回　案回缺謚疑當謚哀

平曲

案索隱謂漢表在高城謬也高城屬勃海都尉所治平曲縣漢地理志王子表皆云東海並無高城之文但東海有二平曲不知此侯何封而水經注二又謂封于西平在金城非汝南臨淮之西平不可解趙氏漢表舉正曰兩平曲一莽曰平端一莽曰端平全祖望疑下平曲當作曲平故莽改端平不然不應一郡二縣同名後書萬脩傳鄧太后封脩曾孫豐爲曲平亭侯是其證也巴郡亦有平曲見後書岑彭臧宮傳可知地名相同者多

史記志疑卷十二　三三　廣雅書局栞

矣水經注與史漢表全乖豈因曲平而誤爲西平乎
侯公孫昆邪　附案昆一作渾古渾混昆俱通用
江陽
案索隱謂縣名在東海此仍漢表之誤因漢王子表于孝昭封城陽慧王子仁江陽侯下云東海也水經注三十三謂封于犍爲郡江陽縣而犍爲武帝始開蘇侯安得封之當依孝景紀作江陵爲是南郡縣名
康侯蘇嘉　附案徐廣蘇作藉非漢表名息蓋有二名
懿侯盧　附案徐廣作哀侯非
侯朋元年　案漢表誤作朋其于江陽侯封嗣年數多有譌脫故知朋字誤也又此失書謚

遽
附案索隱謂漢表鄉名在常山此據孝宣封劉宣遽鄉侯言之不得其地路史國名紀七以遽卽甾川之劇恐非攷續志齊國西安有遽丘里古渠丘又水經注八陳留長垣有蘧伯鄉疑遽卽蘧也但未知二地何封
戶千九百七十　案漢表作千一百七十戶
四月己巳　附案己巳乃乙巳之譌
侯横　案史漢失書姓
新市鉅鹿
以趙內史王慎王遂反慎不聽死事子侯　附案史詮云今本悍作慎誤也事具元王世家

侯康元年　案漢表侯名棄之則當云康侯棄之元年蓋漢表失書謚史表失書名而又誤以謚作名也其姓已見功狀故此不書與商陵山陽同
殤侯始昌　附案始昌爲人所賊殺則謚殤爲允漢表作煬侯疑非漢表于康殤二侯薨嗣年數多有脫誤不可從
商陵
案此與漢書侯表及申屠嘉傳竝作商陵索隱云漢表在臨淮蓋誤也地理志臨淮無商陵豈封于富陵而譌爲商字乎然今本漢表無臨淮之文似當依將相表及張丞相傳作高陵爲是在琅邪至百官表作南陵亦誤
趙夷吳　附案吳吾古通然各本皆作夷吾

侯周　案此失書爲丞相說在高祖侯表
二十九　案當作二十八侯周于武帝時在國年數也
山陽
附案縣屬河內非山陽郡也路史一作陽山非陽山在桂陽百官表稱山陽侯張當居可證
程博士弟子　附案漢表程作擇徐廣作澤義竝同
安陵
附案漢志潁川傿陵注李奇曰六國爲安陵疑于軍封此
戶一千五百一十七　案漢表作千五百五十戶
侯子軍　案侯缺謚史詮云今本于作子誤
五　案五當作六

垣

附案漢表作桓蓋古通借字而索隱以爲河東垣縣似誤河東之垣其時景帝改封曲成侯矣攷水經注十二云垣水東逕垣縣故城北涿有垣縣景帝封匈奴降王賜爲侯國王莽之垣翰亭則此垣疑卽漢志涿郡之武垣也後書公孫述傳注引風俗通云垣秦邑因以爲姓秦始皇有將垣齮而本紀是桓齮

十二月丁丑　案此下六侯封月史漢表皆作十二月丁丑而是月癸卯朔無丁丑日必正月之誤故景紀言封侯在春也

侯賜　案失書姓及謚

三　案當作四

六年賜死不得及嗣　案六年上失書中字史詮曰侯賜薨不得其嗣今本鈌誤

遒涿郡

戸五千五百六十九　案五千誤漢表是千五百七十戸

侯隆彊　附案水經注十二與此同漢表作陸彊誤也而索隱本作李隆彊是今本缺姓其謚已前失之

後元年四月甲申侯則坐使巫齊少君祠祝詛上大逆無道國除徐廣曰漢書云武後二年　附案史迄太初何得書武帝後元時事此後人妄增史漢表皆不得隆彊嗣侯之年也文景無年號而表于其中後改元多稱中元後元武帝之後元實係年號而此稱後元年漢表同何相反若是徐廣以爲後二年亦與漢書不合史詮曰此二十五字乃褚生所續考此指褚生何據在太初橫行今本誤升建元橫行當削之

容成涿郡

侯攜徐盧　附案漢表作攜侯徐盧索隱本毛本及水經易水注作唯徐盧通志有唯徐氏引容成侯爲證蓋攜其謚唯徐其姓盧其名百官公卿表太始三年容城侯唯塗光爲太常徐塗音近

康侯綽　案漢表名纏

侯光元年　案侯上缺今字

十八後二年三月壬辰侯光坐祠祝詛國除　附案十七字當削後人妄續也

易涿郡

以匈奴王降侯　案漢表云千一百十戸此缺

侯僕黥　案黥爲墨刑不應爲名豈乂黥而王乎當依漢表作黯楚有熊黯但史失其謚耳

無嗣　案缺國除二字

范陽涿郡

戸千一百九十七　附案漢表六千二百戸六千必誤也

端侯代　附案漢表作靖侯范代此似失書姓然正義引漢表無范字可疑也端字今本譌刻索隱本固云靖侯代

二　案二當作三懷侯德在位年數也

翕

附案翕地無攷武帝又以封趙信漢表謂在內黃號鄒蓋鄉名

而趙氏漢表舉正云張騫傳傳父布就翎侯李奇曰翎侯烏孫官名師古曰烏孫大臣官號布就者又翎侯中之別號西域傳大月氏有五翎侯與翕同陳湯傳亦作歙內黃是邯鄲趙信二人食邑所在翕侯則仍其故官以爲封號非內黃有地名翕也余謂漢封匈奴降人未必取異國官名爲侯號

侯邯鄲　案史失其姓

亞谷

附案一作惡谷古字通用索隱謂一作惡父誤也索隱引漢表云在河內今本無而趙氏漢表舉正曰寰宇記渾泥城在容城舊縣南四十里水經注泥洞口有渾泥城見易水注漢景帝改爲亞谷城封盧它之方輿紀要云城在雄縣則非河內矣

故燕王盧綰子　案此侯盧它之爲盧綰孫史漢本傳可證表作綰子誤矣

千五百戶　案漢表作千戶

簡侯它父　附案本傳及漢表作它之則此作父與漢本傳作人俱誤也攷景紀正義引此表作它之知傳寫譌

建元元年康侯偏元年十一　案漢表康侯之名一本作漏一本作遲未知孰是又謂康侯以建元五年嗣父種在位七年薨無十一年與史表異疑莫能定

侯賀　案侯上缺今字

十五征和三年七月辛巳侯賀坐太子事國除　附案此十八字當刪

隆慮

附案縣屬河內索隱本作隆盧古通說在王子表雷侯下

戶四千一百二十六　附案漢表萬五千戶何其多也必誤

五月丁丑　案丑當作卯說在景紀

侯蟜　案侯姓陳此失書郎堂邑侯陳嬰之曾孫也又蟜一作融說在景紀

乘氏濟陰

桓邑

附案世家索隱云地闕攷此侯後爲濟川王水經注七以濟川爲陳留之濟陽則桓邑當是陳留長垣縣文三王傳作垣二字古通

爲濟川王　案爲上缺侯明二字

蓋

附案索隱謂漢表在勃海今本無之蓋在泰山非勃海也

侯偃　案漢表蓋侯王信薨頃侯充嗣又侯受嗣雖不書充受薨嗣之年而傳位三世甚明此止書一代年名竝異則所謂偃者充邪受邪

塞

附案塞地說在高祖功臣表博陽侯下

前將軍兵　案軍字衍

侯直不疑元年　案侯謚信此缺

二　案二當作三武帝時不疑在國年數也
侯相如　案相如謚康此缺
侯堅　附案漢表亦作堅漢傳作彭祖史傳作望三處不同疑彭祖是堅之字而望與堅形近故誤王子表周堅侯劉何漢表作周望亦其類也
堅坐酎金　案堅上缺侯字
武安魏郡
侯田蚡　案蚡謚缺又失書爲丞相
侯梧　案列傳及漢書表傳皆作恬
坐以襜褕　史詮曰衣作以誤
周陽

附案地在河東聞喜縣水經注六可證索隱以上郡陽周當之舛矣
侯彭祖　附案漢表脫彭字
坐當歸與章侯宅不與罪　案漢表作軹侯是表無章侯故知誤也上與字亦衍歸卽與也
右孝景時三十一
案表中止三十八而此言三十一者誤以休改紅並列也然攷景前二年封蕭嘉爲武陽侯彭昭爲張侯中元年封周應爲鄲侯周成之孫應爲繩侯中二年封周左車爲安陽侯中三年封酈堅爲繆侯中五年封薛澤爲平棘侯陳始爲塞侯董赤爲節氏侯蟲捷爲垣侯丁通爲發婁侯趙胡爲臾侯楊無害爲臨汝侯杜相夫爲陽平侯中六年封陳最爲巢侯郭延居爲南侯後元年封周堅爲平曲侯俱見高祖功臣表又前六年封岑邁爲陽陵侯見將相表此皆失數則孝景封侯凡四十八人至宋人五色線缺撰人載盧元明緱山記云王奕隱緱山景帝再徵不屈就其山封侯因以爲名此無徵之言不足信也武安周陽漢表入孝武世

史記志疑卷十二終　番禺劉昌齡黎永椿沈葆和沈寶樞校字

史記志疑卷十三

仁和梁玉繩

建元以來侯者年表第八

將卒以次封矣

史詮曰卒當作率

國名

案史詮太初表所載自翕至涅陽凡七十三其實繚嫈一侯當入王子表則是封七十二國矣然攷高祖功臣表元光二年封灌賢臨汝侯三年封張廣睢陵侯（睢陵作睢陽非）元狩三年封蕭慶酇侯元鼎五年封靳石江鄒侯元封元年封卜仁埤山侯又攷漢表海西侯李廣利新時侯趙弟皆以太初四年四月伐大宛功得封史漢武帝紀及南越傳有越歸義侯二人一名嚴一名甲復有馳義侯名遺後漢書武帝封夜郎竹王三子爲侯表俱不書綜而數之葢有八十五國也

太初已後

附案已後二字衍後人增入

翕

附案翕地說在惠景侯表

益封　案漢表益封千六百八十戸此缺

七月壬午　案漢表作十月是是年七月丁酉朔無壬午日

五　案元光止六年而侯信以四年封安得書五字史詮云三作五誤也

持裝

附案漢表作特轅在南陽然未詳

降侯　案漢表六百五十戸此缺

六年後九月丙寅侯樂元年　案樂以元光六年封漢表以爲元朔元年誤又失書姓謚

侯樂死　案死當作薨

一　附案樂以元鼎元年薨則當中書一字此缺故補葢表例凡以罪奪侯者不數其奪侯之年若無罪而薨絕者則并其薨年書之今本多譌脫或疑表例不一非也

親陽

附案漢表在舞陽當作舞陰南陽之縣瀙水所出親卽瀙之

省

降侯　案漢表六百八十戸

五　史詮曰侯月氏以元朔二年封至五年國除在國實三年也三作五誤

若陽

附案漢表在平氏則屬南陽矣而未詳其地疑是南郡之若郢春秋都也

降侯　案漢表五百三十戸

侯猛　案失書姓

五　案五亦三之誤與親陽侯同

長平

附案索隱謂汝南縣名攷水經沁水注以爲封于上黨泫氏
長平亭然以其子封汝南宜春觀之疑汝南是
益封三千戶　案衞青本以三千八百戶封長平侯丙又再
次益封一益封三千戶漢書作三千八百戶即在封侯之年一益封六
千戶漢書作八千七百戶在元朔五年此旣脫去本封及再益封戶數
遂誤以收河南地益封之戶數爲破右賢王戶數矣至王莽
傳書武帝裂三萬戶以封衞青乃是妄說
二月丙辰　案漢表三月是
六　案青以元封五年薨則元封格內當書五字誤作六
太初元年今侯伉元年　案伉宜以元封六年嗣而史漢表
俱言太初元年則中絕一歲矣必是誤書當衍太初元年四

字改作六年而以六年今侯伉元年七字移在元封格內再
于元封格中補一字太初格中補四字方合
平陵
附案漢志右扶風濟南皆有平陵而漢表謂在武當是屬南
陽也日知錄廿二云是鄉名之同于縣者攷隋義寧二年析
武當置平陵縣卽此見舊唐書志
以都尉　案傳是校尉
益封　案此缺戶數漢表連益封止千戶而傳言建本封已
千一百戶未知孰是
二月　案二當作三
五　案五當作四以元朔二年封六年國除在位四年也

六六六年侯建爲右將軍與翕侯信俱敗獨身脫來歸當斬
贖國除　案建敗在元朔六年則六年侯建廿四字當移入
元朔格內而衍兩六字若依此表是建爲侯至元鼎六年矣
豈非大誤
岸頭
附案漢表在皮氏列傳索隱引晉灼云亭名正義引服虔云
鄉名方輿紀要云岸頭亭在河津縣南縣屬今絳州古岸門也漢
河東皮氏縣地郡國志潁川潁陰有岸亭劉昭引岸門釋之
卽岸頭亭蓋異地而同名是爲非矣
以都尉　案傳是校尉
元朔六年從大將軍　案六年乃五年之誤張文公以五年

爲將軍出右北平擊匈奴若六年不在六將軍中矣
益封　案漢表二千戶
六月壬辰　案漢表作五月己巳
平津
附案漢表詔稱高成之平津鄉則其地在勃海也南郡亦有
高成縣疑所封
以丞相詔所褒侯　案漢表三百七十三戶此缺但漢傳載
封弘詔是六百五十戶詔書尤可據乃表誤也
三年十一月乙丑獻侯公孫弘元年　通鑑攷異曰史記將
相名臣表漢書百官公卿表弘爲相皆在元朔五年建元以
來侯者表恩澤侯表皆云元朔三年封侯案三年弘始爲御

史大夫葢誤書五爲三因置于三年耳
四　案四當作二
侯慶　附案弘傳及漢表傳皆作度此譌爲慶
涉安
附案此乃名號非地名言匈奴來降登涉長安猶左傳涉吾地云爾下有涉軹侯亦同此意未知實封之地何在
侯於單（音丹）　案史失謚
三五年卒　案於單以元朔三年四月封五月薨此漢表也與匈奴傳言降漢數月而死政合則三字當衍五年當作五月卒當作薨而五月下當有侯於單三字此並缺誤
昌武

附案索隱謂漢表在武陽而今本漢表作舞陽（武舞古通說在魏世家）攷地理志昌武屬膠東不得與武陽合爲一區細檢乃知今本史記之誤葢武陽有四此侯封于東郡之東武陽王莽更名武昌漢表依莽更名書之故仍注于下方云武陽也因傳寫譌舛以武昌爲昌武後人不知漢表之譌又妄改史表爲昌武也（驃騎傳作昌武同誤）
益封　案史漢皆不書封戶而益封三百戶則見于傳中
四年七月庚申　案元朔四年七月壬戌朔無庚申必是十月之誤史漢于昌武襄城二侯並誤作七月也
二月侯充國元年　案此言充國父趙安稽薨于元鼎元年充國以元鼎二年嗣太初元年薨而漢表謂安稽薨于元鼎六年充國以太初元年嗣四年薨未知孰是
太初元年侯充國薨　案太初二字當衍又失其謚充國旣以元年薨則當中書一字此亦缺
襄城
案史漢表皆作襄城而索隱引漢表作襄武是今本漢書譌葢襄城屬潁川匈奴降相之封不應在潁必隴西襄武縣漢表謂在襄垣者乃相桓之誤王莽改襄武爲相桓若襄垣則又屬上黨矣或問孝文封匈奴降相韓嬰于襄城與此侯同何以言不應封潁川曰韓嬰乃韓王信之孫信本王潁川故取其舊地封之非乘龍可比況乘龍以元朔四年十月封韓嬰子澤之以元朔四年免雖同在一年中而韓侯失國之月

無攷又安見乘龍之必繼韓侯乎
降侯　案漢表四百戶此缺
七月庚申　案七月當作十月
侯無龍　案漢表作桀龍通志據以爲桀姓而此集解一云乘龍索隱引漢表亦作乘余謂此侯實姓乘史表之無漢表之桀並誤葢古乘字作椉又作兖也其謚失書此侯以戰死尤必賜謚襃之
一　太初三年無龍從浞野侯戰死　案龍以太初二年戰死授命之臣不得削其年則一字當作二三年當作二年此俱誤太初二字衍乘龍上缺侯字（漢表謂龍二十二年死誤少一年當作二十三）
四年侯病已元年　案病已以三年嗣此作四年與漢表作

二年並誤侯上缺今字

南窌

附案衛青傳作窌古通用索隱引韋昭云縣名未詳趙氏漢表纂正疑即左傳成二年之石窌杜注謂在濟北盧縣東又考元朔五年封侯者十人樂安以四月乙巳封（史誤丁未）南窌合騎龍頟宜春陰安發干以丁未封隨成從平涉軹以乙卯封（史誤涉軹爲丁未）是其序也此表以南窌合騎列樂安之前以隨成從平涉軹列宜春之前葢傳寫失次爾

功侯　案傳公孫賀以千三百戶封史漢表並缺

四月丁未　附案漢表作丁卯誤四月戊子朔無丁卯也

絕十歲　附案十乃七之誤賀以元鼎五年免太初二年復封是絕七歲

太初二年三月丁卯封葛繹侯征和二年賀子敬聲有罪國除　案太初二字衍葛繹二字當大書于中（在東海下邳）又有缺脫當云復封今侯賀元年征和已下十二字後人妄續與列傳同當删之

十三　附案十字衍自太初二至太初四今侯賀在國三年也此三字當書于下方今誤在復封上

合騎

附案漢表在高城葢此侯號爲合騎而食邑于南郡高城縣胡三省謂勃海高成恐非無論勃海高成爲都尉治而公孫弘見爲丞相尙止食平津一鄉則不以封合騎明矣索隱曰合騎非邑地因戰功爲號謂軍合驃騎故云合騎若冠軍從驃然（晉灼亦曰猶冠軍從驃之名也）漢書甘延壽傳益置揚威白虎合騎之校亦可證

功侯　案傳封戶一千五百

元朔六年益封　案漢表益封九千五百戶然攷本封一千五百何以一益封而戶若是多乎疑漢表誤

樂安

附案漢表作安樂誤倒也（索隱本亦誤安樂）史漢他處皆作樂安水經注八言千乘樂安封李蔡可證而漢表云在昌蓋即千乘之博昌矣

功侯　案傳封戶千六百漢表作二千戶雖所書不同而此年四月丁未侯李蔡元年　案湖本年上失刻五字丁未又乙巳之誤蔡爲丞相表亦缺不具

自矢書

龍頟（平原）

功侯　案傳封一千三百戶

元年五月丁卯案道侯說元年　案此元封元年也丁卯漢表作己卯未知孰是案道是更封國名當大書于中復侯二字已見上格故此不書但侯上缺今字耳案道是號葢取周書小明武解案道攻巷無襲門戶之義漢表謂在齊言食邑在齊也然其處無攷（索隱引韋昭云案道屬齊誤）至漢表以封龍頟者名譊封案道者名說分爲二人甚謬小司馬已非之矣

十三　附案當作四後人妄改爲十三
征和三年子長代有罪絕子曾復封爲龍頟侯　附案十八
字後人妄續與韓信傳同當删之且所續亦誤韓說之子名
興字長君乃稱子長曾爲興弟乃言子曾何足信哉
隨成
附案隨成是號謂隨大將軍成功也（漢表作城古通）漢表言在千乘
未知食邑在千乘何地或云封于南陽隨縣非
功農吾先登石累得王功侯　案漢表云攻辰吾先登石壘
侯七百戶則農字誤師古曰辰吾水之上也（功攻二字古亦通）　至封
戶列傳是千三百戶未知孰是
三　案趙不虞以元狩三年失國則三字當作二漢表謂封
三年以元狩二年免尤誤當作封四年以元狩三年免葢匈
奴入定襄在元狩三年也
坐謾　史詮曰坐當作爲漢表無坐字
從平
附案漢表在樂昌葢封于東郡樂昌縣而號爲從平爾從平
者從大將軍平匈奴也
功侯　案漢表作千一百戶傳作千三百
爲上郡太守　附案漢表作上黨誤
涉軹
附案漢表在西安葢封于西安（齊郡）而號曰涉軹（漢表脫涉字）索隱
云涉軹猶從驃然皆當時意也故上文有涉安侯

功侯　案傳一千三百戶
四月丁未　案當作乙卯
元年侯朔有罪國除　案此元狩元年漢表言元朔六年免
比史表先一年
宜春
附案汝南豫章皆有宜春縣此葢封于汝南豫章之宜春當
元光六年已封長沙定王子劉成茲時見存也
攻侯　案功與攻通然各本是功字又宜春陰安發干皆失
書封戶據傳是各千三百戶
陰安（魏郡）
發干（東郡）
侯衞登　附案西京雜記云衞青生子或有獻騧馬者乃命
其子曰騧字叔馬其後改爲登字叔昇則史漢所書皆從其
改名也
博望
附案漢志縣在南陽武帝封張騫始置索隱曰博望封號非
地名小顏云取其能博廣瞻望尋武帝置博望苑亦取斯義
此說非也田完世家有三晉朝齊于博望之語則其名舊矣
宣帝又以封許舜至西漢末廢不爲縣故何武封于南陽犨
之博望鄉見漢書武傳
六年三月甲辰　案元朔六年三月癸丑朔無甲辰而史漢
表皆作甲辰誤

冠軍

附案此南陽之縣武帝置應劭以功冠諸軍釋之

以嫖姚校尉再從大將軍　案嫖姚二字本傳作剽姚漢書作票姚荀氏漢紀作票鷂余謂當作驃鷂蓋合兩物爲官名取勁疾武猛之義趙破奴爲鷹擊司馬與鷂字義同去病後稱驃騎將軍尙仍斯號票乃驃之省文漢書驃騎皆作票騎又從驃侯作從票亦可證剽嫖姚竝非也（楊愼謂票當作鷅矣）驃鷂讀去聲惟服虔音飄搖六朝時如梁蕭子顯詩日出東南隅云漢馬三萬匹夫壻仕票姚十五張內侍十八買登朝周庾信開府集夜聽擣衣云擣衣明月下夜靜秋風飄寒衣須及早將寄霍票姚唐人槩作平聲用後遂因之所謂盜道孔聖諱言服鄭非也而文選王融曲水詩序復作影搖竟未有讀去聲者顏師古音頻妙羊召反以讀平聲爲不當其義攷古質疑曾辨之（學林謂平去二聲皆可讀于義無害）

六年從大將軍擊匈奴斬相國功侯元狩二年以驃騎將軍擊匈奴至祁連益封迎渾邪王益封擊左右賢王益封　案去病本以千六百戶封冠軍侯（漢書作二千五百戶）而又四益封一因出隴西有功益二千戶（漢書二千二百）一因破祁連益五千戶（漢書五千四百）一因迎渾邪益千七百戶一因擊左右賢王益五千八百戶此與漢表皆缺不具

六年四月壬申　案元朔六年四月壬午朔無壬申史漢表俱誤

一　附案哀侯嬗以元封元年薨當中書一字此缺故補

衆利

附案漢表與此同衞霍傳作終利古字通索隱謂表在陽城姑莫後以封伊即軒然漢表無陽城二字姑莫屬琅邪蓋衆利是姑幕（莫幕同）縣之鄉名陽城疑城陽之譌城陽與琅邪不遠故晉志姑幕屬城陽郡也又漢表伊即軒之孫輔宗薨亡後爲諸縣則與郝賢封名雖同而食封稍異矣

功侯　案封千一百戶

潦

附案孫侍御曰潦瞭瞭膫疑一地字有異耳先封煖訾繼封次公後又封畢取乃潁川郡舞陽縣之鄉名也方輿紀要謂舞陽東有潦河地蓋因水得名

降侯　案封五百六十戶

趙王煖訾　案漢表煖作援

煖訾死　史詮曰缺侯字薨作死誤

宜冠

附案漢表在昌則封于琅邪昌縣而號爲宜冠耳驃騎傳正義曰孔文祥云從冠軍將軍戰故宜冠從驃之類也

出再擊匈奴　附案史詮曰再出作出再誤

功侯　案封一千一百戶

正月乙亥　附案漢表五月庚戌誤煇渠以二月封列宜冠後則非五月封宜冠矣況元狩元年五月無庚戌乎

不識擊匈奴　史詮曰侯不識坐擊匈奴此缺

煇渠

案索隱云鄉名表在魯陽是屬南陽也匈奴傳晉灼曰本匈奴官名恐非但廣韻引風俗通稱渾梁侯僕多見二沃僕字注則史漢作煇渠誤說見後

功侯　功益封　案此侯封戶及益封戶數竝缺

忠侯僕多　附案史漢列傳及廣韻侯名多漢表及通志作朋索隱于傳誤作明師古小司馬以多字爲誤而攷證婁縣張氏照又以朋爲誤也

侯電　案侯上缺今字電上缺雷字漢表通志竝名雷電也侯旨甚奇唐之韓霜露李日月政堪作對漢匈奴傳晉灼注引表又無電字

從驃

附案張晏曰從驃騎將軍有功因以爲號實封未知何地

得兩王子騎將功侯　案漢表及列傳子字乃千之譌謂得兩王又得千騎將也千騎將匈奴王號至其封戶史傳本封千五百益封三百漢表云二千戶雖有小異而此自失書

五月丁丑　案漢表作丙戌相差十日

涅野　附案地未詳

下麾

附案傳及漢書竝作下摩史詮曰摩古麾字漢表在猗氏則河東猗氏縣之鄉名也

降侯　案漢表七百戶

二年六月乙亥侯呼毒尼元年五　案是時匈奴降者五人下麾乃降王渾邪之裨王也安得先封況其降在元狩二年秋安得六月已封侯乎史漢表俱誤當作三年十月壬午中間所書五字當改作四說又見後

煬侯　附案煬當作今後人妄改爲謚

漯陰

附案縣在平原漢表及續志竝作濕乃漯本字後世借爲燥溼字也宋孫奭孟子音義曰漯作濕誤非也說文作濕隸變曰从田又省一糸耳

二年七月壬午　案此所封渾邪王也與後順梁河綦常樂三侯同封則二年乃三年之誤然攷渾邪王與下麾侯等五

人降漢在元狩二年之秋其封侯亦宜在二年秋即遲至三年時日必不甚遠何以緩封直待七月乎五人之封渾邪宜先餘四人應稍後以渾邪是王且獨先乘傳詣長安也何以漯陰反後于下麾乎驗情準義其誤無疑蓋渾邪封于元狩三年十月乙亥下麾等封于十月壬午五侯俱以三年封俱以十月封特其封日先後相差七日爾凡書二年六月乙亥二年七月壬午三年七月壬午者皆誤漯陰當列下麾之前

定侯渾邪　案以渾邪王而名渾邪何也蓋失其名

順梁

附案史詮作煇梁以順梁是誤列傳及漢書俱作煇渠言在魯陽他本史表及索隱本亦作煇渠而煇渠鄉已封僕多何

以又封扁訾小司馬先引韋昭云僕多封煇渠應它封渾渠皆鄉名在魯陽今並作煇誤繼引孔文祥云同是元狩中封則一邑分封二人葢謂共食其地而中分戶數也而索隱于傳又云其地俱屬魯陽未詳所以余取廣韻渾梁侯僕多參而校之知封僕多者是渾梁封扁訾者是煇渠二鄉皆在魯陽扁訾謚愼煇既近渾渠又似梁故傳譌耳

七月壬午　案七月是十月之譌

悼侯扁訾　案悼侯當依漢表作愼侯愼順古通故傳寫舛倒作順梁乃又以悼替愼誤矣至侯之姓名所書各異史記表作扁訾傳作鷹庇漢書表作應疕傳作雁疪徐廣作篇訾文穎音雁爲鷹音疪爲庇師古曰疪匹履反其字從疪非庇也余謂庇疕疪疑皆庇之譌庇音疪亦音刺與訾音近故通借用之如楚文王名熊貲而亦作熊庇也其姓疑應字爲是

侯扁訾死　案死當作薨

河綦

附案漢表在濟南未詳

以匈奴右王與渾邪降侯　案右下缺賢字漢表封六百戶

七月壬午　案七月乃十月之誤

康侯烏犂　附案傳又作禽梨漢則表作烏黎傳作禽黎索隱本又作烏犂徐廣曰禽一作烏葢此侯姓烏因烏譌烏因烏變禽師古亦以禽爲轉寫誤也黎梨犂通用

餘利鞮元年　案失書今侯二字

常樂

附案漢表在濟南未詳

降侯　案漢表五百七十戶

七月壬午　案七月乃十月之誤

肥侯稠雕　案謚肥甚疑漢表不載也稠雕傳作銅離漢傳又作調雖徐廣作稠離索隱引漢傳作雕離顏師古及野客叢書引漢表別作稠雎形近字變唐宋以來已各本不同故小顏知其有誤亦莫定爲孰是

太初三年今侯廣漢元年　案太初二字衍又下方之中失書二字

符離

附案漢志在沛水經睢水注亦以爲路博德封國而漢表作邳離注云朱虛朱虛屬琅邪豈即郡國志東莞縣之邳鄉邪疑非又衞將軍傳破符離師古曰塞名趙氏漢表舉正謂路將軍當封此亦非

驃騎將軍會期　案史詮云缺賢字是也漢表右作左小異將重會期者將輜重至軍及期而會傳所謂路博德屬驃騎將軍會與城不失期也漢表將誤作得師古以得輜重解之殊非索隱以將字上屬重會期言再赴期尤謬

功侯　案封戶千六百

太初元年侯路博德有罪　史詮曰衍太初路三字

壯

附案史作壯漢作杜壯字譌也高祖功臣壯侯許倩時未失國故知壯誤漢表云在重平則勃海重平縣之鄉名索隱言表在東平誤

以匈奴歸義匈奴因滈漢表滈作鄡一作就竝誤王從驃騎將軍　史詮曰因上衍匈奴二字

捕虜二千一百八功侯　案漢表作三千一百八又封千三百戶

侯復陸支　案其謚缺復陸是姓見漢書宣紀蘇林注

衆利

附案此葢瑯邪姑幕縣之鄉名說見前

擊右王手自劍合　案漢表作擊左王手劍合

功侯　案傳封戶千八百漢表作千一百戶

質侯伊卽軒　附案此侯與下麾侯同名史漢列傳軒作靬當是也

湘成

附案此乃鄉名凡兩封漢表于此云陽城于後云堵陽地理志王莽改南陽郡堵陽爲陽城也但曹相國世家云與南陽守齮戰陽城郭東應劭曰今堵陽則陽城卽堵陽王莽因舊名改之非潁川汝南之陽城矣

降侯　案漢表千八百戶

六月丁卯　案湘成與散臧馬同封漢表皆是六月丙子在丁卯後十日此謂三侯俱以六月丁卯封因表錯以湘成一侯列義陽之前而誤也

義陽

附案漢表在平氏則南陽所屬舊唐書志云平氏縣義陽鄉也魏爲縣晉爲郡又義陽當列湘成之前

擊左王得王功侯　案史詮謂左王缺賢字然漢表云擊匈奴得王也又史傳云衞山封千二百戶漢表作千一百

侯衞山　附案凡嗣侯見在者則加今字其始封之君見在乃初侯也故不加今字

散

附案漢表在陽城趙氏漢表舉正曰水經洛水又東北過宜陽縣南又東北出散關南此卽函谷新關在河南新安縣東

與潁川陽城境近葢以關名爲封號也

降侯　案漢表千一百戶

六月丁卯侯董荼吾　案丁卯乃丙子之誤其謚失書侯名漢表作舍吾索隱曰荼葢誤耳其人名余吾余吾匈奴水名攷荼有舒音舍亦有舒音小雅何人斯篇以舍與車盱叶可證而春秋哀六年齊陳乞弒其君荼公羊作舍又律書舍者舒氣也則字義竝通小司馬余吾之說恐非

太初三年　案太初衍文

臧馬

附案漢表在朱虛未詳趙氏漢表舉正曰方輿紀要馬陵臺在壽光縣西南六十里亦曰臧臺相傳臧武仲葬此因名水

經注濁水又北逕臧氏臺西臧馬或是矣
降侯　案漢表八百七十戸
六月丁卯康侯延年　案丁卯當作丙子又失書侯姓漢表作雕延年廣韻注通志雕氏注皆舉此侯爲證
侯延年死不得置後國除　附案延年必以罪死故不得置後漢表云亡後恐非
周子南君
附案漢表在長社則是分潁川長社縣三十里以爲國也在今河南汝州治子南說見衛世家末鹽鐵論誅秦篇作周子男君
以周後紹封　案漢表三千戸

侯姬嘉　案侯當作君又缺謚
君買　案君上缺今字漢表名置疑此譌
樂通
附案漢表在高平集解韋昭曰在臨淮高平也
以方術侯　案漢表三千戸
瞭
附案瞭字譌刻漢表又作膫別本史記及索隱本于次公之封作瞭于畢取之封作瞭其實一也說見前漢表于畢取之膫謂在南陽乃舞陽之譌耳索隱引漢表云在下邳亦非
降侯　案漢表七百九十戸
術陽
附案漢表在下邳東海蓋其地在術水之陽師古曰術水卽沭水也索隱本作述陽
越高昌侯　案漢表此下有侯三千戸四字此缺
侯建德　案史漢表皆失書趙姓
四年　附案漢表稱元鼎五年三月壬午封此缺書月日然漢表誤也元鼎五年建德使南海反矣豈封侯之歲乎依史缺爲是
龍亢
附案此與南越傳同索隱引蕭該云廣德所封止是龍有亢者誤也幷據左傳齊侯圍龍以爲此卽魯之龍邑殊屬乖妄沛郡龍亢縣明載地理志索隱于傳亦曰龍亢屬譙國何此

處忽生異端蓋見漢書單稱龍不知爲傳寫譌脫蕭氏謬說于前遂仍其說而不檢耳
繆世榮　案世字誤增當衍
子侯　案漢表六百七十戸
六　案史詮謂六當作五是也但史表謂廣德于元封時在國五年而漢表謂元鼎六年坐酎金免在國止一年不及元封時未知孰是
成安
附案漢志潁川陳留皆有成安此屬潁川漢表謂在郟蓋成安分郟縣所置韓千秋潁川人故封此也索隱旣引漢表云在郟今譌作鄛而又以志在陳留言之未免岐見然水經注于汝

水㴲水兩處雙載韓延年封國已先誤矣
子侯　案漢表千三百八十戸
三月壬子侯延年　案漢表成安與龍亢竝以三月壬午日封此作壬子誤是年三月無壬子也
六　史詮曰五作六誤
昆
附案漢表在鉅鹿未詳趙表舉正謂昆亦塞上地名衞霍傳郭昌擊昆無功陳湯傳劉向上疏云揚威昆山之西詩混夷即昆也此侯之封是其地與路博德封符離一例恐未然
功侯　案史漢皆缺封戸
昆侯　案昆字衍

騏
附案漢表在北屈以騏近北屈也二縣竝屬河東
功侯　案漢表五百二十戸
五年五月壬子　案元鼎五年五月無壬子當在六月史漢表俱誤
梁期魏郡
得復累絺縵等　案此以復累絺縵爲二人名得者虜之也漢表得復二字作將軍則以累絺縵爲匈奴一將軍名未知孰是
功侯　案封戸闕
七月辛巳　附案漢表作五月非

牧丘
附案漢表在平原未詳
侯　案封戸缺
恪侯　附案傳及漢書恪乃恬之誤
侯德　案缺今字
瞭
附案漢表作瞭說在上
瞭侯　案漢表五百一十戸
將梁
附案此地武帝先以封中山靖王子漢表云在涿攷水經注十一博水東逕廣望縣故城北又北逕清源城東即將梁也

則其地在涿郡廣望縣界蓋鄉名矣秦本紀有將梁氏
侯　案封戸缺
三四年侯僕有罪　案朝鮮傳及漢書紀傳楊僕免侯在元封三年則史漢表俱誤當中書二字四年作三年
安道
附案漢表在南陽未詳
侯　案漢表六百戸
侯揭陽令定　案定上缺史字
隨桃
附案索隱于表引漢表在南陽今本無之于南越傳引韋昭云縣屬南陽然未聞

降侯　案漢表三千戶

湖成

附案此乃南陽堵陽縣之鄉名說見前

降侯　案漢表八百三十戶

海常

附案漢書王子表在琅邪而南越傳徐廣云在東萊皆未詳

功侯　案封戶缺

太初元年侯弘死　案太初二字衍死當作薨又格中失書一字

北石

案史作北石漢表作外石傳作卯石師古疑外石爲誤又兩粵傳一本作印石宋祁漢書校本曰印當作卯然則北石亦誤也漢表在濟陽陳留索隱引表作濟南非水經湘水注有卯石在衡山縣南

功侯　案漢表千戶

侯吳陽　案失其謚

太初四年今侯首元年　案太初二字衍又下方失書一字

下鄜

附案水經注廿九湍水出弘農界翼望山東南流逕南鄜縣故城東史記所謂下鄜也則即南陽之鄜縣漢書作下鄜古字通用如呂台封鄜侯史竝作鄜矣

斬西于王功侯　案西于乃西于之譌即交趾也侯下缺書七百戶

侯左將黃同元元年　附案兩元字衍一湖本誤重

繚嫈

案地無攷或謂即清河繚縣恐非此侯劉福乃城陽共王子初封海常坐酎金免依表例當附書王子表海常下今表別見與惠景表紅休二侯竝列同謬若謂一以親封一以功封兩表不妨竝列則亦當言福爲故侯不然將判若二人矣

以故校尉從　案故字誤當衍漢表無之然何以不曰以故侯爲校尉從乎

功侯　案封戶缺

元年五月乙卯　案元封元年五月丙寅朔無乙卯疑當作己卯史漢俱誤

蘌兒

附案閩越傳作禦兒與國語合是也其地即今嘉興此作蘌漢表作蓹師古又謂或作籞蓹竝古字通用至兩粵傳作語兒亦古通字春秋桓十四年經鄭伯弟語穀梁作禦越絕書及韋注越語皆作語兒鄉越絕記地傳謂句踐入吳產女于此因名水經注四十浙江東逕禦兒鄉萬善歷曰吳黃武六年正月獲彭綺是歲由拳西鄉產兒墮地能語云天方明河欲清鼎折腳金乃生因詔爲語兒鄉非也禦兒之名遠矣蓋無智之徒因藉地名生情穿鑿安得引黃武證地哉

功侯　案封戶缺

元年閏月癸卯　案史漢表禦兒開陵臨蔡東城四侯俱書

閏月封但言閏月不知何月之閏徐廣謂閏四月史詮謂閏五月然漢初凡閏歸于終稱後九月安得有閏月乎疑閏字譌
太初元年終古死　案太初當衍終古上缺侯字死當作薨又中間缺書一字
開陵 臨淮
功侯　案漢表二千戶
侯建成　案東越傳侯名敖失其姓建成是東越故官非名也乃史漢表皆以建成爲名誤甚
臨蔡
案漢表在河内未詳水經注二云孫都封于金城之臨羌與

史漢異
功侯　案漢表千戶
侯孫都　案漢表有侯襄嗣太初元年坐擊番禺奪人虜掠死則都薨于元封時疑此有脫文也又史漢傳皆作都稽而表皆作孫都姓名移易未定孰是水經注從表
東城 九江
無錫 會稽
降侯　案漢表千戶
元年　案依表例缺中字後涉都侯稱元年中也
涉都
附案郡國志筑陽有涉都鄉故漢表云在南陽水經注廿九尤可證索隱本作涉多誤
子侯　案封二千四十戶
侯嘉　案失姓及謚又漢表名喜
太初二年　案太初衍
平州
附案漢表在梁父說見高祖侯表
降侯　案封千四百八十戶
侯唊　案侯姓王此缺其謚失之
一　案表作二
荻苴
附案漢表在勃海方輿紀要云城在慶雲縣東城下有荻苴

河 慶雲今屬天津府漢勃海南皮縣地 荻字師古索隱音狄而史朝鮮傳作萩索隱本引傳仍是荻班馬異同引史表又作萩舉漢書東方朔及貨殖傳以爲卽楸之證漢書列傳直作秋豈荻萩同爲蒿名可以通用邪 爾雅蕭荻釋文作萩 抑字形相近遂致舛譌邪葢亦如衞殤公之名秋名狄矣
侯　案封五百四十戶
三年四月　案四月下缺書丁卯二字
侯朝鮮相韓陰　案漢書作韓陶通鑑從史
澅清
附案漢表在齊葢卽齊畫邑水經注廿六作澅索隱本無清字澅音獲音乎卦反者非

侯　案封千戶
侯朝鮮尼谿相侯參　案參上衍侯字其姓缺
騠茲
附案漢表在瑯邪未詳
若苴王　案漢表作右苴王
侯　案封千九百戶
十一月丁卯　案漢表作丁未是元封四年十一月壬午朔不得有丁卯
侯稽谷姑　案謚缺外裔不必皆有姓未知稽是姓否
太初元年侯稽谷姑薨　案太初衍又中閒失書一字
浩
附案地無攷疑卽金城浩亹縣師古曰浩音誥水名亹者水流峽山岸深若門也王恢以捕得車師王功侯固宜封于西塞矣
功侯　案戶缺
一　案王恢爲侯僅三月不當中書一字葢衍文漢表云一月亦非
矯制書　附案湖本譌刻害爲書字漢表有注
瓡讘
附案漢志在河東作狐讘故師古讀與狐同小司馬謂卽狐字但王子表有瓡侯劉息徐廣曰一作報索隱本直作報侯云屬北海而北海無報縣師古曰卽瓡字又音狐而漢志北海瓡縣師古又曰卽執字一人注書前後相戾如此余攷漢書東平思王傳瓡山師古謂報山古作瓡字爲其形似瓡耳則河東之縣當作狐北海之縣當作瓡疑古狐瓡字皆作瓡譌爲報也（索隱引韋昭以瓡爲諸縶反亦非）
侯　案封七百六十戶
侯扜者　附案侯缺謚扜一本作扞漢表一本作杆又作杅並非當依明監本漢表作扜葢以地爲姓也
侯勝　案缺今字
幾
附案幾爲六國時魏邑趙世家廉頗攻魏幾是也故漢表在河東（湖本索隱譌東爲南）正義曰在湘潞之閒趙氏漢表舉正引括地志云在魏郡元城縣東南
降侯　案封戶缺
侯張路歸義　案史漢傳皆作幾侯長而表皆作張路未知孰是歸義二字衍
涅陽
附案漢志在南陽則表言在齊誤
其子侯　案封戶缺
康侯子最　案子字衍其姓缺
太初二年侯最死　案太初衍死當作薨
右太史公本表
附案六字褚生所改孫侍御云史表元文必如惠景侯表之

例云右元光至太初若干人又海西新時二矦竝封于太初之世史公不當遺之也至此下當塗至陽平四十六矦亦皆褚所續非但矦位多有遺闕其編錄之誤不可指計凡功勳罪狀國號姓名官職以及戸數年數盡與漢書不合例當刪削故今不討論也

史記志疑卷十三終　南海潘乃成番禺劉昌齡沈葆和校字

史記志疑卷十四

仁和梁玉繩撰

王子矦者年表第九

制詔御史諸矦王或欲推私恩分子弟邑者令各條上朕且臨定其號名

案此元朔二年詔也漢書詔曰諸矦王請與子弟邑者朕將親覽使有列位焉所載不同豈班馬于詔辭亦擅改之耶王子之封是分本國之邑以爲矦國乃表中國名頗有越封異地者中山靖王傳云分封子弟別屬漢郡竊意當日衆建之制必上其分封邑戸于朝天子別以附近之郡地易而封之且漢書地理志據元始版籍所書矦國以成帝元延末爲斷皆錄見存之矦其閒郡縣之割隸移屬不知凡幾故與漢初異又國先絕者俱不書矦國國除而其地廢不爲縣者亦不書故地多無攷

國名

案表自茲矦至祝茲共百六十二國其實當有百六十三人蓋誤脫城陽頃王子挍矦雲也

王子號

案諸王子之名大半相重幷有尊卑迭犯者不知當日命名何以不稽譜牒乎

茲

附案此疑即太原茲氏縣或云是琅邪茲鄉杜預昭五年左

傳注所謂姑幕縣東北有茲亭也

侯明坐謀反殺人棄市　案明何嘗謀反但殺人耳徐廣曰一作掠殺人棄市與漢表言坐殺人自殺合但一棄市一自殺稍異孫侍御云疑是坐謀殺人棄市衍一反字耳

安成

附案縣在長沙故封長沙王子水經贛水注亦可證漢表云豫章非趙氏漢表舉正曰豫章之安成三國吳立此是後人妄加又汝南亦有安成水經注以為侯蒼封邑見汝水注皆非也

宜春

附案索隱謂漢表志闕甚妄汝南豫章皆有宜春此侯封于豫章水經贛水注可證

句容

附案漢表在會稽而志屬丹陽也以縣有句曲山得名

句陵

附案徐廣作容陵是與漢表同長沙之縣也句字譌

杏山

附案漢志表皆缺寰宇記光州仙居縣本漢江夏軑縣地北有杏山又濠州鍾離縣漢九江南有杏山皆楚地未知孰是他若左傳昭廿四年周有杏邑高氏春秋地名攷略引洛陽記曰禹州城北有杏山又今兗州府盜陽縣有杏山地遠似皆非楚王子所封

浮丘

附案漢表在沛蓋即水經注三十所云淮水東逕浮山者也楚元王受詩于浮丘伯當亦以地為姓

侯劉不審　案漢表作節侯劉不害此失書謚又誤害為審

今侯霸　案今字衍

廣戚

附案索隱謂表志缺非也縣屬沛

十一月　史詮曰十月作十一月誤

節侯劉擇　案侯之名徐廣云一作將漢表是將也而水經注廿五又作澤未知孰是

丹楊

附案此丹陽郡丹陽縣也晉志以山多赤柳得名古陽楊通用漢表云在無湖以地相接近爾蕪湖亦丹楊屬縣漢表謂即楚封之丹陽誤

哀侯敵　案失書姓

盱台

附案索隱謂表志闕妄甚縣在臨淮即楚懷王所都者也

侯劉象之　附案漢表及水經注三十皆作蒙之此譌

湖孰丹陽

正月丁亥頃侯劉胥　案漢表作丁卯是也元朔元年正月壬子朔不應有丁亥又侯名胥行此脫行字

今侯聖　附案漢表云元鼎五年侯聖嗣坐知人脫亡名數以為保殺人免缺書聖居位之年不知免侯在何歲蓋在太

初巳後非郎以元鼎五年免而史表有誤也

秩陽

案漢表作秣陵江都王子宜封丹陽則秩陽乃秣陵之誤

終侯劉漣　附案漢表作纏有二名

三　案當作四漣以元鼎四年封也

睢陵

案漢表作淮陵攷二縣竝作臨淮然依漢表爲是其時宣平侯張偃孫改封睢陵安得又封江都王子乎水經注廿四從史非（景十三王傳作淮陽尤誤）

侯劉定國　附案水經注作劉楚與史漢表異未知何出

龍丘　江都易王子

案漢表龍丘在張梁侯之後謂是菑川懿王子所封地在琅邪則此作江都易王子誤也龍丘未詳其處

張梁　江都易王子

案漢表張梁在龍丘前謂梁共王子所封攷表中王子封侯無梁國而漢書武紀元朔二年詔曰梁王城陽王親慈同生願以邑分弟其許之則張梁是梁共王子侯國也其地疑卽郡國志梁國睢陽之楊梁聚

劇

附案索隱謂志表缺甚妄劇在北海若菑川之劇王都在焉必不以封矣趙氏水經注釋廿六云菑川之劇在壽光縣東南三里春秋時紀國北海之劇在昌樂縣西北

孝侯廣昌　附案此當爲今侯後人妄改作謚

壤

案漢表作懷昌皆無攷或曰漢表非也壤卽南陽穰縣穰壤古通然地遠疑

元年今侯延元年　案此元鼎元年也漢表謂延父高遂在位二年薨于元朔三年延以元朔四年嗣與史表異

平望

附案縣在北海水經注廿六亦言之索隱云表志闕妄

二年今侯楚人　案二年乃三年

臨原

附案縣在琅邪漢表作臨衆誤

敬侯劉始昌　案敬字衍

葛魁

附案地無攷戰國策魏有葛孽城見後郡國志梁之寧陵有葛鄉（漢志陳留）河閒之高陽有葛城（漢志涿）似皆非菑川王子所封徐廣曰葛一作莒攷左傳昭三年齊侯田于莒十年陳桓子請老于莒杜注莒齊東境得毋卽莒魁乎（趙世家及扁鵲傳正義引賈逵云川阜曰魁則劇魁葛魁故取川阜爲名）

今侯戚　史詮曰衍今字

侯戚坐殺人棄市　案漢表云坐縛家吏恐猲受賕棄市合參罪狀當是縛家吏恐猲受賕而又殺之也

益都

附案索隱謂漢表志皆闕攷益都是鄉名在北海郡益縣北水經巨洋水注可證郡國志云益侯國故屬北海是誤以益都爲益也舊唐書志云益都漢縣在壽光縣南十里是又誤以益爲益都也魏書地形志及寰宇記益都縣魏始置屬齊郡

平酌

附案酌字譌漢志北海郡平的縣師古的音丁歷反其字從白然宋祁又曰當作的從日益宋是也

思侯中時　案當作今侯

劇魁 北海

夷侯劉墨　附案漢表名黑疑譌脫其半

侯昭　案漢表名招古字通用如楚康王名昭史作招也侯謚思此缺

侯德　案缺今字

壽梁

附案此必東郡壽良古良梁字通漢表云壽樂葢壽良鄉名

平度 東萊

侯劉衍　附案漢表誤衍爲行

宜成

附案縣在濟南漢表云在平原

六元年侯福元年　附案名本六字譌刻在上

太初元年　案太初衍

臨朐

附案索隱謂表在東海今本無而臨朐有二縣一屬齊郡一屬東萊據水經巨洋水注此侯封于東萊東海乃東萊之譌

哀侯劉奴　附案當作今侯攷奴薨于征和二年在位四十餘歲亦謚夷不謚哀

雷

附案漢表云在東海攷水經沂水注城陽盧縣故葢縣之盧上里也漢武帝封劉豨爲侯國王莽更名著善則雷卽盧縣矣古盧雷慮三字通用周禮職方氏盧維鄭讀雷雍左傳鑪金人表作鑪金隆慮縣史作隆盧俱可爲證左傳石經作鑢與釋文合

侯劉稀　附案漢表名豨

五　案豨以元鼎五年免當中書四字此誤四爲五

東莞 琅邪

三年五月　案二年非三年

辟

附案漢表作辟土在東海葢字亦作壁傳寫譌析爲二也攷水經注廿六沭水西南流逕辟城南世謂之辟陽城漢武帝封劉壯爲侯國

侯朋　附案漢表名明

尉文

附案漢表在南郡趙王子之封何以在荊州之域攷廉頗封于尉文正義云葢蔚州地是也漢表有譌

趙敬肅王子　附案尉文已下十四人皆以敬肅王子封而敬肅王彭祖封于景帝二年薨于太始四年在位六十三載不應稱謚以此表書衡山王賜例之當云趙王彭祖子五宗世家諸王皆稱謚惟彭祖獨曰趙王亦可證表中敬肅二字爲後人妄增

封斯常山

共侯劉胡陽　附案漢表作戴侯胡傷疑誤共戴或有二謚而傷字必陽之譌泰將有胡陽泰本紀亦譌爲胡傷也或曰胡傷猶言不害作陽者非

四年今侯如意元年　案侯以太初三年嗣四年當作三年

三　案當作二

榆巨

附案地未詳或曰即太原榆次縣謂之榆巨者猶左傳昭八年謂之魏榆也或曰水經注淇水又東北逕榆陽城文穎曰邑在魏郡淸淵疑此

襄嚵

侯劉壽福　案漢表名受福

附案漢表在廣平未詳索隱謂韋昭云廣平縣蓋廣平國廣平縣之鄉名

三年侯建　案當作五年

邯會魏郡

朝

附案方輿紀要云故朝城在今山東朝城縣南十七里漢東郡東武陽地舊唐書樂昌縣有故朝城

侯劉義　案侯謚節失書

二年今侯祿　案當作三年

東城

附案志在九江然趙王子封國何以遠越揚州恐別有一東城也

侯遺有罪國除　案漢表云爲孺子所殺而此言有罪是亦羿有罪之比乎師古曰孺子亥之號也

陰城

附案地闕或疑是廣陽之陰鄉縣非也攷戰國趙策魏王朝邯鄲抱陰成負葛薛爲趙蔽魏策抱葛薛陰成爲趙養邑方輿紀要葛孽城在曲周縣西陰城當亦在其處

元年侯蒼有罪國除　案此是元封元年漢表云思侯蒼封十七年太初元年薨嗣子有罪不得代唐世系表廣平劉氏亦云蒼薨嗣子有罪不得立此既失書謚而有罪上下有脫文上脫薨嗣子三字下脫不得代三字中缺一字然漢表亦不能無誤謂蒼封十七年似與史表合但蒼封于元朔二年薨于元封元年當作十八年而太初乃元封之譌矣

望廣

附案索隱本作廣望是與漢書水經注合涿郡之屬縣也各本皆誤刻望廣

侯安中　案漢表及水經注十一侯名忠雖古字中忠通用然無安字疑衍

將梁

附案在涿之廣望縣界說在建元侯表

新館

案漢表作薪館謂在涿古薪新通用故新處亦作薪處也然涿有新昌而無新館疑新昌之誤

新處

附案漢志在中山表謂在涿

陘城

附案漢表作陸城在涿此譌陘耳侯爲中山靖王子劉貞卽昭烈帝之祖三國志貞封涿縣陸城亭侯以陸城爲亭侯似誤水經注十一云滱水逕博陵縣故城南卽古陸城漢武帝封劉貞爲侯國此兩的據博陵卽涿之蠡吾　索隱不知陸城之誤但曰志屬中山疏矣錢宮詹大昕三國志攷異云陸城本中山之地貞以王子封侯改隸涿郡其後酎金失侯地入于漢爲縣宣元之世中山絕而更封仍以縣還中山也

蒲領

案縣在勃海漢表云東海也水經注十作扶領古通又蒲領西熊棗彊三侯史表元狩已下俱缺年數漢表于蒲領云有罪絕于西熊棗彊云亡後亦不書其年疑皆有脫誤

西熊

附案地未聞

棗彊清河

畢梁

附案漢表在魏未詳或云畢梁卽卑梁春秋時爲吳邑所謂吳邊邑卑梁之女與楚女子爭桑者也吳楚世家伍子胥傳及呂覽察微篇是卑梁吳越春秋作脾梁與九江之鍾離相接其後成帝又封高密頃王子劉都然非廣川王子之封也

房光

附案漢表作旁光在魏未詳房旁古通或曰卽常山房子縣

距陽

附案六國表楚考烈王十年徙鉅陽楚世家徐廣引表作距陽方輿紀要云卽汝南細陽

侯劉白　案漢表作憲侯匄此缺諡又白乃匄之譌孝文紀匄以告朕亦譌爲白也

五年侯渡元年　案五年者元狩五年也此謂劉匄元狩四年薨在位八年子以五年嗣漢表言匄元鼎四年薨在位十四年子以元鼎五年嗣未知孰實又漢表渡作淒恐非

蔞安

案漢表無安字是也郡國志安平國饒陽故屬涿有無蔞亭北海平昌故屬琅邪有蔞鄉春秋昭五年莒牟夷以牟婁來奔卽此隱四年杜注城陽諸縣東北有婁鄉二地未知何封河閒王之子疑在饒陽

侯劉遡　案漢表云節侯退名疑彼譌謚則此缺

阿武

附案縣在涿索隱謂表志闕安

湣侯劉豫　案漢表謚戴豫在位廿四年疑湣非

今侯寬　案漢表名宣

參戶（勃海）

侯劉勉　案缺今字

州鄉（涿郡）

六　案此元鼎格內所書六字誤當上書一字合上四六爲十一年節侯劉禁在國之年也中閒補書二年思侯齊元年七字下方中書五字乃合表例史失思侯一代漢表甚明

成平

附案在勃海索隱謂表在南皮縣相近也今本漢表脫南皮二字而有本又譌平城（平城在北海）

廣

附案在齊郡高祖先以封召歐漢表謂在勃海

蓋胥

附案漢表在魏索隱謂志在泰山甚謬泰山郡有蓋縣而無蓋胥孝景封王信蓋侯時未免絕小司馬豈未檢及乎

陪安

案漢表作陰安在魏則史作陪安誤矣然後此二年武帝封衞靑子爲陰安侯若已封濟北王子不得又封衞不疑恐史漢兩表皆有誤

哀侯秦客　附案漢表作泰容疑非

一　案一當作二秦客在位二年也

榮簡

附案徐廣作營簡漢表作榮關（一本榮又作縈）疑當作營關營卽營丘其地或有關塞故名漢表以爲在東郡茌平未詳

周堅

附案漢表云周望未詳史漢堅望二字多譌

侯劉何　案何謚康此缺

安陽

附案漢表在平原疑卽平原安縣衍陽字

侯劉桀　附案一本桀作椉（古乘字）漢表又名樂

五據

附案漢表在泰山未詳（索隱本作㨿）

濟北貞王子　案漢表陪前二侯在安陽五據之前而五據富平羽胡母五侯作濟北式王子索隱謂漢表自安陽已下是式王子則今本漢表于安陽下尙作貞王子誤也式王乃貞王子時見爲王兩代王子同日受封者葢分封式王之弟若子耳與史皆作貞王子者異疑莫能定

侯劉䗅巨　附案䗅字索隱本作䑋又云作䑋漢表作矐字形相近未知孰是

富

附案泰山有富陽縣濟北由泰山分濟北王子之封疑當在斯域也又東平國有富城亦近

侯劉襲　附案漢表誤名爲龍又謂龍封十六年以元康元年坐罪死年數舛錯不足信也

陪

附案索隱本作倍漢表云平原未詳

繆侯劉明　附案漢表名則古通說在高祖侯表陽陵下

叢

附案漢表作前索隱云漢表在平原今本無之師古謂字或作菆音側流反攷續志琅邪臨沂故屬東海有叢亭疑卽此侯所封前與菆皆叢之譌（索隱音叢爲緅安）至徐廣作散乃菆轉寫之誤散在豫州陽城武帝封董荼吾爲散侯矣（或謂當作前以洛陽前亭實之謬也）

平

附案索隱據漢志及水經注五皆以爲在河南平縣然濟北王子十一人何以劉遂獨在河南平當卽齊郡平廣縣元帝封菑川孝王子服爲平侯表云在齊可證也

羽　平原

胡母

附案漢表在泰山葢鄉名古復姓有胡母氏後書獻帝紀注引風俗通及廣韻通志竝謂齊宣王封母弟于母鄉遠本胡公近取母邑故曰胡母氏路史國名紀四讀爲胡毋卽衛貫地恐非

離石

案索隱謂漢表在上黨誤表無上黨之文離石乃西河屬縣代共王子封侯者九人曰離石曰邵曰利昌曰藺曰臨河曰隰成曰土軍曰臯狼曰千章惟土軍于元鼎中國除餘皆太初見侯而漢表惟邵及利昌二侯有在位年數餘皆不書又離石藺臨河隰成土軍千章六人書更封爲某侯亦無年月攷共王子義于元鼎四年徙清河諸子更封必因代王徙清河爾而何以史表不載且邵及利昌臯狼三侯何以獨不更封進退參詳深所難曉此侯更封涉水經清漳水東過涉縣酈注引地理志云魏郡之屬縣漳水于此有涉之稱名因地變也葢卽漢志涉縣漢末改稱涉三國志魏武帝紀涉長梁岐舉縣降是已

邵

案索隱謂表在山陽葢河內之山陽縣也但漢表無山陽之文而山陽亦無邵似在河東垣縣續志垣有邵亭卽左傳襄廿三年之郫邵然代王諸子竝封于西河不應此侯獨在河東疑邵乃饒之誤西河郡有饒縣

侯劉愼　附案漢表作順古通

利昌

案此侯必封于西河方利縣史漢表俱誤地無名利昌者他本史表或作昌利亦誤而索隱謂志屬齊郡殊妄豈謬以利

縣當之歟

藺河西

侯劉憙　附案漢表作罷軍當有二名又後更爲武原侯屬楚國

臨河

案縣屬朔方漢代王子皆封西河疑是西河臨水之誤其後更封高俞未聞其處

隰成

附案在西河漢表誤隰爲濕也後更封端氏屬河東

土軍西河

侯郢客坐與人妻奸棄市　案郢客更封鉅乘未詳其得罪必在更封之後但漢表云坐酎金免罪狀不同孫侍御云葢免侯之後又坐奸而棄市也然但與人妻奸何至棄市邪

皋狼

附案在西河漢表云在臨淮大誤而狼又譌琅

千章

附案此西河縣也各本皆譌千爲于字漢表謂在平原誤甚徐廣千一作斥湖本又譌斤亦誤斥章乃廣平縣名非所封矣其後更封夏丘屬沛郡

博陽

案漢表謂在濟南而濟南無博陽乃汝南縣名高帝曾封陳濞矣方輿紀要以爲泰山之盧戰國時謂之博陽因在博關南也項羽封田安濟北王都博陽卽此而水經注廿六謂是彭城之傅陽又與高帝之封周聚同其地矣

康侯劉就　案漢表謚頃

侯終吉　附案漢表譌吉爲古

盛陽

附案縣在泰山而索隱謂表在濟南今本漢表無漢書夏侯勝傳以盛陽爲魯西盛鄉屬東平豈宣帝建東平國後始以盛陽屬泰山乎疑

節侯劉恢　附案節字衍其薨在昭帝元鳳五年恢又恬之誤寫漢表及水經注廿五並名恬

瑕丘

案瑕丘屬山陽然攷水經注廿四睢水東逕太丘縣故城北地理志曰故敬丘也漢武帝封魯恭王子劉政爲侯國則史漢表作瑕丘誤矣敬丘屬沛

節侯劉貞　附案節字衍貞當作政漢表水經注並名政

公丘沛郡

夷侯劉順　附案夷字衍

郁狼

附案索隱引韋昭云屬魯漢表狼作根攷左傳隱元年城郎注高平方與縣有郁郎亭則此郇魯之郎也郎狼根音近師古上林賦仁頻注以檳榔爲賓根可證

西昌

侯劉騎　附案漢表作驕疑非

附案地疑卽東郡須昌西須音近

陘城

附案漢表作陸地在辛處此侯爲中山靖王子中山有新處縣則辛處卽新處也然前一年已封靖王子劉嘉爲新處侯不應又割新處之地以封劉義余疑陘城卽中山之苦陘縣因與新處接近也陸地爲陘城之譌索隱非

三月癸酉　案漢表作乙卯此誤也元朔三年三月庚子朔無癸酉日

邯平

附案漢表在廣平趙王子所封必廣平國之廣平縣非臨淮郡之廣平矣然廣平國無邯平而有朝平豈別一鄉名歟

四月庚辰　附案邯平已下四侯皆趙肅王子同是四月封漢表作三月乙卯封邯平誤也而武始象氏易三侯史表與邯平竝作四月庚辰封漢表作四月甲辰亦誤元朔三年四月無甲辰也

武始（魏郡）

象氏（鉅鹿）

思侯安德　附案思侯當作今侯其薨在昭帝始元五年漢表名安意疑非

易

附案縣在涿漢表在鄗鄗屬常山趙氏漢表舉正曰易當作易易安地名晉書地道記蒲陰有陽安關是也（見郡國志中山蒲陰注）

小司馬讀易爲易以安爲謚誤已據趙所說則史表上書易下書安侯平亦誤邪

洛陵

案漢表作路陵在南陽洛路古通如穀梁閔元年經洛姑釋文一作路揚雄校獵賦虎路晉灼曰路音洛方輿紀要謂卽長沙之昭陵長沙王子自宜封此則史漢俱誤也

侯劉章　附案漢表名童

攸輿

附案水經洣水注謂攸輿卽攸縣故索隱云長沙有攸縣本名攸輿則漢表言在南陽誤

侯則簒死罪棄市　案漢表云坐簒死罪囚棄市此缺

茶陵

附案此長沙縣名漢表謂在桂陽非又漢表作荼與水經洣水篇同志作荼與此表同師古各依字異音當從志音弋奢反

侯劉欣　案欣謚節失書

哀侯陽　附案漢表譌湯

建成

附案沛與豫章勃海竝有建成縣長沙王子宜封豫章水經淮水注謂封于沛而云王莽之多聚則酈誤以豫章之建成爲沛之建成也（莽改豫章之建成曰多聚）索隱云表在豫章今漢表無

五六年侯拾坐不朝不敬國除　案此元狩格内所書誤此

格内只當書六字元狩時拾在位六年也下元鼎格内應書一字將上格六年侯拾十一字移于一字下而改六年爲二年方合益漢表云元鼎二年坐使行人奉璧皮薦賀元年十月不會免元鼎改元在夏故于二年十月賀改元也

安衆 南陽

今侯山拊　附案索隱拊音跌漢表作柎師古曰方于反

葉 南陽

康侯劉嘉　案漢表作平侯嘉名謚兩異而嘉坐酎金免不應有謚也當衍

利鄉

附案水經注三十東海利城縣故利鄉也漢武帝封劉嬰爲侯國然則非涿郡利鄉矣涿之利鄉宣帝封中山頃王子安故漢志注云侯國

康侯劉嬰　案嬰于元狩三年免不應有謚當衍

有利

附案漢表在東海攷志東海無有利水經注廿六沭水會武陽溝水東出倉山山上有故城卽古有利城漢武帝封劉釘爲侯國葢利鄉有利皆利城鄉名故分封二侯

侯釘坐遺淮南書稱臣棄市　案此侯罪狀雖史漢表皆同然中間有脫文必不因稱臣棄市也知者古人相語多自稱臣卽史漢所載已不可枚舉矣況淮南王安爲釘之從祖尊卑既別名位亦殊其稱臣也何罪高祖功臣表有廣平侯薛穰坐受淮南王財物稱臣國除又有安平侯鄂但坐與淮南王女陵通遺淮南王書稱臣盡力棄市與釘爲三侯皆坐者重在淫賄交通豈專爲其稱臣哉若釘專以稱臣棄市則當日嚴助奉詔諭淮南王誅閩越事助稱臣者再何以不聞獲罪直至同謀事覺始爲張湯所誅乎

東平

附案東平卽無鹽縣說在惠景侯表中

三　案三當作二

坐與姊妹姦　案漢表無妹字

運平

附案漢表在東海疑卽魯鄆邑公羊鄆作運可證魯有東西二鄆西鄆在東郡廩丘縣東鄆在琅邪東莞縣續志皆載之此侯爲城陽王子必封于東鄆矣其地勢處平夷故曰運平

侯劉訢　附案漢表名記恐誤

山州

附案地未聞

海常

案地亦未聞漢表在琅邪此侯後又封繚嫈當附書說在建元侯表

鈞丘

案漢表作騶丘則作鈞誤也漢志魯國騶故邾國嶧山在北騶山卽嶧山國因山爲名其卽騶丘乎

矦劉憙　案漢表作敬矦寬此缺謚其名葢有二也
今矦執德　案漢表作報德
南城
附案縣屬東海索隱謂志闕非也
廣陵
附案史漢表竝作廣陵徐廣云一作廣陽攷廣陵爲王國之都似不應建封矦國若廣陽國之廣陽縣既非王都而于城陽王子所封亦不甚遠則廣陽是也
常矦劉表　案漢表作虒矦表謚名竝異表裴二字或以形近致譌而謚法未見有虒卽常亦非謚疑
莊原

附案漢表作杜原未詳莊杜異文葢猶建元矦表杜矦之譌壯矦也
臨樂 勃海
敦矦劉光　附案索隱引謚法善行不怠曰敦此謚不見于周書未知所出宋蘇洵謚法有之漢表作敦非古文敦作敦故譌爲敦爾師古妄音弋灼反復云又作敫古穆字尤誤說文放部謂敫讀若龠非穆也齊有太史敫徐廣音躍一音皎謚法所無後有定矦越本謚敬索隱亦誤作敫矣
東野
附案志表皆缺攷左傳定五年季平子行東野桓子行東野杜注季氏邑其地近費在漢當屬東海也莊子達生有東野稷今周公後東野氏皆以邑爲氏者
四　案四者矦章在國至太初四年見存也表例初矦見存者不書今字然漢表云戴矦章薨矦中時嗣太初四年薨亡後雖不書兩矦薨嗣之年而章之不得至太初審矣此有脫誤
高平
附案縣在臨淮漢表云平原非
矦劉嘉　附案漢表作喜史漢表中凡嘉喜二字多互譌
廣川 信都
千鍾
案徐廣云一作重漢表作重在平原索隱謂卽重丘然水經

注九以爲封于勃海之千童縣也
矦劉搖　附案此言搖與漢表作擔同誤水經注引史表是陰下文政作矦陰且集解曰一云劉陰矣
披陽
附案縣屬千乘漢表志及水經注八竝作被陽音皮彼反則此之作披亦猶如湣作疲矣傳寫譌耳
今矦偃　案漢表名偃
定 勃海
敬矦劉越　附案水經注五作劉成與史漢表異又漢表謚敷謚法無之與後柳敷矦同誤必敬字之譌索隱引作敫尤誤說在前各本史記所刻索隱又譌敫爲敷字敫安得讀躍

稻（琅邪）　今侯都陽　附案漢表作陽都恐非

山　附案漢表在勃海攷漢書路温舒傳爲山邑丞蘇林曰縣名屬常山晉灼曰常山有石邑無山邑師古曰山邑不知其處

繁安　附案在千乘索隱謂表志闕妄也

侯劉忠　案漢表謚夷此缺

六　案此元封六年也然當分作兩三字而横行補四年安侯守元年七字漢表可據此失去一代

今侯壽　案漢表名壽漢此脫

柳　附案在勃海索隱妄謂表志闕

康侯劉陽　案漢表名陽已此少一字

侯罷師　案此缺謚漢表謚敷然是敬之誤說見前此侯三代漢表皆無薨嗣之年

雲（琅邪）　今侯歲發　附案漢表歲作茂疑歲字譌

牟平　附案此東萊縣名徐廣牟作羊非

柴（泰山）　恭侯劉䐱　附案漢表名渫索隱本同則䐱疑譌

原侯劉代　附案原字衍代薨于征和元年

柏陽　附案漢表陽作暘在中山杭太史曰全謝山言柏暘亭者其地屬常山水經注汷水逕柏暘亭然則柏陽乃柏暘之譌方輿紀要謂在今北直趙州臨城縣西十五里俗譌爲柏陌亭

鄗　附案鄗屬常山漢表譌鄡

桑丘　附案桑丘燕地後屬于齊六國表與田齊傳燕取桑丘伐齊至桑丘趙世家所謂韓舉戰死桑丘皆是也正義引括地志云桑丘城在易州遂城縣界攷舊唐志易州漢故安縣屬涿郡遂城漢北新城縣屬中山則知靖王支子之封固在國内矣漢表作乘丘乃傳寫之譌乘丘屬泰山中山王子不合封于兗境索隱謂漢表在深澤亦屬中山與桑丘近非涿郡之南深澤也但桑丘之譌乘丘其來已久水經注廿五泗水逕太山郡乘丘縣故城東韓將舉與齊魏戰于乘丘即此漢武帝封中山靖王子劉將夜爲侯國不獨誤認劉侯封國作乘丘並韓舉戰處亦誤以乘丘當之而趙世家集解妄改漢志認爲一地故張氏正義駁之曰桑丘在遂城不得泰山有桑丘縣（今直隸安肅縣西南有桑丘城）

五年十一月辛酉節侯劉洋元年　案漢表作三月癸酉是也趙靖王九子皆以三月癸酉封不應桑丘獨先封四月又

漢表及水經注茲名將夜此名曰洋豈有二名歟

高丘

附案地未聞

元年侯破胡薨無後國除　附案此表凡以元年薨而無後者中間皆不書一字句容侯黨丹楊侯敢茶陵侯陽高丘侯破胡是也故不補

柳宿

附案索隱謂漢表在涿今本無漢書外戚史皇孫王夫人傳有柳宿蘇林注聚邑也在中山盧奴東北三十里

戎丘

附案水經注廿卷茅川水出西南茅谿東北流逕戎丘城南

在隴西郡西縣界疑卽此也

樊輿涿郡

節侯劉條　附案漢表名脩古通節字衍條薨于征和四年後人安增謚節

曲成

附案漢表云在涿當是鄉名非東萊之縣也

安郭

附案漢表謂在涿攷中山有安國縣水經十一滱水東過安國縣北注云滱水歷縣東分爲三水一水枝分東南流逕安郭亭南漢武帝封劉傳富爲侯國

侯劉博　案侯名傳富漢表水經注可證此譌傳爲博又脫

富字

安險中山

安遙

案漢表作安道則史作遙誤矣但其後武帝封越揭陽令爲安道侯謂在南陽中山王子何以封于荆州之域乎疑此侯是長沙定王子與下夫夷六人同以六月壬子封表益誤

夫夷零陵

三月癸酉　案長沙王子之封宜皆在六月壬子不應夫夷獨先三月史漢表俱誤蓋因前數侯爲中山王子並是三月癸酉故誤耳

春陵

附案春當作舂湖本譌刻也索隱引志屬南陽攷水經注三十八舂陵縣本泠道縣之舂陵鄉蓋因舂谿爲名漢長沙定王分以爲縣武帝封王中子買爲舂陵節侯師古漢志注引漢記云元朔五年以零陵泠道之舂陵鄉封長沙王子買爲舂陵侯至戴侯仁當作孝侯後書城陽恭王祉傳作考侯誤以舂陵地形下濕上書徙南陽元帝許之以蔡陽白水鄉徙仁爲舂陵侯

侯劉買　案買謚節此失書買爲光武之高祖

六　案此謂元狩時買在位六年也然攷漢表元狩二年買薨三年子熊渠嗣則當中書二字四字又横書曰三年今侯熊渠元年此缺熊渠一代竟以買在位至太初已後未免疏舛矣

都梁

附案此在零陵水經注云縣有山悉生蘭谷謂蘭爲都梁山因以號縣受名焉

敬侯劉遂　案漢表水經注名定

一元年今侯係元年　案一字當衍又漢表名傒

洮陽零陵

靖侯劉狗彘　案漢表名狩燕索隱引作將燕

五　案當作六

泉陵

附案零陵縣名漢表譌泉爲衆翟義王莽傳竝是泉陵也

節侯劉賢　附案賢薨于宣帝時當衍節字

終弋

附案漢表在汝南豈弋陽之鄉歟

四月丁丑　案元朔六年四月壬午朔不得有丁丑史漢表竝誤

麥

附案續志及水經注三十二南陽當陽有麥城所謂子胥造驢磨二城以攻之者然漢表言在琅邪則別一地名也路史國名紀七謂即齊桓公麥丘人之封方輿紀要云麥丘城在山東商河縣西北漢枊縣地則是平原矣

元年　案此元狩元年也麥侯已下二十五人俱封于元狩元年各本史表皆然乃漢表竝以元鼎元年封而蹙其年數又不盡合如雩殷侯劉澤在位六十二年[illegible]作一[illegible]表侯[illegible]以神爵元年薨則是元狩元年封矣進退參詳疑[illegible]定

四月戊寅　案元狩元年四月丙午朔無戊寅日若元鼎則有之此亦可疑之一端

鉅合

附案漢表在平原攷水經注入巨合水北逕巨合城在濟南東平陵縣界

昌

侯劉發　案水經注發下有于字

附案水經注十以爲封于信都昌成然城陽王子分封宜依齊地史漢表以爲琅邪昌縣當不誤也

蕢

附案索隱本作費謂漢表在琅邪今本漢表無師古亦云蕢或作費則是東海費縣葢蕢即臾字說文引論語荷臾可證而顓臾在費或變文言之歟

侯劉方　附案索隱本作萬今本史漢竝作方譌也

雩殷

附案漢表作虖葭志作雩叚同叚有假加二音此殷字譌縣在琅邪

康侯劉澤　附案康字衍

石洛

附案漢表作原洛在琅邪未詳其處

侯劉敬　附案漢表名敢恐非

扶滞

案漢表作挾術在琅邪則扶滞誤也索隱以爲卽琅邪之祓當是術邑中道也挾字亦誤

侯劉昆吾　附案漢表譌吾爲景

校

案漢表作挍誤方輿紀要云十三州志朱虛城東三十里有挍城又漢表城陽頃王子封侯者二十人此脫侯劉雲故止十九而漢表謂雲封挍恐譌疑是封于東萊之掖也漢表雲謚靖非雲坐酎金免不應有謚

枸平原

父城

案父城縣在潁川徐廣謂一作六則在六安皆非城陽王子所宜封漢表作文成在東海是也蓋鄉名遼西亦有文成遠

庸

附案漢表在琅邪未詳

侯劉譚　附案索隱本作談恐非葢史公避諱亦作譚也說在晉世家但漢表有城陽荒王子庸釐侯談則此當依漢表名餘爲是

翟

附案漢表在東海後漢馬防封翟鄉侯疑卽此

鱣

附案漢表在襄賁屬東海方輿紀要云襄賁在沂州西南百二十里東北有鱣丘戍梁普通五年彭寶孫破魏琅邪進拔鱣丘疑卽鱣也

彭

附案漢表在東海說在高祖功臣表彭侯下

侯劉偃　附案漢表名彊索隱本同則今史本譌偃也

瓡

附案瓡當作瓠說在建元侯表瓡讘下

虛水琅邪

東淮

附案漢表在北海日知錄三十一引馬文燁曰北海別無淮水葢濰之異文故全氏疏證評云東淮乃東濰也省文耳今

人遂呼東淮河須知誤亦有本余因攷濰水之濰漢志琅邪郡靈門縣橫縣折泉縣注茲作淮左傳昭十二年有酒如淮釋文云當爲濰御覽七百五十三引傳政作濰皆可證淮乃濰之省

栒

附案漢表作拘謂在千乘與此作栒皆今本傳刻之譌也索隱本作朐引漢表作東海則必東海郡朐縣朐字雖小異而以爲在東海固可信也

侯劉買　案漢表作賢

涓

附案漢表作淯在東海索隱本亦作淯幷云淯水在南陽有

消陽縣疑漢表東海爲非此說大謬城陽支子之封何以遠在南陽消乃涓字之誤今本史表固不誤也水經注廿六涓水出馬耳山北注于濰水盩鄉亭之以水得名者方輿紀要謂涓水卽琅邪折泉縣

陸

案漢表在壽光則是北海壽光縣鄉名也趙氏漢表舉正云左傳成二年馬陘注齊邑表中多寫陘爲陸此疑陘

四月戊寅侯劉何　案漢表何是七月辛卯封此因上文城陽支子竝封于四月戊寅故誤耳

廣饒齊郡

十月辛卯康侯劉國　附案廣饒侯與下缾侯俞閭侯以菑川靖王子同封于七月辛卯此俱譌作十月又劉國薨于地節閒後人妄增康謚也

缾琅邪

俞閭

附案地未聞

侯劉不害　附案漢表作毋害索隱本作無害

甘井

附案漢表地屬鉅鹿未詳何處

廣川繆王子　附案甘井襄陵二侯俱以繆王子封攷廣川繆王齊以建元五年嗣位征和元年薨不應稱謚準以書衡山王賜子之例當云廣川王齊子後人妄改也

元年十月乙酉侯劉元元年六　案甘井襄陵以元朔元年七月己酉封此皆誤在元狩而又譌其月日漢表甚明可證已酉作乙酉耳元鼎元年七月庚子朔無乙酉也當于二侯元狩格內衍兩六字各移元年十一字于元鼎格中六字上而改十月乙酉作七月己酉方合又漢表此侯名光

襄陵

案漢表作襄堤在鉅鹿與此作河東之襄陵又異余疑史漢表皆誤當是信都國之高堤縣信都卽廣川也漢表于孝宣封河閒獻王子招爲平隄侯平隄亦信都縣亦注云鉅鹿

元年十月乙酉侯劉聖元年六　案表誤說見前

皋虞琅邪

元年五月丙午　案此下三侯漢表作元封元年封史表謂封于元鼎元年而元封元年五月丙寅朔無丙午若元鼎則有之是又表之疑莫能定者漢表于三侯薨嗣之年多乖舛不合

侯劉建　案漢表謚煬此缺

三　案此以建在位三年與漢表在位九年異未知孰是

今侯處　案漢表名定

魏其琅邪

暘侯劉昌　附案謚法無暘據漢表乃煬之譌但昌薨于太初已後當衍此字

祝茲

附案祝茲之地兩爲侯國高后封呂滎武帝封劉延是也漢表謂祝茲在琅邪水經注廿六膠水北逕祝茲縣故城東漢武帝封膠東康王子延爲侯國則是琅邪郡實有祝茲縣矣而地理志無之余初疑志中失載及細攷乃知祝茲卽春秋魯祝丘地漢更名卽丘縣屬東海郡東漢以後始屬琅邪孟堅生于東漢就所見言之未加檢覈爾而祝丘之轉爲祝茲改爲卽丘則不能詳其時矣

侯劉延　案漢表作延年水經注從史葢脫年字也

漢興以來將相名臣年表第十

大事記

附案此表無敘葢缺亡也

將相

附案相乃位字湖本譌刻相

高皇帝二　立太子

附案史詮曰元本屬大事記列今本屬上橫行誤也當更之

高皇帝四　與楚界洪渠

附案洪渠者鴻溝也洪與鴻同毛本作鴻功臣表蒯成侯敘功作洪溝攷鴻溝一名河溝始皇紀二十二年王賁攻魏引河溝灌大梁水經注廿二異名有五而又名曰狼湯渠漢志河南滎陽縣注狼湯渠首受泲水經作蒗蕩通典作浪宕葢因渠水受名矣東漢以來稱爲汴渠後書明帝紀永平十二年遣王吳脩汴渠至隨大業時更開名通濟渠焉

御史大夫汾陽侯周昌　案汾陰誤作汾陽然此時尙未封侯不應稱之

高皇帝五　入都關中

附案入都關中當書于大事記格內各本誤屬上橫行

高皇帝六　更命咸陽曰長安

附案漢志高帝元年咸陽更名新城五年置長安縣則此書于六年者因置縣而定爲主名也長安葢咸陽地名故二年封盧綰長安侯索隱謂綰封別有長安非

張蒼爲計相　徐氏測議曰計相司計之官不當載入將相表中

高皇帝七

附案相位格中失刻七字蕭何爲丞相之七年也

高皇帝八　匈奴攻代王代王棄國亡廢爲郃陽侯

案表于六年五書劉仲爲代王者爲仲棄國張本也然棄國事在七年此書于八年誤說見高紀

高皇帝九　未央宮成

案未央與長樂同以七年二月成非至是始成也說在紀

徙齊田楚昭屈景于關中　案景下缺懷字亦楚大族也與劉敬傳同缺

遷爲相國　案蕭何爲相國在十一年非九年也說在高祖功臣侯表

高皇帝十　御史大夫江邑侯趙堯

案江邑侯三字衍公卿表無之葢堯封侯在十一年正月此時未侯也

高皇帝十一　誅淮陰彭越黥布反

附案測議謂一名一否條例未詳然此有微意說見序傳

周勃爲太尉攻代　附案史詮曰今本代作伐誤

高皇帝十二　置長陵

史詮曰葬作置誤

孝惠元年　除諸侯丞相爲相

案景帝更命諸侯丞相曰相此誤大事記依荀紀云改諸侯王相國爲丞相是也

孝惠三　初作長安城

案初字誤當云復作

濁湔氏反　附案濁乃蜀之譌湔氏蜀縣名此事本紀無

孝惠五　爲高祖立廟于沛城成

附案史詮曰今本城成誤書于沛下

八月乙丑參卒　案漢書惠紀及公卿表作己丑誤也是年八月己酉朔不得有己丑相國丞相惟蕭何陳平書薨餘皆書卒太僕滕公非將相而亦書卒義例不可解

孝惠六　七月齊悼惠王薨

案漢書惠紀是冬十月此七字誤

立太倉西市　案此宜作脩敖倉立西市漢紀云起長安西市脩敖倉是也立太倉在高帝七年本紀書之矣

八月赦齊　案四字疑衍齊本無罪何赦之有

十月乙巳安國侯王陵爲右丞相十月己巳曲逆侯陳平爲左丞相　案是年十月戊申朔無乙巳有己巳當移十月己巳在安國前而衍十月乙巳四字公卿表乙巳作己丑亦非是月無己丑也

堯抵罪廣阿侯任敖爲御史大夫　案事在高后元年此書于孝惠六年誤

孝惠七　大臣用張辟彊計

附案史漢各處皆作辟彊故匡謬正俗云辟彊前賢無釋當音爲開闢之闢彊場之疆湖本此表作彊字雖與顏說相合而似非元文不然顏監何弗取以爲據乎但舊唐書禮儀志

三作辟强師古于漢書文紀趙王弟辟彊又注云辟禦彊梁猶辟兵辟非耳音必亦其良反一說讀曰闢彊並通

以呂郃爲呂王　案台爲呂王在高后元年此書于惠七年誤郃又台之譌

己卯葬安陵　案惠帝以八月戊寅崩翼日即己卯安得便葬當依漢紀作九月辛丑爲是辛丑後戊寅二十三日

二　附案相位有二字乃王陵陳平爲丞相之二年也湖本失刻

高后元年　置孝悌力田

案漢書本紀及刑法志皆言是年除三族及妖言罪此美事也何以不書

二　附案二當作三湖本譌刻陳平爲丞相之三年也格內下方當有一字各本失刻乃審食其爲丞相之一年也

高后二　十二月呂王台薨

案十二月誤呂后紀及諸侯王表竝是十一月

平陽侯曹窋一本爲御史大夫在六年　案一本在六年五字是集解今譌刻一本兩字于曹窋之下但以窋爲御史大夫在高后二年及六年者皆誤公卿表謂高后四年爲御史大夫五年免與任敖傳合是也

高后四　置太尉官絳侯周勃爲太尉

案事在惠帝六年非高后四年也說在紀

高后八　七月辛巳爲帝太傅九月丙戌復爲丞相

案爲帝上缺食其二字但通鑑攷異據長歷言八年七月無辛巳九月無丙戌則食其爲帝太傅在七年七月辛巳百官表可證而丙戌當作壬戌此與百官表同誤史呂后紀明書之餘說見紀中

隆慮侯竈爲將軍擊南越　案史南越及漢兩粵傳佗攻長沙高后遣隆慮侯往擊之歲餘高后崩故漢書本紀書于七年九月此在八年誤

孝文元年　十一月辛卯平徙爲左丞相太尉絳侯周勃爲右丞相

案辛卯一本作辛巳未知孰是又攷百官公卿表勃以八月辛未免此失書

孝文二　勝爲梁王

案梁王名揖說在漢諸侯王表中

一　附案將位有一字此失刻

孝文三　十一月壬子勃免相之國

附案公卿表作十二月誤此與史漢文紀合是也

孝文四　十二月乙巳嬰卒

案是年十二月辛酉朔無乙巳此與百官表同誤當作己巳

安丘侯張說爲將軍擊胡出代　案此事他所不載然攷匈奴傳是年方議和親不應有出代之師疑誤

關中侯申屠嘉爲御史大夫　案以關內侯爲關中侯甚別隋有關中侯權與于此但攷百官表孝文四年書御史大夫圍七年書御史大夫馮敬十六年嘉始爲御史大夫漢書本傳同蓋嘉于十年尚爲廷尉也此書于四年誤亦猶後誤書馮敬于九年爾荀紀言文帝時宰嗇嘗爲御史大夫更安

孝文九　御史大夫敬

案馮敬爲御史大夫在七年此書于九年誤

孝文十　諸侯王皆至長安

案表是年止三國來朝不得言皆至

孝文十四　成侯董赤內史欒布

案赤當作赫說在功臣表內史非布也疑有誤說在文紀

孝文十六　上始見渭陽五帝

史詮曰上始郊缺郊字

孝文後三　置谷口邑
案漢志左馮翊谷口縣不言置邑文帝豈孟堅失書歟
孝文後五　上幸雍
案漢紀是年幸隴西幸雍幸代此獨書幸雍何也
孝文後六　匈奴三萬人入上郡二萬人入雲中
案史漢文紀及匈奴傳是年匈奴入上郡雲中各三萬人此言二萬誤
以中大夫令免爲車騎將軍　附案勉免古通
宗正劉禮軍霸上祝茲侯徐厲軍棘門　案劉禮是時未爲宗正而祝茲當作松茲徐厲當作徐悼並說在文紀
孝文後七　其年丁未太子立

案其年乃其月之誤
屬國捍　附案文紀作悍古通貨殖傳曰民雕捍少慮
詹事戎奴爲車騎將軍侍太后　附案車騎將軍已有亞夫何以又命戎奴詹事之官元掌太后宮者何必將軍益太后送葬霸陵別有儀衛戎奴以本官爲將軍扈行也或以史漢文紀不載疑傳寫有誤殊昧事情
孝景元年　置司徒官
附案漢書哀帝元壽二年始改丞相爲大司徒此時安得有之史詮以爲錯簡衍文
孝景二　閼爲臨江王
附案臨江名閼此譌

餘爲淮南王　案南乃陽字之誤餘封于淮陽後徙魯所謂魯共王也
四月中孝文太后崩　案本紀是四月壬午漢書同則中字殊疏蓋表中凡書某年中某月中者皆不得月日之辭也
孝景三　曲周侯酈寄爲大將軍擊趙竇嬰爲大將軍屯滎陽欒布爲大將軍擊齊
案寄布但爲將軍非大將軍也故本紀不書此誤增兩大字又誤置酈寄在竇嬰上
孝景四　御史大夫蚡
案史失其姓漢表名介或謂是田蚡誤田蚡未嘗爲亞相
孝景六　徙廣川王彭祖爲趙王

案徙趙在五年此書于六年誤
御史大夫陽陵侯岑邁　案史詮謂漢表缺是也但邁之封陽陵惠景表亦失載而于後二年六月丁丑書御史大夫岑邁卒尤不可解是年六月亦無丁丑陽陵說在高祖功臣表
孝景七　六月乙巳太尉條侯亞夫爲丞相
案六月乃二月之誤說在紀
孝景後元元年　八月壬辰
案是月無壬辰說在景紀
孝景後三　正月甲子孝景崩二月丙子太子立
附案景帝正月甲子崩以二月癸酉葬是崩後九日而葬也丙子太子立是葬後三日而即位也乃漢書謂甲子太子即

皇帝位何歟大事記曰史記書正月甲子孝景崩二月丙子太子立用惠帝以來既葬卽位之典也班氏武紀書甲子太子卽皇帝位是崩之日遽卽位也其誤甚矣蓋武帝享國多歷年所招方士求長年恤典廢而不講受遺大臣如霍光輩皆不學少文故武帝以丁卯崩明日戊辰昭帝遽卽位是後元之繼宣成之繼元哀之繼成皆以葬前正位號自古既葬卽位之禮遂廢矣班氏徒習見漢中葉以後故事不復知先王典制謬誤若此比者非一條也東萊斯論甚正然尚有未覈古者天子崩太子卽位始死則先定嗣子之位尚書顧命逆子釗于南門之外延入翼室是已既殯則正繼體之位顧命王麻冕黼裳入卽位是已然則班氏所書甲子卽位者乃嗣位喪次指始死定位之儀也史記所書丙子立者卽既殯而正繼體之禮也班馬所書各有典據似不可以班爲誤穀梁定元年傳引沈子曰正棺乎兩楹之閒然後卽位是殯而卽位實古之制西漢人主皆預爲陵寑故自崩至葬多有不及旬日者所以葬而卽位便以當古殯而卽位之制余方議其大行已葬嗣子不得受命于殯爲禮之變若始死定位又何尤焉昭之繼武獨受命于殯只是殯期太促耳

孝武建元元年

附案改今上爲孝武乃續表者妄易之

建元二　御史大夫趙綰

案田蚡傳綰以元年爲亞相又漢書武紀言綰以二年十月

自殺十月自歲首則此與百官表書建元二年綰爲御史大夫者誤也不然豈綰居位僅旬日乎史漢表于元年書御史大夫牛抵蓋抵居位數月而去綰繼之同在一年爾

建元四　御史大夫靑翟

案莊靑翟之爲亞相此與百官表皆書于四年然靑翟繼趙綰者也綰以二年十月有罪自殺則繼居其位當亦先後閒爾何以遲至四年乎宜依田蚡傳在建元二年爲是

建元五　行三分錢

案漢書武紀云罷三銖錢行半兩錢又平準書食貨志云半兩錢法重四銖則此言三分非也

建元六　正月閩越王反孝景太后崩

案武紀太后以五月丁亥崩閩越反在八月此書正月誤

元光三　決河于瓠子

附案河決二字譌倒

元光四　十二月丁亥地動

附案漢紀作五月然五月無丁亥日疑非

蚡卒　案田蚡卒在元光三年非四年也說見蚡傳

五平棘侯薛澤爲丞相　案田蚡以三年三月卒薛澤繼相卽在其時疑是三年五月此及百官表書于四年與功臣表廣平侯下書十年爲丞相俱屬誤端五字當改二字薛澤爲相之二年也以後應遞易年數蚡已卒矣安得爲相有五年乎

元光五　十月族灌夫家棄魏其侯市

案灌夫魏其之死在三年不在五年且其死亦不同月說見蚡傳

元朔元年　衛尉韓安國爲將屯將軍軍代

案匈奴傳及漢紀安國屯漁陽在元光六年此及安國傳百官表言在元朔元年誤且安國屯漁陽非軍代也軍代者乃將軍李息是元年事元年衛青出雁門李息出代故爲匈奴圍安國漁陽也此謂安國偕出軍亦誤

元朔三　匈奴敗代太守友

案敗乃殺字之誤又據漢紀是年六月庚午皇太后崩以前書孝景太后例之則宜書于大事列此缺不具

元朔四　匈奴入寇襄代上郡

史詮曰定襄定作寇誤

元朔五　匈奴敗代都尉朱英

案敗當作殺

長平侯衛青爲大將軍擊右賢　案青破右賢王後乃拜大將軍是時爲車騎將軍也此與匈奴傳同誤漢紀傳亦誤又右賢下缺王字

太僕賀爲車騎將軍　案賀與青同官非也攷傳及漢書無車字

皆屬大將軍　案青本傳當云皆屬車騎將軍

又附案是年御史大夫位缺據百官表五年四月丁未河東太守九江番係爲御史大夫但公孫弘以十一月乙丑遷丞相何以亞相虛位五月疑四月丁未有誤

元朔六　翕侯趙信爲將軍

案信爲前將軍缺前字

衛尉蘇建爲將軍　案建爲右將軍缺右字是年所書諸將多錯亂

元狩元年　十月中

案漢紀是十一月

元狩二

附案湖本失刻二字

元狩四　大將軍青出定襄

案匈奴驃騎二傳及漢書皆言是年衛青出定襄霍去病出代中分兩大軍擊單于此不序去病脫也

元鼎五　三月中南越相嘉反殺其王及使者

案漢紀是四月事此言三月中非又嘉殺其王與王太后及漢使者此脫王太后三字

八月周坐酎金自殺　案漢紀及公卿表丞相趙周之死在九月此言八月誤

九月辛巳御史大夫石慶爲丞相　案公卿表趙周以九月辛巳下獄死石慶以九月丙申爲丞相首尾相隔十六日若慶爲相亦在辛巳與周死同日必無之理此誤無疑

衛尉路博德爲伏波將軍出桂陽主爵楊僕爲樓船將軍出豫章皆伐南越　案南越傳及漢書征南越將凡五軍一曰

路博德二曰楊僕又歸義越侯二人曰嚴爲戈船將軍出零陵曰甲爲下瀨將軍下蒼梧其五曰越馳義侯遺別將下牂牁此止書路楊兩將其事不全主爵下又脫都尉二字

元鼎六　十二月東越反

案史漢傳其反在秋此誤

故龍頟侯韓說爲橫海將軍出會稽樓船將軍楊僕出豫章中尉王溫舒出會稽皆破東越　案閩越傳及漢書征東越者尚有戈船下瀨二將出若邪白沙此缺

又附案此年亦缺亞相位據百官表當書御史大夫式齊相卜式也

元封元年

附案元封以後大事記及將位多缺略不具

太初二　正月戊申慶卒三月丁卯太僕公孫賀爲丞相封葛繹侯

案丞相石慶之卒此與漢紀作正月戊申而百官表作正月戊寅賀之爲相封侯此與侯表作三月丁卯而百官表作閏月丁丑攷是年正月有戊寅而無戊申則作戊申者非也三月雖丁卯丁丑皆有而是年無閏況漢厤遇閏皆歸于歲終稱後九月太初改厤已後或不然但只言閏月未識何月且百官表書年月多舛不盡可憑而閏月惟此一見可知其誤矣閏月既誤丁丑之日亦非則作三月丁卯是也

天漢元年

附案天漢已下至孝成鴻嘉元年皆後人所續以侯表考之大半乖迕如劉屈氂爲澎侯而稱彭城侯王章爲安平侯而兩書平安侯韋元成嗣父爲侯也而曰因爲丞相封扶陽侯元帝永光二年七月馮奉世擊西羌八月任千秋別將並進乃此移奉世擊羌之月爲千秋反遣御奉世主帥張禹以鴻嘉元年免相哀帝建平二年卒乃謂禹卒于鴻嘉之元斯皆誤之大者其餘年月官職駁戾頗多因均在刪削之列不復匡訂矣

史記志疑卷十四終　南海潘乃成番禺劉昌齡沈葆和校字

史記志疑卷十五

仁和梁玉繩撰

禮書第一

而六國畔逆

案六乃七字之誤正義甚謬

事在袁盎語中

案盎傳止載解七國之策不及誅鼂錯事故盎傳云其語具在吳事中則此處當云事在袁盎吳王語中絳侯世家言立孝文云其語在呂后孝文事中是其例也

禮由人起

附案史公禮書惟存一序此下皆後人因其缺而取荀子禮之自禮由人起至儒墨之分及天地者生之本至末是荀子禮論中閒治辨之極至刑錯而不用是議兵篇荅陳囂語（索隱槩謂禮論非）而末段又割截禮論橫加太史公曰四字以作論尤爲乖陋

樂書第二

太史公曰余每讀虞書

附案樂書全缺此乃後人所補託之太史公也以序言之其曰仲尼作五章以刺時不知所指索隱謂卽彼婦之歌殊未確使如其說此歌止可五章之一不得遂該五章也其曰李斯諫二世放棄詩書夫斯議焚書安能有是諫縱有是諫亦決非李斯也其曰高祖過沛詩三侯之章大風歌有三兮而

無三侯明方以智通雅四謂兮與侯古通用但侯乃發語辭與兮字不同也其曰今上作十九章令李延年次序其聲而漢志武帝時作安世房中歌十七章郊祀歌十九章以此爲房中樂歟不可言十九以爲郊祀樂歟則十九章並太始三年赤蛟歌數之又非史公所及覩蓋史公作史時尚未定十九章之名索隱未經細究遽云房中樂有十九章妄矣且同爲郊祀歌何以止載四時太一天馬六章而太一歌不但字有增換並刪去志傚儻四句天馬歌全與漢志別俱不可曉漢志天馬歌凡六章此獨載蒲梢之歌其事他無所見而蒲梢亦云天馬首尾四語又與天馬歌首章相似疑此是詠烏孫馬漢書不載補史者別記所聞謬以爲宛馬歌耳大宛傳言天子得烏孫馬好名曰天馬及得大宛汗血馬更名烏孫馬曰西極名大宛馬曰天馬或者蒲梢乃烏孫馬之歌而歌中有天馬來從西極之句故名爲西極邪（漢書武紀稱宛馬歌爲西極天馬之歌亦因歌有西極語）其曰中尉汲黯譏馬歌丞相公孫弘謂黯誹謗聖制當族攷馬生渥洼水作歌在元鼎四年之秋武紀可證禮樂志誤以爲元狩三年其所以誤者因元狩二年曾得馬余吾水中遂移屬于渥洼耳獲宛馬作歌在太初四年之春而公孫弘卒于元狩二年三月不但渥洼大宛事不及見卽不作歌詩之余吾馬亦不及見（得余吾馬在元狩二年夏）安得有誹謗聖制之譖哉黯未嘗爲中尉之官得渥洼馬時黯在淮陽爲太守無緣面譏武帝得大宛馬時黯卒已十二年（黯卒于元鼎五年）又安得

誹謗聖制哉困學紀聞通鑑荅問謂樂書後人所續序言右
人非史遷之筆豈有遷在當時而乖舛如此通鑑攷異亦辯
其說疑馬生渥洼作歌在元狩三年汲黯爲右内史而譏之
言當族者非公孫弘殊不然也至樂書中段既直寫樂記而
增易升降絕無意義濮水聞琴節又攙用韓子十過篇末段
尤爲尤濫徐氏測議謂是截舊文爲之前後兩書太史公曰
又稱武帝爲今上僞亂其詞欲以假冒眞而不知其不能混
兩

律書第三

兼列邦士

案士一本作土古字通用非譌也說在始皇紀論但邦字犯
諱何以不改邦字曰國

遂埶不移等哉

附案史詮曰湖本埶作蓺誤

天下殷富粟至十餘錢

案粟下或斗或斛必有缺文

孔子所稱有德君子者邪

案律爲兵家所重故史公序律先言兵昔賢謂律書卽兵書
是已然言用兵之事幾七百言未免于律意太遠且祇述歷
代之用兵而不詳其制又不及漢景武兩朝毋乃疏乎

書曰七正二十八舍

附案已下當提行寫但此語與下文不相貫嘉興王氏元啟
史記正譌謂是後引書旋璣之錯簡尚有脫字當云太史公
曰書曰在璇璣玉衡以齊七政七正歷二十八舍言二十八
舍七政皆周歷之也余甚韙之故或謂此語乃引尚書圖非
或謂引當時律家之書如律厤志稱書曰先其算命之類亦
非師古以爲逸書矣至續古今攷以二十八舍指日中星鳥四句尤
謬

律厤天所以通五行八正之氣天所以成孰萬物也舍者日月
所舍舍者舒氣也

附案此語與前後文亦不貫正譌謂律厤二十字乃論中建
律運厤造日度之注氣下當有日度二字而舍者十一字爲
二十八舍之注傳寫者不察攙入本文也

不周風居西北

案淮南天文訓白虎通八風篇言八風各距四十五日而至
左傳昭二十年疏引易緯通卦驗言風之至以四立二分二
至極爲有理乃此所說八風有一風主一月者有兩月者獨
涼風主六七八三月深所未曉又營室柳胃婁奎之解與天
官書不同二十八宿無斗井鬼觜而有建弧狼分罰參爲二
宿亦不可解蓋建卽斗也

十二月

附案缺也字

大呂者其于十二子爲丑丑者紐也言陽氣在上未降萬物厄
紐未敢出缺也字

附案正義曰徐廣云此中闕不說大呂及丑案一本云丑者紐也言陽氣在上未降萬物厄紐未敢出也據此則釋丑之義後人依別本補入而大呂一律仍缺史詮以漢志補之曰大呂者旅也言陰大旅助黃鐘宣氣而牙物也

西至于七星

附案續古今攷曰井鬼柳星張翼軫古次序如此今七星在張之前何也正譌曰西至于張十二字錯簡在七星後

地者沈奪萬物氣也

附案正義謂沈一作洗當是此篇所釋多以叶聲取義故于地言洗

其于十二子爲未

附案此獨不言其于十母爲戊己者缺文也漢志但云豐楙于戊理紀于己與此篇文法不類余取劉熙釋名補之曰戊茂也物皆茂盛也己紀也皆有定形可紀識也

北至于罰

案書中述二十八宿以建易斗益謂建星在斗之虛故也以弧狼易井鬼益謂弧狼近井鬼之虛且輿鬼四星三度太狹東井八星三十四度太廣故不書井鬼而別取弧狼但狼一星在東井赤道外弧九星六星如弓背三星如弓之挾矢以射乎狼弧矢在天狼之後今以弧爲落物就死尙近以狼爲量斷萬物何歟參伐一也（伐罰古通天官書天文志可證）此增出罰星則是二十九宿矣故去觜以合其數而罰實不可以代觜前人有

謂北至于罰十四字當衍去而補觜觽一宿良是

黃鐘長八寸七分一宮大呂長七寸五分三分一太簇長七寸七分二角夾鐘長六寸一分三分一姑洗長六寸七分四羽仲呂長五寸九分三分二徵蕤賓長五寸六分三分一林鐘長五寸七分四角夷則長五寸四分三分二商南呂長四寸七分八徵無射長四寸四分三分二應鐘長四寸二分三分二羽

案夢溪筆談謂餘分下分數目凡七字皆當作十字誤屈其中晝耳黃鐘八寸十分一太簇七寸十分二姑洗六寸十分四林鐘五寸十分四南呂四寸十分八宋蔡元定律呂新書因之皆改七分爲十分然索隱已先言七分爲誤矣又新書改大呂爲七寸五分三分二夾鐘爲六寸七分三分一蕤賓

爲五寸六分三分二夷則爲五寸三分二（五寸下當作兩空圍三分二是小分也）又云黃鐘下有宮太簇下有商（蔡據宋本作商今本皆作角字）姑洗下有羽林鐘下有角南呂下有徵晉志論律書五音相生而以宮生角角生商商生徵徵生羽羽生宮求其理用罔見通途者是也仲呂下有徵夷則下有商應鐘下有羽三者未詳疑後人誤增蔡氏之說如此（史詮正譌亦以徵商羽三字疑衍從蔡氏也）而史詮曰太簇角當作商姑洗羽當作角林鐘角當作徵南呂徵當作羽俱後人傳寫之誤要之史公所記分寸之數配合之數與管子呂覽淮南及漢晉以來諸志皆不同而後人議之者甚衆展轉糾纏莫適是非蒙不知律未敢妄談姑取先儒所改政者著之以俟專家質焉昔高誘注淮南不解鐘律上下相生

之法置而不說余竊同之矣

生黃鐘　術曰

附案正譌謂黃字衍前言生鐘分是諸律積實之數此言生鐘術是彼此相生之法佈算之道先審其實而後用法歸之故先言分後言術舊本割去術字連下曰字爲句非是然書但言實如法得一凡得九寸命曰黃鐘之宮下不悉數即以爲生黃鐘亦可舉一以概其餘也

上九商八羽七角六宮五徵九

附案索隱謂此文數錯未暇研覈錢宮詹語余曰此六十律旋相爲宮之法族子塘以揚子太玄淮南天文訓證之無不脗合蒙著攷異推衍甚詳史公不誤也然唐以後人罕有通

其義者

置一而九三之以爲法

附案史記攷異曰此下當云十一三之以爲實轉寫脫之

非其聖心以乘聰明

附案其字當依明監本作有正義引此亦作有一本作具非

太史公曰故旋璣玉衡以齊七政即天地二十八宿

附案故者因上接下之詞非可用爲發語正譌謂故字誤當從尚書作在也又以前文書曰七正二十八舍句移此以書曰二字置句首正與政通正下脫歷字而以即天地二十八宿句與前文舍者日月所舍十一字爲此二十八舍之注又地字誤當作之槪文尋義王氏說頗協王孝廉云故字疑攷之譌亦通

造曰度

附案曰即日字非誤也開口爲曰合口爲日不以廣義字形論也史詮以曰爲日之誤蓋未攷古書法

厤書第四

昔自在古

案史公厤書缺惟存前序然篇首昔自在古至難成矣百餘字乃大戴禮誥志篇孔子稱周太史之語而倒亂先後改易字句不可解

太史公曰神農以前尚矣

附案太史公曰當接上文順承厥意各本提行寫非

蓋皇帝攷定星厤

附案皇黃古通索隱本作黃帝

年耆禪舜申戒文祖云天之厤數在爾躬舜亦以命禹

史記攷要曰堯舜禹以天之厤數相告戒朱子謂帝王相繼之次第猶歲時氣節之先後遷固直以此爲造厤之事非也

周襄王二十六年閏三月而春秋非之

案東遷已後王不頒朔而國自爲厤各有不齊春秋之非閏三月謂魯厤也史公以爲周厤誤

歸邪于終

附案集解音邪爲餘蓋古音通借也衞風其虛其邪魯頌詩無邪皆叶六魚可證

是時獨有鄒衍明于五德之傳而散消息之分以顯諸侯而亦

因秦滅六國兵戎極煩
附案徐氏測議曰以顯諸侯下未宜遽入秦事又文法錯互
當是殘缺數語耳（評林亦云因下有缺文）
漢興高祖曰北畤待我而起亦自以爲獲水德之瑞雖明習厤
及張蒼等咸以爲然
案漢之王或以土德或以火德或以水德所說不同而水德
之說尤妄語在孝文事中
後作亂
案新垣平非作亂也以詐妄誅耳
未能詹也
附案徐廣詹作售是漢書作讎卽售也
名察度驗
附案漢志作名察發驗
朕唯未能循明也
附案正譌曰循當從漢書作脩
厤術甲子篇
附案此乃當時厤家之書後人因本書之缺謬附于史竄入
太初等年號年數其所說厤法仍是古四分之術非鄧平落
下閎所更定之太初厤也起焉逢攝提格太初元年至祝犂
大荒落建始四年（凡七十六年續者取厤家一蔀之法也）所載歲名與爾雅全
別不止與天官書異者有四也（天漢三年赤奮若太始二年困敦三年大淵獻四年涒灘並誤此據索隱說今本俱非其舊蓋唐以後人因其誤而改之）史詮太初而敘至成帝建始

非妄續之的證耶其他所算餘分或大餘小餘并舛及干
支之名多有差脫不復詳辨蓋太初定厤別有歲[illegible]
史時未經錄入孟堅作志載三統而又不載太初其法遂無
傳矣

天官書第五

中宮天極星
案天官書似缺前序又史記攷異曰此中宮及東宮南宮西
宮北宮五宮字皆當作五官下文云天之五官坐位可證史
公本文皆作官矣
旁三星三公或曰子屬
邵氏疑問曰帝星前一星曰太子後二星曰庶子后非旁三
星也亦非三公也子屬是也
後句四星末大星正妃餘三星後宮之屬也
案星經及晉隋志後句四星曰四輔所以輔佐北極而出度
授政也無正妃後宮之說
隨北端兌
附案隨乃隋之譌湯果反垂下也索隱本作隋斗蓋舊本多
作斗故小司馬引劉氏云斗一作北并引漢志作北爲證必
後人知斗爲誤改從北字
紫宮左三星曰天槍右五星曰天棓
附案方氏補正曰槍在紫宮之右棓在左疑傳寫誤詩緯云
在杓左右益誤矣（漢志言右四星非）

四曰司命五曰司中六曰司祿

附案漢志五司祿六司災晉以下志皆作四曰司祿五曰司命六曰司寇與此不同

輔星

案馬續天文志輔星上有柄字此缺漢天文志成于馬續故晉志引之稱馬續云

有句圜十五星屬杓

附案正譌曰句七星曰七公圜八星曰貫索貫索本九星正北一星常隱不見見則反以爲變故與七公並數得十五星舊注專指貫索則但有圜星無句星矣

房爲府曰天駟其陰右驂

案府上有天字索隱本及御覽卷五並作天府也而右上缺左字房北左右各四星名東咸西咸即左右驂也晉志又云南星曰左驂次左服次右服次右驂

東北曲十二星曰旗旗中四星曰天市中六星曰市樓

案天市垣左右之星曰旗共二十二非十二也曲下缺二字天旗南北門左右各兩星爲天市中有六星爲市樓（漢志無市樓句）正義引左右旗各九星乃北宮之星柰何以爲天市旗哉余詢之知星者云

尾爲九子曰君臣斥絕不和箕爲敖客曰口舌

王孝廉曰尾主後宮豈君臣之重而尾足以當之疑君臣乃羣姬之譌尾星斥絕則羣姬不和矣漢志敖客下有后妃之

府四字

門內六星諸侯

案垣內五諸侯五星史漢俱誤作六星

後聚一十五星蔚然曰郎位

附案蔚然徐廣作哀烏與漢志同星經及晉隋志作依烏依亦音哀皆星之貌狀廣儲光羲述韋昭應畫犀牛詩作哀烏郎乃傳刻之譌也後書楊秉傳注引天官書作二十五星亦譌

皆羣下從謀也

附案漢志從上有不字恐非

廷藩西有隋星五曰少微士大夫

疑問曰隋者垣西四星南北列曰少微非五星也（漢晉志云四星）

東井爲水事

案漢志此下有云火入之一星居其左右天子且以火爲敗疑此缺

輿鬼鬼祠事

附案以下文主急事等例之疑是主祠事之誤古主字作丶轉相傳寫認爲上鬼字省文遂重作鬼爾

七星頸爲員官

附案宮字譌官索隱本作宮漢以後志皆然

其旁有一小星曰長沙星

疑問曰軫中有星曰長沙非旁也

無處車馬
附案漢志馬作焉是此譌
下有四星曰弧
案弧九星言四星誤
狼比地有大星曰南極老人
案狼字衍漢志無之晉志弧九星在狼東南老人一星在弧南則豈與狼比地哉南極星中原常不見
附耳入畢中兵起
附案漢志無此七字正譌曰此後人增入者余疑當在前文爲附耳句下錯簡也
軍西爲壘或曰鉞

案晉志壘壁陳十二星在羽林北則西字乃北之誤鉞爲壘之異名漢志作戉（今本譌戉）解者或以爲壁星或以爲鈇鉞星甚且據漢志譌本以爲戍守之意反謂鉞爲譌字並妄
危東六星兩兩相比曰司空
案司空漢志作司寇然司空司寇皆不在危東亦非六星也正義疑命字誤空然虛東危西兩兩相比者乃司命司祿司危司非八星無所謂危東六星亦不得專指司命二星爲說也恐本文有誤
營室爲清廟曰離宮閣道
案此下宜列東壁一宿蓋二十八宿爲經星史及漢志于他宿備載無遺獨缺東壁何歟正譌從晉志補十五字云東壁二星主文章天下圖書之秘府也（或謂[illegible]連讀故不及[illegible]）
杵臼四星在危南
案星經曰四星杵三星在人星旁蓋危星之北此言危南四星恐誤也
牽牛爲犧牲其北河鼓
附案爾雅河鼓謂之牽牛荆楚人呼牽牛爲檐鼓是一星兩名也蓋牽牛本即牛宿而河鼓一曰牽牛解家往往錯認爲一耳河當作何與荷通梁宗懍荆楚歲時記黄姑織女時相見卽何鼓之譌南唐李後主詩迢迢牽牛星杳在河之陽粲粲黄姑女耿耿遥相望誤也
織女天女孫也

附案徐廣謂孫一作名是也索隱引荆州占曰織女一名天女星經及晉隋志亦云天女此孫字誤然因此之誤而後世遂有天孫之號
察日月之行以揆歲星順逆
附案此下敘五星以漢志校之字句多有增損移易凡于義得通者略而不說蓋各有所傳不能無小異也
義失者罰出歲星
案漢志歲星仁也太白義也此以歲星爲義何歟（漢以來諸志亦兼載從歲以義之說）
正月與斗牽牛晨出東方
附案史記攷異曰淮南天文訓在十一月此云正月者史公

據石氏星經較淮南書實後兩月
歲星出東行十二度百日而止反逆行逆行八度百日復東行
歲行三十度十六分度之七率日行十二分度之一十二歲而
周天出常東方以晨入于西方用昏
案此節綴于攝提格歲一段之後明是錯簡當移在上文義
致天下句下又正譌以漢志五步攷之多有不同蓋厤法積
久愈精析其奇零之數比前加密故與志異下倣此
名曰降入
案上文已言與婺女虛危晨出曰降入則此四字爲誤重下
文曰青章曰大章亦然皆當衍
以三月居

義門讀書記曰居字疑衍
以四月與奎婁胃昴晨出曰跰踵
案五月歲星與胃昴畢晨出若四月安得與胃昴出乎二字
衍漢志淮南子俱無之跰踵據集解索隱史漢舊竝作路踵
也各本集解譌踵爲嶂
其失次有應見亢
正譌曰他歲皆有歲星失次之應及水旱之占獨其在巳未
申亥子丑者但言失次不言水旱漢志幷不著失次之語未
詳其義云何
曰大音昭昭白
案大音漢志作天音蓋音字今本之誤白下當有色字

爲長王
案爲字衍漢志作長壬疑譌
有旱而昌
案四字亦衍文漢志無之或曰有譌脫
大章
案漢志作天皇徐廣同今本史注或作大星或作大皇竝譌則作大章誤
以十一月與氐房心晨出曰天泉
案漢志泉作宗
在昴
正譌曰在當作見
其失次舍以下進而東北三月漢志凡三月上皆作不出三月甘氏說也生天棓長
四尺晉志作丈末兌進而東南三月生彗星長二丈類彗星星字衍退
而西北三月生天攙長四丈末兌退而西南三月生天槍長數
丈兩頭兌

附案天棓天槍名見恆星中此則歲星所生也宣城吳氏肅
公天官攷異曰歲星所變妖星非紫宮中天棓天槍
以其舍命國熒惑熒惑爲勃亂殘賊疾喪饑兵勃同悖
附案史詮補正皆云命國下衍熒惑二字徐廣謂饑兵下一
本有熒惑爲理外則理兵內則理政三句正譌曰後有熒惑
爲孛孛字誤宜作理蓋因理亦作李因李譌孛耳外則理兵內則理政故曰雖有
明天子必視熒惑所在二十五字錯簡在後當移于命國下
而熒惑二字卽爲理數語之遺逸不盡者正譌言是

用戰順之勝逆之敗
正譌曰漢志在其野者亡地以戰不勝與此異義
其入守犯太微軒轅營室主命惡之
案漢志無此語疑衍補正曰命令所從出者天下則天子一國則諸侯軒轅主後宮太微非犯帝座亦不應占主命者
歲行十三度百十二分度之五
正譌曰十二度當作十三度
其下之國可重致天下禮德義殺刑盡失而塡星乃爲之動搖
案塡星爲信而仁義禮智以信爲主故以信爲重漢志亦云從塡以重也德字當衍義乃仁之誤宜云仁禮殺刑盡失蓋歲星爲仁熒惑爲禮太白爲義辰星爲智殺卽義刑卽智故

史記志疑卷十五　十七　廣雅書局刊本

漢志云從太白以兵從辰以法
塡星其色黃九芒音曰黃鐘宮一本九作尤非
附案此文上下俱論塡星之盈縮無緣夾入必是錯簡正譌移在前文其一名曰地侯主歲之上當是也
木星與土合
案此下總論五星當別爲一條漢志列辰星條後是也此誤還塡星條之後又此句當作凡五星木與土合故正譌曰漢志凡五星歲與塡合晉志及正義所引星經云凡五星木與土合皆有凡五星三字可知此木星二字當乙凡五二字當補
若水金在南
附案水乃木之譌漢晉志作爲水亦非
生孽卿
附案他本生作主字是
大饑
附案正義引星經云火與木合饑漢志亦然則大字乃木之譌二字作一句讀
戰敗爲北軍軍困
附案補正曰凡三占以戰則敗又爲奔北之軍又爲軍見困于敵也
七寸以內必之矣
案漢晉諸志此句上有云二星相近者其殃大二星相遠者

史記志疑卷十五　十八　廣雅書局刊本

殃無傷也似不可省
意行窮兵之所終
案此七字其義未詳漢晉諸志無之據辰星條有云赤行窮兵之所終則意乃赤之譌徐廣作志亦非但赤角之應已見上文不宜複出疑有脫誤卽赤行七字亦不可曉正譌直定爲衍文
月行及天矢
正譌曰此卽後文所謂出蚤爲月蝕晚爲天矢及彗也誤衍于此又遂其半而加譌舛焉
下起兵
附案天下起兵各本脫天字

國以靜

附案國當作圜各本譌刻

黑圜角憂有水事青圜小角憂有木事黃圜和角有土事有年

正譌曰圜則不角角則不圜兩圜字一小字皆衍圜和二字當在有土事下和謂色不怒正義不得其讀而誤解也

其已出三日

案漢志此上有云入七日復出將軍戰死入十日復出相死之入又復出人君惡之此缺

是謂耎

案漢志作耎而伏晉灼曰耎退也伏不見也此亦缺

其色大圜黃滜可爲好事其圜大赤兵盛不戰

附案十八字當在上文有年句下錯簡于此蓋上文言赤角有戰黃角有土事圜和有年則此所占當類從

太白白比狼赤比心黃比參左肩蒼比參右肩黑比奎大星

案二十三字正譌謂當在總論五星條內無德受殃若亡之下誤屬于此太白二字亦誤當改作五星蓋是也又左右二字應互易

居實有得也居虛無得也行勝色色勝位有位勝無位有色勝無色行得盡勝之晉志得作德晉灼引星經亦作德

案正譌移此文于總論五星條內接黑比奎大星下蓋據晉志是也而于此文上從漢志補凡五星所出所直之辰其國爲得位得位者戰勝所直之辰順其色而角者勝其色害者敗三十五字竝云上文所直之辰謂得位也順色而角謂有色也居實有得則所謂行得也今本脫去凡五星已下三十五字則行色位等字皆無來歷今從漢志增入但漢志移置五星白比狼之上文義乖隔不順晉志先敘星色然後及所出所直之辰而于色害者敗之下接居實云云爲得其序又此條舊屬太白條下故五星字俱誤作太白漢書亦仍其謬今詳其義實係總論五星故依晉志更太白字爲五星

未盡其日過參天

附案漢晉志作期日是也

金木星合光其下戰不合

正譌曰木當作水總論五星獨不言金水相合之應以其見于此也

太白伏也

附案正譌曰也字當加土作地謂入地也不見也

中春春分夕出郊奎婁胃東五舍

附案以後文寇效不效句觀之則此及下三郊字乃效之譌

正義曰效見也

辰星來抵太白太白不去將死正句旗上出破軍殺將客勝下出客亡地視旗所指以命破軍

案此言太白不去漢志作辰星來抵太白太白不去無復出太白字則謂辰星不去也依志爲是又兩旗字志皆作其亦謂辰星正義不知史誤解爲星名索隱又解爲太白芒角似旗謬

矣但其上出十五字與上文複疑衍

其繞環太白若與鬭大戰客勝免過太白閒可械劍小戰客勝免居太白前軍罷出太白左小戰摩太白有數萬人戰

案漢志大戰客勝下有主人吏死句免居太白前下有旬三日句（免爲辰星之別名與鑱同但此下忽易其名稱免何也）此缺不具摩太白右此誤右爲有湖本郎以有連下讀謬矣

青角兵憂黑角水赤行窮兵之所終

案史詮謂此文當在後白角號泣之聲下是也但赤行七字未詳其義說見上

角亢氐兗州房心豫州尾箕幽州斗江湖牽牛婺女揚州虛危青州營室至東壁幷州（至爲室之半傳寫誤重當衍）奎婁胃徐州昴畢冀州

觜觿參益州東井輿鬼雍州柳七星張三河翼軫荊州

附案本書于中宮條內謂用昏建者杓杓自華以西南夜半建者衡衡殷中州河濟之閒平旦建者魁魁海岱以東北是以北斗言分野也此云角亢氐兗州等是以二十八宿言分野也下文甲乙丙丁之占是以日時言分野也（漢志又有甲齊等五十五字）秦晉太白諸語是以五星言分野也界華夷爲陰陽是以畢昴天街言分野也夫列宿主十二州而斗之七星亦各有屬奚獨杓衡魁三星而已乎天街分國陰陽理固有之即上文所稱昴畢閒爲天街其陰陰國陽陽國也然謂畢昴二星主華夷實所未聞若五星占候以及支干日時之配合並與二十八宿言分野同義周禮保章氏以星土辨九州則分野之法自古傳之左氏內外傳載伶州鳩萇弘士弱子產裨竈梓慎諸人所論確然可證但竊有疑者二十八宿俱主中國故漢藝文志麻家有海中二十八宿國分臣分二十八卷豈日星只在中國而不臨四夷哉疑一以宿配州或多或少地廣者星反少地狹者星反多疑二淮南天文訓漢書地理志以郡國配二十八宿嗣後言分野者雖有異同遞爲祖述唐李淳風僧一行更闡發無遺而獨不宗史記疑三（漢天文志仍史與地理志不合）占地于天必天應乎地而始驗乃揚州在南而牛女在北青州在東而虛危在北冀州在北而昴畢在西雍州在西而井鬼在南往往相反而不相應疑四故宋周密癸辛雜識以分野爲疏誕也益州郡有廢置封國有變遷安得以屢改

之地占不改之星而星一日移一度一月移一次又安得以無定之星占常定之地前賢之言分野者甚衆余取三說焉康成周禮注曰九州諸國中封域于星亦有分焉其書亡矣堪輿雖有郡國所入度非古數也今其存可言者十二次之分也孔仲達春秋傳正義曰分郡國以配諸次徒以相傳爲說其源不可得聞明蘇伯衡平仲集分野論曰分野視分星古不謂地鄭氏云（先鄭）星土星所主土是也國在此而星在彼彼此若不相配而其爲象未嘗不相屬

七星爲員官辰星廟蠻夷星也

附案十二字當在前辰星條末夏則不長之下錯簡于此官乃宮之譌

直爲自立立侯王指暈若曰殺將

正譌曰立侯王漢志作立兵指暈漢志作破軍史誤也若曰二字衍破軍殺將爲句

而食益盡爲主位

正譌曰而益字衍漢志云不然食盡又漢志夏氏日月傳曰日月食盡主位也不盡臣位也據此主位下當補不盡爲臣位五字語乃明白

陰星北三尺

史詮曰陰星下缺多亂二字衍北三尺三字

陽星

案史詮謂此上缺南三尺三字

月食始日五月者六六月者五五月復六六月者一而五月者五凡百一十三月而復始

索隱曰依此文計惟有一百二十一月與元數甚爲懸校既無太初麻術不可得而推定今以漢志三統麻法計則五月者七六月者一又五月者一六月者五五月者一凡一百三十五月而復始耳或術家各異或傳寫錯謬故此不同無以明知也史記攷異曰本文固有錯謬小司馬所引三統法亦誤今攷三統四分術竝以五月二十三分之二十而一食依次推之則五月者一六月者六又五月者一六月者七又五月者一六月者七凡百三十五月而復始校書家罕通步算傳寫譌脫莫能是正自昔然矣

故月蝕常也

案漢志謂天下太平日不食朔月不食望夏氏日月傳曰月食盡主位不盡臣位星傳曰日者德月者刑故日食脩德月食脩刑自周室衰亂臣賊子師旅數起刑罰失中月之變常見甘石氏見其常然因以爲紀詩云彼月而食則惟其常詩傳曰月食非常也比之日食猶常也謂之小變可也謂之正行非也據此則史公仍甘石之說不自知其誤耳脩德二語亦見管子四時篇

恆山以北

案恆當避作常

出正東東方之野

附案野字漢志作星下南西北三野字竝同晉隋志或作野或作星義皆通也

其虵可六丈大

案漢志云大而黃與前後文大而赤大而白相類此缺而黃二字或謂徐廣大一作六則大字當提行與下節賊星爲一句觀正義稱大賊星一名六賊可證曰以徐注指下節賊星是也以大字與賊星爲句非也蓋此自缺而黃二字下節另脫大字各本誤以徐注屬此耳

賊星

附案脫大字大賊星一名六賊

司危星

附案漢志作司詭疑此脫其半晉志亦作司危
地維咸光
附案漢隋志作臧光晉志作藏光疑咸字譌
燭星非星
附案此當提行寫史漢皆誤連燭星下
星者金之散氣本曰火
案漢志作其本曰人孟康注星石也金石相生人與星氣相應也集解引康曰星名誤則此是誤人爲火江陰趙曦明云人字是所以下言衆吉而少凶也
音在地而下及地其所往者兵發其下
附案下及地乃不及地之譌又漢志往作住是

類狗所墮及炎火
附案漢志無炎火二字晉隋志無及炎火三字御覽七卷引此竝無所墮及炎火五字
上兌者則有黃色千里破軍殺將
正譌曰首字誤漢志作見又見則二字當著黃色之下史漢竝誤
必有大害
附案漢晉諸志害作客是也此譌楊愼曰星經作客與稷合韻陳治泉云害讀入聲亦與稷叶
望之如有毛羽然
案漢晉隋志作毛目又一說作尾目

出于有道之國
附案一本出上有常字與漢志合此缺藝文類聚一引史亦有
凡望雲氣
附案此段當以晉隋志參看文詳而語麗
恆山之北
案恆當避作常
卒氣摶
附案摶乃搏之譌下同
前方而高後兌而卑者郤一本高上有後字
案晉志與史同缺漢志作前方而後高者銳後銳而卑者郤

氣來卑而循車通者
附案漢志作車道則通乃道字之譌而集解謂車通是車轍避漢武諱改之錢宮詹曰說文無轍字車轍之轍亦用徹故裴氏云然韓退之跡于小學諱辨一篇紕繆甚多所云不諱轍字不足據
十餘里見
附案一本十餘下有二十餘三字與漢志合漢志云十餘二十里見
稍雲精白者
附案漢志作捎雲是也又精當作青
其前抵者

附案抵字譌一本作低是與漢志合
雲摶兩端兌
附案摶雲傳寫譌倒卽上文卒氣摶也
其蜺者（索隱曰蜺亦作蜺）類闕旗故
附案漢志作蜺雲者類闕旗故銳此譌闕爲闕（晉隋志亦譌闕）故下
脫兌字
諸此雲見以五色合占而澤摶密其見動人及有占兵必起合
鬬其直
附案此以漢晉諸志校之合占之合字衍卽占之誤文複出
者及一本作乃是合鬬之合當作占
下有積錢金寶之

案衍之字
蕭索綸囷
附案綸乃輪之譌漢已下諸志及御覽八引此竝作輪
天雷電蝦虹辟歷夜明者陽氣之動者也
附案正譌曰天字誤當從漢志作夫音扶余攷御覽十三引
此作陰陽之動亦與今本異（孫侍御云蝦漢志作蝦皆霞字之異文）
山崩及徙川塞谿垘
附案此段皆用韻語而徙（漢志作阤）垘獨不叶疑徙字有譌
水澹澤竭地長見象
附案此文傳寫錯誤當依漢志作水澹地長澤竭見象
閨臬枯槀

附案上二字誤寫下二字誤倒當依漢志作[illegible]文哉
始通與上閭字亦叶韻
化言誠然
附案嘉定錢教授塘史記釋疑曰四字二韻化卽訛省
立春日四時之卒始也
正譌曰漢志無卒字係衍文索隱葢曲說
小雨
附案徐廣謂一無此二字是也漢志葢仍史誤正譌云前後
皆言占風不當于此獨兼言占雨索隱亦殊費解
欲終日有雨有雲有風有日日
案正月旦有雲有風有日至今農占謂之三有若雨則爲歲

惡也漢志無有雨二字此宜衍有日下亦誤複一日字
則風復起
案則字衍
爲其環城千里內占（句）則其爲天下候
案漢志城作域無下其字葢是也
冬至短極縣土炭炭動鹿解角蘭根出泉出（他本作水字是此誤漢志泉水踊）
躍略以知日至要決晷景
附案補正曰冬至日極南晷景極長過此則漸短其物候四
略可以知日至而決其進度要在晷景之長也正義以晷景
連下誤（評林亦以正義晷景與歲星竝注爲誤）
殷商巫咸

案巫咸爲殷之賢大臣豈徒傳天數哉天官家猶求必係後人所託猶封禪書以巫咸爲巫覡史公誤信之耳有（說在封）禪書中續漢天文志誤仍史云湯則巫咸晉隋志亦然

在齊甘公

案續天文志及晉隋志竝以甘德爲齊人而正義引七錄謂楚人蓋本漢藝文志楚有甘公之語也徐廣又云本是魯人未詳孰實

楚唐眛

案眛爲楚將非學天文之官亦不聞其傳天數豈別有一唐眛歟眛譌刻昧

日蝕三十六

案元史志載李謙授時厤議作春秋日食三十七事蓋併哀公十四年獲麟後一食數之耳然姜岌一行輩皆言襄公二十一年十月二十四年八月兩食日食不入食限爲史誤書則日蝕之數實止三十四而閻氏尚書疏證云春秋時史失其官閏餘乖次即以日食論二百四十二年當四百八十四交除交而不食及合朔在夜人目不見者以四之一約算仍當一百二十餘日食何三十六之寥寥也（困學紀聞六日春秋隱元年至哀二十七年凡二千一百五十四月惟三十七食是雖交而不食此言殆非也）

孛星三見

案孛乃字之誤說在十二侯表中

宋襄公時星隕如雨

案史公以魯僖十五年隕石是隕星而誤以魯莊七年隕星竝隕石爲一事故云宋襄公時其誤與宋世家同星隕如雨乃宋閔公五年也

諸侯力政

附案徐廣政作征是也淮南要略云諸侯力征後書襄楷傳諸侯以力征相尚

近世十二諸侯

案當作十三說在表

秦之彊也

附案正譌曰也係地之誤文

熒惑爲孛

附案此已下至必覘熒惑所在當在前熒惑條下說在前

漢之興五星聚于東井

案班書高紀皆云漢元年冬十月五星聚于東井其實在漢前三年七月即秦胡亥三年七月紀事者欲明漢瑞移書于元年十月耳史公于天官書張耳傳皆言五星聚事而本紀獨不載竝不書月日魏高允謂崔浩曰此史譌也案星傳太白辰星常附日而行十月日在尾箕昏沒于申南而東井方出于寅北二星何得背日而行是史官欲神其事不復推之于理浩曰天文欲爲變者何所不可邪允曰此不可以空言爭宜更審之後歲餘浩謂允曰先所論者本不經心及更考究果如君言五星乃以前三月聚東井非十月也衆皆歎服劉

攽一作敞漢天文志刊誤云太白辰星去日率不能一辰次今十月而從歲星于東井非其理也然則五星以秦之十月聚東井耳秦之十月今七月日當在鶉尾故太白辰星得從歲星也劉攽之說本于崔浩然秦未嘗改月所說欠明但古今推謂五星聚非吉祥乃兵象爲秦亡之應因歷引唐世五星聚事爲證其大者天寶九年五星聚燕後數歲安史煽禍中國塗炭至累世不息則誠非佳兆而史傳爲漢瑞得毋誕乎通鑑不載良是

元光元狩蚩尤之旗再見

案漢書元光元狩之閒無蚩尤旗見事

星茀于河戒

附案漢志作河戍疑戒字之譌南戒爲越門北戒爲胡門也楊愼曰卽唐一行說山河兩戒之戒一本誤脫戒字

此五星者天之五佐爲經緯

義門讀書記曰經字疑衍正譌曰正義謂五星行南北爲經東西爲緯五星皆東行逆則西行無所謂南北行此不知經字爲衍文而强爲之說

最近大人之符

附案正譌曰大字誤當作天

蒼帝行德天門爲之開

案此已下既與前文不屬而字句錯雜多不可解正譌謂蒼帝行德天門爲之開赤帝行德天牢爲之空黃帝行德天矢爲之起白帝行德畢昴爲之圍黑帝行德天關爲之動十句移在前文此五者天之感動上蓋言五行感動之理也風從西北來必以庚辛一秋中五至大赦三至小赦凡二十字當入前文候歲中然與魏鮮說異白帝行德四字衍以正月二十日二十一日月暈圍常大赦凡十六字乃白帝行德節之注言月暈圍畢昴開主有赦令而常字爲當字之誤載謂有太陽也六字亦候歲中注但載字誤前文無所謂載也一曰圍三暮德乃成不三暮及圍不合德不成二曰以辰圍不出其旬凡二十七字占星家異說太史公兼記之天行德天子更立年不德風雨破石凡十四字卽前文五帝行德也索隱非三能三有缺文蓋謂三能三階也衡者天廷也客星出天廷

有奇令此十三字卽南宮條所云衡太微三光之廷也索隱正義皆不知三能三句有闕文强連三衡爲句故解費而義晦正譌所說亦未知然否錄以備參

史記志疑卷十五終　南海潘乃成番禺劉昌齡沈葆和校字

史記志疑卷十六

仁和梁玉繩撰

封禪書第六

自古受命帝王曷嘗不封禪

附案三代以前無封禪乃燕齊方士所僞造昉于秦始侈于漢武此書先雜引鬼神之事比類見義遂因其傳會備錄于篇政以著其妄用意微矣惟牽引郊社巡狩諸典禮未免黷經馬端臨云西漢郊祀襲秦制而雜以方士之說曰太乙曰五帝叢雜而祀之皆謂之郊天史公所序者秦漢不經之祠而以舜類上帝三代郊祀之禮先之至孟堅直名郊祀志于是以祀六帝爲郊自遷固以來議論相襲而然已或問封禪雖禮經不載然管子莊子韓詩外傳皆言之路史前紀六九謂封禪乃易姓告代之大禮一姓惟一行本晉袁宏後漢紀續後書祭祀志豈俱不足信歟曰管子雜篇多後人附竄非其本書而管莊于諸子中最顯因竝竄焉故封禪篇管仲諫桓公語與此書無異蓋作僞者造爲成文史全錄之爾（有謂後人取史記補管子者妄管子無所謂封禪篇也）梁許懋封禪議（見梁書本傳）謂管仲設言以屈桓公又取夷吾所記七十二君細數而辨駁之得毋錯認爲眞乎（皇王大紀曰稽懋言可以知史遷著書之謬而不知史遷乃姑妄言之也）韓嬰生當其時更無足怪託諸孔氏其誕益明袁宏諸人之說竝無據

至梁父矣

方氏補正曰梁父二字衍曲爲之說終不可通

恆山也

案恆字宜諱

中嶽嵩高也

案中嶽一名霍山一名霍太山亦稱景霍卽禹貢之太岳也嵩高一名太室卽禹貢之外方也唐虞三代皆以太岳爲中嶽其證有二周禮冀州山鎭曰霍山又左傳昭四年司馬侯曰四嶽三塗陽城太室別太室于四嶽之外則嵩高不爲中嶽可知史蓋緣于爾雅嵩高爲中嶽一語先儒謂釋山後一條乃漢人所附益不足據緣爾雅之誤當由錯讀詩大雅嵩高維嶽耳山之高大者謂之崧詩兼五嶽言之非以太室山爲嶽名曰崧高也以太室爲中嶽莫識所起攷漢武帝元封元年登禮太室詔有中嶽之稱疑始于是時漢武移南嶽衡山之祀于天柱安知不易中嶽霍山之祀于太室乎漢儒依漢事說經故皆誤指嵩高作中嶽也（禮孔子閒居及公羊莊四注引詩竝作嵩高蓋嵩崧古通用）

後十四世至帝孔甲

案後文數殷之世云湯後八世至太戊後十四世至武丁（漢志亦云八世至太戊而又以十四世至武丁爲十三世誤）蓋八世內不數太戊所以自太戊至武丁爲十四世也乃此言禹後十四世至孔甲（漢志作十三世）仍數孔甲在內故下云其後三世湯伐桀（漢志誤作十三世）何以不言十三世至孔甲後四世伐桀乎至孔甲太戊武丁武乙紂皆妄稱帝已說在紀中

至帝太戊有桑穀生于廷
附案桑穀事說見殷紀
伊陟贊巫咸巫咸之興自此始
案漢志無下句甚是當時巫家必假咸爲說故史公著此語
不然豈未檢書序咸乂周書君奭乎（索隱曲說非也）因咸氏巫使以
咸爲巫祝天官書言巫咸精星象困學紀聞十莊子逸篇言
黄帝立巫咸呂氏春秋勿躬篇言巫彭作醫巫咸作筮郭璞
弘農集巫咸山賦序言巫咸以鴻術爲堯醫路史後紀三言
神農使巫咸巫陽主筮假託古賢變亂世代奚足據哉自有
此說馬鄭注經皆謂咸是殷巫說文巫咸初作巫秦詛楚文
大神巫咸竝踵其謬惟僞孔傳以爲臣名孔疏曰咸賢父子

爲大臣必不世作巫官所見確矣然傳譌不始于史公楚辭
南華俱以巫咸主神攷列子黄帝篇有神巫季咸自齊來處
鄭能言人死生壽夭（莊子應帝王亦云鄭有神巫季咸）得毋屈莊所述巫咸
乃鄭巫季咸而遂緣以相恩邪至山海經海外西經所稱巫
咸國大荒西經有十巫海内北經有六巫尤荒怪不可信
自周克殷後十四世
案自武王至幽王凡十一世此言十四漢志作十三竝誤
其後十六年秦文公東獵汧渭之閒
案十六年當依郊祀志作十四年十二侯年表周平王元年
乃秦襄公八年立西畤至文公十年作鄜畤政十四年
則若雄雞

案漢志作雄雉
作鄜畤後七十八年秦德公既立
案紀表自秦文公十年作鄜畤至德公元年凡八十年此誤
漢志自作陳寶後數之謂七十一年是也
作伏祠
案此與漢志祠下竝脫社字年表初作伏祠社可證秦本紀
及秦記但云初伏者省不言祠社也
其後六年秦宣公作密畤
案四年誤爲六年
其後十四年秦繆公立病臥五日不寤寤乃言夢見上帝上帝
命繆公平晉亂史書而記藏之府而後世皆曰秦繆公上天（漢志）

作十三年蓋不數繆公立年也
案趙世家及扁鵲傳備載此事宋葉適習學記言曰此醫師
語也遷載之蕪妄甚矣西京賦有天帝饗穆公一段即上天
之說明陶宗儀說郛載尚書中候言穆公出狩天大雷有火
化白雀銜綠丹書集于車書言穆公之霸訖胡亥事尤爲詭
異（山海内東經注引墨子云秦穆公有明德上帝使句芒賜壽十九年其誕政同今本墨子明鬼上作鄭穆公）
昔無懷氏封泰山
案漢書人表以無懷氏在伏羲後是也以此無懷在伏羲前
非路史誤仍之
禹封泰山禪會稽
案自無懷氏下十二君惟成王禪社首餘禪云亭山皆不過

其域獨禹禪會稽其地遠不相應豈會稽爲云云之譌乎白虎通曰三皇禪于繹繹之山梁書許懋傳繹又作奕五帝禪于亭亭之山三王禪于梁甫之山與僞作管子封禪篇異又墨子兼愛中篇曰昔武王將事泰山隧若姑妄言之則武王亦嘗有事泰山也而何以不及初學記卷五卷十三引史並言黃帝禪云云與史記管子言亭亭異

兵車之會三而乘車之會六九合諸侯

案此與齊世家同而齊語云兵車之屬六乘車之會三管子小匡同穀梁莊廿七年傳云衣裳之會十有一兵車之會四所傳俱誤穀梁數兵車四會曰僖八年于洮十三年于鹹十五年于牡丘十六年于淮范甯注穀梁數衣裳十一會曰莊十三年于北杏十四年于鄄十五年復于鄄十六年于幽廿七年復于幽僖元年于檉二年于貫三年于陽穀五年于首止七年于甯毋九年于葵丘韋昭齊語注數兵車六會曰北杏二鄄檉鹹淮數乘車三會曰陽穀首止葵丘史索隱正義本師古漢志注數兵車三會曰莊十三年北杏及僖四年侵蔡伐楚六年伐鄭數乘車六會曰莊十四鄄十五鄄十六幽僖五年首止八年洮九年葵丘所說並異蓋穀梁與韋昭所數兵車之會統桓公一生而言均有疏舛若史記當斷在會葵丘前數之也齊語亦當以葵丘爲斷余攷莊十三年會北杏平宋亂十四年會伐宋廿八年會救鄭僖元年會救邢四年春侵蔡伐楚穀梁注疏謂伐楚非會者妄冬會侵陳六年會伐鄭八年會洮定王室此謂兵車之會八加葵丘後之鹹牡丘淮三會爲十一凡言兵車會三會四會六者非也至衣裳乘車之會[illegible]北杏鄄兩幽檉貫陽穀首止甯毋葵丘爲十凡言乘車會三會[illegible]衣裳會十一者非也先儒見所傳各殊不知其謬而又[illegible]九合諸侯不以兵車之文于是紛牽刪揹或不取北杏[illegible]取貫或不取陽穀而北杏爲會之始貫爲第六會陽穀爲第七會何故不取或去北杏貫陽穀數洮爲九而洮爲兵車之會傳有明文安得指爲傳誤諸說並見楊士勛穀梁疏困學紀聞黃氏日抄引西疇崔氏謂自莊十六盟幽至會鹹爲九合以牡丘陽穀淮爲兵車之會而洮鹹之會兵車穀梁著之陽穀之爲衣裳范氏稱之西疇豈未檢邪宋陳世崇隨隱漫錄謂左氏莊十五再會鄄傳曰齊始霸至葵丘爲九而始霸乃左氏一家之論未足據依無論前二會不可沒且十四年會鄄至十五年復會鄄一在冬一在春相去二三月可除前此二三月爲非霸乎有以知其說之不通矣元俞德鄰佩韋齋輯聞謂十一會中鄄幽再會其地凡九故云九合而會不以地論更屬臆談也論語九合朱子據春秋傳糾合以爲古字通用固是莊子天下篇禹九雜天下之川義同而實則九合猶左傳夷于九縣公羊叛者九國亦見蔡澤傳政不必改九爲糾九之爲言多也丹鉛錄云九爲陽數之極書傳稱九者皆極言之此解甚愜若必求以實之則左傳之九縣乃十一國公羊之九國惟厲叛命何以言九推之楚詞九歌有十一篇顏之推還冤志引周春秋曰左儒九諫而王不聽孫子云善攻者動于九天之上善守者伏

于九地之下以及九原九泉之類莫不皆然

繆公立三十九年而卒其後百有餘年而孔子論述六藝傳略言易姓而王封泰山禪乎梁父者七十餘王矣

案秦繆卒後至孔子論述六藝幾百四十年而孔子又安得有易姓封禪之言哉託諸孔子猶之嫁名管仲也

其于天下也視其掌詩云紂在位文王受命

附案滹南集辨惑曰指其掌孔子自指其掌而言耳直云其于治天下也視其掌不已疏乎史詮曰詩當作書攷證張氏曰詩云二字不審所謂注家皆略蓋唐時無此文也視其掌云爲句衍詩字盧學士曰說詩者以虞芮質成爲文王受命之年史公所引即此諸解以盧爲確至滹南所駮殊不然禮記仲尼燕居曰治國其如指諸掌而已乎同一句法

武王克殷二年天下未寧而崩

案武王在位之年無經典明文可據此作二年漢書律厤志作八年竝爲西伯十一年故廣宏明集載陶隱居年紀稱周武王治十一年也而詩豳風譜疏謂鄭氏以武王疾瘳後二年崩是在位四年疏又引王肅云伐紂後六年崩周書明堂解竹書紀年及周紀集解引皇甫謐竝云六年管子小問篇作七年淮南子要略訓作三年路史發揮夢齡篇注合武王嗣西伯爲七年所說不同後儒多從管子如稽古錄外紀通志等俱是七年余謂當依周書爲近

是時萇弘以方事周靈王諸侯莫朝周周力少萇弘乃明鬼神事設射貍首貍首者諸侯之不來者依物怪欲以致諸侯諸侯不從而晉人執殺萇弘周人之言方怪者自萇弘

案左傳魯昭十一年萇弘始見魯昭十一爲周景王十四恐未逮事靈王也而以爲事靈王誤一弘之見殺當敬王廿八年魯哀三年而以爲殺於靈王時誤二郊祀志晉人殺萇弘上有周室愈微後二世至敬王時十一字疑此或脫弘與于范中行之難周人殺之以說於晉固非爲致諸侯亦非晉執而殺之誤三韓子內儲下及說苑權謀謂叔向讒殺萇弘困學紀聞十辨其誣矣攷禮經設貍首以射諸侯之不朝者乃是古有此禮弘特踵行之然其事頗不可深信藝文類聚五十九引金匱云武王伐殷丁侯不朝尚父畫丁侯射之丁侯病遣使請臣尚父拔箭丁侯愈亦此類以弘爲方怪方士之言耳故淮南氾論云萇弘周室之執數者也天地之氣日月之行風雨之變律厤之數無所不通然不能自知車裂而死拾遺記言周靈王登昆昭之臺萇弘招致二人乘雲而至能變夏改寒周人以弘幸媚而殺之流血成碧荒誕甚矣莊子外物篇云弘死于蜀藏其血三年化爲碧亦妄呂氏春秋必已篇亦有藏血三年化碧之語丁侯事御覽引汲冢瑣語有之

其後百餘年秦靈公作吳陽上畤

案敬王廿八年弘見殺威烈王四年秦靈作畤首尾七十一年安得百餘年哉

合十七年而霸王出焉

案十七似當作七十說在周紀

其後百二十歲而秦滅周徐廣曰去太史儋言時百二十年

案秦獻十八年作畦畤爲顯王二年至赧王五十九年滅凡百十一年若數至滅東周則百十八歲卽依徐注亦不合

其後百一十五年而秦并天下

附案鼎沒泗水據漢志竹書在顯王四十二年至秦并天下首尾一百七年恐非當與太丘社亡同在顯王三十三年也

八神一曰天主

附案浚稚隆程一枝謂天地兵日月陰陽四時者八神名也主字舊屬下讀據後禮祀地主之句則八神名當在主字爲句矣索隱本作天主

天齊淵水居臨菑南郊山下者

附案淵水二字御覽百六十引作泉名恐非山下當作山下下今本脫索隱本作下下可據師古曰下下謂最下也

蓋天好陰祠之必于高山之下小山之上命曰畤

附案徐廣謂一云之下畤（各本畤字上多上字衍）命曰畤與漢志同

地貴陽祭之必于澤中圜丘云

案下文亦云祠后土宜于澤中圜丘祠地圜丘不知出何禮經豈非方士之談乎

山皆在齊北

附案史詮曰山指之罘之萊二山故云皆也今本山字屬上句誤

正伯僑充尙

附案相如大人賦楊雄甘泉賦正作征古字通師古曰仙人姓充尙漢志譌元尙

而黃金銀爲宮闕

附案初學記卷五卷六廿三藝文類聚六十二七十八及御覽八百十二引史銀上並有白字

過恆山

案恆字宜諱

而刻勒始皇所立石書旁

案刻卽勒也殿本漢書攷證齊氏召南曰以始皇紀證之疑是盡刻二字之譌

昔三代之君

附案君乃居之譌漢志作居

恆山泰山

案恆宜避

薄山者襄山也

附案此山之名甚多以山長數百里隨地異名耳但正義引括地志襄作衰音色眉反宋祁校漢志云襄山封禪書作衰山與今本異攷揚雄傳亣（古掌字）華蹈衰蘇林曰衰山也宋祁曰江鄰幾云趙師民指中條山曰此所謂襄山揚雄賦亣華蹈襄（水經注四李善西京賦注引河東賦並作襄）檢余靖初校漢書監本作衰馳介問之云據郊祀志衰字誤矣郊祀志云襄山史記御作衰山徐廣云蒲坂縣有衰山（今本注亦作襄）則知二字紛錯久矣又衰一作蠰蕭該音義曰該案說文字林並無蠰字未詳其音請

倏來哲山在華東而云自華以西正義謂未詳師古曰今閿鄉之南山連延西出並得華山之名也

岳山

附案岳乃垂字之誤以形近致譌地理志右扶風武功縣注云太一山古文以爲終南垂山古文以爲敦物不然岳山即吳岳此敘七名山而下文複舉吳岳何邪徐廣云武功縣有太壹山又有垂山則知徐所見史記本是垂山矣今史漢本誤作岳山並誤以徐注太壹爲大壺垂山爲岳山師古注漢志謂岳山吳岳非一山之名而以徐注岳山爲疑師古所見亦係史漢譌本故耳但張衡西京賦于前則終南太一潘岳西征賦亙終南而背雲陽又云太一巃嵸李善注謂是一山

終南南山之總名太一一山之別號通鑑地理通釋亦然胡氏禹貢錐指辨之曰終南止于盩厔若盩厔以東無終南焉竊意太一垂山皆禹貢之惇物後人改名離爲二山蓋垂山即太一之北峯無二山也俱在縣東或謂終南綿亙甚廣而以武功之太一爲主峯故漢志云然說亦通

吳岳

附案漢志作吳山謂古文以爲汧山水經注經典釋文亦然則知吳岳即禹貢之岍周禮爾雅之嶽國語管子之虞也虞吳古通但地理通釋謂吳山在隴州吳山縣西南五十里岍山在隴州汧源縣汧水所出非一山也閻氏疏證因之云岍山在隴州西四十里唐六典隴右道名山曰秦嶺者是吳嶽在隴州南八十里六典關內道名山曰吳山者是二說其何從善乎錐指之言曰吳山漢志雖云在縣西而岡巒綿亙延及其南只是一山自周尊岍山爲嶽山俗又謂之吳山或又合稱吳嶽而岍山之名遂隱當以漢志爲正

蜀之汶山

附案一本山下有也字是

而四大冢鴻岐吳岳

案言四大冢而但舉三山當有脫

而雍有日月參辰南北斗熒惑太白歲星塡星二十八宿風伯雨師四海九臣十四臣諸布諸嚴諸逑漢志作逐之屬

附案劉奉世曰二十八宿旣已備而又言參與南北斗蓋衍

字也義門讀書記曰參卽參字謂三辰也仲馮誤以參昴當之義門駁是余謂南北斗雖已備于列宿中而北斗居中爲尊南斗在北宮水位卽以代辰星故敘熒惑五星祇四星而獨無辰且俗有南北斗主生死之說故特祀之劉言衍南北斗亦誤師古小司馬並云九臣十四臣不見名數所出諸布諸嚴諸逐未聞其義昔賢皆不論各本此處九臣下有晉灼注曰自此至天淵玉女凡二十六小神不說殊不可解

于社亳有三社主之祠

附案漢志作杜亳有五杜主之祠是也此誤杜爲社索隱知杜亳之誤社而不言三社主之誤蓋所見本非社耳但漢志五字乃三之譌攷地理志云杜陵有杜主祠四所乃合杜亳

三祠及下雍管廟言之安得有五

杜主故周之右將軍

附案周宣王殺杜伯事見國語墨子及還冤志然杜伯是國君非將軍也且宣王時安得有右將軍哉攷春秋傳晉使鄭爲軍將謂之將中軍將上軍將下軍雖有將軍之文未定將軍之官而其名實起于此自是之後遂以爲官名故晉狐夜姑爲將軍（穀梁傳）魏獻子爲將軍（左傳）趙文子問叔向晉六將軍（墨子淮南子新序）此外楚有將軍子重（公羊傳）將軍屈完將軍子常（楚世家）秦有三將軍（秦本紀）齊有諸將軍（晏子春秋）將軍穰苴（史本傳及晏子春秋）衛有將軍文子（檀弓）鄭有將軍詹伯（國語）吳有將軍孫武（吳世家及本傳）又黃池之會十旌一將軍（國語）魯有將軍愼子（孟子）又魯召子貢授將軍之印（淮南子）其餘未可悉數而將軍尚無異名也惟國策梁王以故相爲上將軍越范蠡爲上將軍魏太子申爲上將軍楚屈句爲大將軍（前世家）但有上與大之異名而無前後左右之稱也漢書百官公卿表云前後左右將軍皆周末官殊未核夫自春秋至七國猶未聞有右將軍之名而況宣王之世哉（後書南蠻傳帝嚳時有犬戎吳將軍水經注十五卷伯益爲百蟲將軍韓子外儲說左伯夷以將軍葬于首陽山姜子遠命將之言曰將軍劍之疏虛妄難信）蓋杜伯爲最小鬼之神者朱衣冠而操弓矢厥狀甚武因以將軍目之右將軍者以右尊故也然豈可以爲典要乎文粹載陸龜蒙野廟碑云甌粵間好事鬼山椒水濱多淫祀其貌有雄而毅黝而碩者則曰將軍有溫而愿皙而少者則曰某郎杜伯之稱右將軍類是

唯雍四時上帝爲尊

附案秦舊有六時而言四者索隱謂是密時上下時畦時西鄜二時不在雍故別祀不數則正義引括地志以鄜時吳陽上下時爲四固非而下文西時畦時祠如其故語必兩時鄜時也畦字誤畦時在櫟陽亦不在雍而列于四時之內者以白帝合于炎黃青爲四故高帝增黑帝而五也

及四仲之月月祠若月祠陳寶節來一祠

附案漢志云四仲之月月祠若陳寶節來一祠此當衍上祠字而移若字于陳寶上傳寫譌耳

徇沛爲沛公則祠蚩尤釁鼓旗

附案釁鼓經有明文而釁旗不見于經以高紀校之旗下似脫幟皆赤三字釁鼓句絕然孫侍御云漢志亦作釁鼓旗疑古有釁旗之典呂氏春秋愼大篇有釁鼓旗甲兵語

晉巫祠五帝東君雲中司命巫社巫族人先（漢志失先字）炊之屬

案司命是荆巫所祠非晉巫之祠也故漢志無之索隱本釋司命在下文則唐初尚無不知何時妄增當衍雲中下宜有君字族人上脫祠字當依漢志補師古曰巫社巫祠皆古巫之神也

秦巫祠社主

附案社乃杜之誤卽上文杜主

各有時月

附案漢志作時日是

常以春三月

案三月誤當依漢志作二月

是歲制曰朕卽位十三年于今

案此卽文紀十四年詔也故漢志不重載今詔辭既增損與紀不同而又改十四年爲十三年何也

有司議增雍五畤路車各一乘駕被具西畤畦畤禺車各一乘

案雍五畤祠白青黃赤黑五帝故秦襄公西畤文公鄜畤獻公畦畤俱祠白帝宣公密畤祠青帝靈公上畤祠黃帝下畤祠炎帝高祖北畤祠黑帝則西鄜二畤當與吳陽武畤好畤均不在五畤之數蓋白帝不應有三畤且西畤鄜畤非雍也而此載有司議加五畤禺車馬更言西畦二畤豈其時取鄜畤充五畤之數而以西畤與畦畤作別祠乎疑與上文言畦畤同誤上云西畤畦畤祠其故畦當作鄜也如雍錄以西畤鄜畤上下畤北畤爲五而吳陽武好兩畤及密畤畦畤不與焉不知何本

以爲漢乃水德之始

案始乃時之誤餘說在文紀

後三歲黃龍見成紀

案後三歲當依漢志作明年

其明年趙人新垣平

附案其明年三字當依漢志移于下文夏四月文帝親拜霸渭之上

北穿蒲池溝水

附案正義曰顏師古云蒲池爲池而種蒲也蒲字或作滿言其水滿恐顏說非案括地志云渭北咸陽縣有蘭池始皇逢盜蘭池者也言穿溝引渭水入蘭池也疑蘭字誤作爲蒲豈更錯失各本正義皆有譌缺此校定

文帝出長安門

案安字誤當依漢志作長門爲是況下文明有長門五帝之語其誤審矣續郡國志長安有長門亭百官志長水校尉注韋昭云水名雍錄曰霸水北流別有長水後因姚萇據有長安人爲萇諱改爲荆溪水失其本名雖以顏師古之博而亦不能政故其注長水校尉曰長水胡名也郊祀志文帝出長門如淳注亭名亭以門爲名而非城門之門或古來嘗有扼塞在此其門道尚存如鴻門之類其斯以爲門矣而門之以長爲名必取之長水地近故也竇太主獻長門園武帝以爲長門宮是並長門亭而立此名也水之因姚萇改名韋述兩京記嘗言之宋次道長安志皆本圖經不知長水別爲一水乃云長安城門無名長門者此誤認門名而求之城門也則雖司馬遷亦誤認長門亭而爲長安城門矣故圖經誤並城門以求宋次道知之其後自出其說曰荆溪本名長水後避姚萇諱改名則韋述所著宋既知之而兩存不辨故見者難遽明耳

其明年新垣平使人持玉杯上書闕下獻之

案獻杯大酺日再中改元當在文帝十六年此誤書于後元

年也已說見本紀中

使人微伺得趙綰等姦利事

案姦利二字史之曲筆也徐氏測議曰如漢書所言[illegible]太子之義也不爲姦利蓋有司以太后指坐之耳

舍之上林中虒氏觀

附案漢志作磃有嗁斯二音師古以斯音爲是謂其字從石從虒則作虒者非矣

此器齊桓公十年陳于柏寢

案齊景公新成柏寢之臺見晏子春秋雜下篇桓公時安得有此臺乎少君甚妄

安期生食巨棗大如瓜安期生僊者

附案既言巨則不得復言大必是誤文漢志作食臣棗索隱亦引包愷云巨或作臣攷田儋傳論安期生與蒯通相善嘗以策干項羽則辯士之流卽其時見存亦不過八九十歲人安得以爲古之眞仙哉言食安期大棗猶言與九十餘老人之大父游射也韓子外儲左篇云鄭人有相與爭年者其一人曰我與黃帝之兄同年少君其類是歟藝文類聚八十七引史作大如瓠

用太牢七日

附案史詮謂牢下當有具字然徐廣曰一云日一太牢具七日與漢志日一太牢七日合也

祠神三句一天一地一太一

附案史詮曰天地太一所謂神三也漢志缺神字句讀亦誤覩下文作甘泉宮畫天地太一諸神可知矣湖本讀祠神句而以三一天一地一太一爲四神非也蓋因有三一之神而誤

太一澤山君地長用牛

附案漢志及補今上紀作皋山山君此脫山字志脫地長索隱以祭地于皋山解之非湖本又譌皋爲嶧徐廣曰澤一作皋澤與皋古通詩九皋傳皋澤也列女傳皋陶之皋作睾顏氏家訓書證篇所云皋分澤片爾又麻書引大戴禮誥志篇稊鳺先滜稊鳺作瑞雉無釋未測其旨索隱解滜爲澤古釋滜又通宋江休復雜志引此語云夏英公文字中用滜作坡澤之澤江更引宋子京謝麻表作呼號之號則誤矣天官書太白章大圖黃滜注音澤皆可互證或以澤爲皋之誤不然也左傳襄十七澤門釋文言或作皋誤然大雅緜疏作皋門不得爲誤水經潁水注澤城卽古城皋亭是亦一證也

其後天子苑有白鹿以其皮爲幣以發瑞應造白金焉其明年郊雍獲一角獸若麟然有司曰陛下肅祗郊祀上帝報享錫一角獸蓋麟云

案獲麟在元狩元年而造白金及皮幣在元狩四年此誤也漢志刪其後天子廿一字改其明年爲後二年若麟當依漢志及補紀作若麃觀下文蓋麟之言可見矣攷元狩元年騶牙出建章宮後閣重樓中與獲麟同時此符瑞之一也故馬卿封禪書序云囿騶虞之珍羣頌云般般之獸樂我君囿馬班皆不載其事僅見褚生所續滑稽傳內又元狩元年作白麟歌元鼎四年作寶鼎天馬歌元封二年作瓠子芝房歌五年作盛唐樅陽歌太初四年作西極天馬歌太始三年作朱

雁歌四年作交門歌史記太初自不及朱雁交門芝子載河渠書其餘白麟寶鼎芝房盛唐樅陽等歌皆宜入封禪書史公略而不載未知其故兩天馬歌宜入大宛傳亦不載樂書後人所續不足據

然後五岳皆在天子之邦

附案漢志及補今上紀竝作天子之郡疑邦字乃郡之譌

上有所幸王夫人夫人卒少翁以方蓋夜致王夫人

附案史作王夫人故徐廣以趙之王夫人爲證見外戚世家及漢外戚傳各本徐注有譌而郊祀志及外戚傳俱作李夫人潘岳悼亡詩獨無李氏靈彷彿覩爾容白居易有新樂府李夫人篇用漢書也但李夫人卒時少翁之死已久必漢書誤晉葛洪抱朴子論仙篇謂史記漢書皆云李夫人乃記錄謬耳又拾遺記謂是李少君致李夫人于紗幕中唐陳鴻長恨歌傳亦作李少君皆誤以少翁爲李少君耳而拾遺之誤從桓譚新論來李善注安仁悼亡引新論曰李夫人死方士李少君言能致其神裴駰于補紀索隱于外戚世家竝引新論作王夫人此處引新論同與選注不合又索隱稱李少翁謂出漢書少翁姓李漢書未見恐小司馬誤居易錄引拾遺記作董仲君亦所未聞

天子病鼎湖甚

附案日知錄廿七謂湖當作胡宮名揚雄傳南至宜春鼎胡是也然余攷史漢及黃圖水經注四皆作湖乃古通用字如湖陵縣史漢多作胡陵風胡子吳越春秋作湖可證又漢志京兆湖縣注云故曰胡武帝建元元年更名湖通典曰鼎湖

郎此

病良已大赦

案是年爲元狩五年不聞有大赦之事

置酒壽宮神君

案酒字衍補紀漢志無注更立此宮也各本注中有誤脫

所以言行下

附案補紀作所欲者言行下漢志作所欲言行下錢唐汪繩祖曰所以當作以所譌倒耳

上使人受書其言命之曰書法

附案漢志作畫法孟康曰策畫之法也此與補紀作書法非葢譌刻也

三元以郊得一角獸曰狩云

史記攷異曰元光之後尚有元朔則元狩乃四元非三元班史改以爲今无三元字葢得之矣建以斗建名光以長星名皆取天象元朔不主天瑞故不及耳說者謂建元元光此時追命之恐未然

[illegible]詔曰

案封禪後詔與漢書武紀迥異何也

鬭棊棊自相觸擊

附案此與漢志作棊補紀作旗張守節謂旗本或作棊故索隱引畢萬術正義引高誘淮南子注竝作棊解而通鑑獨作旗攷異引漢武故事證之云欒大嘗于殿前樹旍數百枚令

旂自相擊繙繙竟庭中去地十餘丈觀者皆駭兩解均有據存參

昔禹疏九江

案江乃河之誤漢志是九河

又以衛長公主妻之

附案孟康云衛太子妹如淳云衛太子姊師古據外戚傳是姊以孟說爲非但帝女稱公主姊妹稱長公主此帝女而云長公主故裴駰曰未詳也索隱謂是衛后長女非如長公主之例此解甚通若劉敬傳稱魯元公主爲長公主外戚世家稱文帝女嫖爲長公主矣

齊金萬斤

案漢志作十萬斤

掊視得鼎

附案漢書武紀水經注六言元鼎元年先已得鼎汾陰此元鼎四年爲重得之然封禪書郊祀志皆不載元年得鼎事必是誤出通鑑攷異辨之矣

天地萬物所繫終也

案終字誤漢志作象是

禹收九牧之金鑄九鼎皆嘗亨鬺（湖本誤絕爲句）上帝鬼神遭聖則興鼎遷于夏商周德衰宋之社亡鼎乃淪沒伏而不見

案史公述有司議缺略不具當以漢志校之得失自見然周德衰下有鼎遷于秦秦德衰一語社亡鼎沒不在秦衰之時議者未免失詞又攷禹鑄九鼎雖不見于經典而相傳爲禹鑄易林小畜之爻說文鼎部及杜注左傳王嘉拾遺記皆稱是禹惟墨子耕柱篇言夏啟所鑄并載白雲之謠恐單說不可信而金氏前編因之何歟

有黃白雲降蓋若獸爲符

附案服虔云雲若獸在車蓋也晉灼云蓋辭也師古云二說非蓋發語辭也（顏即晉說）史詮云降蓋句即上文黃雲蓋焉是也史詮說勝舊注

上幸雍且郊

附案上常稱也幸雍常事也祇因漢志偶脫幸字師古遂造爲雍地形高之說以上雍連釋而小司馬襲之何無識也

黃帝得寶鼎宛朐

附案宛朐地名即濟陰宛句也而補紀作宛矦漢志作冤矦注家皆缺蓋冤當作宛矦句音近路史國名紀六宛矦三皇時矦國

而神靈之封居七千

附案漢志居作君似非

黃帝上騎

案黃帝上騎與秦穆上天其妄一也何待于辨而風俗通正失篇子華子問鼎篇極論黃帝升遐之謬迂矣

太一其所用如雍一時物

案其字衍

水而洎之
附案漢志作水而酒之是徐廣固云洎一作酒也
宜因此地光域
附案地與域複徐廣于補紀及此書竝云地一作夜是也上
文言夜有美光政合漢志亦誤仍史譌本
以象天一三星爲太一鋒
附案漢志作泰一鏠旗下有靈旗句則此旗字宜省鏠與鋒
同宋祁謂滈化本作絳旗乃譌也天一漢志作太一非
其方盡多不讎上乃誅五利
案正義引漢武故事云東方朔言欒大無狀上發怒乃斬之
然則非盡因其方不讎之故也

其道非少寬假
附案漢志假作暇
琴瑟自此起
案琴字衍
釋兵須知
附案漢志作涼如徐亦作涼
三月遂東幸緱氏
案漢書武紀作正月荀紀通鑑同此與郊祀志作三月似誤
顚以祠禮
附案禮乃祠之譌
皆至太山祭后土

案補紀漢志皆至泰山然後去此作祭后土誤
于是制詔御史
案漢書武紀載詔辭與此異似當依武紀
奉車子侯暴病一日死
附案索隱引新論風俗通謂子侯乃武帝殺之梁書許懋傳
亦言霍嬗見殺然不足信風俗通已論其誣矣
北至碣石
附案史詮曰湖本碣作碣誤
有司言寶鼎出爲元鼎以今年爲元封元年
附案此文當在前羣臣更上壽句下錯簡也
望氣王朔言候獨見旗星出如瓜

案此作旗星漢志作填星注家各依文解之小司馬又以爲
歲星余謂皆非當依補紀作其星出如瓠爲是蓋卽指上文
茀于東井三能之星也以茀孛爲德星猶以天旱爲乾封阿
諛無理足供千古拊掌之資
徙二渠復禹之故迹焉
案所復非禹迹也說在河渠書
今陛下可爲觀如緱城
附案徐廣云如緱氏城是也補紀漢志竝有氏字
甘泉則作益延壽觀
案漢志作益壽延壽館師古謂二館名攷注引漢武故事及
括地志皆云延壽觀更無益壽之名三輔黃圖亦但云延壽

蓋此多一益字漢志更多一壽字師古注非案黃伯思東觀餘論據雍耀間耕夫得古瓦其首作益延壽三字以爲觀名益延壽大瓦之真贋不可知既未足憑而益與延同義不應複出又其時並作者甚廉桂觀之屬或一字名或兩字名何以此觀獨三字名乎其爲衍文無疑藝文類聚六十三引史是延壽觀

乃作通天莖臺

附案攷要謂臺有銅柱謂之莖漢書特削莖字索隱亦疑莖爲衍未深攷也柯氏此說甚謬凡臺皆有銅柱何獨通天臺乎況補紀酷吏傳及漢書紀志三輔黃圖並無莖字余方欲衍之而乃以無莖爲非邪

登禮灊之天柱山號曰南岳

附案武帝移南岳衡山之祀于霍山非禮也霍山卽天柱山在廬江灊縣西南謂之霍者爾雅大山宮小山曰霍也衡山在長沙湘南縣南或謂衡山亦名霍恐非

其西則唐中

附案漢志作商中師古曰商金也于序在秋故謂西方之庭爲商庭據顏說則作唐中爲非然西都賦前唐中而後太液西京賦前開唐中固皆用唐中字也

官名更印章以五字

附案武紀云數用五定官名則此官名上似脫定字而漢志云官更印章以五字則似多名字徐廣曰一無名字

獨五月嘗駒行親郊用駒

附案漢志無此語是既以木禺馬代駒祠何五月嘗駒之有下文行過乃用駒是總上五畤諸山川在內又何必兩言用駒乎其爲後人誤增無疑而補紀作五帝嘗駒尤謬此改指五畤之祠而五畤卽五帝也

上親禮祠上帝焉

案補紀云上親禮祠上帝衣上黃焉漢志云上親禮祠上犢黃焉疑此上帝是上黃之誤

封臣

附案上文巨棗誤作臣棗此封巨又誤作封臣南監本作巨字不誤補紀及漢書人表郊祀志作封鉅並與巨同

太山卑小

案太山上缺東字

其後五年復至太山脩封還過祭恆山恆字宜避　今上封禪其後十二乃三之誤歲而還徧于五岳四瀆矣

附案史公載武帝太初三年禪石閭後卽總敘所興諸祠而以方士候神終焉此前後三十三字乃後人妄增史記太初安得敘至天漢已下乎蓋漢志欲終武帝事故連言云其後五年復至泰山脩封還過祭恆山自封泰山後十三歲而周徧于五岳四瀆矣下又兩言後五年以終之補今上紀者不知斷限謬割漢志以續本紀並增封禪書遂令文義隔絕注家豈未之察邪或曰後人不知補紀者是從截取漢志來反認爲史記本文因而增入此書也

薄忌太一及三一冥羊馬行赤星五寬舒之祠官以歲時致禮凡六祠皆太祝領之

案漢志作五牀地理志谷口縣有五牀山祠此自薄忌太一至五牀凡六祠蓋五字下誤脫牀字耳索隱不知此爲誤脫遂于補紀數薄忌太一至赤星爲五而加以正太一后土祠爲六于此書云祠官寬舒議祠后土爲五壇故謂之五寬舒祠官無論岐頭別說自相齟齬而正太一及后土上文已別言之何得混入且卽其所稱薄忌太一也三一也冥羊也馬行也赤星也正太一也后土也凡七祠矣奚云六乎寬舒之祠官（漢志爲宮）謂六祠皆以寬舒爲祠官主之而領于太祝爾豈五壇之謂哉

行去則已

案行字衍補紀漢志無

河渠書第七

夏書曰禹抑洪水十三年過家不入門陸行乘車水行載舟泥行蹈毳山行卽橋

案夏書無十三年之文且與孟子不合四載之名亦與他書異說在夏紀中至所稱夏書者以事關禹故引爲夏書也

同爲逆河入于勃海

案臣瓚謂禹貢夾右碣石入于河則河入海在碣石武帝元光三年河徙東郡更注勃海禹時不注也瓚說不甚分明幾疑河先不入勃海至元光徙流而始入勃海矣其實禹貢所謂海乃東海在碣石之東其西則逆河卽世所稱勃海（齊都賦海旁出爲勃在今天津衞）此處勃字當衍蓋漢人以勃海爲海而不知其爲逆河耳至其所以誤者逆河後皆漸于海南北兩岸苞淪洪波因誤指勃海爲海而河入海之道遂不至碣石非禹舊迹也禹貢錐指辨之甚悉

于楚西方則通渠漢水雲夢之野（湖本于楚連上句誤）

案此通渠事諸書無攷經史問答八引皇覽孫叔敖激沮水作雲夢大澤之地謂史公指此然漢水雖一名沮水恐叔敖是引沮水以入雲夢與史所言通渠不同似當闕疑

東方則通鴻溝于江淮之閒

案困學紀聞二云吳之通水有二左傳哀九年吳城邗溝通江淮此自江入淮之道吳語夫差起師北征闕爲溝于商魯之閒北屬之沂西屬之濟在哀十三年此自淮入泲之道是江淮之通固屬吳馬班于此似有誤王氏之言甚審余謂此鴻字因上文有鴻溝而誤增之漢志無鴻字也（史詮曰鴻當作邗）蓋此溝卽邗溝吳所掘以通江淮者不得指爲滎陽之鴻溝而況可以吳事移之楚乎經史問答八據水經注謂楚亦有通江淮之事引左傳楚人伐隨師于漢淮爲證此又一說

于吳則通渠三江五湖

附案通湖于江禹貢錐指六引明韓邦憲廣通壩攷謂吳王闔廬伐楚用伍員計開渠運糧卽今高淳縣之胥溪也漢唐來言地理者以爲水源本通蓋指吳所開者爲禹貢三江故

道爾然墨子云禹治天下南爲江漢淮汝東流注之五湖則周末已誤以後世溝通江湖之道爲禹迹矣況漢唐乎

西門豹引漳水溉鄴

附案引漳水溉鄴溝洫志據呂氏春秋樂成篇以爲史起有史起譏豹不知漳水溉田語續滑稽傳謂豹引河水溉鄴也然攷後漢書安帝紀初元二年正月脩理西門豹所分漳水爲支渠以溉民田水經注十云魏文侯以西門豹爲鄴令引漳以溉鄴民賴其用其後至魏襄王以史起爲鄴令又堰漳以溉鄴田與此書相合呂子恐不足據葢二人皆爲鄴令皆引漳水左太沖魏都賦所謂西門溉其前史起灌其後也高誘謂魏文侯用西門豹爲鄴令史起亞之以言襄王時爲謬未知出何書

自中山西邸瓠口爲渠

附案史詮曰邸當作柢

其後四十有餘年

案文帝十二年河決東郡至元光三年河決瓠子凡三十六年漢志是也

是時武安侯田蚡爲丞相其奉邑食鄃

案田蚡封于魏郡武安何以食邑在清河郡之鄃縣葢因爲丞相別食奉邑如張安世國在陳留別邑在魏之比時欒布絕封故得食邑于鄃也

是時鄭當時爲大農言曰異時關東漕粟從渭中上度六月而罷而漕水道九百餘里時有難處引渭穿渠起長安並南山下至河三百餘里徑易漕度可令三月罷

劉奉世曰今渭汭至長安僅三百里固無九百餘里而云穿渠起長安旁南山至河中間灞滻數大川固又無緣山成渠之理此說可疑今亦無其迹

拜湯子卬爲漢中守

史記攷異曰當云太守脫太字

攻鹵地

附案史詮曰湖本故作攻誤

自徵引洛水至商顏下

附案服虔音顏爲崖葢傳刻之譌日知錄廿七謂崖當作岸是也顏與岸同故索隱云顏如字漢書人表屠岸賈作屠顏賈可證且下文岸善崩卽說商岸也應劭曰商顏山名師古以商山之顏解之音訓皆錯矣劉奉世云洛水南入渭商山乃在渭水之南甚遠何由穿渠至其下葢自別一山名顏說失之

是時東流郡燒草

案流字衍漢志作東郡

乃作歌曰

案瓠子歌天子所作決無敢改之者而字句與漢志異何也

皓皓盱盱兮閭殫爲河

案漢志盱作洋無兮字閭作慮水經注廿四引此歌無是語疑删脫史記攷異曰慮閭以音同借用遼東無慮縣以醫無

閟山得名是也裴駰解爲州閭非是

地不得盈

附案水經注無得字

延道弛兮

附案徐廣延作正是也漢志水經注作正道索隱以延長解之非史記攷異曰古文正與征通征或作延因譌爲延耳

蛟龍騁兮方遠遊

附案漢志水經注方作放

爲我謂河伯兮何不仁

案漢志水經注作皇謂河公兮下亦作河公

北渡迂兮浚流難

案迂卽汙漢志作回酈注作迴浚乃迅之誤

搴長茭兮

附案班酈竝作茭師古曰字宜從竹而說文繫傳引此書作茭葢傳寫譌茭也如湻以茭爲草索隱謂一作茇竝非

而道河北行二渠復禹舊迹

案上文言禹厮二渠以引河北載之高地葢禹分二渠自黎陽宿胥口始其一引而北爲大河之經流其一東流爲漯川自周定王五年河徙之後（河徙見漢志王橫所引周譜）遂從宿胥口東行漯川孟康所謂出貝丘西南王莽時遂空者卽水經大河故瀆一名北瀆是也武帝所道乃行漯川之北瀆安得以商竭周移之變道指爲鄴東之禹河史不書河徙已屬疏略而此

與封禪書竝稱武帝道二渠復禹迹豈史公明知非禹所穿而以武帝自多其功姑妄紀之乎

而關中輔渠靈軹

案漢志靈軹有成國湋渠攷地理志靈軹渠在盩厔成國渠在郿皆屬扶風所謂輔渠也而湋渠無徵如湻曰水出韋谷

引堵水

附案堵乃諸之誤徐廣曰一云諸川

東海引鉅定

日知錄廿六曰河渠書東海引鉅定漢書溝洫志因之東海疑是北海之誤地理志齊郡縣十二其五曰鉅定下云馬車瀆水首受鉅定東北至琅槐入海又千乘郡博昌下云博水東北至鉅定入馬車瀆而孝武紀云征和四年行幸東萊臨大海上耕于鉅定還幸泰山脩封計其道里亦當在齊去東海遠矣

平準書第八

更令民鑄錢一黃金一斤

附案漢志及索隱本黃上無一字方氏補正曰一黃疑當作十貫以字形相近而誤王孝廉曰黃疑萬字之譌王說較方爲長

以稽市物物踊騰糶

附案補正謂稽畱市物俟物價騰踊而後糶之非也踊糶皆誤字依漢志作痛騰躍爲是師古曰痛字或作踊誤踊騰一

也不當重累言之而糴者出賣米粟之名市物繁多豈止稽畜米粟觀下文米與馬並舉可見且方言稽物亦不應言糴後有物故騰躍語益足徵糴字之譌

彭吳賈滅朝鮮置滄海之郡

案漢書食貨志作彭吳穿穢貊朝鮮置滄海郡顏師古司馬貞並云彭吳人姓名但朝鮮傳無彭吳其事絕無依據此處賈字更不可解索隱本無賈字也況滄海郡武帝元朔元年置三年罷因穢貊內屬置爲郡非以兵滅之而滅朝鮮在元封三年置眞番臨屯樂浪元菟四郡始元五年臨屯眞番罷則滅朝鮮置滄海判然兩事相去二十一年安得合而言之史漢皆有誤或謂彭吳必穿穢貊者當去彭吳滅穢貊置滄海之郡衍賈

字朝鮮字亦欠安

東至滄海之郡

史詮曰漢志至作置

齧蹛無所食

盧學士曰淩氏疑有缺文今案漢書武紀作受爵賞而欲移賣者無所流貤此處似誤

免減罪

案減字漢志作臧是

級十七萬凡直三十餘萬金

案武功爵十一級臣瓚引茂陵書可據與舊爵有二十級不同索隱謂級十七萬合百八十七萬金而此云三十餘萬金其數必有誤誠哉是言師古劉攽之說皆非蓋買爵必循級而上不許越等故價以十萬爲例無所增也

于是漢發車二萬乘迎之

案漢志作三萬兩

初先是往十餘歲

案初先是往四字疊用殊乖文義當依漢志作先是十餘歲

河決觀

附案觀乃灌之譌漢志是灌字連下梁楚之地作一句讀徐廣以爲縣名非

自孝文更造四銖錢至是歲四十餘年

案鑄四銖錢在文帝五年至孝武元狩四年造白金皮幣凡

五十七年此云四十餘年非也又文帝鑄四銖錢後建元元年壞四銖行三銖建元五年罷三銖行半兩錢至元狩四年始改用白金皮幣何嘗五十餘年皆用孝文四銖錢哉漢志亦仍此誤

而姦或盜摩錢裏取鎔

附案他本鎔作鋊是漢志亦作鋊說文銅屑也此與下鎔字同誤師古依說文音浴宋祁音俞玉反今北人讀若裕徐廣音容非上文如湻注作取鎔亦譌刻

天用莫如龍地用莫如馬

附案後書馬援傳注引史作在天莫如龍在地莫如馬

故白金三品其一曰重八兩圜之其文龍名曰白選漢志作撰索隱又作

傳也

劉奉世曰白撰當在其一曰之下衍名字 漢志名白撰無曰字故云衍名字若此文當衍名曰二字 二曰三曰之下皆當有金名史文錯脱

年十三侍中

附案陳氏測議謂桑弘羊年十三而精計算以爲異人劉晏亦早慧

其明年大將軍驃騎大出擊胡

案此所云明年者乃元狩四年也但上文言是歲造皮幣白金皆是四年事則此明年誤矣

周郭其下令不可磨取鋊焉

附案漢志下作質義並得通鋊乃鋊之譌説見上

鈦左趾

附案鈦字從大不從犬此譌刻集解引史記音隱曰鈦徒計反小司馬索隱後序有音隱五卷不記作者何人此所引音隱各本譌作音義惟毛本不誤

自造白金五銖錢後五歲赦吏民之坐盜鑄金錢死者

案漢書武紀元狩四年造白金五年行五銖錢元鼎元年赦天下首尾纔四年耳五當作三

守相爲吏者

案吏乃利之誤

湯奏異當九卿

附案漢志作當異是也

自是之後有腹誹之法以此

附案此字乃比字之譌師古漢志注曰則例也以字當衍

鑄鍾官赤側

附案漢志脱鍾字攷百官表水衡都尉之屬有鍾官 古鍾鐘通用 主鑄錢者卽下文所説上林三官之一

徙奴婢衆

附案他本多作徙與漢志同此譌

人或相食方一二千里

案漢志作二三千里

欲留之處

附案別本之字多作畱與漢志同義門讀書記曰欲畱畱處之字乃寫作二點傳誤作之

縣治官儲

附案漢志官作宮是

赦天下

案漢志作赦天下囚此缺

因南方樓船卒二十餘萬人擊南越

案南越傳及漢書武紀擊南越樓船十萬人此非也漢志仍其誤

數萬人發三河以西騎擊西羌

案漢志無數萬人三字似當衍卽有亦宜在騎字下而武紀

是十萬人

初置張掖酒泉郡

案武紀元狩二年匈奴昆邪王來降以其地爲酒泉郡與武威郡共置地理志謂酒泉郡太初元年開武威郡太初四年開者誤也元鼎六年分武威爲張掖郡與分酒泉爲敦煌郡共置地理志謂張掖郡太初元年開敦煌郡後元年分者誤也（元下又缺元字）而此書謂置張掖酒泉皆在元鼎六年不但以酒泉之建誤居于張掖之後且以分置之張掖誤同于始置之酒泉矣而漢志亦仍此誤

金六十斤

案漢書志傳皆作黃金四十斤

不敢言擅賦法矣

附案擅字誤漢志作輕亦非當依徐廣作經

而桑弘羊爲治粟都尉

劉攽曰大司農舊治粟內史弘羊爲搜粟都尉也

令遠方各以其物貴時商賈所轉販者爲賦

案貴時當依漢志作如異時

弘羊又請令吏得入粟補官

附案漢志作令民得入粟補吏恐非覩下文云令民能入粟甘泉各有差以復終身則此當是吏入粟補官矣

亨弘羊天乃雨

附案史詮引方農部云事似未終疑有缺文史記攷要云所敘武帝事未竟而遷死不得成就其書故其文止于亨弘羊天乃雨或謂遷用亨弘羊結以斷武帝之罪殊非本旨

太史公曰農工商交易之路通

附案明程敏政明文衡載趙汸讀貨殖傳云書首言秦之弊高祖重本抑末輕徭薄賦故文景之世國家無事百姓給足府庫充實人人自愛而重犯法後面序武帝事節節與前相反至論始推唐虞三代以來而舉戰國秦皇功利之禍爲證則武帝不能法祖宗之仁厚而蹈始皇之覆轍不待譏議而可見學者先讀此論而後讀其書使先後相承則太史公之意瞭然矣方氏補正亦曰七書皆依世次順序以其事歷代之所同平準乃武帝一時之法故序上古及秦綴於書後體

當然也而史記攷要謂此乃平準之發端後人截首一段爲書末之論史詮又謂此論當分爲二節自農工商至卒并海內乃平準之首序自虞夏之幣至曷足怪焉則平準之論也皆非是

時極而轉

附案徐廣時一作衰當是也

魏用李克盡地力

案李克魏賢臣豈盡地力哉盡地力者李悝也漢藝文志法家有李子三十二篇即是李悝此與貨殖傳同誤作李克索隱于貨殖傳辨之矣

一國之幣爲三等

案徐氏測議謂名爲二三等而止敘其二不及中幣恐三字誤而不知三字乃二字之誤漢志是二等也

史記志疑卷十六終　番禺范公詒沈葆和沈寶樞校字

史記志疑卷十七

仁和梁玉繩撰

吳太伯世家第一

于是太伯仲雍二人乃犇荆蠻文身斷髮示不可用以避季歷

附案左傳哀七年疏云漢書地理志越人文身斷髮以辟蛟龍之害然則文身斷髮自辟害耳史記以爲示不可用二人亡去遠適荆蠻周人不知其處何須示不可用馬遷謬也余謂示不可用亦有之不得斥史記爲謬葢太王之薨二人決無不赴喪者使不深自絕焉上無以繼太王之志下無以安王季之心矣辟害云乎哉且太伯君吳非必下同于庶民常在水中有何蛟龍之害乎黃氏日鈔云或問有疑太伯父死不赴傷毀髮膚皆非賢者之事晦庵辨以太王之欲立賢子聖孫爲其道足以濟天下非有愛憎利欲之私是以太伯去之不爲狷王季受之不爲貪父死不赴傷毀髮膚而不爲不孝愚案王充論衡（諱見四）謂太伯知太王欲立王季入吳采藥斷髮文身以隨吳俗太王薨太伯還王季再讓太伯不聽三讓曰吾之吳越吳越之俗斷髮文身吾刑餘之人不可以爲宗廟社稷主王季始知其不可而受之所載頗詳且與夫子三以天下讓之說合可以破或者之疑黃氏此論與史言示不可用相發明故錄之韓詩外傳十亦言伯仲歸周王季讓立吳越春秋太伯傳言赴喪歸吳也餘說在周紀中（正義引江熙言三讓本康成藝文類聚廿一孫盛太伯三讓論及路史國名紀三注言三讓各不同）

周章卒子熊遂立
案吳越春秋章子熊熊子遂是二代
子轉立
附案吳越春秋作專蓋字省耳索隱引古史攷作柯轉疑柯是吳人語詞故轉之先有柯相柯盧
子頗高立
附案古史攷作頗夢恐非若名夢則曾孫不得號壽夢矣
子句卑立
附案古史攷作畢軫疑軫字誤吳越春秋作句畢古字通如吳邑卑梁史漢王子表作畢梁齊世家卑耳山正義音畢
子壽夢立

案史于壽夢諸樊闔廬之立皆舍名稱號非例也說在表
秋吳伐楚楚敗我師
案是年爲諸樊二年當魯襄十四年是楚伐吳吳敗楚師若吳伐楚而敗乃前年事也此誤
晉平公初立
案世家于各國之事有附書在當年者有追書往年者挂一漏萬殊無義例豈皆本舊史如春秋傳所云告則書不然則否邪
以女妻之
案左傳無吳以女妻慶封事
是其先亡乎　國未可量也
日知錄四曰季札聞鄭風以爲先亡而鄭至三家分晉之後始滅于韓聞齊風以爲未可量乃不久篡于陳氏左傳所記之言不盡信也
大而婉
附案索隱本引史作大而寬注云寬宜讀爲婉則今本史皆作婉必後人依傳追改耳
儉而易行
附案左傳作險而易行杜注險當爲儉字之誤也而陸粲左傳附注據此世家賈逵注以爲當從險難之意非字之誤疑後人以杜說追改史記而不知二字實古通用耳左傳是險文選魏都賦魏劉逵注及孔氏毛詩首疏並引作儉易否卦

儉德唐李鼎祚周易集解虞翻曰儉或作險荀子富國篇下疑俗儉楊倞注儉當爲險隸釋劉脩碑動乎儉中今易作險故宋賈昌朝羣經音辨云險約也音儉
則盟主也
附案索隱曰左傳盟作明徐廣亦云一作明非盟會也二字古通
公子朝
附案此與左傳同而呂氏春秋召類篇注作公子鼂或謂朝後通于宣姜懼而作亂不應爲季札所悅與伯玉史魚輩並稱君子作鼂爲是余解之曰季札亦就當時言之未可以後概前且鼂之爲人無所見不知高誘何據安知非譌若必欲求其人以易之得毋公子朝乃公孫朝之誤乎王孝廉曰鼂

或鼂之誤卽朝字

子未有患也

附案一本無子字是

將舍于宿

附案索隱謂太史公欲自爲一家事雖出左氏文則隨義而換旣以舍字替宿遂誤宿字下替于戚則宜讀宿爲戚衞世家亦作宿音戚惟趙世家獨作戚評林董份以宿爲誤余惟史公博采成史必不臆改以誤後人葢戚從尗得聲古字通用也詩小明之三章以奧蹙菽戚宿覆叶漢書高紀注如湻曰戚將毒反集韻宿倉歷切通作戚俱可證諭

而又可以畔乎

附案潚南集辨惑謂左氏但言又何樂史改云畔其義頗乖獲罪于君卽所謂畔何在于擊鐘邪司馬貞旣知其非而曰畔讀爲樂亦强爲之說潚南此辨非索隱竝誤攷古畔字通作般樂之般故歐陽脩集古錄云張表碑畔桓利正畔桓疑是盤桓文字簡少假借耳盤與般同則畔字宜讀爲般也

楚伐吳至雩婁

索隱曰昭五年左傳楚子代吳使沈尹射待命于巢薳啟彊待命于雩婁今直言至雩婁略耳

十七年王餘祭卒　四年王餘昧卒

案餘祭四年夷昧十七年史誤倒而餘昧乃夷末之誤俱說見表

乃立王餘昧之子僚爲王　公子光者王諸樊之子也

案左傳昭二十年稱僚爲州于當是其號攷公羊傳僚長庶也世本夷昧及僚夷昧生光世本見左傳廿七年疏及索隱服虔云夷昧生光而廢之僚者夷昧之庶兄夷昧卒僚代立故光曰我王嗣左氏襄三十一年狐庸對趙文子謂夷昧天所啟必此君子孫實終之若僚是夷昧子不應此言則光是夷昧子僚是壽夢庶子而史謂僚爲夷昧子漢人表吳越春秋皇王大紀同光爲諸樊子刺客傳同何休杜預孔穎達及王逸天問注元徐天祜吳越春秋注皆從之徐注亦依本文孔疏又云世本多誤不足依憑二者未知孰是杜注左傳昭廿七年二公子掩餘燭庸云僚母弟是夷昧子也而昭廿三年傳掩餘注又云壽夢子世族譜云二公子壽夢子用公羊爲說何自相矛盾邪高誘注呂子當染篇選忠廉依世本而首時注又依史記亦岐說

吳使公子光伐楚敗楚師迎楚故太子建母于居巢以歸因北伐敗陳蔡之師

案敗楚及陳蔡與取建母二事也建母在鄖亦非居巢也說在楚世家

楚邊邑卑梁氏之處女與吳邊邑之女爭桑

案卑梁是吳邑當依十二侯表及楚世家伍子胥傳爲是然此乃誤承呂氏春秋察微篇來吳越春秋同誤宜云吳邊邑卑梁氏之處女與楚邊邑之女爭桑賈子退讓篇新序四載梁邊亭人爲楚亭灌瓜而梁楚交歡何事之相反也

十二年冬楚平王卒十三年春吳欲因楚喪而伐之

案楚平王卒于吳王僚之十一年秋九月此言十二年冬與刺客傳言九年竝誤十三年春當作十二年夏其事在四月而王僚亦無十三年索隱已糾之矣

使公子蓋餘燭庸

附案左傳作掩餘此與刺客傳作蓋餘以義同通用惟掩餘與餘祭同名不可解而索隱云或謂太史公被腐刑不欲言掩詭妄可笑吳越春秋卽作蓋餘豈趙長君亦不欲言掩邪且貞旣爲此說何以刺客傳又云掩蓋義同乎是自相矛盾矣況史公實未嘗諱掩也如項羽紀梁掩其口封禪書方士皆奄口掩之省文一本亦作掩李斯傳掩馳說之口彭越傳上使使掩梁王司馬相如傳掩薄草渚掩焦明其他不及徧舉又何不欲言掩之有刺客傳燭作屬字相亂吳越春秋庸作傭字通用

四月丙子光伏甲士于窟室

案此與刺客傳竝云丙子索隱于傳辨之曰左氏經傳惟言夏四月公羊穀梁無其文此與吳世家稱丙子當有所據不知出何書

乃以其兵降楚楚封之于舒

案左傳燭庸掩餘二公子奔楚而已楚世家是此與伍子胥傳云以兵降楚誤一闔廬元年掩餘奔徐燭庸奔鍾吾至三年二公子奔楚此云奔楚在元年誤二楚城養使二公子居之與以城父胡田無封舒之事此與子胥傳云封舒誤三索隱曰左氏昭二十七年掩餘奔徐三十年吳滅徐徐子奔楚當是舒徐字亂又且疏略也

楚誅伯州犂其孫伯嚭亡奔吳

案嚭奔吳在楚殺郤宛之時非因誅州犂也

光謀欲入郢

王孝廉曰前已正名吳王矣此又云光稱名之例亂

六年楚使子常囊瓦伐吳

案事在七年說見表

鞭平王之尸

案鞭尸非也說在子胥傳

吳王使太子夫差伐楚取番

案定六年左傳伐楚者夫差之兄太子終纍也此與子胥傳誤爲夫差吳越春秋同誤至取番之誤說在年表

孔子相魯

案相魯非也說在孔子世家

越使死士挑戰三行造吳師呼自剄

滹南集辨惑曰吳越世家同案左氏死士與罪人是兩節而遷混并之故義理不明

敗之姑蘇

史詮曰衍姑蘇二字

闔廬使立太子夫差謂曰爾而忘句踐殺汝父乎對曰不敢

案索隱云此以爲闔廬謂夫差夫差對闔廬若左傳則夫差對所使之人也滹南云左傳夫差使人立庭謂己蓋闔廬已歿夫差使人問己耳而史記何其不同也余謂是史誤又而字衍而即爾也董份言上爾字呼之下而字連下恐非

以大夫伯嚭爲太宰

索隱曰左傳定四年伯嚭爲太宰當闔廬九年非夫差代也

報姑蘇也

案姑蘇乃吳都所在越師雖勝豈能直抵吳都索隱言自爲乖異也越世家依左傳作檇李是此與子胥傳同誤新論禍福篇謂吳有姑蘇之困亦仍斯誤耳

有虞思夏德

案思乃虞君之名此增改左傳作思念解非當依傳衍有夏德二字

七年吳王夫差聞齊景公死而大臣爭寵新君弱乃興師北伐齊

案是年無伐齊事伐齊在魯哀十年當夫差十一年且吳之伐齊因前年齊悼公與吳謀伐魯既而齊與魯平吳恨之反與魯謀伐齊其事去齊景公之卒已四年矣此及子胥傳同誤而即以此爲艾陵之役則更誤矣

遂北伐齊敗齊師于艾陵至繒召魯哀公而徵百牢季康子使子貢以周禮說太宰嚭乃得止

案左傳會繒在魯哀七年當夫差八年艾陵之師在哀十一年當夫差十二年此倒敘會繒于艾陵之後而并書于夫差之七年誤一子胥傳同誤吳之會繒欲以求霸非因伐齊而至繒也誤二魯世家同誤繒之會吳徵百牢子服景伯對曰先王未之有也吳人弗聽乃與之太宰嚭召季康子康子使子貢辭曰寡君既共命焉其老豈敢棄其國判然兩事而此與年表魯世家竟合與牢辭召爲一以徵牢之對出于子貢若魯未嘗與吳百牢者誤三此云召哀公尤非也索隱不甚分明繒字從穀梁

十年因伐齊而歸

案十下脫一字因而歸三字衍說在後

十一年復北伐齊

案十一乃十二之譌

是棄吳也

滹南集辨惑曰左傳豢吳史改爲棄此何意耶

有顛越勿遺商之以興

附案此乃節錄諫詞以詳在子胥傳中也徐廣注非

抉吾眼置之吳東門

附案此是一時忿詞而呂氏春秋知化篇韓詩外傳七言夫差實抉子胥之目著于門莊子盜跖篇楚辭劉向九歎並有子胥抉眼之語殆未可信匡謬正俗引風俗通辨其非矣索隱謂國語以抉爲辟又云以手抉之今本國語無其文不知何據今本作縣目賈子耳痺亦云目抉而望東門

齊鮑氏弒齊悼公吳王聞之哭于軍門外三日乃從海上攻齊齊人敗吳吳王乃引兵歸

案此即十一年伐齊事疑錯簡于此應移在上文十一年伐齊之下譌作十年因伐齊而歸也齊人弒悼公亦不得言鮑氏說見表當云十二年伐齊齊人弒悼公云云

吳召魯衛之君會于槖皋

案魯于夏會吳于槖皋衛于秋會吳于鄖此與表言衛亦會槖皋非索隱知其誤而曲爲之說

六月戊子越王句踐伐吳

案左傳作丙子此誤

越五千人與吳戰

案陳氏測議謂外傳范蠡舌庸率師沿海泝淮以絕吳路當起數道之師不止五千人余攷哀十三年左傳是戰也吳大夫王孫彌庸屬徒五千史公必因此而誤王孝廉云或誤本外傳君子六千人或誤以保會稽之甲楯五千而移于此

趙鞅怒將伐吳

案左傳鞅與司馬寅之言秖是爭長耳非怒而欲伐吳也史與傳不合

乃長晉定公

案公羊哀十三年會黃池傳曰吳主會也與外傳言吳公先歃晉侯亞之同左傳云乃先晉人先吳于晉也先儒謂經書吳在下是晉實先之誤矣史公于秦紀及晉趙兩世家言長吳而此言長晉共說一事二文不同何自戾也以情勢揆之晉人不競已歷數世自宋之會即爲楚所先而況其能與吳爭乎若何休引春秋說文云齊晉前驅魯衛驂乘滕薛俠轂而趨未免言之太過

越王句踐率兵使伐敗吳師于笠澤

案使字衍

二十年越王句踐復伐吳

索隱曰哀十九年左傳越侵楚以誤吳杜預曰誤吳使不爲備無伐吳事

遂自剄死

案左傳作縊越世家云自殺其義一也而此言自剄越絕書

吳越春秋作伏劍淮南道應說苑正諫與此同子胥傳又言越殺夫差並小異

誅太宰嚭

案左傳哀廿二年越滅吳廿四年有太宰嚭則未嘗誅也故通鑑外紀云嚭入越亦用事安得吳亡即誅哉而史記世家列傳及越絕吳越春秋皆言誅嚭呂氏春秋順民篇言戮吳相似不足爲信余仲弟履繩著左通有說曰越之滅吳嚭與有功越王不殺所以報之然西施沈江伯嚭不誅何也豈滅吳之時特從寬宥以賞功久方擧戮以正罪耶越絕吳越春秋言并戮其妻子

齊太公世家第二

太公望呂尚者

案孟子曰太公望則其名望審矣大明之詩曰維師尚父則尚是尊稱明矣惟尚是尊之故後世遂號曰呂尚而尚實非名史于世表作太公尚于世家作呂尚以望爲號未免乖反而其字曰子牙或單呼牙詩疏索隱唐宰相表載之以爲名牙者妄也而路史後紀四作呂涓注引符子方外作太公涓尤妄

東海上人

案呂氏春秋當染首時注淮南氾論注水經注九並言太公是河内汲人此云東海路史注謂因孟子失之葢誤以避居爲其鄉也劉向列仙傳曰冀州人呂首時曰東夷之士（高誘云河内于豐鎬爲東）

以漁釣奸周西伯

案太公就養西歸天下仰爲大老何云奸也獵渭載歸之說余猶疑之此皆戰國好事者僞造不足依信呂覽首時篇謂太公聞文王賢故釣于渭以觀之言尚近理然聖如文王太公應久見知何煩觀乎葢太公未遇時若漁釣若屠牛若賣食或曾爲之總非歸西伯時事諸子紛馳千言成實甚且衍爲魚腹得書之異（見正義）其妄與搜神記海神託夢同

非虎非羆

附案章懷崔駰達旨注李善班固答賓戲注初學記卷六並引史記作非熊非羆故張衡東京賦儀姬伯之渭陽失熊羆而獲人（李注引史作非虎非羆葢今本文選之譌）鹽鐵論刺復篇超[illegible]熊羆之士沈約隱侯集王太尉碑卜非熊羆惟人是與唐人如李瀚蒙求呂望非熊魏知古從獵渭川詩非熊從渭水杜甫工部集贈哥舒翰詩畋獵舊非熊夔府秋日書懷詩熊羆載呂望李商隱樊南集復獻杜僕射詩入兆渭川熊白居易六帖于熊部獵部卜部俱作非熊唐書世系表有孫非熊酷吏傳有趙非熊又顧況子名非熊偶憶及此不及徧舉則知今本史記作非虎非羆誤也（李注賓戲引史云非龍非虎非熊非羆章懷注達旨引史云非龍非螭非熊非羆亦小有不同處何也）而容齋五筆據六韜第一篇文韜作非虎非羆與史記合以達旨所引史記爲疑不知六韜是後人僞作未可爲憑況沈約竹書注及宋書符瑞志藝文類聚六十六李

善注東方曼倩論運命論劉越石詩並引六韜作非熊非羆容齋所見六韜當是譌本然亦可證史記之誤自宋已然宋初猶未誤也故唐人無能子文王說云西伯筮之其繇曰非熊非羆天遺爾師御覽八百三十一卷引史作非熊非羆至大紀則云非龍非彲非虎非熊矣攷古質疑謂唐人避諱改虎爲熊殊不然（選注運命論引六韜又作非熊非羆非虎非狼曼倩論注同與劉詩注異）

自吾先君太公曰當有聖人適周周以興子眞是邪吾太公望子久矣故號之曰太公望

案太公組紺安得預知呂尚而望之通志三王紀以爲誕語葢因呂尚佐周克商而詩又有太王翦商之語遂謬爲斯論耳太公乃長老之稱當時以其年高德劭故以太公號之（莊子

山木有大公作釋文引晉李頤云大公大夫稱則或又以呂尚爲太師三公故歟自望子之說與而
宋書符瑞志載文王曰望公七年今見光景遂變名爲望據路史後紀四注是引中候詩大明疏引雒師謀曰望公七年尚立變名金
石錄載晉太公碑謂文王夢天帝曰賜汝望是夜太公夢亦
然其後文王見太公曰而名爲望乎答曰唯爲望亦可爲名望之證
遂言其夢與文王合並奇詭不足道也

立爲師

附案詩齊風譜疏引世家作立爲太師呂子長見篇注同

或曰太公博聞嘗事紂紂無道去之游說諸侯無所遇而卒西
歸周西伯

案閻初無游說之風而太公又豈游說之士明是戰國好事

者爲之孫子用間云周之興也呂牙在殷鬼谷子午合云呂
尚三入殷朝三就文王然後合于文王或之說本此太公避
紂海濱安得入殷之事必因伊尹而影撰也

或曰呂尚處士隱海濱周西伯拘羑里散宜生閎夭素知而招
呂尚呂尚亦曰吾聞西伯賢又善養老盍往焉三人者爲西伯
求美女奇物獻之于紂以贖西伯西伯得以出反國

案依此說則是太公非身遇文王而閎散爲之介紹也豈其
然乎況囚羑里之時太公猶未歸周也此本尚書大傳之繆
說而增損之美女奇物之獻尤妄並辨見殷紀中或問孔仲
達文王詩序疏謂文王之得太公無經典正文言其得之年
月羣言不同莫能齊一司馬遷馳騁古今尚不能知其事周
所由今未能正之則予以爲被囚時未得太公奚據曰以孟
子知之孟子稱太公之言曰西伯善養老明是歸周在文王
爲西伯後故劉敬傳言呂望來歸在斷獄後也而仲達引禪
師謀言太公遇文王于伐崇之年前編言紂十五祀西伯得
呂尚較史記大傳紀年諸書所說爲長或又問世傳太公八
十遇文王確否曰此本于孔叢子記問篇及列女傳齊管妾
婧語未敢爲信太公之遇文王有云七十者說苑尊賢篇年
七十而相周後書文苑高彪傳呂尚七十氣冠三軍有云七
十二者荀子君道篇太公行年七十有二文王舉而用之韓
詩外傳四太公年七十二而用之者文王漢書東方朔傳太
公體行仁義七十有二迺設用于文武桓譚新論太公年七

十餘乃升爲師有云九十者楚辭九辨太公九十乃顯榮兮
韓詩外傳七說苑雜言高誘淮南說林注並言九十爲天子
師其將何從又問竹書謂太公薨于康王六年尚書疏謂成
王時齊太公薨周公代爲太師未知孰是曰書顧命稱齊侯
呂伋則太公非卒于康王時矣

周西伯昌之脫羑里歸與呂尚陰謀脩德以傾商政其事多兵
權與奇計故後世之言兵及周之陰權皆宗太公爲本謀

案陰謀傾商之謬說已辨在殷紀中困學紀聞十一引葉石
林謂此說出六韜夫太公賢者其所用王術其所事聖人則
出處必有義而致君必有道自墨翟以太公于文王爲忤合
孫子謂之用間且以嘗爲文武將兵故尚權詐者多並緣自

見又引說齋唐氏謂三分有二而猶事商在聖人必以爲失時聖人至誠惻怛出于自然太史公曾不知此乃曰陰謀傾商特戰國變詐之謀殆非文王之事遷不能辨其是非又從而筆之使後人懷欲得之心者藉爲口實其害豈小哉路史發揮論太公篇可參看

蒼兕

附案此水獸一身九頭善覆人船今本論衡是應篇作蒼光誤索隱引王充作蒼兕又索隱云馬融曰主舟楫官名有本作蒼雉亦非（水經肥水注西昌寺西即船官坊倉光都水是營是作亦誤以兕爲光）

諸侯不期而會者八百諸侯

案下諸侯二字衍

還師與太公作此太誓

案還師再衆辨見殷紀所謂作此太誓者即上文蒼兕諸語也然太誓王言也而以爲與太公作何邪

卜龜兆不吉

案事亦見論衡卜筮篇書泰誓疏曰太公六韜云卜戰龜兆焦筮又不吉太公曰枯骨朽蓍不踰人矣彼言不吉者六韜之書後人所作史記又采用六韜好事者妄矜太公非實事也餘冬敍錄四十四曰湯武之師應天順人事非得已理必無敵何有乎蓍龜而爲不吉之疑哉唐世民以諸臣勸除建成元吉命卜之幕僚張公謹自外來取龜投地曰卜以決疑不疑何卜卜而不吉庸得已乎世民意乃決以武王之十臣非乏公謹其人而見不出此

遂追斬紂

案斬紂妄也說在周紀

羣公奉明水

案周紀本逸書作毛叔鄭奉明水此言羣公誤

東就國

附案鄭注檀弓云太公受封留爲太師則太公固與旦奭同相周也故金縢稱二公此言就國者或受封之始往治其國旋即返周歟

東至海

大事表春秋海道論曰管仲對楚使齊地東至于海特誇言耳其時登萊二府尚有萊介諸國與夷雜處至襄六年滅萊齊境始邊海而適召吳之寇楚使曰寡人處南海亦誇言耳終春秋世楚地不到湖南

廣雅書局栞

南至穆陵北至無棣

四書釋地又續曰南北相距七百里亦是後來侵小所至管仲誣其先君以夸楚也

子丁公呂伋立

附案通志氏族略云謚法雖始有周是時諸侯猶未能徧及齊五世後稱謚則知所謂丁公者長第之次也鄭說是杞宋曹蔡四世未稱謚衞亦五世後稱謚而宋並有丁公可驗已說文以伋謚玎非又謚法述義不克曰丁呂伋賢嗣何以蒙

此不諱之名乎

子癸公慈母立

案索隱本作祭公慈母又引世本作庯公慈母檀弓疏引世本作庯又引譙周云祭公慈各本譌作慈心未知孰是

子哀公不辰立

附案世本作不臣而竹書名昴薔有二名臣字疑誤

因徙薄姑都治臨菑

案詩齊風疏云臨菑營丘一地趙氏水經注釋廿六云太公始封之營丘宜在北海營陵迨獻公徙臨淄取營丘舊名以號臨淄猶晉稱新田爲絳楚稱鄀爲郢耳應劭言獻公自營丘徙臨菑是劭之謬當云自薄姑徙臨菑耳齊世家唯胡公一世居薄姑以後復都臨菑也但烝民詩仲山甫徂齊傳以齊去薄姑遷臨菑在宣王之時與世家書于獻公元年異孔疏謂史記非實所言未可信毛公在馬遷之前其言當有準據然則遷臨菑者非獻公矣二說未定孰是

九年獻公卒

案獻公之年有脫誤疑是二十九年說見世表

大臣行政號曰共和

案共和之說非辨在周紀中

子厲公無忌立

案厲公在位九年此脫

子成公脫立

附案索隱引世本譙周及年表皆作說齊風詩譜疏引世家政作說則是今本譌說爲脫耳

三十二年釐公同母弟夷仲年死

案夷仲之死不知何時說在表

始爲太子時嘗與無知鬭及立絀無知秩服

案莊八年左傳是因其竝適而絀之非鬭也史豈别有據乎

因拉殺魯桓公

附案左傳疏引此作摺殺與魯世家同

八年伐紀紀遷去其邑

案春秋書紀侯大去其國此遷字未安

遂獵沛丘

案左傳沛作貝郎楚語貝水是古以音近通借故論語顚沛必於是詩顚沛之揭昭二十年傳齊侯田于沛釋文竝音貝呂覽應言篇市丘郎沛之省戰國韓策攻市丘吳注孔叢子作市大事記作沛

反而鞭主屨者茀三百

案傳云誅屨于徒人費弗得鞭之見血此以爲主屨者又謂鞭之三百恐非也費茀古通如魯幽公晉穆侯皆名潰而穆侯之名亦作費幽公之名亦作茀可以互證

齊君無知游于雍林雍林人嘗有怨無知及其往游雍林人襲殺無知

案索隱謂亦有本作雍廪也雍廩乃人名賈逵以爲渠丘大夫者因昭十一年左傳及楚語上竝有齊渠丘實殺無知之

語渠丘續後書志作蘧丘高氏地名攷略謂卽葵丘也渠丘爲雍廩邑則雍廩爲人名益信此誤以雍廩爲邑名而云往游被殺妄矣

遂殺子糾于笙瀆（音豆）

附案左傳作生竇集解賈逵云魯地句瀆（索隱本引賈作竇）索隱引鄒誕生本作莘瀆竇瀆古通而生之爲笙爲莘一以音近故儀禮大射儀注笙猶生也然攷左傳桓十二年句瀆之丘是宋地襄十九廿一句瀆哀六年句竇皆齊地豈魯與齊宋並有地名句瀆者歟

伐滅郯

附案徐廣謂一作譚是也（本當作鄟）索隱謂不當作郯字（各本誤刻索隱郯字爲譚）而不知是傳寫之譌非史元文郯乃別一國名故其後別見

五年伐魯魯將師敗魯莊公請獻遂邑以平

案齊桓五年爲魯莊十三年桓公爲北杏之會遂人不至故滅之無齊伐魯及魯敗獻邑事滅遂亦與魯無涉此及刺客傳同誤

曹沬以匕首劫桓公于壇上

案曹沬事甚妄說在刺客傳中

諸侯會桓公于甄而桓公于是始霸焉

案甄與鄄通並音絹田完世家趙攻甄亦卽鄄也以會鄄爲始霸雖本于左氏然未確說在封禪書中

二十三年山戎伐燕

案事在二十二年說見表

魯湣公母曰哀姜

附案魯世家依左傳以湣公爲哀姜娣叔姜所生哀姜無子也此以哀姜爲湣公母者適母也

王祭不具

附案史詮謂湖本誤共爲具

楚王使屈原將兵扞齊

案傳云楚子使屈完如師以觀强弱也此言將兵扞齊非

則楚方城以爲城

附案水經注汝水條云楚控霸南土欲爭强中國多築列城于北方號爲萬城或作万城唐勒奏土論楚自越以至葉垂宏境萬里故號萬城此說恐難信酈道元灃水注亦以爲方城在今南陽府裕州楊愼直從萬字解乃喜新之病明陳耀戈止陽及王世貞宛委餘編並闢之

周襄王使宰孔賜桓公文武胙彤弓矢大路命無拜桓公欲許之管仲曰不可乃下拜受賜

案左傳無弓矢大路之賜此用外傳而文又不同

寡人兵車之會三乘車之會六

案三六之數與他處異說在封禪書中

三十九年周襄王弟帶來奔齊

案叔帶奔齊在桓公三十八年此在三十九年與周紀年表

書于三十七年同誤

齊使仲孫請王爲帶謝襄王怒弗聽

案仲孫未言子帶事史與左傳不合說在表

管仲病桓公問曰羣臣誰可相者管仲曰知臣莫如君公曰易牙如何對曰殺子以適君非人情不可公曰開方如何對曰倍親以適君非人情難近公曰豎刁如何對曰自宮以適君非人情難親

案管子戒篇列子力命莊子徐無鬼呂氏春氏貴公韓子十過皆言管仲將死桓公問管仲欲相鮑叔管仲以爲不可惟隰朋可又諫桓公去三子（亦見管小稱韓非難一呂知接）固兩事也史略不具（說苑權謀篇仍史然又失去開方）且述三子事亦不明晰或謂上文言是歲管仲隰朋皆卒而說苑復恩篇言鮑叔先管仲死與管子諸書不同何故曰朋之卒後仲十月見管子戒篇故仲歿時猶薦之若說苑管仲哭鮑叔之事前賢曾辨其非然韓子十過篇載桓公與管仲問答語云居一年餘管仲死安知鮑叔之卒不在此一年中乎（穀梁于僖十二年云管仲死非也）

徐姬

案徐本嬴姓左傳作徐嬴是也此誤作姬履繩左通曰三夫人姬居其二六人中姬居其四因致譌易索隱言姬是妾之總稱未盡是姓然則葛嬴華子何以不俱稱姬且徐嬴是夫人何得列爲姬妾乎殊屬妄說

生無詭

附案左傳作無虧古通故人表亦作詭

生昭公潘

案潘之謚昭有誤說在表

六年翟侵齊晉文公卒

杭氏疏證曰左傳文公卒于齊昭之五年在翟侵齊之前此作六年誤

十九年五月昭公卒

案十九當作二十

卽與衆十月卽墓上弒齊君舍

附案左傳作七月乙卯則此十字乃傳寫之譌若春秋之書九月從告也

與丙戎之父獵爭獲不勝

附案年表及衞世家作邴歜與左傳楚語同而此作丙戎水經淄水注亦作邴戎蓋戎歜音之轉衞世家索隱謂邴歜掌御戎車故號邴戎不然也

庸職之妻好

附案閻職之作庸職索隱以傭雇解之迂曲不合說苑復恩篇作庸織蓋職織以音同通借而庸字與史同史記攷異曰庸閻字相近書毋若火始餤餤漢書作庸庸（梅福傳）

六年春晉使郤克于齊

疏證曰左傳及年表在頃七年爲魯宣十七年此誤

齊使至晉郤克執齊使者四人河內殺之

案宣十七年左傳晉徵會于齊使高固晏弱蔡朝南郭偃會高固先逃歸晉執三子及苗賁皇言于晉侯以緩得先後逃去何嘗有殺四人于河内之事史通已糾其謬矣

十年春齊伐魯衛

案齊頃十年爲魯成二年乃衛侵齊而敗衛世家同齊未嘗有伐衛之事也

士燮將上軍

案傳士燮是佐上軍將上軍者荀庚也時庚不出

遂復戰戰齊急

附案毛本戰字不重

晉小將韓厥

案厥爲司馬豈小將乎

克舍之丑父遂得亡歸齊

附案左傳謂郤克免逢丑父公羊曰斮之史多從公羊此獨用左氏蓋以公羊非實

于是晉軍追齊至馬陵

附案陵字誤徐廣云一作陘是也馬陵非齊地

晉初置六卿

附案六卿乃六軍之誤說在表攷成三年左傳疏引世家作六軍則唐初史記本元是軍字

欲尊王晉景公晉景公不敢受

案王晉字衍也說見表又不敢受左傳疏及困學紀聞十一引作不敢當疑今本誤

齊令公子光質晉十九年立子光爲太子

案光固太子也本不應稱公子而又何待十九年始立乎

晏嬰止靈公靈公弗從曰君亦無勇矣

案襄十八年左傳晏子有君固無勇語乃逆料之辭未嘗止靈公之走也

初靈公取魯女生子光以爲太子仲姬戎姬

案董份謂太子下即著仲姬戎姬有脫字是也攷襄十九年左傳云諸子（内官之號杜注非）仲子戎子杜注曰二子皆宋女則依上文取魯女之例當脫取宋女三字而二姬字又子之誤史詮謂仲姬戎姬不言取者蒙上文徐孚遠謂大意言既立太

子又寵仲姬戎姬並非

晉聞齊亂伐齊至高唐

案晉士匄伐齊聞喪而還春秋善之安有因亂伐齊之事齊夙沙衛據高唐以叛圍而克之與晉無涉

晉大夫欒盈奔齊莊公厚客待之晏嬰田文子諫公弗聽

案襄廿二年左傳晏子諫納欒盈弗聽退告陳文子而文子未嘗諫也此與田完世家同誤又欒盈三見年表晉田完世家作逞避惠帝諱也此何以書

崔杼妻入室與崔杼自閉戶不出公擁柱而歌

案此當依左傳作美與崔子自側戶出若閉戶不出則公知有變必不拊楹而歌矣列女傳依史

遇公從宮而入閉門
附案左傳作止衆從者而入閉門則此當作從官宮字譌
陪臣爭趣有淫者
附案徐廣謂爭一作扞是扞趣與左傳于掫同惠氏左傳補注曰史記本作扞趣後人改爲爭趣非也索隱如字解之謂
史公變左傳之文直屬妄說
二相恐亂起乃與國人盟曰不與崔慶者死晏子仰天曰嬰所不獲唯忠于君利社稷者是從不肯盟慶封欲殺晏子崔杼曰忠臣也舍之
案此事晏子雜篇上呂覽知分韓詩外傳二並載之與史又不同然總不如左傳之妙慶封欲殺晏子亦未聞

其弟復書崔杼復殺之
案傳云其弟嗣書而死者二人如史言則不見是二人矣
景公元年
案元當作二
成有罪二相急治之
案襄廿七傳曰成有疾而廢之此誤也若果有罪成安得請
老于崔乎
立明爲太子
案鄉之後何得稱爲太子史公失辭
成請老于崔杼
補正曰杼字衍

使崔杼仇盧蒲嫳攻崔氏
案嫳乃慶封之屬何以爲崔杼仇莊公之難盧蒲癸奔晉意者嫳與癸或兄弟行故以爲仇乎
崔杼歸
附案索隱本作崔杼毋歸
慶封爲相國
案相國之稱誤是時無此官名
其秋齊人徙葬莊公
案傳乃十二月朔之事則當作其冬況上文已書十月何倒
言秋乎
十二年景公如晉見平公欲與伐燕

案齊請伐燕非欲與晉伐之說在表
二十六年獵魯郊因入魯與晏嬰俱問魯禮
案左傳無其事說在表
魯昭公辟季氏難奔齊齊欲以千社封之子家止昭公昭公乃
請齊伐魯取鄆以居昭公
案千社之封齊侯之口惠何待子家之止子家勸公至晉耳
伐鄆居昭公亦齊之意非公請之也詳昭廿五年傳
彗星見景公坐柏寢嘆曰堂堂誰有此乎羣臣皆泣晏子笑
案禳彗星歎路寢見左傳及晏子泣牛山見晏子及列子力
命篇是三事也史公幷爲一事而變易其辭耳堂堂御覽七
引史作堂乎堂乎疑今本脫韓子外儲說右上作堂堂乎

魯陽虎攻其君

案虎欲去三桓遂有劫公之事非攻君也詳定八年傳或曰其君陽虎之君指季氏

犂鉏曰

附案索隱本作犁且

景公害孔丘相魯懼其霸

案相字誤解辨在孔子世家

是歲晏嬰卒

案是歲爲景公四十八年嬰先景十年卒也然說苑君道載景公謂弦章曰吾失晏子于今十有七年則嬰又似非卒于是歲矣疑

田乞欲爲亂樹黨于逆臣說景公曰范中行數有德于齊不可不救乃使乞救而輸之粟

案哀二年傳齊輸范氏粟不及中行氏說已見表又齊時叛晉故助范中行非因陳乞黨逆而然此與田完世家同誤

五十八年夏景公夫人燕姬適子死景公寵妾芮姬生子荼

案此文因景公之卒而追敘前事非當年事也然承接欠明荼母姒姓非芮姬也應依左傳作鬻姒下文芮子亦與田完世家同誤徐廣于彼云一作粥子索隱于此云鄒誕生本作芮姁皆非晏子諫篇上諂于入納女于景公生孺子荼

公子壽駒黔

附案三公子之名左傳壽作嘉索隱亦云一作嘉則各本作壽者非徐廣注一云壽黔又矣駒一人譌未[illegible]

公子駔

附案此卽左哀六年南郭且于也左作鉏同集韻駔將魚切齊公子名猶上文犂鉏孔子世家作犂鉏韓子內儲下作黎且唐馬總意林引韓子作黎沮後漢書馮衍傳作犂鉏而左傳實作犂彌蓋古人音轉字異或以駔爲誤者非毛本亦作鉏

又謂諸大夫曰高昭子可畏

案生而呼謚非也此與田完世家同誤當依左傳作二子謂國惠子高昭子傳曰二子者禍矣

遂反殺高昭子

案湖本誤以遂反爲句故史詮謂六字一句也但攷左傳高張奔魯則此與田完世家言陳乞反兵殺高張並妄呂氏春秋首時云鄭子陽之難猘狗潰之齊高國之難失牛潰之衆因之以殺子陽高國史或因此譌傳

八月齊秉意茲

案左傳曰邴意茲來奔秉邴以音同通借也史記攷要云邴意茲欲奔魯之文且在齊世家而繫以齊皆誤

十月戊子

案左傳是十月丁卯

悼公元年齊伐魯

案元年當作二年

鮑子弒悼公

案悼公非鮑子所弒說見表

闞止有寵焉

附案闞止史皆作監止故索隱本作監而今本作闞乃後人依左傳改之殊不知二字聲近義通古人互用封禪書蚩尤在東平陸監鄉索隱監音闞戰國策北至于闞魏世家作監韓策亦作監止

田常執簡公于徐州

附案此徐州與九州之徐別索隱于齊魯兩世家云徐音舒其字從人左氏作舒說文作郐郡國志魯國薛縣六國時曰徐州而一部史記凡徐州無作徐者蓋古字彳亻偏旁通寫也且舒與徐古亦通易困卦來徐徐李鼎祚集解引子夏傳作荼荼即古舒字十二侯表魯昭公十二年楚伐舒即是伐徐吳世家闔廬三年拔舒即春秋昭三十年滅徐並徐與舒同之證或以徐為誤未之攷耳

子宣公積立

案表名就市而此作積何也或有二名

田會反廪丘

案年表田完世家會反在宣公五十一年此書于康公元年誤餘說見表或曰錯文也上文子康公貸立當移此句下

遷康公海濱

案事在十四年此書于十九年非說見表

史記志疑卷十七終　番禺范公詒沈葆和沈寶樞校字

史記志疑卷十八

魯周公世家第三　　仁和梁玉繩撰

周公佐武王作牧誓

滹南集辨惑曰牧誓王言也以為周公佐之而作何所據

發書視之信吉

補正曰六字衍

周公入賀武王曰王其無害

案入賀武王四字衍徐孚遠曰尚書不言入賀武王若如史則周公代王之說宜已昭露不應待風雷之變也

成王少在強葆之中

案金縢曰周公以詩貽王而王亦未敢誚公則成王非不識不知之孩稚矣曰王與大夫盡弁則成王已冠矣故康成以為武王崩時成王年十歲王肅以為武王崩時成王年十三其詳見書洛誥詩豳風禮明堂位穀梁文十二年諸正義及家語冠頌先儒說成王即位之年雖異詞而其非居強葆明矣乃魯世家及蒙恬相如傳俱有強葆語賈誼新書脩政篇又言成王年六歲即位後書鄭顗傳言成王生于克紂之後而路史發揮反主襁褓之說謂武王崩成王才一二歲以康成為非羅苹注更引眞源賦謂武王之崩成王始生皆不根之論也若武王崩時成王方在襁褓則成王母弟尙有唐叔應侯亦成王弟其時將未晬邪抑遺腹邪余因之別有疑者

武王之子成王及邗晉應韓五人唐書表言成王封邗弟孝伯于狄城爲狄氏路史國名紀言武王有子封寒侯皆不足據信　五人中邗韓無攷晉應竝爲成王弟而左傳富辰敘韓于晉應下當是最少何以武王壯盛之時艱于嗣息迨衰老而連舉數子乎疑一　武王之年不可知竹書作五十四據路史發揮所引今本竹書五作九非　較文王世子作九十三爲近實卽依竹書武王四十外生子元不甚遲文王十五生武王之說亦妄武王初得天下告周公曰自發未生于今六十年則武王非九十三歲可知　獨怪太公晚遇文王必不在武王未娶之先奚待太公歸周以後武王始娶邑姜乎疑二謂武王娶太公女者祇緣左傳稱呂伋王舅一語耳然禮天子同姓謂之伯父叔父異姓謂之伯舅叔舅則舅亦通稱豈足依據故詩文王疏曰武王不應此時方取室文王未應便爲武王取太公女吾不知是武王之前后歿而娶邑姜爲繼室乎抑邑姜非太公之女乎疑三侯質之君子又按邗侯乃成王弟晉應韓三侯之兄故唐表七十三于氏以邗是武王第二子路史後紀十亦云武之穆四邗爲長至國名紀五敘次晉一韓二邗三應四且曰武之穆四唐爲長何自相歧異也

周公乃踐阼代成王攝行政當國

案召誥曰惟沖子嗣曰有王雖小元子哉是踐阼者成王也周公之攝政當國乃三代諒闇之制冢宰掌邦之職安得指爲踐阼而史于魯燕兩世家均有踐阼之文乖謬孰甚旣以爲踐阼則下文何以書成王七年歸後又云周公代成王治南面倍依以朝諸侯七年還政就臣位禮明堂位文王世子及荀子儒效韓子難二淮南子齊俗氾論韓詩外傳卷三卷七卷八諸書竝有踐阼履籍等語漢唐諸儒據以釋經王莽傳之假王莅政緣茲附會而劉恕外紀直以周公紀元亦本于此宋鄭厚藝圃折衷所以有周公非純臣之論也蓋皆起于六國好事者爲之猶言伊尹當國朝諸侯耳戴記漢人采集不能無疵諸子更不足憑至七年反政之說或因國家初造成王委政周公不定依三年亮諒之常制亦未可知故逸書明堂解書大傳竹書俱云七年致政與洛誥誕保文武受命七年合不得以周紀及此世家爲非居易錄廿六載唐趙蕤長短經引尸子云昔周公反政孔子非之曰周公其不聖乎以天下讓不爲兆人震澤任兆麟刻尸子三卷此文在廣釋篇　此荒唐謬悠之論託名聖人三國魏文帝志注引尸子同晉書慕容盛載記亦論周公誅兄弟杜流言不可謂忠聖

周公將不利于成王

案改孺子爲成王何意豈忘成王見在邪

我之所以弗辟而攝行政者恐天下畔周

案書言周公居東二年詩言周公東征三年辭各不同大傳毛傳以居東卽東征王肅從之僞孔傳古史朱子詩集傳亦然馬鄭以居東爲居東都與東征是兩事蔡傳從之而謂居東爲居國之東以居東爲東征者解金縢我之弗辟爲法以居東非東征者解辟爲避朱子晚年亦從鄭注見晦菴集答蔡仲默書　史公依伏毛之說以居東卽東征而又解弗辟爲不避位攷書言居東

則非東征明甚流言初起莫知所由公方見疑出居自遠詎宜遽爾東征乎二年猶待罪也蓋武王既喪管蔡流言政當成王諒闇周公攝政之時公居東避之二年始得罪人主名公貽王鴟鴞之詩王尚疑而未悟迨感風雷而後迎公管蔡等懼遂叛公乃奉王命東伐三年而歸王迎公之時三年之喪已畢故曰王與大夫盡弁此其事之本末也史記殊非而解經者各逞臆說或謂武王崩後三年居東或謂居東出入三年後又東征三年或謂書之二年言得罪人詩之三年言其歸紛紜違亂不可憑信居東二年者其次年即出師之歲也以秋反以秋征實居東不過年半爾東征三年者其一年即郊迎之秋也以前年之秋征以後年之春歸實東征不過

二年爾合居東與東征計之首尾僅三年有餘列子楊朱篇言居東三年亦非也故竹書曰成王元年周文公出居于東二年大雷電以風王迎文公于郊遂伐殷三年滅殷伐奄斯爲確證不然以周公之神聖才藝而將名正言順之兵何敵不摧豈煩淹師三年之久哉至所稱居東者馬鄭以爲東都而其時洛邑未營安有東都可避豳詩疏云據後言之非墨子耕柱云周公旦非關叔爲管叔所非也公孟篇又云關叔天下之暴人則知古關與管通辭三公東處于商而武庚三監方欲謀公豈有處商之理越絕又云管蔡讒周公周公乃辭位出巡狩于邊而公非天子胡爲巡狩明豐坊僞子貢詩傳及申公詩說以爲居魯例以俾侯于東之文似非無據然周公一生未嘗至魯且居魯則千里之遙

金縢竹書何得云王新迎于郊耶或引荀子儒效篇周公歸周語以爲居東者自居畿內之國方氏苞望溪集有記王巽功周公居東說涇陽王巽功語余曰周公居東集傳居國之東爲近觀王欲親迎即駕而出郊就令出舍以俟必信宿可至古者大夫有罪自投于私邑以待放禮也然則公所居近在郊關之內歟余曰子之言其信畿內公卿之采地當在縣鄙而有勳勞者別有賞田周官載師以賞田任遠郊之地司勳掌六鄉賞地之法以等其功是也傳曰自陝以東周公主之公主東諸侯則邑于國之東爲宜公之避不之縣鄙之采而退就近君之小邑理亦宜然是公所居爲鎬東鄉郊之賞邑決矣而當塗徐氏文靖竹書統箋云世家周公奔楚論衡感類

篇曰古文家以爲管蔡流言王疑周公周公奔楚抱朴子嘉遁篇云公旦聖而走南楚國策惠施曰王季葬于楚山之尾季娟鼎銘曰王在成周王徙于楚麓左傳成十三年迓晉侯于新楚杜注新楚秦地括地志終南山一名楚山在雍州萬年縣南武王墓在萬年縣西南括地志見夏周本紀正義周公當因流言出居依于王季武王之墓地徐說似勝

成王少

案此周公語也可云成王乎

成王之叔父

案世家前後誤稱成王者四并見秦紀獨此乃仍大傳洛誥篇荀子堯問篇韓詩外傳三史公采擇失檢爾說苑載周公戒伯禽語改作今王之叔父君子譏之

然我一沐三捉髮一飯三吐哺

案吐握之事諸子所說恐未必有之黃氏日鈔云此形容之語本無其事王溥南亦以爲妄故呂覽謹聽淮南氾論又屬之夏禹（鬻子上禹政篇有禹一饋而七十起語）

收殷餘民以封康叔于衛封微子于宋以奉殷祀

案衛宋封于武王之世非此時始封也語在殷周紀

二年而畢定

案二年依文當作三年史公以居東爲東征豈據二年得罪人之文而不數還師之一年邪

唐叔得禾異母同穎

附案索隱謂畝母義通鄒誕本同山陽吳氏玉搢別雅曰母疑畮字之脫誤也

嘉天子命

案嘉一作魯說在周紀索隱本作之命

乃爲詩貽王命之曰鴟鴞王亦未敢訓周公

案詩作于居東時與七月之詩同作若貽詩在誅管蔡後詩何以云未雨綢繆乎蓋毛傳以鴟鴞爲既誅管蔡而作毛在史公前便依言之（朱子注詩亦然）總由以居東爲東征故耳訓字是誚之譌索隱已言其誤徐廣固云一作誚也淩稚隆程一枝並謂此十七字乃錯簡當在上文我所以爲之若此句下亦通

周公之代成王治南面倍依以朝諸侯

案倍依之說非也辨見前

初成王少時病周公乃自揃其蚤沈之河以祝于神曰王少未有識奸神命者乃旦也亦藏其策于府成王病有瘳及成王用事人或譖周公周公奔楚成王發府見周公禱書乃泣反周公

案此事亦見蒙恬傳前哲謂緣金縢之文而誤分爲二遂兩出爾夫成王縱疾河非所獲罪乃公揃蚤以祝于河將姬旦之識尚不若楚昭王乎索隱引譙周云秦既燔書時人欲言金縢之事失其本末明邵寶學史云公前事武王後事成王病也禱也藏冊而祝也讒且譖而居東與奔楚也天動威發書以泣而反之也何其同也史氏之附會一至于是余因攷呂氏春秋古樂篇言周公以師逐象至江南公羊僖四年傳言周公東征則西國怨西征則東國怨荀子王制篇言周公南征而北國怨東征而西國怨經典無周公西南之征必從湯事影撰移于周公而又因誤解奔楚之故耳後書班固傳云周公一舉則三方怨曰奚爲而後己可爲移湯事作周公之證史詮謂此節錯複當刪

恐成王壯治有所淫佚乃作多士作毋逸

案多士非誡成王之作與周紀言無佚告殷民同謬已說在周紀中蓋于紀不當云作無佚于世家不當云作多士

毋逸稱爲人父母爲業至長久子孫驕奢忘之以亡其家爲人子可不愼乎

案此與毋逸迥殊必史公約其意以爲文非有異本也然太

不類
故高宗饗國五十五年
案尚書是五十九年此誤也而漢書五行志劉向杜欽傳隸釋蔡邕石經論衡無形異虛篇皆作百年師古王吉傳注從之未知孰是
不顧天及民之從也
附案徐廣謂之從一作敬之是卽多士所謂罔顧于天顯民祇也
周多士
案三字衍
文王日中昃不暇食饗國五十年

附案此疑錯簡當在前文祖甲饗國三十三年之下不然既敘多士又忽復述無逸恐無此文理
于是周公作周官
案史記言成王作周官與書序同而此云周公作之豈周公奉成王命為之歟
周公在豐病將沒曰必葬我成周以明吾不敢離成王周公既卒成王亦讓葬周公于畢從文王以明予小子不敢臣周公也
案書序周公在豐將沒欲葬成周公薨成王葬于畢大傳周公老于豐心不敢遠成王而欲事文武之廟後周公疾曰吾死必葬成周示天下臣于成王成王曰周公生欲事宗廟死欲聚骨于畢畢者文王之墓地故成王葬之于畢示天下不敢臣也史公蓋本諸此然成王未嘗都成周何以稱不敢離成王豈不以成周為洛陽乎史于十二侯表敘云齊晉秦楚其在成周微甚衛世家云管叔欲攻成周（索隱謂管叔欲攜難先攻成周乃曲為之說耳）竝以鎬京為成周不免舛錯徐廣已疑之矣公羊傳曰成周東周也卽此世家上文亦言成周洛邑豈可混乎又大傳所謂不敢遠成王示天下臣于成王者乃伏生釋辭而史記誤倂作周公語是成王見存而遽呼以謚也
周公卒後秋未穫
案金縢之篇今古文皆有而漢人所釋頗異康成以為公生前事見豳詩譜及箋伏生以為卒後事見顏籀引大傳（見漢書梅福傳儒林傳）偽孔傳從鄭者也而以王出郊為郊天蔡傳亦從鄭

者也而據論衡以出郊為郊野其論既殊矣大傳但言成王欲葬周公于成周因天風雷之怒葬公于畢如是而已乃漢書梅福曰成王以諸侯禮葬周公而皇天動威雷風著災儒林傳谷永疏曰昔周公薨成王葬以變禮而當天心則又不關葬成周之故論衡感類篇駁之云儒者說成王狐疑于周公欲以天子禮葬公公人臣也欲以人臣禮葬公公有王功狐疑之間天雷雨示變以彰聖功夫周公不以天子禮葬天為雷雨以責成王周公非天子豈安天子之葬大人與天地合德周公不安天亦不安何故為雷雨以責成王孔子譏管仲之僭禮天欲周公之侵制非合德之驗書家之說未然王充駁是（此與世紀言沃丁以天子禮葬伊尹同妄）可知梅谷所稱當時尚書家別

解非用大傳故穀梁僖三十一年傳注及白虎通封公侯章喪服章後書周舉傳張奐傳李賢注引洪範五行傳皆用此說師古牽合引之耳惟以開金縢爲公卒後事故謂小子新迎是迎其喪國家禮宜之是宜葬天子禮不亦戾乎史公雖亦誤爲公卒後事然止言感風雷以開金縢並不關于葬與諸家解又別故正義于小子新迎數句謂成王設郊天之禮以迎我國家先祖配食之禮亦當宜之是以成王出郊支離極矣應從鄭作公生前事爲確出郊從論衡爲順其餘岐頭詭說但屬妄傳也然而金縢一書先哲多疑其僞明文衡王廉有金縢非古書辨錢塘袁太史枚小倉山房集有金縢辨二篇本于王廉而暢之其略曰聖人夭壽不二武王不豫天

史記志疑卷一八　一　廣雅書局栞

也豈三王之鬼神需其服事哉以身代死古無此法後世村巫里媼之見則有之廣陵王胥曰死不得取代庸身自逝周公豈廣陵之不若乎二公欲卜公拒之以爲未可戚我先王臣與子一也他人戚先王不可己戚先王則可非伯宗之攘善而何且舍太廟而爲野祭不祥孰甚焉公方命卿士勿言隱諱其迹而乃登壇作墠以自表揚者何也治民事神一爾故曰未能事人焉能事鬼玄孫既無才藝不能事鬼神又安能君天下子萬民乎贊周公之才美始于論語造僞書者竊孔子之言作公自稱語悖矣湯武革命應天順人武王克商已二年縱有不諱與天之降寶命何傷十亂猶存八百諸侯尚在周公不必憂危至此武王已瘳公之事已畢此私禱之

冊文焚之可也藏之私室可也乃納于金縢預爲日後邀功免罪之計乎禮祝嘏辭說藏于宗祝非禮也是謂幽國豈周公有所不知而躬蹈之乎爾汝者挾長之稱而圭璧所以將敬也公呼先王爲爾不敬自夸材藝不謙終以圭璧要之不順許我則以圭璧不許我則屏圭璧如握果餌以劫嬰兒既驕且吝慢神蔑祖而三王甘其爾汝之稱又貪其圭璧之誘於昭于天者何其啟納寵侮之甚也公自以爲功是幷二公不告且不知也二公尚不知百辟卿士何以知之曰公命我勿敢言百辟卿士既知之則二公必知之久矣在百辟卿士或位卑分遠難以進言二公爲國元老知公之精忠靈感至于如此而乃耳聞流言目擊去國相與坐視寂若吞炭何其

史記志疑卷一八　二　廣雅書局栞

忍也儻風雷不作金縢不啟王竟誚公誅公彼二公者律以左儒杜伯之義尚何顏坐而論道乎及至反風禾起方瞿瞿然命邦人起大木而築之以愚夫婦所共曉里胥田畯所不屑爲者二公自以爲功不扶帝室之懿親而扶田中之偃木何其不知大體也袁文此辨甚爽余因攷淮南子精神訓云通許由之意金縢豹韜廢矣高誘注金縢豹韜周公太公陰謀圖王之書則知非今所傳之金縢明已（桐鄉俞長城亦有辨疑爲假託）

暴風雷雨

王孝廉曰書作雷電以風故下文云天乃雨今先雜入雨字與下不相應

于是成王乃命魯得郊祭文王魯有天子禮樂者以褒周公之

德也
附案此乃好事者妄談以誣周之賢王以誤後之學士禮明堂位祭統並言之大傳亦有成王命魯郊以禮周公之語史仍其誤續三王世家有云周公祭天命郊陳祟張竦稱王莽功德有云周公受郊祀開七百里之宇豈足信哉唐文粹高郢魯議責成王之賜伯禽之受爲非禮程子因之王安石又謂周公有人臣不能爲之功而成王報以人臣不得用之禮悖孰甚焉魯之僭禮夫子以爲周公之衰奈何移于成王伯禽時乎桓林已弱尚拒楚武之稱尊襄鄭尤微能禁晉文之請隧況成王盛君伯禽令子哉然則魯僭始于何時曰竹書平王四十二年魯惠公使宰讓請郊廟之禮王使史角如魯諭止之呂氏春秋當染篇亦云此一大確證使成王已賜惠公何必復請且成王之賢萬倍于宜臼平猶靳之而成顧昧然賜之哉斯論發于宋劉敞春秋意林後儒多從之而成王伯禽之誣遂大白于千載矣史公敘于開金縢後若郊祭禮樂之命以金縢故襃之與所言因有大功而賜者又別是繆中之繆也余因疑鄭祖厲王衞吳立文王廟皆作俑于魯之僭祭文王而諸侯不得祖天子之禮遂廢歌雍舞佾將何誅焉竹書成王十三年夏六月魯大禘于周公廟乃後人僞竄而誤者時公未薨

周公卒
案文王孔子之作易史皆書之而周公之作爻辭及定禮制謚何以不書又公謚文此亦缺

及後聞伯禽報政遲乃歎曰嗚呼魯後世其北面事齊矣
案報政一事呂氏春秋長見韓詩外傳十淮南齊俗說苑政理皆載之而與此不同事屬僞撰不足信也困學紀聞十一引說齋唐氏曰此後世苟簡之說非周公之言還不能辨其是否從而筆之于書使後人務速成之功者藉爲口實其害豈小哉長洲汪氏份增訂四書大全載明黃淳耀十辨參看更足發明

作肹誓
附案費誓說文作粊從米北聲廣韻作棐從米比聲蓋古文也路史國名紀五以棐爲誤非故鄭注曾子問及周禮雍氏並引作粊誓而徐廣謂一作鮮一作獮索隱曰大傳見作鮮誓即肹誓古今字異義亦變也言于肹地誓衆行獮田之禮取鮮獸而祭

魯公伯禽卒
案伯禽不應無謚當是史失之又此獨不書伯禽在位之年何歟攷漢律麻志伯禽即位四十六年康王十六年薨徐廣引皇甫謐亦云伯禽以成王元年封四十六年康王十六年卒謐依漢志以成王三十年崩也然竹書謂成王三十七年崩禽父薨于康王十九年疑莫能定矣竹書薨年有誤

子考公酋立
附案索隱引世本作就鄒本作遒漢志就酋兩載音義近左傳文十六年疏毛本作酋公誤

煬公築茅闕門
附案徐廣謂茅一作第又作夷恐非也韓子外儲右上說苑

至公言楚莊王立茅門之法煬公築茅闕門當亦其類而集解引世本云煬公徙魯疑是徙奄之譌武王封周公爲魯公不就封而使伯禽代焉（伯禽居魯在成王時傳云命以伯禽詩云俾侯于魯蓋成王因其代封重命之明堂位謂成王封周公漢律厤地理志鄭詩譜謂成王始封伯禽恐皆非）則初封已都魯何待煬公始徙續志謂魯國即奄國想緣左傳因商奄之民一語也而奄至成王乃滅安得武王以封周公蓋成王以奄益封魯耳周紀集解引鄭云奄國在淮夷之北左疏云奄東方之國近魯非魯地高氏地名攷略云奄城在曲阜東二里然則煬公之徙或祇改建宮室廓開舊制此茅闕門之所由築歟

六年卒

附案漢志謂煬公二十四年又謂十六年卒出世家妄也史詮誤據之言世家脫十字殊謬

子幽公宰立

索隱曰世本名圉（左傳文十六年疏引世家作圉蓋誤以爲世家也）

幽公弟潰殺幽公而自立是爲魏公

附案漢志潰茀兩載師古曰茀音弗潰古沸字余攷潰乃費之譌左傳文十六年釋文引世家毛本作費而費與茀又通用故齊有徒人費而世家作茀也至索隱引世家作弗乃字之缺脫若果名弗則其後惠公安得名弗湼乎（索隱于此引世本作弗于世表引作弗其又一本作弗其譌之中又譌焉）魏公一作微公說在世表

子厲公擢立

附案世本名翟漢志兩載之

獻公三十二年卒

案獻公在位五十年說見世表漢志作五十年謂出世家也

子眞公濞立

附案眞乃愼之誤說在世表而愼公之名多異說在十二侯表

共和行政

案此上失書十五年

武公九年春　夏武公歸而卒

案表作十年是也此作九年誤而漢志妄稱世家作二年九誤春夏二字國語所無未知何本

懿公兄括之子伯御

案伯御或謂即括也說在表

能道順諸侯者

附案徐廣順作訓是也與國語合（二字古亦通用）

魯懿公弟稱

案孝公稱或謂懿公之子說在表公羊傳昭三十一年述邾婁顏納賊之事似妄

而咨于固實

附案徐廣固作故國語是故也二字本通如戰國趙策故不敢入于鄒魯仲連傳作固又趙策國有固籍（漢書王貢兩龔鮑傳顏注云諸司亭長掌固之屬唐六典尚書省掌固十四人注以爲即掌故文選兩都賦序注引漢書亦作掌固）

子弗湼立

附案湼誤作涅說見表

長庶子息

附案息下𣲗姑字今本脫之漢志同脫魯頌疏文十六年左傳疏及釋文穀梁首篇疏竝引世家作息姑

公賤妾聲子生子息

案聲子是繼室何云賤妾

息長爲娶于宋宋女至而好惠公奪而自妻之

案仲子手文有若天命不聞衛宣楚平之事始自惠公想因隱亦娶于宋稱子氏故誤也索隱曰經傳不言惠公無道左氏文亦分明不知太史公何據而爲此說譙周深不信然

登宋女爲夫人以允爲太子

案當惠公世仲子未嘗爲夫人桓亦未嘗爲太子也杜元凱曰隱公繼室之子當嗣世以禎祥之故追成父志爲桓尚少是以立爲太子

八年與鄭易天子之太山之邑祊及許田

案是年鄭歸祊爾易許田在後四年說見周紀

吾請爲君殺子允

案桓公名多異已說見表此處五稱子允疑子字羨文

隱公欲遂立　請爲子殺隱公

案生而稱謚非也當衍兩隱字史詮曰當作今君

入厲公

案入上𣲗謀字蓋厲未入也

魯莊公與曹沬會齊桓公于柯

案與曹沬三字當衍

曹沬劫齊桓公

案劫齊事妄說在刺客傳

孟女生子斑斑長說梁氏女往觀圉人犖自牆外與梁氏女戲

附案左傳子般與女公子同往梁氏觀習雩祭之禮犖與女公子戲也然于情事似不協余舅氏陳大令樹華春秋經傳攷正曰左傳女公子句疑有脫文杜云女公子子般妹亦屬臆解史記似近情理且女公子之稱別無所見諸侯之女稱公子則有之矣見公羊莊元年傳

莊公有三弟長曰慶父次曰叔牙次曰季友

案公羊傳云公子慶父公子牙公子友莊公之母弟也故齊語韋注云慶父莊公之弟史依公羊而杜注左傳云慶父莊公庶兄爲叔牙同母兄季友是莊公母弟以公羊爲妄杜注較長其詳見左傳莊二年疏毛氏奇齡春秋毛氏傳謂解宗卿以爲唯季友爲莊公母弟故爲桓公大宗稱宗卿妄矣

生子開

案閔公名當作開方說見表

慶父與哀姜私通欲立哀姜娣子開

案此言慶父欲立開妄也乃哀姜欲立慶父耳

季友聞之自陳與湣公弟申如邾請魯求內之

案季子已于前年歸魯故春秋書季子來歸此云自陳與釐

公申如郝下又云陳送友及申不但誤以友爲在陳并誤認釐公亦在陳矣請魯求内之五字當衍友與申如郝避慶父也慶父奔莒友即入魯立申魯無人焉何請之有又何求内之有而申爲湣公庶兄是以夏父弗忌曰新鬼大故鬼小此云湣公弟申亦誤

釐公亦莊公少子

案釐乃閔之兄恐非少子

乃使大夫奚斯行哭而往

附案傳是慶父使奚斯請免死不許斯哭而往此言季友使奚斯哭而往雖與傳違理亦得通

季友母陳女故亡在陳陳故佐送季友及子申

案友爲莊公母弟是亦文姜所生史言母陳女妄也申上衍子字餘說見前昭三十二年傳曰昔成季友桓之季也文姜之愛子也

齊桓公率釐公討晉亂

案傳言令不及魯是魯未嘗與伐晉也說見表

生子偃

附案偃乃倭之譌說在表

昭公三年朝晉

附案三乃二之譌表在二年

四年楚靈王會諸侯于申昭公稱病不往

案傳乃辭以時祭非稱病也說見表

八年楚靈王就章華臺召昭公

案春秋在七年此與表並誤書于八年

十五年朝晉晉留之葬晉昭公魯恥之二十年齊景公與晏子狩竟因入魯問禮

案晉留昭公非留使送葬也左傳無問禮事說在表

臧昭伯之弟會僞讒臧氏匿季氏臧昭伯囚季氏人

案僞爲古通臧氏逐會執諸季氏中門之外非囚季氏人也

子家曰齊景公無信

史詮曰齊景公當作齊君

申豐汝賈許齊臣高齕子將粟五千庾

案昭廿六年左傳高齕乃高齮之譌子將乃子猶之譌而子猶上脫貨字故索隱曰一本子將上有貨字

齊景公使人賜昭公書自謂主君

案左傳齊侯使高張唁公稱主君杜注比公于大夫集解引服注同此云自謂主君義亦得通不必定依服杜而以爲賜昭公書不知何出豈別有所據乎徐氏測議曰梁丘據等已入季氏賂懼昭公復至齊欲納之故令景公爲慢書也

平子布衣

案傳作練冠麻衣

六卿爲言曰晉欲内昭公

史詮曰昭當作魯

趙簡子問史墨曰季氏亡乎史墨對曰不亡

案傳言簡子問墨季氏出君而民服諸侯與之君死于外莫

之或罪此云問季氏亡與傳相反誤矣

至于武子文子

附案史詮曰湖本武子在文子上誤也

七年齊伐我取鄆以爲魯陽虎邑以從政

案春秋傳春齊人歸鄆陽關陽虎居之以爲政秋齊伐魯兩事也此誤

使仲由毀三桓城

案三桓自毀之不關孔子仲由也說在孔子世家

孟氏不肯墮城伐之不克而止

案此事在孔子去後史誤書于去前亦說見孔子世家中

子將立

附案八表于魯悼公下注云出公子是哀公亦有出公之稱以孫于越故也可補經史所未及

七年吳王夫差彊伐齊至繒徵百牢于魯季康子使子貢說吳王及太宰嚭以禮詘之吳王曰我文身不足責禮乃止

案會繒在伐齊前非因伐齊至繒且是年無伐齊事也至徵牢之對出自景伯而仍與之康子辭召出自子貢而得不往此誤合兩事爲一竝說見吳世家又文身豈禮卽是子貢語史公竄易其言而移于吳王口中謬矣

十二年齊伐魯取三邑

案二字誤三說見表

附案毛本作十一年是

齊歸我侵地

案歸成爾非侵地也說在表

二十七年春季康子卒夏

案傳康子卒于夏四月己亥非春也當衍春字移夏字于上

哀公如陘氏

案傳作有陘氏卽有山氏也此脫有字

公奔于衛去如鄒

案傳言公孫于邾卽鄒也無奔衛事

國人迎哀公復歸卒于有山氏

案吳越春秋與此同左傳疏曰傳稱國人施罪于有山氏不得復歸而卒于其家也遷妄耳

子寍立

附案悼公之名此與世本俱作寍而漢志曼寍兩載蓋又名曼也

悼公之時三桓勝魯如小侯卑于三桓之家

附案魯卑于三桓則三桓盛矣而此後絕不言三桓何也祇費惠公一見

十三年三晉滅智伯

案智伯之滅在悼公十五年此誤左傳篇末注言魯悼公十四年滅智伯亦非說在六國表

三十七年悼公卒

附案徐廣引別本所紀年數非

子顯立

附案漢志衍顯並載索隱引世本又作不衍

子屯立

附案漢志屯作毛疑譌猶漢書屯莫如之誤毛莫如也見困

學紀聞十二

子匽立

附案匽乃古偃字年表漢志作偃

子叔立是爲平公是時六國皆稱王

案漢志及索隱引世本皆作旅疑叔字誤六國當云七國七

國至愼靚王六年無不稱王者魯平公立時爲愼靚五年此

語最確別有說在周紀

平公十二年秦惠王卒

案秦惠卒于平公六年此誤

二十二年平公卒

案下二字衍平在位二十年也說見表

文公七年楚懷王死于秦

案事在文公元年誤作七年

頃公二年秦拔楚之郢楚頃王東徙于陳

案秦拔郢楚徙陳在文公十九年此書于頃二年誤楚頃下

缺襄字

十九年楚伐我取徐州

附案徐州卽舒州自來屬齊其屬魯也蓋在齊湣王之世故

呂氏春秋首時云齊以東帝困于天下而魯取徐州或謂史

文爲誤非又攷是年楚取魯封魯君于莒年表書之

遷于卞邑

附案卞邑是也各本世家皆譌作下惟毛本作卞餘說在六

國表

魯起周公至頃公凡三十四世

附案史不數伯御一代故云三十四世呂氏春秋長見韓詩

外傳十亦言魯三十四世亡惟淮南齊俗訓作三十二世則

誤也汜論訓又誤作三十六世

洙泗之閒斷斷如也

附案斷字當依索隱音誾作相讓解爲得一本作斷乃以形近而譌與漢

地理志及下文揖讓句皆協徐廣以爭辨釋之非也惟其音

誾故字亦通借作誾文選李康運命論云誾誾洙泗之上注

引史記政作誾小司馬與繁欽遂行賦未足爲徵

史記志疑卷十八終　番禺范公詒沈葆和沈[illegible]字

史記志疑卷十九

仁和梁玉繩

燕召公世家第四

召公奭與周同姓

附案穀梁莊三十年傳云燕周之分子也白虎通王者不臣章召公文王子論衡氣壽篇召公周公之兄書詩疏及詩禮釋文引皇甫謐曰文王庶子書君奭疏及史集解引譙周曰周之支族皇甫之說本于白虎通論衡然不可信孔穎達陸德明竝言左傳富辰數文昭十六國無燕則召公必非文王子斥士安爲謬樂記武王封黃帝之後于薊陸氏疑姬姓君奭是其後非也燕薊各一國其後薊爲燕幷漢志及水經注十三誤合爲一蓋既爲周同姓稱分子也可稱支族也可說文頙部引史篇史籀作召公名醜恐非

自陝以西召公主之自陝以東周公主之

附案此本公羊隱五年傳文白虎通封公矦章釋主陝東西云不分南北何東方被聖人化日少西方被聖人化日久故分東西使聖人主其難賢者主其易乃俱致太平也而王應麟詩地理攷曰朱氏云公羊分陝之說可疑蓋陝東地廣陝西只是關中雍州之地恐不應分得如此不均但各本史記多作陜從兩人音甲或作陝字此從兩入公羊釋文曰陝一云當作郟王城郟鄏余謂作郟爲允吳氏别雅曰唐扶碑分郟之治隸釋云反陝爲郟此用字之異者案陝與陝本不相同隸書夾字多變作夾而夾字形與夾近故陝亦變從夾且又左右互易則與郟鄏字無别矣然公羊釋文一作郟古洽反是分陝元有兩傳或碑本所用政爲郟鄏之郟如陸氏後說則非反陝爲郟而用字不爲異矣集韻于陝字注云地名周召所分治

周公攝政當國踐祚召公疑之作君奭君奭不說周公

案踐祚之妄已辨在魯世家中而召公之不說周公本于書序列子楊朱篇漢書孫寶傳後書申屠剛傳皆有之然此語頗費解夫以召公之賢歷三朝與周公從事老矣尙復何嫌何疑而猶有異同之見邪且金縢明言周公告二公何以云不說哉此王莽居攝之所以附會爲周公稱王召公不說也集解引馬融書疏引鄭王皆云周公既攝王政不宜復列臣職故不說似未的孔穎達譏史記爲妄亦非

召公巡行鄉邑有棠樹決獄政事其下

案樹下決獄之說史公必有所本故漢書王吉諫昌邑亦云召公述職當民事時舍于棠下而聽斷焉嗣後如說苑貴德篇風俗通見首卷以及鄭箋竝同然竊疑樹下非聽訟之所周初盛規不應簡陋如是楊升菴嘗譏之而韓詩外傳一謂召公不欲勞民營居出就蒸庶廬于樹下聽斷于隴畝之間亦覺矯情難信呂祖謙讀詩記引劉氏曰召伯憩息此棠樹之下說者謂召公不重煩勞百姓止舍棠下是爲墨子之道也黃氏日鈔曰岷隱謂召伯行省風俗偶憩棠下非必受民訟亦非有意于不擾晦菴雪山華谷竝合余因攷白虎通巡狩章引甘棠詩云召公述職親說舍于野樹之下易林睽之第三

十八云召伯避暑皆無聽訟之説史公妄耳風俗通謂召公不舍鄉亭九非

召公卒

案召公謚康此失書索隱謂其後召虎爲康公誤

惠侯卒子釐侯立

案燕諸君之名皆莫攷謚亦多同其稱侯稱公頗不足憑均說在表中矣而别有可疑者世家惠侯至襄公以子繼父桓公至文公中間惟載懿公卒子惠公立其餘俱不著何君之子乃集解徐廣引古史攷曰世本自宣侯已下不說其屬以其難明故也索隱引譙周曰世本謂自宣侯已上父子相傳桓侯已下並不言屬以其難明故也兩人所引世本雖異然祇隔一代未甚懸殊而史記出于世本吾不知世家所載桓侯爲宣侯子莊公爲桓侯子襄公爲莊公子以及惠公爲懿公子奚所據耶竊意遷史元本自惠侯至文公俱無子字凡言子者必後人妄增之索隱云懿公之父是文公亦臆説今得兩確證漢書人表所紀列國之君皆依史記或云某之子或云某之弟縱有參錯大概無異獨燕之諸君以世計數迨文公而後始注云某公子某王子顯是史無子字之驗不然何以特書世而不書子乎又索隱于上文九世至惠侯句注云自惠侯已下不言屬更是史無子字之驗不然何以不曰桓侯已下而曰惠侯乎蓋燕史先失所傳者漏略譌謬史公並不信世本故但紀其世慎之也後人見世本宣侯已上有屬遂增入世家而復不檢對連及桓莊襄惠四世矣又表言惠侯在位三十

八年此缺毛本桓侯襄公上無子字

是歲周宣王初卽位

案宣王不與燕釐同元年其卽位在前一年

子鄭侯立

案鄭字疑誤説在表

子桓侯立

案世本言桓侯徙臨易何以不書

子莊公立

附案亢倉子訓道篇有燕莊侯他豈莊名他歟然亢倉僞書恐不足據

十六年與宋衛共伐周惠王惠王出奔溫立惠王弟穨爲周王

十七年鄭執燕仲父而内惠王于周

案此所書兩年之事當削去已説在表中葢伐周是南燕與召公之燕無涉且衛與南燕伐周與宋亦無涉而奔溫者子穨也惠王不奔溫鄭虢納王在燕莊十八年非十七年誤之中又誤焉

桓公立

附案世本無桓公説見表

武公立是歲晉滅三郤大夫

案晉滅三郤在前年當燕昭公十三年非武立之歲也

子惠公立惠公元年齊高止來奔六年惠公多寵姬公欲去諸大夫而立寵姬宋大夫共誅姬宋惠公懼奔齊四年齊高偃如

晉請共伐燕入其君晉平公許與齊伐燕入惠公惠公至燕而死

案子字誤增説見前惠公當作簡公三姬字必臣之誤即年表所稱幸臣而所以誤姬者因左傳有燕人歸齊姬事也不然寵姬何可為大夫立寵姬又何必去諸大夫且妾之稱姬非當時語不但與左傳乖違亦與年表相背孔平仲談苑亦云遷誤以寵人作寵姬蓋簡公欲立之寵人多矣而宋為居首索隱云宋其名或作宗故共誅之然左傳並無主名不知史公何據小司馬引劉氏云其父兄為執政故諸大夫共滅之乃誤認姬字而曲為之説又攷齊侯如晉請伐燕是九年事齊受燕賂不克入其君是十年事齊高偃納燕伯是十五年事而此以為四年殊謬上

文已書六年何得于後倒書四年其譌無疑餘已辨在年表中

其公五年卒平公立晉公室卑六卿始彊大

杭氏疏證曰左傳晉昭公卒六卿強晉室卑弱是年為燕共公之三年

簡公立簡公十二年卒

案簡公當作惠公十二年當作十五年説見表

獻公立晉趙鞅圍范中行于朝歌

案紀年無獻公與史異説見表圍朝歌在前二歲此書于獻公立年誤

孝公立

附案人表孝作考説在表中此下索隱所引紀年多誤不盡可憑當分別取之

伐齊敗于林營

附案敗字誤倒當作伐敗齊于林營索隱本作敗齊于林營也當一句讀湖本以伐齊為句非林營説在表

文公立

案人表以文公為桓公子

子燕噲立

案孟子作子噲又噲不應無謚説見表

與楚三晉攻秦

案六國攻秦此仍燕策失書齊説在秦紀

鹿毛壽

附案徐廣曰一作厝毛甘陵縣本名厝索隱曰春秋後語亦作厝毛壽又韓子作潘壽通鑑注劉伯莊曰鹿毛壽人姓名又曰潘壽春秋後語作唐毛壽疑唐字誤徐廣一作厝毛如徐一作之説當作厝音秦昔翻清河有厝縣路史國名紀七曰甘陵故厝也有厝氏燕有厝壽

人之謂堯賢者以其讓天下于許由許由不受

案堯讓許由之妄説在伯夷傳

或曰禹薦益已而以啟人為吏及老而以啟人為不足任乎天下傳之于益已而啟與交黨攻益奪之天下謂禹名傳天下于益已而實令啟自取之

案索隱以禹薦益已爲句且云以已配益則益已是伯益而經傳無其文未知所由盧學士曰索隱解非當以已而以啟人爲吏爲句下兩已而文法一例若以益已爲名則攻益奪之又何單稱益也余攷國策無已字韓子外儲說右下篇有潘壽對燕王一節與世家同史公本于韓子元不以已配益故湖本以禹薦益作一句淩稚隆又明著之曰凡已而俱屬下爲句政以糾索隱之謬爾野客叢書云此甚背經旨攷其說出于汲冢書通鑑注云事與師春紀太甲殺伊尹相類古書雜記固多也史公未見汲書不得以證所出楚辭天問云啟伐益作后卒然離蠥王逸注與本文不合漢書律麻志云張壽王言化益爲天子代禹則此說不僅見于汲書而國策韓子楚辭漢志亦非雜記王胡二君殊未深攷晉書束晳傳稱竹書之異云益干啟位啟殺之今本竹書無其事胡應麟三墳補逸據杜預左傳後序論竹書不及啟益以爲晉史之譌但史通引竹書云益爲后啟所誅見疑古雜說等篇而今竹書又明云夏啟二年費矦伯益出就國六年伯益薨眞疑莫能定矣總之此事之妄同于舜放堯平陽太甲殺伊尹文丁殺季歷必戰國時橫議者所造而勦入之劉知幾作史通反信以爲實豈不可怪

諸將謂齊湣王曰

案史誤書齊宣王湣王之年故伐燕一事紛紜莫定荀子史記以爲湣孟子以爲宣從荀與史者古史及宋輔廣孟子問答鮑彪國策注陳善捫蝨新話也從孟子者通鑑大事記吳師道國策校注金履祥孟子集注攷證及經史問答也國策于燕則宣王于齊則湣王閻氏孟子生卒年月攷則欲移燕噲五年至九年事于齊宣八年後十二年前以合孟子郎朱子于孟子序說既竝存之而于四書或問又以爲湣王言人人殊余謂當從宣王時爲信國策兩岐其詞必有一誤荀子惟王霸篇有齊湣敗燕之語孤文難徵史記錯謬甚多如上文言燕噲立齊宣王用蘇代噲三年代爲齊使于燕此本燕策元與孟子合安得以爲伐燕是湣王乃史誤減宣十年以益湣故茲述諸將之言亦襲國策而獨改宣爲湣豈非欲遷易以湊其說歟今據燕策攷之此云諸將策作儲子與孟子儲子爲齊相合策有令章子將兵伐燕一篇與孟子與匡章游合蓋孟子未嘗事湣王其仕齊去齊皆在宣王之世而齊之伐燕當周赧王元年爲齊宣二十九年乃孟子致臣而歸之歲也黄氏日鈔卷三又謂宣王伐燕指前此十城之役是大不然汪氏增訂四書大全及經史問答俱謂孟子所述確是滅燕之役若所取僅十城安得云五旬舉萬乘之國安得云取燕云倍地又安得云置君而去不可通也

因搆難數月

史詮曰國策因作國

孟軻謂齊王曰今伐燕此文武之時不可失也

案斯語本燕策而誤困學紀聞引朱文公曰或問勸齊伐燕

有諸史記蓋傳聞此說之誤國策吳注曰此當時所謂孟子勸齊伐燕者也使無孟子之書則人將此言之信乎推此則凡後世之誣罔聖賢而無徵者可知

子之亡

案表云君噲及太子相子之皆死紀年云齊師殺子之醢其身則此言子之亡是史仍國策之誤

二年而燕人共立太子平是爲燕昭王

案平與昭王是二人此亦誤仍國策來說在表

郭隗曰

鮑彪國策注曰郭隗臣役之對天下之格言市馬之喻萬世之美談史公獨何爲削之亦異于孔氏刪脩之法矣

劇辛自趙往

案樂毅諸人往燕史本國策然有可疑者如劇辛自趙來其年當非幼少乃至後燕王喜十三年將兵伐趙爲趙將龐煖所殺計去昭王即位時已七十年恐未必如是之壽則其來似不在此時

齊城之不下者獨唯聊莒即墨

附案索隱云餘篇及戰國策並無聊字攷史樂毅田單傳及齊燕策並無聊也惟燕策又有三城未下之語史或因此增加以實之蓋牽合燕將守聊城不下事而與莒即墨亂也潛夫論救邊篇言田單圍聊莒不拔亦誤仍策史合爲一事然後書李通傳論注引史此文無聊字豈所見本異歟注引史云下齊七十餘城其不下者唯獨莒即墨與今本異魏志呂布傳注引英雄記亦作二城不下

齊悉復得其故城

附案李通傳注引作悉復所亡城

湣王死于莒乃立其子爲襄王

案湣王爲淖齒所殺襄王立于莒乃前五年事此敘于田單復齊後誤也

惠王七年卒

索隱曰趙系家惠文王二十八年燕相成安君公孫操弒其王樂資以爲即惠王徐廣案年表是年燕武成王元年武成即惠王子則惠王爲成安君弒明矣此不言者燕遠諱不告或太史公之說疏也

韓魏楚共伐燕

案楚當爲齊說在表

拔中陽

案此中人之誤也亦說在表

十三年秦敗趙于長平四十餘萬

附案毛本作十二年是

子今王喜立

案今王仍舊史之文說在始皇紀索隱云有作金者非也

破卿秦樂乘于代

案燕策云趙使樂乘以五萬遇慶秦于代則樂乘趙將也故下文云趙悼襄王使樂乘代廉頗此與樂毅傳同誤當以樂

乘置破卿秦上

秦滅東西周

案西字衍說在周紀

秦置太原郡

案事在燕喜八年此書于七年誤

秦王政初卽位

附案政當作正說在秦紀

燕使劇辛將擊趙

案事在十三年此誤書于十二年也

十九年秦拔趙之鄴九城

案此失書閼與橑陽說在始皇紀

使荆軻

案此二十八年事誤前一年

于姬姓獨後亡

案姬姓之國衞最後絶燕先滅矣何云後亡

管蔡世家第五

其長子曰伯邑考次曰武王發次曰管叔鮮次曰周公旦次曰蔡叔度次曰曹叔振鐸次曰成叔武次曰霍叔處次曰康叔封次曰冉季載

附案十人之次除伯邑考武王發其餘八人各處所說次第既殊卽八人名亦異左僖二十四年富辰以管蔡郕霍魯衞聃曹爲序詩思齊疏引皇甫謐以管蔡郕霍魯曹衞聃爲序孔仲達謂史記世家其次不必如此而不知謐何據別于馬遷富辰言曹在衞聃下不以長幼爲次則其弟無明文以政之此仲達詩疏所論是也然史間各主其說而申辨之曰富辰之言似是錯舉非有先後如謂真有先後則畢公在十亂之中毛叔亦奉牧野明水之役而均少于康叔聃季萬不可信況如富辰之序是管蔡郕霍皆周公兄皋鼬之盟魯衞均在但聞蔡爭長于衞何以不聞爭長于魯是又了然者全氏之辨與孔疏相發乃孔于左定四年疏又謂富辰以長幼爲次馬遷多辟謬豈非矛盾致淮南子泰族云周公誅管叔蔡叔未可謂弟又云周公殺兄齊俗云周公放兄蓋從富辰之言賈逵杜預竝依富辰故以蔡叔爲周公兄楚語韋注亦云管蔡周公兄仲達遂據以爲說不自知其牴牾耳而淮南氾論又云周公有殺弟之累齊俗云周公誅弟（後書樊儵傳同）褚少孫補三王世家公戶滿意曰周公輔成王誅其兩弟趙岐注孟子以周公爲管叔兄白虎通姓名章引詩傳以周公行在第三管叔行在第四列女傳以管叔居周公下而以霍叔居成叔上書金縢僞孔傳云周公攝政其弟管叔及蔡叔霍叔高誘注呂子察微開春篇言管叔周公弟蔡叔周公兄而注淮南氾論又言管叔周公兄蔡叔周公弟余謂諸說不同猶杜預以曹叔與周公異母而數五叔有毛叔也（王肅以毛爲文王庶子）然孟子淮南韓詩外傳八俱以管叔爲周公兄（趙岐注與孟子本文不合故朱子更之）則從史似較合而以蔡郕霍先周公以霍叔先成叔皆不

足憑矣至若白虎通列女傳及四八目以成叔名處霍叔名武竝誤猶杜氏誤以毛叔名聃也冉當作冄與聃同經史相承譌从冉故老聃亦譌聃白虎通作南季載音同通借

故文王舍伯邑考而以發爲太子

案徐氏測議曰伯邑考爲紂所殺未必文王有意廢立武王爲次弟其序亦及也方氏史注補正曰紂烹伯邑考雖不見經傳（見世紀）但其後無封必早死無後檀弓文王舍伯邑考而立武王乃子服伯子附會之言不足據也余謂史公于下文云伯邑考其後不知所封蓋微弱久滅失傳爾不得臆斷其無後不封而殷道太子死立弟（說在殷紀）文王當殷時行殷禮故伯邑考死其子雖在舍之而立武王檀弓言舍伯邑考者省文也左傳潘尫之黨申鮮虞之傳摯亦省去子字史謂文王有意廢立似誤會檀弓之文方氏以爲子服附會亦非

于是封叔鮮于管封叔度于蔡二人相紂子武庚祿父

案言三監不及霍叔而類敘封霍于曹成之下疏矣

康叔封冄季載皆少未得封

案武王似已封康叔于衛說在周紀牧野之役康叔布茲不可言少矣

殺管叔

案管叔非殺也說在周紀

從而分殷餘民爲二其一封微子啟于宋以續殷祀其一封康叔爲衛君

案武王已封微子康叔非滅武庚後始封竝說見殷周二紀蓋殷畿內千里紂之時去亳而都朝歌武王以殷舊都封微子與武庚偕封而異域各不相涉別割紂都內之鄘以封武庚孔晁注周書作洛云封以鄭祭成湯是已又分其餘地爲衛邶鄘三國衛必別有名說在周紀迨武庚滅而以所謂衛者益封康叔更增封檜虢等國于濟洛河潁之間（釋文曰王云武王封檜）鄘邶如故（羅泌以邶鄘爲商後）其後衛幷鄘邶而鄭桓公東徙遂滅虢檜居之虢檜必成王所封在滅武庚後先儒謂武王封檜恐非康成詩邶鄘衛譜云成王既黜殷命伐三監更于此建諸侯衛爲之長孔疏云不以地盡封康叔故更建諸侯此語最精史言但分爲宋衛二國非是王伯厚疑周書中旄父爲邶鄘之一見困學紀聞二恐非當是更建諸侯之一耳啟當諱開

周公聞之而舉胡以爲魯卿士魯國治

附案左傳曰周公舉之以爲己卿士杜注爲周公臣晚出僞書云周公以爲卿士此言仕魯孔穎達司馬貞俱糾史之謬但爲周公臣卽是仕魯史似不誤錢宮詹史記攷異辨之矣

餘五叔皆就國無爲天子吏者（索隱本國作封）

案此因左傳五叔無官之語而誤者也左傳是泛說不專指管蔡叛後故杜注五叔以管蔡成霍毛當之（杜以毛爲同母弟）史直書于復封蔡仲之後則不得有五叔矣于情事未合

子蔡伯荒立蔡伯荒卒子宮侯立

案蔡爲侯爵何以荒稱伯又謚無宮𥁕說在世表

武侯卒

案武侯在位二十六年此缺

秦始得封爲列侯

附案封字當作列而列字當作諸湖本誤也

子宣侯措父立

案當作考父說見表

哀侯獻九歲死于楚凡立二十年卒

案楚世家言文王虜哀侯已而釋之則哀侯不死于楚也與

此異詞莫知孰是

伐蔡蔡潰遂虜繆侯

案此在繆侯十九年而書于十八年與表同誤又春秋三傳

無虜繆侯事恐妄

子景侯同立

附案景侯名固各本譌刻

二十九年

案四誤作二景侯在位四十九年也

陳司徒招弑其君哀公

案招弑悼太子非弑君也此誤

誘蔡靈侯于申伏甲飲之醉而殺之

案非醉而殺之也說在表

平王乃求蔡景侯少子廬立之是爲平侯

案平侯爲景侯曾孫其父爲隱太子說在年表又攷漢志于

汝南新蔡縣注云平侯徙此雖不見經傳當必有據史不書

疏已集解引宋忠謂蔡侯徙新蔡平侯徙下蔡誤甚蔡本都

于上蔡平侯徙新蔡至昭侯遷州來乃下蔡也

靈侯般之孫東國攻平侯子而自立是爲悼侯

案平侯子者蔡侯朱也朱卽位一年奔楚不當從略但云平

侯子且東國未嘗攻而殺之俱說在表

悼侯父曰隱太子友隱太子友者靈侯之太子平侯立而殺隱太子故平

侯卒而隱太子之子東國攻平侯子而代立是爲悼侯悼侯三

年卒

案殺隱太子者楚靈王也立平侯者楚平王也平侯爲東國

兄是亦隱太子之子何得妄加平侯以殺父之大逆乎平侯

之太子朱出奔楚實緣楚費無極取貨東國之故亦不得言

東國攻兄自立葢史公誤以平侯爲景侯子遂別生異端造

爲世代相攻之事而不知經傳所載甚明豈可誣哉悼侯止

二年無三年說在表中隱太子之名左氏公羊春秋皆作有

史從穀梁世本作友二字音同形近必非二名疑有一譌抑

豈古人通借如曹世子首之爲手歟

弟昭侯甲立

案昭侯之名或作申或作甲皆與其祖同名說在表

朝楚昭王持美裘二獻其一于昭王而自衣其一楚相子常欲

之不與子常讒蔡侯留之楚三年蔡侯知之乃獻其裘于子常

附案定三年左傳蔡侯爲兩佩兩裘此及表皆言裘而佩自在其中猶傳言獻佩于子常而裘自在其中也左氏言佩公穀言裘亦互見之

蔡侯私于周萇弘以求長于衛衛使史鰌言康叔之功德

案召陵之會將長蔡于衛衛侯使祝佗私于萇弘此言蔡侯私弘求長非祝佗亦誤作史鰌葢以二人俱字魚而誤

十六年楚令尹爲其民泣以謀蔡

案表書于十七年說見表

二十六年孔子如蔡楚昭王伐蔡蔡恐告急于吳吳爲蔡遠約遷以自近易以相救昭（湖本譌招）侯私許不與大夫計吳人來救蔡因遷蔡于州來

案昭王伐蔡在二十五年孔子如蔡在二十七年蔡遷在二十六年然攷哀元二兩年經傳及注楚圍蔡蔡聽命楚疆于江汝之閒而還楚既還蔡更叛請遷于吳中悔吳因聘蔡納師蔡侯告大夫殺公子駟以說于吳言不時遷駟之爲遂遷州來然則非蔡告急于吳也非吳欲遷蔡也非蔡侯私許不與大夫計也非吳興師來救也

乃令賊利殺昭侯

案哀四年傳殺昭侯者公孫翩也孔子世家書之此利字誤

索隱以利爲賊名妄

後陳滅三十三年

案當作三十一年

伯邑考其後不知所封　管叔鮮作亂誅死無後

附案伯邑考之後失傳或謂早死無後恐非說已見上而廣韻云管姓管叔之後通志于管氏云管叔鮮子孫以國爲氏亦未可信

成叔武其後世無所見

案春秋隱五年衛師入郕十年齊人鄭人入郕莊八年師及齊師圍郕郕降于齊師文十二年郕伯來奔皆有傳此則後世之略可見者特不知名謚年世耳

冄季載其後世無所見

案春秋隱九年天王使南季來聘文十四年左傳有聃啟是其後世之可見者

管蔡作亂無足載者然周武王崩成王少天下既疑賴同母之弟成叔冄季之屬十人爲輔拂

案管蔡有本作管叔非但十人中武王安得在輔拂之列伯邑考早死叔鮮叔度叔處或絀或廢止五人爾安得仍稱十人攷古編曰此十人者即大誥之民獻十夫邪

曹叔世家

附案索隱本作曹叔振鐸世家諸世家無書名之例振鐸二字自不應有但史于列傳凡附見者不別題篇而此獨別出題非史公本文葢小司馬增入也然管既無世何以名家自當以蔡曹標名乃史公反附曹于管蔡不亦乖乎（索隱謂管是曹兄故題管略曹非也）小司馬補史曰曹亦姬姓文昭春秋時頗稱彊國其

後數十代豈可附管蔡亡國之末而沒其篇第自合析爲一篇史詮曰史公謂管叔亂無足載者何以稱世家哉當更曰蔡曹世家斯得其實矣

子太伯脾立

附案脾字譌寫作牌

子仲君平立仲君平卒子宮伯侯立

案平何以稱仲君而謚亦無宮俱說見世表

子惠伯兕立

案惠伯名多不同說見表

惠伯卒子石甫立其弟武殺之代立是爲繆公

按繆公已下改稱公不可曉說在表中其弟者石甫之弟也

曹詩譜疏引史石作碩

子桓公終生立

附案生字作湦說在周紀

四十六年宋華父督弒其君殤公

案事在四十七年

子莊公夕姑立

附案索隱云夕音亦卽射姑也攷釋文云或作亦人表作亦姑而春秋及史表竝作射姑曹詩譜疏引世家同此作夕者必夜字之譌脫猶功臣表深澤侯趙將夜漢表譌作夕也古射夜多通借春秋文六年經狐射姑穀梁作夜姑左昭二十五年申夜姑釋文或作射也

莊公卒子釐公夷立

案春秋有曹羈曹赤之文疑莫能明說在表

子宣公彊立

案三傳春秋及漢書人表宣公名盧卽年表亦作盧表從左傳作盧古盧與盧通說在蔡表不聞名彊也況宣公之先有幽伯彊何容宣又名彊其誤審矣檀弓作桓公鄭注謚宣言桓聲之誤也釋文依注音桓爲宣非

宣公十七年卒弟成公負芻立

案此與人表竝以成爲宣弟而左成十三年注以負芻爲宣公庶子杜注是

成公三年晉厲公伐曹

案三當作二

子武公勝立

案勝字誤說在表

子平公頃立

附案平公名須此譌頃

九年悼公朝于宋宋囚之曹立其弟野是爲聲公悼公死于宋歸葬聲公五年平公弟通弒聲公代立是爲隱公隱公四年聲公弟露弒隱公代立是爲靖公

案此所說春秋皆無其事不知史公何據已辨在表

子伯陽立

案史誤以伯爲名說見表

伯陽三年國人有夢　六年曹野人公孫彊

案此事不定在三年六年也亦說在表

旦求之曹無此人句夢者戒其子

附案湖本誤以夢者爲句

無羅曹禍

附案索隱本作離注云離卽羅也史詮曰湖本離作羅

乃乘軒者

附案史詮曰乃一本作及

陳杞世家第六

昔舜爲庶人時

案以舜爲庶人非說在五帝紀

姓嬀氏

案帝舜姓姚至周封胡公乃賜姓爲嬀史謂胡公之前已姓嬀不但乖舛無徵且與下文言及胡公周賜之姓相違反孔仲達（見詩陳風及左隱八昭八疏）鄭漁仲（見通志氏族略）皆辨其誤矣王莽傳載莽言虞帝之先受姓曰姚其在陶唐曰嬀在周曰陳尤屬妄說豈緣史誤而增飾之歟

至于周武王克殷紂乃復求舜後得嬀滿封之于陳

案襄廿五傳子產曰虞閼父爲周陶正以服事我先王我先王賴以元女大姬配胡公而封諸陳則非求而得之矣胡公是閼父之子唐書世系表謂武王以元女妻遏父生胡公妄也又大戴禮少閒篇謂禹受命乃遷邑姚姓于陳下文索隱引宋忠謂湯封虞遂于陳然則胡公其續封歟恐未可信

弟相公皋羊立

案相或作柏說見表

幽公十二年周厲王奔于彘

案事在十三年

子釐公孝立

案釐之曾祖爲孝公而名孝何也

釐公六年周宣王卽位

案六當作五

子夷公說立是歲周幽王卽位

案夷公立于幽王二年此誤

弟平公燮立

附案詩陳風譜疏引世家名𤔲與今本異豈平公有二名後人因見年表作燮遂改之歟

文公元年取蔡女生子佗

案文不取于蔡佗母未聞說見後

衞殺其君州吁

案州吁弑君之賊也而書曰其君背于春秋書名之義矣

三十八年正月甲戌己丑陳桓公鮑卒　桓公病而亂作國人分散故再赴

案此史公仍桓五年左傳文其實非也旣改陳矦鮑爲桓公鮑則陳字宜刪（索隱本無陳字是）杜注云甲戌前年十二月二十一日己丑此年正月六日赴雖日異而皆以正月起文故但書

正月孔疏云赴者並言正月故兩書其日而共言正月設令兩以月赴則當于四年云十二月甲戌陳侯鮑卒五年正月己丑陳侯鮑卒但赴者共言正月之說臆解難通而再赴亦斷無是理陳果再赴夫子卽應審定其實決不傳疑以惑後世況國值變亂之際更奚暇競遣使赴告公穀又謂狂而出故以二日包之夫君雖病狂爲臣子者寧有任聽出走至昧其死日乎蓋甲戌己丑之閒魯舊史有闕文如夏五之類夫子因而不革愼之也先儒亦有言是闕文者然俱以爲筆削後之脫簡似未合而杜據長厤所推月日亦不能無誤大事表中朔閏表敘云桓四年冬當有閏十二月甲戌實是正月二十一日而己丑則二月七日經書正月甲戌不誤第甲戌之下有闕文己丑之上併脫二月兩字耳傳不知而誤以爲再赴杜不知而誤以今年之日屬之前年由失不置閏故也

桓公弟佗其母蔡女故蔡人爲佗殺五父及桓公太子免而立佗是爲厲公　厲公取蔡女蔡女與蔡人亂厲公數歸蔡淫七年厲公所殺桓公太子免之三弟長曰躍中曰林少曰杵臼共令蔡人誘厲公以好女與蔡人共殺厲公而立躍是爲利公利公者桓公子也利公立五月卒立中弟林是爲莊公

案年表云陳文公生桓公鮑厲公他他母蔡女桓公三十八年卒弟他殺太子免代立厲公他七年公淫蔡蔡殺公田完世家云陳完者陳厲公佗之子也厲公者陳文公少子也其母蔡女文公卒厲公兄鮑立是爲桓公桓公與佗異母及桓公病蔡人爲佗殺桓公鮑及太子免而立佗爲厲公厲公既立取蔡女蔡女淫于蔡人數歸厲公亦數如蔡桓公之少子林怨厲公殺其父與兄乃令蔡人誘厲公而殺之林自立是爲莊公凡此皆史之大誤也攷春秋經傳厲公名躍桓公之子桓公取蔡女生厲公故厲公母爲蔡女若他乃文公子他與佗同桓公弟卽五父也他因桓公疾殺太子免代立而厲公蔡出蔡人因殺佗立厲公厲公在位七年卒弟莊公林立莊公卒弟宣公杵臼立佗篡立踰年無謚不成爲君絕之焉爾乃史以厲公爲文公子則與公羊桓十二年傳注以厲公爲佗子何異誤一人表以厲公爲桓公弟亦仍史誤以陳佗爲厲公誤二以厲公母蔡女爲佗之母誤三分佗與五父爲兩人誤四佗自殺免于蔡何涉謂蔡人爲佗殺之誤五佗但殺免不殺桓公謂佗殺桓公鮑誤六蔡人殺佗卽在桓卒之明年謂佗立七年見殺誤七取蔡女者桓公左傳言厲公蔡出可據莊二十二謂厲公佗取蔡女猶上文稱文公取蔡女誤八陳佗淫蔡公穀二家之說而傅會其事謂厲公淫蔡遂誘以好女而殺之誤九蔡自殺佗于太子免之三弟亦復無干謂三弟共令蔡誘殺佗誤十此言三弟以林爲中子而田完世家言少子林不及躍與杵臼誤十一年表田完世家皆無利公而此別出利公躍妄分厲公躍爲兩人誤十二左傳疏曰世本無利公陳佗踰年死厲公躍七年卒今既以佗爲厲公在位七年便稱利公躍立五月而卒誤十三索隱及毛詩陳風譜左傳桓十二疏雖俱糾其謬然

不甚詳核余故綜而辨之（古利厲通用論語利其器漢書梅福傳作厲其器左傳文七年利兵亦即厲兵也）

厲公二年生子敬仲完

案完未定生于是年說在表

宣公後有嬖姬生子款欲立之乃殺其太子御寇

案傳無嬖款之事豈別有所據乎

齊懿仲

案左傳作懿氏杜注陳大夫此云仲誤云齊尤誤當作懿氏而改齊字爲初字方合蓋此追書前事也

靈公太子午奔晉徵舒自立爲陳侯

古史曰太子未嘗奔晉徵舒未嘗爲君蓋楚入陳然後陳侯

奔晉耳（時陳侯在晉非奔晉也）經史問答曰史記夏氏弒君自立成公以太子奔晉楚人迎而立之而不見于左傳是史之誣也夏氏未嘗自立成公已豫辰陵之盟何嘗以太子出奔乎使夏氏自立則辰陵之盟孔子豈肯書爲陳侯可不辨而明已

二十八年楚莊王卒

疏證曰年表陳成公八年楚莊王薨此衍二十兩字

三十四年

案四當作五

初哀公娶鄭長姬生悼太子師少姬生偃

索隱曰昭八年經陳侯之弟招殺陳世子偃師左傳哀公元妃鄭姬生悼太子偃師此云兩姬又分偃師爲二人恐非

哀公怒欲誅招招發兵圍守哀公哀公自經殺

案哀公之縊因招殺太子憂恚自殺恐無圍守之事

楚靈王聞陳亂乃殺陳使者

附案使者爲干徵師索隱謂即司徒招謬甚

使弃疾爲陳公

案左傳爲陳公者穿封戌也弃疾爲蔡公此誤

太子之子名吳出奔晉

案吳恐無奔晉之事傳曰楚公子弃疾奉孫吳圍陳則未嘗奔晉矣

乃求故陳悼太子師之子吳立爲陳侯

案吳非行遯不必言求師上當補偃字

七年陳火

附案七乃十之誤

懷公元年吳破楚在郢召陳侯陳侯欲往大夫曰吳新得意楚王雖亡與陳有故不可倍懷公乃以疾謝吳四年吳復召懷公懷公恐如吳吳怒其前不往留之因卒吳

案懷公元年四字衍大夫數語與逢滑之對不合以疾謝吳與以晉辭亦不合哀元年傳云吳之入楚也（杜注在定四年）召陳懷公因逢滑之言以晉辭吳則安得有如吳被留而死之事且魯定四年爲陳惠公二十八年又安得書于懷公四年乎年表謂如吳留死同誤而此誤尤甚蓋復召之說鑿空無據而惠公卒于定四年二月吳入楚是十一月召懷公在入楚後

當十二月懷雖嗣位尚未踰年改元則以吳之初召爲懷元年妄矣吳止一召陳侯陳侯未嘗往吳兩言而決陳乃立懷公之子越是爲湣公

附案索隱云左傳湣公名周是史官記不同也而左傳無湣公一周之文孟子有之小司馬誤孟子曰主司城貞子爲陳侯周臣趙岐注陳侯周陳懷公子蓋湣公名越又名周也或以周臣二字連讀非

湣公六年孔子適陳

案六年當作七年說在表

吳王夫差伐陳取三邑而去

案史詮謂吳上當有八年二字是也但攷哀元年春秋經傳及年表皆不言取三邑疑此與孔子世家同誤

時孔子在陳

案此謂湣公十三年也攷孔子至陳凡經五年共二次始則在定十五年（當陳湣七年）至哀二年而去（當湣九年）繼則在哀二年至四年而去（當湣十一）孔子世家甚明金氏前編薛氏甲子會記謂孔子三至陳者俱謬而其謬亦有自來陳世家言湣公六年孔子適陳（當定十四）十三年孔子在陳（當哀六）亦猶年表及衛世家謂衛出公八年（當哀十）孔子自陳入衛也而不知均屬誤書定公十四年孔子在衛尚未適陳哀公六年孔子自楚返衛久已去陳哀公十年孔子猶居衛安得如年表陳衛世家之說索隱未究其誤妄疑孔子在陳何以有八年之久前編亦未究其誤反據陳世家以駮孔子世家皆非也

十六年吳王夫差伐齊敗之艾陵使人召陳侯陳侯恐如吳

案艾陵之戰在陳湣十八年非十六年也是時陳已服吳何煩再召蓋又因吳召懷公事而誤

二十四年楚惠王復國以兵北伐殺陳湣公遂滅陳而有之是歲孔子卒

案楚惠復國及孔子之卒皆在湣公二十三年此誤

周武王克殷紂求禹之後得東樓公封之于杞

案杞乃湯封之非周武王始封也下文言武王封杞並非說在夏紀

東樓公生西樓公西樓公生題公題公生謀娶公

附案陳氏測議謂東樓西樓或所居地名題謀娶或名字當是也人表題公東樓子無西樓公蓋誤脫爾集解徐廣曰謀一作謨而索隱本云注一作謀音牒未知孰是（索隱以東樓公爲謚號非）

謀娶公當周厲王時謀娶公生武公武公立四十七年卒

案周有天下至厲王流彘二百八十餘年而杞以四世當之必無此理春秋僖廿三年書杞成公卒逆而推之武公卒于魯桓八年立于平王廿一年自厲王流彘後至平王二十年尚有三十四年則杞之四君必每君在位百餘年方能相及其可信乎是知杞之代系必有脫誤也（竹書于厲王二十四年書杞武公薨）

子德公立

案集解索隱引世本及譙周並作惠公則德公非也

德公十八年卒弟桓公姑容立

案注引世本曰惠公生成公桓公成公立十八年攷春秋僖二十三年書杞子卒左氏以爲成公則推而上之至僖五年春秋書杞伯姬來朝其子適合十八年是成公者伯姬之子而娶伯姬者惠公也索隱誤故攷之世家既誤脫成公一代而又以桓爲德公弟并謚號亦不同故知世家于小國尤多疏舛

桓公十七年卒

案春秋經傳成公以僖二十三年卒是桓公以僖二十四年即位至襄六年桓公卒則桓公在位七十年孔疏謂七十一年葢自成公卒年數之耳此作十七仍世本之誤自古諸侯享國之久未有如杞桓公者也

弟文公益姑立

案文公父名姑容子何以名益姑豈杞即于夷如楚君名熊之比乎

弟平公鬱立

附案春秋左穀作郁釐昭二十四史從公羊作鬱索隱曰一作郁釐譙周云名鬱來葢鬱郁音近釐來字通周作郁來索隱本引譙而釐來爲聲之餘如樂祁爲樂祁犂之類見左昭廿七

隱公弟遂

附案春秋哀八年僖公名過孔疏引世家同則遂字是今本之譌人表以僖公爲隱公子世族譜以僖公爲悼公曾孫竝誤隱公不見于春秋

滑公十五年楚惠王滅陳

案春秋楚惠王十一年滅陳當陳湣公二十四年魯哀公十七年乃杞湣公之九年也此作十五年誤

是爲哀公

附案索隱引譙周云謚懿

滑公子敕立

附案徐廣云一作速疑此公名遬也

杞後陳亡三十四年

案杞滅于楚惠王四十四年陳滅于楚惠十一年故云杞後陳亡三十四年但陳滅之歲爲杞湣九年此言湣公十六年哀公十年出公十二年簡公一年滅自湣十年至滅凡三十

載則杞君之年必有誤或謂簡公在位四年非一年也

杞小微其事不足稱述

案杞雖微小而事略不著然春秋經傳所書遷都及討伐盟會之事頗可紀錄何云不足稱述乎王氏士禎分甘餘話卷四言張杞園貞居杞城作杞紀十八卷體大思精然非爲杞而作乃安丘縣之志乘耳

皋陶之後或封英六

附案索隱謂本或作蓼六非也英即春秋僖十七年所稱英氏路史云六分爲英是已此世家索隱及夏本紀黥布傳正義言英後改蓼謬甚已辨在十二侯表其詳見後

伯夷之後至周武王復封于齊

附案史公作齊世家四岳爲其祖而此與鄭世家以齊爲伯夷後則是齊有二祖矣然史仍國語來周語富辰曰齊許申呂由太姜太子晉云胙四岳國命爲侯伯賜姓曰姜氏曰有呂申呂雖衰齊許猶在鄭語史伯曰姜伯夷之後伯夷能禮于神以佐堯者一以爲四岳一以爲伯夷不應出一人手而錯互至此閻氏尚書疏證四云言四岳者是覩太公望稱呂尙子丁公稱呂伋系出四岳明甚韋昭注伯夷四岳之族詎便爲一人且伯夷與舜三禮未聞佐堯已明與書悖他尙足信哉余謂帝咨四岳僉舉伯夷自非一人而齊竝稱爲祖者以同爲炎帝之後猶秦趙同祖之比不得硬斷其誤況四岳乃官名人得爲之安知作秩宗之伯夷不又爲四岳之官譙周云伯夷掌四岳齊世家索隱引必非無據路史後紀以伯夷生太岳非而其爲秩宗也似舜仍其舊職命之耒是改官觀稷契諸人非新命可見何得斥佐堯爲悖乎呂刑曰伯夷降典折民惟刑又曰伯夷播刑之迪是伯夷嘗爲刑官大戴禮誥志引虞史伯夷之語則又嘗爲史官復何疑其爲四岳乎

伯翳之後周平王時封爲秦

案史公稱秦燒書獨秦記不滅故其據以紀秦者元無所誤秦紀稱秦之先顓頊裔孫女脩生大業大業生大費是爲伯翳其言甚晰女脩乃高陽之裔女而適少昊之後大業之父大業父不著伯翳卽伯益爲大業子故秦風疏曰伯翳伯益聲轉字異猶一人也漢地理志注曰柏益一號伯翳蓋翳益聲相近後書蔡邕傳注曰伯翳卽伯益也而謂之大費者益

封于費竹書費侯伯益出就國是已詩疏以大費爲名路史云世本史以爲字皆非乃史公于此言伯翳後爲秦下文復言益後不知所封析爲二人明屬謬而劉秀卽歆校山海經表仍其說以益與伯翳爲二羅泌遂以益爲帝高陽之第二子隤敳伯翳爲少昊之後皋陶子豈不悖哉伯益之爲伯翳亦如皋陶之爲咎繇今以皋陶與咎繇爲二人可乎又易井卦釋文引世本伯益作化益亦見呂子求人漢書律厤志今更以伯益化益爲二人可乎漢書百官表益作䓘字類作菻今又可爲別一人乎秦紀所謂大費輔禹平水土卽尙書暨益奏庶鮮食者也所謂調馴鳥獸卽書益作朕虞孟子益焚山澤者也豈異人任歟且虞廷果別有功績奇偉之伯翳則馴熊虎而參禹益奚獨滅沒焉不見于經斯可知其妄矣然則羅泌何以斷益之爲隤敳曰此泌信酈道元之過也水經洛水注載晉永平惠帝年號元年九山百蟲將軍顯靈碑云將軍姓伊氏諱益字隤敳帝高陽之第二子伯益也鑿空附會無異齊東野語詎得依之然則泌何以斷伯翳爲皋陶之子曰此又泌信劉向鄭康成諸人之過也詩秦風疏引列女傳云皋子生五歲而佐禹曾大家注皋子皋陶之子伯益史正義引作隤子困學紀聞六引作羿子與皋同李邕爲李思訓碑云羿了贊禹甘生相秦秦詩譜云伯翳實皋陶之子潛夫論志氏姓高誘呂氏春秋當染注陸德明孔穎達邢昺書詩左傳論語釋文義疏唐書宗室宰相世系表鄭樵通志略均以皋益爲父子夫虞朝五臣竝列夏代皋益同官寧有父子之分又夏紀云皋陶卒封其

後于英六而后與益授之政使益是皋子則皋陶之後即益也胡爲封其後于英六而復與益耶又墨子尚賢篇云禹舉益于陰方之中使益是皋子尚須待舉陰方乎又竹書載伯益薨在夏啟六年則伯益最壽路史謂年過二百洵如斯言益初佐禹之時年已百餘而列女傳以爲五歲迂誕極矣然則皋益之父爲誰曰皋益同族而異支皋之父微不著後書馮衍傳言皋陶釣雷澤賴舜而後親則其式微可知路史後紀注引季代厤云少昊四世孫四世亦妄伯益之父但傳大業而已其輩行世次俱不可審而孔穎達張守節以大業爲皋陶生伯益路史以大業爲皋陶父唐表或以大業爲皋陶祖或以大業爲皋陶曾祖何錯戾若是史公固無是言也然則皋益宜何祖曰祖少昊氏國語史伯告鄭桓公云嬴伯翳之後韋注伯翳舜虞官少皞之後伯益路史發揮云伯翳嬴姓之祖書傳嬴姓出少昊其源甚著史公亦並無皋益祖顓頊之語自漢地理志言柏益出顓頊而孔穎達邢昺及唐表從之（唐表並以顓頊爲嬴姓尤謬）索隱路史遂深譏秦趙祖母族非生人之義夫秦趙何曾以母族爲祖哉世儒誣之爾而皇甫謐之謬尤甚路史嘗論之曰班固之徒以女脩爲男子而系之高陽後至世紀直以高陽生大業以大業妻女華爲大業之子而別出女華之妻名扶始生皋陶皋陶生伯益唐書取而用之（宗室表）此春秋元命苞之說不足實也（唐表宰相裴氏世系云顓頊裔孫大業生女華女華生大費大費生皋陶皋陶生伯益所說又別其妄尤甚）然則秦于皋益宜何祖曰

祖伯益舜賜伯益嬴姓不賜皋陶秦爲嬴姓始自伯益故以伯益爲首（五句用詩疏）皋陶乃偃姓當爲英六諸國之祖秦與皋陶無涉詩疏引中候苗興云皋陶之苗爲秦通志略云秦起于皋陶俱非也然則左傳楚滅六蓼何以臧文仲有皋陶庭堅不祀之歎曰六爲皋陶後偃姓蓼爲庭堅後姬姓皋陶出少昊庭堅出高陽羅泌父子言之頗詳惟以英六爲嬴姓非自世儒妄以皋益出顓頊而漢書八表載高陽之才子八愷直以皋陶易庭堅于是異辭紛出潛夫論志氏姓云高陽氏之八愷後嗣有皋陶蓼六英皆皋陶後易林需之大畜云龍降庭堅爲陶叔後高誘淮南氾論注謂蓼爲偃姓侯國皋陶之後（與夏紀以許爲皋陶後同妄）康成注論語以庭堅爲皋陶號（見左文十八疏）杜注左傳依楚世家以六蓼皆皋陶後以庭堅爲皋陶字（杜本班固）唐表用之魏書高允傳以英蓼爲皋陶後俱非也蓋庭堅若即皋陶文仲不應連言之而唐虞之時人以名稱未必有字即或有字亦無緣皋陶之字獨傳陸粲左傳附注以庭堅爲皋陶子若孫謂蓼六二國皆皋陶後庭堅以支子別封此說亦非（水經決水注以蓼爲皋陶封邑泚水注以六爲禹封其少子陸說本之）明傅遜左傳注解辨誤曰庭堅既皋陶子若孫則在堯舜後矣八凱中何得有庭堅庭堅爲八愷之一必非皋陶亦非其後傅氏之辨是杜注八元八愷以禹益皋陶稷契之倫妄相配合本不足信文仲並舉二國之祖豈可合兩異姓爲一人而所云不祀忽諸者傷楚薦食上國先聖之祀遂廢若成季宣孟忠勳無後

之意非謂其後盡絕也羅泌謂左氏之妄志不然皋陶之後猶有舒蓼宣八年始滅在文公五年滅六蓼後路史注云皋陶後舒蓼偃姓與蓼既自二國而舒又自一國黃帝之後任姓杜預誤分舒蓼爲二國孔疏以爲蓼滅復封但誤舒已滅于僖三年矣舒庸成十七年滅舒鳩襄二十五年滅奈何遽歟其不祀若依庭堅即皋陶皋陶爲益父之說則秦方盛于西徐延于東趙基于晉更不當言不祀余因史記而類辨之如此

垂益夔龍其後不知所封不見也

案左傳后夔之子伯封爲羿所滅夔是以不祀則固有封國矣蓋夔與垂龍皆以名爲國其後垂地屬于衞春秋隱八年遇于垂是也夔地屬楚熊摯所封僖廿六年滅者是也龍地屬魯成二年齊圍龍是也益字當衍

右十一人者

案當作十人

故弗采著于傳上

附案攷證張氏曰上當是云字之譌

其後越王句踐興

案句踐非禹後說在越世家

史記志疑卷十九終　錢塘汪大鈞番禺沈葆和沈寶樞校字

史記志疑卷二十

衞康叔世家第七

仁和梁玉繩撰

欲攻成周

案史誤以鎬京爲成周辨見魯世家索隱曲說不足據

殺武庚祿父管叔

案管叔非殺也說在周紀

封康叔爲衞君

案康叔之封說在周紀而李商隱爲懷州李中丞謝上表云蘇公舊田懷侯故邑寰宇記謂周封康叔爲懷侯豈康叔初封爲懷後乃改衞歟路史國名紀五謂封康叔爲懷侯即爲衞

周公旦懼康叔齒少乃申告康叔

案告康叔疑非周公說在周紀

酒之失婦人是用

滹南集辨惑曰酒誥之文曷嘗有用婦人語

爲梓材

案梓材不定是告康叔說在周紀

子康伯代立

案康伯已下六代稱伯說在世表又此失書康伯名

子考伯立考伯卒

附案世表人表作孝伯詩疏引史亦作孝則今本譌爲考伯也而陳仁錫本反謂孝爲誤殊非

子庚伯立

附案庚乃逮字之譌世表作逮類篇又作逮索隱引世本作摯恐非人表及衛詩譜疏引史作建誤

子貞伯立

案世本作箕伯說在世表

頃侯立十三年卒

案頃侯之年疑有誤說在世表

太子共伯餘立爲君共伯弟和有寵于釐侯多與之賂和以其賂賂士以襲攻共伯于墓上共伯入釐侯羨自殺

案淇奧詩疏曰詩美武公之德武公殺兄簒國得爲美者美其逆取順守德流于民齊桓晉文簒弑而立終建大功亦皆類也此仲達過信史記妄爲之說前編載王柏謂武公功罪不以老少相掩仍孔疏之謬耳索隱辨之曰和殺恭伯代立此說蓋非也季札美康叔武公之德又國語稱武公年九十五猶箴誡于國恭恪于朝倚几有誦（各本史記云作抑自儆）至于沒身謂之叡聖又詩著衛世子恭伯早卒不云被殺若武公殺兄而立豈可以爲訓而形之國史乎太史公採雜說爲此記讀詩記曰武公在位五十五年國語稱武公年九十有五猶箴儆于國計其初即位其齒蓋已四十餘矣使果弑共伯而簒立則共伯見弑之時其齒又加長于武公安得謂之早死髦者子事父母之飾諸侯既小斂則脫之史記釐侯已葬共伯自殺是時共伯既脫髦矣（玉藻曰親沒不髦）詩安得猶謂之髧彼兩髦是共伯未嘗有見弑之事武公未嘗有簒弑之惡也（黃氏日鈔引華谷說以兩髦指共姜恐未然）古史曰詩序言共伯早死初無簒奪之文且武公賢者衛人謂睿聖武公簒嫡之事未可遽以誣之學史曰淇奧之風抑之雅武公之德粹矣季札觀樂又盛稱其德其沒謂之睿聖武公而史乃有殺兄代立之說何其不類也遷所聞誤矣先儒糾駁精核故備錄古史皇王大紀皆削而不錄但云釐侯卒世子共伯早死立其弟和爾已余謂武公固無弑奪之事而共伯并非釐公之子武公之兄何以明之柏舟二章雖爲鄘詩之首然次于新臺乘舟之下牆茨之上則必衛宣公時事若釐公卒于周宣王十五年在春秋前九十年詩不應失次如是意者共伯爲宣公太子伋乎伋不敢違命見殺故謚曰共猶晉申生之爲共世子也宣公奪伋之妻爲之別娶而所娶者能守義自誓可謂不負所天矣親沒不髦伋死于宣公見存之時故曰髧彼兩髦未爲君而見殺不得其終故曰蚤死

周平王命武公爲公

案東遷以後諸侯于其國皆稱公從未有天子命諸侯爲公者武公蓋入爲王卿士耳

子莊公揚立

附案表作楊詩譜疏引世家亦作楊而今本作揚古通

莊公五年取齊女爲夫人好而無子又取陳女爲夫人

詩燕燕疏曰禮諸侯不再娶且莊姜仍在左傳惟言又娶于

陳媵也不言爲夫人世家非也取齊女何以在五年亦未確

而生子完

附案名完而謚桓古不諱嫌名也然亦僅見

完母死莊公令夫人齊女子之立爲太子

案詩疏云左傳惟言戴嬀生桓公莊姜以爲己子不言其死云完母死非也余攷小序毛傳並言燕燕之詩莊姜送歸妾戴嬀所作在州吁殺桓公後則史公之誤審矣又隱三年左傳杜注雖爲莊姜子然太子之位未定孔疏曰石碏言將立州吁乃定之矣請定州吁明太子之位未定衞世家言立完爲太子非也

十八年州吁長好兵莊公使將石碏諫莊公曰庶子好兵使將亂自此起

案傳但言莊公弗禁其好兵耳而史遂有使將之說幷以石碏之諫爲諫使將似誣也又書于十八年亦非說見表

桓公二年弟州吁驕奢桓公絀之州吁出奔十三年鄭伯弟段攻其兄不勝亡而州吁求與之友十六年州吁收聚衞亡人以襲殺桓公

案傳無出奔反襲之事已說在表州吁友段亦不知何據

爲鄭伯弟段欲伐鄭

案伐鄭脩怨也爲叔段乎哉繹史亦云史誤

石碏乃因桓公母家于陳詳爲善州吁至鄭郊石碏與陳侯共謀使右宰醜進食因殺州吁于濮

案隱四年傳州吁如陳石碏使告于陳而執之使右宰醜涖殺州吁非陳桓公至鄭碏與共謀殺之也而又何進食之有

而迎桓公弟晉于邢而立之

案以晉爲桓弟未的而詩疏引世家及人表又皆以宣公爲桓公子九誤

十年晉曲沃莊伯弒其君哀侯

案莊伯當作武公莊伯已死八年矣

宣公愛夫人夷姜夷姜生子伋以爲太子

附案桓十六年傳云宣公烝于夷姜杜注夷姜宣公之庶母孔疏謂世家宣公愛夫人夷姜烝淫而謂之夫人馬遷謬耳明李詡戒菴漫筆曰容齋五筆云宣公以魯隱四年十二月立至桓公十二年十一月卒凡十有九年姑以即位之始便成烝亂而伋即以次年生勢須十五歲然後娶既娶而奪之又生壽朔朔已能同母譖兄壽又能代爲使者越境非十歲以下兒所能辦也然則十九年之間如何消破此最難曉德清陳霆駁之云衞莊公以平王三十六年卒是年子桓公立越十三年而入春秋再四年而蹈州吁之難是年十二月國人殺州吁迎公子晉入立是爲宣公宣乃莊衆子莊之卒距宣公之立凡十七年其烝夷姜當在桓公嗣位之後而非其即位之初爲始也意者莊公甫卒宣公即上行無禮而桓公以逼于州吁之故慮其合而搆也故不加禁焉迨宣公入立則伋之生既勝冠矣夷姜亦已當小君之禮專寵宮闈既而

新憹聞舊幼子加長嫌疑讒隙日積月生始則以夷姜之愛而爲伋娶終則以宣姜之故而置伋死此其前後恩怨之反而伋母子兆隙之由也壽朔之生在宣公卽位一二年之後無疑葢新臺之築必宣公末立則亦未能所事如志也然則宣公末年壽朔當踰男子化生之期矣謂兄越境奚爲不能哉洪氏曾不致詳宣公于爲公子之時而徒以烝母奪婦與前後生子皆併于十九年之內宜其致論之不可通矣是說勝容齋而大事表又有夷姜辨云左傳衞宣公烝于夷姜生急子予嘗核其年而知左氏之誣也據閔二年傳惠公之卽位也少杜注謂葢年十五六宣公之在位止十九年而朔尚有其兄壽則奪伋妻之事計當在卽位之元二兩年伋年可娶亦必當十五六而宣公之兄桓公凡十六年而爲州吁所弒則烝夷姜當在桓公卽位之初年矣凡先君之妾媵嗣君當嚴閉深宮無有他公子得濁亂宮掖者而宣公爲公子時又出居邢遠寄他國無由得近借令有之亦當閟不令宣何乃顯然屬諸右公子猖狂無忌如此且夷姜何人當卽莊姜之姪娣也而右公子卽宣公之兄弟莊姜嚴正惡州吁之好兵豈反不惡宣公之淫亂而石碏老成謀國手定州吁之難創深痛鉅豈有迎穢迹彰聞之公子而奉以爲君此萬萬必無之理竊意夷姜是未卽位時所娶之適夫人後因寵衰見廢橫加之罪左氏因而甚之耳史記俱不及烝淫事曰夫人曰太子此可徵者也案新序節士篇伋前母子也亦一證宣公奪子婦以致大

亂無足深道獨惜伋兄弟爭死而其母蒙不韙之名不得不爲之辨鄭箋匏有苦葉云刺夷姜而取證于雉鳴求其牡一語竟似襄夫人之欲適公子頑矣罪狀輾轉增加夷姜有知得毋叫冤于地下乎經史問答云毛西河力主史記然此事但可爲疑案也

生子壽子朔

案此以子壽子朔爲名故下文一稱子壽兩稱子朔但傳于壽稱壽子而無子朔之稱亦有小異伋稱急子已說見表

宣公正夫人與朔共讒惡太子伋

案此卽所納伋之妻也而云正夫人誤已

乃使太子伋于齊而令盜遮界上殺之

案殺伋一事未定在宣公十八年說見表

與太子白旄

案左傳作旌疏云旌有志識世家白旄或以白旄爲旌但馬遷演此文而爲之說其辭至鄙不可言鄙未必其言可信也

太子可毋行

案傳謂壽告伋使行杜注行去也此云可毋行是止其使齊矣似不合

盜幷殺太子伋

附案新序節士篇謂壽母及朔使人與伋乘舟將沈而殺之壽因與同舟不得殺又謂伋見壽之死載屍還境而自殺愈演愈殊與經史俱乖其可信乎

齊襄公率諸侯奉王命共伐衞納衞惠公

案春秋諸侯之納惠公逆王命也乃云奉王命舛矣
惠公立三年出亡
案三年乃四年之誤
周惠王奔溫
案王不奔溫說見表
二十九年鄭復納惠王
疏證曰左傳及年表應是二十七年
子懿公赤立
附案論衡儒增篇懿公亦謚哀公可補經史所未及
大臣言曰君好鶴鶴可令擊翟于是遂入殺懿公
案閔二年左傳使鶴之諸國人言之非大臣也擊翟句下一

本重翟字是
齊桓公以衛數亂乃率諸侯伐翟爲衛築楚丘立戴公弟燬爲
衛君是爲文公
案左傳及年表城楚丘在衛文二年故春秋書于僖二年此
在衛文初立之年誤齊亦無伐翟事韓子外儲說右賈誼新
書審微篇云文公名辟彊周行人卻之乃更名燬世家當兼
載初名不容略韓作燬賈作燬此處集解及漢書文紀注引賈仍作燬嘉定錢大昭曰新書燬字娓之譌也詩王室如燬說文引作娓後書列女傳注引韓詩亦作娓與燬同
初翟殺懿公也衛人憐之思復立宣公前死太子伋之後
案憐懿公則宜思立懿之後何以思立伋後況上文云懿公
之立百姓大臣皆不服自懿公父惠公朔之讒殺太子伋代
立至于懿公常欲敗之卒滅惠公之後則衛人之不憐懿公
也明甚此語必誤
太子伋同母弟二人其一曰黔牟　其二曰昭伯
案杜注左傳黔牟羣公子昭伯惠公庶兄而史以爲伋同母
弟豈別有據乎疑誤
十六年晉公子重耳過無禮
案重耳過衛在十八年說在表
晉欲假道于衛救宋
案僖廿八年傳假道伐曹非爲救宋也此誤
晉更從河南度救宋徵師于衛衛大夫欲許成公不肎大夫元
咺攻成公成公出奔
案傳云晉侯齊侯盟于斂盂衛侯請盟晉人弗許衛侯欲與

楚國人不欲故出其君以說于晉衛侯居于襄牛則晉無救
宋徵師之事衛亦無元咺攻公之事
晉文公重耳伐衛分其地予宋討前過無禮及不救宋患也
案傳乃是討其前過無禮及不肎假道非爲不救宋也
衛成公遂出奔陳
案春秋是年四月衛侯出奔楚六月衛侯鄭自楚復歸于衛
左氏曰衛侯聞楚師敗懼出奔楚遂適陳晉人復衛侯此缺
不具
二歲如周求入與晉文公會
案前二年爲與元咺訟殺叔武事晉執衛侯歸于京師非如

周末入也非與晉會也史不言叔武元咺事亦疏
晉使人鴆衛成公成公私于周主鴆令薄
案左氏言甯俞貨醫使薄其酖非成公私之且是醫衍何以
言周評林謂一本周作晉是
已而周爲請晉文公卒入之衛
案傳云公爲之請納玉于王與晉侯王許之乃釋衛侯此直
言周爲請晉亦疏
衛君瑕出奔
索隱曰是元咺所立者成公入而殺之故僖三十年經云衛
殺其大夫元咺及公子瑕此言奔非也
三十五年成公卒

案成公遷于帝丘在六年爲魯僖三十一年徙都大事何以不書
十一年孫良夫救魯伐齊
案成二年經傳衛爲齊所敗如晉乞師伐齊非爲救魯也
獻公十三年公令師曹教宮妾鼓琴妾不善曹笞之妾以幸惡
曹于公公亦笞曹三百
案笞妾事未必在十三年說見表
二子怒如宿
案二子當作文子宿乃孫文子邑甯惠子不聞偕去也戚之
作宿見吳世家
齊置衛獻公于聚邑
案襄十四年傳以郲寄衛侯此譌郲爲聚

孫文子甯惠子共立定公弟秋爲衛君是爲殤公
案殤公非定公弟其名秋謚殤亦疑並說在表
殤公秋立封孫文子林父于宿
案宿爲孫氏邑舊矣奚待殤公始封之妄也
甯喜與孫林父爭寵相惡殤公使甯喜攻孫林父林父奔晉復
求入故衛獻公獻公在齊齊景公聞之與衛獻公如晉求入晉
爲伐衛誘與盟衛殤公會晉平公平公執殤公與甯喜而復入
衛獻公
案襄廿六年傳甯喜欲復獻公故伐孫氏弒殤公孫林父以
戚如晉此言甯孫爭寵殤公使喜攻林父因而奔晉求入獻
公者誤也獻公初奔齊居郲後晉納于夷儀緣甯喜等納之

從夷儀入國而獻公之入與殤公之弒皆在二月獻公既入
侵戚晉爲林父戍戚獻公殺晉戍三百人故六月晉會諸侯
討衛執獻公及甯喜景公如晉請之此誤以景公如晉爲求
入獻公又誤以獻公被執爲殤公事是時殤公已弒五月矣
尙安得與平公會而執之乎此與表言齊晉殺殤公復入獻
公同誤而世家之誤尤甚故古史曰史記言獻公入與殤公
之死最爲疏謬其說不根今以左氏爲政
過宿孫林父爲擊磬曰不樂音大悲使衛亂乃此矣
案吳世家載季札過衛事依左傳此所載矛盾不祇一以爲
鐘一以爲磬之異也故滹南集辨惑云如前說是文子自作
樂而季子適聞之如後說是文子爲札而作也前說則罪其

不自愧懼而安于娛樂後誤則以爲聲之悲而知其爲亂之徵是何乖異邪前說本于左氏當以爲是

襄公有賤妾幸之有身夢有人謂曰我康叔也令若子必有衛名而子曰元妾怪之問孔成子成子曰康叔者衛祖也及生子男也以告襄公

邵氏疑問曰昭七年傳孔成子史朝夢康叔今云妾夢史與傳違且閨中夢兆先及外庭宜男告語始呈公聽夫豈衛襄嬖幸之寵姬不若鄭文燕姞之徵蘭哉

四十二年春靈公游于郊

案游郊非當年事左傳是初字宜改春爲初

曰此靈公命也

案靈公甫卒安得便有謚當衍靈字左傳夫人曰君命也是爲出公

案朱子注孟子疑衛孝公卽出公輒攷輒在位前後凡二十年不應無謚孝公當是出公而謂之孝者殆反言之歟

趙簡子欲入蒯聵乃令陽虎詐命衛十餘人衰絰歸簡子送蒯聵衛人聞之發兵擊蒯聵蒯聵不得入入宿而保衛人亦罷兵

案哀二年傳云晉趙鞅納衛太子于戚宵迷陽虎使太子絻八人衰絰僞自衛逆者告于門哭而入此言十餘人非亦無衛發兵擊太子事

齊鮑子弒其君悼公

案悼公非鮑所弒說在表

孔子自陳入衛

案此書于出公八年時孔子自楚入衛已五年矣言自陳入衛亦誤說在陳世家

十二年

案此十三年之誤說在後

召護

附案左傳作召獲左通曰儀禮大射儀注古文獲皆作護曲禮釋文固獲一音護葢通用

是爲莊公

附案蒯聵之謚史與左傳同而人表作簡公豈有二謚歟

元年卽位欲盡誅大臣曰寡人居外久矣子亦嘗聞之乎羣臣欲作亂乃止

案哀十五年傳莊公害故政欲盡去之先謂司徒瞞成曰寡人離病于外久矣子請亦嘗之歸告褚師比欲與之伐公不果明年二子出奔宋則非盡欲誅之也非盡欲作亂也居外之言告司徒非告諸臣也嘗之者嘗此居外之苦不得云嘗聞之伐公不果而出奔亦不得云乃止

二年魯孔丘卒

案卒卽在元年二年當作是年

三年莊公上城見戎州曰戎虜何爲是戎州病之十月戎州告趙簡子簡子圍衛十一月莊公出奔

案三年當作二年莊公無三年也莊公翦戎州後爲戎州人

己氏所殺而簡子之伐衛與戎州無涉不得云戎州告簡子也公出奔在十月若十一月則晉師已還爲莊公復入被殺之月矣此俱誤亦說在表

衛石曼專

附案專當作尃曼字衍說見表

出公立十二年亡亡在外四年復入出公後元年賞從亡者立二十一年卒

案出公立十三年亡三年復入立七年又亡前後在位二十年其卒不知何歲左傳哀廿六年謂卒于越是終言之此誤也說見十二侯表暨六國表

出公季父黔攻出公子而自立是爲悼公悼公五年卒

案哀廿六年傳悼公乃衛人立之無攻出公子之事此誤餘說見表又呂覽愼小言孫林父甯殖逐獻公立公子黚石圃逐莊公立公子起眞謬所謂張冠李戴不可信也

子敬公弗立

附案注引世本名費疑弗乃脫其半耳

昭公六年公子亹弒之代立是爲懷公

案表作悼公說在表

公子適

附案適乃敬公庶子索隱謂即悼公非

子聲公訓立

案索隱謂訓亦作馴又引世本作聖公馳名謚竝異箋宮詹日廣韻引風俗通云聖者聲也周禮地官土訓鄭司農讀爲馴五帝紀五品不馴後書鄧禹周舉傳俱作不訓皆古通用字馳葢馴之譌

子成侯遬立

案索隱本作遬注云系本作不逝案上穆公已名遬不應成侯更名則系本是也

成侯十一年公孫鞅入秦

案秦紀孝公元年鞅入秦秦孝公元年當衛成侯十五年年表于衛出公已下其年皆錯索隱不察遂仍其誤耳

子平侯立平侯八年卒子嗣君立　子懷君立

案平侯已下失名嗣君亦不應無謚說見表

魏更立嗣君弟是爲元君

案元君失名大事記曰世家嗣君弟元君徐廣曰班氏云元君者懷君之弟則亦嗣君之子也兩說不同通鑑從徐氏案嗣君在位四十二年懷君在位三十一年使嗣君有弟尙存葢亦八十餘矣徐氏是也

元君十四年秦拔魏東地秦初置東郡更徙衛野王縣而并濮陽爲東郡二十五年元君卒

案元君在位二十五年表誤作二十三年也秦拔魏地置東郡在始皇五年當元君二十四年此元君下脫二字明年衛徙野王此亦誤應移二十五年四字于更徙衛野王上而元君卒之上再補是年二字集解索隱俱仍年表之誤

君角九年秦幷天下立爲始皇帝二十一年二世廢君角爲庶人

案君角立于始皇七年至秦幷天下凡二十年廢于二世元年在位三十二年此書角立于始皇十八年則所云九年二十一年皆史公故縮其年以合之欲自掩其誤耳

衞絕祀

附案孝武封周後姬嘉爲周子南君于洛陽周紀集解引臣瓚曰汲冢古文謂衞將軍文子爲子南彌牟（哀廿六年左傳稱彌牟爲南氏　通志氏族略子南氏衞靈公之子公子郢之後葢郢字子南也）其後有子南勁紀年勁朝于魏後惠成王如衞命子南爲侯秦幷六國衞最後滅疑嘉是衞後故氏子南而稱君也水經注廿一同正義引顏師古謂子南爲封邑之號瓚言恐非乃妄駁也觀建武閒更封衞公可證然則衞之祀當史公時未絕而此云絕祀者豈子南君爲周後不得私衞乎嗣後改封周承休侯又進爲公至東漢不絕康叔武公之德遠哉

太史公曰余讀世家言

案世家言卽史公所作也而曰余讀何哉豈衞世家是司馬談作而遷補論之歟

宋微子世家第八

及祖伊以周西伯昌之脩德滅阢阢國懼禍至以告紂

案史誤以伐阢爲戡黎說見殷紀重一阢字當衍索隱本作滅阢國史詮曰阢當作阢盧學士云伊耆氏或作伊帆从巾从几疑此亦當爾也

婦人是用

案微子篇無此句

箕子者紂親戚也　王子比干亦紂之親戚也

案李斯傳紂殺親戚亦謂箕子比干然親戚有數解左傳伍尙曰親戚爲戮大戴禮曾子疾病篇曰親戚既沒雖欲孝誰爲孝孟子曰人莫大焉亡親戚君臣上下楚世家之如悲親戚孟嘗傳之遺其親戚是稱父兄也左傳富辰曰封建親戚以蕃屏周是稱子弟也國策蘇秦曰富貴則親戚畏懼是稱妻嫂也曲禮曰兄弟親戚孔疏言親是族內戚是族外也攷商書左傳（僖十五）論語注疏先儒論比干爲紂諸父無異說以孟子已有明文至于箕子馬鄭王諸儒以爲紂之諸父服杜以爲紂之庶兄孔仲達謂既無正文各以意言之又謂父師呼微子爲王子則父師非王子矣鄭王等以爲紂之諸父當是實也（公都子以微子爲紂叔父乃引當時人言之誤且古人文法倘渾重在比干卽不別言微子亦不定是誤　高誘注呂子必已離謂過理等篇云箕子紂庶父而注淮南主術云紂庶兄未免岐見）孟子趙注謂紂與微子比干有兄弟之親亦是互文錯舉史公但言親戚似欠分明路史後紀以舜後箕伯爲箕子之先羅苹注謂世家云親戚葢外親也恐非又箕子不詳其名書微子篇疏曰徧檢書傳不見箕子之名惟司馬彪注莊子云箕子名胥餘不知出何書攷莊子大宗師篇釋文及文選非有先生論注竝引尸子云

彼爲象箸必爲玉柸

附案龜策傳雖非史公本書而有紂爲象郎及圍之象郎語象牙飾廊觀象箸更侈矣附著之

乃披髮佯狂而爲奴

案比干剖心在箕子佯狂之先微子行遯在剖心佯狂之先蓋微子去而後比干強諫箕子見比干死而後佯狂周乃伐紂殷紀可據（楚辭天問注謂箕子見醢梅伯佯狂醢梅伯與剖心同時也世傳箕子操是僞作然亦云紂殺比干乃佯狂）此旣誤以箕子佯狂爲諫不聽之故又誤以比干見箕子爲奴遂直諫以死而微子始去傎矣

于是太師少師乃勸微子去遂行

附案上文言微子謀于二師遂亡此又言二師勸微子去遂

行而是時比干已死亦不得有少師故注以爲誤殊不知上文自箕子者紂親戚至此乃帶敘追敘之法因孔子稱殷有三仁牽連書之勸行一語應前遂亡句非乖複也

微子乃持其祭器造于軍門肉袒面縛左牽羊右把茅膝行而前以告于是武王乃釋微子復其位如故

案殷紀言太師少師持其樂器奔周卽周紀所云太師疵少師強非箕子比干也乃是二樂官亦猶夏太史終古執圖法奔殷殷內史向摯載圖法奔周（見竹書及呂覽先識淮南氾論）非微子也而此以爲微子持器造軍門豈不謬哉至肉袒面縛之事更爲誣戾亦猶易林遯之旣濟云貞良得願微子解囚微子何嘗被囚乎其時微子已行矣則伐商之際必不自歸以取辱又呂氏春秋誠廉篇載武王使召公盟微子于共頭之下曰世爲長侯守殷常祀相奉桑林宜私孟諸益可驗無軍門之辱也蓋共頭之下卽微子去位行遯處（古者同姓雖危不去國共在河內近朝歌紂都此最確）故周旣而盟之其所以知微子遯其頭者必物色得之耳史本于左傳僖六年逢伯對楚成王語而不知此乃左氏之妄記武王非討微子微子非亡國之子何爲其然前編據王柏之說云面縛銜璧必武庚也後世失其傳也斯論眞不可易何孟春餘冬敘錄謂逢伯之言非微子事逢伯欲託諸武王禮命說楚子以爲許男孟春殆未睹王氏說然則傳云使復其所史云復其位如故是仍其太子之故將封爲殷後也使以爲微子則所復者爲何位將復其卿士之位歟而君

亡國破何忍立人之朝將復其微國之位歟而登卽封宋不得言如故邵寶學史獨以微子面縛銜璧爲信蓋本于路史發揮不免一孔之見尙書左傳疏駁之曰面縛縛手于後故口銜其璧又安得左牽羊右把茅此駁可以解頤或謂依史所述須再得兩手持其祭器也（毛氏經問十七謂微子實有持器降周之事經問補三又駁王柏降周爲武庚之非俱僻論也）

武王旣克殷訪問箕子

案周紀言克殷後二年訪洪範因武王克殷在十一年而洪範稱十三祀故耳與大傳稱武王封箕子朝鮮于十三祀來朝而問洪範政合此謂克殷之後卽訪洪範旣訪洪範乃封朝鮮殊不然孔疏反以宋世家爲得其實非也又有說洪範

箕子歸鎬京而作者亦非㮣書序云武王勝殷殺受立武庚以箕子歸作洪範序自相顧爲文非當年事竹書于武王十六年書箕子來朝

母偏母頗遵王之義

附案頗普多反而古儀義二字通用俱音莪非不協韻也乃唐玄宗謂頗與下文不協據周易泰卦无平不陂改頗爲陂字事見新唐志宋王欽若冊府元龜宋李昉文苑英華並載詔辭困學紀聞二注云宣和六年詔洪範復從舊文然監本未嘗復舊也陸氏釋文云陂音祕舊本作頗攷楚辭偝繩墨而不頗王逸注引易作不頗則非但頗與義協不必刊革且周易元是頗字不得據今本之易以改古本之書而釋文成于貞觀何以特出祕音當是宋開寶時校增非陸氏本書匡謬正俗作陂蓋傳刻之譌也又匡謬正俗引書作遵王之誼音宜宜有何音亦與頗協蓋古義字皆誼漢書猶然鄭仲師周禮春官肆師注云古者書儀但爲義今時所謂義爲誼然則史記及呂覽貴公篇玄宗詔作義匡謬正俗作誼即依字讀亦皆當平聲是陂應音碑不應音祕矣況不必改乎楊子太玄經曰陽氣氾施不偏不頗物與爭訟各遵其儀政用洪範可證義誼儀三字之同也毛氏奇齡古文尚書冤詞以明皇之改陂押義謂之本韻三聲合于喜起歌以義讀俄爲非恐妄

母黨母偏王道平平

附案平當作釆字之譌也九經古義糾其誤嘉定王光祿鳴盛尚書後案辨之尤詳案曰說文釆辨別也象獸指爪分別也讀若辨蒲莧切古文作𠂔平从亏从八語平舒也又正也符兵切古文作𠀒二字不同而形聲易混說文又于[illegible]字下注云釆古文辨字堯典平章鄭訓辨別則鄭本必作釆小雅平平左右疏云平章書傳作辨章則伏生亦作釆史記索隱曰今文作辨章是也鄭注周禮馮相氏引辨秩賈疏謂是據書傳則伏鄭合矣史記作便假借同音字耳僞孔誤爲平遂訓爲和并洪範王道釆釆亦改爲平詩平平韓詩作便便閒雅貌毛傳辨治也襄十一年左傳引詩作便蕃爾雅便便辨也則詩亦當作釆而洪範雙聲與詩政同亦當作釆三輔黃圖長安城南出第三門曰便門一作平門亦釆之誤陸德明詩釋文孔穎達詩疏徐廣史記注皆不識釆而誤認平亦有便音廣韻二仙平房連切十二庚平符兵切俱誤認平可兩讀唐宋以來宰輔銜名皆誤用平章而世無識釆字者矣又案曰王道平平當作釆釆皮莧反平聲則皮延反也史記張釋之馮唐傳論引作王道便便徐廣曰一作辨是與平章平秩等僞孔作平鄭作辨史作便者同王丈所案甚覈說文有釆部即釆字與采別墨子兼愛下篇引周詩曰王道平平不黨不偏蓋亦釆之譌

內友柔克

索隱曰內當爲燮

曰涕曰霧

附案五兆之名各本不同如霽之爲濟克之爲尅字義並通

不足爲異釋天曰濛謂之霧周禮太卜注克作尅所可異者今本洪範曰驛史作涕徐廣一作濟說文及鄭氏尚書注詩載驅箋周禮太卜注皆作圛今本曰蒙史作霧徐一作被鄭尚書注作雺太卜注作蟊攷詩載驅疏云古文作悌今文作圛賈逵以今文校之定爲圛鄭依賈所奏從之則史亦作悌史公從孔安國問多得古文之說故作悌也尚書從案曰說文口部圛从口睪聲尚書曰圛圛升雲半有半無讀若驛蓋古文作悌太迁故賈逵作圛許慎書偁孔氏說文自序又攷之于逵上書慎子沖其說宜從僞孔乃因其讀若驛而卽改爲驛妄矣其作涕者篆立心與水相似讀者誤從水見鄭氏易注濟又因涕而誤也再攷霧與雺霚霧是一字然當依鄭作雺爲定鄭云雺聲近蒙也尚書後案曰鄭讀若蒙而卽改爲蒙則非矣今俗刻史記誤雺爲霧爾雅誤霧爲霧釋天云天气下地不應曰雺地气發天不應曰霧說文乃互易之恐非霧乃俗字說文所無異文耳恐非俗其作蟊者音近而假借雺亦音矛作被者被古音平賀反音轉而譌也孫侍御云今本作驛蒙是開元中衛包妄改也孔疏作圛雺可證錢宮詹云被蓋敉之譌敉卽霚之省

五者來備

附案困學紀聞二曰洪範五者來備史記云五是來備荀爽謂之五韙李雲謂之五氏傳習之差如此攷今本史記皆作五者李賢于後漢書荀李兩傳皆引史記一作五者一作五是蓋傳寫之譌古是氏本一字吳志是儀傳孔融嘲氏字民無上遂改爲是而韙卽是也九經古義依釋詁以時爲是謂漢儒讀經連上文曰時五者來備爲一句王丈作後案從之恐非續後書律厤志中有五是以備語

箕子傷之欲哭則不可欲泣爲其近婦人乃作麥秀之詩

案學齋佔畢云尚書大傳以爲微子不知司馬何所據而與書傳牴牾邪攷淮南王傳作微子與大傳同似此誤偁箕子然漢書伍被傳及張晏注水經洪水注竝作箕子蓋所傳異辭未知孰是

麥秀漸漸兮禾黍油油彼狡僮兮不與我好兮

附案史詮謂好字叶許𠊱反未知何出詩羔裘云自我人究究維子之好斯干云式相好矣無相猶矣蓋好之叶音有上有去從無叶平聲者史詮許𠊱之音疑是許條之誤至油字本有余救一音則當叶爲去聲公羊定四年經盟于浩油釋文一音羊又反油又與紬同亦可互證而其實古無平仄之分也但御覽五百七十引史作不我好仇則不必叶而韻自合豈今本史記譌易邪而大傳載歌辭又各不同今本大傳云麥秀蔪蔪兮蔪與漸同音尖兮黍禾蠅蠅彼狡童兮不我好仇攷文選洞簫賦注蠅蠅游行貌然不得其韻而思舊賦注引大傳云麥秀漸兮黍禾曬曬彼狡童兮不我好孫侍御云曬音映日煇也與黍禾無涉疑刻誤選注引大傳上尚有又曰禾黍油油六字當在不我好之下蓋記大傳別本作油油也傳寫倒耳又漢書伍被傳注張晏曰箕子歌曰麥秀之漸漸兮黍苗之繩繩兮彼狡童兮不與我好兮張所引必是大傳曬繩字必譌

欲襲成王周公

附案徐廣作欲襲成周非也史詮删欲字亦非

殺管叔

案管叔非殺也說在周紀

作微子之命以申之國于宋

案成王以舊宋命微子爲殷後非武庚既誅微子始國于宋也說在殷紀

微子開卒立其弟衍是爲微仲

案仲乃微子之子非弟也說在世表僞家語本姓一作始解謂微子弟仲思名衍或名泄號微仲恐不可信惟是遷爵易位仍以故官爲稱父子俱不去微之號終身不稱宋公其忠盛矣而水經注八言微在東平壽張杜預曰有微子冢經史問荅據之以爲微子反葬于其先王所封之地則誤甚壽張之微鄉卽春秋莊廿八年所築之郿公穀作微古字通時已屬魯微子安得葬之武王封微子于宋微國亦已久除微子安得遂兼故國檀公稱齊太公五世反葬于周日知錄辨其妄余卽借其言而明之曰微子卒于宋自葬于宋宋都商丘去壽張幾及千里而使其已化之骨跋履山川觸冒寒暑以葬于封守之外于死者爲不仁古葬禮祖于庭塴于墓反哭于其寢故云葬日虞弗忍一日離使宋之孤重跰送葬曠日踰時不獲速反而虞于生者爲不孝且入魯境而不見魯侯則不度離其喪次而以衰絰見則不祥若其孤不行使卿攝之則不恭勞民傷財則不憙數者無一而可是知微子家不在微鄉而微鄉之冢非微子冢郡國志梁國薄縣注云城西有微子冢此的證也又路史國名紀言微本扶風之郿縣紂徙畿內則在聊城今故城在潞東北以在魯爲非亦難據徐氏測議主聊城之說而又誤信上文歸周復位語因疑微子與武庚同在故都何以武庚叛時絕無一詞之逮殊不知紂都千里武王祇以鄘封武庚以商舊都封微子其餘地別建諸侯分隸功臣之國不但武王未嘗以殷全都畀武庚卽微子亦不能仍有微邦而鄘宋相隔甚遠安得同在故鄉邪若微子自武王封之于宋微已他屬身不復至微矣其以微之號自終者不忘舊也經史問荅謂徐閬公不知復位爲復微國之位本于路史發揮以復位爲復之微毛氏經問十七亦謂周仍封于微俱非

子湣公共立

附案唐宰相表云名捷誤甚名捷者後之湣公也

湣公子鮒祀

附案徐廣鮒作魴索隱引譙周亦作魴祀未知二名孰是攷昭十七年左傳魴也以其屬死之周禮春官太卜注引作鮒疑古通借僞家語作方祀脫其半耳

目而觀之

滹南集辨惑曰左氏目逆而送之其言甚文史乃云目而觀之不成語矣服虔曰目者極視睛不轉也殆是妄說

乃使人宣言國中曰殤公卽位十年耳而十一戰

案殤字誤當省史詮曰當作今君又曰稱十年而敘于九年

亦非

是歲魯弒其君隱公

疏證曰隱公弒于宋殤公八年此敘在九年誤

九年執鄭之祭仲

案事在宋莊公十年

十九年莊公卒

案莊公十八年卒無十九年說見表

宋水魯使臧文仲往弔水湣公自罪曰寡人以不能事鬼神政不脩故水臧文仲善此言此言乃公子子魚教湣公也

案此史公改莊十一年左傳文而誤者未必所見本異也其辭曰孤實不敬天降之災文仲稱其言懼而名禮若如史云寡人何得謂名禮而辭出于公子御說史又誤爲子魚子魚乃桓公御說之子也至魯弔非文仲已說見表

十年夏宋伐魯戰于乘丘

案乘丘之役在宋湣八年此書于十年者蓋因左傳于莊十一年追敘獲南宮萬而誤差二年也

十一年秋湣公與南宮萬獵因博爭行

案十一年三字衍湣公立十年而被弒上文已書曰十年也又史本公羊以弒公因博起釁然不聞獵也豈別有據乎

遂以局殺湣公于蒙澤

案公羊云萬搏閔公絕其脰此言以局殺公亦異魏徐幹中論法象篇宋敏碎首于棋局（愍與閔同譌爲敏）

萬弟南宮牛

案杜預以牛爲萬之子此云萬弟疑非

太子茲甫讓其庶兄目夷爲嗣

案說苑立節篇以目夷爲桓公後妻子襄公之庶弟故襄公請立目夷曰臣爲祠兄以佐之與經史異未知孰是

襄公七年宋地霣星如雨與雨偕下六鶂退蜚風疾也

案春秋莊七年夏四月辛卯夜恆星不見夜中星隕如雨（在宋湣五年）僖十六年春王正月戊申朔隕石于宋五是月六鷁退飛過宋都（在宋襄七年）此誤書也索隱欠明滹南集辨惑曰星隕如雨初不指其在宋且莊七年與僖十六年相去遠矣安得併爲宋地同時之事乎蓋見左氏釋隕石爲隕星故誤認焉而隕石之事反遺而不書疏甚又曰如雨者直言其狀之多若雨後世史書五行志亦時有載此者左氏乃謂與雨偕下杜預遂以如訓而益失之矣（公穀作似雨）至史記則併舉之愈謬（漢五行志成帝永始二年二月癸未星隕如雨）

諸侯會宋公盟于盂目夷曰

案目夷當作子魚說在後

子魚諫曰

附案僖廿二年左傳此句作大司馬固諫杜云大司馬固莊公之孫公孫固晉語公子過宋與司馬固善韋云宋莊公孫大司馬固韋杜皆依世本言之陸粲左傳附注據世家以子魚爲公子目夷公孫固猶在戰泓後固諫猶固請固辭顧氏

補正祖其說增引定十年左傳公若藐固諫爲驗蓋謂杜氏誤矣而傳遜注解辨誤曰子魚累見或稱名或稱字或稱官皆未有言大者此獨言大必有所別史記疏略豈可爲據又何由知固爲司馬在戰泓之役今從杜稱公孫固惠氏補注依傳說又云大司馬與大宰不在六卿之列文七年穆襄之族殺公孫固時樂豫爲司馬泓之戰子魚爲司馬明大司馬是宋之孤卿也蓋謂世家誤矣其將奚從余攷宋有大司馬之官文七年宋昭公即位時固已不爲司馬樂豫代之非比攝卿而司馬與大司馬實一官名文八年傳上云殺大司馬公子卬下云司馬握節以死隱三年傳云大司馬孔父桓二年傳云孔父嘉爲司馬可參互知之若以爲有別則晉語何以不稱大司馬固而稱司馬固乎傳說不足以折陸然謂諫襄公者是公孫固非公子目夷誠不可易有二確證戰于泓傳先稱大司馬固繼稱司馬後稱子魚中間敘諫事層次井然自出一口安得別爲二人目夷以左師聽政傳有明文安得降爲司馬因知此時公孫固爲司馬而固亦字子魚蓋傳稱目夷爲子魚止見僖八年辭位一篇先稱目夷繼稱子魚其餘稱司馬子魚及單稱子魚者皆莊公孫公孫固文極明曉故盂之會泓之戰傳皆書子魚乃固之字固即鰂也世家于上文盂之會改爲目夷于下文泓之戰首尾俱曰子魚中間忽書目夷者一豈不誤哉杜注戰泓傳雖不誤而其誤在宋用鄫子傳中司馬子魚一句之下以子魚兩字之同遂併爲一人則昭十七年傳楚有司馬子魚亦將認爲目夷耶穀梁戰泓傳作司馬子反又將認爲楚之子反耶韓子外儲左篇述泓之戰作戰于涿谷上大司馬子魚作右司馬購強更將以購強爲何人耶盧學士文弨鍾山札記謂子魚是目夷而疑購強即公孫固之字似未的衛有史子魚即有祝子魚亦同時史于盂之會稱目夷其誤必因公羊僖廿一年楚人獻捷傳來而不知公羊乃追述目夷盟于鹿上之誅也

楚人未濟目夷曰

案目夷當作子魚說見上

必如公言即奴事之耳

案奴事非當時語蓋史公改之即左傳所云愛其二毛則如服焉

楚成王已救鄭鄭享之去而取鄭二姬以歸叔瞻曰成王無禮其不沒乎爲禮卒于無別有以知其不遂霸也

案徐氏測議謂此楚事著于宋傳失刪政也然楚世家不載此事則是史家帶敘之法不得謂失于刪政惟成王生而稱謚爲非當曰楚王無禮

是年晉公子重耳過宋襄公以傷于楚欲得晉援厚禮重耳以馬二十乘

案左傳重耳歷游諸國惟自鄭至楚及楚送諸秦當在魯僖二十三年過衞在僖十八年餘皆追敘莫定在何歲此及晉世家書過宋于宋襄公十三年傷泓之後當魯僖二十二謂因敗禮重耳未確也左通曰晉文公在外十九年不知于何年過宋

史特因上年傳泓而爲此說安知過宋不竟在泓戰之前索隱亦言史公之疏而年數多誤語亦欠明故不錄

十七年成公卒成公弟禦殺太子及大司馬公孫固而自立爲君宋人共殺君禦而立成公少子杵臼

案經傳無禦作亂事說見表是時樂豫代公孫固爲司馬固已不爲司馬故文七年傳但云殺公孫固公孫鄭于公宮

昭公四年宋敗長翟緣斯于長丘

案敗翟非昭公四年事說在表

昭公弟鮑革

附案春秋經傳及年表宋文公名鮑不名鮑革徐廣云一無革字是也下文一稱公子鮑一稱鮑革衍革字

因大夫華元爲右師

評林曰左傳昭公無道國人奉公子鮑以因夫人于是華元爲右師此云因大夫華元爲右師文義不順正義依文立解妄也

夫人王姬使衛伯攻殺昭公杵臼

案衛伯與左傳稱帥甸異說見表

昭公子因文公母弟須與武繆戴莊桓之族爲亂文公盡誅之出武繆之族

案文十八年傳武氏之族道昭公子將奉司城須作亂宋公殺須及昭公子使戴莊桓之族攻武氏遂出武穆之族然則始亂者武族非昭公子因須爲亂也黨于武者爲穆族而戴莊桓三族乃攻武族者此謂戴莊桓亦偕亂被誅誤矣

鄭命楚伐宋

附案左傳云鄭受命于楚伐宋則此是楚命鄭伐宋傳寫倒耳或曰命上缺受字或曰命下缺于字

執楚使

案執當作殺

楚人圍宋五月不解

案五月乃九月之誤說見表

莊王曰誠哉言我軍亦有二日糧

案二日公羊傳作七日又公羊作子反告華元此謂莊王喜華元之誠而自發斯言亦異蓋史公述楚圍宋事合采公羊左氏而變易之不盡依元文耳

子共公瑕立

案共公一名固說見表

共公元年華元善楚將子重又善晉將欒書兩盟晉楚

案元年當作十年即成十二年傳所云華元合晉楚之成會于瑣澤也徐孚遠陳子龍不知元年是十年之誤又忘華元合晉楚事遂謂此是向戌盟宋之譌妄矣

共公卒華元爲右師魚石爲左師司馬唐山攻殺太子肥欲殺華元華元奔晉魚石止之至河乃還誅唐山

案成十五年傳司馬蕩澤弱公室殺公子肥華元自罪身爲右師不能討澤故出奔魚石止之乃反因攻殺子山蕩澤亦名子山經止書山唐與蕩疑古通杜注肥文公子然則唐山

無欲殺華元之事而肥亦非共公太子也

乃立共公少子成

案史誤以公子肥爲共公太子故以成爲少子公羊注云宋公卒子幼當是也平公之名左穀經作成史從之公羊經兩見俱作戌（成十五 昭十）公羊釋文曰本或作成又曰何云向戌與君同名則宜音恤此引何休昭元年注或謂戌乃成之誤何據公羊誤文爲說耳然平公曾祖謚成公則不應名成

四年諸侯共誅魚石而歸彭城于宋三十五年

案晉未嘗誅魚石說見表又平公三十年向戌善于晉楚因爲宋之盟以弭兵爲名而史皆略之陳氏測議曰向戌之盟晉楚分霸之始宋大事也史失書

元公毋信詐殺諸公子大夫華向氏作亂楚平王太子建來奔見諸華氏相攻亂建去如鄭

案華向詐殺諸公子非元公殺之建之奔鄭亦非爲見亂之故說在表

子景公頭曼立

案人表作兜欒左傳作太子欒與史異攷山海大荒南經驩頭國卽驩兜也則知兜頭古通而欒與曼聲相近其所以或稱兜欒或稱欒者呼之有單複耳金石錄有宋公緣餗鼎銘緣卽欒字東觀餘論廣川書跋國策吳注日知錄竝有說謂頭曼爲譌混也

二十五年孔子過宋

案是時孔子在陳過宋在二十二年說在表中

三十七年楚惠王滅陳熒惑守心

案陳滅于魯哀十七年爲宋景三十九年此誤而熒惑守心亦不定在三十七年說見表

六十四年景公卒

案景在位四十八年無六十四也說見表

宋公子特攻殺太子而自立是爲昭公昭公者元公之曾庶孫也昭公父公孫糾糾父公子禚秦禚秦卽元公少子也景公殺昭公父糾故昭公怨殺太子而自立（禚當從衣又左傳疏引此少子作小子非）

案特乃得之誤左哀廿六疏引世家作得可證但世家與左全乖未知史公據何爲說孔仲達及小司馬已疑之左傳糾

作周蓋音近相借如左成十七年晉孫周亦作糾也又韓詩外傳六賈子先醒篇言昔者宋昭公出亡歎曰吾內外不聞吾過是以至此革心易行二年宋人迎而復之宋有兩昭公所言必是昭公得史失書蓋宋之賢君也

昭公四十七年卒子悼公購由立悼公八年卒子休公田立休公田（田字衍）二十三年卒子辟公辟兵立辟公三年卒子剔成立剔成四十一年剔成弟偃攻襲剔成

案五君之年數謚名俱說見表蓋史于諸君之年元不誤注家誤耳謚法無休而稱休公辟兵謚桓而稱辟公剔成是易城之譌（成城古通）因封地以爲號而竝其謚名失之偃亦失謚均史之疏也又據索隱引王邵案紀年云宋易城盱（三字名本譌作剔成）

肝廢其君壁（與辟通）而自立則剔成非辟兵之子明矣

君偃十一年自立爲王東敗齊取五城南敗楚取地三百里西敗魏軍乃與齊魏爲敵國（高誘注呂子禁塞篇作齊楚魏也）

案年表世家皆無宋取齊楚地及敗魏軍之事惟田完世家湣王七年（依表當偃十二年其實是齊宣王廿六年偃王三十年）有與宋攻魏敗之觀澤語然攷年表魏趙世家竝言齊敗魏趙于觀澤非止敗魏竝不言與宋攻之且宋方與齊爲敵國無緣共宋出兵則田完世家固非而此亦虛說也又宋策有齊伐宋一章云齊伐宋索救于荊齊拔宋五城而荊王不至雖未知事在何年而注家謂齊爲宣王荊爲威王其時甚合則此誤以齊取宋城爲宋取齊也又宋策云康王滅滕伐薛取淮北之地漢地理志杜世族譜稱滕爲齊滅（世本言齊景亡滕謬也辨見春秋隱七年疏）竹書曰於越滅滕通志謂秦滅之策言宋滅滕恐與竹書通志俱難信而取淮北一語得毋即此取楚地乎然云三百里似誕（路史國名紀一以越所滅者是黃帝後之滕）

盛血以韋囊縣而射之命曰射天淫于酒婦人羣臣諫者輒射之

附案宋策康王射天笞地斬社稷而焚滅之罵國老諫臣爲無顏之冠以示勇剖傴之背鍥朝涉之脛燕策蘇子謂齊王曰宋王射天笞地鑄諸侯之象使侍屛匽展其臂彈其鼻又蘇秦傳蘇代約燕遮秦告齊之詞曰宋王無道爲木人以寫寡人射其面（燕策亦有）此略不具射天事又見呂氏春秋過理篇

告齊伐宋

案國策田完世家齊湣王因蘇代之謀以伐宋非諸侯告齊伐之也

王偃立四十七年

案偃立六十一年滅也說在表

齊湣王與魏楚伐宋殺王偃遂滅宋而三分其地

案湣王滅宋未嘗與楚魏共伐而三分其地六國表及各世家皆不書惟此有之大事記以爲魏得其梁陳留齊得其濟陰東平楚得其沛蓋據此也國策吳汪曾論之云蘇代說燕曰齊王南攻楚西困秦又以其餘兵舉五千乘之勁宋說秦曰齊强輔之以宋楚魏必恐使當時齊與楚魏合其言豈若是乎史稱齊既滅宋南割楚之淮北西侵三晉是其乘滅宋之强竝奪楚魏地而謂與之分宋地豈其實哉樂毅勸燕昭王約趙楚魏伐齊曰攻齊莫若結趙又淮北宋地楚魏之所欲年表書楚趙取齊淮北則楚魏分地當是樂毅破齊後事此論甚確或問田完世家載齊伐宋蘇代爲齊說秦之語實襲國策韓人攻宋一章史公改韓作齊未知何據竊意借齊滅宋者非楚魏乃韓耳余謂不然韓伐宋分地史無明文趙策韓珉處趙去齊三千里魏疑齊有秦私蘇代說奉陽君曰秦內韓珉于齊又曰東鮑齊王必無召珉而韓策有韓珉相齊之語蓋韓珉爲齊伐宋也國策首句韓人即珉之譌耳斯亦吳氏所辨史公改韓作齊決非無據惟以珉作聶疑有二

名又攷秦紀年表及魏田完兩世家言王假出亡死于溫策云遂說魏之韓得病而亡蓋衛從溫地也則此云殺王假誤而溫爲魏地若魏果同伐何以反走于溫此又魏不與齊伐宋之一驗

春秋譏宋之亂自宣公廢太子而立弟國以不寧者十世

案宣之舍子而立弟繆知人之不肖也穆舍其子而復與宣之子不忘德也君子美之乃此謂宋亂始宣公本于公羊之謬說猶下文之褒襄公也前賢論之詳矣十世不寧尢非

襄公之時脩行仁義欲爲盟主其大夫正考父美之故追道契湯高宗殷所以興作商頌

案昭七年左傳及魯語詩序言正考父佐戴武宣得商頌十二篇于周太師以那爲首則是從戴至襄百四五十年正考

父非襄公大夫也非作頌之人也非追作之也但史公此說實本韓詩故法言學行篇曰正考父睎尹吉甫公子奚斯睎正考父奚斯作閟宮史克作頌而以頌爲奚斯作亦韓詩說後書曹褒傳曰奚斯頌魯考甫詠殷康成樂記注以歌商爲宋詩嗣後文人多仍此說然與本義全乖詩疏史索隱及困學紀聞俱斥其誤

襄公既敗于泓而君子或以爲多傷中國闕禮義褒之也

案此本公羊說卽上文所云襄公脩行仁義也泓之役以迂致敗得死爲幸又多乎哉執滕子戕鄫子行仁義不忘大禮者如是邪何褒乎爾史公采摭極博于尙書兼今古文于詩兼齊魯韓于春秋兼三傳然未免擇而不精之誚

史記志疑卷二十終　錢塘汪大鈞番禺沈葆和沈寶樞校字

史記志疑卷二十一

仁和梁玉繩撰

晉世家第九

初武王與叔虞母會時夢天謂武王

案昭元年傳云當武王邑姜方震大叔夢帝謂已疏曰世家謂此夢爲武王之夢若是武王之夢傳直云武王方生大叔足矣何以須言邑姜方震邑姜方震而夢明是邑姜夢矣安得以爲武王夢也薄姬之夢龍據其身燕姞之夢蘭爲己子彼皆夢發于母此何以夢發于父是馬遷妄言耳余謂世家之異于傳者言虞母夢天謂武王不言是武王之夢故御覽卷一引史作叔虞母夢天謂武王蓋節引之孔疏錯會世家文也

鄭世家同傳漢志則云武王夢帝

成王與叔虞戲削桐葉爲珪以與叔虞曰以此封若史佚因請擇日立叔虞

案呂氏春秋重言作桐葉說苑君道作桐葉皆謂周公請封叔虞惟此作史佚然其事非實柳宗元曾辨其妄故褚少孫續梁孝王世家及漢地理志應劭注據韓詩又以爲封應矦也晉語叔向曰唐叔射兕于徒林殪以爲大甲以封于晉則非翦桐之故

姓姬氏

滹南集辨惑曰周紀自有姓氏旣云武王子何必更言姓且魯衞管蔡等世家類皆不著而此獨著何哉

字子于
附案毛集解本作子干
唐叔子燮是爲晉侯
案叔虞本封唐[illegible]父改[illegible]史不書疏也
晉侯子寧族　成侯子[illegible]
案索隱引世本寧族作[illegible]周作曼旗又引世本福作輻
字形相近未知孰是毛本族作旅
自唐叔至靖侯五世
案靖侯當作厲侯故云五世
大臣行政故曰共和
案共和之解見周紀

子獻侯籍立　子穆侯費王立
附案二侯之名說見表
穆侯太子仇率其徒襲殤叔而立
案文侯仇與衛武公同爲平王功臣書是以有文侯之命世
家無一言及之何也
晉國之衆皆附焉
案此言衆附桓叔與詩揚水序言國人將叛而歸沃同經史
問答曰詩序與史記合華谷嚴氏粲名以爲不然攷之左氏似
華谷之言是朱子仍依序說蓋華谷後朱子而生未得見其
詩緝也曲沃自桓叔至武公祖孫三世竭七十年之力而得
晉皆由晉之遺臣故老不肯易心故耳是眞陶唐之遺民而
文侯乃心王室之餘澤也詩序史記之言俱謬今以其曲折
次之平王三十二年晉大臣潘父弑昭侯迎桓叔桓叔將入
晉人攻之桓叔敗歸晉人誅潘父立孝侯由是終桓叔之世
不得逞此一舉也四十七年莊伯弑孝侯晉人不受命逐之
而立鄂侯是再舉也桓王元年莊伯伐晉而鄂侯敗之乘勝
追之焚其禾此事不見于左傳而史記有之竹書有非曲沃史記也
懼而請成是三舉也二年莊伯合鄭邢之師請王旅以臨晉
鄂侯奔隨而晉人立哀侯以拒之是四舉也三年晉之九宗
五正復逆鄂侯入晉使與哀侯分國而治其不忘故君如此
十二年當作十一年　陘庭召翼哀侯被俘晉人立小子侯以拒之
是五舉也十六年曲沃又誘小子侯殺之而周救之晉人以

王命立哀侯之弟是六舉也于是又拒守二十七年力竭而
亡而猶需賂取王命以脅之始得從然則以爲將叛而歸者
豈其然乎當是時曲沃豈無禮至之徒而要之九宗五正不
可以潘父及陘庭之叛者槩而誣之是則華谷之言確然不
易者也故近日平湖陸氏曰素衣朱襮從子于沃蓋潘父
輩之陰謀以告其君使得爲防也彼其之子則外之也
晉人復立孝侯子郄爲君
案鄂侯郄乃孝侯弟非子也郄一本作都亦非說見表
鄂侯六年卒曲沃莊伯聞晉鄂侯卒乃興兵伐晉周平王使虢
公將兵伐曲沃莊伯莊伯走保曲沃晉人共立鄂侯子光是爲
哀侯

案哀侯之立鄂侯未卒莊伯伐晉不關鄂侯之卒與否也俱說見表又使虢公伐曲沃者乃是桓王左傳及年表甚明此以爲平王大誤而哀侯之立據左傳實出王命此以爲晉人立之亦非

小子元年

案小子何以不書侯此與下晉小子之四年曲沃武公誘召晉小子殺之皆當有侯字

周桓王使虢仲伐曲沃武公

案左傳是年無王伐曲沃事說在表中

晉侯十九年齊人管至父弒其君襄公

案弒襄公但舉管至父何也何以不日無知

晉侯二十八年

案當作二十六年說見表

釐王命曲沃武公爲晉君

案王命爲君當書于武公三十九年此連敘其事不依年爲紀也然表亦并敘于滅晉侯湣之歲則誤已說在表

曲沃武公已卽位三十七年矣

案三十七當作三十八下文通年三十八年當作三十九通年卽位凡三十九年而卒當作四十說見表

晉武公始都晉國

案漢書地理志詩唐風鄭譜及孔疏叔虞封唐子燮父改晉至曾孫成侯南徙曲沃成侯曾孫之孫穆侯徙于絳昭侯以下徙翼及武公并晉又都絳景公遷新田史皆不書而反謂武公始都晉獻公始都絳何疏舛也水經涑水注言武公自晉陽徙曲沃澮水注言孝侯改絳爲翼獻公北廣其城命之爲絳竝非

獻公元年周惠王弟穨攻惠王

案事在二年非元年也

五年伐驪戎

案此事不定在五年說見表

八年士蔿說公曰故晉之羣公子多不誅亂且起乃使盡殺諸公子而城聚都之命曰絳始都絳

案莊廿五年傳士蔿使羣公子盡殺游氏之族乃城聚而處之晉侯圍聚盡殺羣公子則聚以處公子非晉都聚也聚與絳是二地非命聚爲絳也城絳在九年此合爲一科竝書于八年詩唐風疏已言其誤而都絳亦非始獻公說見前

晉羣公子既亡奔虢虢以其故再伐晉弗克

案莊廿六年傳虢于秋冬兩侵晉非爲羣公子也且晉之公子盡殺于聚矣尚安得有未殺而奔虢者乎下文言虢匿晉亡公子爲亂同妄

獻公有意廢太子乃曰曲沃吾先祖宗廟所在而蒲邊秦屈邊翟

案三公子居鄙在十一年此誤書于十二年說見表又左傳驪姬欲立其子賂二嬖使言于公居三公子于外非公有意廢太子而爲是言也此亦誤

太子申生其母齊桓公女也曰齊姜

附案莊廿八年傳獻公烝于齊姜生秦穆夫人太子申生注云齊姜武公妾故僖十五年疏曰申生之母本是武公之妾武公末年齊桓始立（武公卒于齊桓九年）不得爲齊桓女馬遷妄也而大事表齊姜辨曰獻公烝齊姜愚核其年而知左氏之誣莊二十八年晉使申生居曲沃係獻公之十一年若申生是烝武公妾所生想當在卽位後年不過十歲重耳夷吾必當更幼以三稚子守宗邑與邊疆適足以啟戎心而使民慢何謂威民而懼戎又史記重耳奔狄時年四十三計守蒲時年三十二矣而申生居長則其生當在獻公爲曲沃世子時是時武公暴起方圖幷晉志意精明豈有縱其子淫昬之事卽使有子豈宜復立爲太子唐之高宗不聞於太宗之世而先通武后也竊意齊姜是未卽位時所娶之適夫人後因寵衰見廢橫加之罪左氏因而甚之耳史記不及烝淫事曰世子申生其母齊桓公女齊姜此尤信而可徵者獻公惑驪姬幾亡國無足深道獨惜申生爲千古純孝而其母蒙不韙之名不得不爲之辨

申生同母女弟爲秦穆公夫人

仁和景吏部江錦曰左傳僖十五年注云穆姬申生姊疏曰莊二十八年傳先言穆姬後言申生知是姊也其實秦紀明言秦穆夫人申生夷吾姊杜注蓋用秦紀而此又稱女弟豈不誤哉

夷吾母重耳母女弟也

案莊廿八年傳大戎狐姬生重耳（檀弓上疏引傳作犬戎疑今本大字譌晉語十韋注亦云犬戎）小戎子生夷吾注云大戎唐叔子孫別在戎狄者小戎允姓之戎此言二女是姊妹蓋以大戎小戎之稱而淆譌也故仲達于僖十五年疏云虢射惠公之舅狐偃文公之舅二母不得爲姊妹馬遷之妄（錢詹事云子亦姓也謂子姓之戎杜說不可信）

獻公子八人而太子申生重耳夷吾皆有賢行

案傳曰獻公之子九人而云八人何故下文述介推語固是九人也惠公之失德內外棄之乃以爲有賢行與申生重耳竝稱毋乃非乎

盈數也　以從盈數

案盈字何以不諱魏世家皆作滿

今命之大

附案毛本命作名

里克謝病不從太子

附案毛本無太子二字

乃使荀息以屈產之乘

案不言垂棘之璧失之也

居二日

案傳作六日二字譌

築蒲屈城弗就

案築城無弗就之理僖五年傳云不愼寘薪焉

蒲人之官者勃鞮

案僖五年傳寺人披伐蒲晉語同此以爲蒲人之官者非也又晉語作寺人勃鞮並見左僖廿五亦稱奄楚亦稱伯楚韋注披之字于此作勃鞮于下文作履鞮文選報任少卿書及宦者傳論注並引史記作履貂蓋所見本異也故後書鄭與[illegible]文作勃鞮後漢書宦者傳序作勃貂何不同若是蓋披其名伯楚其字宋庠國語補音曰勃鞮官名宋說甚得然則內外傳云勃鞮僖廿五年左傳有以及履鞮履貂勃貂皆官號之異乃主履者若周官之鞮鞻氏鞮是革履貂是皮履勃者排也說文解取排比之義故後書注以勃鞮爲名固非惠氏儀禮古義謂勃鞮爲披即後世反切之學亦非

太伯虞仲太王之子也

附案虞仲乃周章之弟非太王子也宮之奇因晉假虞伐虢故舉虞虢之始祖言之舉虞仲而先言太伯舉虢叔而連言虢仲以虞仲爲吳之分叔爲仲之弟耳余嘗有虞仲辨云太伯之弟仲雍亦稱吳仲見吳越春秋周章之弟虞仲見史世家吳仲爲虞仲之曾祖虞仲爲吳仲之曾孫謚得混[illegible]自班固地理志誤引論語之虞仲以爲仲雍遂使兩人合一無論仲雍君吳不當稱虞而一祖一孫詎堪同號誤蓋起于古字吳虞之通用故志總論云封章弟中于北吳後世謂之虞河東大陽縣注云吳山在西上有吳城武王封太伯後爲虞公也或曰左傳謂太伯虞仲太王之昭非歟曰傳未嘗誤杜注

誤從史言太王子耳傳不別言虞仲者統于太伯也或曰論語虞仲爲太伯之弟歟爲周章之弟歟曰此另一虞仲不見經傳無緣取證亦若夷逸朱張之莫攷已故漢唐諸儒俱不注惟班氏以仲雍實之而朱子遂從之獨不思太伯仲雍猶夷叔也叔齊與伯夷並列而太伯不與仲雍同居于逸民其義安在且孤竹二子後雍幾百年乃反先于雍奚敘次之紊邪況二仲皆儼然有土之君非惟不得以逸民目之並與隱居放言不合黃氏日鈔及四書釋地續曾疑之則逸民虞仲之爲別一人明矣然則漢志何以謂之北吳杜預何以謂之西吳曰此亦緣古字通用以虞爲吳也在鎬京之北曰北虞在成周之西曰西虞非有異焉詩云虞芮質厥成仲蓋虞滅後所封水經注四謂武王封太伯弟虞仲于虞以周章弟爲太伯弟謬甚日知錄七疑論語左傳虞仲是吳仲之譌亦非吳仁傑刊誤補遺以爲虞仲仲雍是二人雍乃太伯子嗣有吳國伯之弟虞仲終于逸民武王所封者逸民虞仲之後以史傳言仲雍即虞仲爲不然尤臆說不足據

虢仲虢叔王季之子也

附案晉滅之虢乃西虢虢叔之後仲爲東虢鄭滅之左隱元年僖五年注疏及韋昭周鄭語注甚明馬融上陽下陽同母異母之說乃單辭謬解孔疏及高氏春秋地名攷略已糾之矣虢亦作郭而春秋所書之郭公疑是小虢其亡在魯莊公七年春秋錯簡在二十四年郭公乃郭亡之譌猶梁亡然又

攷漢志弘農陜縣下云北虢在大陽東虢在滎陽西虢在雍州雍州之虢在右扶風虢縣卽秦紀秦武公十一年所滅之小虢乃西虢君之支屬故亦號西虢與仲叔初封之二虢無涉而漢志之北虢水經注河水圖謂之南虢並是西虢別稱葢叔之國在中國西南陜上陽與大陽下陽夾河相對故又有南北之名先儒言仲叔之後或東或西旣互易不同而所說封地亦糾錯欠晰如續郡國志水經河水渭水注唐書郭氏世系表路史後紀十及國名紀五吳仁傑刊誤補遺程公說春秋分記高氏春秋地名攷略皆不能無誤也

及其大夫井伯百里奚

案奚與井伯非一人且奚不及虞難也說在秦紀

二十五年晉伐翟翟以重耳故亦擊晉于齧桑

案傳晉伐狄敗于采桑在前年說見表是年乃狄擊晉采桑是晉敗狄處非狄擊晉處晉因重耳奔狄故伐之表所書甚明狄之擊晉報其來伐豈因重耳歟史旣誤書年數又謂翟爲重耳擊晉謂翟擊晉齧桑皆誤而齧桑卽采桑高氏地名攷略云杜注平陽北屈縣西南有采桑津案采桑史作齧桑服虔以爲翟地索隱以爲衞地俱非水經注河水又南爲采桑津又南逕北屈故城西今其地在吉州西顯王四十六年諸侯執政與秦相張儀會于齧桑徐廣曰在梁與彭城之閒此又一齧桑瓠子歌所云齧桑浮兮淮泗滿者也

生悼子

附案春秋三傳及史于秦紀年表齊世家等處皆作卓此悼字誤徐廣于秦紀云一作倬古字通用此或是倬字傳寫譌悼耳有謂悼爲謚者大謬矣齊無謚卓子安得謚且未有名卓而謚悼者也鶡冠子世賢篇卓襄王宋陸佃注卓當爲悼又是誤悼作卓矣

宰孔曰齊桓公益驕

案此當云齊侯

里克弑悼子于朝

案國語云殺驪姬列女傳云鞭而殺之此本左傳不言姬死亦疏

齒牙爲禍

附案國語禍作猾

呂省郤芮曰

案國語呂甥使告夷吾于梁曰子厚賂秦以求入吾主子是呂甥未嘗從夷吾在外也此與郤芮並舉誤又省乃甥之譌葢呂甥或稱瑕甥或稱陰飴甥或稱瑕呂飴甥周語韋注作鮐或稱子金皆見內外傳竹書又稱瑕父呂甥呂其氏郡國志河東永安注引博物記云有呂鄉呂甥邑也恐非或是其先邑于呂遂以邑爲氏耶飴其名子金其字陰瑕其所食二邑爲晉之甥杜注姓瑕呂名飴甥非未聞有呂省之稱也下同誤通志略四甥作生釋名曰甥亦生也

乃使郤芮厚賂秦

案左國皆言芮使夷吾賂秦求入此非

及還里克書曰誠得立請遂封子于汾陽之邑

索隱曰國語命里克汾陽之田百萬命丕鄭負蔡之田今本譌葵七十萬今此不言亦其疏略也

後十日

附案左傳七日此誤直其下耳

恭太子更葬矣

附案索隱本作更喪

周使召公過禮晉惠公惠公禮倨召公譏之

案僖十一年傳天王使召武公內史過賜晉侯命受玉惰過歸告王曰晉侯無後告王之言乃內史過非召武公也此云召公譏之誤其所以誤者召武公亦名過耳見國語

惠公用虢射謀不與秦粟而發兵且伐秦

案晉無因饑伐秦之謀說在秦紀

六年春秦繆公將兵伐晉

案秦伐晉左傳在九月經從赴在十一月此言春誤

更令梁繇靡御

案內外傳梁由靡御韓簡無更御惠公之事

反獲晉公以歸秦將以祀上帝

案祀上帝妄也說在秦紀

欲使人殺重耳于狄重耳聞之如齊

案如齊求入非爲惠公欲殺之故也又事在惠公七年此書于六年亦非

梁伯卜之

案左傳僖十七年梁卜招父與其子卜之非梁伯也

有賢士五人曰趙衰狐偃咎犯文公舅也賈佗先軫魏武子

景吏部曰五士所說不同僖廿三年左傳數狐偃趙衰顛頡魏武子司空季子爲五杜注云狐毛賈佗皆從而舉五人者蓋賢而有大功則既與世家異矣昭十三年傳有士五人子餘子犯爲腹心魏犨賈佗爲股肱杜氏據僖廿三年傳所數五人爲注又云稱五人而說四士佗又不在本數蓋叔向所賢索隱于後文五蛇爲輔曰狐偃趙衰魏武子司空季子及子推舊云五臣有先軫顛頡今恐二人非其數呂氏春秋介立注以衰偃佗犨推爲五則又與經史異矣國語止稱狐趙

賈三人余謂當定狐偃趙衰賈佗魏犨胥臣爲五士胥臣即司空季子杜言賈不在數殊妄內外傳明列之也而傳數顛頡顛不足據反國未幾奸命被戮豈曰能賢從亡之臣如狐毛顛頡舟僑介推之徒其人甚眾皆不得與五士比而史數先軫乃不攷而誤書之爾軫未嘗從亡故叔向云欒郤狐先爲內主也又此敘五人不應夾述狐偃獨詳疑咎犯文公舅也六字是後人之注錯入本文

獻公卽位重耳年二十一一當作二各本俱譌

附案史言文公二十二獻公卽位四十三奔狄六十二反國卒時年七十左國言文公生十七年而亡亡十九年而反凡三十六年卒時年四十四何不同若是余謂信左國不如信

史記奚以明之其守蒲城也二變曰彊場無主則啟戎心若使重耳主蒲可以懼戎依史記文公守蒲城時年三十二與懼戎之說政合依左國但六齡爾非適足以啟戎心乎其戰城濮也楚子曰天假之年而除其害依史記文公戰城濮時年六十六與假年之說相符依左國僅四十爾年少于楚成安得謂天假之年乎

獻公十三年以驪姬故重耳備蒲城守秦

案事在十一年說見表依史亦當作十二年

狄伐咎如

案左傳作廧咎如此缺廧字索隱所引別本非

以長女妻重耳　以少女妻趙衰

案左傳重耳取少女衰取長女索隱已言之

夫齊桓公好善

案此當作齊侯

今聞管仲隰朋死此亦欲得賢佐盍往乎

案此即國語狐偃所云管仲歿矣必求善以終之說特傳聞異詞耳故年表亦云重耳聞管仲死去翟之齊其實重耳如齊將以求入非因聞仲死而往若欲代其位也

過衛

案表依晉語言重耳先適齊後過衛是也此又從左氏先衛後齊似不合事情

趙衰曰土者有土也

案以子犯爲趙衰非

齊桓公厚禮而以宗女妻之

案傳言桓公妻之是桓公之女非宗女也

留齊凡五歲

案五乃三之誤重耳以齊桓四十二年如齊明年桓公卒又明年爲齊孝公元年遂適衛爲衛文公十八年有邢狄之難故有不禮重耳之事

咎犯曰事不成犯肉腥臊何足食

案事不成何以不足食語見外傳此所說不全

去過宋宋襄公新困兵于楚

案過宋不在襄公傷泓之後說在宋世家

宋司馬公孫固善于咎犯曰宋小國新困不足以求入更之大國

案晉語公子與固善固言于襄公而禮之非固善于犯使更之大國也

鄭叔瞻

附案瞻與詹同而呂氏春秋又作被瞻務本上德務大篇

鄭君曰諸侯亡公子過此者眾安可盡禮

案此史公約國語文而以曹共公之言爲鄭君舛矣

趙衰曰子亡在外十餘年

案國語作子犯之言

楚將子玉怒

[illegible]之非怒之也

繆公以宗女五人妻重耳

案宗女非也說在秦紀

十一月葬惠公

案此語不知何據春秋三傳無之

所不與子犯共者

陳大令樹華曰古人相與言雖卑幼亦字尊長故甥不嫌呼舅之字然左國述重耳此誓作舅氏也至下文述文公之言曰假說我毋失信直呼舅名古君臣之間似不然蓋史公失檢處

是時介子推從在船中乃笑曰天實開公子而子犯以爲己功而要市于君固足羞也吾不忍與同位乃自隱

案此疑卽下文推譏賞從亡一段語史公謬分之附會爲此說耳

夏迎夫人于秦

案內外傳文公迎夫人卽在元年春三月非夏也

介子推從者憐之乃懸書宮門

附案龍蛇之歌呂子介立新序節士說苑復恩竝載之而其詞各異不但與史有殊蓋所傳不同耳至呂子謂推懸詩公門新序謂推囿酌酒陳詞與身隱焉文之意不合自是推從者爲之說苑又言舟之僑有此歌恐誤記

圍其人緜上山中于是文公環緜上山中而封之以爲介推田

案左傳言推與母偕隱而死晉侯求之不獲以緜上爲之田非入緜上山中若隱在緜上山中則求之卽得何不獲之有呂氏春秋言推伏于山中亦不知何出史似誤且其封非推生前事也日知錄廿七云推隱未幾而死故以田祿其子爾楚辭九章思久故之親身兮因縞素而哭之明文公在時推已死若如史記則受此田者何人乎于義有所不通矣至被焚之說起于戰國時附會故莊子盜跖篇有之殊不足據原屈九章亦有立枯語後人誤信遞相傳述遂嫁其事于寒食之禁火容齋三筆辨之甚且謂推之妹介山氏亦積薪自焚見金元好問遺山集日知錄廿五卷辨之豈不誕哉

從亡賤臣壺叔

附案壺叔呂子當賞篇作陶狐韓詩外傳三及說苑復恩作陶叔狐古字通借也

趙衰曰求霸莫如入王尊周

案左傳及年表皆作咎犯之言此作趙衰誤

周襄王賜晉河內陽樊之地

案晉語王賜以南陽之地陽樊溫原州陘絺鉏欑茅凡八邑此不具左傳亦祇書其四

使狐偃湖本譌嫗將上軍狐毛佐之

徐氏測議曰狐偃讓于狐毛狐毛將上軍狐偃佐之史記不備誤也

命趙衰爲卿

案晉語衰三命三辭文公所謂三讓不失義也此不言衰辭
卿疏矣
往伐
案伐曹衞在五年此書于四年非也說見表
冬十二月晉兵先下山東而以原封趙衰
案原乃王所賜事在文公二年豈此時下兵山東而得之乎
趙衰爲原大夫亦在二年此敘于四年十二月與年表書于
元年一前一後其誤同也
衞侯居襄牛公子買守衞
案公子買上不言魯使幾何不以買爲衞之公子乎又不書
魯殺買事亦疏

楚救衞不卒
附案徐廣謂卒一作勝傳云不克則勝字是王孝廉曰殆誤
本左傳不卒戍也句來
而用美女乘軒者三百人也
案用美女三字誤增也左通曰豈史公以詩稱婉孌季女而
遂傅會之邪曹世家論不言美女疑爲衍文
文公曰昔在楚約退三舍可倍乎
案此乃史公約內外傳文然是子犯之言誤以爲文公也下
文公曰城濮之事偃說我毋失信政指斯語
天子使王子虎命晉侯爲伯
案左傳王命尹氏及王子虎內史叔興父策命晉侯爲侯伯

注云尹氏王子虎皆卿士叔興父大夫也三官命之以寵晉
此止言王子虎疏矣
賜大輅彤弓矢百玈弓矢千
案傳大輅下失書戎輅又彤弓下鈌一字並鈌彤字荅弓一
矢百弓十矢千也
虎賁三千人
案傳作三百人是
周作晉文侯命王若曰父義和
案尚書文侯之命平王命晉文侯仇所作乃以爲襄王命文
公重耳舛矣索隱已糾之後儒俱以史爲誤惟劉伯莊言天
子命晉同此一辭可哂之甚依樣畫葫蘆後世或然三代時

亦有印板文字邪左傳載命辭曰王謂叔父敬服王命以綏
四國糾逖王慝是重耳之策書也豈忘檢左傳乎新序善謀
篇同史誤史詮謂自此至永其在位當在前文侯十年秦襄
公始列爲諸侯之下蓋脫簡也然隔越太遠文義亦不屬
晉焚楚軍火數日不息
案焚軍之言史本韓詩外傳七說苑亦有蓋因左傳晉師三日館
穀而妄爲之說
壬申遂率諸侯朝王于踐土
索隱曰左氏五月盟踐土冬會溫天王狩于河陽壬申公朝
王所此文亦說冬朝于王當合于河陽溫地不合取五月踐
土之文也

先縠將右行

案先縠即彘季晉景公時佐中軍文公朝恐未得將右行左傳作屠擊是也

圍鄭欲得叔瞻叔瞻聞之自殺鄭持叔瞻告晉晉曰必得鄭君而甘心焉

案國語文公圍鄭曰予我詹而師還鄭以詹與晉詹有辭乃弗殺禮而歸之鄭以詹爲將軍則瞻未嘗自殺晉亦無欲得鄭君語也此及鄭世家並妄

得爲東道交

附案索隱曰交猶好也諸本及左氏皆作主

軫乃追秦將

案左傳公使陽處父追之非先軫也

秦果使孟明伐晉報殽之敗取晉汪以歸

案是年晉敗秦于彭衙又取秦汪兩事也此誤說見表

五年晉伐秦取新城

疏證曰新城上脫一邧字觀左傳及年表可知

六年趙衰成子欒貞子咎季子犯霍伯皆卒

案文五年左傳書四卿卒年表與傳同是也而此增子犯爲五人攷傳僖三十一年爲文公八年至此凡八載不見有子犯而國語言子犯之卒在蒐清原後其時霍伯將上軍趙衰將新上軍因子犯卒文公使趙衰代子犯佐上軍而蒐清原在文公八年秋明年冬文公卒又明年爲襄公元年霍伯爲

中軍帥矣則子犯不但先四卿卒並先文公卒此以子犯與四卿同卒于晉襄六年誤也說苑正諫篇謂咎犯在平公時尤妄盧學士曰子犯或是臼季字

賈季亦使人召公子樂于陳

案文六年傳此下有趙孟使殺諸郫一句似不可缺

齊宋衞鄭曹許君皆會趙盾盟于扈

案此失敘陳侯

秦亦取晉之郩

索隱曰左傳文十年夏秦伯伐晉取北徵即年表所謂今云郩者字誤也

使趙盾趙穿郤缺擊秦大戰河曲趙穿最有功

案文十二年河曲之戰趙盾郤缺欒盾爲上中下三軍將而佐之者荀林父臾駢胥甲也趙穿雖卿不在軍行疑趙穿是欒盾之誤又穿撓謀恃勇幸逃不用命之討而乃以爲最有功何哉是役也交綏而退亦不可言大戰說在秦紀

因執會以歸晉

案傳云魏人譟而還書得士會也不可言執

晉使趙盾以車八百乘平周亂而立匡王

索隱曰文十四年傳云趙盾以諸侯之師八百乘納捷菑于邾不克乃還而周公閱與王孫蘇訟于晉趙宣子平王室而復之則以車八百乘自是宣子納邾捷菑不關王室之事但文相連耳多恐是誤也史詮云年表八百乘下有納捷菑三字與傳合世家缺也

使鉏麑刺趙盾盾閨門開居處節鉏麑一本此下有退字歎曰殺忠臣弃君命罪一也

案門開處節傳以爲忠故麑見盾晨開寢門盛服將朝坐而假寐故歎其恭敬此左傳文又見盾閨門無人且食魚飧故稱其易而儉此公羊傳也史公棄合兩傳割裂不明耳

餓人示眯明也

索隱曰鄒誕生音示眯爲祁彌即左傳之提彌明蓋由音相近字遂變耳人表水經注作祁彌與公羊傳同釋文引左續郡國志注一引史作祇又左氏桑下餓人是靈輒示眯明是嗾嗾當作搏獒者眯明鬬而死今合二人爲一人非也史誤從呂覽報更篇來水經注四亦誤從史

未知母之存不願遺母

滹南集辨惑曰存否且不知顧安所遺乎左傳有今近焉三字于理乃通遷鹵莽而失之耳

已而爲晉宰夫

滹南集曰言其職則明爲右而輒爲介然其終則明死輒亡而史云餓人即提彌明且又以爲宰夫何耶

盾昆弟將軍趙穿

案昆弟二字非左傳注穿是趙夙庶孫爲盾從父昆弟之子

虜秦將赤

案此即左宣八年殺秦諜之事說見秦紀

晉使中行桓子伐陳因救鄭與楚戰敗楚師是年成公卒子景公據立

案救鄭者是郤缺非桓子伐陳救鄭乃兩事鄭敗楚師亦非晉也景公之名春秋作獳說在表中

景公元年春陳大夫夏徵舒弑其君靈公

案陳君之弑春秋在五月癸巳則春當作夏或謂晉用夏正故書春曰不然史公所書晉事多依春秋用周正不應于此獨異

郤克欒書先縠韓厥鞏朔佐之

案宣十二年傳韓厥爲司馬不爲軍佐而朔是上軍大夫之一亦非佐也上中下三軍每軍二大夫何獨舉朔乎

隨會曰

案傳是士貞子

先縠以首計而敗晉軍河上恐誅乃奔翟

案宣十三年傳縠召赤狄伐晉及清晉人討邲之敗與清之師殺縠滅其族是縠未嘗奔狄也

縠先軫子也

附案杜注左傳軫子爲先且居且居子爲先克而縠不言所出此以爲軫之子春秋分記同蓋從世本則是且居弟矣高氏士奇春秋姓名攷云亦且居子大事表引陳氏曰疑先克子皆無據

卒至晉君言

案至當作致

使郤克于齊齊頃公母從樓上觀而笑之所以然者郤克僂而

魯使蹇衛使眇故齊亦令人如之以導客

案三傳與史所載各異左氏曰帷婦人使觀之公羊云踊于棓而窺客穀梁云處臺上而笑之史又云從樓上觀一異也穀梁云季孫行父禿晉郤克眇衛孫良夫跛曹公子手僂公羊云郤克臧孫許跛或眇杜預韋昭云郤子跛史又云郤克僂魯使蹇衛使眇二異也穀梁曰季孫公羊曰臧孫魯不應一時使二卿聘齊亦異也公羊云使跛者逆跛者使眇者逆眇者穀梁增二語云使禿者御禿者使僂者御僂者卽史所云如之以導客耳三傳之不同或傳聞異詞史從傳出乃復乖迕若是何邪

魏文子請老休

案左傳請老者范武子士會也此誤魏文子是魏頡在悼公朝景公時尚無其人

齊使太子彊

案太子當作公子

取隆

附案隆卽龍也說在表

魯告急衛

案成二年傳齊伐魯臧宣叔如晉乞師未嘗先告急于衛也

晉乃使郤克欒書韓厥

案此失敘上軍佐士燮

傷困頃公

案傷字非

齊使曰蕭桐姪子頃公母頃公母猶晉君母

案頃公當作寡君

齊頃公如晉欲上尊晉景公爲王

案尊王之說妄也辨在表中

晉始作六卿

案六卿乃六軍之誤說在表

趙穿

案此乃韓穿之誤在成三年可據

魯怒去倍晉晉伐鄭取氾

案成四年傳公欲叛晉以季文子諫而止此非實也又氾下失祭字說在表氾當作氾

伯宗以爲不足怪也

案山崩川竭奈何以爲不足怪史誣伯宗甚矣蓋據穀梁輦者之言誤括其意爲伯宗語耳

楚將子反怨巫臣

案不及子重何也

乃復令趙庶子武爲趙後

案武乃宣子盾之孫莊子朔之子不得言庶且但云庶子是何人之庶乎

立其太子壽曼爲君

附案厲公之名說在表

虜其將成差

家失書虜女父說在表
癸巳
案此上缺六月二字
其侍者豎陽穀進酒
案內外傳人表及韓子十過飾邪說苑敬慎是穀陽豎楚子反內豎之名此及楚世家云陽穀似誤倒然呂子權勳淮南人間竝作陽穀也
厲公多外嬖姬歸欲盡去羣大夫而立諸姬兄弟寵姬兄曰胥童
案厲公上失七年二字外嬖者卽胥童陽夷五之屬非婦人也童爲胥克之子不聞其有妹在公宮且妾之稱姬非當時

語豈因左傳厲公與婦人飲酒之言而誤歟燕世家以寵人爲寵姬其誤政同
八年厲公獵
案左傳此事在成公十七年爲晉厲七年史誤以爲八年耳八年二字當書于後正月庚申上
公令胥童以兵八百人襲攻殺三郤胥童因以劫欒書中行偃于朝曰不殺二子患必及公
案攻三郤不止胥童一人蓋舉其居首者若不殺及公之言乃長魚矯也而以爲胥童語非
閏月乙卯厲公游匠驪氏欒書中行偃以其黨襲捕厲公囚之殺胥童

案傳閏月乙卯殺胥童非囚厲公之日也囚公在己卯前
而使人迎公子周于周而立之是爲悼公悼公元年正月庚申
案是年爲厲公八年明年乃悼公元年當移上文八年二字于正月上移悼公元年四字于下文伐鄭上衍去而立之是爲悼公七字下文云與大夫盟而立之是爲悼公則此爲重出矣
厲公囚六日死
案公以庚申日遇弒其被囚之日無攷史公誤以乙卯日實之故云六日
智罃迎公子周來至絳
案內外傳迎悼公于京師者荀罃士魴也迎悼公于清原者

諸大夫也此有脫誤
桓叔生惠伯談談生悼公周
案遷之父名談如趙世家張孟談季布傳趙談皆改作同爲父諱故也又高祖功臣表新陽矦呂談王子表庸矦劉談竝作譚字雖古字通寫或史公亦因避諱改書兼用耳乃晉世家兩書惠伯談李斯傳兩書韓談司馬相如傳滑稽傳竝有談字何邪孔平仲雜說謂史記無談字殊不然
秋伐鄭
案此當移前悼公元年四字于上而改秋爲夏蓋晉伐鄭春秋在魯襄元年夏五月卽爲晉悼元年也
使和戎

附案魏絳和戎在四年此年連書于三年耳
秦取我櫟
案秦敗晉于櫟非取櫟也疑取當作敗
度涇大敗秦軍
案此遷延之役不可言敗說在秦紀
十五年悼公問治國于師曠師曠曰惟仁義爲本
案三傳國語皆無此事疑卽左氏晉侯問衞人出君一篇史
改約之也事在十四年
平公元年伐齊
案伐齊在三年
齊靈公與戰靡下齊師敗走晏嬰曰君亦毋勇何不止戰

案徐廣云靡一作歷索隱謂卽靡笄蓋歷下與靡下一耳在
今濟南府然襄十八年左傳曰齊侯禦諸平陰在今東平州
平陰縣則此言靡下似非又齊未與晉交兵不可言戰而晏
子亦未嘗勸戰也此說在齊世家
東至膠
案左傳云東侵及濰
晉欒逞有罪奔齊
案欒懷子之奔齊在平公七年此書于六年誤蓋其奔楚在
六年也至懷子之名年表及晉與田完世家並作逞避惠帝
諱改齊世家依春秋作盈史公失檢耳然古字實通借余得
一確證昭廿三年春秋書沈子之名公羊作楹穀梁作盈釋文

云本亦作逞左氏作逞至說苑善說篇以爲樂逹明是欒逞之譌
又類篇逞字注云怡成切人名晉有欒逞集韻同則逞仍讀
若盈故索隱于年表云如字于田完世家云音盈
齊莊公微遣欒逞于曲沃以兵隨之齊兵上太行
案襄廿三年傳遣欒盈與伐晉登太行判然兩事此誤併爲
一也下文言莊公聞逞敗乃還亦非
平公欲自殺范獻子止公
案此無其事內外傳但言范宣子奉公如固宮而已
曲沃攻逞逞死
案傳盈襲絳不克奔曲沃晉人圍曲沃克之殺盈非曲沃攻
之而死也

齊崔杼弒其君莊公晉因齊亂伐敗齊于高唐
案年表亦云伐齊至高唐攷襄廿五年傳晉伐齊而齊弒莊
公說晉請成晉受賂還則晉未嘗與齊戰不得言敗齊且未
嘗至高唐也年表世家同誤
齊使晏嬰如晉與叔嚮語
案此與趙世家皆載叔向與晏子語乃史公依昭三年傳以
意言之也兩世家文各不同
二十二年伐燕
案晉無伐燕事說在表
九年魯季氏逐其君昭公昭公居乾侯
案晉頃公九年昭公孫于齊至頃公十二年乃居乾侯此誤

晉之宗家祁傒孫叔嚮子相惡于君六卿欲弱公室乃遂以法盡滅其族而分其邑為十縣各令其子為大夫

案趙魏世家同年表云六卿誅公族分其邑各使其子為大夫此即左昭廿八年滅祁氏羊舌氏事也杜預不言二氏所出韋注國語云祁奚晉大夫高梁伯之子程公說春秋分記通志氏族略三皆云晉獻侯後唐書世系表謂羊舌氏晉武公子伯僑之後通志略謂靖侯後二氏之滅由于祁勝賂荀躒非關六卿之故十縣大夫除趙朝韓固魏戊知徐吾四姓外其六人者皆以賢舉豈盡六卿之子姓族屬乎史誤

孔子相魯

案相魯非也說在孔子世家

趙鞅使邯鄲大夫午不信欲殺午午與中行寅范吉射親攻趙鞅

案定十三年傳攻鞅者范中行也事在七月而午已于六月前為鞅所殺安得與攻鞅之役乎

魏侈

附案魏襄子之名春秋經傳作曼多公羊作魏多晉魏世家作侈趙世家作哆左通曰哀十三年曼多公羊作多與史索引系本合古人二名開稱一字如晉重耳為晉重欒祁犂為欒祁之屬廣韻侈哆並尺氏切而集韻多又音章移切聲相近又廣韻哆丁可切與多亦近集韻哆齒者切或作侈音雖不同亦通用之證未得謂誤魏世家索隱以哆字誤非如墨子所染篇桀臣推哆人表作推侈可見墨子明鬼篇亦作推哆晏子春秋韓子賈子並作侈而呂氏春秋又作多可互證

十一年

附案此三十一年也湖本缺

出公奔齊道死

案趙世家亦有此言史公以奔齊為立年之斷故云道死據紀年出公在位二十三年奔齊之後六年始薨非死于十七年奔齊時也六國表作十八年非

是為哀公

案哀當作懿說在六國表

哀公四年趙襄子韓康子魏桓子共殺知伯盡幷其地

案索隱云如紀年之說此乃出公二十二年事是也說見六國表

十八年哀公卒

案當作二十二年懿公卒說見表

幽公之時晉畏

附案索隱曰宋忠引此注系本畏字作衰

十五年魏文侯初立

案文侯立于晉幽公六年當周威烈王二年魏世家云文侯元年秦靈公之元年是也此誤竹書謂文侯立于周考王元年晉敬公十八年亦非

十八年

案幽公止十年史誤作十八年說在表

烈公十九年周威烈王賜趙韓魏皆命爲諸矦

案事在十七年此誤

子孝公頎立

附案此公名謚皆有二說見表

孝公九年魏武矦初立

案九年當作七年

十七年孝公卒

案孝公之卒此與表俱誤說見表

子静公俱酒立是歲齊威王元年也静公二年魏武矦韓哀矦趙敬矦滅晉後而三分其地静公遷爲家人晉絕不祀

案静公之立疑在周顯王九年當齊威十九年此謂立于齊威元年與表在二年俱誤分地在晉孝公十七年當齊威三年至静公絕祀時乃奪其所遷之屯留一城耳此亦誤静公名似無酒字並說在表

悼公以後日衰

黃氏日鈔曰悼公十四歲得國一旦轉危爲安功業赫然漢昭帝流亞也太史公例言悼公以後日衰語焉不詳悼公稱屈九原矣

史記志疑卷二十一終　錢塘汪大鈞番禺沈葆和沈寶樞校字

史記志疑卷二十二

仁和梁玉繩撰

楚世家第十

高陽者黃帝之孫昌意之子也

案顓頊非出黃帝說在五帝紀

高陽生稱稱生卷章

附案大戴禮帝繫山海大荒西經及人表並謂顓頊生老童韋昭注鄭語從之集解引譙周謂老童卽卷章則卷章爲顓頊之子此以爲孫誤矣而不知其謬也史言高陽生稱甚是禮祭法疏引春秋緯云顓頊傳二十世（詩生民及左文十八疏作九世）則高陽乃一代通號名稱者爲顓頊後世子孫所生非顓頊之子

故史不曰顓頊生稱而曰高陽生稱耳

卷章生重黎重黎爲帝嚳高辛居火正

附案左昭廿九年蔡墨論社稷五祀少皞氏之叔曰重爲句芒（木正）顓頊氏之子曰犂爲祝融（不言何帝使爲此官）鄭語黎爲高辛氏火正楚語顓頊（顓頊者顓頊氏也亦一代通號）命南正重司天以屬神火正黎司地以屬民山海大荒西經帝令重獻上天令黎卬下地重與黎乃少皞顓頊之後世子孫當高陽時爲南正火正之官歷至高辛仍居此職而黎又嘗以火正兼司天地葢重從爲木正故耳其後遂以重黎爲號不關少皞之重（韋注重黎官名楚之先爲此二官大紀云嚳使火正兼掌重職）是以楚語云重黎世敘天地鄭語云荊重黎之後大戴禮世本山海經皆云老童生重黎史公本之

作楚世家及自序傳非誤也若以史爲誤無論楚不應有二祖而序司馬氏之先豈有自誣其祖之理乎書堯典詩檜風左傳疏及史索所說並謬

共工氏作亂帝嚳使重黎誅之而不盡帝乃以庚寅日誅重黎而以其弟吳回爲重黎後復居火正爲祝融

案嚳誅重黎史公之妄記也初命之而繼誅之嚳是聖君黎是功臣寧有此乎路史後紀八云犂卒帝嚳以回代之當是已孔仲達不知史之誤故于堯典疏云前命後誅當是異人明是重黎之後世以重黎爲號所誅重黎是有功重黎之子孫也呂刑說羲和之事猶尙謂之重黎況彼尙近重黎何故不得稱之以此知異世重黎號同人別依孔所說則其弟吳回一語不可通矣

陸終生子坼剖而產焉

案六子脅生大戴禮世本（見水經注廿二）皆載之譙周以爲妄而干寶極辨其可信通志氏族略路史餘論從寶之說廣引脅生者以爲之徵然吾從允南蓋古雖間有脅生之人而不聞兩脅並開六子齊出者也

其長一曰昆吾

案長與一不宜連文索隱本作長曰左昭十二疏引作一曰蓋所見本有此異文後人妄合寫之又昆吾等六人只季連稱名餘或書國或書姓例既不齊矣而六人興滅惟參胡無後或可不及此外五人鄭語所載甚明乃止敘昆吾彭祖季連不及鄶曹何也（鄭語注昆吾陸終第二子乃今本之譌宋本韋注是第一字）

季連生附沮附沮生穴熊

附案裴引孫檢曰沮一作祖帝繫作什祖內熊路史後紀八作附敘未知孰譌

弗能紀其世

附案史云弗能紀其世而杜注傳廿六年左傳以鬻熊爲祝融之十二世孫未知出何書路史後紀八謂禹定荆州季連居其地生附敘始封于熊成王時熊氏晔乃復封繹于荆亦難攷

鬻熊子事文王蚤卒

附案路史後紀八注據鬻子書九十見文王之語以史言早卒爲謬非也今鬻子是僞書故有封康叔及三監曲阜事而賈子修政載成王六歲往鬻子之家問道恐亦難信

熊繹當周成王之時舉文武勤勞之後嗣而封熊繹于楚蠻

案墨子非攻下篇楚熊麗始討睢山之閒麗是繹祖睢爲楚望然則繹之前已建國楚地成王蓋因而封之非成王封繹始有國耳（討疑作封）

熊繹生熊艾熊艾生熊䵣熊䵣生熊勝熊勝以弟熊楊爲後

案世表人表艾作乂古通而人表勝作盤說見世表䵣與楊世表作䵣作煬人表作亶作錫（索隱引別本同）蓋俱以形聲相近致所傳異耳又人表以盤爲乂子以錫爲盤子未知孰是亦說在表中

少子執疵爲越章王

案世本無執字越作就大戴禮云其季之名爲庇爲戚章王未知孰是

熊渠卒子熊摯紅立摯紅卒其弟弒而代立曰熊延

案熊摯熊紅爲兄弟二人皆熊渠子也安得稱熊摯紅哉攷左傳僖廿六年言摯有疾竄夔失楚疏曰世家無其事不知摯是何君之嫡何時封夔鄭語孔晁注云熊繹玄孫摯有疾楚人廢之立其弟延摯自弃于夔子孫有功王命爲夔子亦不知何據孔疏如此今所傳韋昭國語注本于孔晁但熊延繼紅而立孔韋兩注皆缺紅一代惟韋改繹玄孫爲繹六世孫與世家合余疑熊渠有四子長爲摯次紅次康次執疵世家稱熊渠生子三人以康爲長子紅爲中子執疵爲少子而不數摯者必因廢疾竄處不復齒之耳熊延當即執疵既代立而改名也譙周謂熊渠卒子熊翔立疑紅之改名史于世表世家俱合摯紅爲一人殊誤且既云紅卒則非弒矣而云弒者蓋弒其子史有脫文耳索隱欠明

次子叔堪

案索隱堪一作湛鄭語作叔熊

少子季徇

案徇字疑紃之誤說在十二侯表

子熊眴立是爲蚡冒

案韓子和氏篇謂厲王薨武王卽位外儲說左上亦稱楚厲王楚辭東方朔七諫云遇厲武之不察羌兩足以畢斮是蚡冒諡厲王矣史何以不書後漢孔融傳注引韓子作武王文王成王與今本異藝文類聚引琴操作懷王平王乃誤也陳彭年修梁顧野王玉篇眴作昫宣十二年左傳疏引此作煦疑是譌刻

蚡冒弟熊通

案左文十六注云蚡冒楚武王父疏曰劉炫云世家蚡冒卒弟熊達殺蚡冒子而代立則蚡冒是兄不得爲父今知不然者世家多紕繆與經傳異杜非不見其文但見而不用耳劉以世家規杜非也又武王之名各本史記皆作熊通而杜世族譜左文十六宣十二昭廿二疏及釋文引世家竝是熊達桓二年疏不引世家亦是熊達蓋今本誤漢地理志淮南王衞注俱作達也困學紀聞十一引史作達宋本尙不誤

二十三年衞弒其君桓公

案事在武王二十二年

請王室尊吾號

附案韓子載楚厲王飲酒誤擊戍鼓及和氏獻璞刖足二事以蚡冒爲厲王然則熊渠去王之後蚡冒又已稱王不待熊通始僭王號也但諸子之言恐不可信且安知非武王追加之乎故杜注左傳桓二莊四依史以稱王自武始楚欲僭王何用請于王室此政如唐末藩鎮謂旌節吾所自有但須長安本色耳至漢書五行志引京房易傳以爲楚嚴也莊王始稱王則誤甚史通駁之矣

子文王熊貲立始都郢

案左桓二年疏謂漢地理志從史記文王徙郢世本及杜譜云武王徙郢未知孰是春秋地名攷略曰左昭二十三年沈尹戌曰若敖蚡冒至于武文猶不城郢則居郢并不始武王疑數世經營至武文始定耳

虜蔡哀侯以歸已而釋之

案蔡世家言囚而不釋也說在彼

十三年卒子熊囏立是爲杜敖杜敖五年欲殺其弟熊惲

案十三當作十五五年當作二年杜當作堵惲當作頵俱說見表下熊字衍

二十二年伐黃

案事在二十三年

二十六年滅英

案此當作二十四年滅黃說見表

襄公遂病創死

附案宋襄公死于楚成王三十五年此牽連書于三十四年耳湖本創譌瘡

三十九年魯僖公來請兵以伐齊

案九字當作八

夏伐宋

案此上缺書三十九年但春秋圍宋在冬此作夏誤

晉救宋

案此上缺書四十年

饗王之寵姬

集解曰姬當作妹

六蓼皋陶之後

案蓼非皋陶後說在陳杞世家皋陶下缺庭堅二字

子莊王侶立

附案莊王名說在表

莊王即位三年不出號令

案文十六年傳莊王二年嘗乘馹會師而滅庸矣何言三年無令乎

伍舉入諫　任伍舉蘇從以政

案伍舉在康靈之世事莊王者乃其父伍參此與子胥傳同誤何異說苑正諫篇言莊王以椒舉爲上客乎然大鳥之諫史誤以爲伍舉吳越春秋及大紀誤從史而韓子喻老篇稱右司馬呂氏春秋重言篇作成公賈新序雜事二作士慶莫定所屬

蜚將沖天　鳴將驚人

附案兩將字毛本作則

是歲滅庸

案事在二年非三年也

六年伐宋獲五百乘

案春秋宣元年楚侵陳遂侵宋年表書之此不言伐陳脫也又獲乘乃二年鄭受楚命伐宋事亦非五百乘實四百六十

乘此誤

莊王曰子無阻九鼎楚國折鉤之喙足以爲九鼎

繹史曰問鼎亦窺鼎之漸故王孫滿阻之甚力耳至折鉤之語恐是太史公所增

相若敖氏人或讒之王恐誅反攻王

案左傳越椒殺司馬蔿賈因而攻王非畏讒而反也

滅舒

案舒下脫蓼字

莊王乃復陳國後

附案毛本國字在陳上是也

圍宋五月

案五月乃九月之誤說見表

莊王曰君子哉

附案此史公隱括其事而爲言猶宋世家云誠哉言也非莊王有是語

從者豎陽穀

案穀陽作陽穀說在晉世家

王怒射殺子反

案成十六年春秋楚殺其大夫公子側據左傳是子反自殺而韓子十過呂氏春秋權動淮南人間訓竝云共王斬之左傳疏引呂子云傳依簡牘本紀彼采傳聞異辭所說既殊其文亦異則此云射殺殆亦傳聞異耳

子員立

案左氏春秋作麇杜注作熊麇索隱引左傳作麏古字通公穀皆作卷此又作員未詳

郟敖三年以其季父康王弟公子圍爲令尹

案圍爲令尹在元年說在表

遂殺其子莫及平夏

附案各本幕譌脫爲莫湖本平字誤爲句

而圍立是爲靈王

案不書靈王改名虔似疏說在表

于是晉宋魯衛不往

案左昭四年申之會不往者魯衛曹邾四國也史于表改四國爲三于世家改曹邾爲晉宋妄已

于是靈王使弃疾殺之

案左傳不言使弃疾殺慶封也

七年就章華臺

案在六年說見表

八年使公子弃疾將兵滅陳

案事在七年

召蔡侯醉而殺之使弃疾定蔡因爲陳蔡公

案醉殺非也說在表又左傳爲蔡公者弃疾爲陳公者穿封戌在弃疾爲蔡公前此誤

析父對曰其子君王哉

索隱曰據左氏此是右尹子革之辭史葢誤也

靈王喜曰析父善言古事焉

案史旣誤以子革爲析父又刪去析父規子革語謂王喜析父善言事妄已若以析父之對取國語則又不合葢以子革之辭爲析父之對也而引祈招一節政其警策何以刪之

初靈王會兵于申僇越大夫常壽過殺蔡大夫觀起起子從亡在吳乃勸吳王伐楚爲閒越大夫常壽過而作亂爲吳閒使矯公子弃疾命召公子比于晉至蔡與吳越兵欲襲蔡

案左襄廿二昭十三傳觀起爲令尹子南之寵人非爲蔡大夫也康王車裂觀起非靈王殺于申之會也起子從在蔡事蔡朝吳非亡在吳國也先是薳許蔡蔓四族閒常壽過作亂非觀起爲閒也起召公子比公子黑肱襲蔡非使吳越召之也非欲與吳越也葢其時吳未嘗伐楚何勸之有何閒之有而襲蔡無吳越亦何緣合其兵豈因昭十三年傳下文吳獲楚五帥又滅州來而誤說之歟御覽五百廿六引桓譚新論有吳伐楚獲太子及后姬事與傳異與史合恐不足據

芋尹

附案芋譌芊說見表

遇王飢于釐澤

案左傳吳語作棘圍

五月癸丑王死申亥家

附案左傳作癸亥左通曰杜云癸亥五月二十六日皆在乙卯丙辰後傳終言之史作癸丑乃此月十六日在乙卯丙辰前與下傳文勢更順

國人每夜驚曰靈王入矣乙卯夜弃疾使船人從江上走呼曰靈王至矣

案二靈字當衍傳云弃疾使周走而呼謂周呼于國中也此小異史記攷異曰古文周作舟或省爲舟故史公譌爲船人之說非其實也詩舟人之子鄭康成云當作周考工記作舟以行水注故書作周二文恆相亂

而陰與巴姬埋璧于室內

案湖本譌巴爲已又傳云太室之庭祖廟也史言室內欠明

平王二年使費無忌如秦爲太子建取婦

案事在六年說見秦紀

生熊珍

案珍當作軫說在表

是時伍奢爲太子太傅無忌爲少傅

案子胥傳同左傳是奢爲師無極爲少師也

乃令司馬奮揚召太子建欲誅之太子聞之亡奔宋

案傳言王使奮揚殺建奮揚遣之此異

楚太子建母在居巢

案昭廿三年傳建母在郹此與吳世家同誤

吳使公子光伐楚遂敗陳蔡取太子建母而去

案左傳吳取建母在冬十月敗陳蔡乃雞父之役在秋七月

史公誤合爲一又吳取頓胡沈蔡陳許弁楚爲七故公子光
曰七國同役此與吳世家止言陳蔡亦疏

與楚邊邑鍾離小童爭桑
案諸處皆言是女子獨此改稱小童恐非

吳王聞之大怒亦發兵使公子光因建母家攻楚遂滅鍾離居巢楚乃恐而城郢
案上文言楚城郢此申言城郢之故索隱謂史重出正義謂復修自固皆非也然城郢在滅二邑前一年非因滅邑而後城郢亦非因建母家是則史之誤耳其所以誤者蓋以建母之在鄖爲在巢遂以十年吳入郢爲十一年之滅二邑矣左昭廿四傳楚爲舟師略吳疆吳踵楚滅二邑史言釁起爭桑必兩事俱有也

子西平王之庶弟也
案杜預云子西平王之長庶韋昭曰子西平王之子昭王之庶兄公子申此以爲平王庶弟下文又云昭王弟舛矣

宛之宗姓伯氏子嚭
案郤宛與伯氏不同族說在伍子胥傳

吳三公子奔楚
案二公子誤作三集解非之矣

七年楚使子常伐吳
案此八年事說見表

己卯昭王出奔
案此上缺書十一月

射傷王
案傳云以戈擊王王孫由于以背受之中肩非射傷王也

欲殺昭王　昭王亡不在隨
當兩昭王當作楚王又隨將不以昭王子吳耳非謂王不在隨也故曰雖而弃之何以事君執事之患不唯一人

吳請入自索之隨不聽
案左傳無此語恐妄

九月歸入郢
案左傳是十月

吳復伐楚取番

案取番之誤說見表

孔子相魯
案相魯之誤說在孔子世家

滅胡二十一年
附案此錯簡也當作二十一年滅胡而移于後文不西伐楚之下

越王句踐射傷吳王
案定十四年左傳越大夫靈姑浮以戈擊闔閭傷將指死非句踐射傷之也

十月昭王病于軍中
附案十月乃七月之譌

太史曰是害于楚王

案楚字衍

讓其弟公子申爲王不可又讓次弟公子結亦不可乃又讓次弟公子閭

案哀六年左傳注三公子皆昭王兄此誤弟

是爲惠王

附案墨子貴義篇作獻惠王

以爲巢大夫號曰白公

案子胥傳勝居楚邊邑鄢爲白公注鄢音偃蓋鄢與郾古通豫州郾城縣是與褒信白亭相近白亭在褒信南本漢郾縣地若巢在廬州巢縣距白亭甚遠且巢已爲吳所取安得勝爲巢大夫而號白公乎鄢邊于吳故左傳云使處吳竟爲白公新序義勇篇直云使治白號白公至子西召白公與白公請伐鄭左氏無年史分書于惠王之二年六年妄也說在表

八年晉伐鄭鄭告急楚楚使子西救鄭受賂而去白公勝怒乃遂與勇力死士石乞等襲殺令尹子西子綦于朝

案晉伐鄭爲魯哀十五年在惠王九年此誤八年也傳云救鄭與之盟不得言受賂而白公作亂在惠王十年此亦誤在八年子胥傳同誤

惠王從者屈固負王

案負王者非屈固說在子胥傳

白公自立爲王

案白公未嘗爲王此誤

與共攻白公殺之

案傳云白公奔山而縊非殺之也

是歲也滅陳而縣之

案是歲二字史敘于八年徐廣謂爲十年而不知陳于惠王十一年滅也

來伐楚

案吳無伐楚事說在六國表

與秦平

徐氏測議曰不言與秦惡但言與秦平記事亦疏

是時越已滅吳而不能正江淮北楚東侵廣地至泗上

案越世家亦云以淮上地與楚與魯泗東方百里顧氏大事表論之曰泗上張守節謂廣陵徐泗等州則今揚淮以及徐州泗州之地皆弃與楚余閱吳越春秋有云越既平吳北渡淮會齊晉諸侯徙都于瑯邪竹書云晉出公七年越徙都瑯邪水經注云瑯邪越句踐之故都也越絕云句踐平吳霸關東從瑯邪起觀臺周七里以望東海諸書所載鑿鑿若一案春秋時瑯邪今山東沂州府越徙都事不見于左傳國語然史云越弃江淮以北徵之左傳他事多不合據傳哀二十二年越滅吳二十七年越使后庸來正邾魯之界公與盟平陽後哀公欲以越伐魯而去季氏公又嘗如越曾子居武城有越寇見于孟子武城今沂州費縣西南九十里季氏之私邑

亦在費與琅邪之説相合夫越既滅吳與齊晉諸侯會于徐州徐本薛地今爲兗州府滕縣天子致胙方欲正鄒魯山東諸侯之侵界豈其弃江淮不事且既弃以予楚矣如后庸使命之往來及出兵侵魯豈反假道于楚邪又范蠡既雪會稽之恥變姓名寓于陶陶爲今曹州府曹縣先時吳屢伐齊魯沂曹之邊地吳蓋略而有之哀八年吳伐魯入武城武城人或有田于吳竟拘鄫人之漚菅者及吳師至拘者道以伐武城觀此則沂州之地久已爲吳之錯壤越滅吳因有其地則其遷都琅邪蓋盡吳之境與北方諸侯爭衡豈有反弃江淮之地以資勍敵之楚邪且即如史所云越自句踐以後五世至無彊中間嘗欲伐齊齊舊與吳接境與越之故土遠隔江淮若句踐弃江淮以北則其後世必不能復拓有吳境與齊遠不相及無緣有伐齊之事則史記之自相矛盾更較然矣

八年魏文侯韓武子趙桓子始列爲諸侯

疏證曰楚簡王八年三家皆初立未列爲諸侯也周本紀威烈王二十三年命韓趙魏爲諸侯是年爲楚聲王五年蓋後

二十二年

子悼王熊疑立

附案悼王之名説見表

四年楚伐周

大事記曰以鄭爲周字之誤也

三晉伐楚敗我大梁楡關

大事記曰大梁魏地不知楚追三晉之師至于是歟或者楚伐魏而韓趙救之世家誤以爲三晉伐楚歟索隱曰楡關當在大梁之西

楚厚賂秦與之平

案不言秦伐楚但言楚賂秦與上文書與秦平同爲疏也

周天子賀秦獻王

案評林余有丁曰秦無獻王乃公也攷越絕謂獻公爲元王蓋秦稱王之後追尊之特史不應書耳

田盼子不用也

附案盼疑盼之譌説見六國表

而用申紀

案國策紀作縛

子懷王熊槐立

附案懷王之名説在表

取我陘山

案取當作敗六國表魏世家可證

蘇秦約從山東六國共攻秦

案是時蘇秦已死四年約六國以伐秦者李兌也國策甚明此誤古史及西溪叢語已糾之

秦出兵擊六國六國兵皆引而歸

案與秦戰者惟韓趙韓趙破而四國不戰引歸此非事實

秦亦伐敗韓

案敗韓趙也此缺趙字

乃使勇士宋遺北辱齊王

附案秦策言楚王使勇士往詈齊王張儀傳言使勇士至宋借宋之符北罵齊王無宋遺姓名史蓋別有所據漢書人表有宋遺列第五等

韓魏聞楚之困乃南襲楚

案魏字衍此誤仍秦策是年乃韓襲楚無魏襲楚事

秦使使約復與楚親分漢中之半以和楚

案此與屈原傳同而張儀傳又依國策言秦欲以武關之外易黔中地未定所從

二十年齊湣王欲爲從長惡楚之與秦合乃使使遺楚王書至合齊以善韓

附案此事在懷王二十六年秦復取韓武遂之時舊本作二十六年甚是蓋書中有韓得武遂于秦語必錯簡也當移于後文三國引兵去句之下而衍二十年三字徐廣但疑非二十年事不加裁決索隱以作二十六者爲錯殊昧情實通鑑大事記作二十三年古史作二十二年竝非

今秦惠王死武王立張儀走魏

案依今本作二十年則武王不應稱謚而齊遺楚書實在二十六年當秦昭王時儀死已久不得言今秦惠王死武王立張儀走魏蓋戰國之事經辨士潤飾多有差舛不可爲據史仍而不改耳應作武王死今王立走魏作死魏

楚往迎婦

案六國表云秦來迎婦屈原傳云秦昭王與楚婚則是秦迎婦于楚非楚迎婦于秦也此誤楚迎女秦前有楚宣王十三年後有頃襄王七年非懷王二十四年事也

殺楚將唐昧取我重丘而去

案昧當作眜又諸處皆無取重丘之事此妄也重丘說在秦紀

昭睢曰王毋行而發兵自守耳秦虎狼不可信有并諸侯之心

附案屈原傳作原語索隱謂二人同諫故彼此隨錄之

齊湣王謂其相曰　或曰

案國策作蘇子之言

齊王卒用其相計而歸楚太子太子横至立爲王是爲頃襄王乃告于齊曰賴社稷神靈國有王矣

案徐孚遠謂太子自齊歸無緣復告于齊此告秦之誤也余又攷年表世家頃襄立于懷王未死前三年而國策言立于懷王死後至所稱頃襄者楚策言太子許齊東地五百里歸爲王即質齊之太子齊策言楚立新王太子卒不得位記載各異鮑彪以爲太子在外郢中必立王絕秦望太子義嗣挾齊之重歸于是王乃定齊策云忠王而走太子非也蓋郢中立王時蘇子以計干田文不見用世猶載其語焉吳師道曰薛公不用世載其語亦臆度之辭竊以事勢言之楚人知懷王必不歸而秦要之割地故立王以絕秦喪君有君所以靖

國頃襄之立非懷王死後明矣特新王及太子不可曉或者
太子未返之時郢中立王邪姑缺所疑

懷王卒于秦

附案賈子春秋篇言懷王爲齊所襲逃適秦免尹作克一本免殺之西河與史駁然懷王之死于秦安知其非見殺乎

六年秦使白起伐韓于伊闕大勝斬首二十四萬

案此失不書魏說在表闕字疑當作闕

鄒費郯邳者

附案鄒即春秋邾子國杜譜春秋後八世楚滅之或頃襄時猶存費乃魯季氏之僭以邑爲國號也若郯國據竹書滅于越爲周威烈王十二年乃楚簡王之十八年後八十年楚滅越郯實爲楚有則至是郯亡已一百三十餘歲矣邳即薛國左定元年奚仲自薛遷邳仲虺復徙薛故薛兼邳名竹書惠成王三十一年邳遷于薛蓋仲虺之事錯簡于後其時齊以封田嬰孟嘗君繼之號爲薛公比于小國之君焉然則四國惟鄒無攷豈重封歟豈竹書誤歟大事表直以爲誤抑地入于楚而楚以封其大臣如齊封薛公之類歟齊策顏斶曰當今之世南面稱寡者二十四又衞鞅曰所從十二諸侯非宋衞則鄒魯陳蔡郯亦猶是耳

非特朝夕之樂也

附案索隱本作朝昔注云昔猶夕也各本注亦譌倒則今本誤作朝夕此下徐廣所引別本異文並非索隱引亦非

楚欲與齊韓連和伐秦

大事記曰是時齊止餘兩城爲燕所圍何暇與楚連和伐秦蓋所載不能無小差也

秦將白起拔我西陵

案此缺拔鄢鄧說見秦紀

二十七年使三萬人助三晉伐燕

案伐燕是齊韓魏不得言三晉而救燕者楚也不得言助伐燕說在表

趙告急楚楚遣將軍景陽救趙

案救趙者春申君也六國表及春申傳可據此誤蓋因前十五年齊韓魏共伐燕燕請救于楚楚王使景陽將而救之見國策史緣此致誤故頃襄二十七年不書景陽而反誤救燕爲伐燕也

七年至新中

案寍新中魏地也當在六年又脫寍字說在表

秦王趙政立

附案政當作正說在秦紀

子幽王悍立

案此幽王悍與下哀王猶並說見表

九年秦滅韓

案事在幽王八年

亡十餘城

案餘字衍表作十城也

滅楚名爲楚郡云

附案此言始皇諱楚故滅去楚之名而于楚地置郡耳集解孫檢曰秦虜楚王負芻滅去楚名以楚地爲三郡所說甚明三郡乃南郡九江會稽胡三省言九江會稽郡并秦郡中無楚郡也後人誤讀此文遂謂世家之失殊不知秦避莊襄王名改楚爲荆豈有置楚郡之理況三十六郡元無楚郡乎胡三省謂滅楚時暫置大事記引孫檢語以三郡爲秦郡路史後紀八注謂始皇名爲秦郡竝妄也余因攷負芻既滅尚有昌平君爲荆王項氏立義帝又南夷君長以百數更有滇王賜王印凡此皆當附之世家

越句踐世家第十一

越王句踐其先禹之苗裔而夏后帝少康之庶子也封于會稽以奉守禹之祀文身斷髮披草萊而邑焉

案禹葬會稽之妄說在夏紀夏商稱帝之妄說在殷紀而少康封庶子一節郎緣禹葬于越僞撰葢六國時有此談史公繆取入史後之著書者相因成實史并謂閩越亦禹苗裔豈不誕哉墨子非攻下篇越王繄虧出自有遽始邦于越漢地理志注臣瓚曰自交阯至會稽七八千里百粵雜處各有種姓不得盡云少康之後諸宮舊事越姒世本越爲芈姓與楚同祖故鄭語稱芈姓夔越韋昭吳語注句踐祝融之後然則越非禹後明矣杜世族譜及古史皆以史言越禹後爲疑路史乃分姒姓之越與百越爲二越語范蠡曰吾先君周室之不成子也韓詩外傳八曰越亦周室之列封也然則越非夏封明矣少康之子無攷越絕吳越春秋始言其名爲無余余亦作餘水經注四十通志氏族略稽氏注竝以爲季杼后杼季杼見左襄四哀元是一人也疑季其字路史後紀十四國名紀四以季杼號無余是后杼之弟夫杼嗣夏后不應弟與同名縱或少康別有子季杼自當封于中土如封少子曲烈于鄫之比見通志略曾氏注及路史奈何屏置蠻荒令其文身斷髮乎況竹書敘句踐後世有越王初無余若果有無余其人又安得與始祖同名耶是知無余季杼即從后杼附會耳此世家及論與杞世家閩越傳論自序傳謂爲禹後者皆不足信也

後二十餘世至于允常

案漢志謂二十世至句踐吳越春秋作十餘世又吳越春秋允常作元常路史以允爲非

越王句踐使死士挑戰

案定十四年左傳死士之往禽與罪人之挑戰兩事也史混并之說在吳世家

吳既赦越越王句踐反國　而使范蠡與大夫柘稽行成爲質于吳二歲而吳歸蠡

案國語韓子越絕吳越春秋皆言句踐與范蠡親身入臣于吳三年遣歸史誤也柘稽即諸稽郢

振貧弔死

附案徐廣弔作葬是即越語所云必哭泣葬埋之如其子也

大夫逢同諫

案逢姓也越絶作馮吳越春秋作扶

虜齊高國以歸

案哀十一年左傳艾陵之戰吳敗高無丕獲國書魯歸國子之元于齊是吳但虜國子非并獲高子也

與逢同共謀讒之王

案事詳越絶然逢乃越臣何以在吳與伯嚭爲友而譖伍胥邪越絶亦云句踐殺太宰嚭逢同與其妻子徐孚遠疑范蠡既歸而遣逢事吳或當然也

必取吾眼置吳東門

案此不言鴟夷投江事缺也抉目非實事說在吳世家而荀子宥坐又云子胥磔姑蘇東門外吳越春秋又作斷其頭置高樓上蓋皆屬傳聞之異論衡書虛命義刺孟又言吳烹之

居三年

疏證曰當作居二年據左傳殺子胥後至會黃池首尾三年下云明年春會黃池合此二年始足三年之數

至明年春吳王北會諸侯于黃池

案春秋會在夏

乃發習流二千

附案索隱本句下有人字是也

吳王使公孫雄

附案國語今本作王孫雄宋本作雒越絶吳越春秋作王孫駱音同而通用墨子所染說苑雜言竝作雒呂氏春秋當染篇作雄而困學紀聞六引呂是王孫雒則雄字誤韓子說疑作頟益雒之譌也國語補音謂漢改洛爲雒疑洛字非吳人所名以雄爲定恐非雒本鳥名馬名

而誅太宰嚭

案誅嚭說在吳世家

以淮上地與楚　與魯泗東方百里

案越棄淮泗之論似非實說在楚世家

子敎寡人伐吳七術

案越絶吳越春秋作九術

句踐卒子王鼫與立王鼫與卒子王不壽立王不壽卒子王翁立王翁卒子王翳立王翳卒子王之侯立王之侯卒子王無彊立

案竹書句踐卒鹿郢立左傳作適郢卒不壽立卒朱句立卒子翳立翳弑立孚錯枝踰年立初無余卒無顓立卒無彊立竹書水經注竝作彊無彊殺後又一書越王無名越絶書句踐已下次與夷次子翁次不揚次無彊次之侯次尊次親吳越春秋敘世系句踐卒次興夷次翁次不揚次無彊次玉次尊次親後復敘其世與夷下又有不壽莊子讓王篇言越三世殺君王子搜逃乎丹穴不肯出吳志虞翻傳越王翳逃巫山之穴抱朴子逸民篇越翳入穴以逃之音義曰搜淮南子作翳見原道呂氏春秋貴生篇亦引此事高誘注云越王翳也而審已篇有越王授注謂句踐五世孫名號既異代系多乖莫可詳究史注引樂資以無顓即子搜當是

當楚威王之時越北伐齊齊威王使人說越王

案楚威不與齊威同時當作齊宣王攷古質疑謬據此文以爲齊威在位四十六年之證殊不然也

宋胡之地

附案宋字今本之誤索隱本宗胡是也邑名胡姓之宗因以名邑

以至無假之關者

附案徐廣無假作西假當是

復讎龐長沙楚之粟也竟澤陵楚之材也

索隱曰劉氏云復者發語聲則是䑳況字耳正義作復讎敵解妄讎當作犨竟澤陵當爲竟陵澤

盡取故吳地至浙江

案昔人以錢塘江爲吳越二國之界故唐釋處默詩有到江吳地盡隔岸越山多之句宋陳師道後山集亦有句云吳越到江分蓋仍史記之誤以春秋內外傳攷之吳地止于松江非浙江也浙江乃越地故國語曰句踐之地北至于禦兒西至姑蔑其詳見刊誤補遺卷五三江條斗南引史記此文連下北字誤又姑蔑即太末見續郡國志今之衢州國語注以爲太湖困學紀聞十謂傳寫誤

後七世至閩君搖佐諸侯平秦漢高帝復以搖爲越王以奉越後東越閩君皆其後也

案閩越傳亦言無諸及搖皆句踐後然百越各有種類豈皆句踐後哉閩越傳以爲姓騶騶當作駱索隱以爲蛇種則非句踐羋姓之裔明矣此與稱越是禹後同爲附會耳

于是句踐表會稽山以爲范蠡奉邑

案蠡已去越何奉邑之有國語云環會稽三百里以爲范蠡地不言奉邑也越絕言封蠡之子于苦竹城吳越春秋言封蠡妻子百里之地

而朱公中男殺人

陳大令曰救中子殺人一節必好事者爲之非實也徇兒女子之言而致中男于死爲不仁以禍悻之莊生而託以愛子爲不智豈具霸越沼吳之識竟失算若是乎莊生之不廉不直無足爲友更弗論已前賢亦嘗論之

史記志疑卷二十二終　番禺沈葆和劉昌齡沈寶樞校字

史記志疑卷二十三

仁和梁玉繩撰

鄭世家第十二

鄭桓公友者周厲王少子而宣王庶弟也

案庶弟誤當依年表作母弟漢地理志亦作母弟鄭詩譜從之是也詩疏曰世家年表同出馬遷而自乖異紀年稱桓公為王子多父蓋其字

太史伯對曰

案史載史伯之對與國語不同豈史公刪易之歟

公誠請居之虢鄶之君見公方用事輕分公地　于是卒言王東徙其民雒東而虢鄶果獻十邑竟國之

案國語漢地志鄭詩譜及孔疏（見詩鄭風左傳隱十一年）而知史公之說非也桓公封于宗周畿內咸林之地京兆鄭縣是所謂舊鄭也因王室多故感史伯之言寄帑與賄于虢鄶等十邑桓公死幽王之難其子武公與平王東徙卒定十邑之地以為國河南新鄭是也然則桓公始謀非身得也武公始國非桓公也武滅虢鄶非王徙之而獻邑也十邑中八邑各為其國非虢鄶之地無由獻之也

夫齊姜姓伯夷之後也

案齊之祖說在陳杞世家

鄭人共立其子掘突是為武公

案年表武公無名乃今本之失索隱本引表作鄭武公滑突注云滑一作掘蓋指世家而言杜世族譜及國語韋注亦作滑突譙周作突滑必誤倒也至索隱謂其孫昭公名忽厲公名突豈有孫與祖同名當是舊史雜記昭厲忽突之名遂誤以掘突為武公之字古史失武公名太史公妄記之此說殊非祖孫同名必有一誤不得斷史失其名以掘突為字亦妄

武公十年娶申侯女為夫人

案娶夫人不定在十年說見表

生太子寤生生之難及生夫人弗愛後生少子叔段段生易

案寤生之解杜注謂寐寤而莊公已生則是生之易夫人特以怪異故驚而惡之后稷之生如達嘗棄之矣大任亦少溷于豕牢而得文王他如晉魏書及十六國春秋前秦苻洪母

姜氏因寢產洪南涼禿髮烏孤七世祖壽闐其母胡掖氏因寢產于被中南燕慕容德母公孫夫人晝寢生德左右以告方寤而起其父皝曰此兒易生似鄭莊公皆可為杜注之驗困學紀聞六西谿叢語卷上及左傳注解辨誤並用風俗通兒墮地開目視者為寤生（後書東夷傳句驪王宮生而開目能視）與杜注異（閻氏紀聞注引周書說文訓寤為夢言莊公夢中所生亦是從易生之說）若從史記難生之解者陸粲左傳附注云困而後寤也焦竑筆乘云寤當作遻遻逆也產子首先出者為順足先出者為逆莊公逆生故驚姜氏胡元滿說余弟左通申而證之曰爾雅遻寤也胡說本之漢書敘傳上聖寤而後拔文選寤作迕與遻通詮釋雖殊義亦兩通余謂當是莊公在孕時武姜嘗夢生子不利于己驚而覺及

生莊公遂以名而惡之至史公謂段生易乃以意言之耳

莊公曰武姜欲之

案姜氏見存而稱武姜可乎

段出走鄢

附案正義曰鄔音烏古反舊作鄢音偃然則唐時史記有作鄔者矣蓋字形相近音得轉呼觀左傳釋文可見昭廿七八年

鄭侵周地取禾

案不書取麥妄增侵地說在表

二十九年莊公怒周弗禮與魯易祊許田

案易田取其便非因怒王弗禮而易之也是年鄭歸魯祊尙未易許田說在周紀王孝廉曰莊公怒周弗禮疑在下不朝

周句上而衍莊公字耳

三十三年宋殺孔父

案事在三十四年

莊公與祭仲高渠彌發兵自救

案左傳曼伯祭仲爲二拒原繁高渠彌以中軍奉公此不具祝瞻

附案瞻乃聃之譌卽聃也

忽謝曰我小國非齊敵也

案此卽桓六年傳齊大非偶之言傳乃追紀前事非救齊時事史微誤

所謂三公子者太子忽其弟突次弟子亹也

索隱曰杜預不數太子以子突子亹子儀爲三益得之

九月辛亥忽出奔衛

案桓十一年傳是丁亥左通曰庚辰年九月乙亥朔癸卯晦無辛亥史誤

夏厲公出居邊邑櫟

案此誤合奔蔡入櫟爲一事說在表

殺其大夫單伯

案亶單古通此單伯卽左傳檀伯索隱謂因傳有單伯會伐宋之文而誤者非也亦作曼伯見左昭十一

渠彌與昭公出獵射殺昭公于野

案射殺之說不知何出

子亹自齊襄公爲公子之時嘗會鬬相仇

案此事亦未聞

子亹曰齊彊而厲公居櫟卽不往是率諸侯伐我內厲公

案兩厲公當作子突

高渠彌亡歸歸與祭仲謀召子亹弟公子嬰于陳而立之是爲鄭子

案桓十八年傳云轘渠彌祭仲立鄭子此誤以子儀爲嬰說在表

鄭祭仲死

案仲死于鄭子十二年未知史何據

甫瑕

附案以傳爲甫字省耳故論中甫瑕兩見索隱本作甫假

人而讓其伯父原

索隱曰左傳謂之原繁

燕衛與周惠王弟頹伐王王出奔溫立弟頹爲王

案頹乃莊王子僖王弟惠王叔父此誤王不奔溫已說在表

秋厲公卒

案秋當作夏春秋厲公卒于五月也

子文公踕立

附案文公之名左穀春秋及高注呂子上德韋注晉語竝作

捷年表同公羊作接人表作椄葢捷接古字通用而手與木

旁古亦通寫也惟此作踕爲譌其所以誤者踕字同踥形相

近耳

與亡凡二十八年

案八字當作七

二十四年文公之賤妾曰燕姞夢天與之蘭

案夢蘭不定在是年說見表

文公弟叔詹

案詹爲文公弟未聞

秋鄭入滑

案秋字乃初之誤追敘前四年事也

周襄王使伯犕請滑

附案僖廿四年左傳王使伯服游孫伯如鄭請滑此不及游

孫伯略也犕古服字

而惠王不賜厲公爵祿

索隱曰左傳云鄭伯享王王以后之鞶鑑與之虢公請器王

予之爵則爵酒器非爵祿也

又恐襄王之與衛滑

附案史詮曰湖本恐作恐誤

冬翟攻伐襄王

案僖廿四年傳冬當作秋

討其助楚攻晉者

案者字衍

初鄭文公有三夫人寵子五人皆以罪蚤死

案宣三年傳文公娶江又娶蘇報叔父子儀之妃陳嬀則非

三夫人也五子中二人以罪見殺一人早卒一人爲楚酖死

其一子瑕見存文公惡之則非五人俱有寵也亦非皆以罪

早死也

公怒溉

附案徐云溉一作瑕是也卽子瑕

詹死而赦鄭國詹之願也乃自殺鄭人以詹尸與晉

案叔詹未嘗自殺說在晉世家

卒而立子蘭爲太子

案當作而卒立

鄭司城繒賀以鄭情賣之秦兵故來

案賣鄭者秦戍鄭之杞子也秦紀云鄭人賣鄭于秦此云鄭司城繒賀史或別有據亦說見紀

敗秦兵于汪

案晉敗秦彭衙取秦汪邑兩事也此誤合爲一說在表

二十一年與宋華元伐鄭

案宣二年傳鄭公子歸生受命于楚伐宋宋華元樂呂禦之而獲非宋伐鄭也與字九謬

晉使趙穿以兵伐鄭

案穿當作盾

堅者靈公庶弟

案弟一作兄說見表

楚怒鄭受宋賂縱華元伐鄭

案楚之伐鄭討其貳于晉也此非

子家卒國人復逐其族

案不言斲子家之棺而但言逐族失輕重矣

七年鄭與晉盟鄢陵

案宣十一經傳是鄭與楚盟辰陵又徼事于晉此誤

莊王曰所爲伐伐不服也今已服尙何求乎

滹南集辨惑曰楚世家本左氏鄭世家云云二者果孰是

乃求壯士得霍人解揚字子虎

附案左傳無求壯士之文亦不言其里與字史必別有據故說苑奉使篇曰解揚字子虎霍人後世言霍虎

將死顧謂楚軍曰爲人臣無忘盡忠得死者楚王諸弟皆諫王赦之

附案晉世家言莊王欲殺解揚或諫乃歸之此又載解揚將死語及莊王諸弟之諫必別有據說苑同左氏略之

子悼公濆立

附案濆乃費之譌說在表

鄦公惡鄭于楚悼公使弟睔于楚自訟訟不直楚囚睔

案說文鄦字注讀若許繫傳臣鍇引史此文云諸書假借許字徐廣音許徐孚遠淩稚隆曰即許字見攷古圖又成五年左傳悼公如楚非使睔也楚囚皇戌及子國非囚睔也下文言睔私于楚子反子反言歸睔于鄭亦妄

楚共王曰鄭成公孤有德焉

案史詮謂成公當作鄭伯是也但攷成九年傳楚重賂求鄭何德之有葢妄仍囚睔歸睔來

四年春鄭患晉圍公子如乃立成公庶兄繻爲君其四月晉聞鄭立君乃歸成公鄭人聞成公歸亦殺君繻迎成公晉兵去

案成十年傳三月鄭子如因晉執成公故立繻以示晉不急君也四月鄭人殺繻立成公太子髡頑五月晉伐鄭歸成公此以晉圍在春誤一以因晉圍改君誤二以成公歸在四月誤三以繻因成公歸見殺誤四不敍立髡頑誤五又以繻爲成公庶兄未知何據

子惲立

案當作髡頑說在表

子駟怒使廚人藥殺釐公赴諸侯曰釐公暴病卒

案左傳襄七年子駟使賊夜弒僖公年表同而此云使廚人藥殺之疑誤然僖公之死春秋謂卒于鄬之會未嘗書弒而三傳皆以爲見弒何歟黃氏日鈔云王氏曰諸侯方會其郊子駟敢弒乎觀九年與晉爭盟辭不少屈而晉人不以爲討其不爲不義可見矣蓋子駟爲政多殺羣公子疾之者衆因公卒于外而誣之黎氏曰若君實被弒以疾赴遂從而書之則弒君豈有以實告者乎趙氏曰若實弒而書卒是春秋庇逆賊也

相子駟欲自立爲君公子子孔使尉止殺相子駟而代之子孔又欲自立

案子駟子孔何嘗欲自立爲君子孔特知尉止等作亂而不言耳亦何嘗使尉止殺子駟誤讀左傳遽成乖越與表言子孔作亂子產攻之同妄

楚共王救鄭敗晉兵

案鄭簡四年爲魯襄十一年秦伐晉以救鄭晉爲秦所敗此誤也

又欲殺子產公子或諫曰

案公子指子皮然非諫也說在表

鄭君病使子產會諸侯

案昭四年春秋鄭伯會于申無病使子產事

秋定公朝晉昭公

案左傳秋當作夏

歸靈王所侵鄭地于鄭

案昭十三年傳楚欲致犫櫟之田而仍未致則不可言歸也

子產謂韓宣子曰爲政必以德毋忘所以立

案左傳子產無是言

六年鄭火公欲禳湖本讓之子產曰不如修德

案左傳此卽鄭人欲用裨竈禳火之事非公欲禳之也又表書于四年乃裨竈請禳火之事亦曰不如修德皆史公意測言之非子產有是語

鄭殺建建子勝奔吳

案殺建不定在十年表書于十一年亦非說見表勝奔吳不知的在何時恐非定十年也

十一年定公如晉晉與鄭謀誅周亂臣入敬王于周

案昭廿四傳定公如晉請納王則當在十二年而入敬王在十四年此誤

十三年定公卒

案鄭定公在位十六年此誤

聲公五年鄭相子產卒

案子產卒于鄭定八年說見表

子產者鄭成公少子也

案子產者子國之子也子國者穆公之子也而成公者穆公

之孫也此誤
孔子嘗過鄭與子產如兄弟云及聞子產死孔子爲泣曰古之
遺愛也兄事子產
滹南集辨惑曰既云如兄弟何必復言兄事兼已死之後及
此其次第亦不應爾
二十二年楚惠王滅陳
案事在聲公二十四年
二十六年晉知伯伐鄭取九邑
案左傳事在三十三年已說在表而傳無取九邑之文表亦
無之恐妄
三十七年聲公卒

案十二侯表六國表皆作三十八年
共公三年晉滅知伯
案事在二年
三十年共公卒
案共公在位三十一年此脫一字
鄭人立幽公弟駘是爲繻公
案弟字誤年表是子也餘說見表
而立幽公弟乙爲君是爲鄭君
案年表人表稱鄭康公則乙雖國滅未嘗無謚也徐廣曰一
本云立幽公弟乙陽爲君是爲康公陽字衍
趙世家第十三

造父取驥之乘匹與桃林盜驪驊騮騄耳獻之繆王
案樂書云華山之騄耳蕃武王歸馬華山斯其遺種也而此
以爲桃林山海中山經亦云桃林中多馬豈華山桃林壤地
相接得以通稱邪華山乃陽華山在陝西西安府雒南縣東
北非太華山也自來注家皆誤指太華山言閻氏辨之甚詳
見尚書疏證卷六下餘說在秦紀
繆王使造父御西巡狩見西王母樂之忘歸而徐偃王反繆王
日馳千里馬攻徐偃王大破之
案馳馬破徐之誕已說見秦紀而紀不稱見西王母習學記
言曰此方士語也遷載之蕪妄甚矣余因攷西王母實乃西
方國名如周書王會篇東方有姑妹國後漢桓帝紀羌勒姐

西羌傳彡姐之類其名見爾雅釋地大戴禮少閒篇云舜時
獻白琯竹書紀年云舜時西王母來朝獻白環玉玦賈子脩
政語上云堯西見王母卽穆天子傳敘西王母事與曹奴巨
蒐諸人無異竹書亦但言王西征見西王母其年來朝賓于
昭宮而已自山海西山經撰爲豹尾虎齒蓬髮戴勝之說而
世遂以爲神母故相如傳大人賦謂西王母皬然白首長生
不死淮南覽冥訓謂西老折勝揚雄甘泉賦謂王母上壽至
漢武內傳又有天姿絕世之語嗣後神仙家遞相附會詭設
姓名何足述哉吳越春秋五大夫種九術第一東郊祭東皇公西郊祭西王母國不被災疑世俗所事木
此
而趙夙爲將

案爲將乃爲御之譌

霍公求犇齊

案求當是霍公之名徐廣云一作來恐非然霍公名求未知所據而水經注六作霍哀公奔齊亦不知哀公何出

夙生共孟　共孟生趙衰

案晉語趙衰夙之弟故左傳文六年稱成季韋昭曰衰公明之少子杜注左傳亦從晉語云夙趙衰兄則夙與衰皆共孟子公明共孟音相近其實一人也此誤從世本而索隱引世本謂公明生共孟及夙夙生衰尤誤惠氏左傳補注反依世本又引易林革之史言伯夙奏獻衰續厥緒以爲非兄弟之證殊未然左傳宣二年疏亦以世本夙爲衰祖是誤

翟以其少女妻重耳長女妻趙衰而生盾初重耳在晉時趙衰妻亦生趙同趙括趙嬰齊

案左傳同括嬰齊是文公反國以女妻衰所生乃盾之弟盾爲衰庶長子故稱宣孟非衰娶翟女之前先有子也此誤

晉景公時而趙盾卒

古史曰左傳宣公八年亦晉成公八年書晉郤缺爲政使趙朔佐下軍則盾已死矣非景公之時也

謚爲宣孟子朔嗣

案孟非謚也當作宣子朔謚莊子此亦缺

晉景公之三年

案毛本作二年然是史公之誤故徐廣正之曰案年表救鄭及誅滅皆景公三年若依各本改作三年則複下文而徐譏贅矣

朔娶晉成公姊爲夫人　趙朔妻成公姊

案賈服杜皆以莊姬爲成公女左成八年疏駁史云衰適妻是文公女若朔妻成公姊則亦文公之女父之從母不可以爲妻且晉文之卒距此四十六年莊姬此時尚少不得爲成公姊也余謂姊是女字之誤或成公是景公之誤耳韋注晉語云景公之姊或據僖廿四傳叔隗爲內子則文公女是妾不得爲父從母此說非也逆叔隗爲適乃姬氏之賢而究未嘗以姬氏爲妾故宣三年傳趙盾爲旄車之族自居于庶子以括爲適也又大夫之妻春秋時似未稱夫人有謂朔妻是襄女者亦非

晉景公之三年大夫屠岸賈欲誅趙氏

案下宮之事左成八年疏史通申左篇竝以史爲繆後儒歷辨其誣惟劉向采入說苑復恩新序節士皇極經世依世家書之前編分載賈殺趙朔在周定王十年趙姬譖殺原屏在簡王三年皆不足據也攷晉靈公在位十四年成公七年景公十九年左傳宣十二年爲晉景三年趙朔將下軍宣十五年趙同獻狄俘于周至魯成二年爲晉景十一年欒書始代趙朔將下軍蓋朔前卒矣成三年趙括爲卿成五年同括因趙嬰齊通于朔妻莊姬放諸齊成八年爲晉景十七年莊姬譖同括殺之則安得言晉景三年殺趙朔同括嬰齊乎且趙氏家亂無關于國若果治賊則當其時不能治迨十年之久致其誅于子若弟有是情哉韓厥既諫賈不見聽奚以不告

景公而但令趙朔趙已與許其立後乎莊姬爲成公女故趙武從母畜公宮同括被殺時其去朔卒已踰七年武之生雖幼亦十歲以上安得言是遺腹而或索宮中或匿山中乎且孤兒處公宮客何計以出之哉左傳韓厥請立趙後即在晉景十七年閱二年景公卒安得言居十五年韓厥因公病祟謀立趙孤乎晉語獻公時有屠岸夷其後無致或云賈之父非藉使有賈晉方鼎盛烏容擅兵相殺橫索宮闈而諸大夫竟結舌袖手任其專恣無忌乎匿孤報德視死如歸乃戰國俠士刺客所爲春秋之世無此風俗則斯事固妄誕不可信而所謂屠岸賈程嬰杵臼恐亦無其人也蓋周末好事者緣趙氏廟祀董安于一節見左昭三十一又倂魯臧保母事見公羊昭三十一年及列女傳影撰出來史公愛奇遂之兼著于年表據集解有之韓世家自序傳中不然晉世家所書與左傳合詎非矛盾兩傷歟僞子華子曰大有造于趙宗程本自以爲嬰後故韓詩外傳二稱齊程本子則非趙人矣朱子語錄謂子華子近年巧于模擬者所爲然語屬不經徒成乖越而張守節云今河東趙氏祠先人猶別舒一座祭二士至宋神宗高宗封程嬰杵臼韓厥爲侯爲公建廟致祭不尤可笑耶

初趙盾在時夢見叔帶持要而哭

案史于秦趙多紀不經之夢然秦繆上天本紀不書而旁見于封禪書扁鵲傳中政以其妄耳乃趙世家載宣子簡子主父孝成之夢不一而足何夢之多乎若是則左傳昭三十一年言簡子夢童子嬴而歌又何以不及也法言重黎篇曰趙世多神聖人曼云經史問答曰世家莫如趙之誣謬龐怪謂非緯候之先驅不可矣或曰趙世家多述詭異屠岸賈誅趙氏一宣孟夢叔帶二簡子游鈞天三有人當道四天神遺無恤竹書五武靈夢處女六孝成夢乘龍七此子長鉤奇以成其虛誕飄忽之文而非爲實錄蓋學南華經也

居十五年晉景公疾

案景公病祟而卒在十九年晉世家所書是也此云居十五年韓世家作十七年並誤

平公十二年而趙武爲正卿

案左襄二十五年趙文子爲政是平公十年此誤

十三年吳延陵季子使于晉曰晉國之政卒歸于趙武子韓宣子魏獻子之後矣

案季札之聘在平公十四年此誤作十三年武子乃文子之誤然三子見存不應稱謚史詮曰武子宣子獻子六字衍

文子生景叔

附案世本景叔名成左傳亦曰趙成子

生趙鞅是爲簡子

附案左哀二年及十七年傳簡子自稱志父杜云志父簡子之一名韋注晉語云簡子後名

六卿以法誅公族祁氏羊舌氏分其邑爲十縣六卿各令其族爲之大夫

案十大夫不皆六卿之族說在晉世家

在昔秦穆公嘗如此

案此醫師語也說在封禪書論衡紀妖篇不斥其事之妄但辨所游非天所見非天帝何迂也

告公孫支與子輿

附案索隱于扁鵲傳云子輿未詳余謂卽子車氏也子車三良秦紀作子輿孟子字子輿亦作子車

五世不安

案五世當是三世葢晉獻公惠公懷公也此與扁鵲傳同誤或曰幷奚齊卓子數之淮南精神訓四世注亦數奚齊卓子

惠懷爲四

霸者之子且令而國男女無別

案下文亦言襄公縱淫攷左傳不見晉襄縱淫無別事葢與扁鵲傳同妄

敗周人于范魁之西

案扁鵲傳亦有此語其事無攷當屬妄言正義以趙成侯伐衞實之謬矣

配而七世之孫

附案簡子至武靈十世此譌七字論衡紀妖篇是十世也

吾有所見子晰也

附案論衡晰作遊恐非風俗通卷一與史同史詮曰晰明也謂夢中明見子爾索隱以子晰爲當道人名非

乃廢太子伯魯而以毋卹爲太子

案簡子大夫也而稱其子爲太子可乎

後二年晉定公之十四年范中行作亂

案陽虎奔晉在定十一年則當作後三年余有丁云范中行氏因邯鄲午見殺而作亂其說在下此先言之誤余謂范中行作亂五字衍文事在定十五年也

十月范中行氏伐趙鞅

附案左定十三年是七月此譌十月

以范皋繹代之

附案左傳作皋夷左通云夷爲繹者聲之轉也

韓不佞魏哆

附案韓簡子之名左傳及晉世家皆作不信古通說文佞从女信省而魏哆卽魏曼多也說在晉世家

中行文子奔邯鄲

案左哀三年荀寅奔邯鄲乃晉定二十年此在十八年誤

簡子又圍柏人

案事在晉定二十二年非二十一年也說見表

定公三十七年卒而簡子除三年之喪期而已是歲越王句踐滅吳

案簡子先定公一年卒此緣左傳趙襄子降于喪食之文而誤爲斯語本無其事也然下文固云襄子降喪食何以有此誤說葢史公妄稱簡子六十年卒以定公三十七年爲簡子四十三年于是改襄子居父喪作簡子居定公之喪改襄子

降食作簡子易三年爲期而不自覺其矛盾矣至滅吳在晉出公二年是歲越圍吳爾滅字必圍字之譌否則下文書越圍吳何以此先言滅吳邪而定公三十七年越圍吳即下文所稱襄子元年越圍吳事此又因其譌而知其誤重也

晉出公十一年知伯伐鄭趙簡子疾使太子毋卹將而圍鄭知伯醉以酒灌擊毋卹毋卹羣臣請死之毋卹曰君所以置毋卹爲能忍詢然亦慍知伯知伯歸因謂簡子使廢毋卹簡子不聽毋卹由此怨知伯

案是時簡子已久死卿之子亦不得稱太子而襄子之怨知伯非爲其欲廢之並說在六國表至灌酒一節左傳未篇無其事史公或別有據故說苑亦載之也

晉出公十七年簡子卒

案簡子卒于晉定三十六年非出公十七年也此與表同誤所可怪者後文云趙襄子元年越圍吳襄子降喪食使楚隆問吳王圍吳之事在晉定三十七年襄子初嗣爲晉卿所言固不誤也何以此書簡子卒于出公十七年自相牴牾深所不解豈史公又以圍吳爲出公十八年事乎正義亦疏舛至襄子紀元之繆已說在表中

陰令宰人各以枓擊殺代王

附案徐廣謂各一作雒蓋宰人名亦通

遂以代封魯伯子周

附案湖本譌伯魯爲魯伯

襄子立四年知伯與趙韓魏盡分其范中行故地

案分地在晉出公十七年說見表其字衍

出公奔齊道死

案奔齊時出公未死說見晉世家

余霍泰山山陽侯天使也

附案論衡紀妖篇作余霍太山山陽侯天子與此同譌當依風俗通卷一作余霍太山陽侯大吏

赤黑龍面

附案風俗通亦作赤是也此譌

脩下而馮

附案徐云脩或作隨義同風俗通作脩下而馮上

左衽界乘

附案徐云界一作介是也風俗通作介乘方氏補正曰介甲也此指武靈王變服習騎射事左衽變服也介乘謂甲而乘馬習射

奄有河宗

附案風俗通作河室疑非

三國攻晉陽歲餘

案歲餘國策作三年

引汾水灌其城

附案國語但云襄子走晉陽圍而灌之不言何水韋注依此以爲汾水魏世家依國策以爲晉水尚書疏證六曰李宏憲

疑莫能定不知二水皆是也葢知伯決晉水以灌城至今猶名知伯渠然亦豈有舍近而且大之汾水不引以幷注者乎盧學士曰晉水注于汾水汾水之所經廣矣此云汾水雖不可謂誤而晉水尤與晉陽爲切近

唯高共不敢失禮

附案徐廣共作赫是也共乃赫之譌脫韓子難一第三十六淮南氾論人間訓說苑復恩及人表竝作赫呂覽義賞篇作高赦赦赫聲相近

乃取代成君子浣立爲太子

案索隱曰世本云代成君子起卽襄子之子非也然索隱于表又云襄子子獻侯浣何歟起與浣名亦異

襄子立三十三年卒浣立是爲獻侯

案襄子五十一年卒又獻侯是追尊不當稱侯竝說在表

襄子弟桓子

附案索隱于此及魏世家皆引世本云襄子子桓子恐非又桓子索隱據世本名嘉

十三年城平邑

案竹書在六年說見表

烈侯好音

案此書好音事于六年之後葢與表書于七年同然當在四年也亦說見表

弟武公立

案公當作侯又失名已說在表索隱引譙周謂世本及說趙語者無武公殆非也

九年伐齊齊伐燕趙救燕

案此所書誤幷有譌脫趙敬侯七年齊伐燕取桑丘三晉救燕伐齊至桑丘六國表及田完魏韓世家可證若敬侯九年雖有伐齊之事乃因齊有喪三晉共伐至靈丘而與燕無涉也田完世家正義兩引趙世家一云伐齊至桑丘一云伐齊至靈丘而今本皆無之故知傳寫脫誤耳是當移書于八年以前而補之曰七年齊伐燕趙救燕伐齊至桑丘于九年則補書曰伐齊至靈丘庶幾得之

十一年魏韓趙共滅晉分其地

案是時但分其地而未滅晉也說在表

大戊午爲相

附案徐廣謂戊一作成人表作大成午則戊乃成之譌韓策大成午從趙來是也

攻鄭敗之以與韓韓與我長子

案此所書殊難曉是時鄭滅已六年安得有鄭而攻之鄭爲韓滅韓卽從都鄭故韓亦稱鄭何煩趙與之若謂攻鄭便是攻韓則攻其國都矣而與韓句又不可接且祇敗之而已奚以與哉大事記改書云韓分鄭地長子與趙以爲韓滅鄭之時趙與有勞至是韓始以地酬其功硬改史文旣屬武斷更爲臆談而長子亦非鄭地也豈足述乎

伐魏敗涿澤圍魏惠王
案涿澤之圍不在六年說見表
九年與齊戰阿下
附案徐廣曰戰一作會大事記云世家威王封即墨大夫烹阿大夫之後諸侯莫敢致兵于齊二十餘年雖未可盡信然距阿下之會首尾纔五年耳當從別本
秦攻魏趙救之石阿
附案秦紀六國表皆作石門徐廣曰一作阿葢據此世家也然本紀正義引括地志謂堯門山俗名石門在雍州三原縣西北三十三里上有路其狀若門武德中于山南置石門縣通鑑注引水經注馮翊雲陽縣有石門山則阿字譌寫

虜其太子痤
案此乃公叔痤之誤說在秦紀
成侯與韓昭侯遇上黨
大事記曰成侯十三年乃韓懿侯九年趙世家說昭侯
與韓魏分晉封晉君以端氏
案端氏之封當在前敬侯十一年分晉之時此誤書于成侯十六年也下文肅侯元年奪晉君端氏徙處屯留亦是誤書當在成侯五年大事記亦以史爲誤其詳見六國表中葢三晉既分晉地尚奉晉孝公以端氏一城其後奪端氏而徙之屯留猶得食屯留一城也迨成侯十六年鄭取屯留于是晉孝公之子靜公始夷于編戶而爲家人矣其事與田齊徙康公略同但田氏待康公死無後而收其所食之一城三晉不待靜公之死而生奪其邑則又不如田氏耳
十七年成侯與魏惠王遇葛孽
案表謂魏惠王十四年與趙會鄗魏世家同爲成侯十八年此書于十七年誤但一以爲葛孽一以爲鄗二處各異葢稱鄗者是鄗本晉地是時屬趙故武靈王城鄗魏表及世家俱言會鄗可信徐廣云葛孽在馬丘不知馬丘何地方輿紀要云在曲周縣西則與鄗遠孽字當作孽
魏惠王拔我邯鄲　魏歸我邯鄲
案邯鄲趙都也一拔一歸皆妄說見表
公子緤與太子肅侯爭立

案肅侯失書名說見表
肅侯九年奪晉君端氏徙處屯留
案事在成侯五年說見上
十一年秦孝公使商君伐魏
案事在十年
魏惠王卒
案惠王非卒于肅侯十五年也說在表
取我藺離石
案秦紀年表及此下文皆言秦取藺在秦惠文更元之十二年趙武靈十三年此時未取藺葢因藺與離石相近並屬西河誤連及之耳或曰西周策蘇厲述秦善用兵有取趙藺離

石祁之語祁屬太原史不見取祁事疑藺字是祁之誤

韓舉與齊魏戰死于桑丘

附案徐廣以韓舉爲韓將非也此是趙將而與韓將同姓名者說在六國表桑丘在漢中山國本燕地時屬于齊一作乘丘者誤說見建元王子侯表正義謂此時齊伐燕桑丘三晉來救則謬甚事在敬侯七年何得合韓舉之戰爲一役邪

子武靈王立

案此失書名說見表

梁襄王與太子嗣

案襄當作惠嗣乃是襄王索隱引世本襄王名嗣可驗此文之誤而尤足徵魏惠成王非三十六年卒也

三年城鄗

案表在二年

五國相王趙獨否

案此武靈八年也稱王者燕秦楚齊趙魏韓及宋中山九國楚僭王在春秋前不在其列其餘稱王皆不在武靈八年吾不知所謂五國者誰乎大事記改書于顯王四十六年（武靈三年）以爲韓燕中山皆稱王趙獨稱君胡氏大紀同然則相王非五國也趙不肎王在三年非八年也而八年乃武靈稱王之時故十一年書王召公子職

九年與韓魏共擊秦

案六年擊秦不止三晉又事在八年俱說見秦紀

十一年王召公子職于韓立以爲燕王

案事在十二年說見表

虜將軍趙莊

案趙莊說在秦紀正義謂莊一作疵非

十六年秦惠王卒

案卒在十五年

命乎命乎曾無我嬴

附案列女傳云命分命兮逢天時而生曾莫我嬴嬴

十八年秦武王與孟說舉龍文赤鼎絕臏而死

案秦武卒在十九年此誤餘見秦紀

北至無窮

案無窮疑是無終

又取藺郭狼

通鑑地理通釋曰郭狼疑是皋狼（郭皋乃一聲之轉）

爲人臣者寵有孝悌長幼順明之節

案國策作窮有弟長辭讓之節疑此寵字誤正義以貴寵釋之非也

使王緤告公子成

案國策是王孫緤

兄弟之通義也

案兄弟當依國策作先王徐作元夷尤非

夫翦髮文身錯臂左衽

案索隱曰錯臂亦文身孔衍作右臂謂右袒其臂也吳師道云既言文身則畫臂爲復恐後說是錯或袒字之譌

御冠秫絀

案國策鯷冠秫縫鯷音題大鮎以其皮爲冠秫與鉥同音術鍼也此御字疑非絀亦縫紩之名徐廣曰一作鮭冠黎緤

大吳之國也

附案今國策俗本作大戎之國誤

三胡

附案國策三作參吳注云史因音而譌據上文則參當作東余謂三與參同依索隱以林胡樓煩東胡爲三胡較確

趙文趙造周袑趙俊皆諫止王毋胡服

案策有趙文趙造諫辭此不載而所載先王不同俗以下是王答趙造語也答趙文語此亦不載周袑策作紹賜胡服立爲王子傅趙燕胡服後期讓其逆令疑史譌燕爲俊然二人未有諫胡服之事史誤耳

故禮也不必一道

附案禮也二字策作禮世謂禮施于世也則也爲世之譌然吳注謂宜從商君傳作治世則禮當作理

仇液之韓王賁之楚

案國策仇元作机液作郝又作赫蓋一人而記別也但策云主父令仇赫相宋不言之韓豈有誤耶此王賁是趙人非秦王翦之子王賁

牛翦將車騎

案策有牛贊無牛翦疑一人二名或翦爲贊之誤

鴟之塞

附案正義曰徐廣鴟一作鴻鴻上故關今在定州一本作鳴字誤也（各本脫一鴻字）

王并取鄗

案鄗本趙邑武靈三年嘗城鄗矣此何以言取鄗豈前此曾爲中山所取耶

二十五年惠后卒

附案惠后者孟姚也因其爲惠文王之生母故稱惠后以別于太子章之母下文惠文后卒者乃惠文之后耳小司馬是

年及孝成元年兩注大謬周氏卮林已辨之

三年滅中山

案中山滅于武靈二十五年表書于惠文四年此前一年皆非也說在表

主父開之

附案索隱曰謂開門而納之俗本作閒非譙周孔衍皆作閉藏也

主父死惠文王立立五年

案主父傳位惠文已四年而主父之死上文徜言之疑五年上八字當衍

九年趙梁將與齊合軍攻韓至魯關下及

附案及乃反之譌各本以及字屬下文誤
十年秦自置爲西帝
案事在十一年
十四年相國樂毅將趙秦韓魏燕攻齊取靈丘
案六國伐齊在明年是歲惟秦擊齊無趙韓魏燕攻齊及取靈丘之事葢誤索隱謂此年伐齊明年重擊齊非也
趙與韓魏秦共擊齊
案此言伐齊先書楚說在秦紀
十六年秦復與趙數擊齊齊人患之蘇厲爲齊遺趙王書 于是趙乃輟謝秦不擊齊
案惠文十六卽齊襄保莒之歲田單守卽墨未下餘地盡入

燕則當時之齊僅存二城秦何利而數擊之秦卽欲擊復何畏而必共趙擊之秦果欲共趙擊齊趙又何敢謝之其謬不辨自明也國策亦稱蘇厲爲齊說趙而書中俱爲韓言與篇首相戾葢言齊誤耳乃史公反改韓作齊書辭亦不同未知所據大事記曰是時齊地皆入燕獨莒卽墨僅存蘇厲之書不及恐非此時事吳注曰策爲韓言乃趙藉擊韓而厲爲韓止之者其閒事實皆明指韓首云伐齊爲齊殊誤而史一切以韓爲齊抑馬遷之所改歟然趙伐韓不知在何時其文及地名多舛異不可强爲之說
反高平根柔于魏
案國策作溫軹高平根柔之地未見似宜從策

反巠分先俞于趙
附案巠分徐云一作王公葢字之譌策作三公什清據後漢續志注常山元氏縣有三公塞也但正義曰巠音邢分字誤當作山括地志云句注山一名西陘山在代州雁門縣西北四十里俞音戍郭注云西隃卽雁門山爾雅西隃雁門西先聲相近二山之地皆趙地說亦通
廉頗將攻齊昔陽取之
案此與頗傳在十六年而表在十五年以楚表及世家較之則書于十六年者非也昔陽當作淮北說見表
十七年樂毅將趙師攻魏伯陽而秦怨趙不與已擊齊伐趙拔我兩城

案毅是時方爲燕攻齊何從將趙師而攻魏葢非毅將耳秦拔趙兩城乃爭城之常非爲怨趙不與擊齊也是時齊祇有二城安得秦欲與趙攻齊事乎說見上
秦拔我石城
案此事年表亦書之然疑有誤也正義引右北平之石城縣及相州石城爲證而在北平者燕境在相州者魏境皆非趙地胡注通鑑謂卽漢西河之離石縣然趙肅侯二十二年秦已取之矣何待是時始拔乎俟攷
魏冄來相趙
案是歲爲惠文十八年秦昭二十六年冄復爲秦相安得相趙之事哉誤矣大事記謂相趙未幾復歸相秦非也

秦敗我二城

案敗當作取

趙奢將攻齊麥丘取之

案此在惠文十九年是時齊亦尚止二城麥丘屬燕年表田完世家及奢傳皆不書未知此何以言之

二十年廉頗將攻齊

案是年樂毅尚在齊次年田單始敗燕軍復有七十餘城此時齊無可攻他處皆無其事疑亦史誤

與魏共擊秦秦將白起破我華陽得一將軍

案惠文二十六年事此誤在二十五年又不書穰侯胡陽說見秦紀

燕將成安君公孫操弒其王

案事在惠文二十七年此誤書于前一年也燕世家索隱引之將作相

左師觸龍言願見太后

附案國策作讋一本無言字明孫鑛國策評云史龍下亦有言字當是二字此誤爲一或一字彼誤分爲二余攷人表同史而說苑敬愼篇言桀臣有左師觸龍荀子臣道議兵篇言紂臣曹觸龍韓詩外傳四亦云曹觸龍之于紂則趙臣不當作讋字（高祖功臣表有臨轅侯戚觸龍惠景表有山都侯王觸龍）

老婦恃輦而行

附案索隱本句末有耳字是也

至于趙主之子孫爲侯者

附案史詮曰今本王作主誤

而況于予乎

案予字非一本作子字亦非國策作人臣是也

而攻燕中陽

案此中人之誤說在表

有城市邑十七

案策作七十是也此與下文同誤爲十七

聽王所以賜吏民

附案毛本聽作財與國策作才同卽裁也倒句甚古

蠶食上乘倍戰者裂上國之地

附案策作其死士皆列之于上地正義解非

以萬戶都三封太守

案正義云爾時未合言太守至漢景帝始加太字此太字衍吳師道云國策凡五言太守決非衍當時已有此稱矣二者奚從閻氏辨之矣尙書疏證四云史家有追書之詞每以後之官名制度敘前代事如郡守更爲太守始景帝中二年七月太史公書于景帝前輒曰太守豈當日之實稱乎抑偶誤爾或曰太守字在史記固多追書若國策韓陽曰使陽言之太守太守其效之豈亦追書乎余曰昔人已疑到此著有明辨蓋校寫國策者不通古今妄增入非元文因笑近時刻日知錄者遽謂國策眞有太守稱亦不善于論世矣

吾不處三不義也

案策言馮亭辭封入韓然漢書馮奉世傳云趙封馮亭爲華陽君與趙將括距秦戰死長平所說不同未知誰實

廉頗將軍長平

案此上失書六年二字

七年廉頗免

案此乃七月之誤白起傳可證

楚來救及魏公子無忌亦來救秦圍邯鄲乃解

案楚魏救趙解圍在九年此誤作八年正義糾之矣而通鑑獨依此書于赧王五十七年何也

燕攻昌壯

案徐廣謂壯一作社而正義云壯字誤當作城昌城在冀州信都縣則作社亦誤

趙將樂乘慶舍攻秦信梁軍破之

案集解索隱正義皆謂此卽前年秦拔寧新中事非也是歲爲趙孝成十年秦昭五十一年秦紀言將軍摎攻趙取二十餘縣首虜九萬疑卽此事信梁乃摎號也此言破秦紀言取縣虜首者秦諱言敗虛功非實史公于本紀依秦史書之而未改政耳

而秦攻西州

附案州當作周他本作周

十四年平原君趙勝死

案年表列傳在十五年此誤

虜卿秦樂閒

案徐孚遠謂樂閒諫燕王不聽歸趙非被虜也余謂樂閒下缺奔趙二字燕策作入趙燕世家樂毅傳作奔趙可證

秦拔我榆次三十七城

案此失書拔新城狼孟紀表有

汾門

附案正義引括地志謂汾字誤恐非水經易水注作汾門亦曰汾水門

秦王政初立

附案政當作正說在秦紀

秦拔我晉陽

案事在十九年非二十年也說見表

二十一年孝成王卒廉頗將攻繁陽取之使樂乘代之廉頗攻樂乘樂乘走廉頗亡入魏子偃立是爲悼襄王

附案廉頗傳孝成王卒子偃立是爲悼襄王十二字當在攻繁陽取之下此錯簡也

秦召春平君

案策作春平侯疑此誤

而留平都

案策作平都侯此似脫侯字

龐煖將趙楚魏燕之銳師攻秦蕞

案五國伐秦此失書韓說在始皇紀

趙攻燕取貍陽城

附案正義謂燕無貍陽疑貍字誤當作漁陽正義甚謬燕策燕攻齊陽城及貍蘇代爲齊將與燕戰敗則貍陽城乃二地名燕取之于齊而今又爲趙所取也

秦攻鄴拔之

按秦不止拔鄴說在始皇紀

子幽繆王遷立

案國策作幽王列女傳作幽閔與此不同徐廣曰又云潛王世本年表及史攷趙遷皆無謚索隱曰此獨稱幽繆者蓋秦滅趙之後人臣竊追謚之太史公別有所見而記也陳氏測議曰或武臣張耳之時追謚

秦攻武城

案不及平陽略也說在始皇紀

趙忽及齊將顏聚代之趙忽軍破顏聚亡去以王遷降八年十月邯鄲爲秦

案國策及李牧傳作趙葱忽字譌顏聚亦作顏最見國策及漢書馮唐傳古字通說在功臣表而策及牧傳言聚與王同虜此云亡去恐非又王遷在位八年被虜此書于七年誤

趙之亡大夫共立嘉爲王

案代王嘉之事史公于論及之又附見燕世家變體也而張耳立趙後歇爲趙王項羽徙爲代王陳餘復奉爲趙王滅于漢亦宜牽連書之

史記志疑卷二十三終　番禺沈葆和劉昌齡沈寶楨校字

史記志疑卷二十四

仁和梁玉繩撰

魏世家第十四

畢公高與周同姓

索隱曰左傳富辰說文王之子十六國有畢此云與周同姓似不用左氏之說馬融亦云畢毛文王庶子書顧命疏王肅亦云文王庶子而唐表魏氏世系云文王第十五子

生武子

案世本畢萬生芒季芒季生武仲州卽武子犨故杜預云畢萬魏犨祖父此言萬生武子恐非又此世家敘世次多缺名及謚疏也

晉獻公之二十一年武子從重耳出亡

案事在二十二年

生悼子

附案索隱及禮樂記疏引世本無悼子一代而索隱別引世本居篇又有悼子與史合唐表從之然韋杜注竝以絳爲犨之子襄三年傳疏云計其年世孫應是也先儒悉皆不然未知何故春秋分記謂魏顆謚悼子非

卒任魏絳政

徐氏測議曰絳初爲列大夫後乃爲下卿此云任之政非

謚爲昭子

案魏絳之謚內外傳及徐廣引世本皆作莊子索隱引世本居篇作昭子則昭字誤也

生魏嬴嬴生魏獻子

案世本無嬴以獻子爲莊子之子杜注亦云莊子絳獻子之父韋注周語云獻子魏絳之子舒也

韓宣子老

案昭廿八年左傳宣子卒非老也

晉宗室祁氏羊舌氏相惡六卿誅之盡取其邑爲十縣六卿各令其子爲之大夫

案十縣大夫不皆六卿之子說在晉世家

而孔子相魯

案相魯之誤說在孔子世家

後四歲

案四當作三

魏獻子生魏侈

案世本獻子生簡子簡子生襄子故杜云襄子魏舒孫曼多也此少簡子一代而魏襄子曼多之爲魏侈說在晉世家

魏侈之孫曰魏桓子

案索隱據世本云襄子生桓子而唐表云襄子生文子須須生桓子又韓子說林難三淮南人閒說苑敬愼權謀竝以桓爲宣恐誤春秋成十三年曹宣公檀弓作桓公鄭注宣言桓聲之誤也

桓子之孫曰文侯都魏

案世本文侯是桓子之子文侯已上世系多異未知孰是又各本誤絕都字爲句唐表亦誤以都爲名

文侯元年

案稱元年非也說在表

周威王

史詮曰缺烈字

子擊不懌而去

案韓詩外傳九說太子擊遇田子方事與此小有異同未云太子再拜而後退此言不懌而去二語人之賢不肖相去甚遠未知孰得其實

子擊生子罃

附案罃當作瑩說見表

文侯受子夏經藝

案受經及後卜相二事表在十八年二十年說見表

李克曰君不察故也

附案呂覽舉難新序四述李克云君若置相則問樂騰（新序作商）與王孫苟端孰賢葢傳聞異辭耳故說苑臣術所載略同

臣進屈侯鮒

案屈侯鮒韓詩外傳三作趙蒼唐與此不同（說苑鮒作附）

臣何以負于魏成子

附案一本無以字者是

是以東得卜子夏田子方段干木此三人者君皆師之

案上文亦云文侯之師田子方然攷呂子舉難察賢韓詩外傳三新序四說苑臣術竝言文侯師子夏友田子方敬段干木則謂文侯以三人爲師非也當依韓詩外傳作君皆師友之此葢缺友字

是歲文侯卒

附案索隱引紀年云文侯五十年今本紀年作五十四年下武侯卒又引紀年云二十六年卒今本是十六年索隱誤也而紀年有錯簡故其事閒有可據其年多不足憑又呂覽下賢篇言文侯南勝荊于連隄東勝齊于長城虜齊侯獻諸天子天子賞文侯以上卿諸書皆無其事（上卿當作上聞說在樊噲傳）

公子朔爲亂

附案年表及趙世家竝作公子朝是也此朔字譌朔爲趙氏遠祖何故名之

使吳起伐齊

案起已于魏武侯六年死于楚矣是時爲武侯九年安得有起乎大事記以世家爲誤

十一年與韓趙三分晉地滅其後

案是時分晉地而未滅也說在表

十三年秦獻公縣櫟陽

案縣字誤說在表

自趙入韓謂韓懿侯

案韓世家不書伐魏濁澤事則其時趙魏交兵未嘗有韓矣

攷田完世家云威王敗魏濁澤圍惠王是必齊威王與趙合兵伐魏而此以下凡言韓者皆齊之誤也大事記謂齊不與濁澤專蓋失檢耳

魏君爲

附案一本爲作圍是三字句年表及趙與田完世家言圍惠王可證史詮曰湖本圍作爲連下文讀誤也

敗趙于懷

案事在惠王元年此誤二年

城武堵

案表作武都未知孰是各本誤離城字爲句

虜我將公孫痤取龐

案公孫乃公叔之誤說在秦紀又攷魏文侯十年當秦靈公十年秦補龐城則龐爲秦邑也其後三年文侯圍繁龐出其民則此時秦所取者豈繁龐乎

十年伐取趙皮牢

案事在九年說見表

十五年魯衛宋鄭君來朝

案秦策云梁君伐楚勝齊制韓趙之兵驅十二諸侯以朝天子于孟津後子死身布冠而拘于秦齊策蘇子說閔王亦有魏王從十二諸侯朝天子之語史皆缺略不載又攷韓子說林言魏惠公爲臼里之盟將復立天子彭喜謂鄭君勿聽與韓策同惟策誤宂于韓王之時而以臼里爲九重（一作九里）彭喜

爲房喜耳復立天子卽所謂率十二諸侯朝天子也尤盛德事何以不書而反書諸侯之朝梁哉

與秦孝公會社平

附案社當作杜傳寫譌耳

十八年拔邯鄲

案二十年言歸邯鄲一拔一歸竝妄也說在表

十九年諸侯圍我襄陵

案事在十八年惟齊圍之說見表

中山君相魏

案表書于二十九年此前一年未知孰是餘說見表

三十年魏伐趙趙告急齊

案正義曰孫臏傳云魏與趙攻韓韓告急齊此文誤耳魏伐趙趙請救齊齊救趙敗魏桂陵乃在十八年正義是也趙助魏伐韓事年表世家皆不書當是趙先敗而歸矣田完世家亦與此同誤

齊虜魏太子申

案國策曰殺太子申

于是徙治大梁

附案徐廣引紀年徙大梁在九年索隱謂紀年誤然商君傳索隱謂二十九年徙亦誤依史在三十一年是今本紀年在六年與漢書高紀臣瓚注及水經注廿二卷所引同九非也

以公子赫爲太子

案表在後一年疑此上失書三十二年四字赫疑卽襄王說在表

鄒衍淳于髡孟軻皆至梁

案孟子至梁不在惠王三十五年說見表

梁惠王曰

案孟子初見惠王王問何以利國孟子答以仁義他日因敗衂之故又問所以洒恥者孟子勸以施仁政史止載孟子仁義之對而幷惠王之問爲一耑王湻南譏其文辭雜亂良然

孟軻曰君不可以言利若是

案改王稱君非也說見表

三十六年復與齊王會甄是歲惠王卒子襄王立襄王元年與諸侯會徐州相王也追尊父惠王爲王

案惠王三十六年後改元十六年始卒是年未卒也史以惠改元之年爲襄元年誤矣襄王已下又三代失書名而元年亦無諸侯相王事祇魏改元稱王耳惠生而爲王何俟追尊更屬虛妄竝說在表中

秦取我汾陰皮氏焦

案焦下脫曲沃二字說見秦紀

七年魏盡入上郡于秦秦降我蒲陽

案秦取蒲陽而復歸之故魏入上郡爲謝也此誤書之說已見表

秦歸我焦曲沃

案此似失書歸皮氏說在秦紀

十六年襄王卒子哀王立張儀復歸秦

案襄當作惠哀當作襄說在表又儀之歸秦據儀傳當在哀王二年實襄王二年也此誤

五國共攻秦

案攻秦者六國也說在秦紀

齊敗我觀津

案津乃澤之誤說見表

五年秦使樗里子伐取我曲沃走犀首岸門

案曲沃當作焦說見表水經注廿二岸門作岑門與策史異疑非

秦求立公子政爲太子

附案求字譌當依表作來

昔者魏伐趙斷羊腸拔閼與約斬趙趙分而爲二

附案史策皆不載此事無從攷也閼與之拔蓋魏卽歸之趙故其後秦昭王攻趙閼與至始皇而拔之

薛公

案魏有田文爲武侯相見吳起傳呂氏春秋執一篇所謂商文也又有魏文子相襄王見魏策與齊孟嘗爲三人因名偶同于孟嘗而孟嘗又有奔魏事故國策誤以文子爲薛公幷謂孟嘗奔魏爲相魏豈不妄哉史仍其誤耳且薛公奔魏當魏昭王十一二年閒國策載謀事于哀王時此敘在哀王

九年前乎薛公之奔魏者廿六七年是時孟嘗方相齊何以
居魏乎
秦來伐我皮氏未拔而解
案此書伐皮氏于哀王十二年與紀年書于隱王周赧也八年
合然年表及樗里甘茂傳竝在秦昭元年魏哀十三年恐是
十二年誤
秦拔我蒲反陽晉封陵
案年表紀年皆作晉陽是也此作陽晉正義謂史文誤又封
陵紀年作封谷水經作風陵
二十三年秦復予我河外及封陵爲和
案事在二十一年河外及三字衍說見秦紀

秦將白起敗我軍伊闕二十四萬
案二十四萬合韓魏軍言之說見表
與秦趙韓燕共伐齊
案六國伐齊此失書楚說在秦紀
秦破我及韓趙殺十五萬人
案韓字衍十五萬連趙言之亦非說在秦紀
蘇代謂魏王
案蘇代國策作孫臣
中旗馮琴對曰
附案索隱云國策作推琴春秋後語作伏琴韓子作推瑟說
苑作伏瑟文各不同余又攷中旗策作中期古字通也說見弟子
傳而說苑敬愼篇作申旗與策史異韓子見難三又中旗作鍾期豈卽鍾子期與
魏桓子御韓康子爲參乘
案秦策作康子御桓子驂乘
汾水可以灌安邑絳水可以灌平陽
案史策所說竝同而水經注六引史作汾水浸平陽絳水浸
安邑幷云余觀智氏之譚汾水灌平陽或亦有之絳水澆安
邑未識所由迨攷胡注通鑑引酈注又與策史無殊胡復據
括地志謂道元未識絳水可灌平陽因少長齊地未嘗至河
東也豈今本水經注傳寫譌舛乎然梁書韋叡傳亦言汾可
灌平陽絳可灌安邑則何以說晉語注安邑魏也平陽韓也潛丘劄記曰
嘗往來平陽夏縣而悟二語具有妙解蓋汾水幷可灌安邑

至絳水則不待言絳水幷可灌平陽至汾水又不待言文錯
互舉總見水之爲害溥爾
魏人有唐睢者年九十餘矣
案此時爲安釐王十一年逌魏之亡凡四十二年而國策載
魏亡後唐睢爲安陵君說秦始皇豈睢壽至一百三十餘歲
乎
吾請獻七十里之地
案魏策作百里之地
痤因上屋騎危謂使者曰
疏證曰國策范痤獻書魏王耳無上屋騎危事
伐楚道涉山谷

附案策與史同索隱正義據劉伯莊云涉谷是往楚之西道

索隱本無山字未知然否

右蔡左召陵

附案徐云一無左字正義曰上蔡邵陵並在陳州西從汴州南行向陳州之西郊則上蔡邵陵正南面向東皆身之右定無左字余攷策作右上蔡召陵則蔡左二字當作上蔡傳寫譌耳

秦固有懷茅邢丘城垝津以臨河内

附案城垝津者築城于垝津也荀子强國篇注引史同謂垝津即圍津以曹參度圍津爲證荀子傳寫誤作圍津乃東郡白馬之韋津也圍韋垝三字古通借用之索隱謂策作邢丘安城此少安字正義謂垝字誤當作延恐非攷魏策曰秦故有懷地邢丘之（當作安）城垝津而以之臨河内不言延津也

秦葉縣昆陽與武陽鄰

附案武陽正義作舞陽與策同以下文繞舞陽例之則舞字是也舞陽在葉東屬魏若武陽則齊地矣古舞武通借故混書之刺客傳秦武陽作舞陽又春秋莊十年蔡侯獻舞穀梁作武周禮地官鄉大夫職興舞馬融注論語射不主皮作興武漢書功臣表以武陽侯趙安稽爲舞陽宋書荊雍州蠻傳舞谿南史作武谿葉縣亦葉陽之譌

國無害已

案此句文義不順策作魏國豈得安哉則已字疑當作乎

秦七攻魏五入囿中

附案策作十攻此譌作七徐廣謂囿一作城是策作國中

北至平監

附案徐云平縣屬河南或作乎而策作北至乎闞則平字譌也監與闞同說在齊世家

大縣數十名都數百

附案徐謂一本十作百百作十與策同

禍必由此矣

案國策由作百大事記從策

趙挾韓之質

案趙字策作而是也索隱解非

而又與彊秦鄰之禍也

案策又字作無是

此亦王之天時已

附案策作大時大事記從策此譌

使道安成

附案策作使道已通似從史爲勝

敗之河内

案河内乃河外之誤秦紀及六國表是河外

公孫喜

案魏將公孫喜爲秦所虜此時久無其人策作公孫衍是

秦王政初立

附案政當作正說在秦紀

秦拔我垣蒲陽衍

案垣衍二字羨文說在始皇紀

遂滅魏以爲郡縣

案國策魏尚有安陵君魏滅後猶存蓋魏所封同姓之國似當附載古史補之矣又陳涉封魏咎項羽封魏豹雖別有傳皆應附書一二語

說者皆曰魏以不用信陵君故國削弱至于亡余以爲不然天方令秦平海內其業未成魏雖得阿衡之佐曷益乎

案索隱本及史通雜說篇作阿衡之徒疑佐字譌索隱曰譙周云國之云亡有賢者而不用也如用之何有亡哉使紂用三仁周不能王況秦虎狼乎史通曰論成敗者當以人事爲主必推命而言則其理悖矣以之垂誡其不惑乎滹南集曰此謬說也魏之亡既迫于秦與而非人謀之所能救則秦之亡亦迫于漢興而無可爲者乃遷于本紀取賈生之論以不任忠賢罪二世何哉夫無忌之徒固未足以益國然遷之失言不得爲無罪也餘冬敘錄曰遷知天之令秦平海內而不知秦無道爲天之所欲速亡者何也

韓世家第十五

韓之先與周同姓姓姬氏其後苗裔事晉得封于韓原曰韓武子

案韓之先與晉同祖皆武王之後此所云武子者韓萬也杜注桓三年傳依世本云韓萬莊伯弟晉語韓宣子謝叔向曰桓叔以下嘉吾子之賜韋注云桓叔生子萬受韓以爲大夫索隱唐表同則韓乃桓叔之後如世家所說是武王子韓侯之後恐史公誤又敘韓之世多不書名亦疏

武子後三世有韓厥

案左宣十二注云韓厥萬元孫與索隱引世本合則三世當作四世孔疏引世本缺韓簡一代遂妄疑服杜言玄孫爲無據也

從封姓爲韓氏韓厥

王孝廉曰韓厥字疑衍

景公十一年厥與郤克將兵八百乘伐齊

案事在十年

晉景公十七年病

案病在十八年

續趙氏祀

案下宮之難非實有其事說在趙世家

晉悼公之十年韓獻子老

附案十乃七之譌

宣子徙居州

案左昭七年韓宣子以州易原于宋樂大心然定八年晉止宋樂祁之尸于州是仍屬晉也故宣子得居之

晉定公十五年宣子與趙簡子侵伐范中行氏宣子卒

案定十六年與趙簡子伐范中行者韓簡子不信也是時宣子已卒十九年矣左傳及晉趙世家可證此誤十六年爲十五年誤簡子爲宣子

子貞子代立貞子徙居平陽

案貞子卽左昭二年韓須索隱引世本謚平子說苑敬愼有韓平子與叔向問答語而人表又作悼子豈須有三謚乎世本又云景子居平陽此云貞子徙未知孰是

貞子卒子簡子代簡子卒子莊子代莊子卒子康子代

附案徐廣謂史記多無簡子莊子人表亦同然韓簡子不信見于左氏經傳及晉趙世家惟莊子無攷索隱引世本皆有之史依世本春秋分記亦謂簡子之子爲莊子庚庚生虎安得謂貞子生康子乎高誘呂覽任數注貞子生康子同誤晉語注康子宣子曾孫莊子之子言曾孫亦非

武子二年

案紀年當始景侯此與表始武子誤說在表

景侯虔元年

案景侯一名處說在表又呂覽任數注謂武子都宜陽景侯徙陽翟史似失書

子列侯取立　子文侯立

案列侯之謚有二紀年又無文侯俱說在表

鄭反晉

案表作敗晉是

與魏惠王會宅陽

案惠王二字衍前後皆祇書魏不應此獨書王且是時魏未王也

子昭侯立

案此侯本謚昭釐說在表

魏取宋

附案表云魏取我朱則宋字湖本譌刻也他本竝作朱

伐東周取陵觀邢丘

案地名有誤說見表

韓姬弑其君悼公

案此事亦說見表

秦來拔我宜陽

案拔宜陽疑誤說在表

屈宜臼曰昭侯不出此門

案此及下兩昭侯史詮謂俱當作君侯

子宣惠王立

案惠字衍說在表

十一年君號爲王

案表在十年與楚世家書于懷王六年政合此誤

虜得韓將鯁申差于濁澤

案主帥是太子奐說在秦紀又正義謂濁澤當作觀澤是也濁澤乃魏地非韓地蓋史因國策之誤

楚救不至韓十九年大破我岸門
史詮曰韓字下有缺文國策可補大上當有秦字盧學士曰策云韓氏大敗史公旣刪易當并去韓字則下句秦字亦可不增矣
太子倉質于秦以和
附案秦紀言敗韓太子奐乃韓宣王十六年事而此稱倉者蓋奐敗沒而別立太子也
是爲襄王
案徐廣及畱矦世家作襄哀王後桓惠王畱矦世家亦作悼惠王
敗楚將唐昧
附案昧當作眛
公子蟣虱
附案虱乃俗字當作蝨策作幾瑟
蘇代謂韓咎曰
案蘇代策作冷向是也古史亦以史爲誤但韓咎卽公子咎與蟣蝨爭爲太子者而此篇實諫納蟣蝨義不可通吳注云咎豈有納幾瑟之理當是謂公仲之辭也徐氏測議曰公子咎與韓咎是二人故蘇氏說韓咎奉蟣蝨也亦是一解
其聽公必矣
案國策作德公是
楚圍雍氏
案圍雍非襄王十二年事說在秦紀
請道南鄭藍田出兵于楚以待公殆不合矣
案策云請道于南鄭藍田以入攻楚出兵于三川以待公殆不合兵于南鄭矣較此明晰
不如出兵以到之
附案策作出兵以勁魏索隱曰到欺也猶俗云張到陳太僕云到者但至其處而從壁上觀耳作勁字誤趙太常云當是顚倒意謂惑之也余謂趙文說爲勝韓子內儲說左上云到其言以告呂子愛類云何其到也重已篇注云到逆其生到引牛尾淮南原道云到生挫傷可證到古倒字大戴虞戴德反天到行
司馬庚
附案徐廣謂庚一作唐國策作庚疑庚唐字誤
蘇代又謂秦太后弟芈戎曰
案策不言蘇代也索隱云此取國策說伯嬰卽太子嬰未立之前亦與蟣蝨爭立故事重而文倒
公何不爲韓求質子於楚
附案索隱本及國策質下有子字
楚王聽入質子于韓
案正義謂楚王下脫不字是
韓立咎爲太子齊魏王來
案此上缺書十三年表可證
十六年秦與我河外及武遂

案事在十四年河外及三字衍說見秦紀
使公孫喜率周魏攻秦秦敗我二十四萬
案此時之周豈能從伐秦乎可疑也二十四萬說見表
五年秦拔我宛
案宛不屬韓又事在前一年說見表
與秦昭王會西周而佐秦攻齊
案六國攻齊此失書燕楚趙魏說在秦紀
與秦會西周閒
附案兩周湖本譌西周
韓相國謂陳筮曰
附案徐廣筮作筌竝譌國策作田苓是索隱引策誤爲茶

請令發兵救韓
附案毛本令作今是
十年秦擊我于太行我上黨郡守以上黨郡降趙十四年秦拔趙上黨殺馬服子卒四十餘萬于長平
案上黨降趙在十一年非十年也長平之事在十三年非十四年也
桓惠王卒
附案魏世家安釐王十一年信陵君曰今韓氏以一女子奉一弱主內有大亂大事記云韓世家不載其事必是時韓王少母后用事余攷魏安釐十一當桓惠八年是時秦宣太后趙惠文后齊君王后皆臨朝用事韓亦當然也古史云信陵說魏王曰韓氏以一女子奉一弱主李斯上書言趙高必爲亂曰如韓玘之爲韓安相此二事皆二人所親見而至漢太史公不得其事實大抵戰國事韓最疏略
王安五年秦攻韓韓急使韓非使秦秦留非因殺之
案韓非使秦紀表在六年
韓遂亡
案楚立韓諸公子韓成爲王漢立韓襄王孽孫韓信爲王唐表以信爲幾瑟子皆當附及
紹趙孤之子武以成程嬰公孫杵臼之義
案趙孤之事非實說在趙世家史詮曰孤字當在之下

田完世家第十六

陳完者陳厲公佗之子也　厲公者陳文公少子也其母蔡女文公卒厲公兄鮑立是爲桓公桓公與佗異母及桓公病蔡人爲佗殺桓公鮑及太子免而立佗爲厲公厲公既立娶蔡女蔡女淫于蔡人數歸厲公亦數如蔡桓公之少子林怨厲公殺其父與兄乃令蔡人誘厲公而殺之林自立是爲莊公故陳完不得立爲陳大夫厲公之殺以淫出國故春秋曰蔡人殺陳佗罪之也
案佗是文公子五父厲公躍是桓公子厲公蔡出也桓公疾佗殺其太子免而代之蔡人殺佗立厲公厲公卒弟莊公林立史所說俱誤詳陳世家中
宣公十一年殺其太子御寇

案春秋事在陳宣公二十一年此缺二字
齊懿仲欲妻完
案懿氏乃陳大夫非齊也左傳追敘其事見莊二十二年故加初字此誤爲齊耳後文論中言及完奔齊懿仲卜之亦同誤
敬仲之如齊以陳字爲田氏
案陳之改田在春秋後史公謂敬仲所改幷盡易經傳陳字爲田謬也說在年表
晏嬰與田文子諫
案文子未嘗諫納欒盈說在表
田桓子無宇有力事齊莊公甚有寵無宇卒生武子開與釐子乞田釐子乞事齊景公爲大夫其收賦稅于民以小斗受之其粟予民以大斗

案左氏襄廿八年無宇始見傳乃齊景三年其父文子尚在則無宇未事莊公也武子名開左傳不見史公當別有據又小斗大斗之言卽景公九年晏子與叔向語所謂家量公量者彼桓子時事此以爲僖子非
范中行請粟于齊田乞欲爲亂樹黨于諸侯乃說景公
案齊輸粟范氏不及中行亦非因田乞樹黨之故說在十二矦表及齊世家
芮子
案荼母姒姓作芮子非徐廣作粥子亦非說在齊世家
又紿大夫曰高昭子可畏也
案稱昭子非說見齊世家
遂反殺高昭子
案昭子未嘗見殺說見齊世家
晏孺子奔魯
案左傳奔魯者乃晏圉此誤以爲景公子安孺子矣
乃使人遷晏孺子于駘而殺孺子荼
案晏孺子卽孺子荼兩書其名直似二人矣不亦贅乎當是殺孺子毋之誤
鮑牧與齊悼公有郤弒悼公
案牧爲悼公所殺何云牧弒悼公說見表
齊人歌之曰嫗乎采芑歸乎田成子

案生而稱謚之誤辨見秦紀此誤尤甚韓子外儲說右上述周秦之民歌曰謳乎其已乎苞乎其往歸田成子乎詩小異史通暗惑篇云人旣物故加以易名田常見存而遽呼以謚此之不實明然可知左傳石碏曰陳桓公方有寵于王史記家令說太上皇曰高祖雖子人主也諸如此說其例皆同然事由過誤易爲筆削若田氏世家之論成子以韻語纂成歌辭欲加刊政無可釐革故獨舉其失以爲標冠云
子我者監止之宗人也
案齊世家依左傳以闞止卽子我是也此言子我爲監止宗人下言田氏殺子我及監止竝誤作二人索隱糾之矣
子我舍公宮

案傳云子行舍于公宮乃陳逆也此誤子我

田常既殺簡公懼諸侯共誅已乃盡歸魯衞侵地西約晉韓魏趙氏南通吳越之使

古史曰左傳成子歸成于魯以子貢之言不得已而與之本非成子所以自定之計也又自從齊晉更相侵伐未已不見成子約晉之實又是時吳滅已久言通吳越之使亦非確論

于是盡誅鮑晏監止

附案徐氏測議曰前已誅監止矣此復及者蓋盡其黨類也

後宮以百數而使賓客舍人出入後宮者不禁及田常卒有七十餘男

索隱曰鮑昱云陳成子有數十婦生男百餘人與此異然譙允南案春秋陳恆爲人雖志大負殺君之名至于行事亦脩整故能自保非苟爲禽獸之行夫成事在德雖有姦子七十衹以長亂事豈然哉言其非實也

子襄子盤代立

案徐云盤一作塈索隱引世本作班未知孰是

伐魯葛及安陵

案葛當作莒安陵疑誤說在表

莊子卒子太公和立

附案索隱謂紀年莊子後有悼子田和後有田侯剡（年數亦與史異）

莊子鬼谷子云田成子殺齊君十二代有齊國據世本世家自成子至王建之滅衹十代若如紀年則悼子及侯剡卽有十二代與莊子鬼谷說同明紀年非妄余攷莊子胠篋釋文云十二世自敬仲至莊子九世知齊政自太公和至威王三世爲齊侯陸氏不依紀年而以威王爲斷者以莊生在齊宣王時也似從史爲是徐孚遠以爲十二世乃總言田氏擅齊之數殊混

取毋丘

附案毋當作毌衍丘字說見表

桓公午五年秦魏攻韓

案此年秦魏攻韓他無所見但有齊伐燕取桑丘三晉伐齊至桑丘耳詳攷國策方知此乃齊宣王二十九年勝燕噲事誤載于桓公五年蓋齊策前後三章皆大同小異一爲邯鄲之難卽下文威王二十六年事也一爲南梁之難卽下文宣王二年事也一爲齊舉燕國與此無殊所謂攻韓者卽岸門之戰也然岸門之戰韓亦敗于秦未必與秦攻韓紀表及韓世家俱無之而楚趙救韓亦鮮明文疑此仍策之誤未足據依其餘吳注辨之甚悉吳云威王二十二年鄒忌始相上距桓公取桑丘之歲二十餘年豈得已爲大臣史誤以邯鄲一章勦入之明矣（策段干綸史作段干朋然亦勦南梁章語也）田臣思卽田忌（策一作思臣誤索隱引策作田期思引紀年作徐州子期今竹書作田期史記攷異云臣當作臣音怡與期音相近）宣王二年出奔至二十九年子噲之役凡二十七年不應復見使忌果在齊則王安得棄之而將章子策或誤載其名且桓公時秦魏攻韓楚趙救之齊不救因而襲燕宣王時秦魏伐韓楚

趙救之齊不救因而舉燕何其事之脗合如此且田臣思曰天以燕予齊而僅爲取桑丘乎是史亦誤以宣王伐燕章附之桓公也

子威王因齊立

案齊字衍說在表

三年三晉滅晉後而分其地

案是時分其地而未滅也說在表

晉伐我至博陵

案通鑑晉作魏當是說見表

遂起兵西擊趙衞敗魏于濁澤而圍惠王惠王請獻觀以和解

案擊趙衞事無攷敗魏濁澤與伐魏取觀是兩事不得幷爲一端且是齊伐而取之非魏因敗濁澤而獻觀以和也

夫大弦濁以春溫者君也

附案索隱本無春字故小司馬云春秋後語溫字作春義亦相通葢後人附注異本傳寫連爲春溫耳當衍春字下同

淳于髡曰

案新序二載髡與鄒忌問答語與史異何也

梁王曰若寡人國小也

附案後漢書李膺傳注引史作寡人之國雖小

威王曰寡人之所以爲寶與王異

附案論寶一節見韓詩外傳十惟韓誤威王爲宣王耳又攷說苑臣術言成侯謂威王曰忌舉田居子爲西河而秦梁弱此作肦子舉田解子爲南城而楚人抱羅綺而朝此作檀子舉黔涿子爲冥州而燕人給牲趙人給盛舉田種首子爲卽墨而于齊足究與此小異

徙而從者七千餘家

附案李膺傳注作七十餘家

將以照千里

附案膺傳注引史此句上有以此爲寶四字

其後成侯騶忌

評林明歸有光曰其後二字疑有誤

公孫閱

案索隱引策作閎今國策作閈未知孰是

十月邯鄲拔

案拔者非邯鄲也說在表十月策作七月此誤

殺其大夫牟辛

附案大夫似當作夫人說見表

田忌聞之因遂率其徒襲攻臨淄求成侯不勝而犇

案田忌出犇在宣王二年戰馬陵之後不在威王三十五年無論威王賢明成侯讒搆所不能行而忌之戰功可見者桂陵馬陵二役若威王時已出奔則安得馬陵之勝乎此與孟嘗傳同誤然其誤亦由國策也策于威王時載鄒忌田忌不相說一章有田忌遂走之語史公謬以爲據因撰出襲攻臨淄事索隱謂齊都臨淄當依孟嘗傳作襲齊邊邑而不知忌

未嘗襲齊耳國策戰馬陵後有田忌爲齊將一章言孫臏勸忌無解兵入齊可正齊君而走成侯忌不聽以是觀之忌亦賢矣柰何反以襲齊誣之邪

宣王元年秦用商鞅周致伯于秦孝公

案致伯在宣王卽位前一年紀表可據此誤也

魏伐趙趙與韓親共擊魏趙不利戰于南梁

案此文之誤說在魏世家當云魏伐韓趙與魏親共擊韓趙不利敗于南梁韓氏請救于齊

宣王召田忌復故位

案忌無召復位之事此與孟嘗傳同誤葢因錯認忌出犇在威王時而其後馬陵之功自不能沒遂又撰出復位一節也

吳注策云忌既襲齊豈得再復成侯猶在豈宜竝列四語有以矛刺盾之妙

騶忌子曰不如勿救

案國策無騶忌勿救之說索隱謂是時騶忌已死又謂宣王乃威王之誤竝謬甚馬陵之役自在宣王二年

田忌曰弗救則韓且折而入于魏不如蚤救之孫子曰

案策田忌作張丐丐疑郎丑弗救作晚救以孫子爲田思臣郎忌也此誤思臣誤說見上

使田忌田嬰將孫子爲師

附案徐云嬰一作盼非說在表師乃師之誤在軍中爲軍師也表傳可據

救韓趙以擊魏

案趙字衍

魏惠王卒明年與魏襄王會徐州諸侯相王也

案是時惠王未卒徐州之會亦非爲相王竝說在表

自如騶衍

湻南辨惑曰荀卿傳亦云自如孟子至于吁子自如二字連用不得余案孟荀傳此句前有自如湻于髡以下句匈奴傳亦有自如二字接子

附案子乃子字之誤

十九年宣王卒子湣王地立

案二王卒立之年說在表索隱引系本湣王名遂與史異

三年封田嬰于薛

案封嬰不在湣王三年說見表

與宋攻魏

案言與宋非也說在宋世家

楚圍雍氏

案此事不在湣王十二年說見秦紀

與秦擊敗楚于重丘

附案重丘說在秦紀

二十八年秦與韓河外以和

案不言與魏何也葢脫之又此事在二十六年說見秦紀

二十九年趙殺其主父齊佐趙滅中山

案殺主父在前一年滅中山不在是歲亦非齊佐趙滅之並說見表

蘇代自燕來入齊見于章華東門

案章華東門正義引括地志同史而表駰引左思齊都賦注云齊小城北門也國策又作南門

夫約鈞然與秦爲帝

附案策作夫約然一本無然字吳注云恐約鈞字譌無然字而以約連下文讀爲是

趙之阿東國危

附案策作河東謂趙河之東也此誤作阿正義謬

韓聶與吾友也

案韓策聶作珉

蘇代爲齊謂秦王

附案策齊皆作韓恐非

于是齊遂伐宋宋王出亡死于溫齊南割楚之淮北

附案荀子王霸篇注引史云齊閔王二十三年與秦敗楚重丘南割楚之淮北此楊倞撮合引之或據以爲割淮北亦在閔二十三年非也取淮北在滅宋後乃三十八年事

淖齒遂殺湣王

案國策有王孫賈誅淖齒一章此不宜略

爲莒太史敫家庸

附案徐廣曰敫音躍一音皎田單傳後述此事作嬓正義亦曰音皎說文放部謂敫讀若龠蓋有二音也胡注通鑑依顏師古漢書王子表注云敫乃古穆字誤甚說在王子表

以爲非恆人

案恆字何以不避

王建立六年秦攻趙齊楚救之

案事在五年非六年但楚世家無救趙事索隱引國策楚字作燕亦無攷

周子曰

附案索隱曰策以周子爲蘇秦然此時秦死已久矣檢今本國策作蘇子但作周子似是鮑彪策注云周子謂最

十六年秦滅周

案滅東周也失東字說在周紀

秦王政

附案政當作正下同說在秦紀

遂滅齊爲郡

案楚漢王三齊者王建之弟假其孽孫安宗族田儋儋子市及從弟榮榮子廣及弟橫又有族人田都雖別有傳亦當附及數語

及完奔齊懿仲卜之

案卜不在奔齊時懿仲亦非齊大夫說見前

田□及常所以比犯二君專齊國之政非必事勢之漸然也蓋若梁□□兆祥云

案史公此論指周太史陳懿仲卜敬仲事然非史氏所宜言也王若虛云亂臣賊子皆得以天命自解而無所懲艾良然

史記志疑卷二十四終　番禺沈葆和劉昌齡沈寶樞校字

史記志疑卷二十五

仁和梁玉繩

孔子世家第十七

其先宋人也曰孔防叔

案孔子六代祖孔父嘉別爲公族故其後以孔爲氏則敘孔子先世當始孔父嘉不得始防叔其所以始防叔者豈緣防叔始奔魯之故歟而孔氏之奔魯實非防叔始潛夫論志氏姓云防叔爲華氏所偪出奔魯爲防大夫此本于世本見商頌及左穀桓元二疏禮儒行孝經疏家語本姓唐書世系表七十五下皆仍其說夫孔父爲華督所殺則孔氏應即避難出奔奚待三世而後適魯何孟春謂防叔避亂當在湣公末年南宮萬弒湣公殺華督國亂之日亦非也汪氏增訂四書大全曰方督之見殺是天假手于萬以雪孔氏戴天之大恥何爲反避之他國乎惟杜注昭七年傳云孔父嘉爲宋督所殺其子奔魯最爲明確路史後紀十從之是始奔魯者乃孔子五代祖木金父防叔之祖也

紇與顏氏女野合而生孔子

案古婚禮頗重一禮未備即謂之奔謂之野合故自行媒納采納徵問名卜吉請期而後告廟顏氏從父命爲婚豈有六禮不備者檀弓疏及索隱正義以婚姻過期爲野合亦無所據蓋因紇偕顏禱于尼山而爲之說耳野合二字殊不雅馴至若博物志所引異說則更妄誕極矣

魯襄公二十二年而孔子生

附案左氏春秋不書孔子之生公穀俱書于襄公二十一年然公羊書十有一月庚子孔子生于是年之末穀梁書庚子孔子生于十月之後微有不同而史獨稱二十二年生史通申左篇譏劉向七錄曰列子書論尼父而云生在鄭穆之年以後爲先曾無所疑從公穀者索隱外紀黃氏日抄及宋濂孔子生卒歲月辨之類也隸釋逸部老子銘以孔子生于周靈王二十年亦從公穀若索隱言史誤以周正十一月屬明年夫謬矣從來三正推法祇以後月屬前月並無以前月屬後月則正十一月第能爲夏正九月末聞倒而爲夏正之正月者從史記者杜注左傳襄三十年拾遺記續博物志古史大紀路史朱子論語序說通鑑前編餘姚黃氏宗羲南雷文約之類也二十一年是己酉何休云乙卯誤二十二年是庚戌當從史記爲的其徵有三襄二十一年日

食必非生聖人之歲一也公穀皆口授公羊著于漢景之時穀梁顯于漢宣之代歷世既久寧得無譌二也杜注哀十六年傳云仲尼至今七十三五代史馮道傳道卒年七十三時人皆謂與孔子同壽則非七十四可知三也困學紀聞兩存其說以爲不可攷閻注亦從史索隱深悼孔子生年莫定致壽數不明殊不然矣三國志譙周傳孔子七十二而殁家語終記時年七十二豈以孔子爲襄公二十三年生乎謬甚若生月必當從穀梁在十月以杜長厤推之是年十一月無庚子況三傳經文于十月既書庚辰朔則庚子應在十月儻作十一月則一月祇二十日大不可通且陸氏公羊釋文曰上有十月庚辰此亦十月一本作十一月又本無此句是知公羊傳寫譌異非灼然可據者至生日必庚子無疑不但公穀書之南齊書臧榮緒以宣尼生庚子日陳五經拜之固確證也綜而論之年宜依史記月宜用穀梁日則庚子路史餘論定爲八月廿七日孔子生又引五行書謂生庚戌年二月二十三日甲申時斯不足辨爾

生而首上圩頂

附案索隱謂圩音烏㼘也故孔子頂如反宇反宇二字見白虎通聖人篇姓名篇云孔子首類尼丘山蓋中低而四旁高如屋宇之反而論衡骨相篇作反羽宏明集牟子理惑論作反頫

丘生而叔梁紇死

索隱曰家語云生三歲而梁紇死

由是孔子疑其父墓處母諱之也

案古者墓而不墳故疑其處檀弓疏云謂不委曲適知柩之所在不是全不知墓去處也則安得言母諱之乎索隱亦以史言母諱爲非而撰出徵在少寡不從送葬之說殊屬臆解鄭注檀弓以爲徵在野合而生孔子恥焉不告九謬莊子盜跖篇曰孔子不見母釋文云未詳蓋妄也

孔子母死乃殯五父之衢蓋其愼也郰人輓父之母誨孔子父墓然後往合葬于防焉

案孔叢子陳士義篇以殯衢爲虛造謗言博物志謂蔣濟何晏夏侯太初王肅皆云無此事注記者謬元陳澔雲莊禮記集說曰顏氏之死夫子成立久矣豈有終母之世不尋求父葬之地至母殯而猶不知父墓乎殯于衢路必無室廬而死

于道路者不得已之爲耳聖人禮法之宗主而忍爲之乎邵氏泰衢檀弓疑問曰五父之衢非殯棺之地倘無聊母之誨將終殯之衢巳乎若不詳而有徵又何敢冒昧合葬夫豈聊母一語遂成實信哉惟明胡震亨以檀弓史記爲然其讀書雜錄辨之云古者墓而不墳防實因墓葬山者因山營兆易湮不能定知其窆亦事理所有迨母死葬不可以禮不得已于五父之衢擇地以殯若謂他日得父葬所可啟之而同葬終不得葬所則此雖殯亦可不必再爲之葬有人子無限苦衷焉康成改愼音爲引失聖人合葬謹愼之心孔穎達復沿誤爲疏以爲欲使他人怪而致問則似聖人因父墓不得借母殯爲招者世豈有如是訪墓之策亦豈人子所以待親者哉五父之衢當亦傍衢之地非眞衢路也毛氏經問三亦以史爲可據辨顏氏送葬以後全然不至墓所故不能告墓處又辨孟皮當孔子生時未必存或以病足廢不墓祭孔子必望祭兩家祭斷無以幼穉野祭其母帥之而行者故不能知墓處胡毛兩家之辨余不敢信姑因其言申之輓父檀弓作曼父音近而譌字當作輓蓋輓柩之家是知葬者鄭注謂聊母與徵在爲鄰相善殊不足憑且聖母不告之子而告之鄰母必無此理萬一聊母先聖母而死夫子將終不知父墓乎有以知其說之難通耳（新安江氏永鄉黨圖攷依高郵孫遂人說以殯衢是孔子之父也）

孔子要絰季氏饗士孔子與往陽虎絀曰季氏饗士非敢饗子也孔子由是退

案索隱曰家語孔子之母喪既練而見不非之也今謂孔子實要絰與饗爲陽虎所絀亦近誣矣（又以要絰爲要經非）楊愼曰孔子不就季氏亦無要絰與往之理邵氏疑問曰喪而要絰喪未除也而與享者有乎至聞虎一叱由是而退則禮樂之宗曾不若一竊寶玉大弓之盜已瞯亡之拜將仕之言還應不知也而方氏補正則云季氏饗士卒欲用之古者既葬金革之事弗避孔子所居在季氏分地要絰而往庶人召之役則往役之義也故陽虎曰季氏饗士非敢饗子正義謂饗文學之士誤矣方說似勝但昭公二十七年陽虎始見于傳而是時孔子年十七當昭公七年豈虎已用事于季氏乎可疑者此耳（古史反據陽虎謂孔子要絰當在此後誤也）

孔子年十七魯大夫孟釐子病且死

案魯昭七年孔子年十七至昭二十四年孟僖子卒孔子時年三十四左傳載僖子將死之言于昭七年終言之也而此即敘于孔子年十七時是史公疏處索隱古史並糾其誤

懿子與魯人南宮敬叔

索隱曰左傳及系本敬叔與懿子皆孟僖子之子不應更言魯人太史公疏耳

季武子卒平子代立

附案平子乃武子之孫悼子之子也或疑此爲誤殊不然左昭十二傳季悼子卒疏云悼子卒不書經其卒當在武子前平子以孫繼祖武子卒後即平子立又昭二十五年傳政在

季氏三世注云文子武子平子皆足證史之不謬囦思論語政逮大夫四世明是文武平桓而四書集注謂武悼平桓未免失攷孔安國注此章謂文武悼平亦不合

嘗爲季氏史

附案索隱云一本作委吏是也與孟子合朱子序說亦從之

魯南宮敬叔言魯君曰請與孔子適周

案史載孔子適周見老聃于十七歲後三十歲前故隸釋邊韶老子碑及水經渭水上注皆說孔子年十七問禮老聃俱承史也索隱據莊子天運篇糾其誤曰莊子云孔子年五十一南見老聃南之沛云甚矣道之難行此非十七八語乃旣仕之後言耳尙書疏證八及四書釋地續依皇王大紀定孔子適周在魯昭公二十四年據曾子問從老聃助葬日食一條爲斷謂昭七年孔子十七敬叔尙未從遊定九年孔子五十一又不日食也馮氏解舂集駮之曰春秋昭公世凡七日食不止二十四年且二十四年二月僖子卒五月日食則此時僖子甫葬敬叔方在虞祭卒哭之時焉能與孔子適周毛氏經問十二駁閻說同今論史固誤論史者亦誤史記攷要謂適周之沛非一時事孔子于老聃不但周沛一再見而已此語甚合觀莊子天道篇稱孔子藏書周室因子路言往見老聃可見益適周問禮不知何時敬叔生于昭十一年當昭七年孔子十七時不但敬叔未從遊且未生也若昭廿四年孔子三十四時不但僖子方卒敬叔未能出門從師且生才十四歲恐亦未見于君未能至周而明年昭公即孫于齊安所得魯君請之此皆當缺疑之事必欲求其年則莊子五十一之說庶幾近之金履祥謂孟僖使二子師孔子非必在死後孔子適周在二十歲餘亦妄也

是時也晉平公淫　楚靈王兵強

案所說以爲魯昭二十年孔子年三十之時而晉乃頃公去平公已二世楚乃平王靈王已死七年皆誤也史詮謂此是魯世家之錯簡甚妄

魯小弱附于楚則晉怒附于晉則楚來伐不備于齊齊師侵魯

案左傳自襄廿七年會宋弭兵以後晉楚之從交相見無怒伐魯之事齊亦未嘗侵魯此所言皆非實

齊景公與晏嬰來適魯

案左傳昭二十年無齊侯來魯事說見表

起纍紲之中

案此謂百里奚索隱曰家語無此一句賢君篇孟子以爲不然之言也

而季平子與郈昭伯以鬬雞故得罪魯昭公

案昭廿五年傳昭伯怨平子故勸昭公伐季氏昭伯何嘗得罪昭公此誤說

齊處昭公乾侯

余有丁曰乾侯晉地晉人以居公者齊處公于鄆非乾侯也

孔子適齊爲高昭子家臣欲以通乎景公

景吏部曰欲通齊景不恥家臣孔子而如是乎且據史所說

孔子三十歲時景公與晏嬰適魯既有秦繆之對而景公悅矣至此又何必自辱爲家臣以求通也故困學紀聞十一引皇王大紀曰遷載孔子言行不得其眞者尤多

與齊太師語樂聞韶音學之三月不知肉味

索隱曰論語子語魯太師樂非齊太師也又子在齊聞韶三月不知肉味無學之文今此合論語齊魯兩文爲言恐失事實佩韋齋輯聞曰襄二十九年季札聘魯請觀樂舞韶箾則魯未嘗無韶也使孔子欲學之歸而求之魯可也何爲至齊始聞而學之哉

景公說將欲以尼谿田封孔子晏嬰進曰

案嬰賢者也與孔子友善沮封尼谿必無之事孔鮒詰墨已言之先儒亦歷辨其誣索隱謂此說出晏子及墨子蓋本墨氏非儒詆聖之言後人羼入晏子春秋耳呂覽高義說苑立節載孔子見齊景公景公致廩丘以爲養孔子辭不受遂行據此益徵晏嬰阻封之非實後夾谷之會史言晏子與有謀焉亦妄

吳伐越隳會稽得骨節專車

案余有丁謂吳伐越事在哀公元年今載于定公五年此時吳未隳會稽安得獲骨之事明鄧以讚史記評曰此當在吳敗越會稽下誤置此

仲尼曰禹致羣神于會稽山

案此事見國語然禹未嘗會諸侯于會稽此外傳之妄假託

仲尼語耳說在夏紀中羣神文十一傳疏引國語及說苑家語博物志竝作羣臣

爲釐姓

案魯語作漆姓說苑家語杜注文十一傳同索隱反以漆爲誤何也路史亦然豈世本無漆姓遂足據乎

退而脩詩書禮樂

案時爲定公五年恐未曾脩詩書禮樂也疑衍

遂執季桓子

案定八年傳陽虎將殺季氏于蒲圃非執之也囚季在定五年前此矣

公山不狃以費畔季氏使人召孔子

案論語公山弗擾以費叛召子欲往子路不悅孔安國注云弗擾與陽貨共執季桓子而召孔子此即定五年虎囚桓子事蓋虎囚桓子逐仲梁懷實弗擾使之則以費宰而謀執君主簡是畔故論衡問孔篇言公山弗擾與陽貨俱叛執季桓子也朱子注論語依邢疏增之曰據邑以畔未免矣兢而更尤誤毛氏奇齡西河集有答施愚山問公山弗擾書云虎執桓子在定五年傳竝無公山不狃其事然實公山氏使之則囚桓逐懷皆公山氏所爲若據邑以叛則在定十二年墮費時夫子已爲司寇親命申句須樂頎伐不狃逐之奔齊而仲由又身在師中焉得有召夫子與子路不說之事故孔安國但據定五年執桓子事在夫子未仕以前其于以費叛則不

過以費宰畔不必據邑葢既執桓子則共事亦畔其謀亦畔若是據邑則一犇卽犇焉有五年至十二年尙安然在費者史記以定八年蒲圃謀弒誤作定五年囚季之役云執桓子而桓子詐之得脫已是悖謬乃竟造一畔費等在陽虎犇齊歸寶玉大弓之後則與五年之囚季八年之順祀十二年之墮費竝相牴牾且其時爲定九年而十年之夏夫子已作司寇卽有夾谷之事然且十年以前先爲中都宰一年而後由司空進司寇則在定九年夫子已仕魯而猶召夫子謬矣

葢周文武起豐鎬而王今費雖小儻庶幾乎

索隱曰檢家語及孔氏之書竝無此言故桓譚亦以爲誣也史記疑問曰遷以孔子欲費與不狃爲可以文武乎是從叛也何妄之甚

四方皆則之

附案索隱依家語作西方

由司空爲大司寇

附案此及下文兩稱大司寇公羊定十四年疏云魯無司寇之卿是以大夫亦名大恐不然攷檀弓王制疏引崔靈恩云諸侯三卿司徒兼冢宰司馬兼宗伯司空兼司寇諸侯不立冢宰宗伯司寇之官三卿之下則五小卿爲五大夫司徒下立二人小宰小司徒司空下立二人小司寇小司空司馬下立一人爲小司馬但春秋之世侯國多不遵三卿之制卽魯三家之外有東門氏臧氏子叔氏宣成時同在卿列則亦備然六卿矣臧宣叔武仲皆以世卿而爲司寇此豈猶是小司寇之職乎昭定以後臧氏替而以孔子居之亦事理所有史云大司寇者別于小司寇之下大夫也若司空卿則孟孫世居之孔子必是爲小司空韓詩外傳八有孔子爲司寇命辭續經書孔子卒亦爲卿之證毛氏經問十二謂夫子由小卿司空進大司寇良是宋祝穆事文類聚司徒門引荀子有魯侯因左丘明之言召孔子爲司徒事雖不可據亦是小司徒也前賢或謂孔子爲小司寇非卿或謂孔子爲司空司寇皆卿竝非

會于夾谷

案左穀述此事各異史合采二傳又不同葢夾谷之會當世樂道之後人侈論之故其言殊若家語但竊二傳史記以成文耳

君子有過則謝以質

附案一本質作實與下句對當是也然公羊定十年注作質

于是齊侯乃歸所侵魯之鄆汶陽龜陰之田以謝過

案春秋齊歸鄆讙龜陰田杜服以爲三邑何休以爲四邑此以汶陽易讙誤疑鄆字誤倒在汶陽上又脫讙字三田皆汶陽田也故孔子使茲無還對齊曰而不反我汶陽之田吾以共命者亦如之攷汶陽是魯地僖元年以賜季友者也不知何時爲齊所取成公時曾暫還魯旋奪于齊其後遂屬焉故閔子辭宰以汶上爲言耳但定七年齊歸鄆矣何煩此時復歸豈陽貨之亂又屬於齊乎

定公十三年夏孔子言于定公曰臣毋藏甲大夫毋百雉之城使仲由爲季氏宰將墮三都

案余有丁云定公十二年墮郈墮費史誤以爲十三年余謂是但攷左傳侯犯以郈叛公山不狃以費叛郈費之墮叔季自墮之郈費不叛則二氏方欲資爲保障曷欲墮之其將能乎觀圍成弗克可見已乃左傳述此事一若墮郈及費皆出孔子仲由之謀左氏作之公羊附之史公信之而三言成實豈情也哉家語襄左傳史記之文謂孔子墮三都之城并墮成邑誤甚宋章如愚山堂攷索有三家墮都辨以爲其謀非出孔子于濘南集五經辨惑云三山林少穎近代名儒也其于兵萊人墮三都等皆排之而不取可謂卓識公羊定十二年注又異據疏當是春秋說也

十二月公圍成弗克定公十四年孔子年五十六

案圍成事在定公十二年冬孔子去魯後此與魯世家誤書于十三年孔子去之前孔子之去在十二年年表魯世家是此又誤書于定十四年定十四年孔子在衛也余有丁曰年表定十二年孔子去魯而世家以爲十四年孔子去魯前後矛盾葢定公十二年孔子年五十四由司寇攝行相事于是墮郈墮費三月魯大治齊人懼餽女樂以阻之孔子遂行正值魯十月有事于郊之日其圍成弗克在十二月此時孔子已去魯矣史記必誤

由大司寇行攝相事

案攝相者乃儐相會盟之事葢孔子自相會夾谷後遂以司寇而攝行人之職索隱述贊曰攝相夾谷是也乃史公以當國爲相故于秦紀及吳齊晉楚鄭世家伍子胥傳直書孔子相魯豈不誤哉魯之柄季氏尸之孔子安得攝乎然其誤非始史公晏子春秋外篇孔子聖相荀子宥坐云孔子爲魯攝相宋辥據孔子集語引尹文子云孔子爲魯相史妄仍之王充遂有孔子爲相國之說見論衡自記而經史問答六力辨孔子以卿當國余未敢以爲然韓子外儲說左言孔子相衛尤妄

于是誅魯大夫亂政者少正卯

案史本于荀子宥坐王制疏引史云七日而誅少正卯史無七日二字疏乃引尹文子也孔子集語及宋高似孫子略竝引尹文子稱仲尼誅少正卯其後如淮南氾論說苑指武白虎通誅伐篇引韓詩內傳論衡講瑞定賢後書李膺傳皆述之然昔賢多議其妄王若虛五經辨惑曰孔子誅少正卯事誰所傳乎其始見于荀卿之書而呂氏春秋今檢無之說苑家語史記皆載之作王制者亦依做其意著爲必殺之令刑者不得已而後用若乃誣其疑似發其隱伏而曰吾以懲姦防亂是申商曹馬陰賊殘忍之術也少正卯魯之聞人自子貢不知其罪就如孔子之說何遽至于當死乃一朝無故而尸諸朝天下其能無議而孔子之心安乎卯兼五惡借曰可除而曰有一于人皆所不免則世之被戮者不勝其衆矣東坡蘇氏云此叟自知命薄必不久在位故及其未發去之苟少遲疑已爲卯所圖已夫君子不可則

止卯誠當死自有常刑豈如仇敵相軋以先發爲得計哉永嘉葉氏云少正卯之誅果于衆奸非先王之正刑竊亦以爲不然王氏此辨甚愜明張時徹皇明文範有陸瑞家誅少正卯辨其上篇略曰昔季康子問政孔子曰子爲政焉用殺豈有已爲政未滿旬日而即誅一大夫邪卯既爲聞人亦非不可教誨者何至絕其遷善之路而使之身首異處邪魯季氏三家陽貨奸雄之尤者司寇正刑明彌當自尤者始尤者尙緩而不誅誅者可疑而不緩兩觀之鬼不亦有辭于孔氏哉不告而誅不啻專殺大夫矣聖人爲之乎凡此皆涉于無理故不可信下篇略曰誅卯之言殆始荀況也朱元晦嘗疑此以爲不載于論語不道于孟子雖以左氏春秋內外傳之誣且誇而猶不言獨荀況言之愚謂況忍人也惟以此爲倡當是時吾見三桓之弱魯矣未聞卯之奪君也此其刑政緩急之閒一庸吏能辨之況吾夫子哉長洲尤氏侗看鑑偶評曰卯既爲聞人聚徒營衆無不交結三桓之事子何能驟誅之朱子疑而亦信大抵諸子之說寓言居多如以荀子爲眞則莊子盜跖篇亦果有之邪四書釋地又續云少正卯之誅朱子極辨其無而論語序說猶載之此釐革之未盡者也（劉晝新論心隱篇獨信之）

孔子遂適衛主于子路妻兄顏濁鄒家

附案後文正義濁鄒音卓聚葢誤認爲顏涿聚涿聚父子仕齊于衛之濁鄒何涉濁鄒即讎由孟子疏言之極明（朱子序說從之）

索隱謂此與孟子所說不同其實兩說無殊讎由濁鄒音近傳別耳孔叢記義言讎由善事親後以非罪執子路請贖焉二三子納金于子路或謂孔子曰受人之金以贖其私昵義乎子曰貧取于友非義而何可爲子路妻兄之證且讎由是子路妻兄使是彌子瑕妻兄瑕見主其妻兄之家遂邀孔子來主亦非無因而濁鄒緣孔子主于家受業爲弟子理固宜然至涿聚是齊人呂子尊師淮南氾論言其爲梁父大盜學于孔子爲齊忠臣（氾論涿作喙鄒）涿聚名庚其子名晉見左哀廿三廿七傳漢書人表毛本作顏燭雛繹史本同各本作濁鄒（師古曰即顏涿聚子也子字衍）攷韓子十過有顏涿聚諫田成子游海事說苑正諫作顏燭趨晏子外篇言景公使燭鄒主鳥韓詩外傳九作顏鄧聚（鄧字譌有本作鄧）說苑正諫亦載其事作燭雛（集韻類篇又作濁雛雛音聚）並因形聲相狀通借用字也

去衛將適陳過匡

附案論語畏匡句下梁皇侃論語義疏本孔安國注以爲宋地名葢據莊子秋水篇孔子游匡宋人圍之也但宋雖有地名承匡（見文十一年春秋）而此時未至宋孔子之宋遇桓魋之難不是匡人并不問一如宋而桓魋匡人遭兩難者況莊子釋文引司馬云宋當作衛固與史合然陽貨與衛又風馬牛不及焉能暴匡若朱子序說謂適陳過匡乃誤刪世家文其實匡非陳地過匡在適陳之先耳毛氏奇齡四書賸言曰春秋傳公侵鄭取匡在定公六年季氏雖在軍不得專制

凡過衞不假道反穿垣而斷其垣其令皆出自陽虎是虎實帥師當侵鄭時匡本鄭邑必欲爲晉伐取以釋憾而匡城適缺虎與顏剋就其穿垣而入之虎之暴匡以是也至夫子過匡適顏剋爲僕匡遂以爲虎而圍之毛氏此解明白可據攷春秋僖十五年次于匡杜注衞地在陳留長垣縣西南左傳文元年衞侵鄭及匡杜注在潁川新汲縣東北二縣相近疑匡是一地而分屬何以徵之文八年傳晉侯使解揚歸匡戚之田于衞杜注匡本衞邑中屬鄭晉令鄭還衞則定六年取鄭匡安知非復屬于鄭乎所謂疆埸之邑一彼一此何常之有也

顏刻爲僕

案論語注包咸曰陽虎曾暴于匡夫子弟子顏剋時又與虎俱行後剋爲夫子御至于匡匡人相與共識剋又夫子容貌與虎相似故以兵圍之莊子秋水釋文同足解此史顏刻爲僕一段不明處（琴操作顏淵非）益不說刻與虎俱則其事未晰也正義引琴操略同但檀弓死而不弔者三疏引世家云陽虎嘗侵暴于匡時又孔子弟子顏刻爲陽虎御車後孔子亦使刻御車從匡過孔子與陽虎相似故匡人謂孔子爲陽虎因圍欲殺之非但言刻爲虎御與諸說異且與世家文不同疑孔疏誤疏以微服避桓魋嫁其詞以爲媚悅匡人其妄可知所謂匡人者韓詩外傳六說苑雜言家語困誓稱匡簡子將殺陽貨孔子似之帶甲圍孔子舍也

孔子使從者爲甯武子臣于衞然後得去

案匡圍之解琴操謂因暴風擊仆軍士之故固屬妄談韓詩外傳六說苑雜言家語困誓皆謂歌終釋難而莊子秋水謂匡人知非陽虎請辭而退蓋諸書所載各不同未知其實獨史謂從者臣甯武子然後得去則尤可怪困學紀聞十一引胡致堂曰穆公未武子之子相已與孫良夫將兵侵齊武子非老則卒矣穆公卒歷定公獻公（閒注甯氏滅于獻公手）凡三十七年至靈公三十八年而孔子來使有兩武子則可若猶俞也其年當百有五六十矣何子長之疏也毛氏奇齡四書索解曰武子仕衞在僖公年歷文宣成襄昭五公而後至定之十二年是在甯武時孔子未生在孔子畏匡時則甯氏族滅已久其閒相去實百五六十年而謂爲其臣解難直笑話也

靈公與夫人同車宦者雍渠參乘出使孔子爲次乘招搖市過之

案示兒編曰聖人方以季桓子受女樂而去魯適衞而又爲靈公南子驂乘不知子長何所本而云然史記疑問曰欲適齊景不恥家臣欲媚夫人帷中交拜且使爲次乘儼同宦寺之流過市招搖不顧辱身之醜小人之所不爲也而謂孔子爲之乎馬遷誣聖罪在難寬余謂呂氏春秋貴因篇言孔子道彌子瑕見釐夫人同妄也

孔子獨立郭東門鄭人或謂子貢曰

附案韓詩外傳九說此事頗詳別未知何所本白虎通壽命論衡骨相皆仍史

形狀未也

附案白虎通論衡家語未皆作末史詮謂字之譌

吳王夫差伐陳取三邑而去

案吳無取三邑事哀元年傳及年表可證說見陳世家

蔡遷于吳

案蔡下缺請字

吳敗越王句踐會稽

鄒以讚曰前骨飾事當在此下不然入此吳敗越無謂矣且吳未嘗再墮會稽也

陳湣公使使問仲尼

附案索隱曰家語國語作陳惠公非也

孔子居陳三歲會晉楚爭彊更伐陳

案時為定十五年哀元二兩年無晉楚伐陳事即三歲前後亦未嘗伐陳此妄也

孔子曰歸與歸與

案後文亦載歸乎云云此出孟子後見論語其實皆一時之言但辭少異耳朱子序說淳南辨惑俱從索隱以為史記之失四書釋地續曰孔子在陳凡三次一居于定公十五年哀公元年二年一居于哀公二年三年四年世家並載有歸與之辭哀公三年載者得之蓋與起于魯之召冉求于情事為得四書賸言曰大抵夫子之歎在第二次適陳之際

朞月而已

附案一本有可也二字

孔子學鼓琴師襄子

案索隱據家語辨樂以師襄子即論語擊磬襄索隱誤作擊鼓而家語本于韓詩外傳五元無擊磬為官之言蓋王肅妄增耳淮南主術師襄注魯樂太師此高誘之誤薾豈仍其說歟四書釋地又續云孔子在衛年五十九時學鼓琴師襄子與論語曰襄者自別一人論語之襄乃魯伶官以擊磬為職當未入海前豈容抽身至衛俾孔子從之學乎注本家語非然則高誘王肅以二襄同名合為一人殊謬索隱妄引為徵朱子集注亦誤從之也余疑師襄子必列子湯問篇之師襄鄒衍一語猶上文夏革對湯稱師曠記事者潤益之漢書人表二襄判列為兩人但孔子不聽五十九始學琴余有丁引歷聘紀年記孔子二十九歲適衛學琴亦無據文選七發師堂操暢李善注引韓詩外傳作師堂子京堂襄音近子京其字初學記十六六韓詩為師堂子

如王四國

附案一本如上有心字

而聞竇鳴犢舜華之死也

附案竇其姓鳴犢其字而其名曰犨以為二人者誤朋詳余所著人表攷

遭僇子未得志之時

史詮曰當作趙孟

作爲陬操以哀之

附案家語作槃操殆取考槃之義歟

冬蔡遷于州來是歲魯哀公三年而孔子年六十矣

案蔡遷州來之歲孔子年五十九哀公二年也此誤是歲當作明歲

顧謂其嗣康子曰我卽死若必相魯

案哀三年傳季桓子命正常語則相魯之言非其實也豈桓子逆知南氏生男必不得立乎

蔡昭公將如吳

案此及下兩昭公皆作昭侯

楚侵蔡秋齊景公卒明年

案明年當書于秋字之上蓋哀公五年事誤在四年也又攷春秋及史是時無楚侵蔡事

孔子自蔡如葉

附案孔子至衞凡五去魯司寇適衞一也將適陳過匡過蒲而反乎衞二也過曹而宋而鄭而陳仍適衞三也將西見趙簡子未渡河而反衞四也如陳而蔡而葉復如蔡將至楚而不果仍反乎衞五也金履祥謂至葉卽是至楚史記于在衞之事葉蔡之事皆重出而不攷則不然史公親見古文家語故能年經月緯自少至老歷歷如是不可以意論也戰國燕策蘇代曰陽貨之難孔子逃于衞而虎難在定八年豈孔子未用于魯之前已嘗至衞邪游士之言恐未足信

于是乃相與發徒役圍孔子于野不得行絕糧

案朱子序說云是時陳蔡臣服于楚若楚王來聘孔子陳蔡大夫安敢圍之據論語絕糧當在去衞如陳之時（謂蔡服楚微有不合）經史問答云當時楚與陳睦而蔡全屬吳遷于州來與陳遠且陳事楚蔡事吳則讎國矣安得二國之大夫合謀乎且哀公六年（各本徐廣注譌以哀公六年爲四年）吳志在滅陳楚昭至誓死以救之陳之仗楚何如感楚何如而敢圍其所用之人乎乃知陳蔡兵圍之說蓋史記之妄而絕糧則以陳之被兵孔注可信（孔安國論語注謂絕糧乃孔子初次適陳時事說在後）然則楚昭之聘亦爲虛語而孔子厄于陳蔡孟子以爲無上下之交必去之惟恐不及所云可速則速也乃自定十五年至哀六年徘徊陳蔡一至再至毋乃非危邦不入亂邦不居之義乎未識當時情事若何參攷無由深所難曉（洪氏承謂絕糧當在哀四年孔子自陳如蔡時指故地上蔡言之與遷于州來之蔡無涉非也）

夫子蓋少貶焉

附案史詮謂蓋乃盍字之譌是也家語在厄作盍

于是使子貢至楚楚昭王興師迎孔子然後得免昭王將以書社地七百里封孔子楚令尹子西曰

案經史問答曰是時楚昭在陳何必使子貢如楚而楚果迎孔子信宿可至孔子何以終不得一見楚昭（古史謂孔子曾見昭王無據）而其所迎之兵中道而閼于西之沮又竟棄孔子而去皆情

理之必無者且楚昭旋卒于陳則孔子又嘗入楚乎朱子序說曰書社地七百里恐無此理司馬氏史稱曰子西楚之賢令尹也楚國賴之亡而後存其言豈容謬說如是哉余合攷之知孔子未嘗入楚但言楚[illegible]西子西未嘗沮孔子昭王未嘗迎孔子欲封之并未嘗聘孔子夫昭王軍于城父方師旅不遑何暇脩禮賢之事子西卽嫉媢何不沮于徵聘之時而乃沮于議封之日益足見此段之全虛矣前哲歷辨其誣皆確不可易又朱子語錄云昭王之招無此事鄒魯間陋儒尊孔子之意如此

迹三王之法

附案文選班固東都賦事勤乎三五劉琨勸進表三五以降王融曲水詩序邁三五而不追袁宏三國名臣序贊三五迭隆及李康運命論仲尼見忌于子西李善注竝引史作三五之法則今本譌也司馬相如傳揚雄傳已有五三之語

子路曰衛君待子而爲政

案論語有冉有子貢以夷齊問孔子事古史曰前此三年當作四年其時爲哀七年季康子召冉有矣後此五年冉有爲魯師師敗齊于清矣今冉有在衛豈自魯來見孔子歟哀公七年子貢在魯爲季氏說吳太宰嚭豈今歲自衛反魯歟子路與冉有同爲季氏家臣旣而仕衛孔氏以死豈與孔子皆歸于魯復自魯仕衛歟傳記脫略無所攷證矣

其明年冉有爲季氏將師

案其明年三字誤當作後四年故徐廣曰此哀公十一年也去吳會繒已四年矣

會季康子逐公華公賓公林以幣迎孔子

附案左哀十一年疏引史逐作使據冉求毋以小人固之一語則逐字近之而康子實未嘗用孔子則使字是未定孰從江氏永謂世家誤使爲逐康子豈能遽逐小人哉

凡十四歲而反乎魯

索隱曰定公十二年孔子去魯則首尾計十五年矣

季康子問政曰舉直錯諸枉則枉者直

汪繩祖曰史蓋以對哀公之言爲告康子而謬以告樊遲之語爲答問政故索隱譏史公撮論語爲文而失事實也

古者詩三千餘篇及至孔子去其重取可施于禮義　三百五篇孔子皆弦歌之以求合韶武雅頌之音

案詩譜序疏曰書傳所引之詩見在者多亡逸者少孔子所錄不容十分去九馬遷言三千餘篇未可信詩凡三百十一篇史記漢書云三百五篇闕其亡者以見在爲數也又左襄廿九疏曰季札歌詩風有十五國其名皆與詩同惟次第異則仲尼以前篇目先具其所刪削蓋亦無多記傳引詩亡逸甚少知本先不多也史記云古詩三千餘篇孔子去其重取三百五篇蓋馬遷之謬耳而呂氏讀詩記引歐陽公曰鄭學之徒以遷謬言予攷之遷說然也書傳所載逸詩何可數以鄭詩譜圖推之有更十君而取其一篇者又有二十餘君而

取其一篇者由是言之何嘗三千池北偶談曰孔子但正樂使各得其所而已未嘗删詩且一則曰詩三百再則曰誦詩三百家語對哀公問郊（當引禮器）亦曰臣聞誦詩三百不可以一獻知古詩本來有三百篇非孔子所定也又左傳列國卿大夫燕享賦詩率皆三百篇中之詩多在孔氏之前其非夫子手删了然可見習學記言云史記言古詩三千孔安國亦言删詩爲三百篇案詩周及諸侯用爲樂章今載于左氏者皆史官先所采定就有逸詩殊少矣不待孔子而後删十取一也論語稱詩三百本謂古人已具之詩不應指其自删者言之輔廣亦謂司馬遷言古詩三千傳聞之誤昔賢所論惟歐陽公以史爲然餘俱非之余謂孔子于詩不止去其重亦未必删去十之九竊疑三百五篇古人采定詩數如此自爲一集餘詩固在也又其後詩人之作積久愈多學者或不免增續遂致雜亂惟朝廷樂章尙守其舊孔子據古詩舊本仍其詩數删校而錄之譬如文選昭明所定而諸名家別集固行于世且有續文選者有廣文選者設不幸遺亡人取而混刻之則失昭明之舊矣好古之士重加釐訂俾還其舊詩亦猶是也但今之三百五篇未知卽古之三百五篇否宋史儒林傳王柏言今詩非盡定于夫子之手所删之詩容或有存于閭巷浮薄之口漢儒取以補亡斯論雖創似非無見蓋詩遭秦火不能獨全漢儒傳詩而不全得因取世俗流傳者綴輯以足三百五篇之數無怪也夫孔子删書而書之眞僞相

淆定禮樂而禮樂不傳安見詩之爲全經邪且更有疑者太師陳詩以觀民風周之盛時環海內而封者千八百諸侯何以獨邶鄘至曹十一國有詩又皆作于春秋之世乎一矣吳楚無風當是采詩所不到若虢檜皆鄭滅陳蔡皆同盟而滕薛亦陳檜之比何以四國一無所錄至許無風而載馳之詩錄于鄘黎無風而式微之詩錄于邶豈非殘缺失次乎二矣經典所載如貍首采薺九夏武王之支以及新宮祈招茅鴟轡之柔矣竝宴享所用列國所賦他若左傳所引諸詩句以及表記昔吾有先正論語素以爲絢之類皆必不見删于孔子亦必不先孔子而亡何以不在三百五篇內乎三矣子云雅頌各得其所宜鮮有倒錯者乃正聲之中或類于變聲後王之什或先于前王卽以周頌一篇論左傳楚莊王引詩謂武王作武其卒章曰耆定爾功其三曰鋪時繹思其六曰綏萬邦今但以耆定一章爲武其三其六乃賚之與桓不惟次第相隔抑亦分合各殊烏在其爲得所乎四矣（困學紀聞七引葉石林云以所作爲先後詩未删之序也恐非）然則孔子所傳詩三百者安必卽今所傳三百五篇哉或問朱子注詩多以鄭衛爲淫奔之作故王柏說詩盡削而黜之毛氏奇齡白鷺洲主客說詩駁之云向使爲淫詩則不惟禮義所絕幾見有淫詩而可絃歌之以合韶武雅頌邪漢王式爲昌邑王師以三百五篇諫假使淫詩則導之不足何有于諫龔遂諫昌邑王亦言大王誦詩三百五篇所行中詩一篇何等若果淫奔之詩藉藉而有則昌邑所

中詩不一篇矣又毛經閒十五深辨王柏之非予以爲奚若曰此則王柏過信朱子之故朱子于鄭衞之詩不依小序解作淫詩而于鄭詩尤甚亦有可議蓋淫者其聲而非詩淫也季札觀樂于鄭衞皆曰美哉而不譏其淫亦可概見雖然楚申叔跪喩巫臣有桑中之喜鄭伯有歌鶉奔此古詩舊本也獨非淫詩乎哉因以識播管弦而合聖樂者只可就施禮義諸章言之爾王龔所稱亦然況正者足以發善心邪者足以懲逸志豈說詩必此詩歟墨子公孟篇誦詩三百弦詩三百歌詩三百舞詩三百

序彖繫象說卦文言

案孔子作彖象繫各上下篇及文言序卦說卦雜卦謂之十翼此錯敘而不出雜卦何也

讀易韋編三絕

附案抱朴子祛惑篇有古强者云孔子嘗勸我讀易曰此良書也丘竊好之韋編三絕鐵擿三折今乃大悟因學紀聞十云鐵擿見于此擿一作撾方士寓言也而薛據集語引史記曰孔子讀易韋編三絕鐵擿三折漆書三滅御覽六百十六同豈後人刪之歟

假我數年若是我于易則彬彬矣

案此與論語異似非孔子之言

七十有二人

案弟子不止此數說在弟子傳

不憤不啟舉一隅

案不悱不發一句何以刪之啟字何以不避諱

三人行必得我師德之不脩學之不講聞義不能徙不善不能改是吾憂也

案此段總書行事前後皆記者之辭而三人行二章是孔子之言無端插入與上文敘憤悱章同王若虛曰史氏所記孔子所言豈可混而不別遷采經摭傳大抵踳駮不足觀

達巷黨人童子曰

案童子二字不知何據而增之攷有以達巷黨人爲項橐者孟康注漢書董仲舒傳是也有謂項橐是孔子師者乃戰國秦策甘羅語甘茂傳述之新序五齊閭丘卬曰秦項橐七歲爲聖人師以爲秦人何也淮南說林云項託使嬰兒矜脩務云項託七歲爲孔子師顏氏家訓歸心云項橐顏回短折宏明集正誣論云顏項夙夭抱朴子微旨云愚人以項託伯牛輩謂天地之不能辨臧否論衡實知云項託七歲教孔子以爲學人見其幼成早就稱之過度七歲是必十歲教孔子是必孔子問之其實此事妄傳猶說蒲衣八歲辭讓以天下趣[illegible]釋文引尸子明黃瑜雙槐歲抄載保定府西北四十五里滿城縣之南門有先聖大王祠神姓項名託周末魯人年八歲孔子見而奇之十歲而亡時人尸祝之號小兒神眞無稽之談

河不出圖雒不出書

案論語曰鳳鳥不至河不出圖此豈別見本乎

降志辱身矣

案此下缺言中倫行中慮六字

乃因史記作春秋上至隱公

附案日知錄四云春秋不始於隱公晉韓宣子聘魯觀書于太史氏見易象與魯春秋曰周禮盡在魯矣左昭二葢必起自伯禽以洎中世自隱公以下世道衰微史失其官于是孔子懼而脩之然則自惠公以上之春秋固孔子所善而從之者惜其書不存

據魯親周故殷運之三代

附案正義訓殷爲中言春秋中運夏殷周之事非也史詮曰據魯者以魯爲據也親周者以周爲親也故殷者以殷爲故也言春秋之作兼夏周殷三代之法而運之也康成云春秋從殷之質是也正義謬史記攷異謂劉春秋公羊家王魯親周故宋黜杞之說與史詮相發

子夏之徒不能贊一辭

附案困學紀聞六云曹子建與楊德祖書游夏之徒注引史記子游子夏之徒今本無子游二字余攷辭據集語引史亦無子游而文選楊答臨淄侯牋注引史又作子夏之徒

孔子年七十三以魯哀公十六年四月己丑卒

案史公依春秋作己丑日杜注云四月十八日乙丑無己丑己丑五月十二日日月必有誤經史問答四曰問史記孔叢皆作己丑與左氏合則恐是杜長厤之謬吳程以大衍厤推之乃四月十一日不知誰是答前二年五月庚申朔是左氏所紀下距是年四月中閒當有一閏以庚申朔遞推之是年四月朔爲戊申是四月十八日乙丑也若四月十一日乃戊午杜氏似不謬宋濂亦云戊申朔

哀公誄之曰

學齋佔畢曰宣聖之誄檀弓與左氏異世家與左氏同而漢書五行志又與史異大聖人之誄尚紛紛異同如此況其下者乎周禮太祝注引春秋傳不弔作不淑路史發揮五以誄集詩言爲疑

失志爲昏失所爲愆

附案索隱本作失禮爲昏失所爲愆又引左傳家語作失禮爲愆並非

惟子貢廬于冢上

索隱曰家語無上字且禮云適墓不登隴豈合廬于冢上乎葢上者亦邊側之義四書釋地續曰廬于冢上總不若孟子築室于場佳築室處在今孔墓之右十數步戶東向

魯世世相傳以歲時奉祠孔子冢而諸儒亦講禮鄉飲大射于孔子冢

附案日知錄十五辨古無廬墓祭墓之禮且引此文論之云禮敎出于聖人之門豈有就冢而祭至鄉飲大射尤不可于冢上行之葢孔子敎于洙泗之閒所葬之冢在講堂之後孔子既沒弟子卽講堂而祀之且行飲射之禮太史公不達以爲祭于冢也顧氏之言殊不然四書釋地續曰諸儒講禮鄉飲大射于孔子家誤寫作冢此冢字與贊曰以時習禮其家合斯說雅符人情至祠冢則自昔有之七脩類稾十七載張

元稹思禮堂記據周禮冢人及世家發明墓祭之禮四書釋
地續曰余每讀東郭墦閒之祭者以爲古墓祭之切證不知
何緣至東漢建寧五年蔡邕從車駕上陵謂同坐者曰聞古
不墓祭（見後漢書禮儀志注引謝承書又見祭祀志）魏文帝黃初三年詔曰古不墓
祭自作終制曰禮不墓祭此言既興到今皆以墓祭爲非古
雖高明如顧寧人亦惑其說余謂孟子且勿論成陽靈臺碑
慶都僊沒蓋葬于茲名曰靈臺上立黃屋堯所奉祠非墓祭
之見于集乎韓詩外傳曾子曰椎牛而祭墓不如雞豚逮親
存非墓祭之見于子乎周本紀武王上祭于畢畢文王墓地
非墓祭之見于史乎周禮冢人凡祭墓爲尸非墓祭之見于
經乎更有孟子之前魯奉祠孔子冢豈有非禮之祭而敢輒

上聖人之冢者哉毛氏奇齡辨定祭禮通俗譜曰漢極重墓
祭自高帝至宣帝皆于陵旁立廟曰寢園每日祭之民閒亦
然如朱買臣傳其故妻夫婦上冢原涉傳上冢到車數十乘
後儒見三禮未經記及便云古無墓祭而不學之徒妄求事
始唐侍郎鄭正則祠享儀謂始于光武諸將出征有經鄉里
者詔有司給少牢埽墓聞見錄謂始于曹公過橋玄墓致祭
而性理載宋儒引周元陽祭錄謂始唐開元二十年詔士庶
于寒食上墓拜埽則不惟不讀漢書且不讀孟子矣又有謂
始于曾子問望墓爲壇以時祭則尤不通毛氏經問三亦歷
引經傳以徵古人之重墓祭而經問十二復申之云兩漢純
用墓祭大抵祭祖宗皆在陵園而宗廟不備不惟同堂異室

大乘輿制即西京洛陽且有不具寢室者故蔡邕言之魏文
述之不爲無故宋儒直以爲無墓祭而戒之陋矣由是言之
日知錄謂古人于墓[illegible]二事聽說不足信即
其所稱蘇武謁武帝園廟[illegible]上書求上先人冢因會宗族
故人班伯上書願上父祖冢詔太守都尉以下會董賢上冢
有會太官爲供凡此皆可證古之重墓祭與毛氏所引朱買
臣原涉二條相發

故所居堂弟子內

附案索隱所說非也方氏補正曰當作故弟子所居堂內傳
寫誤倒

字子思年六十二

案王肅家語後序從史作六十二攷伯魚先夫子五年卒則
夫子卒時子思當不甚幼而孟子檀弓竝稱子思在魯穆公
時故漢藝文志云子思爲繆公師也夫子沒于哀公十六年
歷悼公元公至穆公即位之歲已七十年（哀廿七悼三十七元二十一）安
得子思年止六十二乎毛氏四書賸言載王草堂復禮辨史
記六十二是八十二之誤曲阜孔農部繼汾闕里文獻攷亦
云然當不謬也劉恕外紀卷末據孔叢記問篇子思孔子問
答與抗志篇子思居衞魯穆公卒之言以子思年壽爲疑而
不知孔叢僞書自不足信通攷二百九引書錄解題及餘冬
敘錄廿六俱辨之通鑑書子思言苟變于衞侯在周安王廿
五年亦誤信孔叢爾（見居衞篇）

子上生求字子家

案後序子家名傲後名永宋史儒林孔宜傳名永

子家生箕字子京

案漢書孔光傳子京作子真後序作子直名橀

字子高年五十一

案後序子高年五十七但此所書孔氏之年慎鮒襄忠四人三代皆五十七歲并子高則四世同壽可疑也

子高生子慎

附案孔光傳作順後序子高生武字子順名微後名斌闕里文獻攷云名謙或作武後名斌孔叢陳士義篇子順爲相注孔武後名斌唐世系表穿生斌一名肖攷子慎曾孫名武則武必斌之譌文但何以一人而有四名疑莫能定故史缺不書也慎順古通又世系表謂斌相魏封文信君明程敏政聖裔攷曰聖裔之受封始此（宋史孔宜傳名謙）

子慎生鮒

案孔光傳是鮒而儒林傳作甲師古曰名鮒字甲後序子魚名鮒後名甲孔叢獨治篇子魚名鮒甲陳人或謂之子鮒或稱孔甲史失書其字

爲陳王涉博士死于陳下

案史漢儒林傳及鹽鐵論毀學篇皆云鮒與涉俱死而此及孔光傳言死陳下孔叢荅問篇云博士凡仕六旬老于陳有將沒戒弟子語則非不見死矣未知孰是

鮒弟子襄

案史失書名後序子襄名騰子魚之弟唐世系表闕里志並名騰也郎藏書壁中者陸氏釋文序志史通古今正史篇作孔惠俱非毛氏古文篹詁云此必以子襄之子名忠忠與惠字形相近而致誤者（孔宜傳云子魚以弟子騰爲嗣恐誤又孔叢以叢書爲子魚）

遷爲長沙太守

案長沙是時爲封國不應有太守孔光傳及唐表後序皆作大傅則史誤也

子襄生忠

案後序子襄生季中名員唐表忠字子貞攷夫子兄之子名忠不應子襄之子同名當作中爲是書序疏引史作中也季字衍而員乃譌文又史失書字子貞（孔宜傳又云名正字季忠）

忠生武武生延年及安國

案孔光傳忠生武及安國武生延年後序季中生武及子國（安國）唐表忠二子武安國武生延年則史以安國爲武子誤（字）也（書序疏引史延年作延陵非）孔叢敘世篇尤爲僞謬七脩類稾廿四王世貞讀書後皆辨之故不采錄闕里考云武字子威

安國生卬

附案卬乃印之譌

高山仰止景行行止

附案王應麟詩攷引史作景行行之而今史記本與詩同惟禮表記釋文云行止詩作行之與詩又不合補三王世家云

高山仰之景行嚮之

余祗迴留之

附案索隱云祗敬也有本作低迴亦通

史記志疑卷二十五終　番禺黎永椿劉昌齡沈寶樞校字

史記志疑卷二十六

仁和梁玉繩撰

陳涉世家第十八

又閒令吳廣之次近所旁叢中

盧學士曰次所即近旁也二字複出政如逡巡遁逃之比漢書無近字有旁字宋子京音步浪反恐亦未然

陳守令皆不在

案索隱曰張晏云郡守縣令皆不在非也秦無陳郡陳止是縣則守非官與下守丞同皆衍字劉攽曰衍皆字守非正官權守者耳胡三省曰秦郡置守尉監縣置令丞尉原父以爲權守良是蓋令下缺尉字余謂下言守丞必陳尉守之而陳縣不應一時令丞俱無正官疑皆即守令之名

西擊

案擊下缺秦字當依漢書增

止次曹陽二三月

史詮曰月當作日

而封其子張敖爲成都君

附案其字乃耳之譌張耳子也

不如少遣兵

附案遣乃遺之譌留也索隱本是遺字與漢書同

陽城人鄧說將兵居郯

案索隱云章邯軍此時未至東海郯當作郟是郟鄏之地正

義云疑汝州郟縣是陽城河南府縣與郟相近又志陳蕃誤作郟耳胡三省曰章邯兵至滎陽則已過郟鄏而東矣正義近之錢宮詹曰漢志潁川有郟縣與陽城相近非郟鄏之郟

銍人伍徐

附案徐廣云徐一作逢是漢書作五逢

將兵圍東海守慶于郯

案漢志東海郡高帝始置秦無此郡何以有守錢太昭曰守慶疑是人姓名廣韻守亦姓出姓苑

夥頤涉之爲王沈沈者

附案說文繫傳夥字注引史曰夥乎涉之爲王黕黕者也孫侍御云沈沈劉伯莊云猶談談又作潭潭韓昌黎詩潭潭府中居是也作黕無義繫傳多誤字不足據王孝廉云幽遠則默作黕字亦通

爲陳涉置守冢三十家

案史漢高紀皆言予守冢十家此誤

褚先生曰地形險阻

附案史公以過秦論上篇爲世家論漢書仍之褚生妄爲增換而淩氏不攷低刻一字以別于正文誤矣徐廣曰一作太史公裴駰案班固奏事云太史遷取賈誼過秦上下篇以爲秦始皇本紀陳涉世家贊文然則言褚先生者非也索隱曰徐廣裴駰據所見別本及班彪奏事皆云合作太史公今據此是褚先生述史記加此贊首地形險阻數句然後始稱賈生之言因卽改太史公之目而自題己位號也

于是秦人拱手而取西河之外

案孝公時不能取地至西河外說在始皇紀論中

收要害之郡

案收上缺北字

兼韓魏燕趙宋衛中山之衆

案此與賈子漢書文選皆不言齊楚兩國當是脫耳

遁逃而不敢進

附案當作逡遁說在紀管子戒篇蹵然逡循司馬相如傳上林賦逡巡避席文選東都賦逡巡降階漢書趙飛燕傳逡巡固讓四條紀中未及

吞二周

案此非始皇也說在紀

而轉攻秦

附案而字當在轉下

外戚世家第十九

太史公曰秦以前尚略矣

附案太史公曰四字當與上連寫不提行

呂娥姁爲高祖正后

案本紀標目既編高后之年外戚裁篇難缺娥姁之事撮敘大略體例宜然但何以不及其父呂公封臨泗侯乎

天誘其統

附案徐廣云一作衷是也史公用左氏語

長丞巳下吏奉守冢

附案漢書吏作使是此脫其旁耳

于是召復魏氏及尊賞賜

案及尊二字衍漢書無

而代王王后生四男

案景紀作三男疑四字非觀後十四男誤十三男可見

竇皇后親蚕卒葬觀津

附案索隱引摯虞注決錄云竇太后父少遭秦亂隱身漁釣墜泉而死景帝立太后遣使者填父所墜淵起大墳于觀津城南人間號爲竇氏青山唐書世系表及竇建德傳言后親名充水經濁漳水注稱竇少翁葢是其字（舊本誤作少消）而舊唐書

建德傳作竇青寰宇記引隋圖經亦作青則因人名山言充者非也

竇長君

案少君書名而長君不書名何也索隱引決錄名建

乃厚賜田宅金錢封公昆弟家于長安

案索隱謂公亦祖也以公昆弟爲同祖昆弟此解似非方氏補正曰封公二字疑衍或曰田宅金錢皆封公家所有以予之賜脩成君亦曰公田百頃也

因欲奇兩女

附案漢書奇作倚

又有裊者所夢日符

案漢書有作耳是也師古曰耳常聽聞而記之

大行奏事畢

案景帝中六年始改典客爲大行此時未也漢書畢作文

景帝十三男一男爲帝十二男皆爲王

案十三男當作十四男十二男當作十三男

次爲林慮公主

附案漢志河內郡有隆慮縣因避東漢殤帝諱改名林慮高祖功臣侯表及惠景侯表皆作隆慮而此獨作林慮葢後人妄改之

以元朔四年崩

案四年當作三年

武帝初卽位

附案篇內五稱武帝皆後人妄改史公本文必曰今上曰上

于是廢陳皇后

附案索隱曰皇后廢居長門宮司馬相如爲作頌以奏皇后復親幸作頌信有之復幸恐非實也明張伯起譚輅曰陳后買賦一事千古以爲美談予謂此事所必無以武帝之明察能讀子虛而知美則非不知文者儻讀長門獨不能辨其非后筆耶究所從來死有餘罪矣相如何利百金取酒而肯爲之哉當是相如知后失寵擬作此賦一時好事者添爲此說耳日知錄十九曰陳皇后復幸本無其事長門賦乃後人託名之作相如以元狩五年卒安得言孝武皇帝哉復幸之云

政如馬融長笛賦所謂屈平適樂國介推還受祿也下文求子二語乃追敘前事

爲昌邑王

案李夫人之子髆以天漢四年六月封昌邑王漢表傳並書之其封在李夫人卒後非史所及載則此句似後人增入者但漢外戚傳述李夫人病篤之言曰願以王及兄弟爲託武帝亦云一見我屬託王及兄弟豈先處號爲王年幼畜于宮中至天漢四年始封昌邑耶

號協律

案此下疑脫都尉二字續律麻志云武帝正樂置協律之官

兄弟皆坐姦族是時其長兄廣利爲貳師將軍伐大宛不及誅還而上既夷李氏後憐其家乃封爲海西侯

案佞幸傳亦云延年與中人亂誅但延年先已坐法腐刑不得言與中人亂豈釋氏所謂半擇迦耶抑如欒巴之陽氣復通耶然徐廣于佞幸傳曰一云坐弟季與中人亂漢外戚佞幸二傳亦曰延年坐其弟季亂後宮族則此爲誤也又廣利以伐大宛功侯非武帝憐李氏而封之至余有丁謂廣利封時李氏未誅以此文爲非史詮遂謂此文乃褚生所增皆謬以後之族廣利妻子與族延年兄弟併爲一時一事耳

褚先生曰

附案此所續爲褚生極筆非他蕪陋可比惟言武帝年七十生昭帝昭帝立時年五歲是誤耳然贊武帝譴死鉤弋爲賢聖雖立言之體究非人情宋朱翌猗覺寮雜記云不問有罪無罪一切殺之此與桀紂何異乃以爲聖何哉滹南集君事實辨曰母子天倫也立其子必殺其母是母乃子之賊而子乃母之累生子皆譴死後宮誰敢舉子者非惟不仁抑亦不智末流至元魏以此爲定制椒庭憂恐皆祈祝不願生冢嫡有輒相勸爲自安計讀之令人慘然武帝此舉可爲法哉而帝自以爲明史臣又從而贊譽之何其怪也

楚元王世家第二十

高祖之同母少弟也

附案徐廣曰一作父索隱曰漢書作同父言同父以明異母也趙太常云言同母以別于異母則可言同父以明異母不

可夫父而何異同之見哉

乃以弟交爲楚王都彭城即位二十三年卒

案漢傳元王好書多藝與魯穆生白生申公俱受詩浮丘伯世有元王詩諸子多賢天子尊寵元王子比皇子當與河間獻王並號賢藩而史公概不之及僅敘在位年數不亦疏乎又高帝初封交爲文信君此亦失書

子夷王郢立

案夷王名郢客說見諸侯王表又漢傳言元王太子辟非先卒故以郢客嗣此亦缺

王戊立二十年冬坐爲薄太后服私姦削東海郡

案戊二十年夏四月薄太后崩則冬字誤也又攷楚所王者

薛東海彭城三郡此云側東海漢傳云側東海薛郡未知孰是或謂漢書高紀以碭薛郯三郡封交而元王傳作薛東海彭城紀傳不同疑交封四郡耳不然高紀誤也郯即東海郡碭爲梁國地理志甚明時以封彭越楚王安得有之

春戊與吳王合謀反

案春上缺年或曰明年或曰二十一年

楚王戊自殺

附案漢五行志引劉向云戊與吳王謀反兵敗走丹徒爲越人所斬墮死于水是戊與濞同死越也劉奉世以向爲誤

子襄王經立

案襄王名注疑經誤

襄王立十四年卒

案十四一作十二說在諸侯王表

王純立

案此下廿七字後人妄續當削之而其所續又與漢書異漢書言純子延壽嗣位以謀反爲後母父趙長年所告自殺此言純爲中人告王反謬矣

其父高祖中子名友

案高祖八男趙王友行居六

大臣誅諸呂呂祿等乃立幽王子遂爲趙王

案遂乃文帝所立豈大臣立之乎此與呂后紀同誤以爲文王

案以當作是

相距七月

案史漢景紀絳侯梁孝王世家周勃文三王傳七國以正月反三月滅此及高五王傳作七月誤酈商吳濞傳作十月更誤趙雖後下不能相距如是之久也

荆燕王世家第二十一

荆王劉賈諸劉者不知其何屬

錢唐張孝廉雲璈曰漢書賈傳及楚元王傳言賈爲高帝從父兄諸侯王表作從父弟雖兄弟小異然可補史缺

王淮東五十二城

案漢書高紀作五十三城

燕王劉澤者諸劉遠屬也

張孝廉曰功臣表亦云與高祖疏屬劉氏索隱引楚漢春秋稱爲宗家則似疏遠矣然漢表言澤爲帝從昆弟本傳言高祖從祖昆弟孟堅當必有所見可補史缺而方望溪補正謂禮小功爲遠兄弟記曰絕族無移服親者屬也族未絕故曰屬古書無一字氾設據方氏解則從祖兄弟正是疏屬

太后欲立呂產爲呂王王代　大臣請立呂產爲呂王

案是時爲高后七年乃劉澤王琅邪呂祿王趙之時也趙王友幽死呂后令代王徙王趙代王不從遂封呂祿爲趙王則知呂后初意欲以代王祿也此文當作太后欲立呂祿爲王王代呂字衍大臣請立呂祿爲趙王呂字譌兩呂產皆當作

呂祿下文田生說張卿曰呂産王也亦誤以祿爲産葢産已于六年爲呂王不待是時議立且呂之初王乃呂台非呂産呂本王濟南非王代通鑑攷異及劉攽于漢書高后紀俱不知此文之誤而爲之說

今營陵侯澤諸劉

案劉下缺長字漢書有

乃引兵與齊王合謀西

案集解及師古注司馬氏通鑑竝從史漢呂后紀齊王傳以此言合謀爲誤是也索隱引劉氏謂燕齊兩史各言其主立功之迹太史公聞疑傳疑遂各記之

齊悼惠王世家第二十二

食七十城

附案漢書高紀封肥七十三縣荆燕吳傳作七十二城高五王傳作七十餘城卽史高紀吳濞傳亦云七十餘城此與曹相國世家及漢書參傳言七十城者舉大數耳

哀王元年孝惠帝崩

附案高五王傳以哀王立于孝惠六年誤

呂太后稱制天下事皆決于高后

案篇中曰呂太后曰高后曰太后錯雜似兩人皆當作太后

鄒侯

附案徐廣作鄡是說在呂后紀

其明年趙王友入朝

案明年誤漢傳改是歲

非有漢虎符驗也

附案文帝紀二年九月初爲銅虎符而據此文則呂后時已有虎符矣胡三省曾疑之大事記云虎符用銅始于文帝當是也

西馳見齊王

附案史詮曰西馳當作迺馳是也傳寫譌脫耳

悼惠王于齊

案于字乃王字之誤呂后紀可證

擅廢高帝所立

案呂后紀及高五王傳作擅廢帝更立是也此誤

固恃大臣諸將

案呂后紀五王傳諸將乃諸侯之誤又五王傳恃作待竝通

太子側立

案側當作則

後二年孝文帝盡封齊悼惠王子罷軍等七人

案後二年誤五王傳作明年是也七人乃十人此與惠景侯表作九人同誤漢紀傳亦誤仍爲七人

三國兵共圍齊

案上明言膠西膠東菑川濟南發兵應吳楚欲與齊而齊城守不聽則圍齊之兵固四國也乃此以下歷言三國豈非脫誤張文虎護其說以三國爲膠西菑川濟南不知膠東王是時

何在哉吳王濞傳始亦言四國攻臨菑末復言三國圍齊不能
下以三國爲膠西膠東菑川則是時濟南王又安在邪漢書
襲史元文故同其誤

齊孝王懼乃飲藥自殺

案吳濞傳云齊王悔飲藥自殺在吳舉兵未敗之先與漢書枚
乘傳言齊王殺身以滅其迹政合枚叔當時人且諫書不應
虛說則此敘孝王自殺事在亂平之後誤也劉攽劉奉世反
疑諫書非眞殊不然矣

續齊後

附案漢書鄒陽傳云齊王自殺不得立嗣劉奉世曰蓋嘗有
爲此議者耳

子次景立

附案景乃昌之譌

急乃爲宦者

附案徐廣急一作及五王傳作及爲宦者則似急與及音近
致譌乃與及形近誤添也而孫侍御云急乃爲宦者言徐甲
貧窘無聊乃自刑而爲宦者耳非有譌字五王傳非

不得聞于天子

案不字衍

子建延立

案年表及漢表傳皆作延此誤增建字

頃王二十八年卒

附案八字乃六字之譌脫

是爲惠王

附案此下四十八字後人所續當刪之且所說孝王景之年
與漢書不合

後十二年

附案十二乃十三之譌刻

志堅守不與諸侯合謀

案濟北王志因其郎中令劫守不得發兵耳見吳濞傳此言
非實

以勒侯

附案勒乃朸之譌文五王傳作扐

以武城侯

案當作南城說在惠景侯表

志以齊悼惠王子

史詮曰亦作以非也

是爲頃王

附案此下四十四字後人妄續且年數謚法多誤也

以昌平侯

案當作平昌此作昌平誤史漢侯表列傳世家及水經注廿
六可證正義誤以上谷昌平言之

蕭相國世家第二十三

何獨先入收秦丞相御史律令圖書藏之

案漢書高紀言何收秦丞相府圖籍文書則知漢書誤脫御史律令而此誤脫文書此所謂圖書即圖籍也方回續古今攷云何收丞相御史圖籍文書博士官所職不遑收取致爲項羽所焚而後天下無副本圖謂繪畫山川形勢器物制度族姓元枀星辰度數籍謂官吏版簿戸口生齒百凡之數律與令則前王後王之刑法文書則二帝三王以來政事議論見于孔子之所删定著作戰國以來百家迭興大率龐駁不純去非取是在乎擇耳據此則漢初諸書自有正本未盡燬于秦楚之火也而後儒紛然者何哉

何進言韓信

案此處漢書有蕭何勸漢王王漢中一節似不可缺

今諸君徒能得走獸耳

案漢書作走得獸刊誤補遺曰走得獸者謂其追而殺之得走獸則乖本旨矣

悉封何父子兄弟十餘人

案漢書作父母是

漢十二年秋

附案十二乃十一之譌文

因民之疾秦法順流與之更始

附案此以疾字爲句而漢書奉作秦班馬異同本史亦作秦則奉爲譌字當以法字句絶

與閎夭散宜生等爭烈矣

攷要曰蕭何開國之元臣保全名位少之者概以秦之刀筆吏譽之者謂與閎夭散宜生爭烈皆非確論宋儒陳氏以何有相國之器而擬以狐偃趙衰得之矣又有說在李斯傳

曹相國世家第二十四

平陽侯曹參者

案博物志參字敬伯班彪譏史公云蕭曹陳平董仲舒竝時之人不記其字又史記攷異曰蕭曹皆以相國終故目錄皆云相國與陳丞相張丞相一例篇首參不稱相國而稱侯此義例之疏也

司馬尼

附案尼乃𡰥之譌說在高紀

參將兵守景陵二十日

案漢傳作二十三日

王武反于黃

案漢傳作外黃攷史漢樊噲傳云破王武于外黃漢灌嬰傳云王武反擊破之攻下外黃則此缺外字乃陳留之縣也徐廣以魏郡內黃言之非

柱天侯

附案史記攷異曰小司馬本作天柱侯故引廬江灊縣之天柱以實之陽湖洪編修亮吉云此夸大之詞猶後書齊武王傳柱天都尉柱天大將軍賈綜傳柱天將軍也

高祖三年

案三當作二漢傳及水經注六可證

東攻魏將軍孫遫

附案水經注引漢書作魏將孫林遫與今本異索隱本作郞孫遫又別

擊魏王于曲陽追至武垣

案正義引括地志以定州曲陽爲說余有丁云此必魏自有曲陽定州之曲陽時屬趙爾解並非蓋曲陽乃陽曲之誤太原陽曲縣也又攷武垣正義以爲涿郡之縣漢傳作東垣則爲眞定恐皆誤徐廣謂河東垣縣是已武字東字衍涿之武垣亦單稱垣說在惠景侯表故此誤以垣爲武垣耳陽曲抵垣不甚遠是以追及之

還定濟北郡

附案師古云時未有濟北郡史追書之攷漢書高紀六年稱東陽郡鄣郡吳郡郯郡膠東膠西臨淄濟北博陽城陽郡楚元王傳稱東海彭城郡史漢高祖功臣表及灌嬰傳亦稱吳郡黥布傳稱廬江衡山豫章郡皆秦郡所無者豈俱追書乎楚漢之間諸王各自立郡漢初仍其故名呼之耳漢書攷異曰膠東濟北項羽所立國名與齊號爲三齊臨淄卽齊都博陽卽濟北王都曹參傳濟北郡蓋田榮併三齊之後以濟北爲郡師古以爲史追書之非也

虜其將軍周蘭

案灌嬰傳嬰虜周蘭

得故齊王田廣相田光

案田儋灌嬰傳皆言嬰得光

食邑平陽萬六百三十戶

案史漢表是萬六百戶此誤多三十戶表據侯籍可信也

參功凡下二國縣一百二十二得王二人相三人將軍六人大莫敖郡守司馬候御史各一人

案曹參周勃兩世家及樊酈滕灌靳傳俱總言戰功而通前計之其數多不合何也

以齊獄市爲寄愼勿擾也

附案梁溪漫志云孟子莊嶽之閒注齊街里名左傳襄公二十八年反陳于嶽注里名嶽字合從獄音蓋謂嶽市乃齊闤闠之地姦人所容故當勿擾之此說頗新而非也獄嶽二字未見通用猗覺寮雜記曰獄市二事獄如教唆詞訟資給盜賊市如用私斗秤欺謾變易之類皆姦人圖利之所若窮治盡則事必枝蔓此等無所容必爲亂非省事之術也

出入三年卒

案三年乃四年之誤參自惠二年爲相國至五年卒也

顜若畫一

附案顜當作斠說文曰平斗斛也與月令角斗甬之角同漢書作講文穎曰或作較通鑑作較宋書武帝紀封宋公策云較若畫一較亦有角音而索隱謂又作覯

民以寍一

附案上言畫一則此不得言寍一漢傳作壹荀紀作謐

平陽侯窋高后時爲御史大夫孝文帝立免爲侯

案名臣百官兩表皆于高后八年書御史大夫張蒼則文帝未立窋已免官明矣攷窋以高后四年爲御史大夫八年免史漢呂后紀八年九月（今本作八月誤）稱窋行御史大夫事後九月代邸羣臣上議郎日御史大夫張蒼不列窋名是窋之免官必在八月以後特大臣誅諸呂之際變起倉卒窋尚守故官蒼之繼窋當亦在九月其涖官在後九月耳此以窋免于文帝立後劉攽又言呂后紀誤俱非

子時代侯

附案侯名多異說在功臣表

時尚平陽公主

案當作陽信公主

征和二年中

附案此下十二字後人妄增當刪

留侯世家第二十五

留侯張良者

案下有子房之稱何以此不書良之字班史補之矣

大父開地

附案荀子臣道篇以韓之張去疾爲篡臣楊注謂去疾張良之祖恐不然索隱云王符皇甫謐竝以良爲韓之公族秦索賊急乃改姓名而韓先有張去疾及張譴恐非良之先代

相韓昭侯宣惠王襄哀王父平相釐王悼惠王

案昭侯謚昭釐兩字謚也宣惠王謚宣一字謚也說在六國表至襄之爲襄哀桓惠之爲悼惠則未知孰是

未宦事韓

附案宋祁曰宦疑是當字

良夜未半往

案漢傳無未字是

故遂從之不去見景駒

案漢書無見景駒三字乃班氏改正史記之失也班于高紀言沛公道得張良遂與俱見景駒是補史缺葢良亦見駒但自此決意從沛公耳

遂北至藍田

附案遂乃逐字之譌

樊噲諫沛公出舍

附案徐廣載別本噲諫辭一段當改入之此諫與排闥數言同出于忠讜史氏所宜書疑是後人從漢傳妄裁之也

漢王之國良送至襃中遣良歸韓良因說漢王

案漢書高紀云張良辭歸韓漢王送至襃中則此所言非也漢書亦仍世家之誤故紀傳駮

陛下誠能復立六國後世　誰爲陛下畫此計者

案天子稱陛下自秦始也然是時漢王未即天子位而酈食其張良凡稱陛下者十五非也

其不可八矣

滹南集辨惑曰張良八難古今以爲美談竊疑此論甚疏夫桀紂已滅然後湯武封其後而云度能制桀之死命得紂之頭豈封于未滅之前邪且湯武所以封之者重絕人之世耳非以計其利害也柰何以項籍之命爲比哉酈生所以說帝者特欲係衆人之心庶幾叛楚而附漢耳非使封諸項氏也柰何以湯武之事勢相較哉學史曰良爲帝籌而不欲其爲湯武何邪湯武雖殊時事理何異制死命與得其頭何以分列爲兩節表商容之閭釋箕子之拘封比干之墓此本三事而并之者以其一體也至于倒置干戈歸馬放牛獨非一體乎而復析之爲三何哉班氏頗見其非乃并湯武爲一而但云度能制其死命豈以死命字不屬桀紂而屬其後歟然終與項籍事不類也既

以湯武爲一事故又分楚唯無彊以下爲第八節蓋二書已自參差矣八難之目安知無誤邪

其秋漢王追楚至陽夏南

案事在五年十月此云四年之秋誤

漢六年正月封功臣

案侯表及漢書高紀封功臣在十二月非正月也

六年上已封大功臣二十餘人

史詮曰重出六年二字漢書删之是

上在雒陽南宮從復道望見諸將往往相與坐沙中語上曰此何語留侯曰陛下不知乎此謀反耳

邵氏疑問曰謀反何事明語沙中上云何語良云謀反豈諸將不軌之情先之良與未足信也明李維楨史記評曰沙中之人怏怏不平見于詞色未必謀反但留侯爲弭亂計故權辭以對耳評林明茅坤曰沙中偶語未必謀反也謀反乃族滅事豈野而謀者子房特假此恐喝高帝及急封雍齒則羣疑定矣史通暗惑篇曰羣小聚謀倏聞方對若高祖不問竟欲無言邪且諸將圖亂密言臺上猶懼覺知羣議沙中何無避忌然則複道之望坐沙而語是敷演妄益耳

于是高帝即日駕西都關中

附案高紀名臣表劉敬傳皆以都關中在五年此在六年誤第是日之入都關中乃居櫟陽宮至七年始徙居長安蓋櫟陽長安俱關中也漢書高紀改入都關中爲都長安誤甚不

但長安宮闕未興而其時盧綰尚爲長安侯建都云乎哉

呂后乃使建成侯呂澤劫留侯

案史詮謂誤以釋之爲澤是也蓋建成侯名釋之周呂侯名澤此文之誤因澤釋字通而又脫之字耳通鑑攷異云澤當是釋之史詮所本下呂澤同誤

顧上有不能致者天下有四人

案叔孫通傳亦有留侯招客從太子語班氏于王貢兩龔鮑傳序稱爲近古之逸民蜀志虞翻傳言鄭大里黃公潔已暴秦濟惠帝難通鑑攷異曰高祖剛猛伉厲非畏縉紳譏議者也但以大臣皆不肯從恐身後趙王獨立故不爲耳若決意欲廢太子立如意不顧義理以留侯之久故親信猶云非口

舌所能爭豈山林四叟片言遽能梶其事哉借使四叟實能梶其事不過汚高祖數寸之刃耳何至垂欲云羽翮已成繒繳安施乎若四叟實能制高祖使不敢廢太子是留侯爲子立黨以制其父也留侯豈爲此哉此特辨士欲夸大四叟之事故云然亦猶蘇秦約六國從秦兵不敢闚函谷十五年魯仲連折新垣衍秦將聞之卻軍五十里耳凡此之類皆非事實司馬遷好奇多愛而采之今皆不取讀史漫錄曰通鑑不載四皓事極有識見蓋子房調護太子自有方略不假此也如請以太子爲將監國中兵此子房之略其計深矣史記疑問曰四老者既無令名于天下分爭之日又無經濟于孝惠爲帝之年逃匿山中而辨士可請不爲漢臣而呂后可要急

史記志疑卷二十六　三　廣雅書局栞

請閒泣唯知柔媚之乞憐延頸欲死勦襲游談之浮說卽有是人品奚足重蓋盡屬子虛者矣十六國春秋前涼張重華謂索綏曰四皓既安太子死于長安有四皓冢不還山也任昉文章緣起有惠帝四皓碑而無能子商隱說云四人懼禍來賓太子復隱商山所言各異恐不足據小倉山房集有書留侯傳後一篇云史遷好奇于留侯傳曰滄海君曰力士曰黃石公曰赤松子曰四皓皆不著姓名成其虛誕飄忽之文而已溫公作通鑑刪之宜哉余謂四皓之事更有可疑者四人或聚隱一處亦未可知然史但言逃匿山中不詳何山王貢等傳序云商雒深山後書鄭康成傳云南山四八目仍之云上洛商山水經丹水注云隱上洛西南楚山夫商楚在關中豈有避秦謝漢而反居近地乎是說未可信且爲太子賓客安得不先見帝學史曾論之四

人雖自晦氏族第侍宴時各言姓名必有眞數奏乃對以號又自稱曰公曰先生草野倨侮必無此理卮林嘗辨之東坡和陶貧士詩產祿彼何人能致綺與園古來避世士死灰或餘煙末路益可羞朱虛手自研蓋譏之也前賢疑四皓輸太子非實又或疑四皓爲贋皆非無見南齊書徐伯珍弟兄四人居九巖山白首相對時呼爲四皓郎有其人殆亦徐伯珍流與抱朴子至理篇引孔安國祕記言四皓皆仙人眞師之九妄說耳獨怪讀史管見以子房實有招四皓事合于春秋首止之盟易納約自牖之義異乎所聞矣或謂四皓曰臣聞母愛者子抱索隱云出韓子韓非與四皓竝世已引其言爲臣聞亦僞託之驗曰此不足以折之韓子備內篇是引古語

史記志疑卷二十六　三　廣雅書局栞

也

漢十二年上從擊破布軍歸疾益甚愈欲易太子

案周昌相趙而趙堯乃爲御史大夫徐廣據百官表謂堯爲御史大夫在十年則太子位已定安得十二年尚欲易太子乎通鑑書于十年復攷其異是也

東園公角里先生綺里季夏黃公

附案索隱引陳留志崔周世譜四八目載園公等姓名及字師古王貢等傳注云四皓無姓名可稱蓋隱居之人匿迹遠害不自標顯祕其氏族故史傳無得而詳後代皇甫謐圈稱之徒及諸地理書說競爲四人施安姓氏自相錯互語又不經今竝棄略一無取焉顏注是也又有以園爲圈者東觀餘

論據漢世石刻作圈以圈是冊牘傳寫之差匡謬正俗辨之
曰圈稱陳留風俗傳自序云圈公之後四晧有園公非圈公
又有以綺里季夏爲一人黃公爲一人者見周密齊東野語
而後書康成傳孔融郎稱夏黃公周密歷引諸書以證綺里
季夏之非又有以角里之角當作兩點下用者見宋史儒林
傳而角無其字路史發揮四晧辨已言其誤矣湖本及他本皆譌角字非
也

呂后眞而主矣

案此語可疑高帝豈預知有呂氏稱制之事乎御覽百四十
七引此文云呂后子眞貳主矣

出奇計馬邑下

附案徐廣曰一云出奇計下馬邑與漢傳合續古今攷謂是
出奇計于馬邑之下以下馬邑爲非似不然

後八年卒

案漢傳八作六攷表良以高帝六年封卒于呂后二年在位
十六年則當是九年史漢俱誤

坐不敬國除

案史漢表坐殺楚內史非不敬也此與漢傳誤

陳丞相世家第二十六

高帝用陳平奇計使單于閼氏圍以得開高帝既出其計祕世
莫得聞

案韓王信夏侯嬰匈奴等傳則漢之所以動閼氏解圍者止

千重賂而已烏有所謂奇祕之計哉史公造爲此言遂使桓
譚集解引新論應劭漢書高紀注意測以美女動之不惟鄙陋可羞亦
誣陳平甚矣

傳教孝惠

史詮曰當作皇帝

孝惠帝六年相國曹參卒

案參以孝惠五年八月卒此與漢書參傳誤作六年

陵亦自聚黨數千人居南陽不肯從沛公及漢王之還攻項籍
陵乃以兵屬漢　陵卒從漢王定天下以善雍齒雍齒高帝之
仇而陵本無意從高帝以故晚封爲安國侯

案王陵歸漢甚早非攻籍時始從而又何不肯從高帝之有

其封同在六年未嘗以其善仇晚封所說皆非已辨見功臣
表中

賜平金千斤

案史漢孝文紀皆作二千斤

子簡侯恢代侯

附案史漢表恢皆作悝史詮曰古字通用

子何代侯三十三年

附案何爲侯二十三年傳攷譌也

絳侯世家第二十七

攻張

附案漢傳敘地名多異如碭之爲蕩蒙之爲蘭甄城之爲鄄城張之爲

壽張恐非光武改東郡壽良縣爲壽張而史不言壽良者方輿紀要云山東壽張縣南有張城也

號安武侯

附案一本作武安是

沛公拜勃爲虎賁令

案徐廣作句盾令而漢傳作襄賁令賁音肥東海縣名

擊盜巴軍

附案盜巴漢傳作益已如淳曰章邯將漢書評林云二字筆畫相似未辨孰是

攻曲逆

守敖倉若曲逆屬中山不相值也

因東定楚地泗川東海郡

案川當作水說在高紀凌氏云一本作水未見

賜與潁陽侯共食鍾離

案陽乃陰字之譌謂灌嬰也然預稱侯非

食繹八千一百八十戶

案戶口此多八十說在表漢傳一百有本作二百譌

乘馬絺

案乘馬姓絺名也漢傳名降

丞相箕肆將勳

附案漢傳肆作肄古通下文高肆作高肄可見至勳之作博索隱以爲漢書字誤徐廣謂箕一作綦勳一作專一作轉亦誤也

得豨丞相程縱將軍陳武

案酈商傳以爲商得程縱何也又此陳武乃陳豨將別是一人非棘蒲侯

勃以相國代樊噲將擊下薊得綰大將抵丞相偃守陘太尉弱御史大夫施句屠渾都

案高紀言勃與噲偕將兵擊盧綰蓋一先一後同有破綰之功故並舉之其實勃代噲將者也而此有二誤時勃爲太尉噲爲相國陳丞相世家樊噲傳可據此誤以相國爲勃矣噲傳云破綰丞相抵薊南此誤以抵爲綰將當是得綰丞相抵

大將偃耳又渾都即上谷軍都縣而施乃綰御史大夫名師古謂姓施屠名渾都殊非

定上谷十一縣

附案一本作十二縣是與漢傳合

遼西遼東二十九縣

附案漢傳無遼西非遼東止十八縣也

每召諸生說士

案漢傳士作事

居月餘八或說勃曰

案文紀百官表勃爲右丞相在孝文元年十月其免相在八月則首尾凡十一月安得言月餘哉漢傳作居十一月是

歲餘丞相平卒

案勃以元年八月免相平以二年十月薨中閒止隔一月安得言歲餘歲餘當是月餘之誤

勃之益封受賜盡以予薄昭

劉辰翁曰封不可予漢傳缺受賜二字

持國秉

附案野客叢書依蔡澤傳疑秉下脫政字恐非秉即柄也

乃以宗正劉禮為將軍

案禮是時似未為宗正說見文紀

祝茲侯徐厲

案當作松茲侯徐悼非祝非厲也亦說在文紀中

東擊吳楚因自請上曰楚兵剽輕

案吳王傳剽輕諸語出鄧都尉此云亞夫自請于上漢書兩傳亦仍史異師古以為未知孰是索隱謂問鄧都尉得其實又漢傳有趙涉遮說亞夫霸上事此不載何也

其後匈奴王徐盧等五人降

案五人乃七人之誤說在景紀此人姓唯徐名盧似脫唯字說在惠景侯表

此不足君所乎

附案一本此下有非字漢傳亦有

子建德代侯十三年為太子太傅坐酎金不善元鼎五年有罪國除

案史漢表皆云以酎金免漢傳云為太子太傅坐酎金免官後有罪國除與此各不同徐廣謂此辭句有顛倒是也日知錄廿七曰當云元鼎五年坐酎金不善國除衍有罪二字余謂當云為太子太傅有罪免十三年元鼎五年坐酎金不善國除應增免字

雖伊尹周公何以加哉

案以伊周比絳侯不倫說在李斯傳

梁孝王世家第二十八

于是孝王築東苑方三百餘里

附案御覽百五十九引史曰梁孝王築東苑三百里是曰兔園今本無兔園句

乃與羊勝公孫詭之屬

案文三王傳屬下有謀字是

謚曰孝王

附案曹操發孝王冢掠其珍寶見陳琳檄

是為平王

附案王襄卒于天漢四年史不得稱謚必褚生妄易也亦說見表依上文是為代王之例當作是為梁王

梁平王襄

附案此下凡稱王襄之謚皆衍又此句當與上文連接各本誤提行寫

李太后亦私與食官長及郎中尹霸等士通亂

附案此句傳寫有誤當云與食官長及郎中尹霸士通等亂宮乃官之譌尹霸士通二人姓名正義非

乃削梁八城　梁餘尚有十城

案文三王傳云削梁王五縣奪王太后湯沐成陽邑梁餘尚有八城與史異

襄立三十九年卒

附案此下十九字疑褚生妄增也三十九年亦誤

坐射殺其中尉

案中尉疑中傳之誤說在諸侯王表

地入于漢爲郡

附案濟川爲郡史漢不著其所在水經注七引應劭曰濟川今陳留濟陽縣則陳留郡卽濟川國與呂后時濟川國異

褚先生曰

附案褚生續語可刪且桐葉封應與晉世家異褚本于韓詩外傳非也辨見水經滍水注及漢地理志潁川父城注燒梁反辭與田叔傳不合恐皆非事實惟所言漢諸侯王朝見期法可補漢史之缺

五宗世家第二十九

闕于

案史漢紀表傳俱云臨江哀王閼無于字乃此兩書臨江之名皆作闕于葢誤也

好儒學

陳大令曰漢代賢王河閒稱首脩學好古表章六經且毛公治詩貫公傳左氏獻王皆以爲博士竝當時不立于學官者其後毛詩獨存左氏盛行實自獻王發之史俱不言何疏略也古稱宗藩之賢曰閒平謂河閒王及後漢東平憲王蒼

子剛王基代立

案基一作堪說見表

子頃王授代立

附案頃王二字衍說見表

四年坐侵廟壖垣爲宮

案三年誤作四年說見表

建又盡與其姊弟姦

案景十三王傳建與其女弟徵臣姦則姊弟乃女弟之誤盡字衍

王服所犯

案王建罪狀詳十三王傳此甚略

從一門出游

案漢傳游作入

與其女

案女下缺弟字

勝爲人樂酒好內有子枝屬百二十餘人

汪繩祖曰十三王傳載靖王聞樂對詞旨悲壯小司馬稱爲漢之英藩則非徒樂酒好內也葢以漢法嚴吏深刻託以自

晦有信陵君陳丞相之智識史略之何歟又百二十餘人或
并其孫數之非必皆其子耳而漢書無枝屬二字
用皇子爲長沙王以其母微無寵故王卑濕貧國
附案注應劭曰景帝後二年諸王來朝有詔更前稱壽歌舞
定王但張袖小舉手左右笑其拙上怪問之對曰臣國小地
狹不足迴旋帝以武陵零陵桂陽屬焉御覽五百七十四誤
以劭說爲史本文經史問答云是妄言也武陵桂陽竝未嘗
屬長沙而零陵至武帝始置郡安得如劭所言
立二十七年卒子康王庸立二十八年卒
案二王年數及王庸之謚史漢不同說在表
齊有幸臣桑距
附案漢傳桑作乘未知孰譌
于是上問寄
附案問字乃聞之譌
子慶爲王
案慶爲哀王之子而哀王弟名慶不宜與叔父同名其誤明
矣當依年表漢書作通平爲是徐廣云一作建亦非
用常山王憲王子爲泗水王十一年卒子哀王安世立十一年
卒
案上十一年衍一字下十一年衍十字安世父十年卒安世
一年卒也俱說在表
三王世家第三十

大司馬臣去病
附案史缺三王世家褚生從長老好故事者取廷議封策補
之論亦僞託而其誤處如元狩六年命疾樂賀爲太常而曰
太常臣充索隱云趙充未知所出公孫賀爲太僕不爲御史大夫是時
張湯爲御史大夫用事無因有賀以參之而曰太僕臣賀行
御史大夫事五等之爵成周定制而曰春秋三等從殷制合
伯子男爲一左傳昭四年鄭子產獻伯子男之禮六謂禮儀從同昭十三年子產曰鄭伯男也周語富辰曰鄭伯男也疏引王肅云連男言之足句辭耳韋昭云鄭在男服其餘月日亦駁殆半由好事
者傳錄之誤歟又自序傳稱三子之王文辭可觀以三策爲
武帝自製故漢書武紀特書初作誥也乃以褚所補者與武
五子傳校之字句之閒多有同異豈史臣秉筆敢于竄易邪
抑褚生所編不盡依元本邪至其疏解不但有失史裁辭亦
蕪淺與五子傳戾不足論已

史記志疑卷二十六終　番禺黎永椿劉昌齡覆校字

史記志疑卷二十七

仁和梁玉繩撰

伯夷列傳第一

余以所聞由光義至高

附案許由卞隨務光之事出于戰國諸子後人妄述造飾多端史公葢亦疑其說耳

睹軼詩可異焉其傳曰

案史所載俱非也孟子謂夷齊至周在文王爲西伯之年安得言歸于文王卒後其不可信一已說見周紀書序謂武王伐紂嗣位已十一年卽周紀亦有九年祭畢之語畢乃文王墓地安得言父死不葬其不可信二已龜策傳言文王攻紂病死載尸而行太子發代將戰于牧野尤妄禮大傳謂武王克商然後追王三世安得言徂征之始便號文王其不可信三已東伐之時伯夷歸周已久且與太公同處岐豐奈有不知其事者何以不沮於帷帳定計之初而徒諫於干戈既出之日其不可信四已曰左右欲兵之曰太公扶去之武王之師不應無紀律若是萬或緩不及救則彼殺比干此殺夷齊不眞若以暴易暴乎其不可信五已正義數首陽有五前賢定夷齊所隱爲蒲坂之首陽見困學紀聞七空山無食采薇其常爾獨不思山亦周之山薇亦周之薇而但恥周之粟于義爲不全其不可信六已天問云驚女采薇鹿何祐必指夷齊王逸注恐非也劉峻辨命論夷叔斃淑媛之言注引古史考謂野有婦人難夷齊采薇曰子義不食周粟此亦周之草木也于是餓死路史後紀四引類林云夷齊棄薇不食白鹿乳之論語稱餓于首陽之下未嘗

稱餓死孔子餓陳蔡靈輒餓翳桑詎必皆至于死且安知不于逃國之時餓首陽耶其不可信七已馬總意林引論衡言二子奪國餓死首陽其說雖妄然亦可證其非恥周之故至韓子和氏篇言武王讓以天下弗受餓死外儲說左言伯夷以將軍禮葬首陽則誕也卽云恥食周粟亦止于不食稍祿非絕粒也戰國燕策蘇秦曰伯夷不肯爲武王之臣不受封侯蘇秦傳有漢書王貢兩龔鮑傳序曰武王遷九鼎于洛邑伯夷叔齊薄之不食其祿豈果不食而死歟其不可信八已卽云不食餓死而歌非二子作也詩遭秦火軼詩甚多烏識采薇爲二子絕命之辭況歌言西山奈何以首陽當之設唐風之采苓爲軼詩則詩中明著首陽將指爲夷齊所作歟夫同一燕燕詩小序以爲莊姜送妾列女傳以爲定姜送婦同一黍離韓詩以爲尹吉甫子伯奇弟伯封作見曹植集令禽惡鳥論及御覽四百六十九齊魯詩以爲衞宣公子壽閔其兄伋而作見新序節士及容齋四筆白虎通諫諍篇以相鼠爲妻諫夫之詩列女傳以芣苢蔡女作行露申女作柏舟齊女作大車息夫人作趙岐孟子注以鴟鴞爲刺邠君以小弁爲伯奇之詩列子仲尼篇以立我蒸民莫匪爾極不識不知順帝之則爲堯時童謠呂氏春秋愼人篇以北山普天之下四語爲舜作之詩求人篇以鄭風子惠思我四語爲子產所作之詩文選李少卿與蘇武詩注引琴操以鄒虞爲邵國之女所作水經注五以新臺爲齊姜所賦困學紀聞三謂近世以關雎爲畢公作又引袁孝政釋劉子以青蠅爲刺魏武公宋張載正蒙樂器篇以唐棣爲文王之詩岐頭別見莫辨所由

則史公偶得一詩而漫屬之夷齊毋乃類是其不可信九已孔子稱夷齊無怨而詩歎命衰怨似不免且其意雖不滿于殪殷而易暴之言甚戇必不以加武王其不可信十已先儒多有議及者詞義繁蕪不能盡錄余故總攬而爲此辨藝文類聚三十七載魏糜元弔夷齊文咎二子餓死背周爲非不爲無見

附驥尾而行益顯

案日知錄廿一曰本是附夫子耳避上文雷同改作驥尾使後人爲之豈不爲人譏笑余攷樊酈滕灌傳論亦有附驥之尾句謂高祖也

管晏列傳第二

管仲夷吾者潁上人也

案說苑尊賢云管仲故成陰之狗盜也成陰卽高密與潁上異又夷吾謚敬仲似當書之

桓公實怒少姬南襲蔡管仲因而伐楚責包茅不入貢于周室桓公實北征山戎而管仲因而令燕脩召公之政于柯之會桓公欲背曹沫之約管仲因而信之

古史曰此三說皆非也桓公二十九年會諸侯于陽穀爲鄭謀楚是歲有蕩舟之事故明年伐楚因侵蔡蔡在楚北故春秋先書侵蔡其實本爲伐楚動也樗里傳載西周策及韓子外儲說左竝言桓公伐蔡而號曰誅楚借名興師史本此山戎病燕故桓公爲燕伐之非不義也亦何待令燕脩召公之政而後可哉曹沫事出戰國雜說辨在刺客傳公羊不推本末而信之太史公又以爲然皆不可信

後百餘年而有晏子焉

仁和孫侍講效曾曰齊世家管仲卒于齊桓公四十一年爲魯僖十五年而晏子于魯襄十七年始嗣其父桓子爲大夫見左傳乃齊靈公二十六年也則管晏相去九十年史公謂後百餘年者誤矣

越石父賢在縲紲中

附案晏子春秋雜篇載此事謂石父爲中牟之僕不言在縲紲故正義云與此文小異但下文曰其書不論論其軼事則贖石父不在晏子春秋中乃後人集錄而異其詞也呂子觀世新序節士七亦載此事

老子韓非列傳第三

老子者楚苦縣厲鄉曲仁里人也

案四書釋地又續曰苦縣屬陳老子生長時地尙楚未有陳滅于楚惠王在春秋獲麟後三年孔子已卒況老聃乎史冠楚于苦縣上以老子爲楚人者非也余因攷葛洪神仙傳謂楚苦縣人隸釋邊韶老子銘謂楚相縣人春秋之後相縣虛荒今屬苦在賴鄉之東渦水處其陽竝仍史誤而晉皇甫謐高士傳云陳人陸氏經典序錄云陳國苦縣厲鄉人唐段成式酉陽雜俎玉格篇云老君生于陳國苦縣賴鄉渦水之陽九井西李下廣宏明集唐釋法琳十喻篇引高士傳言楚之相人譌也固未嘗誤禮曾子問疏引史作陳國苦縣豈據別本乎

姓李氏

附案索隱本及後書桓帝紀注引史三字並在名耳字聃之下今本譌在上也

名耳字伯陽謚曰聃

附案老子是號生即晧然故號老子（見三國葛孝先道德經序神仙傳）耳其名重耳聃其字（呂覽不二重言兩篇作老耽）非字伯陽字而曰謚者讀若王褒賦謚爲洞簫之謚非謚法也（說在孟嘗君傳）葢伯陽父乃周幽王大夫見國語不得以老子當之又墨子所染呂氏春秋當染並稱舜染于許由伯陽則別一人幷非幽王時之伯陽父乃高誘注呂于當染篇以伯陽爲老子舜師之（呂本味篇堯舜得伯陽續耳也）而於重言篇以老耽爲論三川竭之伯陽孔子師之（周紀集解引唐固亦云伯陽甫老子也）豈不謬哉但索隱本作名耳字聃無伯陽謚曰四字與後書桓紀延熹八年注引史合幷引許慎云聃耳漫也故名耳字聃有本字伯陽非正老子號伯陽父此傳不稱則是後人惑于神仙家之傳會妄竄史文隸釋老子銘神仙傳抱朴子雜應唐書宗室表通志氏族略四路史後紀七並仍其誤耳至路史載老子初名元祿（注謂出集眞錄）西陽玉格言老子具三十六號七十二名又有九名俱屬荒怪儒者所不道

老子曰

（鄭注曾子問云老聃古壽考者之號老子銘云聃然老旄之皃並非）

案老子答孔子問禮之言與孔子世家異驕氣多欲態色淫志亦非所以語孔子當依世家爲近實

吾今日見老子其猶龍邪

案老子之言非至言也安得遽歎其猶龍哉此本莊子天運篇然莊子多寓言而據爲實錄可乎前賢辨其妄矣

莫知其所終

案莊子養生主曰老聃死秦失弔之則老子非長生神變莫知其所終者自有此言而道家遂有化胡成佛之說釋道宣廣宏明集辨惑篇序云李叟生于厲鄉死于槐里莊生可爲實錄秦佚誠非妄論又道宣跋孫盛老子疑問反訊篇後云老子遁于西裔行及秦壤死于扶風葬于槐里水經注十九言就水出南山就谷北逕大陵西世謂之老子陵路史後紀七注鄠縣栭谷水西有老子墓

或曰老萊子亦楚人也著書十五篇

案老萊子與老聃判然二人弟子傳序分別言之而此忽疑爲一人路史因附會其詞云老子邑于苦之賴賴乃萊也故又曰老萊子何其誕哉漢藝文志老萊子十六篇

蓋老子百有六十餘歲（索隱本有字在六十下）或言二百餘歲

案得道之士恆多壽固不足異攷廣宏明集卷一有姜斌者言老子生當周定王三年乙卯之歲（定三年乃丁巳若乙卯是元年也）九月十四子時至敬王元年庚辰（敬之元是壬午庚辰乃前二歲景王廿四年也）年八十五化胡（當是八十六）十三卷法琳十喻篇言老聃生桓王丁卯之歲（桓之六年）終景王壬午之年（景無壬午蓋敬王元年也）元僧智常佛祖統載卷三書老子卒于己卯年乃景王二十三年姜言八十餘歲不過中壽法琳所稱則百九十六歲豈如漢文帝得魏文侯

樂人實公之比歟然不可信也史公亥疑太史儋爲老子儋
見秦獻公在烈王二年逆推至定王三年凡二百三十一年
故曰二百餘歲而史以孔子年十七問禮在景王十年順數
至烈王二年凡百六十二年故曰百六十餘歲何足據哉路
史後紀復牽合伯陽父老子太史儋爲一人計幽王二年伯
陽父論三川竭至烈王二年儋見秦獻公凡四百七年故後
紀曰壽四百有四十 注又云三百七十 于是仍謬襲怪有謂老子生
于莊王十年恆星不見之歲者有謂生于昭王二十四年者
並見路史發揮恆星篇 有謂生于宣王四十二年平王時爲太史者 見路史後紀七注
有謂在周三百餘年文王武王時爲史者 見神仙傳 有謂
生于殷王陽甲之世者 見列仙傳高士傳及路史發揮注 而高誘注呂氏春

秋又以老子爲舜師葛孝先道德經序云老子生乎太無之
先經歷天地終始不可稱載下爲國師代代不休陸氏莊子
天地篇音義引通變經云老子開闢以來一千二百變宋張
君房雲笈七籤引開天經云老子生于未有天地之先嗣後
歷代下降爲師妖幻不經此周甄鸞所以有笑道論也 論見廣宏明集九又論中引道德經序云老子以上皇元年丁卯下爲周師無極元年癸丑去周度關天帝亦有年號乎九爲可笑
自孔子死之後百二十九年而史記周太史儋見秦獻公
案孔子卒于敬王四十一年至烈王二年乃百有六年此誤 徐廣說有譌脫
合七十歲而霸王者出焉
附案此語四見似當以七十歲爲定說在周紀

或曰儋卽老子或曰非也世莫知其然否
案史公既疑老萊子卽老子又疑太史儋卽老子史以傳信
奈何恍惚以惑後世哉傳中載其國邑鄉里姓名字號官守
出處以及其子孫則非異類矣而曰莫知所終曰莫知然否
將所謂子孫者聃耶萊耶儋耶
老子之子名宗宗爲魏將封于段干
案老子卒於敬王初年而其子仕魏最少亦百餘歲宗復如
是長年乎唐表以宗爲聃之後較史爲實又神仙傳引史段
干無干字蓋脫失耳 唐表謂宗字尊祖封于段爲干木大夫則妄也
宗子注注子宮宮玄孫假
附案神仙傳引史宮作言假作瑕

李耳無爲自化淸靜自正
附案杭太史疏證引南昌萬承蒼云此二句是敘傳中語誤
入于此 注謂史公引昔人所評非也
周嘗爲蒙漆園吏
案釋文作梁漆園吏蓋以蒙屬梁國據後爲說也而潛丘劄
記與石企齋書曰漆園有云在曹縣在曹州者二曹皆春秋
之曹國宋景公滅曹于魯哀公八年地故爲宋有莊周亦宋
之官竊以史記蒙漆園吏蒙當作宋注以漆園本屬蒙邑不
知一在歸德一在兗州相距頗遠也 高誘呂子必已注云宋之蒙人
子獨不見郊祭之犧牛乎
附案正義據莊子秋水篇假神龜以辭楚聘事謂與此傳異

殊不知犧牛之喻史公是用列禦寇篇特語有詳略耳

十五年終申子之身國治兵彊無侵韓者

附案索隱謂王劭據紀年昭侯之世兵寇屢交異乎此言攷申子相韓起周顯王十八年至三十二年此十五年中紀年書交兵者三顯王廿四年魏敗韓馬陵廿六年魏敗鄭梁赫三十一年秦伐鄭敗秦酸水（鄭即韓也）然馬陵之役當顯王即位前一年在申子爲相前十八年紀年誤書則安知梁赫酸水二役其年不誤不得妄據以駁史公

著書二篇

案漢志申子六篇故集解引劉向別錄云今備過太史公所記也

說難曰

附案此所載說難以韓子校之煩省不同敘次亦異蓋史公删易與傳寫譌倒皆有之今但舉其誤者辨焉

又非吾辯之難

案難字衍

貴人有過端而說者明言善議以推其惡者則身危

附案此條當在後文貴人得計一條上以類從也傳寫錯耳

彼顯有所出事迺自以爲也故說者與知焉則身危

附案此條當在前文語及其所匿之事一條下又韓子也作他故字絕句此譌也字方氏補正曰當作他如晉欲伐陸渾之戎而假于祭洛也

知盡之難也

附案徐廣云知一作得難一作辭是也韓子作得盡之辭

伊尹爲庖百里奚爲虜皆所由干其上也故此二子者皆聖人也

案庖虜之妄說在殷秦二紀而稱百里奚爲聖人亦太過

則非能仕之所設也

案韓子作能士之所恥是也

非終爲韓不爲秦

附案漢書藝文志攷證引沙隨程氏曰非書有存韓篇故李斯言非終爲韓不爲秦後人誤以范雎書廁其間乃有舉韓之論通鑑謂非欲覆宗國則非也

司馬穰苴列傳第四

齊景公時晉伐阿甄而燕侵河上齊師敗績景公患之晏嬰乃薦田穰苴

案戰國策稱湣王殺穰苴蘇轍志林據以爲信大事記古史習學記言齊策吳注竝從之蓋穰苴之事不見于春秋況景公之時心欲爭晉霸而不能力欲拒吳侮而不足穰苴文武之略何在且晉伐阿甄燕侵河上其地皆景公時所無左傳亦不載固可疑也然吳起傳李克曰起用兵司馬穰苴不能過晏子春秋雜上說苑正諫云景公飲酒移于穰苴之家似又非湣王時人疑以傳疑未敢遽定（秦策蘇子又言田單司馬爲齊威宣將與國策諸書合）

既見穰苴尊爲大司馬田氏日以益尊于齊
案此語不可信齊亦恐無大司馬之官讀史漫錄云晏子憂田氏之强欲景公以禮制之而反薦穰苴使之用事其不爲失計耶
至常曾孫和因自立爲齊威王
附案此乃傳寫譌倒當云至常曾孫和自立句因爲齊威王因是威王名者蓋知此文之誤而所說則非也

孫子吳起列傳第五

孫子武者齊人也
附案吳越春秋闔閭內傳以武爲吳人漢書人表稱吳孫武藝文志曰吳孫子攷唐表孫氏世系陳無宇之子書伐莒有功賜姓孫生憑字起宗生武字長卿奔吳子明食采富春爲富春人長卿之字惟見此
子之十三篇
案漢志孫子八十二篇正義引七錄云孫子兵法三卷十三篇爲上卷又有中下二卷此言十三篇何歟困學紀聞十曰杜牧注孫子序云孫武著書數十萬言魏武削其繁剩筆其精切凡十三篇因注解之攷史本傳非筆削爲十三篇也豈專指其上卷乎通考二百廿一引葉水心曰疑昔所謂篇者特章次之比
可試以婦人乎
通考引葉氏曰試以婦人奇險不足信

于是闔廬知孫子能用兵卒以爲將
案吳世家伍胥傳並有將軍孫武語然孫子之事與穰苴媲美而皆不見于左傳何耶通考引葉氏辨孫子乃春秋末處士所爲言得用于吳者其徒夸大之說也又胡應麟九流緒論曰武灼灼吳楚閒巳明不應盡沒其實蓋戰國策士以武聖于譚兵恥以空言令天下爲說文之耳
孫武既死後百餘歲有孫臏
案武死不知何時若以吳入郢至齊敗魏馬陵計之則百六十六年矣蕭山來氏集之樵書云腓刑曰臏則是斬龐涓之孫子無名不過指其刑黥兩足而名之傳其事不傳其名何哉
臏亦孫武之後世子孫也
附案唐表云武生明明生臏蓋明雖食采富春未久仍反齊故史云臏生阿鄄之閒漢志亦稱曰齊孫子也至呂覽不二注云孫臏楚人恐非
後十五年
附案索隱本作後十三歲是已各本皆譌威王二十六年戰桂陵宣王二年戰馬陵相去政十三年小司馬引紀年謂無十三歲非也
齊軍既已過而西矣
附案徐氏測議曰已過而西者謂龐涓歸救欲邀齊師之未至而今已過故涓覘利疾趨也四書釋地又續曰句不可解

曾案輿圖思之恍悟相承傳寫之譌元本應是齊軍旣已退而東矣退而東者誘敵之計通鑑亦知過而西之不可通也削此句錢宮詹曰閻氏因上文已云直抵大梁而馬陵在大梁東故臆造此說然非也齊揚言走大梁非眞抵大梁及龐涓棄韓而歸齊軍始入魏地齊在魏東過而西者過齊境而西也齊軍初到未知虛實故爲減竈之計以誤之若已抵大梁而退則入魏地不止三日毋庸施此計矣

乃自剄

案齊策言禽此言自剄恐皆非實年表世家俱云殺龐涓蓋弩射殺之也

遂殺其妻以明不與齊也魯卒以爲將

附案韓子外儲說右上有吳起令妻織組因幅狹出妻事此言殺妻求將蓋兩事也爲起妻者不亦難乎

以事魯君魯君疑之

評林董份曰魯人惡之者必惡之于君也不宜用魯君字義門讀書記曰二魯字衍

起貪而好色

案文侯以起廉平使守西河又公叔之僕稱起節廉則不可謂貪殺妻辭王亦不可謂好色索隱引王劭謂此言相反亘是豈前貪後廉變其舊迹而輕棄故人懼近禁鬻又漁色者之常態歟小司馬以貪名解之殊迂曲

起對曰在德不在險

案舟中之對史與國策異豈別有所本乎

昔三苗氏左洞庭右彭蠡德義不脩禹滅之

案禹未嘗滅三苗尚書及諸子皆無其說豈誤以竄遷分北遏絕之事爲禹耶國策作禹放逐之魏策左右二字互易五帝紀注有解

大河經其南

附案湖本大譌太

卽封吳起爲西河守

案爲西河守不可言封且起于文侯時已守西河矣何俟武侯封之耶卽封二字衍

魏置相相田文吳起不說

案此本呂覽執一篇而言各不同未曉所以

公叔爲相

附案公叔卽魏公叔痤索隱以爲韓之公族妄也但魏策有痤戰勝澮北辭賞田以讓起後一篇吳師道曰痤以計疑起于武侯起去之楚澮北之戰乃歸功于起之餘教而使其嗣受賞何其前後之戾耶余謂讓功必非公叔痤國策誤耳

君因先與武侯言

案此及下三稱武侯誤史詮謂俱當作魏侯

北幷陳蔡

案陳滅于楚惠王十一年蔡滅于惠王四十二年何待悼王始幷之此與蔡澤傳同妄而實誤仍秦策也

諸侯患楚之彊故楚之貴戚盡欲害吳起

案諸侯患楚彊何以楚貴戚欲害起敘事欠明當參蔡澤傳及呂氏春秋貴卒淮南道應覈之

吳起走之王尸而伏之擊起之徒因射刺吳起幷中悼王

案呂氏春秋言起拔矢而走伏尸插矢謂拔人所射之矢插王尸也與此小異

伍子胥列傳第六

其先曰伍舉以直諫事楚莊王

案伍參之子是舉伍舉之子是奢事莊王者參事靈王者舉安得伍舉諫莊王其誤已說在楚世家中疑此處莊乃靈之錯文

使伍奢爲太傅費無忌爲少傅

案太傅少傅與左傳異說在楚世家

伍胥遂亡聞太子建之在宋往從之

案子胥亡楚至吳而已乃此言其歷宋鄭晉而與太子俱不知何據

鄭定公與子產誅殺太子建

案鄭殺建不知何時而子產卒于定之八年卽建奔鄭之歲恐未是子產誅之餘說在表

吳王僚方用事公子光爲將

附案此作一句讀湖本誤以用事爲句或曰衍事字

五年而楚平王卒

案五年乃三年之誤自吳滅巢至是時三年也若自子胥奔

吳數之則七年矣

楚誅其大臣郤宛伯州犂

案伯州犂三字衍郤宛見殺在魯昭公二十七年州犂爲楚靈王所殺遠在昭元年也吳越春秋闔閭内傳謂郤宛即州犂蓋緣此致誤而楚世家稱郤宛之宗姓伯氏之子嚭徐廣本潛夫論志氏姓謂伯州犂之子郤宛郤宛之子伯嚭宛亦姓伯又別氏郤恐不足據定四年傳云楚殺郤宛伯氏之族出伯州犂之孫嚭爲吳太宰伯氏乃郤宛之黨非同族也呂氏春秋當染注越語注以嚭爲伯州犂子與經史異

遂以其兵降楚楚封之于舒

案降楚封舒皆非說在吳世家

六年楚昭王使公子囊瓦將兵伐吳

案事在七年說見表集解曰左傳楚公子貞字子囊其孫名瓦字子常此言公子又兼稱囊瓦誤史詮曰公子當作公孫稱囊瓦者孫以祖父字爲氏也史詮本于徐天祜吳越春秋闔閭内傳注

乃掘楚平王墓出其尸鞭之三百

案此事左氏公羊所不載其見于穀梁定四年傳者但言撻平王之墓撻墓與鞭尸迥異而范注引鄭嗣云鞭其君之尸法言重黎篇云鞭尸藉館論衡定賢云鞭笞平王尸索隱述贊云鞭尸雪恥吳越春秋闔閭内傳又從而甚之曰出其尸左足踐腹右手抉目凡此俱本于史吳世家及此傳何其妄

也伍參伍舉伍奢及嗚三世顯于楚死卽葬焉子胥復仇至出王尸以辱之獨不慮先人一坏土楚人尤而效之耶設令昭王反國收先王之遺骸葬以衣冠然後盡發伍氏之壟而汙豬之子胥將奚以自立于天下乎夫鄭人爲君討賊不過斲子家之棺而已齊懿公掘邴歜之父刖之衛出公掘褚師定子之墓皆特書以著其暴是知發冢戮尸春秋以前僅見之事而謂子胥行之平王哉攷呂覽首時淮南泰族賈子耳痺說苑奉使（有掘冢語亦非）漢書五行志下下越絕平王內傳吳內傳外傳紀策攷敘外傳記竝稱鞭墳咎墓則鞭尸之妄審矣史于年表楚世家季布傳亦止謂鞭墓而吳世家子胥傳忽變爲鞭尸之說何歟後世如王莽發定陶恭王母及丁姬故冢慕容儁發石季龍墓剖棺出尸棄于漳水姚萇掘苻堅尸鞭撻無數王頒發陳武帝陵焚骨取灰投水飲之大抵皆快意私讎虐及枯骨未必非斯言開之至陶宗儀輟耕錄言楊璉眞珈取宋諸帝骸與牛馬同瘞乃淫兇肆毒不可道也然則鞭墓可乎亦曰子胥之所以爲子胥而已矣（公羊注疏引春秋說文云墮平王之墓鞭平王之尸血流至踝攷平王至是卒已十一年冢中枯骨倘流血乎尤妄也）

六月敗吳兵于稷

案六月上缺書十年二字

後二歲闔廬使太子夫差將兵伐楚取番

案二歲當作一歲夫差當作終纍取番之誤說見表

孔子相魯

案相魯誤也說在孔子世家

後五年伐越越王句踐迎擊敗吳于姑蘇

案五年當作四年姑蘇正義謂檇李之誤是也說在吳世家

敗越于夫湫

附案吳越兩世家作夫椒此作湫蓋古通用索隱云湫音椒是也左傳襄廿六椒鳴楚語作湫鳴昭四年椒舉楚語作湫舉昭三年子服椒（襄廿三稱孟椒）昭十三作子服湫竝音椒

其後五年而吳王聞齊景公死而大臣爭寵新君弱乃興師北伐齊

案此傳敘吳伐齊事之誤說在吳世家蓋其後五年當作其後九年卽左傳哀十年郎之役然非因景公死故也

大敗齊師于艾陵遂滅鄒魯之君以歸

案滅字一本作威此二句疑在下文吳王旣誅子胥遂伐齊之下孫侍御曰吳世家敗齊艾陵後有爲鄒伐魯至與魯盟而去事則滅字疑盟字之誤鍾山札記云遂滅鄒爲句鄒郎邾也魯其君虜鄒君也魯虜古通用白虎通王者不臣章引韓詩內傳云魯臣者亡據札記本文之字當作其似曲

其後四年

案四年當作一年

越王句踐用子貢之謀乃率其衆以助吳

案子貢無說越事說在弟子傳

乃屬其子于齊鮑氏

案屬于鮑氏也若鮑牧則已見殺四年矣
王卒伐之而有大功
附案此葢指夫差十一年伐齊師鄎之役齊弒悼公赴師故以爲大功而諱其海上之敗非指戰艾陵也
吳人憐之爲立祠於江上因命曰胥山
案集解張晏曰胥山在太湖邊去江不遠百里故云江上晏說本于晉張勃吳錄見水經注四十卷而正義曰吳地記云胥山太湖邊胥湖東岸山西臨胥湖山有古葬胥二王廟案其廟不干子胥事太史誤矣張注又非日知錄三十一曰史記吳王既殺子胥吳人爲立祠于江上號胥山水經注沔水引虞氏曰松江北去吳國五十里江側有丞胥二山山各有廟魯哀公十三年越使二大夫疇無餘謳陽等伐吳吳人敗之獲二大夫大夫死故立廟于山上號丞胥二王胥山上今有壇石長老云胥神所治也一以爲子胥一以爲越大夫今蘇州城之西南門曰胥門陸廣微吳地記云本伍子胥宅因名非也趙樞生曰吳越春秋吳王夫差將與齊戰道出胥門因過姑胥之臺則子胥未死已名爲胥門㦯攷左傳哀公十一年艾陵之戰胥門巢將上軍葢居此門而以爲氏若如東門遂桐門右師之類則是門之名又必在夫差以前矣姑胥山不可知其所始字亦爲姑蘇古胥蘇二字多通用顧氏此辨與正義相發
吳王既誅伍子胥遂伐齊

案此以胥死在戰艾陵前與內外傳呂子知化及吳越二世家異葢誤也吳越春秋夫差內傳十二十三兩年所書皆出
齊鮑氏殺其君悼公而立陽生吳王欲討其賊不勝而去
案廿二字疑當在前益疏子胥之謀句上與敗艾陵威鄒魯二句互易庶于左傳情事相協此及吳世家敘伐齊事多倒亂失實而悼公卽陽生此又誤說當是殺其君悼公而立壬也至弒悼公非出鮑氏已辨在十二侯表中
其後二年
案二年當作一年戰艾陵之明年也
殺王夫差而誅太宰嚭
案殺夫差與誅伯嚭說在吳世家
楚惠王欲召勝歸楚葉公諫　惠王不聽
案召勝者子西不聽諫者亦子西而以爲惠王誤矣
白公歸楚三年而吳誅子胥
案白公歸楚不知何年而年表及楚世家妄謂在敬王三十三年已辨在表卽如其說則此當作歸楚四年葢吳誅子胥在敬王三十六年吳夫差十二年也
歸楚五年請伐鄭
案晉伐鄭在魯哀十五年敬王之四十年卽依史說乃白公歸楚八年非五年也吳世家亦辨之
子西聞之笑曰勝如卵耳何能爲也
滹南集辨惑曰左傳子西曰勝如卵余翼而長之葢恃其有

恩也而史則是忽其脆弱而已不亦異乎

其後四歲

案四當作一晉伐鄭之明年白公作亂也

石乞從者屈固

案哀十六傳負王者乃圉公陽世家言惠王從者屈固此傳以爲石乞從者屈固（徐廣曰一作惠王從者索隱曰此本爲得）蓋屈乃薳之譌薳固卽箴尹固見哀十八傳然薳固圉公陽是兩人史誤也必因左傳圉公陽穴宮負王與石乞尹門遠文而又有葉公遇箴尹固事遂致斯舛耳

史記志疑卷二十七終　巴陵方大森番禺黎永椿沈寶樞校字

史記志疑卷二十八

仁和梁玉繩撰

仲尼弟子列傳第七

孔子曰受業身通者七十有七人

案弟子之數有作七十人者孟子云七十子呂氏春秋遇合篇達徒七十人淮南子泰族及要略訓俱言七十漢書藝文志序楚元王傳所稱七十子喪而大義乖是已有作七十二人者孔子世家文翁禮殿圖後書蔡邕傳鴻都畫像水經注八漢魯峻冢壁象魏書李平傳學堂圖皆七十二人顏氏家訓誡兵篇所稱仲尼門徒升堂者七十二是已有作七十七人者此傳及漢地理志是已孔子家語七十二弟子解實七十七人今本脫顏何止七十六其數無定難以臆斷漢藝文志有孔子徒人圖法二卷集解載鄭康成孔子弟子目錄隋唐志云一卷此二書久亡漢書人表旣疏略不備而鴻都像李平圖俱失傳魯峻石壁僅覩隸續殘碑文翁圖在顯晦之閒不盡可憑世儒據以攷弟子者惟史記家語而古文家語已不得見今家語并非王肅舊本則史記又較家語爲確史公從孔安國受學親見安國撰集之古文家語故曰弟子籍出孔氏古文者近是但轉相傳寫未免顚倒譌脫謹補而辨之如左雖然弟子之數豈止七十七人而已哉家語與史記異者家語有琴牢陳亢以當史記秦冉公伯僚又叔仲會傳內有孔璇又別有惠叔蘭夫陳亢儗子貢于仲尼故朱注或

曰亢子貢弟子但康成注論語以爲孔子弟子西河集有答
柴陛升論子貢弟子書辨之甚明至衛人琴牢字子開一字
張莊子則陽篇又稱子牢尊見論語孟子左傳（趙岐以孟子琴張爲子張
非）惠叔蘭與子游善子游使之受學于孔子即檀弓之司寇
惠子（朱氏彝尊孔子弟子攷以荀子法行篇之南郭惠子即叔蘭誤也）孔璇與叔仲會年相
比執筆迭侍孔子此四人爲孔子之徒顯有明文矣索隱引
文翁圖有蘧伯玉林放（索隱又訛文翁圖有申棖申棠困學紀聞七曰今所傳禮殿圖無申棖蓋
索隱之誤也）夫伯玉乃孔子所嚴事不當在弟子列先儒已多言
其謬若林放者夫子大其問禮之本與善樊遲問崇德語氣
相同孔子于弟子呼名泰山不如林放指其名而稱之皇侃
論語義疏序言放在弟子之數唐宋俱有封爵孔農部闕里

文獻考言乾隆己卯泰安崇禮鄉之放城集掘地得古碑字
畫磨滅隱隱見林放及唐大和二年數字著放之字曰子巨
鎮洋畢尚書沅關中金石記言開寶八年韓從訓蒼頡廟碑
在白水其陰列弟子姓名余見碑陰拓本字畫完善分明共
七十四人亦云放字子巨（宋高宗七十二弟子贊云放字子巨）與孔氏攷合于
年已上之物尤可憑信也（碑較史記無曹卹任不齊后處公首夏公堅定顏祖鄡單罕父黑榮
旂原亢樂欬廉潔十二人有孟孫申棖琴牢林放陳亢伯玉子產七人又複出樊遲琴張二人子產爲孔子嚴事非弟子
也其他異同見後）又碑有孟孫字子嗣一人必孟懿子何忌其字子
嗣可以補遺何忌奉父僖子之命偕其弟說（說非南宮适也說見後）竝
事孔子明載左傳論語孔叢皆有問答再魯峻石壁殘象與
史同者十四人又有子景伯郎子服何有子象即縣亶夫伯
僚之愬叔孫之毀景伯必以告當屬弟子朱氏弟子攷引唐
劉懷玉孔聖眞宗錄以景伯在七十子之間而魯壁別有左
子慮襄子孺襄子魚公子虛顏子愍騶子（字缺洪氏疑言郎壤駟赤非）至
子（至字未詳）荀子八人未知所出史亦缺焉論語有闕黨互鄉二
童子孟武伯問仁問孝往來聖門疑父子俱師孔子孟子有
牧皮與曾皙牢張號爲狂士孔子之所與者尤不應遺之禮
雜記有孺悲哀公使學士喪禮于孔子（朱氏攷云始雖辭疾終授以禮非拒之門
牆外也仲弟履繩楊樊錄曰孺悲學士喪禮于孔子要非碌碌者符非入室之賢耳自論語有不見孺悲之事朱子以爲
得罪聖人鄉黨以爲聖人疾惡遂使孺子蒙鳴鼓之譏善乎賈洺州士衡見禮疏云孺悲欲見孔子不由紹介故辭以疾
始知夫子惡其不循禮非不屑之教誨也先儒之論厚誣賢者已文選四十四注引論語撰攷讖曰孺悲欲見鄉黨慕義
賈貽本此）射義有公罔之裘序點（鄭注序又作徐）從孔子射矍相之圃家

語載子路曰由與二三子之爲司馬何如則其爲弟子無疑
（廣韻注公罔之裘孔子弟子）左丘明受經孔子漢晉以來諸儒均以爲孔
子弟子（詳朱氏攷）史孔子世家有顏濁鄒呂覽尊師及淮南氾論
有顏涿聚竝受業孔子（濁鄒即衛讎由與涿聚是二人說見世家中）又氾論訓季
襄立節抗行不入洿君之朝不食亂世之食遂餓而死高誘
注季襄魯人孔子弟子（或謂即公析哀季次恐非季次乃齊人也）晏子春秋外篇
有孔子門人盆成适稱爲孝子順弟（子盆成适依盧學士校晏子春秋據宋本檀弓上
疏所引改今本竝譌适字朱氏若不知其譌遂合孟子書中盆成括爲一人謬矣而孔鮒詰墨作盆成匡恐以形近致誤
又云其父爲孔子門人亦異）又有孔子之徒鞠語明于禮樂審于服喪莊
子德充符有常季郭注孔子弟子朱氏攷謂樂記賓牟賈在
弟子之列又謂文翁禮殿圖有廉瑀（陶宏景眞誥言壺公施存齊人孔子弟子三千

之數朱氏引韋續書品爲素王紀瑞製書之中姓名缺失一人事本近誕又安知非弟子中之姓申者乎似不足據墨子非儒下篇以陽貨佛肸爲孔子弟子孔鮒詰墨已辨其妄皇侃論語義疏序猶謂陽貨在弟子之數謬矣凡茲羣賢未必盡在三千之數若以此陳亢琴牢牧皮林放仲孫何忌仲孫說孟武伯𪖙子服何孺悲左丘明公罔之裘序點賓牟賈顏濁鄒顏涿聚盆成适鞠語季寤惠叔蘭常季孔璇闕黨互鄉二童子廉瑀左子虞䶧子孺襄子魚公子虛駟子言顏子思亞子苟子三十二人增入七十七弟子通計一百九人乃所傳異詞既無定數而唐宋封爵頗多漏舛唐封八十三人較史多蘧瑗申棖琴牢琴張白水碑二琴亦重出林放陳亢通考曰弟子鵲典見禮樂志及會要竝七十七姓名與史記同獨通典增入蘧瑗六人宋從祀止去琴牢封八十二人古史益以琴牢陳亢爲七十九人詎可爲典要哉今因攷七十七弟子而附紀其不著錄者以備參證云

于衞蘧伯玉

附案經史問答四曰伯玉年齒固有可疑者獻公之出當襄公十四年又八年孔子始生伯玉必名德已重然後孫甯思引以共事蓋最少亦三十矣歷襄昭定至哀公元年當作二年孔子至衞主于其家上距孫甯逐君之歲六十有六年當作六十七伯玉當在九齡已外而史魚猶以尸諫而引之南子聞其車聲而識之伯玉即如此長年必不如此固位竊意近關再出不知何人之事而誤屬之伯玉以是時伯玉未必從政也左氏以九十餘歲老人尚見于策者一爲吳季子一爲齊鮑文子皆可疑而伯玉尤甚

于魯孟公綽

張孝廉曰以公綽爲孔子所嚴事恐未然又呂氏春秋當染篇云孔子學于孟蘇夔靖叔未詳其人史何以不及

數稱臧文仲柳下惠

案孔子屢貶文仲何嘗稱之不當與柳下惠竝舉

顏回者

案弟子先後之次當依論語或以齒爲序如子路曾皙冉有公西華侍坐是也或以德爲序如顏淵季路侍是也史殊錯雜與家語又不同惟德行四賢無改耳

少孔子三十歲　回年二十九髮盡白蚤死

案史不書回死之年索隱及文選辨命論注引家語竝作三十二則今家語作三十一誤也但回少孔子三十歲回死之時孔子年六十一當魯哀五年而哀六年方有陳蔡之厄回何以死乎又孔子二十生伯魚三十一回生伯魚五十而卒則顏子亦當四十而論語言伯魚先顏淵死伯魚五十孔子年六十九是回先伯魚死矣王肅以論語爲設事之詞甚謬朱子云以人情言之不應如此王本許慎說朱子本康成見曲禮疏四書釋地又續曰回少孔子三十歲三十下脫七字蓋生于魯昭公二十八年丁亥卒于哀公十二年戊午方合三十二歲之數是年伯魚亦卒在前此本辭應旂甲子會紀頗爲明確列子力命篇壽四八可證俗本譌十八時孔子六十九歲有棺無槨之言政指見在事也而毛氏奇齡論語稽求篇以家語作三十一回死爲是謂二字譌又以少三

十歲是四十之誤謂回死與子路同時經史問答從其說竊所未安皇王大紀書回死于哀公十一年亦差一歲至若後書郎顗傳顏子十八天下歸仁淮南精神訓注顏回十八而卒疑亦四八之譌歐陽公刪正黃庭經序言顏子年不及三十均不足據御覽三百六十六引史髮盡白下有齒早落三字但後書順帝紀陽嘉元年注及鄧禹傳注俱引史文與今本同也

閔損字子騫少孔子十五歲

案弟子目錄云魯人此缺家語有之今家語作少五十歲乃傳刻之譌索隱所引家語可證

如有復我者

案此閔子辭費宰一時拒使者之言非實事也疑此句上脫故曰二字

冉耕字伯牛

案白水碑作百牛古字通鄭云魯人此缺年無攷朱氏攷云聖門志闕里廣志稱伯牛少孔子七歲不審何據

冉雍字仲弓

案鄭云魯人索隱引家語云伯牛之宗族少孔子二十九歲此失書荀子非相注以子弓爲仲弓

在邦無怨

史詮曰避諱邦當作國

冉求字子有

案鄭云魯人左傳一稱有子

季康子問孔子曰冉求仁乎　復問子路仁乎孔子對曰如求

翟教授曰問由求者孟武伯也而由求兩傳皆誤作季康子又孔子答仲由可使治千乘之賦冉求可爲宰事各不同仲由傳依論語載之而此乃曰求可使治賦曰如求何也問同而答異

附案史詮云宋本無此五字

仲由字子路卞人也

附案論語一字季路左傳一稱季子

季康子問仲由仁乎

案孟武伯誤爲季康子

初衞靈公有寵姬曰南子

案南子是夫人非寵姬也且稱妾爲姬亦非當時語

蒯聵乃與孔悝作亂

索隱曰左傳蒯聵入孔悝家悝母伯姬劫悝於厠彊與之盟而立蒯聵非悝本心自作亂也

謂子路曰出公去矣

史詮曰出公當作衞君

有使者入城城門開子路隨而入

翟教授曰左傳哀十五年云有使者出乃入此言使者入不合且門乃孔悝家之門非城門也

子路曰君焉用孔悝請得而殺之

測議季遠曰此語與傳異子龍曰季子救悝而來豈應出此

語固知左氏爲當矣

壺黶

案衞世家作孟黶與左傳同此作壺人表作狐黶御覽仇讎部同人表而戟部作于字目部又作狐黯通志氏族略三作孟黶壺黶（諸氏壺氏）文選辨命論注作孟厭葢于乃孟之省壺狐古通孟壺音近遂通作狐孟則孟之譌通志不足信也

宰予字子我

案鄭云魯人年無攷論語孟子亦稱宰我

與田常作亂以夷其族孔子恥之

案史公斯語厚誣先賢孔穎達本之作檀弓疏云宰我請喪親一期終助陳恆之亂信如所言是孔子之門有叛臣何當日請討陳恆時不問鳴鼓之攻而天下之通祀者猶容叛臣于其閒哉且既附陳恆尙誰得而殺之也索隱曰左傳闞止字子我爲陳恆所殺字與宰予相涉因誤兩蘇氏志林古史孔平仲談苑容齋續筆困學紀聞十一引楊龜山說孫奕示兒編諸書俱依索隱容齋又謂孟子載三子論聖人賢于堯舜等語是夫子沒後所談宰我不死于田常可見閻氏四書釋地又續謂妙得虛會余攷韓子難言曰宓子賤西門豹不鬬而死人手（詳未）宰予不免于田常皆仁賢忠良有道術之士不幸遇悖亂闇惑之主而死呂覽愼勢曰諸御鞅諫簡公云陳常與宰予甚相憎臣恐其相攻願君去一人居無幾何陳常果攻宰予于庭淮南人閒說苑正諫竝同呂覽鹽鐵論殊路頌賢及說苑指武稱宰我將攻田常簡公漏其謀以柔弱見殺故宏明集宗炳答何衡陽難釋白黑論云由醢予族賜滅其鬚（論衡龍虛云子貢滅鬚爲婦人人不知其狀事未詳御覽髭部是子羔事）則不得謂宰我不死于田常而其死爲誅叛討賊方惘宰我之忠而獲禍陷胸決脰於凶殘之手孔子何恥焉況李斯上秦二世書與諸子所稱合史公謬載斯傳宰我之不助亂明甚而此傳胡爲自相乖阻耶經史問答辨之曰宰我爲簡公死非爲陳恆死不過才未足以定亂耳其死較子路似反過之史記誤而索隱以爲闞止之譌則春秋同時同名之人往往有之晉有二士匄齊有二賈舉幷同姓矣何必舒州之難死者不可有二子我乎但當知宰我之所以死不必恥則不必諱若以賢于堯舜之語必在身後則是野人之言也（陳闞不可竝而云與田常亂雖闞子我亦不受也）

端木賜衞人字子貢

附案索隱本引史木作沐疑古字借用經史及諸子中多作子贛左傳稱衞賜錢宮詹曰古人名字必相應說文贛賜也貢獻功也則端木子之字當爲子贛無疑

田常欲作亂于齊

案子貢說齊晉吳越一節家語屈節越絕陳恆傳吳越春秋夫差內傳竝載之昔賢歷辨其謬古史曰齊之伐魯本于悼公之怒季姬而非陳恆吳之伐齊本怒悼公之反覆而非子貢吳齊之戰陳乞猶在而恆未任事所記皆非葢戰國說客

設爲子貢之辭以自託于孔氏而太史公信之耳通鑑外紀曰齊魯交兵數矣一不被伐安能存哉田氏弱齊一當吳兵安能亂哉吳不備越而亡勝齊安能破哉四卿擅權晉以衰弱偃兵休卒安能彊哉越從吳伐齊滅吳乃強此安能霸哉十年之中魯齊晉未嘗有變吳越不爲是而存亡遷之言華而少實哉日知錄廿六曰子石少孔子五十三歲當伐魯之年僅十三四歲耳此言猶未合以伐魯在哀八年則十二歲若在哀十一年則十五歲也而曰請行豈甘羅外黃舍人兒之比乎方氏補正曰春秋時郡小于縣定二年傳上大夫受縣下大夫受郡是也此曰發九郡兵則爲後人所設之詞明矣余謂可駮者不止此陳氏憚高國鮑晏何以欲移兵伐魯子貢使齊在哀十五年魯與齊平之後爲成叛故何得強相牽引伍子胥死于戰艾陵後是時尚未賜屬鏤何云子胥以諫死越絶無此句左傳吳獲國書等五人何云獲七將軍黃池之會距戰艾陵二年何言吳王不歸以兵臨晉會盟爭長吳先于晉何云晉敗吳師會黃池歸與越平在哀十三年越滅吳在哀廿二年何云會黃池歸與越戰不勝見殺越滅吳稱霸在孔子卒後七年何云子貢之出孔子使之五國之事魯與子貢無干何云子貢存魯亂齊破吳彊晉霸越自哀八年齊伐魯至廿二年吳滅越首尾十五歲何云十年傾人之邦以存宗國何以爲孔子縱橫捭闔不顧義理何以爲子貢家語增孔子語九謬卽其所言了無一實而津津道之子胥傳亦有句踐用子貢之謀率衆助吳等語范史荀或傳論云以衞賜之賢一說而斃兩國同妄豈不誣哉墨子非儒下篇謂孔子怒晏子沮尼谿之封于景公適齊欲伐魯乃遣子貢之齊勸田常伐吳教高鮑毋得害田常之亂遂勸越伐吳三年之內齊吳破國其爲六國時之妄談可見孔鮒詰墨辨之矣或曰弟子傳皆短簡不繁獨子貢傳榛蕪不倫疑是後人闌入非史本文也

子貢好廢舉

孫侍講曰子貢列言語之科故造爲歷說齊晉吳越事直似儀秦一流人又因論語有貨殖之言故謂其好廢舉轉貨并列之貨殖傳云子贛廢著鬻財最爲饒益班漢仍史是以爲陶朱猗頓一流人子貢聞性道傳一貫與顏曾比奈何以此誣之史通雜說篇困學紀聞七竝糾之矣

常相魯衞

案此事無攷與稱孔子相魯同蓋子貢仕于魯衞也

言偃吳人字子游少孔子四十五歲

案偃說文作㫃旌旗之游也觀其字子游則名當爲㫃今作偃者當改篆爲隸時始因聲借用歟家語作魯人索隱曰吳人是也檀弓稱叔氏四十五歲似當依家語作三十五爲是古人三四兩字皆積畫爲之最易譌誤

卜商字子夏少孔子四十四歲

案鄭云溫國人家語云衞人溫元屬衞也從陳蔡時子夏年十九卽能以文學著奇矣其後年百餘歲爲諸侯師弟子中

之早著而最壽者惟卜子而已

子夏居西河教授

案後書徐防傳注引史云子夏居西河教弟子三百人與今本異索隱曰子夏文學著于四科序詩傳易又孔子以春秋屬商傳禮著在禮志此竝不論空記論語小事亦其疏也

其子死哭之失明

案哭子失明史仍檀弓之妄記說穀梁者遂謂子夏匿聖人之論故喪明見成五年疏夫卜子年百餘歲爲魏文侯師失明之人何以爲師乎故論衡禍虛云子夏喪明曾子責以罪孰攷論之虛妄言也遜志齋集辨檀弓云孔子門人曾子最少曾子之父與師商友名而數之非曾子事傳之者過也其辭倨而慢曾子之言慤而謹

顓孫師陳人

附案鄭注檀弓申祥云太史公傳子張姓顓孫今曰申祥周秦之聲二者相近未聞孰是正義云謂今不知顓是不知申是也余攷此乃氏而非姓父氏顓孫子氏申父子別氏古人多有之不足爲異鄭云陽城人縣固屬陳左傳陳公子完與顓孫奔齊顓孫自齊來奔子張蓋其後故呂氏春秋尊師篇又云子張魯之鄙家也

子張問干祿

附案趙太常佑詩細曰蓋問詩干祿之義見旱麓假樂問卽是學

他日從在陳蔡閒因問行

案孔子戹陳蔡年六十三子張少孔子四十八歲則是時子張才十五歲恐未必從行也又滹南集辨惑曰子張問行孔子語以忠信篤敬此平居所講明史謂因陳蔡之困而發何所據耶

曾參南武城人字子輿

案戰國秦策載兩曾參事西京雜記述之云昔魯有兩曾參南曾參殺人見捕入以告北曾參母則曾子爲北武城人歟南武城爲魯邊邑在今費縣西南魯之北有東武城故云北武城也又白水碑子輿作子與宋本家語亦作與而曾子之名論語檀弓釋文云所金反一七南反或輿或與疑莫能定然似當讀若驂今多依說文讀若森見森字注蓋古通讀耳孝經釋文作曑參所林反與參字又音同義別

孔子以爲能通孝道故授之業作孝經

案史公蓋以孝經爲孔子作故漢藝文志云孝經者孔子爲曾子陳孝道也公羊卷首疏引孝經說云孔子曰春秋屬商孝經屬參孝經序疏謂前賢以爲曾參集錄尋繹再三將未爲得引鉤命決云孔子曰吾志在春秋行在孝經斯則孔子之志行又引劉炫說孔子自作孝經假曾子之言以爲對揚之體非曾子實有問也鄭六藝論孔子作孝經以總會之所言皆與史不殊而困學紀聞七載胡致堂晁氏馮氏說曰首章云仲尼居則非孔子所著矣當是曾子門弟子類而成書疑成于子思之手志在春秋二語亦見何休公羊序

澹臺滅明　少孔子三十九歲

案家語云少四十九歲與史異

狀貌甚惡

附案家語子路初見與弟子解二篇本韓子顯學謂子羽有君子之容故索隱以爲史與家語相反余以留侯世家論證之似史爲近

既已受業退而脩行

案論語滅明未事孔子而已脩行此非也

吾以言取人失之宰予以貌取人失之子羽

案孔子斯言大戴禮五帝德韓子顯學論衡骨相皆有之史公取入留侯世家論及此傳王肅取入家語子路初見及弟子解滹南集論語辨惑曰此好事者因論語而附會之耳夫子一時忿怒之辭非謂平居一信人言遂信其行也天下之人行不副言者多使隨聽而遽信之所失豈特宰予耶至于以貌取人雖愚夫知其不可而謂聖人爲之乎夫子好惡必察毀譽必試賜之辨師之堂堂曾不足以欺之顏子之愚猶必退省其私何獨于宰予子羽而鹵莽如是孫侍御曰家語無吾字蓋泛論取人之道不在言貌史公增一吾字失之矣

宓不齊字子賤少孔子四十九歲

附案集解孔安國曰魯人顏氏家訓書證篇曰張揖云虙今伏羲氏也孟康漢書古文注亦云虙今伏而皇甫謐云伏羲或謂之宓羲諸經史緯候無宓羲之號虙字從虍音呼宓字

從宀音縣下俱爲必末世傳寫遂誤以虙爲宓而帝王世紀因誤更立名耳孔子弟子虙子賤卽虙羲之後俗字亦爲宓或復加山今兗州永昌郡城東門有子賤碑漢世所立云濟南伏生卽子賤之後是知虙之與伏古來通字誤以爲宓較可知矣據顏所辨則子賤之姓久誤爲密故淮南泰族家語弟子解竝作密字但攷史籍中伏字多有作宓者如漢書律厤志藝文志作宓戲百官表人表作宓羲揚雄傳作宓犧而藝文志宓子卽子賤師古皆音伏又韓子難言呂氏春秋具備察賢竝作宓子賤蓋古借宓爲虙之省文不定是誤因宓本音密遂轉誤爲密蜀志秦宓後書方術董扶傳作密晉書李密華陽國志作宓今俗直讀子賤之姓作密音豈不謬乎路史國名紀一云虙不齊禮傳誤作密黃帝後自有密月令明堂位宓戲釋文曰宓音密路史後紀曰伏羲之後有宓氏通志氏族略曰伏亦作宓宓氏伏羲之後後轉爲密異文者其後之人以別族也皆非又攷戰國趙策馮忌稱服子淮南齊俗作宓子道藏本是宓字俗本爲密又知宓與服亦通益可證宓之當讀伏音也子賤淮南道應稱季子文選潘尼贈河陽詩稱虙生至其年數索隱引家語作少孔子四十九歲與史同今所傳毛本家語無九字索隱引史作三十竝誤又各本史記改索隱元文曰家語少孔子三十歲此云四十九不同妄也

此國有賢不齊者五人

附案此言與家語辨政無異說苑政理亦言之而索隱以爲

與家語不同何也
原憲字子思
案檀弓稱仲憲論語稱原思家語云宋人鄭云魯人當以鄭爲信又家語云少孔子三十六歲
公冶長齊人字子長
案釋文引家語長字子張又引范甯云名芝字子長皇侃疏亦引范名芝索隱引家語名萇字子長又引范甯云字子芝所說不同今本家語同史記白水碑云字子之闕中金石記曰以芝爲名非也古芝與之同字又家語本論語孔注作魯人未知孰是年無攷後書靈帝紀董皇后紀靈帝父名萇而河間王開傳作長晉志范陽國長鄉縣魏志作萇鄉蓋萇長古通錢宮詹大昕潛研堂金石文跋尾卷二有魏敬史君碑陰題名以長社爲萇社

南宮括字子容
附案論語作适又稱南容檀弓作南宮縚家語作南宮韜蓋南容有二名括與适縚與韜字之通也自世本誤以南宮縚爲仲孫說于是孔安國注論語康成注禮記陸德明釋文小司馬索隱朱子集注竝因其誤朱子本世族譜以敬叔爲懿子兄亦非毛氏四書賸言曰昭十一年傳泉丘女先生懿子後生敬叔且嫡長以嗣爵襲氏次得更之敬更氏南宮者也且兄伯而弟叔敬叔叔也又集有答柴陛升書云南宮敬叔不是懿子之兄也說本魯語韋注是朱氏彝尊經義考載明夏洪基孔門弟子傳略辨南宮括縚字子容是一人孟僖子之子仲孫說閱古通襄廿五年不說詩作閱南宮敬叔是一人確鑿可從四書賸言曰朱注南容居南宮亦非敬叔居南宮若容則祇是舊姓如南宮毛南宮長萬類也又答柴書云南容乃是南宮适卽南宮縚不是仲孫閱南宮敬叔不然天下豈有一人而數名者乎朱氏又

據漢書人表列南容于上下等列南宮敬叔於中上明其非一人師古以敬叔爲适誤兼引宋馮繼先春秋名號歸一圖仲孫閱卽南宮敬叔而不及括縚爲證固未可混而爲一且敬叔乃公族與家語及王肅論語注稱容爲魯人者大別矣其年無攷集解孔安國曰容魯人
公晳哀字季次
案索隱引家語作公晳剋一本作克而今家語作公析哀蓋公晳氏也古晳晳通寫而析與晳通左傳蛾析鄧析釋文作蛾晳鹽鐵論疾貪作鄧晳隸釋樊敏碑晳爲韓魏俱可互證剋卽克字疑哀之譌文家語季次作季沈以游俠傳徵之則季沈誤已家語云齊人年無攷

曾蒧字晳
案蒧卽點字家語云字子晳此脫子字白水碑作子晳蓋晳晳皆古省文通借但曾點之字當從析下白相承誤从日耳年無攷
顏無繇字路
案家語少無字繇作由字之通也而索隱引家語字路與史同今本皆作季路魯峻壁白水碑竝稱子路疑誤加之家語云少孔子六歲
商瞿魯人
附案楊慎丹鉛錄云世本石室圖作商瞿上宋景文公成都先賢贊以爲蜀人路史及輿地紀瞿上城在雙流此說殊不

足信今雙流縣東有商瞿祠墓疑出後人附會葢孔門弟子無自蜀來者且其時蜀道亦未通師古儒林傳注云商瞿姓也誤以爲複姓

孔子傳易于瞿瞿傳楚人馯臂子弘弘傳江東人矯子庸疵疵傳燕人周子家豎豎傳淳于人光子乘羽羽傳齊人田子莊何

案漢儒林傳瞿受易孔子以授魯橋庇子庸子庸授江東馯臂子弓子弓授燕周醜子家子家授東武孫虞子乘子乘授齊田何子莊（一本作裝誤）不但里居姓名不同傳授亦互異疑史公誤故陸氏釋文孔氏周易正義論竝從漢書爲說

何元朔中以治易爲漢中大夫

案史漢儒林傳皆作元光此朔字誤至漢傳作大中大夫則誤增大字也

高柴字子羔少孔子三十歲

案檀弓上疏引史作子皋左哀十七稱季羔檀弓兩稱子皋一稱季子皋論語釋文引家語作子高（今家語作子羔）魯峻壁作夫子高夫乃季字之剝落也葢羔皋古通用已見檀弓下疏而皋與高又通故禮運皋某復家語問禮篇作高左哀廿一魯人之皋呂氏春秋知化注引作高惠氏補注曰高皋通見釋名（左通曰高其氏故檀弓稱高子皋家語以高與羔皋同音通用遂譌爲子高不可依據葢字與氏不應同也）檀弓上下疏兩引史云鄭人今本無鄭云魏人家語云齊人高氏之別族路史後紀四注云高傒裔孫恭仲柴未知恭仲所本家語作少孔子四十歲與史異（檀弓下注云或氏季恐非季亦其字也）

子羔長不盈五尺

案家語作六尺盈字失避諱

爲費郈宰

案郈字衍

漆彫開字子開

案漆雕氏之名字多有不同漢藝文志及人表作名啟家語作字子若白水碑作字子脩藝文志考證云名啟字子開史避景帝諱也論語注以開爲名閻氏四書釋地三續亦云上開本啟字避景帝諱葢自安國注論語開名流俗本家語開字子若者失之然則子若子脩皆誤耳家語云少孔子十一歲鄭云魯人而家語謂蔡人（宋楊簡先聖大訓以開爲憑亢非）

公伯僚字子周

案僚論語作寮而索隱謂亦作遼古通用字見隸釋楊君石門頌及楊統碑惟索隱引史作繚與今本異豈又以音同借用歟其年無攷然僚有愬子路一事先儒之依史者祇馬融一人其注論語云魯人弟子也朱氏攷力主其說謂未可以一眚掩生平而索隱引古史攷云非弟子之流後賢皆譏之廣韻注亦但稱魯大夫不言是弟子困學紀聞七曰公伯寮非孔子弟子乃季氏之黨致堂胡氏之說當矣家語不列其名氏葢自史記失之至明嘉靖時始罷其配食（見明史禮志）然則史公所見弟子籍詎有竄入耶（朱氏考謂文翁圖有）

司馬耕字子牛

案孔安國注論語云宋人輟耕錄載張孟兼弟子章句作司馬黎耕孔注作司馬犁盍子牛有二名年無攷

樊須字子遲少孔子三十六歲

案鄭云齊人家語云魯人未知孰是又家語作少孔子四十六歲恐誤索隱引史作字遲疑亦脫子字而白水碑分樊須樊遲爲二人謂須字子達遲字子緩單文孤證未知何據關中金石記以爲非是王孝廉曰以論語學稼章證之則作兩人者其誤顯然

有若少孔子十三歲

案家語云魯人字子有索隱曰家語少孔子三十三歲此傳四十二歲（據檀弓上疏二乃三之譌）而今史記作十三家語作三十六雖有舛誤何不同若是觀弟子欲立爲師一事有若之年與孔子當不甚遠十三歲是

孔子既沒弟子思慕有若狀似孔子弟子相與共立爲師

案史通鑒識云遷稱宣尼既殂門人推奉有若其言鄙甚又暗惑云退老西河取疑夫子猶使投杖謝愆何肯公然自欺詐相承奉此兒童所爲得自委巷余謂弟子師有若倘或情事所有李維禎史通評曰羣弟子慕師之切故見其似者而愯然以慕如孔北海見虎賁中郎將便與蔡邕對面一般斯評頗近理然所謂似者非狀似也困學紀聞七曰此太史公采雜說之謬孟子有若似聖人朱子云蓋其言行氣象有似之者如檀弓有若言似夫子之類豈貌之似哉容齋隨筆曰門人所傳者道也豈應以狀貌之似而師之乎日知錄十四曰孟子不曰有若似孔子而曰有若似聖人史乃云有若狀似孔子謬甚

他日弟子進問曰昔夫子當行使弟子持雨具

案問雨具事此云弟子而家語作巫馬施論衡明雩作子路皆因事屬無稽故言各不同耳（子路先孔子卒論衡九妄記）

有若默然無以應弟子起曰有子避之此非子之座也

案賢如有若必不僭居師座弟子亦必不因不答所問卽令避座古史曰月宿畢而雨不應商瞿四十而生五子此卜祝之事鄙儒所以謂孔子聖人者戰國雜說類此多矣困學紀聞十一云宋景文公曰此鄒魯閒野人語耳觀孟子書則始嘗謀之後弗克舉安有撤座之論容齋隨筆曰此兩事近于星歷卜祝之學何足以爲聖人而孔子言之有若不能知何所加損而弟子遽以是斥退之乎孟子稱子夏子游子張以有若似聖人欲以所事孔子事之曾子不可未嘗深詆也論語記有子之言爲第二章在曾子前檀弓載子游曰有子之言似夫子其爲門弟子所敬久矣太史公之書于是爲失

公西赤字子華

案鄭云魯人

巫馬施字子旗

案家語作字子期此作旗者說文施旗也故齊欒施字子旗而期與旗古通左昭十三令尹子旗楚語下作子期定四傳

子期呂覽高義注作子旗戰國秦策中期推琴史魏世家作
中旗皆其諭也又鄭以施爲魯人家語云陳人
梁鱣字叔魚少孔子二十九歲
案集解鱣一作鯉曾峻壁白水碑作字子魚又家語云少孔
子三十九歲均疑莫能定也家語云齊人元伊世珍瑯嬛記引賈子說林云鱣母秦氏大雨中見火光自天降中躍一物赤色形若鱣飛入室中郎不見是夜生鱣故名
顏幸字子栁少孔子四十六歲
案索隱曰家語字栁禮記有顏栁或此人但攷毛本家語作
顏幸字子栁宋本作辛宋史禮志亦作辛白水碑作幸疑幸
字誤至宋潛說友咸湻臨安志作韋恐亦以形近致譌而唐
志通典通考俱作顏栁蓋從檀弓人表誤以字爲名也若白

水碑云字子炉恐非字書無炉字又索隱引家語云少孔子
三十六歲而今本家語與史同未知孰是鄭云魯人
冉孺字子魯
案集解云魯一作曾攷索隱引家語字子魯魯人作冉儒而
今所見家語作孺字子魚唐志通考眞宗詔並作儒白水碑
作冉儒字子曾疑孺爲儒之譌而魚與曾爲魯之譌也
曹䘏字子循
案史與家語不著曹子何地人朱氏弟子攷闕里文獻攷據
宋封上蔡侯定爲蔡人未知確否
伯虔字子析
案索隱引史作子析又曰家語作伯處字子晳正義引家語

作子晳攷今家語伯虔字揩與索隱正義所說又別古史作
子析白水碑作子哲余謂伯子實名虔宜字子析析其變文
也古木旁與手旁通用文選謝惠連西陵遇風詩今宿浙江湄注謂即浙江哲晳二字
因與析同音通借白水碑書十晳爲十折處與揩乃譌耳朱氏攷云史
記家語不著何地人咸湻臨安志云魯人宋思陵贊曰有虔
子析全魯之彥當必有所本紹興二十六年高宗御製七十二子贊幷書今石刻存
公孫龍字子石
案索隱曰家語或作寵又云礱案字子石則礱或非謬攷寵
龍古通而各處無作礱者疑相承譌脫抑省文通借白水碑
作公孫龍石矣鄭云楚人家語作衛人唐宋封爵從鄭氏王
索隱正義以趙人談堅白者當之則誤甚趙公孫龍在平原

君門與子思元孫孔穿同時安得以爲孔子弟子葢自以公
孫礱爲公孫龍致有李代桃僵之說耳
自子石已右三十五人顯有年名及受業聞見於書傳其四十
二人無年及不見書傳者紀于左
案三十五人中無年者十二人不見書傳者五人而四十二
人中有年及見書傳者若顏驕公良儒秦商申棖叔仲會五
人史公疏也
冉季字子產
案索隱引家語云字產今本與史同唐志作冉季產闕里文
獻攷云或作子達鄭云魯人
公祖句茲字子之

案家語無句字白水碑作公祖句字茲之朱氏攷及闕里攷俱云魯人

秦祖字子南

案索隱本無子字鄭云秦人

漆雕哆字子斂

案唐志作漆雕斂魯峻壁作求子斂洪氏曰求字是桼字之省文鄭云魯人

顏高字子驕

案顏子之名字索隱引家語名產通典字子精孔子世家漢書人表及今家語竝作顏刻包咸論語注及莊子秋水釋文竝作剋論語釋文又云或作亥蓋剋刻古通亥即刻字脫其半名產字子精或顏名字有二亦未可知而此所書名高似誤左傳定八年陽州之役有顏高弓六鈞傳觀之顏氏家訓誡兵云春秋之世顏高顏鳴顏羽之徒皆一鬬夫耳顏氏爲魯望族不應同族同名一時有二高自史誤以刻爲高王厚齋遂謂陽州之顏高即弟子顏驕故困學紀聞六云古者文武同方冉有用矛樊遲爲右有若與微虎之宵攻則顏高以挽強名無足怪此說殊謬家語謂少孔子五十歲是生于定九年其非定八年斃陽州之顏高明甚而經史問答六謂陽州是別一顏高亦非也又史正義云孔子在衛南子招夫子爲次乘顏高爲御蓋本于家語而改刻爲高耳然家語少五十歲之言亦不可信孔子過匡在定十四年倘少五十其時纔六齡安能爲師御車乎又攷孔子世家顏刻爲僕在過匡時若爲南子次乘則未嘗及刻王肅妄以刻之爲御過匡攝合于在衛爲次乘之僕張守節誤據之

漆雕徒父

案索隱引家語字固今家語名從字子文白水碑作漆雕期宋高宗贊作字子期闕里攷云或字子有或作子友未審孰是蓋魯人也

壤駟赤字子徒

案索隱本無子字而引家語作子徒則今家語作穰（與壤駟同）赤字子從者誤也鄭云秦人廣韻壤駟複姓

商澤

案索隱本作石高澤引家語字季集解引家語作子季而名處無作石高澤者今家語作字子秀莫定孰是朱氏攷云魯人

石作蜀字子明

案石作複姓見廣韻及通志闕里攷謂古本家語作石之蜀非也索隱本無子字又云家語同而今本竝作子明（今家語譌石爲右）未詳何地人宋高宗贊秦人

任不齊字選

案家語作子選鄭云楚人

公良孺字子正

案索隱云家語作良儒鄒誕本作公襄儒（宋眞宗孔廟碑孺字子幼魯人）公

襄爲公良之譌公良複姓今家語與史同鄭云陳人

后處字子里

案索隱本及家語無子字今家語作石處朱氏攷以石爲誤鄭云齊人（宋本家語及張孟兼作里之）

秦冉字開

案通攷眞宗詔作秦甯白水碑作秦竂疑莫能定又通典作子開未詳何地人宋高宗贊蔡人

公夏首字乘

案索隱謂家語同而今家語作公夏守字子乘疑首字誤乃唐宋志並作首通典作守通攷於唐之封作守宋之封作首豈古以音同借用耶鄭云魯人

奚容箴字子晳

案索隱謂家語同今家語作奚箴字子楷攷奚容複姓今家語脫容字箴乃蒧之譌卽點字宋史咸湻詔作奚容點是已而所以譌爲箴者因蒧通作𪓊（音纖）遂省借用之說文言古人名𪓊字晳可證（古史今亦云字晳）楷字之誤猶伯子折之譌指也奚容子與曾子父同名字正義云衞人闕里攷云魯人

公堅定字子中

案索隱引史記家語作公肩定字中（通典引史亦作肩）與今本別葢堅字誤已今家語作公賓字子仲通志作公齊定並誤公肩複姓也鄭云魯人集解或曰晉人闕里攷或曰衞人余謂禮記魯有公肩假鄭注是

顏祖字襄

案家語作顏相字子襄未知孰是正義曰魯人

鄡單字子家

案徐廣曰一云鄔單葢鄔字誤以邑爲氏疑是晉人家語所謂縣亶字子象者縣爲鄡之譌卽鄡字單亶古通（索隱引家語作縣豐）（廣韻注作懸亶父並非）而家乃象之譌曾峻壁作子象也困學紀聞七謂唐宋封爵皆不及因疑檀弓之縣子爲亶大謬縣子自名瑣豈可混而一之唐贈單銅鞮伯宋贈聊城侯何云未及緣不知鄡單之卽縣亶故耳何孟春遂欲請贈縣亶爵號列諸從祀說在餘冬敘錄而朱氏攷依廣韻注以縣亶父次爲孔子門人皆未細覈也

句井疆

案句子之名廣韻通志無井字闕里攷謂字子界或云闕里舊志字子野山東志字子孟恐皆不可信鄭云衞人

罕父黑字子索

案索隱引家語作罕父黑字索而今家語作宰父黑字子索罕乃宰之譌廣韻父字注作宰父也明瞿九思孔廟禮樂攷曰宰父出魯郡爲複姓通志萬姓譜皆無罕父氏古人多以官爲氏宰父卽宰氏右宰氏之類史記誤

秦商字子丕

案商卽左傳秦堇父之子丕茲也釋文云一本作秦不茲泰秦字相似而譌丕與不同索隱引家語作丕慈正義引作丕

茲而今家語作不慈古亦通用春秋僖四年五年公孫茲廿三年宋公茲父公羊俱作慈可證史記誤倒其文而譌茲爲子耳鄭云楚人家語云魯人言魯者是又家語云少孔子四歲朱氏攷曰高郵夏氏弟子記略及闕里廣志皆云商少孔子四十歲然秦子父堇父偪陽之役與叔梁紇俱以力聞宜與孔子生年相近今據家語舊聞暨史記索隱蘇氏古史正之

申黨字周

案申子之名史作黨索隱本作堂引家語作繚而今家語作續論語釋文邢疏引史作棠引鄭康成注及家語作續困學紀聞七引家語作續朱氏攷引禮殿圖作儻（與黨同）而實即論語之申棖也攷古庚陽合韻棖從長得聲故棖棠堂三字通用詩鄘風俟我乎堂箋云堂當爲棖隸續王政碑申棠之欲（文選魯靈光殿賦注棠或作棖與棠堂字形亦近）左定五傳堂谿氏吳越春秋二劉晝新論慎言廣韻注並作棠昭二十傳棠君尚廣韻注引風俗通作堂他若史漢表陳嬰封堂邑侯列女傳作棠漢書王子表堂鄉侯恢乃郡國志即墨之棠鄉後書鄧晨小子棠水經沔水注作堂隸釋魯峻碑棠棠忠惠（洪氏云棠作棠隸他碑亦有之）隸辨云嚴訢碑棠棠容額均足爲驗而棠儻兩字乃傳寫之譌（困學紀聞以黨爲傳寫誤）蓋申子有棖續二名續通作績左昭元年遠績禹功文選三國名臣序及五等論注俱引作遠續穀梁成五傳伯尊無績釋文本或作續晉書天文志馬續作馬績隸釋李翕郙閣頌以厥績爲厥續可以取證而繚續兩字亦傳寫譌耳（盧學士文弨論語釋文攷證云說文以賡爲古續字是續即賡與棖聲相近此又一說亦通）又論語釋文邢疏及索隱皆引家語字周則今家語作子周是妄增爲雙字白水碑咸淳臨安志作子續則因名續而誤也自申子名字相傳參錯白水碑唐宋封爵遂列申棠申棖爲二人何異白水碑之分樊遲樊須琴牢琴張（唐追封亦二琴並列也）而朱氏主二人之說以爲有舉莫廢不知鄭注以申棖爲申續必非無據是以陸德明王應麟以及何孟春夏洪基皆從之尚何疑哉閻氏尚書疏證八曰程篁墩（名敏政明弘治初元上疏議孔子廟廷祀典）以申棖即申黨宜存棖去黨以合論語蘧伯玉改祀于鄉最爲論之持平無庸更議（嘉靖九年始除祀）論語注包曰魯人

顏之僕字叔

案家語及白水碑作子叔鄭云魯人

榮旂字子祺

案索隱本直作榮子祺引家語云榮祈字子顏今家語作榮祈字子祺蓋旂爲祈之誤而祺之爲顏或亦傳寫譌耳闕里攷引家語作榮祁古史作榮析通典通考作子期（真宗詔作榮期）唐志作榮子旗並誤朱氏攷云魯人

縣成字子祺

案通志氏族略三引風俗通作縣成父索隱引家語作子謀今家語作子橫魯峻壁作子期白水碑作子旗似謀字是也鄭云魯人

左人郢字行

案索隱謂家語與史同則今家語作左郢字子行誤也廣韻注通志言左人複姓出魯郡故鄭云魯人魯峻壁作左子行誤

燕伋字思

案索隱本作字恩謂家語同而今家語字子思葢恩爲譌寫此又缺子字也白水碑是子思闕里攷曰魯人宋高宗贊秦人

鄭國字子徒

案索隱引家語云字徒則今本作子從誤猶壤駟子徒之譌子從也當作子徒非單字　惟家語以鄭國爲辥邦索隱云作國者避高祖諱辥鄭字誤夫改邦作國禮所宜然而鄭辥二姓莫知誰誤索隱殊欠分明以白水碑及右史證之似辥爲誤白水碑作鄭虎從又未識何據而瞿九思曰史易邦爲國又以辥國音近不便讀復展轉更易遂至移邦字右旁于姓而易辥爲鄭則又似鄭爲誤俟攷至朱氏依張孟兼章句以爲兩人恐難信朱云魯人

秦非字子之

案鄭云魯人

施之常字子恆

案恆何以不諱唐志通典無之字白水碑作施常思豈又單字思乎朱氏攷云魯人

顏噲字子聲

案白水碑作會鄭云魯人

步叔乘字子車

案白水碑作款乘字子季未知何據但諸書竝從史作步叔氏誤也廣韻注作少叔氏有太叔仲叔卽有少叔朱氏辨之矣鄭云齊人

原亢籍

案文當云字籍史脫之索隱引家語與史同而今家語作原抗字子籍朱氏攷引家語作忼正義亢又作完仁勇反竝誤也原子必原思之族當是魯人

樂欬字子聲

案索隱云家語同而通典作樂顏朱氏疑卽左傳定十二年之樂頎豈三名皆誤歟再攷正義曰魯人

廉絜字庸

案索隱本作子庸今家語作子曹譌也鄭云衛人

叔仲會字子期

案白水碑稱款仲會與少叔乘之稱款乘同不得其解魯峻壁作字子其古通用隸續武梁畫象以樊於期爲於其可證鄭云晉人家語魯人據其孺子時執筆侍孔子則魯人爲信也又索隱引家語云少孔子五十四歲而今本作少四十未知孰是

顏何字冉

案顏氏家訓誡兵篇稱仲尼門徒七十二顏氏居八蓋據史

傳言之也（此外有顏濁鄒顏涿聚又有顏子思則不止八顏矣）索隱謂史記與家語皆七十七人而今家語止七十六細校少顏何一人然索隱于顏何下引家語云字稱方悟是今本之缺而又以知顏何字稱不字冉史記傳寫脱其半白水碑亦誤作冉也鄭云魯人

狄黑字晳

案家語字晳之衞人白水碑狄作炉（音義未詳）宋史志咸淳詔黑作墨不但其字之單雙不同卽姓名亦異疑莫能明也

邽巽字子斂

案索隱本作邦巽又云家語巽作選字子斂文翁圖作國選蓋避漢諱改劉氏作邽巽音圭所見各異因攷今家語與今史傳同白水碑作邽巽字子欽通典通攷宋史志竝作邽巽疑欽爲斂之譌選爲巽之譌邦及國爲邽之譌蓋巽與斂字義協也後人傳寫以邽與邦字相近而易邽爲邦又或取邦與國義相當而轉邦爲國均未可知索隱不足全信瞿九思反欲更邽巽爲邦選未免一孔之見鄭云魯人

孔忠

案索隱引家語云忠字子蔑孔子兄之子也古史作孔弗通攷作孔忠竝誤

公西輿如字子上

案索隱謂史與家語同而今家語作公西與白水碑同唐志通典作與如通攷作𦐍如古史作公西輿當以輿如爲定古與輿二字每以形近而誤如汝南縣平輿王翦傳譌平與左傳襄二年正輿子十年伯輿三十一展輿釋文又作與成十一伯與昭十四庚與釋文亦作輿也朱氏攷云齊人闕里攷云魯人以公西華證之則魯人是（曾子之字亦不同）

公西葴字子上

案葴乃蒧之譌宋史志咸淳詔作點也索隱通攷誤作箴毛本家語誤作減唐志誤作藏家語字子尚與上同詩上愼旃哉可證鄭云魯人

釣之未覩厥容貌　余以弟子名姓文字悉取論語弟子問滹南集辨惑曰論人者亦據其行事而已豈必容貌之覩且遷所引雜說鄙事有不足信矣又豈皆論語之所載也

史記志疑卷二十八終　　巴陵方大森番禺黎永椿沈寶樞校字

史記志疑卷二十九

仁和梁玉繩撰

商君列傳第八

事魏相公叔座

附案索隱座音在戈反魏策及呂氏春秋長見作痤蓋古通用春秋襄廿六年宋世子痤穀梁作座魏策魏世家范痤漢書人表作座六國表赧王三年楚景座韓世家徐廣作痤隸釋孟郁脩堯廟碑跋云广之類多從疒也

爲中庶子

案國策及呂子長見篇皆云御庶子

吾說公以帝道　吾說公以王道

滹南集辨惑曰皇降而帝帝降而王名號之異耳堯舜揖讓湯武征誅世變之殊耳若夫其道則未嘗不一而商鞅乃謂初以帝道再以王道魏徵亦云行帝道而帝行王道而王鄭厚又云王道偏而帝德銷皆淺陋之見也

且夫有高人之行者固見非于世有獨知之慮者必見敖于民

附案索隱本引商君書謂非作負敖作驁（各本史記中索隱作訾非）而今本商子作必見非于世因見毀于民與索隱所引不同攷後漢書馮衍傳引此又云有高人之行負非于世有獨見之慮見贅于人李賢注曰語見史記商君傳贅猶惡也史記贅作疑又與今本史記不同（新序善謀作見贅）

以衛鞅爲左庶長

案紀以鞅爲左庶長在變法後當孝公五年此在變法前則是孝公三年矣恐非

各以率受上爵

附案史詮曰湖本率（音律）作卒誤

將兵圍魏安邑降之

案安邑字誤當作固陽說在秦紀

作爲築冀闕宮庭於咸陽

董份曰既云作爲又云築何也恐有衍字王孝廉曰疑是築冀闕作爲宮庭於咸陽

天子致胙于孝公

案紀表胙當作伯

乃使使割河西之地獻于秦以和

案魏惠王獻河西在後說在始皇紀論中

商君相秦十年

案十年誤鞅以孝公元年入秦三年變法五年爲左庶長十年爲大良造廿二年封商君廿四年孝公卒鞅死則十年以何者爲始索隱引秦策作十八年亦不合（今本國策脫十字）疑當作二十年自爲左庶長數之也

夫五羖大夫荆之鄙人也

案孟子曰百里奚虞人非荆人正義謂宛人亦非

自粥于秦客

案自粥之妄已說在秦紀

相秦六七年而東伐鄭三置晉國之君一救荆國之禍
案奚之爲相未知的在秦穆何年然以伐鄭楚三置晉君言之則首尾已二十年何云六七年也救謂救晉

持矛而操闟戟者
附案徐廣云一作殳屈盧之勁矛干將之雄戟與文選吳都賦注引史同葢異本也

去之魏魏人怨其欺公子卬而破魏師弗受
附案呂氏春秋無義篇云秦惠王疑公孫鞅欲加罪鞅以其私屬與母歸魏襄疵不受襄疵今本作疵古广疒多通竹書顯王廿五年有穰疵疑即此人竹書一本作庇一本作疵恐皆譌別有說在十二矦表莊王八年及建元矦表順梁矦下曰以君之反公子卬也注惠王殺鞅車裂之何得以其私屬與母歸魏而不見受乎公子卬家何不取而殺之推此言之復歸魏妄矣孫侍御曰合呂子史記觀之葢實有走魏事呂氏去商君時近似非妄也

蘇秦列傳第九

出游數歲大困而歸兄弟嫂妹妻妾竊皆笑之
案國策此語在說秦王之後史置於說秦王前誤也

求說周顯王
案周室微弱何可爲藉策亦無秦說周事恐妄

西有漢中南有巴蜀
案國策西有巴蜀漢中之利南有巫山黔中之限此殆非也而是時諸郡未屬秦不知蘇子何以稱焉

趙肅矦令其弟成爲相號奉陽君
案公子成封安平君明載趙世家成竝不封奉陽奉陽君是李兌李兌之前趙先有奉陽君失其姓名國策吳注辨之頗詳自史公誤以成爲奉陽君則成逮事惠文蘇秦當肅矦之世安得言奉陽君捐館舍乎且蘇秦死張儀說武靈王武靈亦云先王之時奉陽君蔽欺先王又安得言奉陽君死蘇秦乃說肅矦乎古史覺其說之不通故敘蘇秦說趙一節削去捐館之語大事記從之而不知奉陽之非公子成也李兌亦非卒於肅矦時其所謂奉陽君吳注以爲別一人甚確號同人異非可強合六國時封號多重如蘇秦封武安君後又有李牧是其類也荀子臣道篇注引後語國策辨公子成非奉陽君較古史爲有識而不知蘇秦所値者別一奉陽君耳

車六百乘騎六千匹粟支數年
案國策作車七百乘支粟二年而二字譌索隱引作十年

請別白黑
案趙策曰請屏左右白言

封矦貴戚湯武之所以放弑而爭也
吳師道曰此非所以言湯武葢游士之辭

據衞取淇卷
案策無卷字疑衍

趙地方二千餘里
案策作三千里

臣聞堯無三夫之分舜無咫尺之地以有天下禹無百人之聚以王諸侯

路史後紀十一注曰堯發于諸侯而蘇秦云堯無三夫之分舜無咫尺之地禹無百人之聚淮南子云堯無百夫之郭舜無植錐之地淮南氾論百夫作百戶植作置禹無十人之眾作文者之常蔽史注趙策曰此説士無據之詞且舜本帝後有國于虞其側微特在下爾禹乃崇伯鯀子亦有國土者枚乘書舜無立錐之地禹無十戶之聚李善注引韓子皆此類見韓子安危篇

湯武之士不過三千

案下文武王卒三千人竝非説在周紀

前有樓闕軒轅

日知錄廿七曰當作軒縣周禮小胥正樂縣之位王宮縣諸侯軒縣注謂闕其南面

魏塞其道趙涉河博關

案國策云魏塞午道趙涉河漳博關此有脫誤

齊涉清河

案策作渤海

取魏之雕陰

案秦魏雕陰之戰在蘇子約從後五年當秦惠王之八年此敘于約從前甚誤

于是說韓宣惠王

案惠字衍説見表此篇韓策置于昭侯時是也鮑注云合在昭侯二十五年宣之元年從已解矣

合膊

附案此韓寶劍名策作合伯故徐云一作伯索隱引春秋後語作合相疑相乃柏之譌柏伯古通

寍爲雞口無爲牛後

附案顏氏家訓書證謂當作雞尸牛從引延篤國策注云尸雞中主從牛子索隱及宋羅願爾雅翼釋猳沈括筆談竝言之然非也餘冬敘錄云口後韻叶如寍爲秋霜毋爲檻羊之類古語自如此

新都

案魏策無此二字是也

周書曰緜緜不絕蔓蔓奈何毫釐不伐將用斧柯

附案此見周書和寤解武王之言也而姜子守土賈子審微說苑敬慎家語觀周皆與策史小異是爲金人之銘路史後紀據金匱謂黃帝所作也

郇陽

索隱曰當是新陽聲近字變耳汝南有新陽徐云順陽益疏

患至其後憂之

案策作而後是

擬於王者

附案索隱本作疑

秦兵不敢窺函谷關十五年

案蘇子初說燕從約至齊魏伐趙而從約解首尾止三年耳安得十五年不窺函谷哉通鑑攷異及古史謂說客浮語誇大蘇秦而云爾張儀范雎傳亦有此語竝妄也（秦策蘇子言齊宣王攻函谷秦十年遠迹又言秦昭王解兵不出二十九年不相攻其妄政類）

不肯爲武王臣不受封矦而餓死首陽山下

案伯夷餓死辨在夷傳

說湣王厚葬以明孝

案張儀傳說楚王曰蘇秦陰與燕王謀伐破齊而分其地乃詳有罪出走入齊齊王因受而相之居二年而覺齊王大怒車裂蘇秦于市游說之言雖未可盡信然徐廣謂蘇秦爲齊客卿在燕易王之十年時而儀傳云居二年秦死則其死在易王末年當齊宣王廿二年周顯王四十八年（張儀于周慎靚王四年說魏有特蘇秦之餘謀不可成語則知秦死久矣而大事記反據此以爲秦死于愼靚四年殊非蓋誤後四年也）安得有說湣王厚葬之事乎

蘇秦且死

案秦死齊宣王時史誤減宣十年以加湣王故以爲死湣王時爾攷策有云蘇秦死而齊宣王復用蘇代史公取入燕世家此秦不死湣王時之的據而加減宣湣年數之誤亦因可證矣

蘇秦之弟曰代代弟蘇厲

案史詮言兄弟三人蓋稱其顯名者耳索隱引譙周及典略以爲兄弟五人更有蘇辟蘇鵠秦最少據秦策蘇秦有嫂而呼爲季子上文一則曰兄弟嫂妹一則曰昆弟妻嫂似秦居第四乃燕策及史又以代厲爲秦弟何也

代乃求見燕王欲襲故事

案此誤仍燕策以爲代說子噲耳代爲燕閒齊以報讎非子噲時明甚且其言曰齊舉五千乘之大宋包十二諸矦又曰彼德燕而輕亡宋夫齊之滅宋在齊湣廿八年當燕昭廿六年而包十二諸矦即田完世家所書泗上諸矦鄒魯之君皆稱臣者則代之說燕更在齊滅宋之後尚安得子噲耶正義及國策吳注俱言策史同誤大事記云策載蘇代說燕誤以爲噲使噲能有志如是豈至覆國論其世攷其事皆說燕昭之辭也

北與燕人戰覆三軍得二將

案此齊與燕戰事無攷鮑注策云史竝不書

燕乃使一子質于齊

案燕策作燕王之弟質齊疑此誤也蓋代之說燕必燕昭時事此質子應是王噲之子昭王之弟

而蘇厲因燕質子而求見齊王

案燕策此另一事故曰初蘇秦弟厲因燕質子而求見齊王史誤連接爲一遂若厲所因之質子即代所說之質子矣

齊伐宋宋急蘇代乃遺燕昭王書

案上文說魏事在齊滅宋後故曰請以宋封涇陽君而此復言宋急何也書中所言是齊滅宋後勸燕尊齊擯秦而說秦

以伐齊非將伐宋時事策史俱誤矣且上文齊說魏出蘇代
蘇代之宋在王噲策而此齊伐宋一章在昭王策時既不同
文亦各篇史采國策連接其下九爲失之吳師道云代爲燕
間齊勸之伐宋見于策者可攷史在田完世家是宋未滅時代已至
燕豈至此時尚留宋而爲之說燕哉

夫破宋句殘楚淮北句肥大齊
附案史詮曰湖本句讀非也

我舉安邑塞女戟韓氏太原卷
索隱曰女戟在太行山之西韓氏韓國宜陽也魏地不至太
原亦無別名太原者蓋太衍字原當爲京京及卷皆屬滎陽
正義曰劉伯莊云太原當爲太行

我下軹道
附案索隱曰軹是河内縣道亦衍字徐廣引霸陵軹道亭非
魏之境蓋誤趙太常云道字不必衍當屬南陽封冀爲句余
攷竹書顯王十一年魏取軹道則河内軹亦稱軹道也

致藺石
燕策吳注曰據文石上恐有離字

至公子延
索隱曰至當爲質

兵傷於譙石遇敗於陽馬
附案譙石陽馬趙之地名策作離石馬陵疑誤

高商之戰
集解曰此戰事不見

張儀列傳第十

張儀既相秦
案儀爲相在惠王十年是時初用于秦非相也此誤

苴蜀相攻擊
案伐蜀在惠王後九年此誤在前十年之前又索隱言巴誤
作苴非

塞斜谷之口
附案索隱本作什谷是湖本譌斜谷策作轘轅緱氏之口語
雖不同其地相近一在河南鞏縣一在緱氏縣東南轘轅關
也通鑑地理通釋曰郡國志鞏縣有尋谷水徐廣云什一作
尋成皋鞏縣有尋口尋什聲近故其名異水經注謂之洛汭

郡縣志謂之洛口新序善謀亦作什谷

貶蜀王更號爲侯
案此語本國策攷紀表及華陽志皆云王死蜀滅無貶號之
事當是因封公子通爲蜀侯而誤

使公子華
案六國表華作桑說在表

魏因入上郡少梁謝秦惠王
案紀表及魏世家是年入上郡于秦無少梁二字魏之少梁
已于秦孝公八年取之矣此時尚安得少梁乎與表言秦惠
八年魏入少梁同誤

更名少梁曰夏陽
案秦紀更名在惠王十一年此在十年非
取陝築上郡塞共後二年使與齊楚之相會齧桑
案紀表及魏與田完世家齧桑之會在取陝之明年此云後二年誤又但舉齊楚而不及魏說在紀中
而魏襄王卒哀王立
案襄當作惠哀當作襄已說見表下哀王同
齊又來敗魏於觀津
案當作觀澤說在表
先敗韓申差軍
案但言申差而不言太子奐又不及鯫說在秦紀

從鄭至梁二百餘里
案策作從鄭至梁不過百里從陳至梁二百餘里此有脫誤通鑑地理通釋曰九域志鄭州至東京一百四十里陳州至東京二百四十五里
守亭鄣者不下十萬
案策云守亭鄣者參列粟糧漕庾不下十萬此亦脫缺
據卷衍酸棗
附案國策衍下有燕正義亦有故云燕滑州胙城縣蓋傳寫失之
借宋之符北罵齊王
案此語可疑罵齊何必用符而楚自有符亦何必借宋符乎

秦齊共攻楚
附案此仍秦策各處不言齊共攻也大事記曰蓋齊怨楚而助秦耳
于是楚割兩城以與秦平
案藍田之戰各處皆無割城事恐非實
秦要楚欲得黔中地
案楚世家屈原傳言分漢中說在世家
秦王甚愛張儀而不欲出之
案索隱言不字當作必是也策作秦王欲出之正義解爲秦王不欲出張儀使楚非
以美人聘楚

案策云秦王有愛女而美欲內之楚王
楚王重地尊秦
案此乃靳尚對鄭袖語不應稱楚王下文張儀說懷王述漢中之戰亦曰楚王大怒蓋史公仍國策未及改之吳師道謂後人追書非徐孚遠曰當言大王言楚王誤
聞蘇秦死
案此時爲懷王十八年秦之死已十年矣豈儀至是始聞之乎矣也四字宜衍
則從境以東
案策作竟陵此誤
大王嘗與吳人戰五戰而三勝

徐孚遠曰懷王時吳屬楚久矣安得與吳人五戰此言誤

且夫秦之所以不出兵函谷十五年以攻齊趙者

案斯語最不足信下說趙王語同妄辨在蘇秦傳此獨言不攻齊趙策作諸侯亦不盡然吳師道曰前二年五年六年皆有攻趙之事而攻齊則無之若云不攻齊則猶可通也

戰于藍田

案國策田下有又卻二字此缺

居二年而覺齊王大怒車裂蘇秦于市

案秦傳爲燕倣齊之計覺于死後而秦爲人所刺設計得賊豈因謀齊事覺而車裂乎吳師道謂儀借事爲說破從親也下說趙同

地不過九百里

案蘇秦傳曰韓地方九百餘里策作千里而此云不過九百策作不滿九百史仍游士之言故不同也

蹄閒三尋

案策作二尋

今秦之與齊也

鄧以讚曰秦策作趙是

秦趙戰于河漳之上再戰而趙再勝秦戰于番吾之下再戰又勝秦

案上文有齊與魯三戰而魯三勝事史無所見吳師道以爲取譬之說或當然也而此兩戰史亦不書史仍國策疑有譌但趙卻秦番吾實有其事在王遷四年豈作策者誤以後事爲前事歟

今秦楚嫁女娶婦

案秦迎楚婦時儀死五年矣亦在後

韓獻宜陽

案韓策亦有效宜陽語其實秦取宜陽之時儀死四年矣

趙入朝澠池割河閒以事秦

案國策鮑注云據此則說趙當在齊前但余攷後文說燕亦有斯語而朝黽池時無割河閒事且黽池之會儀死三十年矣葢史載儀說列國皆本于策多不可信經史問答云秦所取六國之地韓魏最先次之者楚其後及趙然所取必其爲

秦之界上今策言張儀一出趙以河閒爲獻燕以常山之尾五城爲獻齊以魚鹽之地三百里爲獻此傳皆有見後非不識地理之言乎河閒常山秦亦何從得而有之況齊人海右魚鹽之地乎以秦之察豈受此愚又累言文信侯欲取趙河閒以廣其封文信封河南當在韓周之交何從得通道於河閒吾不知作策者何以東西南北之不諳而爲此謬語也

包兩周遷九鼎

案此不過大言之爾收取兩周非惠王遷鼎亦無其事

趙興兵攻燕再圍燕都而劫大王大王割十城以謝

案此事策史皆不書

獻恆山之尾五城

案恆字何以不諱
張儀相魏一歲
案儀特自秦入魏耳未必復相魏也蓋因楚昭魚有恐儀相
魏之語而誤見魏世家至魏策載儀走魏魏王因張丑之言不內
與史駁疑非此時事
而使陳軫使于秦
案史與魏策各異史公或別有所本此言軫爲楚使秦策言
爲秦使齊疑是策誤此言田需約楚策言李從此言楚王怒
田需不聽約故云犀首行燕趙齊三國相事策言楚亦以事
因犀首故云四國屬事其餘字句亦多不同未知孰實

韓魏相攻朞年不解
案秦策是齊楚相伐因楚先絕齊故齊伐之也而此作韓魏
誤吳氏注曰秦惠十三年韓舉趙護與魏戰敗績去楚絕齊
時遠甚他不見韓魏相攻事
王聞夫越人莊舃乎
案此篇與策亦異
卞莊子
附案此與論語合但秦策作管莊子豈莊子爲卞邑大夫而
其姓爲管乎索隱本作館謂逆旅舍其人字莊子疑因所見
本異而謬爲之說也
館豎子止之
案策作管與

因委之犀首以爲功果相魏張儀去
大事記曰傳稱衍相魏儀去則不然以儀傳攷之儀慙無以
歸報留魏四歲而魏王卒復說其嗣君久之始去魏相秦耳
犀首聞張儀復相秦害之犀首乃謂義渠君曰
案儀復相秦在惠文後八年而此篇下文有其後五國伐秦
語當作六國說在秦紀伐秦在惠文後七年儀尚在魏則犀首見義渠
時儀未復相也此誤
大敗秦人李伯之下
附案索隱本人作入謂義渠破秦而收軍入于李伯之下恐
非國策伯作帛古通
張儀已卒之後犀首入相秦嘗佩五國之相印爲約長

案繼張儀而爲秦相者樗里疾甘茂辥文樓緩魏冉不聞公
孫衍相秦之事攷國策秦王愛公孫衍欲以爲相甘茂入賀
王怒其泄而逐之蓋因此誤傳至所謂相五國者卽陳軫傳
相三國事而夸大也
樗里甘茂列傳第十一
秦惠王八年爵樗里子右更使將而伐曲沃
案秦紀屢稱庶長疾似未嘗爲右更八年當作二十四年乃
後元十一年此誤也而曲沃亦焦之誤說在表
莊豹
案一作趙莊說在秦紀
智伯之伐仇猶遺之廣車

案西周策云遺之大鐘載以廣車此有脫誤韓子說林呂覽權勳皆載其事也策作厹由呂作夙當作瓜繇高誘注或作仇首蓋猶省作酋韓作仇由漢志臨淮有厹由縣御覽三百四引呂作仇繇

說文繫傳口部引呂又作厹猶譌爲首也

齊桓公伐蔡號曰誅楚其實襲蔡

案因蔡伐楚戰國時之說也辨見管仲傳

昭王元年樗里子將伐蒲

案此篇見衛策索隱引紀年云樗里疾圍蒲不克而秦惠王薨以爲事與此合殊妄或謂惠王是武王之誤則事又在武四年非昭元年矣

今伐蒲入于魏衛必折而從之

案策作蒲入于魏衛必折于魏與此同一費解疑有脫誤索隱引策云今蒲入于秦衛必折而入于魏吳注亦言一本作蒲入于秦當是

故胡衍受金于蒲

案樗里子亦得三百金而歸見國策史略不言樗里

事下蔡史舉先生

案後文亦稱下蔡但索隱曰國策韓子皆云上蔡也

蜀侯煇相壯反

案紀表蜀相陳壯殺蜀侯通在秦惠更元十四年蜀侯惲反在秦昭六年安得合爲一事此煇字誤依本紀當作通

始張儀西幷巴蜀之地

案儀傳不書儀幷蜀秦紀稱司馬錯滅蜀而此言儀者致水經注三十三云惠王使儀錯等滅蜀華陽國志云蜀王伐苴侯苴侯奔巴求救于秦惠文王使儀錯伐蜀滅之是二人同往也然則此傳失書錯紀失書儀李斯傳亦但言儀

公孫奭

案秦策作公孫衍

而臣受公仲侈之怨也

附案徐廣謂侈一作馮田完世家韓馮徐亦云是公仲侈即國策韓之公仲朋也紀年又稱韓明馮朋音近侈明朋字近人表又譌公中用

武王竟至周而卒于周

案秦紀趙世家言秦武王之卒與此異說在紀中

不如公孫奭

附案國策作郝又作赫又作顯疑以音形相近而譌大事記謂本一人記其名者不同耳

輟伐魏蒲阪亡去

案蒲阪乃皮氏之誤徐廣已言之矣

及至鬼谷　則置之鬼谷

案秦策上作谿谷下則槐谷吳注云史谿谷槐谷竝作鬼谷故前則徐注在陽城後則劉伯莊云在關內雲陽皆不明姚引後語注槐里之谷今京兆始平之地作鬼谷大非宋姚宏注國策

楚王問于范蜎曰

附案徐廣作蠉索隱引策作蝝今楚策作環皆以音形相近而異田完世家孟荀傳有環淵漢書人表藝文志竝作蜎也

且王前嘗用召滑于越而內行章義之難越國亂故楚南塞厲門而郡江東

附案內行章義之難徐廣曰一云內句章句昧之難與策合言納召滑于句章之地楚雖有唐眛之難而能得越地以滑亂之也索隱依文釋之非召滑說在始皇紀厲門徐作瀨湖

亦同策吳注曰地未詳

然則王若欲置相于秦則莫若向壽者可

案向壽策作公孫郝然秦紀不書壽郝爲相也

秦歸燕太子趙攻燕得上谷三十城

案此仍秦策然妄也燕太子丹自秦逃歸非秦歸之秦連歲攻趙救亡不暇安能攻燕始皇十九年趙滅後代王與燕合兵軍上谷是時爲始皇二十五年何云得上谷三十城策作三十六縣皆非事實

秦乃封甘羅以爲上卿

附案甘羅十二爲丞相此世俗妄談乃儀禮喪服傳疏已有甘羅十二相秦之語豈非誤讀國策史記乎李匡乂資暇錄宋黃朝英靖康緗素雜記竝辨相秦之謬而不言及賈疏獨野客叢書曾及之困學紀聞六引李邕爲李思訓碑云羣子贊禹甘生相秦唐杜牧樊川集偶題云甘羅昔作秦丞相皆不攷之故也然其誤實不始于賈氏北齊書彭城王浟傳甘羅幼爲秦相未聞能書則知誤已久矣

穰侯列傳第十二

武王母號曰惠文后先武王死

案秦紀昭王二年庶長壯與大臣諸侯公子爲逆皆誅及惠文后皆不得良死即下文季君之亂也此言先武王死誤

乃使仇液之秦

附案仇液姓名史策不同說在趙世家

昭王十四年魏冉舉白起

案起于十三年已爲左庶長將兵攻韓新城則非十四年始舉之也

又取楚之宛葉

案紀表韓世家皆不言葉

復相冉乃封魏冉于穰復益封陶

案紀冉始相已封穰冉再相益封陶是也此言復相乃封穰與益陶同時誤矣穰爲韓地昭王六年取之陶爲宋地取陶歲月無攷國策多舛不足據信

穰侯封四歲爲秦將攻魏魏獻河東方四百里拔魏之河內取城大小六十餘

案四歲當是三歲之誤若是四歲則爲昭王十九年何以下又云昭王十九年乎魏納河東在秦昭十七年魏昭六年乃穰侯封陶之二歲也取六十一城在秦昭十八年元屬兩事不得并爲一案穰侯攻魏紀表不書而取城固是白起與穰

侯無涉或因其爲相以功歸之歟至謂穰侯拔河內尤誤攷表秦昭二十一年魏納安邑及河內當魏昭十年但此後二十餘年信陵君謂魏安釐王曰秦臨河內河內共汲必危見魏世家則彼時河內猶屬魏而表言納河內殊爲虛語秦紀云攻河內魏獻安邑不云并獻河內元表當誤夫言秦昭二十一年有河內者尚非事實而況曰秦昭十八年穰侯拔之乎蓋與春申君傳言舉河內同誤矣或因始皇紀六年書衞保魏河內時爲魏景湣二年猶未失河內何歟曰秦取河內定當昭王四十四五六年閒而非全得河內之地也知者信陵之語在秦拔魏鄴𨚗後拔鄴𨚗在秦昭四十一年且極諫安釐不可與秦伐韓而秦連歲攻韓在昭王四十四五六年其取河內總不出此三年中故白起傳言秦趙長平之役秦王自之河內而戰長平即昭王四十七年事時河內已半屬于秦而未全得其地是以秦莊襄王二年拔波始皇五年拔山陽七年攻汲皆河內縣地凡此竝魏之河內也當始皇六年衞僅守野王片土魏只據大梁以東數十里更安得全有河內而保之耶

免二歲復相秦

案二當作四說在秦紀

走芒卯入北宅

案是年乃破暴鳶走開封耳此誤

梁大夫須賈說穰侯

案賈之說當在秦昭三十四年破芒卯後此誤在三十二年

昔梁惠王伐趙戰勝三梁拔邯鄲趙氏不割而邯鄲復歸

案一拔一歸皆妄說在表集解索隱以爲即南梁之役非也戰南梁乃趙魏伐韓非魏伐趙

齊人攻衞拔故國殺子良

案國策衞皆作燕子良作子之未知孰是索隱以魏策爲非何所見乎

戰勝暴子割八縣

案秦拔魏二縣魏與秦溫共三縣耳八縣誤說在秦紀下文同又國策暴作睪非注云地缺九非

守梁七仞之城

附案策作十仞此譌也下同

乃罷梁圍

案梁圍之罷因獻南陽何曾是須賈說穰侯而罷乎鮑彪魏策注辨之曰以秦爲天幸而欲其無行危也秦豈信之哉秦行是何危之有且其爲魏過深適足以疑秦豈沮于是哉梁圍之解將別有故非賈力也

走魏將暴鳶得魏三縣

案魏將乃韓將之誤又事在秦昭三十二年此誤敘于三十三年說見紀

復攻趙韓魏

案是時秦救韓而伐趙魏何云攻韓當衍韓字

斬首十萬

案當作十五萬脫五字說在紀

欲伐齊取剛壽

案事在昭王三十七年此誤敘于三十六年亦說見紀

秦復收陶爲郡

案秦無陶郡當作縣或郡下有縣字

白起王翦列傳第十三

白起者郿人也

案趙策有公孫起吳注云卽白起豈秦之公族歟

是歲穰侯相秦

案是歲承上秦昭十三年也而紀表竝在十五年此誤

拔五城

案此所拔之五城不知是魏是韓說在秦紀

明年白起爲大良造攻魏拔之取城小大六十一明年起與客卿錯攻垣城拔之後五年白起攻趙拔光狼城後七年白起攻楚拔鄢鄧五城

案上明年是昭王十五年下明年是十六年但起無拔魏之事取魏城六十一在昭王十八年與司馬錯拔垣河雍同時而攻趙在二十七年攻楚在二十八年拔趙是二城拔楚是三城則此言拔魏誤一言取六十一城在十五年誤二言拔垣在十六年誤三以錯之取垣爲起共之誤四言拔垣而不及河雍誤五以左更錯爲客卿誤六以攻趙爲攻垣後五年誤七以攻楚爲攻趙後七年誤八書拔光狼而不書代誤九改拔鄢鄧西陵三城作鄢鄧五城誤十宜書曰明年白起爲大良造攻魏垣拔之後三年起攻魏取城大小六十一左更錯攻垣城河雍拔之後九年白起攻趙拔代光狼城明年白起攻楚拔鄢鄧西陵三城其餘說見紀表

白起攻魏拔華陽走芒卯而虜三晉將

案是役也穰侯白起胡陽同帥師不當專言起華陽乃韓地不可言魏蓋破魏于華陽耳秦攻趙魏以救韓與韓何干不得言三晉將其誤皆辨在紀中

白起攻韓陘城拔五城

案五城二字誤當作拔之說在紀

秦攻韓緱氏藺

徐廣曰屬潁川索隱曰今其地闕正義曰檢諸地記潁川無藺括地志云洛州嵩縣本夏之綸國在緱氏東南六十里地理志綸氏屬潁川郡案旣攻緱氏二邑合相近恐綸藺聲相似字隨音而轉作藺

四十八年十月秦復定上黨郡秦分軍爲二

案秦紀云分軍爲三此只言王齕司馬梗二軍者不數武安君先歸之一軍也十月兩字衍說在紀

圍邢丘

案鮑吳秦策注云此當作郢卽韓桓惠王九年秦拔陘事

南地入韓魏

案韓字誤秦策作楚是

其九月

案紀是十月

賜之劍自裁

案國策甘羅述武安君之死也曰去咸陽七里絞而殺之與此不同上文言出咸陽西門十里

武安君之死也以秦昭王五十年十一月

案紀是十二月此誤

李信攻平與

附案與乃輿之譌平輿汝南縣名

蒙恬攻寢

案此前後三稱蒙恬攷六國表及蒙恬傳是時恬未爲將當是蒙武之誤御覽百五十九引史云蒙恬伐楚寢丘

信又攻鄢郢破之

案七字衍大事記曰鄢郢白起取以置南郡是時不屬楚久矣傳之誤也

秦王恒

附案班馬字類作怚音粗各本譌恒

秦二世之時王翦及其子賁皆已死

案始皇二十一年王翦謝病歸老二十八年琅邪頌列名有王賁王離而無王翦則已前死矣何待二世時乎

孟軻鄒人也

孟子荀卿列傳第十四

案史不書孟子之字趙岐題辭曰字則未聞攷漢藝文志師古注引聖證論云字子車王氏藝文志攷證困學紀聞八引傅子云字子輿文選劉峻辯命論子輿困臧倉之訴注亦引傅子云鄒之君子孟子輿唐虞世南北堂書鈔引孟軻傳荀子非十二子篇楊注竝云字子輿孔叢子雜訓云孟子車注一作子居據此則魏晉以來始傳孟子之字故正義著之雖未詳其所得要非無據可補史遺王氏疑爲傅會非也古車輿通用如秦三良子車氏史于秦紀趙世家扁鵲傳竝作子輿可驗惟居字恐以音同而譌顏師古急就篇注孟子字子居廣韻去聲軻字注云孟子居貧轗軻故名軻字子居疑非御覽三百六十三引聖證論曰子思書及孔叢子有孟子居則是軻也少居坎軻故名軻字子居與師古所引異

受業子思之門人

附案孟子題辭曰長師孔子之孫子思漢藝文志云子思弟子孔叢雜訓云孟子車請見子思甚說其志又牧民居衞篇有問答語風俗通窮通篇云軻受業子思而史稱受業子思門人索隱引王邵謂人字衍葢以史爲誤也然攷伯魚先夫子歿五載子思當不甚幼子思八十二卒非六十二姑以夫子歿時年十歲計之則卒于威烈王十八年而赧王元年齊伐燕孟子猶及見之其去子思之卒九十五年孟子壽百餘歲方與子思相接恐孟子未必如是長年則安得登子思之門而親爲授受哉且孟子自云私淑諸人更是確證史似得其實

游事齊宣王宣王不能用適梁

案孟子游歷史言先齊後梁趙岐孟子注風俗通窮通篇並同古史從之然年數不合說在六國表當從通鑑始游齊繼仕齊爲是通鑑蓋據列女傳母儀篇也孫奭示兒編曰七篇之書以梁惠王冠首以齊宣王之問繼其後則先後有序可見矣故列傳爲難信（朱子序說兩存之）

楚魏用吳起

案起用於魏文侯楚悼王之世不得言在孟子時

序詩書

附案孟子無序詩書之事然七篇中言書凡二十九援詩凡三十五故稱序詩書趙岐亦曰孟子言五經尤長于詩書

作孟子七篇

附案漢志云十一篇蓋并數外書性善辯文說孝經爲正四篇此稱七篇者豈以四篇不與內書相似而删之乎趙岐題辭亦謂孟子著書七篇以四篇爲後世依託至漢志兵書家又有孟子一篇必別一孟子也而題辭疏引唐林愼思續孟子書及韓愈答張籍書謂七篇非軻自著乃弟子所記困學紀聞八云序說引史記以爲孟子之書自作韓子曰軻之書非自著謂史記近是而滕文公首章道性善注則曰門人不能盡記其辭又決汝漢注曰記者之誤矣伯豐以問朱文公文公答曰前說是後兩處失之熟讀七篇觀其筆勢如鎔鑄而成非綴緝所就也閻氏尚書疏證四補遺曰孟子七篇手所親著所見諸侯王若梁襄滕文魯平不皆前死盡繫以謚者爲後人塡補春秋絶筆獲麟哀公見存焉得有謚亦必後人欲與襄昭定一例改繫以謚也余謂孟子書當是門弟子隨時記錄孟子晚年手自改之耳

大並世盛衰

附案索隱以大體解之非方氏補正曰大當作及傳寫誤也

伯夷餓不食周粟

案有說在伯夷傳

梁惠王謀欲攻趙孟軻稱太王居邠

案索隱云孟子是對滕文公語今與孟子不同困學紀聞十一引葛氏曰於孟子無所見但有對滕文公之語史詮曰梁

惠王當作滕文公趙當作齊蓋並以史爲誤也攷新論隨時篇云昔秦攻梁惠王謂孟軻曰先生不遠千里辱幸敝邑今秦攻梁先生何以禦乎孟軻對曰昔太王居邠狄人攻之事之以玉帛不可太王不欲傷其民乃去邠之岐今王奚不去梁乎惠王不說似孟子實有此對但非梁謀攻趙耳然恐不可爲據

伊尹負鼎

案負鼎說在殷紀

終身不仕

案淳于髡豈終身不仕者此言失實

故愼到著十二論環淵著上下篇

案漢志愼子四十二篇蜎子十三篇與此異

荀卿趙人

案不書荀卿名亦疏

年五十始來游學于齊

案此言荀卿五十游齊至襄王時爲老師不言游齊在何時攷風俗通窮通篇云齊威宣之時孫卿有秀才年十五始來游學至襄王時孫卿最爲老師據此則威王末年至襄王初年計六十一年荀子七十六歲而襄王初年國亂未定恐不暇修列大夫之缺則荀子三爲祭酒時八十餘矣若五十游齊當襄王之世荀子百二十餘歲尚復適楚適趙何其壽考乎疑五十字誤宋晁公武郡齋讀書志引劉向荀子序亦作十五

荀卿乃適楚而春申君以爲蘭陵令春申君死而荀卿廢因家蘭陵

案楚策韓詩外傳因劉向荀子序風俗通窮通篇並言春申君因客之說使人謝荀卿遂去之趙爲上卿春申君又因客之說使人請于趙荀卿謝之以書後不得已復爲蘭陵令史不書其之趙甚疏至所謂春申死而荀卿廢者指復爲蘭陵令時也經史問答未檢及此因疑荀子辭春申而去及春申死荀子以甘棠之舊復游蘭陵而卒未免臆說

序列著數萬言而卒

案荀子三十二篇漢志譌三十三也云數萬言欠晰

劇子之言

附案劉向序作處子徐廣引應劭同索隱言姓劇以趙有劇孟劇辛爲證攷漢志處子九篇師古引史云趙有處子後書酷吏李章傳北海太守處興注引風俗通云趙有辨士處子故有處姓疑劇字傳寫之譌趙自別有劇氏也

楚有尸子

案集解云尸佼晉人後漢呂強傳注同當是也此作楚人漢志作魯人蓋因其逃亡在蜀而魯後屬楚故耳

阿之吁子焉

附案劉向序及索隱引向別錄並作芋子漢志云芋子名嬰齊人師古誤以爲芉故音弭正義糾之矣

自如孟子至于吁子

案傳中自如二字兩見說在田完世家

蓋墨翟

王孝廉曰蓋字疑或上有脫文或是若字之誤

或曰並孔子時或曰在其後

案此謂墨翟也墨子書開卷便言吳起之裂親士篇宋康染于唐鞅佃不禮所染篇又與告子論仁義公孟篇則非並孔子時審矣索隱引別錄據文子子夏弟子問墨子謂在七十子後漢書藝文志後書張衡傳並云在孔子後非春秋時所可疑者墨子公輸篇載公輸攻宋墨翟設守事與戰國宋策列子說符呂子愼大覽類合而檀弓言公輸般請以機封季康子之母康

子于哀公三年見傳至宋偃卽位已有六十餘年般何若是之壽乎

史記志疑卷二十九終　巴陵方大湜[illegible]訂黎永椿沈[illegible]校字

史記志疑卷三十

仁和梁玉繩撰

孟嘗君列傳第十五

田嬰者齊威王少子而齊宣王庶弟也

索隱曰戰國策及諸書並無此言葢諸田之別子嬰非宣王弟也

與成侯鄒忌及田忌將而救韓伐魏

案此指齊威王二十六年桂陵之役是救趙非救韓也且成侯不與田忌同將田完世家甚明當是田嬰與田忌將而救趙伐魏耳此誤

成侯賣田忌田忌懼襲齊之邊邑不勝亡走會威王卒宣王立

知成侯賣田忌乃復召田忌以爲將

案田忌之亡在宣王二年不在威王時亦無襲齊復召之事說在田完世家

嬰與韓昭侯魏惠王會齊宣王東阿南

案表及魏與田完世家會平阿南非東阿也（索隱引紀年亦作平阿）而平阿之會止魏齊二王無韓昭侯此皆誤

是歲梁惠王卒

案惠王是年改元非卒也說在表

齊宣王與魏襄王會徐州而相王也

案是時無相王事會亦不止齊魏二國襄當作惠並說見表

齊威王聞之怒田嬰

案此語不可解將謂聞田嬰相齊而怒乎抑聞相王而怒乎攷是時齊說越令攻楚見越世家故威王怒而伐齊楚世家所云齊欺楚也則不必專怒嬰子又齊策載有齊將封嬰于薛楚懷王聞之大怒將伐齊公孫閈說之而罷乃後此十四年事則不得稱威王怒蓋史之誤

宣王卒湣王卽位三年而封田嬰于薛

案宣王後十年始卒史誤爲湣立之年故以封嬰在湣王世說在表

無貴賤一與文等

陳子龍曰觀馮驩有幸舍代舍之遷則孟嘗之待客本不等何得云無貴賤

趙人聞孟嘗君賢出觀之皆笑曰始以薛公爲魁然也今視之乃眇小丈夫耳孟嘗君聞之怒客與俱者下斫擊殺數百人遂滅一縣以去

邵氏疑問曰孟嘗聲聞諸侯傾天下士眇小一語何至殺人滅縣乎卽曰客也文獨不禁之乎且以齊嘗而滅趙縣乎

蘇代爲西周

案國策作韓慶乃韓人而仕于周者非蘇代也

九年取宛葉以北

案此仍西周策之誤時爲赧王十七年齊與韓魏攻秦而齊于前三年共秦韓魏攻楚于前五年與韓魏伐楚則言九年非也取宛葉亦妄

令弊邑以君之情謂秦昭王曰　而秦出楚懷王以爲和

史詮曰昭懷二謚宜刪之

因令韓魏賀秦

案魏賀二字誤策作韓慶入秦是也時三國伐秦不攻已幸尚何賀哉

其舍人魏子爲孟嘗君收邑入

評林明唐順之曰魏子馮驩豈一事而傳聞異邪攷證張氏曰晏子北郭騷事亦大同小異蓋戰國時習尚如此則流言亦如此舉不足信也

而聽親弗

案東周策作祝弗人姓名索隱云祝爲得之

乃遺秦相穰矦魏冉書

案秦策作薛公爲魏謂魏冉則非嫉呂禮而遺書也但孟嘗號賢公子豈有召虎狼之秦返兵内𡨚屠滅宗邦哉此必因孟嘗有奔魏事遂擕爲此言乃國策之妄史公誤信之耳

于是穰矦言于秦昭王伐齊而呂禮亡

案秦紀伐齊在昭王廿二年呂禮歸秦在昭王十九年此言秦伐齊而呂禮亡蓋仍遺秦相書之妄而不自知其戾也

後齊湣王滅宋益驕欲去孟嘗君孟嘗君恐乃如魏魏昭王以爲相西合于秦趙與燕共伐破齊

案孟嘗奔魏有之故魏策載孟嘗爲魏借燕趙兵退秦師一章若相魏是妄也知者年表世家皆不書其事卽國策亦無

明文而魏世家取國策太子自相一節則薛公之不相魏明甚（史策誤在哀王時）葢魏有田文卽呂覽執一篇之商文爲武侯相見吳起傳在孟嘗前又有魏文子相襄王見魏策竝孟嘗時策史誤以文子爲孟嘗遂謂其相魏耳至齊之破乃燕昭復仇與孟嘗何涉如傳所說竟似孟嘗爲之豈不冤哉荀子王霸篇言齊閔薛公權謀日行國不免危亡（注云閔王見伐薛公使然故同言之）臣道篇言孟嘗篡臣殆當時惡孟嘗者造爲斯語而傳之歟六國破齊此不及韓楚亦非

文卒諡爲孟嘗君

附案上文亦言田嬰諡靖郭君野客叢書以稱諡爲誤索隱于靖郭云死後號之于孟嘗云是字邑而非諡何不同也策史稱靖郭孟嘗者甚多如閔王謂齊貌辯曰子靖郭君之所聽愛又曰靖郭君之于寡人一至此貌辯亦三稱靖郭馮驩謂梁王曰齊放其大臣孟嘗君舍人謂衞君曰孟嘗君不知臣不肖又曰足下欺孟嘗君此傳載馮驩亦九稱孟嘗非皆見存之辭乎葢諡者號也不作諡法解猶之以氏爲姓竝秦漢時人語故李斯上二世書曰死有賢明之諡老子傳曰諡聃（後人增之）呂不韋傳曰諡爲帝太后司馬相如喻巴蜀檄曰諡爲至愚他如金石錄侯君碑曰諡安國君文選王襃賦曰幸得諡爲洞簫兮均可諭證

初馮驩聞孟嘗君好客

案國策驩作煖所說馮事亦異習學記言云史記葢別有所本其義爲勝也然多有不合如無家之歌左右惡之爾而此以爲孟嘗不悅削去給馮老母一段則無以見孟嘗待客之周一也煖矯令燒券反齊求見而此以爲得息錢大會不能與息者燒券孟嘗聞之怒而召驩情節全乖二也孟嘗去相煖說梁得復位而此以爲說秦又說齊三也孟嘗復用欲殺齊士大夫譚拾子有趨市之喻而此以爲客背孟嘗驩爲客謝語四也其爲倣撰無疑

形容狀貌甚辯

附案史通點繁雜說二篇歷舉史記諡句冗辭爲之刪除抉發此宋朱子文漢書辯正所由作也但古人操筆非若後世沾沾于文字間增減脩飾劉氏所糾未免拘腐其論此語云同是一說而敷演重出分爲四言余謂形容狀貌疊用誠爲語病然前賢斯類甚多三國志魏鄧哀王傳注引魏書云容貌姿美與此政同他如越語范蠡曰靡王躬身呂子禁塞篇凍餓饑寒漢書中山靖王傳道遼路遠張禹傳絲竹筦絃文選宋玉賦旦爲朝雲不可偏舉然詩云昭明有融高朗令終又云自古在昔則已先之矣（魏志袁渙等評曰躬履淸蹈）

王召孟嘗君而復其相位

案湣王召復孟嘗于田甲亂後孟嘗遂歸老于薛迨湣王又欲去孟嘗乃如魏馮公此計必在召復之時所謂復相位者恐非其實國策云爲相數十年亡不足信

平原君虞卿列傳第十六

趙之諸公子也

附案魏公子傳云趙惠文王弟趙策諒毅曰平原君親寡君之母弟

平原君相趙惠文王及孝成王三去相三復位

案本傳不載平原三相三去之事攷平原相趙四十八年者六國表于惠文王元年書平原爲相孝成王元年又書平原爲相兩書而已攷惠文以相國印授樂毅孝成割濟東地與齊求田單爲將遂留相趙故趙世家惠文十四年有毅攻齊事當在十五年孝成元年有單攻燕二年有單爲相之事則平原之三相三去固有徵矣孝成二年相單是平原復相踰年而罷迨單去趙歸齊之後不再書平原復位者史略之也

公等錄錄

附案廣韻注引史作娽說文娽隨從也與因人成事意合

秦既解邯鄲圍而趙王入朝使趙郝約事于秦割六縣而媾

案趙策謂秦破趙長平歸使人索六城于趙而講鮑注曰史書此事在邯鄲圍解後邯鄲之圍非秦德趙而解趙賴魏之力爾何事朝秦而講以六城策以長平破懼而賂之是也

王以虞卿之言告趙郝

案新序善謀上篇與此同國策皆以趙郝語爲樓緩而移新從秦來一段在前未知孰是

女子爲自殺于房中者二八

案新序同而策作二八又云婦人爲死者十六人則此兩言二八皆八字之誤然攷檀弓家語止言內人行哭失聲無自殺之事則辨士之言或過不足信耳

虞卿既以魏齊之故不重萬戶侯卿相之印與魏齊閒行卒去趙困于梁魏齊已死不得意乃著書

古史曰太史公記虞卿與趙謀事皆秦破長平後而卿爲魏齊棄相印走梁則前此矣意者魏齊死卿自梁還相趙而太史公失不言耳經史問荅曰范雎傳則魏齊之亡在秦昭王四十二年其時虞卿已相趙棄印與俱亡而困于大梁虞卿傳謂其自此不得意乃著書以消窮愁是棄印之後虞卿遂不復出也乃長平之役在昭王四十七年史公所謂虞卿料事揣情爲趙畫策者反在棄印五年之後則虞卿嘗再相趙矣何嘗窮愁以老而史公序長平之策于前序大梁之困于後顛倒其事竟忘年數之參錯豈非一大怪事也

凡八篇

案虞氏春秋十五篇說見十二矦表

然虞卿非窮愁亦不能著書以自見于後世云

案虞卿嘗再相趙則其著書非窮愁之故史誤言之也史通雜說篇譏太史公自序傳不韋遷蜀世傳呂覽以爲思之未審何不云虞卿窮愁著書八篇劉氏亦未審思耳

魏公子列傳第十七

是時范雎亡魏相秦以怨魏齊故秦兵圍大梁破魏華陽下軍

案雎相在秦昭四十二年秦圍大梁及破魏華陽二事在昭

王三十二四兩年其時穰侯相秦也安得謂因雎怨魏齊而
興兵乎誤矣
使人止晉鄙留軍壁鄴
案魯仲連傳本國策云止于蕩陰河內不曰鄴魏邑
竟病酒而卒
案唐書京兆王氏世系表信陵君無忌生閒憂襲信陵君閒
憂子卑子逃難泰山漢高祖召爲中涓封蘭陵侯通志氏族
略從之果有此事則當附傳末
吾過大梁之墟求問其所謂夷門夷門者城之東門也
附案御覽百五十八引史曰大梁城有十二門東門曰夷門
與今本異豈改引之歟

春申君列傳第十八
秦昭王使白起攻韓魏敗之于華陽禽魏將芒卯
案華陽之役秦攻趙魏以救韓非攻韓也且帥師不止白起
說在秦紀又策史皆云走芒卯此言禽之亦非
先帝文王莊王之身三世不忘接地于齊
案秦策作文王惠文王也武王王之身三世此言莊王誤秦無莊
王若莊襄則昭王孫也又脫一王字無下王字則二世非三
世矣但文武二王未嘗稱帝而曰先帝者特尊稱之爾葢以
昭王曾爲西帝故竝呼其先爲帝然稱帝卽去之在春申上
書十年之前
今王使盛橋
案策作成橋同然當依始皇紀作成蟜
舉河內
案此時河內尚屬魏秦未舉之說在穰侯傳
桃入邢
案策作桃人是入字誤湖本誤以入邢爲句邢字衍策無之攷邢卽邢
丘後十餘年秦始拔之此時亦未入秦也
王又割濮磨之北
案國策此下有屬之燕三字此缺磨乃磿之譌與歷通新序
善謀上篇政作濮歷說在高祖功臣表
殺智伯瑤于鑿臺之下
附案新序鑿作叢疑非而續郡國志太原郡下又作鑿壺檀

弓臺鮐鄭注臺當爲壺釋文曰臺音胡後漢書獻帝紀建安
元年曹操殺侍中臺崇注引山陽公載記臺作壺皆字形相
涉而譌
將十世矣
案策作百世固非此與新序作十世亦非高誘注策云百一
作累是也
鬼神孤傷
附案策作狐祥新序作潢洋義竝得通
盈滿海內矣
案盈字當諱
齊魏得地葆利而詳事下吏一年之後爲帝未能

附案策作不吏費解姚注依史改爲下吏言僞事秦也吳師道謂詳其事以下于吏非而明陳正學讀書解云吏字誤疑作更以樣利而詳事爲一句不更一年之後爲一句亦未安

楚使歇與太子完入質于秦

案楚世家作熊完

春申君爲楚相四年秦破趙之長平軍四十餘萬五年圍邯鄲

案長平之戰在春申爲相之三年救邯鄲在六年此皆誤

春申君相楚八年爲楚北伐滅魯

案魯頃公在位二十四年始滅當楚考烈王十三年是歲楚取魯封魯君于莒此言滅誤

楚考烈王無子

附案史仍國策吳注謂此時無子也而索隱以此文爲誤因數考烈之子四人曰悍曰猶曰負芻曰昌平君攷幽王悍卽李園妹初幸春申有身所生者哀王猶是悍同母弟列女傳云遺腹子則亦園妹所生李妹未進之前固無育也而昌平君之稱考烈子未見確據始皇紀書昌平君先爲秦相繼爲荊王蓋楚之諸公子耳若以考烈子實之則紀尚有昌文君又誰人乎惟楚王負芻莫知生于何時世家謂猶庶兄疑生悍之後然列女傳作考烈王弟今不可詳矣

于是李園乃進其女弟

附案此事策史及列女傳竝同而越絕書與史大異謂其謀始終皆發于園妹女環一異也謂女環令園謁春申才人言之遂得幸二異也謂考烈既死環使園相春申三年然後封之吳三異也又說幽王徵春申爲令尹春申以其子爲假君治吳幽王徵假君竝殺之四異也恐不可信惟女環之名可廣異聞云

而君之仇也

案策作王之舅是此因聲近而誤言李園爲王舅也下文春申云僕善李園則不以爲仇明矣

語曰當斷不斷反受其亂春申君失朱英之謂邪

案此論非也古史謂雖聽朱英亦將不免固是但英不告春申以持盈遠禍之道而徒自任爲刺客勸其殺園淺矣萬一不克其能免棘門之慘乎余有丁曰歇不在于失朱英而在于惑園妹諒哉

范睢蔡澤列傳第十九

更名姓曰張祿

附案說苑善說云齊張祿爲孟嘗君掌門請孟嘗君爲書寄秦王往而大遇未必卽范子蓋別一人范借託之

先生待我于三亭之南

正義曰括地志云三亭岡在汴州尉氏縣西南三十七里案三亭岡在山部中名也蓋岡字誤爲南

而伐齊綱壽

附案綱剛古通借故下文蔡澤封剛成君亦作綱漢書文三王傳清河剛王義王子侯表作綱水經注十三雁門于延水

東遷罡成南蔡澤燕人疑卽澤所邑然是時秦地未至燕續志謂澤封東郡陽平縣之岡成城也大戴本命篇八者維剛也

至于陵水

附案索隱引劉氏云卽栗水宜作溧聲近故惑也策作菱夫未詳而御覽五百八十引史作江上

至今閉關十五年

案秦不出兵十五年之妄說在蘇秦傳

且昔齊湣王南攻楚破軍殺將再辟地千里而齊尺寸之地無得焉者豈不欲得地哉形勢不能有也諸侯見齊之罷弊君臣之不和也興兵而伐齊大破之士辱兵頓皆咎其王曰誰爲此計者乎王曰文子爲之大臣作亂文子出走

案此語國策旣誤史公所增又誤湣王二十三年伐楚有功至四十年諸侯伐齊敗于濟西相越已十八年且濟西之役實燕欲報齊故合秦楚三晉以伐之何曾因攻楚罷敝而興兵乎此史公仍策之誤也齊敗濟西時孟嘗謝相印歸老于薛將十年矣而曰文子爲之哉當是別一人至所謂大臣作亂文子出走者乃閔王三十年田甲劫王事在敗濟西前十年不得幷爲一案此史公增益之誤也

拔邢丘

案當作鄄丘說在秦紀

聞齊之有田文

附案田文策作田單鮑注云史非文去齊已十餘年不得近舍罪遠論文也吳注云姚氏引後語亦作文舉齊事言不必一時

則利歸于陶國弊御于諸侯

案依索隱則國字絕句依策鮑注則陶字絕句吳氏據策別篇云利盡歸于陶國之幣帛竭入太后之家疑此有缺誤當是也史仍策文耳

崔杼淖齒管齊射王股擢王筋

案索隱云言射王股誤也崔杼射莊公之股淖齒縮湣王之筋是說二君事余攷策止言淖齒史公無故扯入崔杼古今不類遂致此誤

于是廢太后

大事記曰本紀宣太后之沒書薨書葬初未嘗廢魏公子無忌諫魏王親秦之辭止曰太后母也而以憂死亦未嘗言其廢穰侯雖免相猶以太后之故未就國及太后旣葬之後始出之陶耳范睢傳所載特辨士增飾之辭欲誇范睢之事而不知甚昭王之惡也皇極經世曰罷穰侯相國及宣太后權蓋得其實矣經史問答曰太后憂死是實未必顯有黜退之舉觀穰侯尙得之國于陶無甚大譴其所謂逐者如此則所謂廢者亦只奪其權也是時昭王年長而宣太后尙事事親裁便是不善處嫌疑之際一旦昭王置之高閣安得不憂死故人以爲廢

非大車駟馬吾不出

附案史詮云吾固不出湖本缺固字
擢賈之髮以續賈之罪尚未足
附案評林云續贖古通用別雅云續當爲贖或傳寫誤或因聲借用方氏補正云北音續數相近而誤或曰擢髮而續之尚不足以比其罪之長也
范雎相秦二年秦昭王之四十二年東伐韓少曲高平拔之
案上文方敘雎償德報怨便當接入報魏齊仇一段何得橫插伐韓事徧檢紀表世家列傳亦無秦昭四十二年伐韓事少曲雖無攷葢與高平相近而高平爲魏地趙世家云反高平于魏是也況雎相二年乃秦昭四十三年非四十二年疑此廿三字當衍
昭王乃遺趙王書曰王之弟在秦
史記攷異曰平原君爲惠文王弟于孝成爲叔父不當更稱弟
後五年
案秦拔韓陘後四年敗趙長平言五年誤
昔周文王得呂尚以爲太公
案太公當作太師
吾持粱刺齒肥
附案集解索隱竝言刺齒當作齧以爲一字誤二字也
澤流千里世世稱之而無絕
附案千里之澤何足言之徐廣謂一本無里字策云澤流千世稱之而毋絕當是也
豈道德之符
附案策作豈非此脫非字
進退盈縮
案盈字當諱
畔者九國
附案九者極言之說見封禪書
夏育太史噭叱呼駭三軍然而身死于庸夫
附案太史噭田單傳作嫩田完世家作敫葢即齊君王后之父而秦策又作太史啟索隱曰未知誰所殺恐非齊襄王時太史鮑彪云其人未詳
一戰舉鄢郢以燒夷陵再戰南并蜀漢
案并蜀漢是張儀司馬錯不關白起後廿二年起始出也且事在秦惠更元之九年而敘于昭王廿九年拔鄢郢之後若以爲起之第二戰功豈非誤乎策作一戰舉鄢郢鄢當作再戰燒夷陵是已
北并陳蔡
案言吳起并陳蔡妄也說在起傳
而卒枝解
案吳起以射死此言支解仍秦策之誤猶韓詩外傳一及高誘呂覽執一注言起車裂也韓子難言問田二篇亦云吳起支解
居秦十餘年

案十字必廿字史仍策誤不然蔡澤代相在昭王五十二年至始皇五年燕太子入質時凡二十四年澤爲秦使燕何云十餘年乎

垂功于天下者

案睢澤無分寸功于秦所謂以口舌得官耳而云功垂天下何哉前賢之論二子詳矣

樂毅列傳第二十

南敗楚相唐昧于重丘西摧三晉于觀津遂與三晉擊秦助趙滅中山

案昧當作眛重丘當即莊丘觀津當作觀澤而齊亦未佐趙滅中山觀澤之役是齊敗趙魏擊秦之兵是合六國皆不得言三晉並說在秦紀六國表又楚相乃楚將之誤

樂毅于是並護趙楚韓魏燕之兵以伐齊

案六國破齊此失書秦說在秦紀

故鼎反乎磿室

附案磿當作曆說在功臣表曆侯下

樂閒居燕三十餘年燕王喜用其相栗腹之計欲攻趙

案樂閒繼封昌國在燕惠王元年已後則至栗腹攻趙時安得三十餘年哉當作二十餘年

禽栗腹樂乘

案樂乘當是卿秦之誤趙世家云虜卿秦是也說在燕世家又栗腹爲趙所敗世家及魯連傳不言其死年表趙世家廉頗傳皆云被殺此獨言禽之亦異

樂乘者樂閒之宗也

附案此八字當在後文趙封樂乘爲武襄君之下錯簡也

燕王恨不用樂閒樂閒既在趙乃遺樂閒書

案此所載書辭與國策全異新序雜事三與策合而謂惠王遺樂毅書吳師道從之以策前章先王舉國一節（即上文引策惠遺毅書也）乃後章之首錯簡也又曰毅答惠書云足下使人數之以罪而史載惠王讓毅無數罪之語故知非樂閒事新序爲是日知錄亦稱燕王遺樂閒書即樂毅事傳者誤以爲其子然史策書辭既殊而策復有畱趙不報之言余疑燕惠遺毅燕喜遺閒或係二事未可混并爲一葢國策不載遺閒書止載遺毅書而誤分爲兩章史又止載前半截去寡人不佞已下其實書辭條暢婉麗不可删也此百餘字當是喜遺閒書但文雖別而意則同豈古之覗草者亦襲舊詔乎

樂閒樂乘怨燕不聽其計二人卒畱趙

案樂閒諫王不聽其怨燕宜也若乘者身爲趙將未嘗入燕何爲亦怨燕王乎樂乘字二人字衍

襄王

案襄上缺悼字

樂臣公

附案臣公四見集解索隱並云一本作巨公巨字是田叔傳作巨公漢書作鉅可證此傳譌耳

廉頗藺相如列傳第二十一

趙惠文王十六年廉頗爲趙將伐齊大破之取晉陽

案事在十五年晉陽當作淮北竝說在年表及趙世家

復攻趙殺二萬人秦王使使者告趙王

案表作三萬又秦王上疑脫明年二字

居二年廉頗復伐齊幾拔之

案幾是魏邑趙世家言頗攻魏幾取之秦策亦云秦敗閼與反攻魏幾廉頗救幾（幾已屬趙又言魏者因其本魏地而稱之故頗救也）此作齊幾誤裴駰謂或屬魏或屬齊非也先是樓昌攻幾不能取故云復伐又居二年乃居三年之誤

後三年廉頗攻魏之防陵

案後三年當作後一年乃惠文王二十四年事也防陵徐廣作房子索隱曰陵字誤（防房古通）

趙奢者

附案唐書世系表云趙王子趙奢爲惠文王將生牧亦爲趙將與史異以括爲牧得毋誤以李牧爲趙括乎

趙奢曰胥後令邯鄲許歷復請諫

附案索隱曰邯鄲二字當爲欲戰通鑑胡注曰胥語絕許歷請刑趙奢令其且待也蓋謂敢諫者死邯鄲之令耳今既進軍近閼與矣許歷之諫固在邯鄲之後不當用邯鄲之令以殺之故曰後令邯鄲史詮引田博士曰意許歷是邯鄲人故加邯鄲于其上三說皆未確錢宮詹曰胥後令邯鄲是五字句趙都邯鄲謂當待趙王之令也此解甚愜後書循吏衞颯傳云須後詔書語意相似

七年秦與趙兵相距長平

案七年乃八年之誤

自邯鄲圍解五年而燕用栗腹之謀

案五年乃七年之誤

其明年

案當作後二年蓋廉頗奔魏在孝成卒年李牧攻燕在悼襄二年也

李牧者

附案趙策武安君名繓子活反則牧有二名

莫府

附案莫卽幕也索隱于李廣傳云古字通用而此言莫爲幕之誤自相戻矣

趙悼襄王元年

案當作二年

居二年

案二當作一

後七年秦破趙殺將扈輒于武遂城

案當作後八年又遂字衍說在始皇紀

居三年

案當作居一年

李牧不受命趙使人微捕得李牧斬之

案牧之死策言其北面再拜銜劍自刺史言其不受命捕斬之二說迥異通鑑主史大事記主策鮑吳注竝以史爲誤也趙王寵臣郭開譖牧欲與秦反又牧以臂短用木接手韓倉誣以上壽懷刃遂賜之死其冤甚矣安有所謂不受命而捕斬者哉大事記謂因廉頗不受代事而誤載是已史公于趙世家及馮唐傳俱言王遷信郭開誅李牧乃此以爲不受命豈非矛盾葢郭開韓倉比共陷牧而列女傳又謂遷母譖牧使王誅之也

後三月

案策作後五月

太史公曰

案論中不及頗牧似疏

田單列傳第二十二

初悼菑之殺湣王也

附案史詮曰此節當在上文號曰安平君之下今脫簡在後悼當作淖

聞畫邑人王蠋賢

案說苑立節作葢邑人未知孰是因攷齊有畫邑畫邑判然兩地路史國名紀七載之畫乃後書耿弇傳所云進軍畫中者弇傳注西安在臨淄西北畫中在西安城東南也畫爲澅之省文因澅水得名水經注廿六作澅困學紀聞八引水經注作澅非風俗通窮通篇譚子適孟嘗君于澅亦澅之誤史建元侯表有澅清侯王蠋所居卽此音獲通鑑以蠋爲畫邑人非若孟子所宿是畫而非畫也朱注或曰一說非路史國名紀通志氏族略引風俗通有畫氏齊大夫食邑于畫後因氏焉廣韻云畫邑大夫之後而水經注誤合爲一引俗呼澅水爲宿留水作證世俗譌傳豈足據哉毛氏經問第十辨之極明毛曰畫邑趙岐云齊西南近邑岐注孟子政在齊郡其地有畫邑城在臨淄縣西南相傳孟子出宿處故鑿然注此身歷其地見之眞故言之確若畫邑在臨淄西北三十里本正義所引括地志卽戟里城戰國燕破齊時將封王蠋以萬家卽此地是燕從西北至齊當是畫邑孟子從西南至滕當是晝邑一南一北地勢無可混也四書釋地以孟子晝字當作畫以括地志西北爲誤非也

魯仲連列傳第二十三

而不肯仕宦任職

附案湖本宦譌官

今齊湣王已益弱 尊秦昭王爲帝

案湣字衍是時爲齊王建也昭字亦衍竝史仍策之誤

虜使其民

附案鹽鐵論論功篇引作虐使

東藩之臣田嬰齊

案齊字衍說在六國表或曰國君以國爲氏當作齊因趙策田嬰齊亦當作齊因葢田爲因之誤而嬰因二字以音同通借又誤重也宜衍嬰字其時齊有田嬰豈君臣同名歟

秦將聞之爲郤軍五十里

案通鑑攷異曰仲連所言不過論帝秦之利害耳使新垣衍慙怍而去則有之秦將何預而退軍五十里乎此游談者之誇大也

其後二十餘年燕將攻下聊城

案二十索隱本作三十故曰徐廣云年表以田單攻聊城在長平後十餘年言三十餘年誤今本皆作二十然俱非也古史作十餘年是

曹子爲魯將

案仲連遺燕將書史與齊策字句多異當是所見本不同而序曹沫一段亦別曹子之事元屬虛妄說在刺客傳

燕將見魯連書泣三日猶豫不能自決欲歸燕已有隙恐誅欲降齊所殺虜于齊甚衆恐已降而後見辱喟然歎曰與人刃我寧自刃乃自殺聊城亂田單遂屠聊城

案國策燕將曰敬聞命矣因罷兵倒韣而去吳注云史稱燕將得書自殺單屠聊城非事實也連之大意在于罷兵息民而其料事之明勸以歸燕降齊亦度其計之必可者迫之于窮而置之于死豈其心哉夫其勸之致將以全聊城之民而忍坐視屠之策得其實史不可信孫侍御云聊城齊地田單齊將何以反屠聊乎

淮陰枚生之徒

案枚叔奇士何以不爲立傳

李斯竭忠

案以李斯自況而稱其竭忠鄒陽之失言也

宋信子罕之計而囚墨翟

案漢書陽傳及新序三子罕作子冉豈冉罕音近通用乎而此子罕必子罕之後以字爲氏如鄭罕氏常掌國政也墨翟與之並世證一李斯上二世書見斯傳韓子見二柄外儲右下說疑忠孝等篇韓詩外傳七淮南道應說苑君道皆言司城子罕劫君擅政證二而前人誤以爲樂喜困學紀聞六謂子罕賢大夫辨李斯諸說爲誣罔而不知劫君之子罕並墨翟世乃樂喜之後爲司城者高誘注呂子召類云春秋子罕殺宋昭公攷宋有兩昭公前昭公當魯文時後昭公當戰國時皆與樂喜不同

世諸書但言宋君高氏以昭公實之殊妄況召類篇言子罕相宋平元景三公孔子稱其仁節則政是樂喜柰何以爲殺君或者樂喜之後當後昭公時有劫君之事歟韓詩外傳六賈子先醒並有昭公出亡反國事故余有此疑然則劫君而非殺君也然不可以注春秋仁節之子罕也四墨翟事無所見左通曰韓子內儲說下言皇喜殺宋君而奪其政蓋皇喜亦字子罕遂誤以爲樂喜然皇喜無攷

夫以孔墨之辯

錢唐范棫曰孔墨並言可謂儗不于倫而又目之爲辯與下言伊管之辯同謬蓋仍戰國游士之譚也

齊用越人蒙而彊威宣

案漢書新序作子臧索隱曰未見所出張晏曰子臧或是越

人蒙字

封比干之後脩孕婦之墓

案二事經傳無攷通志氏族略謂譜家云比干爲紂所戮其子堅逃長林之山遂爲林氏其說出于林寶元和姓纂鄭氏已糾其妄又書泰誓疏引帝王世紀云紂剖比干妻以視其胎或者脩孕婦之墓卽是封比干墓歟呂子古樂注言紂斵材士之股亦不知高誘何據

是以孫叔敖三去相而不悔

案莊子田子方呂覽知分皆云孫叔敖三爲令尹三去令尹荀子堯問亦有三相楚之語故鄒陽述之史循吏傳載之它如淮南道應氾論說苑尊賢雜言並仍之然不足信也呂覽

高注曰論語云令尹子文不云叔敖隸釋漢延熹三年叔敖碑取材最博獨不及三去相事困學紀聞七謂事與子文相類恐是一事四書釋地又續曰叔敖爲令尹見宣十一年癸亥楚莊十六叔敖死于莊王手約令尹僅七八年莊王在位廿三年呂子贊能云叔敖爲令尹十二年而莊王霸則其爲令尹必不始于莊王十六年此言未的以莊王之賢豈肯暫已叔敖意係子文事傳譌爲叔敖耳大全辨載一說謂叔敖實三仕三已傳譌爲子文不信論語眞顚倒見矣又經史問荅曰子文亦未嘗三爲令尹子文于莊公三十年爲令尹至僖公二十三年讓子玉凡二十八年子玉死爲呂臣繼之子上繼之大孫伯繼之成嘉繼之是後楚令尹不見于左傳文公十二年追紀子文卒鬬般爲令尹意者成嘉之後嘗再起子文爲令尹而仁山先生以爲子上之後者誤也然則子文爲令尹者再其初以讓人其後卒于位子文卒般爲令尹在左傳宣公四年全氏以爲文十二年何也閻氏謂二仕二已在二十八年中亦誤據全氏說則子文之事見于論語國語尙難盡憑況叔敖乎然國語鬬且曰子文三舍令尹無一日之積又曰成王每出子文之祿必逃王止而後復則二十八年中必有逃而後復者三仕三已概可想見當以論語爲信

然則荊軻之湛七族

案論衡語增云秦王誅軻九族復滅其一里與此不同而漢書作軻湛七族師古曰此無荊字尋諸史籍荊軻無湛七族之事不知陽所言何人野客叢書又云湛之爲義言隱沒也

軻得罪秦凡軻親屬皆竄迹隱遯不見于世非謂滅其七族高漸離變姓名匿于宋子政此意未知孰是

故秦信左右而殺

案荊卿刺秦不中何得言殺漢書文選作亡九非

故縣名勝母而曾子不入邑號朝歌而墨子迴車

案勝母非縣此誤然諸書所說多異不入勝母水經注廿五及索隱並引尸子作孔子與此及淮南說山說苑談叢論衡問孔鹽鐵論晁錯新論鄙名顏氏家訓文章篇作曾子不同迴車朝歌新論家訓作顏淵水經淇水注引論語比考讖云邑名朝歌顏子不舍七十弟子掩目宰子獨顧由蹷墮車與此及淮南作墨子不同葢所傳異詞如水經注說苑論衡言

孔子不飲盜泉之水淮南言曾子立廉不飲盜泉也據任本尸子此文在廣釋篇

魯連其指意雖不合大義

案仲連不肯帝秦一節政見大義戰國一人而已史公此語殊未當

史記志疑卷三十終　番禺黃濤沈葆和沈寶樞校字

史記志疑卷三十一

仁和梁玉繩撰

屈原賈生列傳第二十四

故憂愁幽思而作離騷

古史曰太史公言離騷作自懷王之世原始見疏而作案離騷之文斥刺子蘭宜在懷王末年頃襄王世

大破楚師于丹淅

附案史各處皆作丹陽而此作丹淅者索隱云丹淅二水名謂于丹水之北淅水之南皆爲縣名在弘農然則卽漢地理志丹水縣析縣也通鑑胡注云丹陽丹水之陽班志丹水出上洛冢領山東至析入鈞水其水盖在丹水析兩縣之閒武關之外秦楚交戰當在此水之陽楚師既敗秦乘勝取上庸路西入以收漢中其勢易矣據此則丹陽丹淅元屬一地惟國策言杜陵是誤耳但索隱既知丹淅在弘農而于楚世家又云丹陽在漢中于韓世家云在今均州三處不同豈非自相牴牾乎正義謂在枝江胡注亦辨之云楚遣屈匄伐秦秦發兵逆擊之枝江之丹陽則距郢逼近秭歸之丹陽則不當秦楚之路索隱因下文遂取漢中卽謂丹陽在漢中皆非也

魏聞之襲楚至鄧

案魏當作韓說在楚世家

秦割漢中地與楚以和

案割漢中與張儀傳異說見楚世家

殺其將唐眛

附案眛當作昧

雖放流

案自此至豈足福哉似宜在頃襄王怒而遷之後讀史漫錄曰論懷王事引易斷之曰王之不明豈足福哉即繼之曰令尹子蘭聞之大怒何文義不相蒙如此世之好奇者求其故而不得則以爲文章之妙變化不測何其迂乎日知錄廿六曰雖放流睠顧楚國繫心懷王不忘欲反卒以此見懷王之終不悟也似屈原放流于懷王之時又云令尹子蘭聞之大怒卒使上官大夫短屈原于頃襄王頃襄王怒而遷之則實在頃襄之時矣放流一節當在此文之下太史公信筆書之失其次序爾細玩文勢終不甚順

卒使上官大夫

附案王逸離騷序云上官靳尚葢仍新序節士之誤攷楚策靳尚爲張旄所殺在懷王世而此言上官爲子蘭所使當頃襄時必別一人故漢書人表列上官大夫五等靳尚七等

景差之徒者

附案索隱云法言人表皆作景瑳作差字省耳徐裴鄒三家無音是讀如字攷今本法言吾子篇與史同而師古于人表云瑳千何反葢隨字爲音也而李商隱宋玉詩何事荊臺百萬家惟教宋玉擅才華楚辭已不饒唐勒風賦何曾讓景差宋黃庭堅山谷集答任仲微詩縮項魚肥炊稻飯扶頭酒熟臥蘆花吳兒何敢當倫比或有離騷似景差讀差初牙切又能忠韻會紀要音景差倉何反則不定如字讀矣徐廣或作慶非

聞河南守吳公

案史于人之名字每不盡著多恐是疏缺未必當時已失其傳故凡稱公稱君稱生之類甚夥史公亦何吝此一字乎統觀全史其中最可惜者河南守吳公爲漢循吏之冠朱建子以罵單于死節樅公以守滎陽見殺董公說高帝爲義帝發喪四人皆當時英傑不容失名安得略而不書它若不肯名籍之鄭君傳尚書之伏生幸別有可攷知伏名勝鄭名榮餘子碌碌姑勿深論雖間有足證亦不必詳已

色尚黃數用五

案五行之王所說不同辨在文紀

絳灌東陽侯馮敬之屬盡害之

附案師古于漢書禮樂志陳平傳云楚漢春秋高祖之臣別有絳灌疑昧之文不可明也師古殆不信之而容齋三筆歷辨絳灌是別一人非周勃灌嬰葢本文選讓太常博士書注恐不可從史漢屢稱絳灌即如陳平傳絳灌世家作絳侯灌嬰尤爲明證今無楚漢春秋莫由攷核又困學紀聞十七曰宋景文云賈生思周鬼神不能救鄧通之譖史漢無鄧通譖賈生事葢誤而此事出風俗通正失卷宋未嘗誤史雖不及鄧通然下一屬字則通在其中矣或有辨鄧通不與賈生同時者非

賈生既辭往行聞長沙卑溼自以壽不得長又以適去

案賈生因服鳥入舍故以爲壽不得長非但因卑溼也此乃下文之複出者漢書改曰誼既以適去甚當應衍辭字至又字十五字文選同漢書

爲賦

附案賈賦以漢書文選校之辭各不同當是所傳之別依本書讀可也惟誤者辨見後

彌融爚以隱處兮

附案徐注一云偭蟂獺是也下句從螘與蛭螾政相對

見細德之險微兮

附案困學紀聞十二云顏注險阸之證則微當作徵王說是

文選作徵則知今本史漢傳譌爲微久矣

楚人命鴞曰服

仁和金耀辰曰諸書皆言鴞服是一物然周禮秋官哲蔟氏疏云鴞之與鵩二鳥俱夜爲惡聲者則依漢書作服似鴞爲確

得坻則止

附案坻作坎者是

賈生數上疏

案賈屈同傳以渡江一賦耳不載陳政事疏與董仲舒傳不載賢良策對同（晁錯傳亦太略）幾等賈董于馬卿矣舍經濟而登辭賦得毋失去取之義乎

及孝文崩孝武皇帝立舉賈生之孫二人至郡守而賈嘉最好學世世其家與余通書至孝昭時列爲九卿

附案此文爲後人增改孝武當作今上而中隔景帝似不必言孝文崩宜云及今上皇帝立也世字衍一各本誤重至孝昭時二句當删之唐表誼子名璠璠二子嘉惲

呂不韋列傳第二十五

呂不韋者陽翟大賈人也

索隱曰戰國策以爲濮陽人又記其事迹多與傳不同太史公當別有聞見故不全依彼說或者劉向定戰國策時以己異聞改易彼書遂不與史合也

安國君中男名子楚

索隱曰國策本名異人後從趙還乃變名子楚也

姬自匿有身至大期時生子政

附案政當作正說在秦紀攷漢書王商傳不韋求好女爲妻陰知其有身而獻之王產始皇帝故始皇紀後所附班固文以始皇爲呂政後儒俱稱以呂易嬴讀史管見論作史者宜自始皇元年書爲後秦正其姓氏庶幾實錄均本斯傳言之余竊惑焉左傳僖十七孕過期疏云十月而產婦人大期則大期乃十月之期不作十二月解即如史注十二月曰大期夫不及期可疑也過期尙何疑若謂始皇之生本不及期隱之至大期而乃以生子告則子楚決無不知之理豈非欲蓋彌彰乎秦爲伯益之後當有興者祇緣秦犯衆怒惡盡歸之

遂有呂政之譏而究其所起必因不韋自認厥考之誣辭匿身一語仍是奇貨可居故智史公于本紀特書生始皇之年月而于此更書之猶云世皆傳不韋獻匿身姬其實秦政大期始生也別嫌明微合于春秋書子同生之義人自誤讀史記爾王世貞讀書後辨之曰毋亦不韋故爲之說而泄之秦皇始知其爲眞父長保富貴耶抑其客之感恩者故爲是以詈秦皇而六國之亡人侈張其事欲使天下之人謂秦先六國亡也不然不韋不敢言太后復不敢言而大期之子烏知其非嬴出也又明湯聘尹史稗辨之曰異人請婦至大期而誕子未必請之時遽有娠也雖有娠不韋其肯輕洩之而亦孰從知之果有娠而後獻當始皇在趙母子俱匿其嫗獨不能語子以呂氏之肖如齊東昏妃之于蕭纘耶如語之故始皇必不忍忘一本之系何至忿然曰何親于秦號爲仲父以奉先王之功且躬出其後而俾之遷蜀以死雖賓客游說萬端而莫之阻亦自知嬴非呂也然則呂易嬴之說戰國好事者爲之

子楚夫人趙豪家女也

徐氏測議曰子楚夫人卽不韋姬也不得爲豪家女當以秦質子故有豪家主之得自匿免

食河南洛陽十萬戶

金耀辰曰河南卽周王城洛陽卽成周竝東西周之地其名舊矣索隱謂河南之稱史據漢郡言之謬也而國策曰食藍田十二縣與此不同攷藍田屬秦內史豈河南洛陽爲封國而藍田其采地歟

太后時時竊私通呂不韋

劉氏史記紀疑曰此太后乃不韋姬子楚立爲夫人者政立爲王卽宜書尊夫人爲太后自是史公疏筆而莊襄王立後亦少立夫人爲后句

當是時魏有信陵君楚有春申君趙有平原君齊有孟嘗君

案平原已卒于趙孝成王十五年爲秦昭五十六年孟嘗卒于齊襄王世在秦昭二十五六年閒距是時三十六七年正義言之矣此葢統說四公子非當時事

號曰呂氏春秋布咸陽市門懸千金其上延諸侯游士賓客有能增損一字者予千金

附案御覽八百九引史同而百九十一引史云呂不韋撰春秋成牓于秦市曰有人能改一字者賜金三十斤豈別據異本乎高誘呂氏春秋序曰時人非不能也葢憚相國畏其勢耳誘注此書頗糾其誤

後百年旁當有萬家邑

案索隱云宣帝元康元年起杜陵漢舊儀武昭宣三陵皆三萬戶計去此一百六十餘年也余攷始皇七年夏太后薨至起杜陵凡百七十六年

九月夷嫪毒三族

案始皇紀誅毒在四月此誤

謚爲帝太后

附案謚者號也說在孟嘗君傳

不韋及嫪毐貴封號文信侯

案當云嫪毐及不韋貴封號長信侯索隱曰文信侯不韋封也嫪毐封長信侯上文已言不韋封此贊中言嫪毐得寵貴由不韋耳合作長信侯

上之雍郊

案上字誤仍秦史元文說在始皇紀

孔子之所謂聞者其呂子乎

案不韋亂民也而以聞許之豈因其著書乎黃氏日鈔經史問答竝言其誤法言淵騫篇以不韋爲穿窬之雄諒哉

刺客列傳第二十六

曹沫者

附案曹子之名左穀及人表管子大匡皆作劌呂覽貴信作劌齊燕策與史俱作沫蓋聲近而字異耳索隱于魯仲連傳作昧疑譌沫荒內反索隱音亡葛反从末非

以勇力事魯莊公

案史通人物篇稱曹子爲命世大才挺生傑出困學紀聞七謂其問戰諫觀社藹然儒者之言而目爲勇士列于刺客之首何其卑視曹子也

曹沫爲魯將與齊戰三敗北魯莊公懼乃獻遂邑之地以和

案莊公自九年敗乾時後至十三年盟柯中間有長勺之勝是魯祇一戰而一勝安得有三敗之事齊桓會北杏遂人不至故滅之遂非魯地何煩魯獻此皆妄也

曹沫執匕首劫齊桓公

案劫桓歸地一節年表齊魯世家管仲魯連自序傳皆述之此傳尤詳荆軻傳載燕丹語仍國策竝及其事蓋本公羊也公羊漢始著竹帛不足盡信卽如歸汶陽田在齊頃公時當魯成二年乃公羊以爲桓公盟柯因曹子劫而歸之其妄可見況魯未嘗戰敗失地何用要劫曹子非操匕首之人春秋初亦無操匕首之習前賢謂戰國好事者爲之耳仲連遺燕將書云亡地五百里呂覽貴信云封以汶南四百里管子多後人羼入而其大匡篇但云與地以汶爲竟也齊策及淮南氾論云喪地千里魯地安得如此之廣汶陽安得如此之大不辨而知其誣誕矣葉夢得春秋攷以曹劌曹沫爲二人非也

光之父曰吳王諸樊

案光父一云夷眛說在吳世家下四條竝說見世家中

吳人乃立夷眛之子僚爲王

案一說僚是壽夢子

九年而楚平王死春

案九年乃十一年之誤春字衍當作明年夏

公子蓋餘屬庸

附案二公子名多不同

四月丙子

案丙子不知何出

其後七十餘年而晉有豫讓之事

案七乃六字之誤徐廣曰六十二年

豫讓者

案晉語伯宗得士畢陽以庇州犁而畢陽之孫為豫讓見國策祖孫皆以義烈著而史公不書于傳何也其序豫讓事亦與策小異

吞炭為啞

案下文豫讓與其友及襄子相問荅則不可言啞當依策作吞炭以變其音為是

襄子至橋馬驚

殞于梁下此烈士也策史何以不及

乃使使持衣與豫讓豫讓拔劍三躍而擊之

附案索隱曰國策（今本無）衣盡出血襄子迴車車輪未周而亡此不言衣出血者太史公恐涉怪妄故略之耳

其後四十餘年而軹有聶政之事

集解曰自三晉滅知伯至殺俠累五十七年（當亦徐廣語七字宜作六）

濮陽嚴仲子事韓哀侯與韓相俠累有郤

案仲子即嚴遂俠累即韓傀（韓子內儲下作廆藝文類聚作傫）其事在列侯三年年表世家所書是也而此傳稱哀侯索隱謂史公聞疑傳疑聞信傳信欲使兩存殊非事實攷列侯三年聶政刺俠累十三年列侯卒歷文侯十年至哀侯六年韓嚴弒哀侯年數相去甚遠史蓋誤合嚴遂韓嚴為一人故此傳獨異然韓策固作列侯史公反改列為哀豈又誤仍韓子內儲乎而韓策于釐王策中亦誤作哀侯（鮑注改烈）通鑑因之古史疑之惟大事記國策吳注辨其非

然後具酒自暢聶政母前

附案暢字徐廣作賜索隱曰策作觴為得也

將用為夫人麤糲之費

附案韓策作丈人注云一本夫人或作大人蓋丈人是索隱（見軻傳）正義作丈人解然傳刻多譌脫當曰韋昭云古者名男子為丈夫尊大嫗為丈人漢書宣元六王傳王遇丈人益解為丈人乞骸骨去案丈人憲王外祖母古詩云三日斷五匹丈人故言遲是也（今本漢書作大人）

韓相俠累方坐府上持兵戟而衛侍者甚衆聶政直入上階刺殺俠累

案韓策云韓有東孟之會王及相皆在政刺殺韓傀傀走抱烈侯政刺之兼中烈侯又云東孟之會聶政陽堅刺相兼君許異蹙烈侯而殪之（使之佯死也論衡書虛篇謂政刺殺烈侯不可信蓋誤認烈侯真死耳）立以為君許異終身相焉據此則史言俠累坐府上非也而烈侯之中陽堅之副許異之相史概不及疏矣

政姊榮

附案集解作嫈與國策合此譌榮也下同

今乃以妾尚在之故重自刑以絕從

附案徐廣曰恐其姊從坐而死索隱曰從音蹤古字假借徐氏以爲從坐非正義曰刑作刑本爲仲子報讎愛惜其事不令漏泄以絕其蹤迹其姊妄云爲己隱矣

嚴仲子亦可謂知人能得士矣

附案御覽琴部載琴操謂政之刺韓王因政父爲王治劍不成見殺政入泰山遇仙人學琴琴成入韓王召使琴遂出刀刺王以報讎非爲仲子抱政屍而哭者政之母亦非其姊與策史大異王厚齋因疑韓有兩聶政而不知琴操多不足據也繹史云牽合聶政豫讓高漸離等事爲一附會明矣

其後二百二十餘年秦有荆軻之事

徐廣曰聶政至荆軻百七十年

徙衞元君之支屬于野王

案徙野王者即元君豈惟支屬哉

而不棄其孤也

索隱曰無父稱孤時燕王尚在而丹稱孤者或記者失辭或諸侯嫡子僭稱孤也後說與語意不合趙太常曰只作竊獨意解

誠能劫秦王使悉反諸侯侵地若曹沫之與齊桓公則大善矣

案曹沫事說見前以齊桓望始皇丹之愚也

乃令秦舞陽爲副

案燕丹子載田光答太子云武陽骨勇之人怒而面白則何以使之爲副哉又國策燕丹子人表隸續武梁畫竝作武陽而史獨作舞陽古字通用說在魏世家中

爲變徵之聲士皆垂淚涕泣

案風俗通聲音卷引史作濮上音垂淚作垂髮豈所見本異歟余因攷藝文類聚四十四初學記十六引宋玉笛賦云宋意將送荆卿于易水之上文選二十八雜歌序云荆軻歌宋如意和之淮南泰族云高漸離宋意爲擊筑而歌于易水之上水經注十一云高漸離擊筑宋如意和之新論辨樂云荆軻入秦宋意擊筑陶潛靖節集詠荆軻詩云宋意唱高聲策史俱不及宋如意何也

劍堅故不可立拔

附案正義引燕丹子云秦王曰今日之事從子計耳乞聽琴

而死召姬人鼓琴琴聲曰羅縠單衣可裂而絕八尺屏風可超而越鹿盧之劍可負而拔王于是奮袖超屏風走之與此不同惶急之際何能聽琴不可信也而御覽五百七十七引以爲史記必是誤耳

徬徨不能去每出言曰

附案顏氏家訓書證篇引風俗通述此事云伎癢不能無出言今風俗通脫無字文選射雉賦注引作毋今史記竝作徘徊或作徬徨不能無出言是六朝時史記本已爲流俗裁改而今所傳本又異矣

重赦之

附案風俗通赦作殺

自曹沫至荆軻五人

案困學紀聞十一載唐說齋謂曹沫賊禮專諸賊義聶政賊仁荆軻賊信竝列于傳而嗟歎其志爲繆又謂豫子烈士寘諸四子之間爲薰蕕同器讀史管見黄氏日鈔竝譏之余謂刺客本不當立傳各附入吳齊燕趙韓世家可也且表稱聶政爲盜足見書法專軻亦政之類而傳刺客皆稱之不容曰何哉況曹沫事之誣妄者乎

李斯列傳第二十七

李斯者

附案元吾丘衍學古編云斯字通古

會韓人鄭國來閒秦　請一切逐客

孫侍講曰逐客之議因嫪毐不因鄭國鄭國事在始皇初年大事記云是時不韋專國亦客也孰敢言逐客乎本紀載于不韋免相後得之矣

迎蹇叔于宋

索隱曰于宋未詳所出正義曰括地志云蹇叔岐州人時游宋故迎之于宋恐未確

求丕豹公孫支于晉

案求乃來之譌文索隱曰公孫支是秦大夫而云自晉來亦未見所出正義引括地志云支游晉後歸秦

此五者

附案史詮曰五子者湖本缺子字

并國二十

案二十非實說在秦紀

惠王用張儀之計拔三川之地西并巴蜀

案李善文選注曰通三川是武王張儀已死此誤也善注甚允索隱彌縫其誤言儀先請伐韓下兵三川故以爲儀計不免曲說至伐蜀是司馬錯而亦以爲儀者索隱謂儀爲秦相雖錯滅蜀歸功于相余攷華陽國志伐蜀乃儀爲主將而錯副之豈徒歸功已哉又說在甘茂傳

鄭衛桑閒昭虞武象者

案昭有韶音故可通借以韶武與鄭衛竝說殊爲不倫然出于斯之口無責耳矣

二十餘年竟并天下

案始皇十年有逐客令至并天下才十七年也

殷周之王千餘歲

案千餘歲非也說在始皇紀

令臣青等

案此青臣之誤

明年又巡狩外攘四夷

案始皇三十五年無巡狩事攘四夷亦不在是年

衛君殺其父而衞國載其德孔子著之不爲不孝

案衞無其事趙高妄言耳王孝廉曰或是誣武公殺兄事父疑作兄不孝疑作不弟

所賜長子書及符璽皆在胡亥所

附案書及璽在趙高所而云在胡亥所者徐氏測議云亦以劫斯也

就變而從時

附案文選東方朔畫贊注引史作龍變而從之

而諸公子盡帝兄

案此言疑不然始皇二十餘子集解引善文隋志善文五十卷杜預撰辨士遺章邯書曰李斯爲秦王死廢十七兄而立今王則二世是始皇第十八子向有弟也故李斯云夷其兄弟而自立又云行逆于昆弟

且蒙恬已死蒙毅將兵居外

案始皇紀及蒙恬傳將兵在外者恬也而爲内謀者毅也又胡亥先殺毅後殺恬此言俱自相駮當云蒙毅未死蒙恬將兵在外乃合耳

公子十二人僇死咸陽市

案紀言六公子僇于杜公子將閭昆弟三人自殺與此異

而二世責問李斯

案責問語與紀不同說在紀

葬于會稽

案禹葬會稽之誣說在夏紀中

泰山之高百仞而跛牂牧其上

附案說文繫傳夌字注引史曰泰山之高跛牂牧其上夌僻故也與今本殊而後書孔融傳注引史又與今本同斯語所見亦多異韓子五蠹篇云十仞之城樓季弗能踰者峭也千仞之山跛牂易牧者夷也韓詩外傳三孔子曰一仞之牆民不能踰百仞之山童子登遊焉淩遲故也鹽鐵論詔聖云嚴牆三仞樓季難之山高于雲牧豎登之故峻則樓季難三仞陵夷則牧豎易山巔子有坐外傳本荀

死則有賢明之謚也

附案謚者號也說在孟嘗君傳死亡之言非臣子所宜語于君父乃直陳無隱雖暴秦之多忌不以是爲罪蓋秦漢時近質諱猶少故賈誼告孝文曰生爲明帝沒爲明神顧成之廟稱爲太宗此與端木氏言夫子其死也哀同魏明帝在位有司先擬廟號烈祖更奇

其志若韓玘爲韓安相也

附案索隱以周顯王二十年韓姬弒悼公事當之謂李斯此言爲非大謬通鑑卷八胡注曰余觀李斯書意政以胡亥亡國之禍在旦夕故指韓安用韓玘而亡事警動之韓安之臣必有韓玘者特史逸其事耳李斯與韓安同時而韓安亡國之事接乎胡亥之耳目所謂殷鑒不遠也

臣爲丞相治民三十餘年矣

案始皇二十八年李斯尚爲卿未爲丞相據疑三十四年始爲丞相則相秦僅六年若以始皇十年斯用事數之是二十九年亦無三十餘年也

緩刑罰薄賦斂以遂主得衆之心萬民戴主死而不忘

案以秦之嗜殺深稅而曰緩刑薄斂天下共欲亡秦而云萬民不忘可笑也

二世二年七月具斯五刑論腰斬咸陽市

案殺李斯通鑑依此傳在二年然始皇紀斯就五刑在二年論殺在三年冬似紀爲是

左右皆曰馬也

案左右或言鹿或言馬故二世惑而卜之若皆以爲馬尚何卜焉

于是乃入上林齋戒

案此下敘事與本紀異並說在紀

乃召始皇弟授之璽

徐廣曰一本召始皇弟子嬰索隱曰劉氏云弟字誤當爲孫

子嬰

與宦者韓談

案史公爲父諱以談爲同此兩稱韓談何也說在晉世家

子嬰立三月

案嬰立四十六日此非

人皆以斯極忠

案法言重黎篇有答或人李斯盡忠之問當時蓋有以爲忠者故鄒陽曰李斯竭忠

不然斯之功且與周召列矣

案史公贊蕭相國云與閎夭散宜生爭烈贊絳侯云伊尹周公何以加贊淮陰侯云可比周召太公之徒論張耳陳餘云與太伯延陵異已爲儗不于倫若李斯何人乃贊其功並周召不亦悖乎馮衍欲投李斯于四裔庶幾焉見後書衍傳

蒙恬列傳第二十八

始皇二十六年蒙恬因家世得爲秦將攻齊大破之

攷證張氏曰紀表攻齊者將軍王賁皆不言有蒙恬或恬此時亦從軍非大將

築長城

案此言恬築長城起臨洮至遼東萬餘里恬亦以絕地脈爲己罪後世遂言長城是秦築之其實不盡然也以趙世家蘇秦匈奴傳及竹書攷之大半七國時所築蒙恬特繕治增設

使萬里相連屬耳豈皆恬築哉又淮南子人閒訓言蒙公楊翁將築城史但舉蒙恬遂令楊翁之名不著始皇紀有楊端和豈即楊翁邪

暴師于外十餘年

案恬自始皇三十二年將三十萬衆擊胡至三十七年死首尾僅六年而云十餘年與主父匈奴傳同誤

使者以蒙恬屬吏更置

徐氏測議曰更置二字連下言更以李斯舍人典軍也方氏補正曰胡亥二字衍

昔者秦穆公殺三良而死罪百里奚而非其罪也故立號曰繆

附案風俗通皇霸篇亦云繆公殺賢臣百里奚以子車氏爲

殉故謚曰繆據此則任好之謚音靡幼反上穆公當改作繆矣然經傳皆作穆或亦作繆二字通用也蒙毅應劭之言必有所據故唐文粹皮日休秦穆謚論以謚繆爲定楊愼二伯論又因皮氏而暢衍之酉陽雜俎續集云論衡言秦穆爲繆音謬可笑

昔周成王初立

案此言成王襁褓及周公禱河皆妄說在魯世家

史記志疑卷三十一終　番禺黃濤沈棪和沈寶樞校字